Werner Schäfke

Köln nach 1945

Die Geschichte unserer Gegenwart

REGIONALIA

Das Manuskript mit Anmerkungen und Literaturverzeichnis finden Sie auf der Plattform: www.academia.edu
Der Autor sendet Ihnen das PDF auch direkt zu über:
koeln.nach1945.schaefke@email.de

Werner Schäfke, Köln nach 1945. Die Geschichte unserer Gegenwart

Abbildungen in diesem Werk:
Alle Abbildung(svorlag)en stammen aus dem Archiv des Autors, im Einzelnen siehe auch Bildlegenden. Autor und Verlag bitten um Hinweis, falls ihnen diesbezüglich versehentlich ein Versäumnis unterlaufen ist.

Covermotiv: Noch ist der Blick frei. Vor der Gaststätte »Em Krützche« und Dom präsentiert Ford 1956 die populäre »Badewanne«. Titelblatt der *Ford Revue* Heft 8 August 1956; Abdruck mit freundlicher Genehmigung der Ford-Werke-GmbH

Karte im Vorsatz:
Die autogerechte Stadt wird geplant. Lübbert/Welters: Heimatatlas Köln. Frankfurt 1958, S. 4

Karte im Nachsatz:
Der Autobahnring schließt sich. Lübbert/Welters: Heimatatlas Köln. Frankfurt 1958, S. 7

Lektorat: Detlef Reich
Einbandgestaltung, Korrektorat, Layout und Satz: Handverlesen GbR, Bonn

Gedruckt auf holzfreiem Papier

Printed in Hungary

ISBN 978-3-95540-321-8

www.regionalia-verlag.de

Inhalt

Vorwort

Vor fast dreißig Jahren, bei der Eröffnung der Ausstellung des Kölnischen Stadtmuseums »Der Name der Freiheit« in der Josef-Haubrich-Kunsthalle am 28. Januar 1988, habe ich die Notwendigkeit der Publikation einer umfassenden Geschichte der Stadt Köln öffentlich ins Bewusstsein gerufen. Aber erst durch die Initiative von Hanns Schaefer und Pfarrer Dr. Winfried Hamelbeck entstand 1995 »Die Historische Gesellschaft Köln«, deren Satzung ich entwarf, mit Oberbürgermeister Norbert Burger als geborenem Präsidenten abgesprochen, seine Nachfolger und seine heutige Nachfolgerin. Dass ich den Auftrag erhielt, den Band *Köln nach 1945* zu verfassen, habe ich der Ausstellung »Das Neue Köln 1945–1995« zu verdanken, die das Kölnische Stadtmuseum wiederum in der Josef-Haubrich-Kunsthalle 1995 gezeigt hat. Der umfangreiche Begleitband der Ausstellung ist keine historische Darstellung des bis dahin vergangenen halben Jahrhunderts, er bietet aber ein buntes Spektrum von Fakten, eine Chronologie und eine Serie von Biografien, in der mancher fehlt, der in diesem Band jetzt eine wichtige Rolle spielt. Und er entfaltet einen umfangreichen Werbeblock von Anzeigen der Kölner Wirtschaft, einen heute oft schon historischen Bilderbogen. Das weitgespannte Inhaltsverzeichnis, Spiegel der Arbeit eines großen Autorenteams, zeigt aber, mit welcher Themenfülle sich ein Autor für diesen Band der Stadtgeschichte in Alltag, Politik, Kultur, Wirtschaft und Gesellschaft konfrontiert sieht.

Der Auftrag für dieses Buch war zuerst einmal Anlass, Quellen und Literatur zu sammeln. Das Literaturverzeichnis verdeutlicht, welche Fülle an Publikationen zu sichten war, welches Nachdenken über und welches Beschreiben von Zeitgeschichte bereits geschehen ist. Für die jüngste Vergangenheit kommt eine Sammlung von Hunderten von Zeitungsausschnitten hinzu, ohne die ihre Geschichte nicht zu schreiben gewesen wäre. Der Einsturz des Historischen Archivs hat verhindert, manchen Entscheidungsprozess, den ich gerne genauer untersucht hätte, im Detail zu verfolgen. Besonderer Dank gilt den Mitarbeiterinnen und Mitarbeitern der Universitäts- und Stadtbibliothek Köln, die seit Jahren und Woche für Woche meine Wünsche erfüllen.

Meine Zeitpläne für die Vollendung dieses Bandes haben sich bald als Wunschträume erwiesen. Manche Voruntersuchung habe ich, wie das Literaturverzeichnis zeigt, das unter www.academia.edu eingesehen werden kann, inzwischen publiziert. Das hat auch den Umfang dieses Bandes schlanker gehalten. Es hat lange gedauert, manchem zu lange, bis sich das Gerüst der Gliederung entwickelte, bis sich die Strukturen und Fakten der Geschichte unserer Gegenwart und ihre Interpretation aus meiner Sicht schlüssig darstellen ließen. So erscheint nun der Band im Regionalia Verlag.

Dass er jetzt in Ihrer Hand liegt, ist vielfältiger persönlicher Unterstützung zu danken. Hier nenne ich nur die Namen. Jeder von ihnen weiß, wofür ich zu danken habe: Konrad Adenauer, Beatrix Alexander, Bernd Assenmacher, Ruth Bachem, Maria Theresia Baukhage-Solbach, Fritz Bilz, Günther Binding, Henning von Borstell, Walther Brügelmann, Norbert Burger, Thomas Deres, Carl Dietmar, Arne Dressler, Jost Dülffer, Werner Eck, Hermann Josef Emons, Heinz Christian Esser, Michael Euler-Schmidt, Renate Gruber, Heribert Günther, Wolfram Hagspiel, Henrik Hanstein, Klaus Hardering, Günter Herterich, Marlis Herterich, Klaus Heugel, Roman Heuberger, Bruno Hof, Ludwig Hohn, Ulrich Horn, Alexandra Ihmig, Franz Irsfeld, Michael Josipovich, Werner Jung, Helmuth Kluger, Mario Kramp, Christof Krautwig, Maria Kröger, Jan Leidel, Georg Mölich, Helmut Moll, Bettina Nottebrock, Petra Pfeiffer, Udo Pfleghar, Ruth und Detlef Reich, Hermann Rheindorf, Lothar Ruschmeier, Wolfgang Schmitz, Josef Schneider, Helmut Schumacher, Inge Semma, Ulrich S. Soénius, Annelie Stankau-Püschel, Jost Rebentisch, Hugo Stehkämper, Alexandra Stey, Frank Tewes, Reinhard Thon, Michel P. Vollert, Dietmar Voß, Rita Wagner, André Welters, Jürgen Wilhelm und Odile Zernko. Ganz besonders aber danke ich meiner Familie, die mich beim Entstehen dieses Bandes gestützt, getragen und ertragen hat.

Einleitung

1945 beginnt die Geschichte der Gegenwart unserer Stadt. Das heißt nicht, dass die vorangegangenen Jahrhunderte nach Kriegsende nicht mehr zählten. Die Geschichte Kölns endet nicht mit diesem Band. Fast täglich habe ich nach dem vorläufigen Abschluss des Manuskriptes aktuelle Entwicklungen notiert. Für den Historiker ebenso spannend wie beunruhigend. Hier, in der Druckfassung des Textes, haben wir auf die über 4000 Anmerkungen und das Literaturverzeichnis verzichtet. Das PDF des vollständigen Manuskriptes mit Anmerkungen und Literaturverzeichnis, aber ohne die Abbildungen, können Sie unter www.academia.edu aufrufen.

Es gab 1945 keine Stunde Null, in der alles neu war. Alles aber wurde 1945 auf den Prüfstand gestellt: die Menschen, die Stadt und ihre Straßen und Bauten, selbst die Lage Kölns, die Kultur, die Wirtschaft und der Handel. Im Neustart der ersten Nachkriegszeit werden die wichtigsten Weichen für die Entwicklung der bis heute folgenden Jahrzehnte gestellt. Die Fahrt, für die damals die Weichen gestellt wurden, lief selten glatt und störungsfrei. Da viele von uns im langsamen Wandel der vergangenen Jahrzehnte gelebt haben, ist manches fast unbemerkt geschehen. Gerade die Veränderungen unseres alltäglichen Lebens – vom Telefon mit Wählscheibe und fester Schnur zum Handy, vom Radio zum Farbfernsehen, vom gepflegten Wohlstandsbauch zum idealgewichtigen Jogger, von der erziehungswirksamen Ohrfeige zur strafbaren Misshandlung, vom Lexikon im Wohnzimmer zu Wikipedia auf dem Bildschirm, von Brief und Telegramm zu Mail, SMS und Facebook, vom Scheck zum bargeldlosen Zahlen – dringen unauffällig vor. Andere Veränderungen werden dagegen als Drama inszeniert, wie die Verwandlung stolzer Raucher in gesellschaftliche Außenseiter. So wird Anfang 2007 auch in allen städtischen Einrichtungen das Rauchen verboten. Seitdem kann man die friedlich qualmenden Mitarbeitergesprächskreise vor den Eingängen beobachten. Das sind alles aber Veränderungen, die in diesem Band nicht im Vordergrund stehen. Hier interessieren der Wiederaufbau und die neue Gestalt der Stadt, das neue politische Leben in Köln, die Entwicklung der Wirtschaft und des Verkehrs, die Veränderungen der Stadtgesellschaft und ihrer Kultur. Das ist kein gradliniger Weg. Die Wünsche, Ziele, Pläne und Hoffnungen werden immer wieder in neuer Gestalt erdacht und diskutiert.

Bereits die Darstellung der vorhergehenden Epoche durch Horst Matzerath in *Köln in der Zeit des Nationalsozialismus* hat sichtbar gemacht, dass die entscheidenden Rahmenbedingungen des Lebens in der Domstadt nicht von Köln oder in Köln gesteuert, gestaltet oder entschieden werden. Hier werden auch nach März 1945 Leben und Geschehen vorrangig vor allen lokalen Aspekten der Zeit durch globale, europäische, nationale und regionale Ereignisse, Entwicklungen und Entscheidungen bestimmt und bedingt. Und mit der Wiederherstellung der kommunalen Selbstverwaltung nach 1945 hat sich der Gestaltungsspielraum, den die Jahre nach 1918 einem Oberbürgermeister wie Konrad Adenauer für Köln noch geboten hatten, weder für ihn selbst noch für einen seiner Nachfolger oder seine Nachfolgerin nach 1945 in keiner der Kommunalordnungen wieder so weit wie vor 1933 geöffnet. Zuschüsse aus Landesmitteln und ab 1949 aus Bundesmitteln stellen, wie die Verwaltungsberichte der Stadt Köln erläutern, einen immer begehrten bedeutenden Anteil des städtischen Haushalts dar. Und in den Steuereinnahmen pro Kopf liegt Köln weit hinter Frankfurt, München, Hamburg, Düsseldorf, Stuttgart oder Hannover. Über große Projekte muss jeweils einzeln verhandelt werden. Längst lebt Kölns städtischer Haushalt aus dem Dispo, aus heute angesichts niedrigster Zinsen günstigen Kontoüberziehungen. Bei einem Rahmen von aktuell über einer Milliarde Euro fragt man sich allerdings, wie diese hier versteckten Schulden jemals abgelöst werden sollen. Dabei schiebt man eine hohe Bugwelle notwendiger Investitionen in Sanierungsmaßnahmen vor sich her. Das städtische Vermögen, das 2009 in der Eröffnungsbilanz des NKF (Neues Kommunales Finanzmanagement) mit gut 16 Milliarden Euro bewertet wurde, rechtfertigt scheinbar solche Kredite. Inzwischen ist der Wert auf 13,8 Milliarden Euro im Jahre 2014 gesunken. Aber wer kauft Straßen, Brücken, Rathaus oder Museen, alle mit hohem Sanierungsstau, um Schulden abzulösen?

Eingebunden in das zuerst scheinbar statische aber spannungsvolle Weltgeschehen des nach Kriegsende 1945 aufflammenden Kalten Krieges bis zur Wiedervereinigung wird Kölns Handlungsspielraum bestimmt durch Landespolitik und Entwicklung der Bundesrepublik. In der Mitte eines langsam und mühsam zusammenwachsenden Europas, in einer nach 1988/89 rasant sich verändernden Welt, ist Köln in seiner individuellen Entwicklung, die im Vergleich mit anderen deutschen Großstädten als durchschnittlich bezeichnet wird, Teil dieser Geschichte. Die Stadt ist engagiert und aktiv, ist manchmal nur Bühne des Geschehens, immer aber mittendrin. Inmitten des kaum überblickbaren, von immer wieder neuen Krisen geprägten Weltgeschehens, inmitten einer unbeherrschbaren und undurchschaubaren von der Finanzwirtschaft getriebenen Weltwirtschaft, eingebunden in ein oft undurchsichtiges Regelwerk europäischer, nationaler und regionaler Gesetzgebung ist Köln der hautnahe Bezugspunkt im Leben seiner Einwohner. Die Stadt, ihre Politiker und Bewohner nutzen Chancen oder tragen Folgen und bewahren dabei einen erstaunlich individuellen Charakter des Lebens in Köln, Zeuge und Zeugnis von zwei Jahrtausenden bürgerlichen Lebens in unserer Stadt. Für den Blick aus der Gegenwart auf die Zeit seit 1945 in Köln sind die Jahre seit 2009, in denen dieser Band entstanden ist, daher ein guter Standort – nicht gewählt, aber zugefallen. Es ist zugleich meine eigene Lebenszeit, die ich hier betrachte. Eine für den Historiker einzigartige Position. Er ist umgeben von den Akteuren und Zeitzeugen seiner Epoche. Und, um die Situation noch diffiziler zu gestalten, die Bestände des Historischen Archivs der Stadt Köln stehen ihm nach dem 3. März 2009 vorerst kaum noch zur Verfügung. Gerade die Akten der jüngsten Vergangenheit, die meist auch noch nicht digitalisiert waren, hat es heftig erwischt. Interessante Archivalien bietet das Rheinisch-Westfälische Wirtschaftsarchiv zu Köln. Dazu ist die Fülle gedruckter oder digitaler Quellen für diesen Zeitraum fast unüberschaubar: Zeitungen, Ratsprotokolle, städtische Publikationen und Literatur jeglicher Gattung von Biografien und Autobiografien über Streitschriften bis zu Romanen und Dichtung im Köln dieser Jahrzehnte.

In welche zeitlichen Abschnitte gliedern sich die Jahrzehnte nach Kriegsende, die mit der umfassenden Bezeichnung »nach 1945« ja gemeint sind? Das Jahr 1948 böte sich heute mit Währungsreform und Domjubiläum fast selbstverständlich für ein erstes Innehalten an. In Köln, für Köln und weit darüber hinaus ist das 700-jährige Jubiläum der Grundsteinlegung des gotischen Domes ein das historische Bewusstsein bis heute dominierendes Ereignis. Damals waren die Schienen für die Zukunft Kölns und für das Entstehen der Bundesrepublik gelegt. Aus dem realen und gefühlten Chaos des gesellschaftlichen Zusammenbruchs mit Kriegsende heraus haben sich neue Strukturen gefestigt, die die nächsten Jahrzehnte formen. Mit dem Jahr 1957 werden nach dem groß gefeierten Stadtjubiläum des Jahres 1950, nach Rheinischem und Historischem Museum im Jahre 1953 am Deutzer Ufer und Gürzenich im Jahre 1955 entscheidende Stationen der Nachkriegszeit erreicht. Mit Margit Nünke (1930–2015) stellt Köln im Sommer 1955 die schönste Frau Deutschlands als Miss Germany. Erstmals wird die SPD 1956 zur stärksten Partei im Rat. Auch die Stadtplanung erreicht mit dem Beschluss des Generalverkehrsplanes von 1956 das Ende der ersten und schwierigen Nachkriegsentwicklungsphase. Im Jahr 1957 selbst entscheidet sich der Rat für den Abbruch der Türme der Hohenzollernbrücke; wird der »neue« Hauptbahnhof eingeweiht; der Flughafen Wahn geht in deutsche Hände über; die spektakuläre Severinsbrücke nimmt Formen an; werden mit Bundesgartenschau und Oper, Wallraf-Richartz-Museum und Museum Schnütgen sowie dem Einzug des Rates in den »Spanischen Bau« viele Pläne und Wünsche Wirklichkeit, die oft noch vor der Währungsreform, vor Gründung der Bundesrepublik beschlossen worden sind. Die Mitte der 70er Jahre des vergangenen Jahrhunderts bietet mit erster Ölkrise, Fordstreik und kommunaler Gebietsreform markante Daten für eine nächste Epochengrenze. Das »Wirtschaftswunder«, an das man sich gewöhnt hatte, das man nicht für ein Wunder, sondern für dauerhaft hielt, war zu Ende. Es beginnt das Zeitalter der realen und gefühlten Krisen, nicht nur der Wirtschafts- und Finanzkrisen, ein Zeitalter, dessen Ende für uns nicht zu erkennen ist.

Danach hat sich unsere aktuelle Gegenwart mit der weltpolitischen Wende des Jahres 1989, mit der für fast alle überraschenden Wiedervereinigung, von der man noch manchmal gesprochen hatte, an die aber kaum jemand noch glaubte, nur langsam auf Köln ausgewirkt. Die Wiedervereinigung hat aber, gerade angesichts Berlins neuer Attraktivität, Wirkungen auf Kölns Entwicklung gezeitigt, die wir sehen müssen. Köln, lange zwischen zwei Hauptstädten angesiedelt, großer Nachbar der bis dahin kaum noch provisorischen Hauptstadt Bonn, liegt nun im fernen Westen der Berliner Republik.

Kommunalpolitische, soziale, kulturelle und wirtschaftliche Entwicklungen, viele Veränderungen der Stadt und ihrer Struktur aber sind nicht durch diese Epochen der Stadtgeschichte rhythmisiert oder geprägt, sie sind durchgehend zu sehen. Das gilt z. B. für den Wandel gesellschaftlicher Werte, für Verkehrsfragen, für Wohnungsbau, auch für Stadtplanung oder Denkmalpflege. Solche langfristig zu sehenden Entwicklungen werden nicht einschneidend durch die erwähnten Epochengrenzen innerhalb der Geschichte Kölns nach 1945 bestimmt. So werden diese Entwicklungen auch als Gesamtsicht berichtet. Es geht also immer wieder zurück auf Anfang.

Die Geschichte Kölns nach 1945 ist nicht allein die Geschichte des linksrheinischen Stadtzentrums innerhalb der Ringe. Wir können das mit einem amtlichen Irrtum als Beispiel belegen: »In Köln ist der Widerstand erloschen«, notiert das Kriegstagebuch des Oberkommandos der Wehrmacht unter dem 8. März 1945.

Hier wurden, wie oft heute noch, nur die linksrheinischen Gebiete mit Köln identifiziert. Von dort hatten sich tatsächlich in den beiden Tagen Gauleitung und die wenigen noch verbliebenen letzten Truppen auf die rechte Rheinseite abgesetzt. Nun verläuft die Front am Rhein für gut vier Wochen mitten durch Köln und fordert Opfer. Die rechte Rheinseite wurde erst am 14. April 1945, mehr als einen Monat später, meist ohne Widerstand besetzt und befreit. Nur selten kann von engagierter Verteidigung gesprochen werden.

Von diesem hier im Kriegstagebuch des Oberkommandos der Wehrmacht und oft bis heute wirksamen einseitigen Kölner Geschichtsbild darf der Blick auf Kölns Geschichte nach 1945 nicht ausgehen. Weder Kölns lokale Politik, noch Kölns Wirtschaft oder Kultur sind aus diesem Blickwinkel zu verstehen. Kölns große Lokalpolitiker, mit Konrad Adenauer an der Spitze, haben immer, und gerade 1945 wieder, die Bedeutung des Umlands für Wachstum und Reichtum Kölns im Blick gehabt. Kölns Wirtschaft ist heute Teil einer zentralen europäischen Region inmitten globaler Veränderungen geworden.

Wir begegnen Köln zu Beginn als Ruinenlandschaft, in der sich linksrheinisch einige 10000 Einwohner in Kellern und Bunkern über die letzten Wochen hinweggerettet haben. Anfang April wird nach Beginn der Registrierung am 20. März Kölns Bevölkerung linksrheinisch auf 42 000 geschätzt. Wir treffen auf Menschen voller Erleichterung darüber, dass der Krieg für sie beendet ist, aber ebenso völlig unsicher im Gedanken an eine Zukunft, die sich erst in quälend lang sich hinziehenden Monaten und Jahren zu einer politischen und wirtschaftlichen Situation zu klären beginnt, die uns heute bekannt vorkommt.

Woher kommt meine nächste Mahlzeit, wo komme ich unter, wie bekomme ich Wasser, wie bekomme ich Gas und Strom, wo finde ich Arbeit, wo ist meine Familie, wie werden die Sieger mit mir, mit uns umgehen, wer schützt mein Leben?

Heute würden wir unter den Menschen, die aus einem fast sechsjährigen Kriegsgeschehen, aus unterschiedlich langer Evakuierung, aus Krieg und bald auch aus Kriegsgefangenschaft in eine zerstörte Stadt zurückkommen, viele vermuten, die an posttraumatischen Störungen leiden. Vielleicht sollten wir solche »Störungen« sogar bei allen vermuten. Nur so ist eigentlich die Beschreibung der Deutschen zu verstehen, denen Hannah Arendt 1950 begegnet: »Dieser allgemeine Gefühlsmangel, auf jeden Fall aber die offensichtliche Herzlosigkeit, die manchmal mit billiger Rührseligkeit kaschiert wird, ist jedoch nur das auffälligste äußerliche Symptom einer tiefverwurzelten, hartnäckigen und gelegentlich

Er ist entlassen. Er kommt gerade von der Zentralstelle für Kriegsgefangene. Dort wurde er in die Kartei eingetragen, erhielt 750 Gramm Brot, zwei Zigaretten und einen Entlassungsschein. Unschlüssig steht er da und wartet.

Neue Illustrierte. *Köln 15. November 1946*

brutalen Weigerung, sich dem tatsächlich Geschehenen zu stellen und sich damit abzufinden.« Hier zeigt sich der von diesem Moment an immer wieder neu verstandene und immer wieder neu problematisierte und immer wieder auch verweigerte Umgang mit der deutschen und der Kölner Geschichte der zwölf Jahre unter nationalsozialistischer Diktatur. Dieter Wellershoff hat einmal 2005 seine persönliche Auseinandersetzung mit Kriegsteilnahme und Überleben geschildert. Er spricht vom »irritierenden Gefühl grundloser Bevorzugung«, überlebt zu haben, und auch vom langsamen Wachstum des Bewusstseins, »am äußeren Rand des Geschehens« unwillentlich beteiligt gewesen zu sein. Das Nachfragen und Nachdenken und Nichtbegreifen und Verdrängen beginnt unmittelbar mit der Besetzung Kölns durch amerikanische Truppen und zieht sich seitdem durch alle Jahrzehnte von 1945 bis heute als immer wieder schmerzhafte Begegnung.

Ein Ende als Anfang

Köln in Trümmern – die ersten Tage

»Der Trümmerhaufen Köln wurde dem Feind überlassen.« Die populäre Überlieferung behauptet, so formuliert sei die Nachricht von der Eroberung Kölns durch amerikanische Truppen im Rundfunk bekannt gegeben worden. Vielleicht war das ein »Feindsender«, den die US-Armee – in deutscher Sprache sendend – in Luxemburg installiert hatte. Nachweisbar ist dies nicht. Der Begriff »Trümmerhaufen« erscheint allerdings im Sprachschatz des Deutschen Nachrichtenbüros in anderem Zusammenhang am 8. März, als vollmundig behauptet wird: »Laßt die Amerikaner kommen, für jeden Trümmerhaufen, den sie auf Kölns geheiligtem Boden erobern, werden sie mit dem Blut ihrer besten Divisionen bezahlen müssen.« Die Wirklichkeit sieht anders aus.

In den Berichten des Oberkommandos der Wehrmacht heißt es für den 7. März 1945: »In Köln sind heftige Straßenkämpfe entbrannt.« Und für den 8. März 1945: »Auf dem Westufer wird noch in den Trümmern von Köln gekämpft.« Das entsprach aber nicht den Tatsachen. Oberst Schaffraneck, der sich selbst als »Kampfkommandant von Köln« bezeichnet, legt seine Darstellung der Ereignisse wenige Tage danach am 16. März 1945 vor: »Trotz der geringen Kampfkraft der zur Verfügung stehenden Truppen mit ihrer weitaus unzureichenden Ausrüstung und Bewaffnung sowie jegliches Fehlen schwerer Waffen, hat die Besatzung des Brückenkopfes Köln die Aufgabe erfüllt, die ihr zugedacht war: Verhüten, dass die Hohenzollernbrücke im Handstreich genommen wurde, dadurch Verhindern eines zügigen Vorgehens des Feindes ins rechtsrhein. Reichsgebiet.« Die Sprengung der Hohenzollernbrücke um ca. 12 Uhr 55 durch Pioniere auf Befehl von Generalleutnant Alois Weber, Kommandeur der 363. Volksgrenadierdivision, wird von den linksrheinisch verbliebenen deutschen Soldaten als Verrat empfunden, der ihnen den Rückzug abschneidet.

Die letzten Luftangriffe des Jahres 1945 hatten Köln entvölkert. Mitte November 1944 waren noch gut 250 000 Einwohner in Köln verblieben, alle Älteren und alle Frauen und Kinder, alle nicht für den Krieg unbedingt erforderlichen Einwohner, sollten nun die Stadt verlassen. Nicht alle folgten den Aufforderungen, aber im Januar 1945 befinden sich wohl immer noch etwa 100 000 Einwohner – soweit man noch von

Wohnen sprechen will – beiderseits des Rheins in der Stadt. Am 26. Februar 1945 kam Köln in die Reichweite der amerikanischen Artillerie. Gauleiter Josef Grohé, zugleich Reichsverteidigungskommissar, ordnet am 1. März 1945 die Evakuierung Kölns an. Gleichzeitig werden alle männlichen Kölner zwischen 15 und 60 Jahren zum Volkssturm eingezogen.

Nun setzte eine letzte Fluchtbewegung aus Köln über den Rhein hinweg ein. Für den letzten Angriff am Vormittag des 2. März 1945 hat Paul Simon von der Polizei keine Informationen mehr erhalten. Endgültig waren alle Verwaltungsstrukturen zerstört: »Zugleich war es aber auch einer der schwersten Angriffe überhaupt. Nur aus Augenzeugenberichten ist bekannt, daß die Zahl der Bomben, aber auch deren Zerstörungskraft, als ganz außerordentlich angesprochen werden müssen, so daß nicht nur vieles bisher noch erhalten Gebliebene nunmehr seiner endgültigen Zerstörung anheimfiel, sondern auch für die noch verbliebenen Reste der Einwohnerschaft ein weiteres Verweilen in der Stadt unmöglich schien.« Das war auch das Ziel dieses letzten Angriffes gewesen.

Kein Kampf von Haus zu Haus, trotz aller vollmundigen Ankündigungen, trotz eines Befehls von Gauleiter Grohé, den Volkssturm zu mobilisieren, erwartete die amerikanischen Truppen der Operation »Lumberjack« – Holzfäller –, die mit entsprechendem Schwung am Abend des 4. März die Kölner Außenbezirke erreichten. Seit dem Morgen des 5. März drangen sie vorsichtig in die Innenstadt vor. Auf der deutschen Seite hatte man rasch erkannt, dass eine Gegenwehr kaum Aussicht auf Erfolg haben würde. Truppen und schwere Waffen waren auf die andere Rheinseite gebracht worden. Im Westen der Stadt befindet sich der Polizist Otto Grewe, nun widerwillig Hauptmann im Volkssturm, dessen Bericht aus den Tagen des Vormarschs der Amerikaner zum Rhein den Mangel an Führung, an Mitkämpfern und Ausrüstung sichtbar werden lässt. Er trifft z. B. auf einen anderen Volkssturmmann, den die vorrückenden Amerikaner entwaffnen und mit einem »Opa zurück!« nach Hause schicken. Opfer aber fordert auch dieses letzte Aufgebot an anderer Stelle.

Mit einem Flaggenappell der amerikanischen Truppen am 11. März 1945 im Müngersdorfer Stadion wird die Eroberung Kölns – linksrheinisch – feierlich abgeschlossen. Das militärische Oberkommando der amerikanischen Truppen lässt sich im Excelsior Hotel Ernst am Dom nieder, hinterlässt beim Abzug einige Wochen später ein beachtliches Chaos. Als Erstes wird eine 800 Meter breite Zone entlang der Rheinfront mit Severinstraße, Hohe Straße, Marzellenstraße und Eigelstein als Begrenzung zur Sperrzone erklärt, die erst nach der Besetzung auch des rechtsrheinischen Kölns durch amerikanische Truppen am 16. April 1945 aufgehoben wird. Außerhalb des Stadtzentrums wird der Militärring bis zum 25. April 1945 zur Grenze. Mit dem 7. März wird der Rhein zur Frontlinie, das rechtsrheinische Köln liegt regelmäßig unter Beschuss. Am 13. und 14. April ziehen sich die Wehrmachtseinheiten weiter nach Osten zurück, teils kapitulieren sie mit General Fritz Beyerlein an der Spitze am 15. April 1945 im östlichen Teil des »Ruhrkessels« rings um Düsseldorf. Nun schweigen die Waffen in Köln auf beiden Seiten des Rheins. Am 25. April 1945 werden die Sperrzonen aufgehoben.

Die Herrschaftsstrukturen der nationalsozialistischen Diktatur in Köln hatten schon im Herbst 1944 deutliche Risse gezeigt. Die Herrschaft der Gestapo, der Geheimen Staatspolizei, ganz öffentlich mit Sitz im EL-DE-Haus, und der Staatspolizei mit ihrem burgähnlichen neoromanischen Polizeipräsidium am Eingang der Schildergasse war in der unübersichtlichen Trümmerlandschaft des »Zusammenbruch[s] des öffentlichen Lebens« bedroht. Die jugendlichen »Edelweißpiraten«, über deren historische Einordnung lange debattiert worden ist, waren ein Teil dieser »Gesellschaft in der Katastrophe«: Politisch oder rassisch Verfolgte, Deserteure, entwichene Strafgefangene, geflohene Zwangsarbeiter fanden im unübersichtlichen Chaos der zertrümmerten Stadt Schutz und Unterschlupf. Diebstähle, Überfälle und Schwarzmarktgeschäfte wurden alltäglich. Wenige noch verbliebene rassisch Verfolgte fanden wie Margot Trude-Oppenheimer mit ihren Eltern private Hilfe. Stadtdechant Dr. Robert Grosche schickt die Familie, um die sich bisher der junge Priester Hans Valks gekümmert hatte, ins rettende Asyl des Marien-Hospitals nahe St. Kunibert. Dort erleben sie das Kriegsende in Köln. So hatte sich Karl Winkler (1884–1965) – rassisch verfolgt und als Polizeidirektor und stellvertretender Kölner Polizeipräsident, zuerst versetzt, dann entlassen, bald Kölner Polizeichef – über Jahre in Marienburg verborgen gehalten. Oder Rolf Kattanek, wegen seiner rassisch verfolgten Ehefrau aus städtischen Diensten entlassen, später Beigeordneter, hielt sich seit Herbst 1944 unter falschem Namen in Köln auf, um der Gestapo zu entkommen. Insgesamt haben so in den Trümmern Kölns weit über hundert Kölner diese Verfolgung überlebt. Aus jugendlichem Protest, nach Flucht aus der Zwangsarbeit, aus kommunistischem Widerstand bildeten sich bewaffnete Gruppen, die von der Gestapo als »Banden«, aber auch unter dem Titel »Widerstandsbewegungen« geführt wurden. Es wurde von ihnen sogar aktiv Jagd auf Uniformträger gemacht und gegen die Gestapo Ende 1944 mehrfach bewaffneter Widerstand geleistet. Nicht ohne Erfolg. Schließlich, nachdem das erfahrene Kommando aus Kriminalpolizeibeamten und Staatspolizeibeamten des SS-Hauptsturmführers Friedrich Mohr bei der Erstürmung eines »Banditennests« an der Ecke Gottesweg/Rhöndorfer Straße in Klettenberg gescheitert war, nahm Dr. Max Hoffmann, Leiter der Kölner Gestapo, die Sache selbst in die Hand. Der immer noch heftigen Gegenwehr fiel der Karrierejurist und SS-Obersturmbannführer dann selbst zum Opfer. Die Herrschaft der nationalsozialistischen Diktatur in Köln war für alle in Köln Verbliebenen erkennbar angeschlagen.

Das Erreichen des Rheins, die Eroberung des Zentrums der größten Stadt, die amerikanische Truppen auf deutschem Boden erobern werden, ist für die Alliierten von großem publizistischem Interesse. Am 6. März 1945 haben vor 19 Uhr Panzer der 3. Division des VII. amerikanischen Korps die Auffahrt der Hohenzollernbrücke erreicht. Für die amerikanischen Fotografen und Kameramänner, deren Bilder heute unsere Vorstellungen prägen, wurde ein Panzerduell nahe dem Dom nachinszeniert. In den ersten Tagen und Wochen nach dem 6. März begegnen wir zahlreichen prominenten Journalisten und Fotografen wie Margaret Bourke-White, Lee Flanner, Martha Gellhorn, Lee Miller oder George Orwell und anderen hochrangigen Besuchern, die weltweit über die zerstörte Stadt und ihre verstörten Bewohner berichten.

Später, im Juli 1945, besucht der englische Dichter und Schriftsteller Stephen Spender (1909–1995), der mit drei Reisen zwischen Mai und Oktober 1945 sich ein Bild von Deutschland und seinem geistigen Leben machen sollte, auch Köln. Er zieht eine Bilanz, die für viele der Berichte seit Anfang März stehen kann: »Die große Stadt sieht wie ein Leichnam aus und stinkt auch so, von all dem nicht weggeräumten Müll, all den Leichen, die immer noch unter Bergen von Schutt und Eisen begraben liegen. Und obwohl die Straßen teilweise geräumt sind, gibt es noch viele Krater, und einige der Nebenstraßen sind unpassierbar. Immer noch gibt es ganze Landschaften völlig unberührter Ruinenfelder.«

Zumindest einige der auf der linken Rheinseite in den Trümmern Zurückgebliebenen haben die einziehenden Truppen zuerst mit Begeisterung begrüßt: »Endlich seid ihr gekommen. Seit Jahren haben wir auf euch gewartet.« Die amerikanischen Soldaten hatten den Eindruck, als Befreier eingezogen zu sein. Sie wurden begeistert begrüßt. Festliche Stimmung kam auf.

An den nächsten Tagen haben manche der Zurückgebliebenen und auch Angehörige der US-Truppen das Ende öffentlicher Ordnung zu

Im Rahmen der »Trolley Mission« wurde im Mai 1945 dem amerikanischen Bodenpersonal der Erfolg der Bombardierungen vorgeführt.

Plünderungen genutzt. Der Fotograf Leon Rosenmann, der am 6. März 1945 mit den vorrückenden amerikanischen Truppen den Dom erreicht hatte, bezeichnet das in einem Brief an seine Frau vom 8. März 1945 als Suche nach Souvenirs: »Als die ersten Soldaten, die in die Stadt kamen, hatten wir Gelegenheit, durch die unterschiedlichsten Gebäude, die nicht komplett zu Grunde gerichtet waren, zu streifen und nach Souvenirs zu suchen. Die Ausbeute war wirklich gut. Besonders in den Weinkellern. [...] Und was die Souvenirs betrifft, ich habe eine Menge aufgegabelt und heute Abend vier Stunden damit verbracht, die Dinge zu sortieren und zu verpacken.« Aus deutscher Sicht berichtet Pfarrer Paul Fetten über die Tage seit dem 7. März 1945: »Nachmittag gegen 4 Uhr gingen wir zum Eigelstein. Was wir dort sahen, war niederdrückend. Deutsche plünderten Häuser und Geschäfte aus: Betten, Möbel, Schuhe, Lebensmittel, Läufer und Stoffe wurden herausgeschleppt. Diese Plünderungen hielten tagelang an. Was nicht mitgenommen wurde, wurde zerschlagen und zertrampelt. Dazu zogen auch amerikanische Soldaten zu zwei bis drei durch die Häuser, rissen alle Schränke und Schubladen auf; begehrt waren von ihnen vor allem Alkoholika, Armbanduhren und Schmucksachen.« Die Plünderung von Lebensmittelläden und eines Warenlagers für Haushaltsartikel in Ehrenfeld durch die wenigen verbliebenen Kölner notiert am 8. und 10. März 1945 auch der städtische Beamte Heinrich Jouy (1891–1963), der sich in den Tagen der amerikanischen Besetzung Kölns nicht aus dem Haus wagt, in seinem Tagebuch: »Karrenweise wird alles fortgeschafft. Bei geregelter Beschlagnahme hätte manchem geholfen werden können.« Ebenfalls in Ehrenfeld stehen mittags am 13. März 1945 plötzlich zwei amerikanische Soldaten vor der Tür: »Wie die wieder heruntergehen, ich mit. Bei B. und E. hatten die beiden die Wohnung durchwühlt, alles liegt auf der Erde herum. Durch J.s Ladenlokal waren sie hereingekommen. Man kann kaum aus dem Hause gehen.« Die Plünderungen durch amerikanischen Soldaten schildert auch Stadtdechant Robert Grosche. Seine Klage darüber bei Stadtkommandant John K. Patterson bekommt die realistische Erwiderung: »Plünderungen seien im Krieg nicht ganz zu vermeiden; die deutsche Bevölkerung habe auch gehörig geplündert. Er bittet mich, die Geistlichen in der Predigt darauf hinweisen zu lassen, dass Plünderungen streng bestraft würden.« Selbst im Sitz der Militärregierung unter der Führung von Stadtkommandant John K. Patterson ist man nicht sicher. So berichtet der Schweizer Generalkonsul Franz-Rudolph von Weiss unter dem 20. März 1945 in die Schweiz: »Als wir vor einem Büro warteten, näherte sich ein Neger meiner Frau, und auf ihren Photoapparat und eine goldene Brosche hinweisend, machte er Anstalten, diese einfach wegzunehmen. Nur eine sehr deutliche Zurückweisung auch von mir hinderte den Neger daran, handgreiflich zu werden.« Aus Riehl erzählt Josefine Heinrichs: »Die Amerikaner hatten wild gewirtschaftet, sich aus Schränken Kisten gemacht, um das was ihnen gefiel, nach Übersee zu schicken. Exkremente zwischen Patronenhülsen und den restlichen Möbeln.« Teils gehen ganze Banden, oft ehemalige Zwangsarbeiter, auf Beutezug. Sie fahren bewaffnet im PKW oder sogar mit LKW vor, um Höfe, Häuser, Wohnungen oder Läden auszuplündern. Einen solchen Überfall durch plündernde Polen im Juni 1945 haben das Ehepaar Werner und Juliane Lindgens nicht überlebt. Im Mai 1946 wird ihre per Testament gestiftete Sammlung gemeinsam mit der Stiftung moderner Kunst von Josef Haubrich vom Rat angenommen. So wird die Stadt Köln früh zum Erben einer ganzen Kunstsammlung. Ende 1947 wird das Erbe in der Eigelsteintorburg ausgestellt.

Für Kölns Zukunft ist, wie wir sehen werden, die Stiftung Josef Haubrichs entscheidend. Die Errichtung der Sperrzone macht weitere von deutschen Zivilisten unbeobachtete Plünderungen in diesem zentralen Bereich der Innenstadt möglich. Das Bankhaus Oppenheim, dessen Räume noch bis zum 16. März von zwei Nachtwächtern geschützt wurden, stand nun offen: »Während die Tresore jedem Versuch, sie gewaltsam zu öffnen, widerstanden, wurden die tiefergelegenen Kellergewölbe, wo zahlreiche Koffer und Kisten standen, ausgeplündert. Die in der Bank aufbewahrten Aktienmäntel im Betrag von ca. 900 Millionen Mark wurden auseinandergerissen, mit Dreck besudelt und teilweise angezündet.«

Die Bilanz der so endenden Kriegsjahre ist erschreckend. 1958 rechnet man im amtlichen statistischen Rückblick mit 20 000 Toten des Luftkrieges in der Stadt, mit ebenfalls 20 000 »Wehrmachtstoten«. Militärregierung, Stadtverwaltung und Bevölkerung standen vor (angeblich) 30 Millionen Kubikmeter Schutt, von denen 1957 erst die Hälfte beseitigt ist. An einer Stelle zusammengetragen, hätte das Material einen Schutthaufen höher als der Kölner Dom ergeben. Die Brücken für Straßen- und Eisenbahnverkehr sind zerstört, Gas- und Wasserleitungen vielfach gebrochen. Die wenigen intakten Hydranten werden zum Treffpunkt der Überlebenden. Dort wird gewaschen. Dort holt man Wasser zum Kochen. Strom kann kaum geliefert werden. Von 250 000 Wohnungen vor Kriegsbeginn sind vielleicht 60 000 noch bewohnbar oder leichter herzurichten. Im Juli 1945 kehren wöchentlich 20 000 Kölner in ihre Heimatstadt zurück. Aufrufe über den NWDR, nicht nach Köln zurückzukehren, bleiben ohne Wirkung. Ende Juli rechnet man mit 303 362 Einwohnern.

Eine neue Ordnung soll entstehen

Ähnlich den weit über 100 Millionen von Ziegelsteinen, die man in den kommenden Jahren aus den Trümmern für Neubauten gewinnen wird, sollten aus den Trümmern der zerstörten nationalsozialistischen Gesellschaft nun auch die Bausteine einer neuen demokratischen Gesellschaft gewonnen werden. Der Umgang mit den Deutschen, denen man nun bei der schrittweisen Eroberung als Besiegten begegnete, war meist von Misstrauen und nach der Aufdeckung der Gräuel der Vernichtungslager auch von Verachtung geprägt. Die Fähigkeit, eine Demokratie zu verwirklichen, wurde ihnen vielfach abgesprochen.

Mit dem 21. Juni 1945 gehörte Köln nun zur britischen Besatzungszone. Die »Richtlinien der englischen Militär-Regierung« für »Demokratisierung und Dezentralisierung der örtlichen und Gebietsregierung« für

Karte der Besatzungszonen 1946

die britische Zone brachten es gegenüber der deutschen Bevölkerung Anfang Februar 1946 auf den Punkt: »Der Charakter eines Volkes widerspiegelt im allgemeinen den Einfluss des Landes, in dem sie leben. Unsere Demokratie, die widerstandskräftigste der Welt, ist das Produkt unseres Charakters und Landes. Auf britischem Boden gedeiht sie am besten, aber wir exportieren sie, und wenn sie sorgfältig gepflegt und gehegt wird, so wächst sie in allerlei Ländern, selbst wenn es lange dauert, bis sie sich akklimatisiert. Wenngleich die Deutschen bis zu einem gewissen Grad denselben Ursprung haben wie die Briten, so ist doch die Demokratie, so wie wir sie verstehen, d. h. die Regierung des Volkes durch das Volk und für das Volk, auf den Ebenen Deutschlands nie wirklich zur Blüte gekommen, wie dies im britischen Inselreich der Fall gewesen ist. Nach dem letzten Kriege überließen es die Alliierten den Deutschen, den Samen der Demokratie selbst auszusäen; sie wurden schon früh in ihrem Wachstum von dem üblen Unkraut einer neuen Form deutscher Staatsautorität erstickt. Diesmal haben die Alliierten beschlossen, die Arbeit gründlicher zu besorgen.«

Die Skepsis bestand durchaus zu Recht. Die Jugend ist in Köln, und sicher nicht nur in Köln, geprägt von Scheu vor politischen Auseinandersetzungen und politischem Engagement, geneigt zu Autoritätsgläubigkeit, Heldenverehrung und metaphysischer Unsicherheit. Und damit gibt sie gesamtgesellschaftliche Einstellungen preis. Bei den Lehrern,

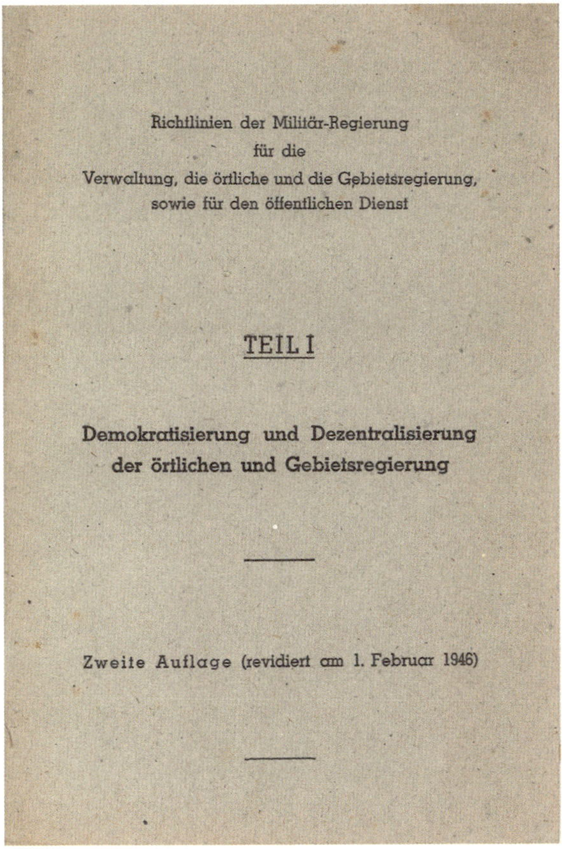
Richtlinien der Militär-Regierung
für die
Verwaltung, die örtliche und die Gebietsregierung,
sowie für den öffentlichen Dienst

TEIL I

Demokratisierung und Dezentralisierung
der örtlichen und Gebietsregierung

Zweite Auflage (revidiert am 1. Februar 1946)

Richtlinien der Militärregierung, *2. Auflage Berlin 1946*

unter denen sich zu diesem Zeitpunkt noch keine Mitglieder der NSDAP befinden dürfen, setzt die Kölner Militärregierung dagegen Anfang 1946 mit einem Umschulungsprogramm an. In Sommer und Herbst des Jahres treffen sich nicht nur in Köln etwa alle zwei Wochen Diskussionskreise, die sich mit den Ursachen des »Zusammenbruchs« und der Aufgabe der Umerziehung, der neuen Erziehung zum moralisch handelnden Menschen, zum Staats- und Weltbürger, der Neuorientierung des Geschichts- und Erdkundeunterrichts oder der Bedeutung des Christentums für die Neuorientierung beschäftigten. Ein deutscher Kommentator sieht dieses Programm »in der durch vielfache Hemmungen, Beängstigungen, Unsicherheiten und materielle und geistige Nöte belasteten seelischen Lage der Lehrerschaft« mit Skepsis.

Die zuerst besetzten Gemeinden und Vororte Kölns nördlich des Militärrings hatten bereits eine neue deutsche Verwaltung bekommen. Erst Mitte April 1945 nimmt dann auch hier die Stadtverwaltung wieder die Fäden in die Hand.

Die US-Militärregierung für die Stadt Köln, das Detachment E1H2, begann ihre Arbeit mit Sitz Kaiser-Wilhelm-Ring 2 offiziell am 9. März 1945. Sie stand unter der Leitung von Lieutenant Colonel (Oberstleutnant) John K. Patterson (1900–1990). Der erfahrene Bauingenieur und langjährige Berufsoffizier hatte um den Jahreswechsel 1943/44 einen zweimonatigen Lehrgang an der School of Military Government in Charlotteville, Virginia, erfolgreich abgeschlossen. Anfang September 1944 hatte er noch in Belgien den Befehl über das Detachment übernommen, das im Mai 1945 in Köln mit 52 Offizieren und 33 Mannschaftsdienstgraden als Kölner Militärregierung wohl seine höchste Personalstärke erreicht hatte.

Die Grundbedürfnisse des menschlichen Lebens standen nun, nachdem man des Überlebens wieder sicherer sein konnte, an erster Stelle: Nahrung, Wohnung, Kleidung und bald auch Heizung. Alles musste neu organisiert werden: Trümmerräumung, Aufbau einer demokratischen Gesellschaft ohne die Beteiligung von Nationalsozialisten, Polizei, Gerichtswesen, Stadtverwaltung, Handel, Verkehr, Versorgung mit Strom, Gas und Wasser, Industrie und Kultur und auch mit Informationen.

Die erste Ordnung des neuen Alltags in der Zone zwischen Militärring und Altstadt, die noch unter deutschem Beschuss von der anderen Rheinseite aus lag, in der Trümmerwüste des Stadtzentrums verlangte nach Polizei, nach medizinischer Versorgung, nach Vorsorge gegen den Ausbruch von Fleckfieber und Typhus, nach Nahrungsmitteln und allen

Gütern des Alltags, nach Wohnraum, nach Versorgung mit Gas, Strom und Wasser, nach Räumung der Straßen, Wiederherstellung von Nahverkehr und Fernverkehr, nach einer Brücke über den Rhein und schließlich auch nach einer öffentlichen Verwaltung, die der Kontrolle der Militärregierung unterworfen wurde, aber der Militärregierung die Arbeit selbst abnahm.

Zuallererst hatte man einen städtischen Polizeidienst neu ins Leben gerufen. Das Kölner Polizeipräsidium an der Ecke Schildergasse/Krebsgasse war im Bombenangriff des 2. März schwer getroffen worden. Die letzten dort verbliebenen Polizisten unter Leitung von Polizeimeister Josef Schmitz waren von amerikanischen Soldaten am Nachmittag des 6. März als Kriegsgefangene abgeführt worden. Die ersten zehn Zivilisten hatte die amerikanische Militärregierung am 9. März eingestellt, siebzehn weitere holte man am Tag darauf aus dem bereits länger besetzten Aachen dazu. Am 15. März 1945 stehen 138 Polizisten mit elf Fahrzeugen zur Verfügung. Am 12. Mai 1945, mit dem Bezug des neuen Polizeipräsidiums in der ehemaligen Verwaltung der Firma Otto Wolff am Kattenbug, waren in Köln sechs rechtsrheinische und acht linksrheinische Polizeireviere eingerichtet, Ende 1947 sind es dann 25 Reviere im gesamten Stadtgebiet.

Bereits am 12. März konnte der 1933 als Jude in den Ruhestand versetzte Polizeidirektor Karl Winkler, der verborgen in Marienburg überlebt hatte, offiziell als Polizeichef, der sich aber lieber als Polizeipräsident ansprechen ließ, eingesetzt werden. So hatte auch Karl Winkler selbst seine Zukunft gesehen. Beim Einmarsch amerikanischer Truppen soll er aus einem Marienburger Haus herausgekommen sein, und als man ihm bestätigte, dass es sich um amerikanische Truppen handelte, gesagt haben: »Dann werde ich Polizeipräsident in Köln.« Im deutschen Rundfunk wird seine Ernennung mit Häme kommentiert: »Unsere Propaganda redet vom neuen Polizeichef, der täglich auf dem Hohenzollernring spazieren ging(e), und sich grüßen ließe.« Das war nicht immer eine einfache Rolle. Davon zeugt seine Personalakte. 1948 wirft eine Ermittlung des Landesernährungsamtes Bonn Karl Winkler das Halten von zwei Kühen, aber auch von Schweinen und Schafen vor. Er wird verwarnt, der Kölner Polizeiausschuss weist die »strenge« Verwarnung zurück: Die Kühe lieferten schließlich ihre Milch für die Polizeikantine und nicht für Karl Winkler persönlich, und in der Kantine endete wohl auch das Schicksal der Schweine und Schafe.

Die Ziele des Aufbaus einer neuen Polizei werden in einer Instruktion der inzwischen englischen Militärregierung am 25. November 1945 deutlich formuliert. Darin heißt es, dass »die neue deutsche Polizei nicht wieder zu einem Unterdrückungsinstrument ausgebildet werden darf, das von einer zentralen Stelle zum Schaden des deutschen Volks gehandhabt« wird. Der »Abbau aller Nazi-Gewalt, -Gebilde und -Merkmale« und Ausbau als lokale Behörde, als örtliche Körperschaft, sind das Ziel. Ende Mai 1945 hatte die Kölner Polizei wieder 667 Mitarbeiter, Ende Dezember sind es 1 500, davon sind 659 reguläre uniformierte Beamte und vier Beamtinnen, 38 Kriminalbeamte und 779 Hilfspolizisten.

Am 20. März beginnt man mit der Registrierung der Bevölkerung, die linksrheinisch am 4. April mit der Erfassung von 41 515 Einwohnern, davon 2 260 Kindern unter zwölf Jahren, abgeschlossen wird. Rechtsrheinisch beginnt man am 30. April 1945 mit der Registrierung der Bevölkerung und erfasst bis zum 10. Mai 1945 nun 40 251 Einwohner und davon 2 981 Kinder unter zwölf Jahren, eine Woche später sind es 49 418 Einwohner.

Eine der nächsten Maßnahmen ergab sich aus der akuten Sorge um die Gesundheit der Bevölkerung. Am 15. März 1945 rief der für öffentliche Gesundheit zuständige Lt. Colonel Oswald Hedley 31 Ärzte zusammen, die im linksrheinischen Köln geblieben waren. Drohende Typhuserkrankungen und eine Epidemie von Fleckfieber, von dem am 11. Februar 1945 insgesamt 194 Fälle erfasst worden waren, konnten mit Impfungen und Chlorbeigabe zum Wasser – soweit überhaupt Leitungen intakt waren – rechtzeitig gestoppt werden. Am 22. März 1945 werden die nun insgesamt 81 im linksrheinischen Köln anwesenden Ärzte registriert.

Die Furcht vor dem meist von Läusen übertragenen Fleckfieber führte zu einer bis heute oft erzählten, prägenden Kölner Nachkriegserinnerung: Nach der Besetzung des rechtsrheinischen Köln strömte die Bevölkerung in die von manchen ja nur kurzfristig verlassene Stadt zurück. Mancher wurde dabei Opfer skurrilen Humors: Mutter und Tochter, von den Tschechen ausgewiesen, erhalten in Thüringen den Eintrag »Zu Fuß nach Köln« in ihre Papiere. In Erinnerung an Willy Ostermanns »Heimweh nach Köln« mit der Zeile »ich möch zo Foß noh Kölle gon« meinte der das Papier ausstellende amerikanische Offizier: »Sie singen das Lied doch immer so gerne.« Der Marsch dauerte 45 Tage. Aber das Lied war für viele »Evangelium«, erzählt Sibilla Falter von ihrer Rückkehr nach Köln: »Der ganze Deutzer Bahnhof war voller Flüchtlinge. Erst hat man uns in Quarantäne gesteckt. Sind entlaust worden. Wir waren in Köln, sahen den Dom von der anderen Seite. Wir haben geheult. Die haben alle kölsche Lieder gesungen. ›Ich möchte zu Fuß nach Kölle jon‹. Da kam das Lied richtig zur Geltung, und es ist für Tausende von Menschen zur Wahrheit geworden. Das Lied war ein Evangelium.« Und blieb es. Noch Jahre später wünschte Kölns großer Gastronom der Nachkriegszeit, Hans Herbert Blatzheim (1905–1968), sich das Lied zu seiner Beisetzung im Jahre 1968, zu der seine Stieftochter Romy Schneider wegen Dreharbeiten nicht kommen konnte.

Viele Rückkehrer ins Linksrheinische wurden vor Betreten der zerstörten aber unter Lebensgefahr benutzbaren Hohenzollernbrücke, der Fähren oder der nun entstehenden Behelfsbrücken mit kräftigen Gaben von DDT-Pulver entlaust. Es löste einen heftigen langandauernden Juckreiz aus. Dabei machten sich einige amerikanische Soldaten das makabre Vergnügen, die wartenden Deutschen mit Luftschüssen aus ihren Maschinenpistolen von einer Seite des Platzes auf die andere zu jagen. Andere nutzten die Gelegenheit des Pulververteilens am Körper unter der Unterwäsche für sexuelle Belästigungen. Vom 16. April 1945 bis Ende Juni 1945 war dies Standardbehandlung für jeden, der den Rhein nach Westen überqueren wollte.

Dem Schweizer Generalkonsul, der sich nach Rhöndorf zurückgezogen hatte und so Nachbar Konrad Adenauers wurde, fällt bei seinen Besuchen in Köln der Leichengeruch auf, der über der Stadt liegt. Er berichtet am 26. April 1945 in die Schweiz: »Köln bietet nach wie vor einen trostlosen Anblick, und in der Stadt verbreitet sich ein unerträglicher Geruch, der von den Tausenden von Leichen herrührt, die noch unter den ausgebombten Häusern liegen.«

Für die rasch anwachsende Bevölkerung wurde das Gesundheitsamt wiederaufgebaut, zuerst unter der Leitung des früheren Gerichtsarztes Dr. Max Schwellnus, der sofort wieder entlassen wurde, als seine Parteimitgliedschaft bekannt wurde. Sein Nachfolger, ein Gegner des Nationalsozialismus, der ehemalige Kreisarzt Dr. Lohmer, zog sich im Mai aus Altersgründen zurück, als mit Dr. Franz Vonessen (1892–1970) ein erfahrener Amtsarzt des Gesundheitsamtes nach Köln zurückkehrte. Er hatte sich der Diktatur mit ihrem »Erbgesundheitsgesetz« nicht gebeugt und war schließlich in den Ruhestand versetzt worden. Ende Juni zählte man für ganz Köln mit inzwischen etwa 240 000 Einwohnern wieder fast 1 500 Krankenhausbetten. Für den Bau des arisierten Kaufhauses Bing, den das Gesundheitsamt bis heute nutzt, musste die Stadt Köln 1952 den Erben noch 500 000 D-Mark nachzahlen.

Für die nach Köln kommenden Kriegsgefangenen wurde eine »Zentralstelle für Kriegsgefangene« eingerichtet. Ein Arzt und Rot-Kreuz-

Schwestern betreuten mit minimaler Ausstattung und »drei Butterbroten und einer Tasse Malzkaffee« die ehemaligen Soldaten. Bis zum 13. März 1946 hatte man etwas über 75 000 Kriegsgefangene betreut, darunter fast 50 000 Kölner. Manche kamen aus den amerikanischen »Rheinwiesenlagern« südlich und nördlich von Köln, in denen zwischen Ende April bis in den August 1945 hinein Hunderttausende zuerst unter freiem Himmel kampieren mussten. Zwischen 3 000 und 5 000 Menschen haben hier noch am Ende des Krieges den Tod gefunden. Dieter Wellershoff hat seine Zeit in einem ähnlichen Lager mehrfach geschildert. Ende 1949 werden es über 70 000 Kriegsgefangene sein, die nach Köln als ihre Heimat zurückgekehrt sind.

Am 11. Juli 1945 hatte Dr. Robert Lehr, Oberpräsident der Nordrheinprovinz, Arbeitspflicht für jeden männlichen Deutschen im Alter von 14 bis 65 Jahren und für Frauen zwischen 16 und 45 Jahren angeordnet. Kontrollieren und erzwingen sollte dies die Verpflichtung, den Arbeitspass bei der Ausgabe der Lebensmittelkarten vorzulegen. Offensichtlich waren immer wieder Vorwürfe laut geworden, dass trotz hoher Arbeitslosenzahlen viele Arbeitsplätze nicht besetzt werden konnten. Den Grund, den miserablen allgemeinen Gesundheitszustand der Kölner Bevölkerung, schildert im Dezember 1945 der Leiter der ärztlichen Untersuchungsstelle des Kölner Arbeitsamtes. Negativ wirkt sich aber nach seiner Erfahrung der vielfach berufsfremde Einsatz älterer Beamter und Angestellter aus – zumindest zum Teil noch nicht wieder eingestellte Parteimitglieder der NSDAP: »Vielmehr hatten wir den Eindruck, dass es durch die plötzlich veränderten Anforderungen zu einem ausgesprochenen »Knick« in der Lebenslinie dieser Menschen gekommen ist und als völliger Vitalitätsverlust äußerlich in Erscheinung trat. Starke seelische Belastung, der diese Altersgruppen zum größten Teil nicht mehr gewachsen sind, Sorgen und Angstgefühle treiben diese Menschen in einen Zustand der Hoffnungslosigkeit und scheinen durch mangelnde seelische Kraftreserve zu einer Verödung des Gemütslebens und Verlust der psychischen Aktivität zu führen.« Den Menschen, denen die neue Situation neue Kräfte verleiht, begegnen wir bald auf dem Schwarzen Markt.

Die amerikanische Militärregierung für Köln, zuständig für die zivile Verwaltung, nutzte zu Beginn die Verwaltungsgebäude am Kaiser-Wilhelm-Ring 2 und Hohenzollernring 94 als Hauptquartier. Nahebei, im Verwaltungsgebäude der Allianz Kaiser-Wilhelm-Ring 31–41, befindet sich für fast ein Jahrzehnt, vor dem Umzug in den Spanischen Bau, das Rathaus. Die englische Militärregierung für Köln, der nach der alliierten Entscheidung über die endgültigen Zonengrenzen am 21. Juni 1945 der

Für fast ein Jahrzehnt dient das Verwaltungsgebäude der Allianz als Rathaus. Bereits im Sommer 1946 schmückt sich der Rat mit einem Springbrunnen davor.

Stadtschlüssel überreicht wird, wechselt noch im Sommer in die Elsa-Brandström-Straße 11 in Riehl. Erstmals seit Abzug der britischen Besatzung nach dem Ersten Weltkrieg – gerade 19 Jahre zuvor – tritt wieder eine Ehrenwache der britischen Armee in Köln auf. Die Ehrenkompanie der Irish Guards wird musikalisch von einer Kapelle der Scots Guards begleitet. Unter Abspielen der jeweiligen Nationalhymnen wird die amerikanische Flagge eingeholt und die englische Fahne aufgezogen. Der stellvertretende amerikanische Stadtkommandant Lt. Col. R. L. Hiles übergibt den Stadtschlüssel an den englischen Militärgouverneur Major G. H. Pownall, dessen Amt allerdings bald Major J. Alan Prior und anschließend Oberstleutnant John. M. White übernehmen wird. Die übergeordnete Militärregierung für den Regierungsbezirk Köln mit Colonel J. M. Hamilton als Militärgouverneur finden wir wenig später in der Parkstraße 3–5 in Marienburg wieder. Bis zu den Pariser Verträgen von 1955 steht die Bundesrepublik noch unter Aufsicht der Alliierten Hohen Kommission, jedes Bundesland unter der Aufsicht eines Landeskommissars.

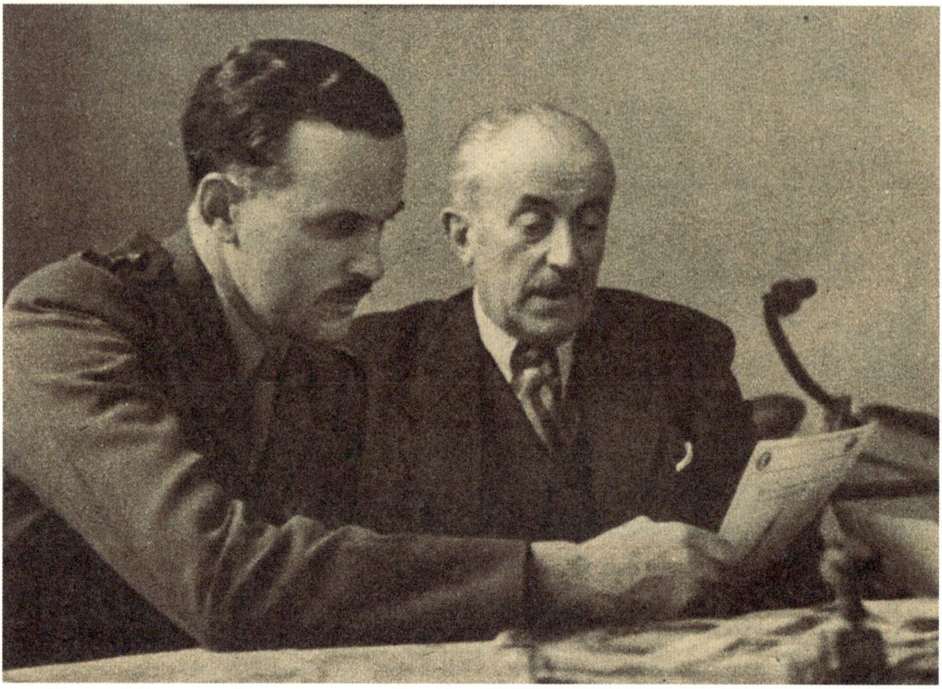

Stadtkommandant Oberstleutnant White im Gespräch mit Oberbürgermeister Pünder, Neue Illustrierte. *Köln 13. Dezember 1946, S. 8*

Den regelmäßigen Kontakt zur Militärregierung macht Ende 1945 erst Oberbürgermeister Hermann Pünder zur Institution. Sein rüde abservierter Vorgänger Oberbürgermeister Konrad Adenauer hatte betont Distanz gehalten. Hermann Pünder führt mit dem Stadtkommandanten John M. White regelmäßig jeden Montagnachmittag Gespräche, und häufiger machen sie gemeinsam eine Fahrt durch die Stadt. Erst ab 1949 spielt die Kölner Militärregierung keine entscheidende Rolle mehr. Eine neue Verwaltung aufzubauen, fiel nicht leicht. Direkt am ersten Tag, am 9. März 1945, wurden »mit dem Sekretär der alten katholischen Zentrumspartei«, damit ist wohl Peter Josef Schaeven gemeint, dem wir noch oft begegnen werden, und mit einem »Beamten der alten Sozialdemokratischen Partei« Gespräche zum Aufbau einer zuverlässigen Verwaltung, frei von Nationalsozialisten, geführt. Einer der in Köln verbliebenen städtischen Beamten, Peter Adams, hatte mit anderen Kollegen Zuflucht im Keller des Kaufhofs gefunden. Er wird bald bis Anfang 1947 das Amt für Ernährung und Landwirtschaft leiten und einen Bericht über die erste Zeit hinterlassen.

Ein Springbrunnen schmückt in den 1950er Jahren auch den Neumarkt.

Die Verwaltung soll neu entstehen, allerdings nur mit den alten Kräften, die nicht Mitglieder der NSDAP gewesen waren. Am 14. März 1945, eine Woche nach dem Einmarsch der Amerikaner, wird eine Bekanntmachung veröffentlicht und ausgehängt: »Alle bisherigen und ehemaligen Beamten, Angestellten und Arbeiter der städtischen und staatlichen Behörden werden zur sofortigen persönlichen Meldung aufgefordert. Amtliche Ausweise sind mitzubringen.« Am 16. März 1945 hatten sich 41 Beamte, 159 Angestellte und 312 Arbeiter gemeldet, die nicht Mitglied der NSDAP gewesen waren. Insgesamt haben sich bis zum 24. März 1945 auf diesen Aufruf über 4000 Personen gemeldet. Der Bevölkerung wird die neue, von der Militärregierung anerkannte Stadtverwaltung mit einem Aushang vom 21. April 1945 vorgestellt.

Lt. Colonel John K. Patterson stand vor keiner einfachen Aufgabe. Er konnte sich großer öffentlicher Aufmerksamkeit der Presse und dementsprechend auch der vorgesetzten Dienststellen sicher sein. Die Aachener Militärregierung, die bereits seit Mitte Oktober die erste Großstadt auf deutschem Boden zu verwalten hatte, war inzwischen heftiger Kritik

im Alter von 16-70
nicht in den
Some citizens of Cologne read Military Government proclamations posted on the outside of an air-raid shelter.

Aushänge sind das erste Kommunikationsmedium. Yank. The Army Weekly *vom 20. April 1945, S. 3*

ausgesetzt gewesen. Sie hatte rings um den am 31. Oktober 1944 eingesetzten Oberbürgermeister Franz Oppenhoff (1920–1945), der am 25. März 1945 auf Befehl Heinrich Himmlers ermordet wurde, eine konservative, von ehemaligen Zentrumsmitgliedern dominierte Verwaltung entstehen lassen. Zu ihr gehörten auch ehemalige Parteimitglieder der NSDAP, die man für vertretbar gehalten hatte. Die »undemokratischen Verhältnisse« in Aachen waren im Februar 1945 in der englischen und amerikanischen Presse zum Skandal geworden. Kritik aus dem Hauptquartier folgte. Das hatten John K. Patterson und sein Team in Aachen hautnah miterlebt.

In Köln legten John K. Patterson und seine Mitarbeiter zwar von Beginn an offiziell fest, dass ehemalige Parteimitglieder keine Beschäftigung in der Stadtverwaltung finden sollten. Aus den in Aachen gemachten Erfahrungen war man sich jedoch bewusst, dass dies schwierig sein würde. Jedes offizielle Abweichen von dieser Linie, worauf Konrad Adenauer später immer wieder drängte, würde einen erneuten Aufruhr in der Heimat und scharfe Kritik der militärischen Führung hervorrufen. Tatsächlich, ganz im Gegensatz zu den offiziellen Berichten nach oben, scheint sich bald eine Praxis ähnlich wie in Aachen herausgebildet zu haben, sich nur bei der Besetzung höherer Verwaltungspositionen rigoros daran zu halten. So wurden hier bei 743 Bewerbern für wichtigere Positionen 318 abgewiesen. Aber mit der Übernahme von ehemaligen Parteimitgliedern in niedrige und manchmal auch gehobene Positionen – im Gegensatz zur weiter offiziell vertretenen Linie – brachte man die Verwaltung im linksrheinischen Köln zügig zum Funktionieren.

Im rechtsrheinischen Köln halten sich bis Ende April 1945 noch die Reste der nationalsozialistischen Stadtverwaltung, zuletzt unter der Leitung von Stadtkämmerer Oskar Türk und Stadtdirektor August Osthus. Bürgermeister Robert Brandes, seit Juni 1944 nach dem Tod von Oberbürgermeister Peter Winkelnkämper kommissarisches Stadtoberhaupt, hatte am 4. März 1945 mit einigen Mitarbeitern durch einen Düker in Niehl unter dem Rhein hindurch das linksrheinische Köln verlassen, verwaltete sein restliches Köln nun vom Mauserhof in Köln-Brück aus. Gauleiter Grohé und die Spitzen der Partei und der Verwaltung, aber auch die Polizei, der Luftschutz und die Feuerwehr zogen sich dorthin zurück. Joseph Goebbels notiert enttäuscht im Tagebuch, Josef Grohé habe »trotz pompösester Ankündigungen seinen Gau nicht verteidigt« und wolle sich nun noch nachträglich »als großer Held« aufspielen.

Robert Brandes setzte sich am 24. März 1945 nun auch aus dem rechtsrheinischen Köln ab. Er beauftragte Stadtdirektor August Osthus, im Falle der Besetzung auch des rechtsrheinischen Kölns durch die Amerikaner, die Stadtverwaltung zu leiten. Zwischen dem 11. und 14. April 1945 wird das rechtsrheinische Stadtgebiet fast kampflos von amerikanischen Truppen besetzt. Über die am 21. April 1945 von den Amerikanern errichtete Pontonbrücke in Höhe der Schönhauser Straße hat kurz darauf die rechtsrheinische nationalsozialistische Restverwaltung mit der neuen linksrheinischen Stadtverwaltung Kontakt aufgenommen und verblüfft zur Kenntnis nehmen müssen, dass sie aufgrund ihrer Parteimitgliedschaft nun »kaltgestellt« sei. Am 27. April 1945 wurden sie »ihres Dienstes enthoben«. Die städtischen Mitarbeiter ohne Parteibuch verblieben im Dienst und sollten nun eine rechtsrheinische Verwaltung neu aufbauen.

Willi Suth war am 16. März 1945 mit dem Titel Bürgermeister an die Spitze der Stadtverwaltung berufen worden. Der Schwager Konrad Adenauers, von 1920 bis zur Vertreibung aus dem Amt im Jahre 1933 durch die Nationalsozialisten Kämmerer der Stadt Köln, musste als vertrauenswürdig und kompetent gelten. Das eigentliche Interesse der amerikanischen Militärregierung allerdings galt Konrad Adenauer. Mit Stolz berichtet er, dass ihn die »Weisse Liste« der Psychological War-fare Division des Alliierten Hauptquartiers als Nr. 1 für Köln und die Rheinprovinz geführt hat. Dort finden wir ihn als »Konrad Adenhauer« zusammen mit den Namen von Hans Böckler, Leo Schwering oder Robert Pferdmenges, denen wir ebenfalls noch begegnen werden. Bereits am 16. März 1945 erhielt Adenauer in Rhöndorf Besuch von zwei Offizieren der Militärregierung, von Oberstleutnant Melvil O. Tuhus und Hauptmann Albert L. Emerson. Wohl am 19. März 1945 wurde er von Rhöndorf in einem Jeep nach Köln geholt und vom stellvertretenden Stadtkommandanten Lt. Col. Raymond L. Hiles aufgefordert, wieder Oberbürgermeister von Köln zu werden: »Ich bat davon abzusehen, mich zum Oberbürgermeister zu machen. Ich hätte drei Söhne an der deutschen Front; sie würden sicher von den Nazis erschossen werden, wenn bekannt würde, daß ich von den Amerikanern zum Oberbürgermeister von Köln ernannt sei; ich sei aber bereit, nach besten Kräften zu helfen.« In einer internen Übersicht über den Aufbau der Kölner Verwaltung, datiert auf den 1. Mai 1945, wird Konrad Adenauer bereits als Oberbürgermeister aufgeführt. Offiziell wird er in der Chronik des Verwaltungsberichtes für 1945/47 ab dem 4. Mai 1945 als Oberbürgermeister genannt. In den sechs Wochen zwischen seinem ersten Kontakt mit dem stellvertretenden Stadtkommandanten Raymond L. Hiles und seinem offiziellen Amtsantritt hat sich Adenauer intensiv mit Zustand und Zukunft seiner Vaterstadt beschäftigt. Stadtdechant Dr. Robert Grosche nennt fünf ausführliche Gespräche. Er wird sicher nicht der einzige Gesprächspartner Konrad Adenauers in diesen Wochen gewesen sein.

Die Auferstehung der Stadtverwaltung vollzog sich rasch, trotz aller Behinderung durch den nicht haltbaren und auch nicht eingehaltenen Vorsatz und Auftrag, keine Parteimitglieder einzustellen. Eine amtliche

Grundlage für ihre Arbeit erhält die Stadtverwaltung erst mit der Verordnung Nr. 21 der Militärregierung mit der von ihr abgeänderten Deutschen Gemeindeordnung vom 30. Januar 1935, die mit Wirkung vom 1. April 1946 in Kraft gesetzt wird. Die Macht und Ohnmacht der neu erwachten Stadtverwaltung wird der gerade wiedervereinten links- und rechtsrheinischen Kölner Bevölkerung am 21. April 1945 mit einem Plakat erläutert. Darin heißt es: »2. Die neue Verwaltung führt die städtischen Geschäfte nur solange, bis es möglich sein wird und die Militärregierung es zuläßt, Wahlen zur Stadtverordneten-Versammlung vorzunehmen. [...] 4. Die Stadtverwaltung ist befugt, nach Einholung des Einverständnisses der Militärregierung im Rahmen ihrer Zuständigkeiten alle Verordnungen zu erlassen und Anordnungen zu treffen, die sie zur Erfüllung ihrer Aufgaben für erforderlich hält.«

Schlechtes Gewissen gegenüber Menschen, die z.B. als Zwangsarbeiter eingesetzt waren, kennt man nicht. Und die städtischen Finanzen kennen auch keine »Stunde Null«. Die Abrechnung der noch nicht berechneten Einsätze tausender Zwangsarbeiter, Kriegsgefangener und KZ-Häftlinge nimmt das Hochbauamt im November 1947 in die Hand und versucht, von den Firmen die noch zu zahlenden Löhne einzutreiben. Allerdings ohne große Erfolge.

Im Jahre 1946 hatte der städtische Stellenplan mit Beamten, Angestellten und Arbeitern, ohne Lehrer und mit der bis 1953 städtischen Polizei, 18754 Stellen und für 1947 werden 21 539 Stellen verzeichnet. Ein beachtliches Wachstum. In diesen Stellenplänen sind – im Gegensatz zu heute – noch Häfen, Verkehrsbetriebe, Gas- und Wasserwerk und Müllabfuhr enthalten. Allerdings waren Ende 1947 »noch mehr als 1 000 Beamte und Angestellte, deren politische Überprüfung noch nicht abgeschlossen ist, außerhalb der Verwaltung. In zahlreichen Fällen, in denen Beamte und Angestellte beschäftigt werden, ist eine endgültige Entscheidung in den Entnazisierungsverfahren noch nicht getroffen.«

Konrad Adenauer schildert in seinen Erinnerungen, fast zwei Jahrzehnte später, nach dem ersten Gespräch mit dem stellvertretenden Stadtkommandanten, seinen ersten Eindruck von der Domstadt: »Die Aufgaben, die sich mir in dem völlig zerstörten Köln stellten, waren groß und außerordentlich schwierig. Das Bild der zerstörten Stadt Köln war erschütternd. Das Ausmaß des Schadens, den die Stadt durch die Luftangriffe und die weiteren Auswirkungen des Krieges erlitten hatte, war ungeheuerlich. [...] Köln sah mit seinen zerstörten Kirchen, von denen viele fast tausend Jahre gestanden hatten, mit seinem geschändeten Dom, mit den aus dem Rhein ragenden Trümmern der einst so schönen

Brücken und dem unendlichen Meer von zerstörten Häusern gespenstisch aus. Die Menschen wohnten notdürftig in den Kellern zerbombter Häuser. Gekocht wurde auf primitiv aus Ziegeln zusammengebauten Feuerstellen. Wasser wurde mit Eimern und Blechnäpfen an den wenigen Pumpen, die heilgeblieben waren, geholt.«

Es sollte Jahre dauern, bis diese Versorgungsprobleme wieder »friedensmäßig« gelöst waren. Seit dem 2. März 1945 war die Versorgung mit Wasser, Gas und Strom eingestellt. Nichts ging mehr. Die Hauptleitungen für Wasser, Gas und Strom wiesen über 15000 schwere und schwerste Schäden auf. Für Tage lieferten nur einige Hydranten und private Pumpen notdürftig Wasser. Lange fehlten die notwendigen Arbeitskräfte, die nach der Flucht vor den Bomben, Evakuierung oder Kriegsgefangenschaft erst langsam in die Stadt zurückkehrten. Am 14. März 1945 konnten das Kesselhaus am Zugweg und das Druckpumpenwerk dort wieder in Betrieb genommen werden. Das Pumpwerk Stadion verbesserte, nachdem wieder Strom dorthin geführt worden war, Anfang April 1945 die Versorgung der westlichen Vororte und das Pumpwerk Weiler ab Juli 1945 die der nördlichen. Aber es dauerte bis Ende 1946, bis alle Hauptleitungen, die die Wasserwerke Zugweg, Hochkirchen und Weiler miteinander verbinden, instandgesetzt wurden und damit das alte Versorgungssystem wiederhergestellt war.

In der Altstadt waren Rohre und Leitungen angesichts der Trümmerberge auf den Straßen, die den Zugang versperrten, erst Ende 1948 zu 75 Prozent wieder nutzbar. Manche völlig zerstörten Straßenzüge beginnt man 1950 anzuschließen. Erst 1948 mit dem Bau der Deutzer Brücke werden auch die Versorgungsnetze für Gas und Wasser auf beiden Rheinseiten aufs Neue miteinander verbunden. Ende 1949 erreicht das Leitungsnetz mit 734 Kilometern wieder den Stand des Jahres 1940. Die Zahl der Wasserkunden des Jahres 1940 erreicht Köln erst Ende der 50er Jahre wieder, um sich bis heute zu verdoppeln.

Gas konnte schon seit Oktober 1944 nicht mehr genutzt werden. Die Fernleitungen waren ausgefallen, und in der Stadt selbst waren längst zu viele Leitungen defekt. Im März 1945 rechnete man mit 5000 Schadstellen in den Hauptleitungen. Die Fernleitung aus dem Ruhrgebiet konnte rasch wiederhergestellt werden. Mit Hilfe der US-Army wurden fehlende Rohrteile in Brühl gegossen. Dann setzte man eine Gasleitung von Mülheim nach Deutz wieder instand, um dort einen Gießereiofen wieder in Betrieb nehmen zu können, um nun hier Verbindungsstücke und Rohre gießen zu lassen. So kann früh im Sommer 1946 die RHENAG rechtsrheinisch zu liefern beginnen. Linksrheinisch können Riehl, Merheim und Mauenheim versorgt werden, und die Ford-Werke konnten durch den bestehenden direkten Anschluss bedient werden.

Für die privaten Haushalte dagegen sah es schlecht aus. Jeder bestehende Anschluss musste neu auf Dichtigkeit geprüft werden, so waren linksrheinisch Ende März 1947 im Norden der Stadt erst 3 157 Haushalte und 98 Betriebe wieder ans Gas angeschlossen und rechtsrheinisch nur 303 Haushalte und 18 Betriebe. Danach konnten die Arbeiten beschleunigt werden. Die Zahl von fast 120 000 Gaskunden im Jahr 1940 wurde erst 1952 erneut erreicht. Bis 1960 wird der Absatz von Gas verdreifacht und steigt danach rasant weiter an. Die Bombenangriffe hatten auch die Straßenbeleuchtung mit ca. 16 000 Gaslaternen bis auf wenige Laternen zerstört. Ende 1949 brannten nachts endlich 3 420 Gaslaternen, die bald auch wieder automatisch gezündet werden konnten.

Strom lieferte im März 1945 ersatzweise das Kraftwerk der Glanzstoff-Courtaulds GmbH in Niehl über die Umspannwerke Nippes und Ehrenfeld. Ende März 1945 konnten die Kraftwerke Fortuna zu liefern beginnen. Ende 1945 war das Versorgungsnetz, soweit es bewohnbare Häuser gab, in Betrieb. Aber mit der wachsenden zurückkehrenden Bevölkerung wurde auch hier der Mangel an Zählern zum Problem. Erst 1950 wuchsen der Stromverbrauch in Köln und die Zahl der Stromkunden wieder auf die Höhe des Jahres 1940, um dann rasant weiter zu steigen. Die elektrische Straßenbeleuchtung mit ca. 5 000 Leuchten war ebenfalls fast ganz zerstört und bis Ende März 1947 gelang es, 534 wieder in Betrieb zu nehmen, Ende des Jahres 1948 waren es 1 538 und Ende 1949 dann 2 544 elektrische Leuchten.

»Eine revolutionäre Angelegenheit« – die Ortsausschüsse

Es gab für wenige Monate mit den Ortsausschüssen, geboren aus der Not der ersten Wochen, Ansätze zu einem neuen demokratischen Geist an der Basis. Sie waren längst aktiv bevor der Rat am 1. Oktober 1945 erstmals zusammentrat. Verwaltung und Politiker, aus der Erinnerung an die Jahre vor 1933 lebend, fühlten sich bedroht: »Ich war nämlich dabei, als 1945 in der Verwaltung die Ortsausschüsse legalisiert wurden. Sie waren ein wildes Gebilde, wie Kollege Fröhlich richtig sagt, und sie sind aus diesem Umstand heraus zu verstehen und zu billigen. Aber, wie gesagt, es war eine revolutionäre Angelegenheit. (Au! Au! Links)

Man kann sich also vorstellen, daß die damalige erste Stadtverwaltung einer revolutionären Angelegenheit kritisch gegenüberstand. Dann fiel von Adenauer, der damals gerade wieder Oberbürgermeister geworden war, das entscheidende Wort: Nein, sie sind legal. Sie werden berufen. Sie werden beauftragt; denn wir wünschen, daß das Wort Demokratie auch in die Tat umgesetzt wird.« So verabschiedet Peter Josef Schaeven (CDU) am 20. März 1951 die Ortsausschüsse. Die Rolle der Militärregierung ist verdrängt, die gegen Adenauers Willen auf der Einsetzung der Ortsausschüsse bestanden hatte. Aber der Gedanke an »Bezirksbürgermeistereien« nach Berliner Vorbild wird durch Ernst Schwering (CDU) wenig später in dieser Diskussion erstmals im Rat vorgetragen.

Monate bevor sich am 1. Oktober 1945 ein von der Militärregierung zusammengestellter und einberufener Rat erstmals versammelt, um sich vom Kommandanten der Militärregierung für den Stadtkreis Köln, Major J. Alan Prior, die Regeln ihres zukünftigen Arbeitens erläutern zu lassen, beginnt politisches Leben und Handeln in Kölns Stadtvierteln, in den Ortsausschüssen. Auch in anderen Städten regen sich vergleichbare Ausschüsse, die ebenso auf Dauer den Stadträten zum Problem werden. An Bürgerausschüsse in Köln hatte die amerikanische Militärregierung unter John K. Patterson bereits in einem Instruktionsschreiben vom 26. März 1945 an Willi Suth gedacht, der bis zum Antritt seines Schwagers Konrad Adenauer als Oberbürgermeister die Stadtverwaltung leitet: »Der MG-Offizier läßt im allgemeinen die Verwendung inoffizieller Bürgerausschüsse zu zur Beratung und Unterstützung der Verwaltung. Solche Ausschüsse und ihre Mitglieder müssen von dem MGO genehmigt werden.«

Rechtsrheinisch waren sie zuerst entstanden. Angesichts der linksrheinischen fast menschenleeren Trümmerwüste, in der die amerikanische Besatzung sofort beginnt, Militärregierung, Polizei und Verwaltung aufzubauen, ist das rechtsrheinische Köln nicht direkt im Blick, als ab dem 14. April 1945 nun das gesamte Stadtgebiet der Kölner Militärregierung untersteht. In Mülheim waren Plünderungen leer stehender Wohnungen so häufig, dass sich ein Wohnungsausschuss bildet, der den Bestand leer stehender Wohnungen erfasst, schützt und an Rückkehrer verteilt. Eine erste ordentliche Sitzung findet am 9. Mai 1945 statt, »ein Datum, das also durchaus nicht den Beginn spontaner Selbsthilfe in Mülheim markiert, sondern nur deren ›Institutionalisierung‹«. Weitere Ortsausschüsse, die sich lokaler Probleme annehmen, entstehen rechtsrheinisch in Anlehnung an die sich rasch wieder organisierenden Betriebsausschüsse der großen und kleinen rechtsrheinischen

Industrieunternehmen. Hier bemühen sich die wieder durch Rückkehrer langsam wachsenden Belegschaften, ihre Betriebe wiederzubeleben. Und man kümmert sich auch um seinen Stadtteil. Vor dem 1. Mai 1945 sollen 12 Ortsausschüsse tätig gewesen sein. Weitere sieben kamen bis Mitte Juni 1945 hinzu. So berichtet z. B. der Ortsausschuss Dünnwald am 27. Juli 1945 an die Verwaltung: »Als nach dem Einrücken der amerikanischen Truppen viele Einwohner unseres Ortes aus den Konzentrationslägern [sic] und von der Flucht vor den Nazis zurückkehrten, bildeten diese Männer einen sogenannten Ortsausschuss, der es sich zur Aufgabe machte, dem Ort wieder ein friedensmäßiges Aussehen zu geben. Dieses erreichten wir dadurch, daß wir die im Ort verbliebenen Nazis verpflichteten und die übrigen Männer aufriefen zu helfen, die Panzersperren zu beseitigen und die Laufgräben, MG-Stände usw. zuzuschütten. Ferner haben wir, um die größte Not zu verhüten, die notwendigen Lebensmittel wie Kartoffeln, Brotmehl usw. mittels Kraftfahrzeugen herangeholt.« Theodor Fink, von Beginn an Mitglied des Rates und Ortsausschussvorsitzender in Dellbrück, trägt am 15. November 1945 im Rat vor: »Die Ortsausschüsse sind, wie Ihnen bekannt ist, nicht gewählt worden und auch von keinem berufen worden. Aber eines war damals da: das war die große Not und das grauenvolle Elend. Als damals die Fremdarbeiter in Verbindung mit den deutschen Verbrechern über uns herfielen, die Häuser, Geschäfte und ihre Lager ausplünderten, die Bauernhöfe überfielen, das letzte Stück Vieh abschlachteten und die Bauern ermordeten, da waren wir da; als eine Panikstimmung auszubrechen drohte, als keine Behörde und keine Polizei Ihnen Schutz gewähren konnte, da waren die Ortsausschüsse da, und in dieser Stunde der Gefahr hat sich gezeigt, dass sie die Treuesten waren.«

Diesem emotionalen Ausbruch stellt er konkrete Zahlen zur Seite. Zwischen Ortsausschüssen und auf der anderen Seite Verwaltung und Rat bestanden von Beginn an Spannungen. Die alle zwei Wochen gemeinsam tagenden Vorsitzenden der rechtsrheinischen Ortsausschüsse muss der Rat – nicht demokratisch durch eine Wahl legitimiert, sondern von Gnaden der Militärregierung – geradezu als Konkurrenz empfunden haben. Immer wieder gab es gegenseitige Kritik und Kompetenzstreitigkeiten.

Am 21. Mai 1945 waren die zumeist kommunistischen Häftlinge aus dem Konzentrationslager Buchenwald zurückgekehrt, deren Heimholung Hermann Zilles bei Konrad Adenauer veranlasst hatte. Hermann Zilles hatte selbständig den Weg nach Köln zurück gemeistert. Noch in

Buchenwald hatten die dort versammelten und schon lange straff organisierten Kommunisten in einer »Volksfrontkonferenz« elf Forderungen beschlossen, zu denen auch die »Sofortige Bildung antinazistischer Volksausschüsse in Stadt und Land« und die »Übernahme der öffentlichen Gewalt« durch diese Ausschüsse beschlossen wurde. Nun sollte dieser Gedanke in Köln umgesetzt werden. Am 8. Mai 1945 hatte man sogar einen zentralen »Arbeitsausschuss der rechtsrheinischen Ortsausschüsse« gebildet. Im Juli 1945 waren rechtsrheinisch noch sieben weitere Ortsausschüsse dazugekommen. Acht der Vorsitzenden gehörten zur SPD, fünf zur KPD, drei zur CDU und bei drei weiteren ist keine Parteizugehörigkeit erkennbar.

Linksrheinisch entstanden die Ortsausschüsse, meist mit einem KPD-Mitglied an der Spitze, etwas später. Die ersten Anzeichen zeigen sich im Mai 1945. Zuerst wohl in Sülz/Klettenberg und bald danach in Lindenthal, Ehrenfeld, Bickendorf und Riehl. Im August werden Ortsausschüsse in Nippes, Merheim/Mauenheim, Zollstock und Niehl festgestellt. Im Stadtzentrum werden die Altstadt Nord, Mitte und Süd mit Ortsausschüssen besetzt, wie von der Militärregierung gefordert und wohl widerwillig von der Verwaltungskonferenz am 26. Mai 1945 beschlossen. In Bayenthal wird erst Ende August 1945 nach vergeblichen früheren Versuchen ein Ortsausschuss gegründet. In Marienburg hat man Probleme, einen Vorsitzenden für den Ortsausschuss zu finden. Vorsitzender wird von der späten Gründung am 10. September 1945 bis zum Ende der Ortsausschüsse der Lebensmittelgroßhändler Franz-Josef Heukeshoven.

Da Oberbürgermeister Konrad Adenauer und die Stadtverwaltung die ungeliebte Basisdemokratie nicht beseitigen können, wird sie vereinnahmt und instrumentalisiert. Stadtkommandant J. Alan Prior versucht, den Kommunisten Georg Hoffmann, Vorsitzender des Ortsausschusses Ehrenfeld, als Koordinator aller Kölner Ortsausschüsse bei der Stadtverwaltung durchzusetzen. Er erkannte in den Ortsausschüssen wohl die in Richtlinien der Militär-Regierung für die »Demokratisierung und Dezentralisierung der örtlichen und Gebietsregierung« geforderten Personen, »die auf Grund ihrer politischen und sittlichen Eigenschaften bei der Entwicklung echt demokratischer Einrichtungen behilflich sein können.« Aber Konrad Adenauer setzt sich durch und die konservativ eingestellte Stadtverwaltung übernimmt Schritt für Schritt die Kontrolle der Ortsausschüsse. Vorsorglich entzieht Konrad Adenauer den Ortsausschüssen jegliche offizielle Autorität und veröffentlicht im ersten Heft des Verwaltungsblatts der Stadt Köln vom 20. Juni 1945 die lakonisch kurze Notiz: »Betr.: Orts- oder Bürgerausschüsse. Die in verschiedenen Stadtteilen und Vororten gebildeten Orts- oder Bürgerausschüsse haben keinerlei öffentliche Befugnisse. Niemand ist verpflichtet, ihren Anweisungen Folge zu leisten.«

Mit den »Richtlinien für die Tätigkeit der Ortsausschüsse« vom 21. August 1945 werden dann vier städtische Beamte den Ortsausschüssen als Viererausschuss und koordinierende und verwaltende Instanz vorgeschaltet. So, mit 47 Ortsausschüssen, von denen jeder einen Stadtbezirk vertritt, stellt Stadtkommandant Major J. Alan Prior das System in seiner Rede vor dem ersten Rat am 1. Oktober 1945 vor: »Diese Ortsausschüsse sind zusammengefaßt in einem Ausschuß von vier Mitgliedern, die ihre ganze Arbeitskraft den Ortsausschüssen zur Verfügung stellen und verantwortlich sind für die Weitergabe der Anregungen und Wünsche der Bevölkerung und dafür, daß diese bei der Stadtverordneten-Versammlung und Stadtverwaltung die nötige Aufmerksamkeit finden.« Das war sicher gut gemeint.

Konrad Adenauer und die Stadtverwaltung sehen den Informationsfluss und die Aufgabenstellungen in die andere Richtung gehen. Die Ortsausschüsse wurden nun zu örtlichen Hilfsorganisationen der Stadtverwaltung, um deren Anordnungen bei Schutträumung, Sammlung von Brennmaterial, Beobachtung von Einzelhandel und Schwarzem Markt, Wohnraumvermittlung und Wohnraumreparatur, Beobachtung der Kriminalität, bei Kleider- und Möbelsammlungen umzusetzen.

Die Eigeninitiative der Ortsausschüsse wird rasch beschnitten, auch wenn Hermann Zilles (KPD), inzwischen Stadtverordneter, dies im November 1945 im Rat heftig kritisiert. Sie stellten dennoch gerne Forderungen von gesamtstädtischer Bedeutung auf. So beschlossen die linksrheinischen Ortsausschüsse in einer Vollversammlung am 14. November 1945 die Entfernung aller politisch belasteten Beamten aus ihren städtischen Ämtern. Und die Vollversammlung aller Ortsausschüsse am 15. November 1945 fordert, dass alle Zulassungen von Gewerbebetrieben, Einzelhandelsbetrieben und Gaststätten zuvor den Ortsauschüssen vorgelegt werden. Im März 1946 erhalten die Ortsausschüsse eine Geschäftsordnung, die ihren internen Ablauf regulieren soll. Damit werden die Ortsausschüsse zu einem wohlfunktionierenden Instrument der Verwaltung, ohne die z.B. die ersten Ermittlungen seit Oktober 1945 für die Entnazifizierungsausschüsse nicht machbar gewesen wären. Die bedeutendste Aufgabe wird die Organisation der Schutträumung als Ehrendienst der Bevölkerung. Hierfür wurden am 19. und 20. Februar 1946 Sitzungen der links- und rechtsrheinischen Ortsausschussvorsitzenden durchgeführt, auf denen Oberbürgermeister Hermann Pünder die ehrenamtlich Tätigen auf ihre große und bald erfolgreich durchgeführte Aufgabe einstimmt.

Nach der ersten freien Wahl zum Rat am 13. Oktober 1946 mit einer überwältigenden Mehrheit für die CDU wurde die Freiheit der Ortsausschüsse weiter beschnitten. Am 29. März 1947 wird mit den Stimmen von CDU und SPD eine neue Geschäftsordnung für die Ortsausschüsse beschlossen, die nun deren Mitglieder nach Parteibuch auswählte und zählte. Die SPD hatte sich schließlich den Wünschen der CDU angeschlossen. Bei fünf CDU-Mitgliedern und vier SPD-Mitgliedern war für die KPD nur noch ein Sitz vorgesehen. Die Verdoppelung der KPD-Wählerstimmen kurz darauf bei der ersten Landtagswahl am 20. April 1947 auf 17,5 Prozent angesichts der wachsenden Nahrungsmittelkrise brachte ein verbessertes Angebot: Nun sollten es fünf Sitze für die CDU, drei für die SPD und zwei für die KPD sein. Und verdiente KPD-Vorsitzende von Ortsausschüssen sollten bleiben dürfen. Die KPD lehnte auch dieses Angebot ab, ein deutlicher Schritt in die sich abzeichnende Isolation der Partei.

Hatte die CDU vor der neuen Geschäftsordnung 14 Ortsausschussvorsitzende gestellt, werden es nun 27. Die Zahl der SPD-Vorsitzenden geht von 22 auf 17 zurück. Von den ursprünglich 17 kommunistischen Ortsausschussvorsitzenden waren im März 1947 nur noch sechs im Amt gewesen. Im April 1947 zieht die KPD, als Konsequenz aus dieser gegen sie gerichteten Änderung der Geschäftsordnung der Ortsausschüsse, ihre Parteimitglieder aus allen Ortsausschüssen zurück.

Nach diesen Veränderungen sieht Ernst Schwering, dessen Misstrauen gegenüber den Ortsausschüssen im Rat allgemein bekannt war, diese nun positiv: »Diese frischen Triebe einer wiedererstandenen Demokratie sollen gepflegt und in ihrer Arbeitsfreude erhalten werden. Daß wir ihnen auch heute wieder unsern herzlichen Dank aussprechen, ist selbstverständlich. Dieser Dank bezieht sich auf alles, was mit den Ortsausschüssen zusammenhängt, wie die besonderen Vereinigungen der Ortsausschussvorsitzenden und den Viererausschuß, der ebenfalls verdienstvolle Arbeit geleistet hat.« Auch Robert Görlinger sieht noch 1948 in den Ortsausschüssen eine Chance, »in den Vororten einen lebendigen Kontakt zum Bürger selbst zu schaffen, im Interesse der Vororte, die zu eigenem Leben erwachen müssen. Die jetzt geschaffenen Ortsausschüsse sind vielleicht eine Keimzelle, die in der Richtung ausgebaut werden kann und von deren Erfahrung wir ausgehen können. Ich glaube, dieses Experiment, das wir in Köln gemacht haben, sollte man fortentwickeln.« Für die Schutträumungsaktion des Jahres 1948 waren die Ortsausschüsse erneut eine große Hilfe. Ihre Berichte des Jahres 1949 zeigen allerdings, dass sie immer weniger in Anspruch genommen wurden und einige sich bereits auflösen. In der Ratssitzung am 20. März 1951 zieht Peter Fröhlich (SPD), wie der zu Beginn zitierte Peter Josef Schaeven (CDU), Bilanz am Ende der Geschichte der Ortsausschüsse: »Mit dem 31. März stellen die Ortsausschüsse ihre Arbeit ein. Damit wird wieder ein Blatt in der Nachkriegsgeschichte unserer Stadt umgeschlagen.« Am 10. April 1951 treffen sich die Ortsausschussvorsitzenden ein letztes Mal und akzeptieren die Auflösung.

Die Kölner KPD hatte die Ortsausschüsse zu Beginn, wie in Buchenwald beschlossen, hoffnungsfroh als die dort gewünschten antifaschistischen Volksausschüsse und als Ausgangspunkt der dort geplanten »Übernahme der öffentlichen Gewalt« gesehen. So hatte es die erste noch halblegale Delegiertenkonferenz für den Bezirk Mittelrhein am 15. Juli 1945 im Saal einer Ossendorfer Gastwirtschaft für die »Bürgerausschüsse« beschlossen. Nun gab man frustriert diese Möglichkeit der Selbstdarstellung ganz aus der Hand. Man hatte nach Widerstand, Konzentrationslagerhaft, Emigration, Flucht und Verfolgung, die gerade die Kommunisten als schärfste politische Gegner der Nationalsozialisten hart getroffen hatte, mit Kriegsende nur für kurze Zeit den Anspruch, die neue Gesellschaft zu bestimmen oder zumindest mitzubestimmen, verwirklichen können.

Eine neue Demokratie – Parteien, Rat und Oberbürgermeister

Ohne Moos nichts los

Bevor wir über Demokratie in Köln reden können, müssen wir über Geld reden. Ohne Geld, ohne sparsames Wirtschaften fällt die städtische Demokratie dem Haushaltsicherungskonzept und damit der Aufsicht der Regierungspräsidentin oder des Regierungspräsidenten in die Hände. Köln ist arm und, wenn auch nicht sexy wie Berlin, so doch glücklich. Kölns Glück wird behauptet, Kölns Armut lässt sich messen.

Das Realsteueraufkommen, zusammengesetzt aus den städtischen Einnahmen aus Grundsteuern und Gewerbesteuer, für die die Hebesätze vom Rat festgelegt werden, stellt heute nicht mehr die einzigen städtischen Einnahmen. Die Städte werden inzwischen anteilig an Umsatzsteuer und Einkommensteuer beteiligt. Hinzu kommen Zuweisungen für einzelne Projekte. Bereits das Realsteueraufkommen hinterlässt aber im Vergleich der Großstädte ein prägnantes Bild vom Wohlstand und seiner Entwicklung für die jeweilige Stadt. Im Realsteueraufkommen pro Kopf der Einwohner liegt Köln 1950 in Nordrhein-Westfalen hinter Düsseldorf, Essen und Dortmund. 1960 hat Düsseldorf seinen Vorsprung weiter ausgebaut und Köln hat Essen und Dortmund überholt. In der Bundesrepublik wird Köln zwischen 1971 und 1987 von Hamburg und München überholt und der Vorsprung von Düsseldorf, Frankfurt oder Stuttgart steigert sich weiter. Das hat sich weiter fortgesetzt. Im Jahre 2012, im 100. und letzten gedruckten Band des *Statistischen Jahrbuchs Deutscher Gemeinden*, zeigt sich immer noch das gleiche Bild. Köln befand sich unter den zehn größten Städten mit über 500 000 Einwohnern an sechster Stelle im Rang der Steuereinnahmen pro Kopf. Frankfurt liegt erwartungsgemäß an der Spitze. Dann folgen die Landeshauptstädte München, Düsseldorf, Hamburg und Stuttgart. Ärmer in den Steuereinnahmen pro Kopf sind Bremen, Essen, Berlin und Dortmund. Auch andere Maßstäbe ergeben kein erfolgreicheres Bild. Im Kaufkraftindex liegt Köln auf Platz 62 mit 20 650 € pro Kopf, Düsseldorf mit 22 668 € auf Platz 13. Im Bruttoinlandsprodukt pro Kopf befindet sich Köln mit 69 176 € knapp über dem Landesdurchschnitt von 65 964 €, aber weit hinter Düsseldorf mit 82 667 €.

Der gesetzliche Spielraum für eigene zusätzliche Einnahmen ist klein. Erfolgreich war die 2005 eingeführte Zweitwohnungssteuer, die neben den Steuereinnahmen durch viele Ummeldungen nach Köln als Erstwohnsitz erhöhte Zuweisungen des Landes brachte. Bei der Vergnügungssteuer besteht das Risiko, dass attraktive Veranstaltungen mit bundesweit einheitlichen Eintrittspreisen Köln umgehen. Die seit 2010 diskutierte Bettensteuer ist für die Kämmerin oder den Kämmerer angesichts ständig wachsender Bettenzahlen in Köln und eines blühenden Tourismus attraktiv, aber juristisch heikles Gebiet. Der erste Versuch scheiterte vor Gericht. Der nächste Versuch gelang, brachte aber hohen Aufwand für die 70 Prozent berufsreisenden Gäste und ihre Hoteliers.

Die Folgen ständiger städtischer Armut für Stadtbild und soziale Verhältnisse, trotz aller Ausgleichszahlungen und Zuschüsse zu wichtigen Projekten aus Mitteln des Landes oder des Bundes, erleben wir täglich. Und nur im Rahmen dieser finanziellen Verhältnisse kann sich die Arbeit des Rates bewegen, vielfach bereits mit Aufgaben und Ausgaben belastet, die Gesetze des Landes oder des Bundes zuvor festgelegt haben.

Köln verliert nach 1945 schrittweise seine Bildungshoheit ans Land. Sie ist zu teuer. Im Mai 1947 stellt das Kuratorium der Universität unter dem Vorsitz von Oberbürgermeister Pünder noch ausdrücklich fest, dass man keinen Landeszuschuss erbitten wolle, »um so die Selbständigkeit dieser städtischen Einrichtung zu erhalten«. Im Juli 1948 vertritt Bürgermeister Görlinger dagegen die Auffassung der SPD-Fraktion, dass das Land die Kosten der Universität wenigstens teilweise übernehmen solle. Angesichts ständig wachsender Studentenzahlen wird trotz hoher Studiengebühren ab 1953/54 stufenweise bis 1965 die Finanzierung der bis dahin noch städtischen Universität ans Land übertragen. Mit dem Übergang der Musikhochschule ans Land, inzwischen Hochschule für Musik und Tanz mit verschiedenen Standorten auch außerhalb Kölns, und ebenfalls mit dem Übergang der Kölner Werkschulen 1971 in die staatliche Fachhochschule wiederholt sich der Vorgang. Die Übergabe der Universität ans Land wird im Rat als schmerzhaft empfunden. Selbst eine neue Zentralbücherei muss als Mittelpunkt für die Bürger trotz aller Zugriffsrechte auf die Universitäts- und Stadtbibliothek neu aufgebaut werden. Die autonomen Möglichkeiten, das Geschehen in Köln zu steuern, sind so zunehmend eingeengt worden, die »kommunale Allzuständigkeit wurde auf eine Restzuständigkeit reduziert«. Nach der Durchsicht aller Bände der Ratsprotokolle seit 1945 erfüllt mich jedenfalls Staunen und Bewunderung für das Engagement der meisten Mitglieder des Rates für ihre Stadt angesichts dieser finanziellen Grundprobleme. Karrieremöglichkeiten in der Politik und Aufstiegschancen in Aufsichtsräte städtischer Gesellschaften öffnen sich nur für wenige.

15. September 1945 – die Parteien werden genehmigt

Die für die politische Arbeit notwendigen Parteien durften, so erfahren wir aus den »Richtlinien« der Control Commission, auf lokaler Ebene ab dem 15. September 1945 von der Militärregierung offiziell zugelassen werden. Erste organisatorische Aktivitäten hatten sich in allen politischen Richtungen sofort mit Beginn der amerikanischen Besatzung Kölns gerührt, allerdings mit sehr unterschiedlichen Zielen. Die Mitglieder der bisher herrschenden Organisationen hatten inzwischen ihre Parteiabzeichen in den Trümmern verschwinden lassen, ihre Parteibücher und die parteikonformen Schriften zum Heizen verwendet, die Akten in den Büros möglichst vernichtet und selbst im Rheinischen Museum gingen die Objekte und Akten zur Frühgeschichte der NSDAP im Rheinland spurlos verloren.

Die alten Strukturen bei KPD und SPD werden nach Kriegsende rasch wiederbelebt. Man erwartet nach den Toten, die dem Terror der nationalsozialistischen Diktatur zum Opfer fielen, nach persönlichen Leidenszeiten unter der Gestapo, im Konzentrationslager, in ständiger Furcht, selbst zum Opfer zu werden, nun selbst die Führung in eine neue Zeit übernehmen zu können. Die alten Ziele werden wieder aufleben gelassen. Und die Empörung ist groß, dass es nicht so läuft, wie erwartet.

Die KPD beginnt voller Hoffnungen, wie sie schon in den Ortsausschüssen zu sehen waren, mit ihrer Arbeit. Von den gut 3 000 politisch Verfolgten, die nach 1945 in Köln erfasst wurden, werden etwa zwei Drittel Kommunisten gewesen sein. Ende Februar/Anfang März 1945 hielten sich nur noch wenige Kommunisten in den Trümmern der Stadt versteckt. Bei einem ersten Treffen in einem Keller der Altstadt Mitte März 1945 wurde Heinrich Niesen zum vorläufigen Bezirkssekretär bestimmt. Er suchte bald darauf Kontakt zum Stadtkommandanten, der ihn an Willi Suth als derzeit amtierenden Verwaltungschef verwies. Dieser hatte ihn freundlich empfangen, aber kein Angebot zu Mitarbeit und Mitgestaltung des Wiederaufbaus von Stadt und Gesellschaft gemacht. Heinrich Niesen ist trotzdem bald darauf in städtischen Diensten und findet eine Gelegenheit, Konrad Adenauer, der inzwischen am 4. Mai 1945 sein Amt als Oberbürgermeister angetreten hatte, um Unterstützung für die Rückholung der Kölner aus dem Konzentrationslager Buchenwald zu bitten. Der am 21. Mai 1945 vor dem provisorischen Rathaus im Allianzhaus am Kaiser-Wilhelm-Ring organisierte begeisterte Empfang der Buchenwald-Häftlinge, die von Heinrich Niesen und dem Beigeordneten Ernst Schwering nach Köln begleitet worden waren, war als ungenehmigte Versammlung rasch von amerikanischem Militär aufgelöst worden.

Die aus dem Konzentrationslager Buchenwald zurückgeholten Häftlinge versuchen nun am 31. Mai 1945 bei Konrad Adenauer mehr Einfluss auf Stadtverwaltung und Wiederaufbau von Gesellschaft und Stadt zu gewinnen. Der Kommunist Eugen Zander hatte Konrad Adenauer als Lagerältester im KZ-Außenlager in der Deutzer Messe kennengelernt. Ihn begleiten Hermann Zilles und der parteilose Max Reetz. Am 9. Juni 1945 legen sie ihre Vorschläge Oberbürgermeister Konrad Adenauer als Denkschrift vor. Dazu gehören die Kontrolle der Verwendung aller Fahrzeuge, der Lebensmittel, Entfernung aller NSDAP-Mitglieder aus leitenden Positionen in Verwaltung, Wirtschaft und Industrie, organisierte Beteiligung aller Kölner zwischen 16 und 50 Jahren an zwei Tagen in der Wochen an Räumarbeiten, Kontrolle der Wohnmöglichkeiten und »Ankurbelung des kulturellen Lebens durch Errichtung von Spieltrupps, die die Grundsätze der Anti-Naziideologie auf weltanschaulicher, politischer und religiöser Basis künstlerisch gestalten«. Alles Vorschläge und Wünsche, die mehr oder weniger intensiv auf Geheiß der Militärregierung von Kölns Verwaltung vorbereitet und in den nächsten Monaten auch durchgeführt werden. Aber nicht mit Kommunisten an den Schalthebeln der Verwaltung. Vergeblich fordert die KPD nach ihrer offiziellen Zulassung im September 1945 die Besetzung von mindestens drei Beigeordneten der Kölner Stadtverwaltung mit Kommunisten.

Die Organisation der KPD ist inzwischen inoffiziell vorbereitet worden. Am 15. August 1945 konnte die Kölner Bezirksleitung dann die Zulassung der »Kommunistischen Partei Deutschlands in Köln und im Regierungsbezirk Köln« bei der Militärregierung beantragen. Unterschrieben wurde der Antrag von den Bezirkssekretären Hermann Zilles, Heinrich Gérard, Heinrich Niesen, Maria Fensky und Kurt Bachmann. Anfang Oktober wurde dem Antrag stattgegeben, und am 13. Oktober 1945 fand in der Aula der Universität die erste offizielle Mitgliederversammlung statt.

Langsam zeichnet sich die Spaltung Deutschlands ab. Die Versuche der KPD, auch im Westen die SPD für eine Einheitspartei zu gewinnen, treiben einen Keil zwischen beide Parteien. Aber noch sind Reisen und

Auftritte von Funktionären aus dem Osten in Köln möglich. Begeistert berichtet Max Burghardt, seit Anfang Mai 1946 Intendant des Kölner Rundfunks, vom Auftritt Wilhelm Piecks und Otto Grotewohls im Kölner Stadion: »Der Besuch Wilhelm Piecks und Otto Grotewohls in Köln am 21. Juli 1946, zwei Monate nachdem ich den Kölner Sender übernommen hatte, bereitete mir eine riesige Freude. Der Besuchstag wurde für viele von uns zu einem Höhepunkt. Überall, wo die beiden Funktionäre erschienen, ergaben sich Volksbewegungen. Das lag wiederum nicht im Interesse der Engländer. Die englischen Rundfunkbeauftragten ließen mir sagen, daß die Angestellten des Senders der Kundgebung fernbleiben sollen. [...] Und natürlich suchte ich die Veranstaltung auf. Das Stadion war ausverkauft. Der Beifall gewaltig.«

Robert Görlinger kehrt am 10. Juli 1945 nach zwölf Jahren, nach Flucht und Verfolgung, nach Köln zurück. Als prominentes SPD-Mitglied geflüchtet, war er am 12. Mai 1941 in Frankreich verhaftet worden. An einen kurzen Zwischenaufenthalt im Klingelpütz, um von der Gestapo verhört zu werden, schließt sich eine lange Haft im Konzentrationslager Sachsenhausen an. Endlich zurückgekehrt, reagiert auch der Sozialdemokrat Robert Görlinger empört auf die in Köln vorgefundenen Verhältnisse. Keine zwei Wochen nach seiner Rückkehr, am 23. Juli 1945, erhebt er in einem »Bericht über die Stimmung der Bevölkerung in der Stadt Köln«, der wohl über die Militärregierung mit Blick auf die neu angetretene Labour-Regierung überreicht wurde, schwere Vorwürfe, die Konrad Adenauer, der eine Abschrift erhalten hatte, ausführlich in seinen Erinnerungen zitiert. »Die frühere sozialdemokratische Arbeiterschaft und auch die kommunistische Arbeiterschaft ist in Köln trotz des Verbots der politischen Parteien außerordentlich rege tätig und aufs tiefste entrüstet über die Politik, die von Adenauer, Suth und Schwering, gestützt auf den katholischen Klerus in Köln, geführt wird.« Tatsächlich folgt der einzige Sozialdemokrat in einer Spitzenposition der Kölner Verwaltung, Personaldezernent Josef Brisch, der 1933 von den Nationalsozialisten als Oberbürgermeister von Solingen entlassen worden war, frustriert vom »Kölner Klüngel um Adenauer«, bald dem Ruf, als Oberbürgermeister nach Solingen zurückzukehren. Sein Nachfolger im Amt wird Ernst Schwering (CDU). Die Atmosphäre zwischen der Stadtverwaltung unter Oberbürgermeister Konrad Adenauer, Bürgermeister Willi Suth und der von Robert Görlinger geführten SPD verbessert sich dadurch nicht gerade. Sie ist auch nach ihrer Zulassung durch die Militärregierung angespannt.

Und auch im Wahlkampf vor der ersten Kommunalwahl am 13. Oktober 1946 bleibt Robert Görlinger beim Thema. Bei einer Kundgebung der SPD in der Aula der Universität holt er weit aus: »Im ganzen Regierungsbezirk Köln einschließlich der Kölner Regierung, in keinem Stadt- und keinem Landkreis ist die Sozialdemokratie in der vordersten Linie. Nirgendwo finden sie einen Oberbürgermeister oder Oberstadtdirektor, der der SPD angehört.« Erst nach der nächsten Kommunalwahl 1948 wird sich mit dem Ende der Hegemonie, der absoluten Mehrheit der CDU im Rat, dieses Problem der Besetzung der Führungspositionen in der Verwaltung lösen lassen.

Bei den alten Führungskräften des Zentrums ist in den Jahren der Unterdrückung ein Konzept für eine neue Partei gewachsen. Mit der offiziellen Gründung der Kölner Christlich Demokratischen Partei am 19. August 1945, deren Genehmigung am Tag darauf beantragt wird, beginnt eine Partei ihre Arbeit, die das traditionsreiche katholische Zentrum als politische Kraft ersetzen will. Die Gedanken daran waren in christlichen Widerstandskreisen lange vor Kriegsende entstanden. Dr. Leo Schwering (1883–1971), dessen Leben selbst im Chaos der letzten Kriegstage von einem erneuten Zugriff der Kölner Gestapo bedroht wurde, hatte z.B. im Januar 1945 in Königswinter mit Wilhelm Warsch, dem amtsenthobenen Bürgermeister von Krefeld-Uerdingen und zukünftigen Krefelder Oberbürgermeister und Kölner Regierungspräsidenten, über die Notwendigkeit einer die nichtsozialistischen Wähler zusammenfassenden Partei gesprochen.

In Köln war der Boden gut vorbereitet, als beide mit amerikanischen Passierscheinen versehen am 9. Mai 1945 in Köln eintreffen. Schon am 19. März 1945 hatte der Steueroberinspektor Hans Schäfer, später Vorsitzender des Deutschen Beamtenbundes, seinen Programmentwurf für eine Christlich-Demokratische Volkspartei an Peter Josef Schaeven, den langjährigen Generalsekretär des Zentrums in Köln, gegeben. Nun folgen die von einem der Teilnehmer, Josef Hofmann, bis 1945 Redakteur der *Kölnischen Zeitung*, bald Chefredakteur der *Aachener Volkszeitung* und von 1946 bis 1968 Mitglied des Landtags, lebhaft beschriebenen Gründungstreffen.

Zuerst treffen sich am 17. Juni 1945 im Kolpinghaus an der Breite Straße 18 ehemalige führende Mitglieder des Zentrums und dann folgen die Beratungen der von Leo Schwering geleiteten Programmkommission am 23./24. Juni und vom 30. Juni bis 2. Juli 1945 im Dominikanerkloster Walberberg. Pater Eberhard Welty OP hatte die Teilnehmer eingeladen und brachte seine schmale programmatische Schrift »Was nun? Grundsätze und Hinweise zur Neuordnung im deutschen Lebensraum« in die Diskussionen ein. Hier nahmen dann mit dem zukünftigen

Stadtsuperintendenten Hans Encke und Rechtsanwalt Fritz Fuchs auch Protestanten teil. Viele Teilnehmer waren bereits vor Kriegsende gemeinsam im Kölner Kreis aktiv gewesen, hatten nationalsozialistischem Einfluss widerstanden und Planungen für die Zeit danach diskutiert. Ende Juli 1945 konnte man dann wieder in Köln die »Kölner Leitsätze« beschließen. Gleichzeitig hatte man auch in Berlin mit der Gründung einer überkonfessionellen Partei begonnen. Nach langen auch überregionalen Gesprächen fand am 19. August 1945 im Kolpinghaus an der Breite Straße die offizielle Gründungsversammlung der Christlich-Demokratischen Partei in Köln statt. Am nächsten Tag, dem 20. August 1945, stellen Theodor Scharmitzel, Leo Schwering und Peter Josef Schaeven den Antrag an die Militärregierung, die Christlich Demokratische Partei zu genehmigen. In der parallel laufenden Gründung der Partei in Berlin hatte man sich für die Bezeichnung »Christlich Demokratische Union« entschieden, die in allen Besatzungszonen beim Treffen in Godesberg im Dezember 1945 übernommen wurde. Peter Josef Schaeven, langjähriger Generalsekretär des Zentrums in Köln, bis 1933 engagierter Vertreter des Zentrums im Rat, hat die Gründung der neuen Partei so gesehen: »Bis heute stand die Fahne des Kölner Zentrums eingerollt bei mir zu Hause. Wenn wir sie heute niederholen, dann holen wir sie aus freien Stücken und nicht auf Befehl einer Diktatur nieder.« Zum Vorsitzenden wird Rechtsanwalt Bruno Potthast gewählt, dem dann von Dezember 1945 bis 1962 Johannes Albers folgt. Die Konturen der politischen Lager sind damit vorgezeichnet.

Demokratische Öffentlichkeit herstellen

Ein aufmerksam beobachteter, gelenkter und kontrollierter Bereich der alliierten Erziehungsarbeit waren die Medien, Verlage, Zeitungen und der Rundfunk. Als erste Zeitung der Nachkriegszeit wurde der *Kölnische Kurier* zuerst direkt von der Militärregierung herausgegeben. Feuilletonredakteur Friedrich Berger hatte am 6. März 1945 mit einer weißen Fahne den ersten Trupp amerikanischer Soldaten begrüßt, der den Betrieb überprüfte und als erstes am 7. März hier OFF LIMITS-Schilder drucken ließ. Obwohl ein solches am Verlagsgebäude angebracht war, konnte es wenig später eine Gruppe alkoholisierter amerikanischer Soldaten nicht am Verwüsten der Druckerei hindern. Bald war wieder aufgeräumt. Knappe vier Wochen nach dem Einmarsch der amerikanischen Truppen in Köln erscheint bereits am 2. April 1945 die erste

Ausgabe des *Kölnischen Kuriers* unter der Leitung von Hans Habe. Hans Habe (1911–1977) eigentlich János Békessy, österreichischer Journalist und Schriftsteller ungarischer Herkunft, war nach dem »Anschluss« Österreichs ausgebürgert worden und seine Bücher hatte man verboten. Nach Exil in Frankreich, Kampf in der Résistance und Flucht aus deutscher Gefangenschaft emigriert er in die USA und kehrt als Captain der Stabsgruppe für Propaganda und Psychologische Kriegsführung nach Europa zurück. Ab dem 7. August 1945 übernimmt eine deutsche Redaktion die Arbeit am *Kölnischen Kurier*, weiterhin aber unter Aufsicht bis zur letzten Ausgabe am 26. Februar 1946. Ab März 1946 erscheinen dann drei neue Zeitungen in Köln, gedruckt im DuMont Schauberg'schen Pressehaus an der Breite Straße, während den »Altverlegern« von *Kölnischer Zeitung* und *Kölner Stadt-Anzeiger* die Herausgabe ihrer Blätter untersagt blieb. Die neuen Zeitungen sollten nach der Vorstellung der Militärregierung bis auf die *Kölnische Rundschau* parteipolitisch ausgerichtet sein. Diese Vorgabe galt dennoch bald auch für die *Kölnische Rundschau* nicht mehr, die nun auf die CDU ausgerichtet wurde. Am 2. März 1946 erschien die traditionsreiche, erstmals 1892 für die SPD veröffentlichte *Rheinische Zeitung* mit den Lizenzträgern Hans Böckler, Dr. Helmut Braubach, Josef Pedrotti und Hans Reifferscheidt sowie Robert Görlinger als Hauptlizenzträger und dem zukünftigen Bundestagsabgeordneten und SPD-Vorstandsmitglied Willi Eichler als Chefredakteur. Am 4. März 1946 folgte die *Volksstimme*, deutlich die Parteilinie der KPD vertretend, mit Kurt Bachmann, von 1969 bis 1973 Parteivorsitzender der nach dem Verbot von 1956 von ihm betriebenen Neugründung der DKP, als Lizenzträger und mit Ismar Heilborn als Chefredakteur. Selbstbewusst und mit dem Untertitel »Für Christentum und Demokratie« an die CDU angelehnt, trat ab dem 19. März 1946 die *Kölnische Rundschau* auf. Alle drei erschienen, angesichts der vorläufig bleibenden Papierknappheit und mit entsprechend beschränkter Auflagenhöhe, je zweimal wöchentlich und gleichmäßig über die Woche verteilt. So wurde Köln nun wieder durch drei Zeitungen mit Nachrichten und unterschiedlichen Meinungen versorgt.

Hauptlizenzträger der *Kölnischen Rundschau*, die dienstags und donnerstags erschien, wurde Reinhold Heinen. Sie wurde mit Verspätung erstmals am 19. März 1946 aufgelegt, da dem Lizenzträger ein Leimgefäß in der Tasche ausgelaufen war und wichtige Formulare unlesbar geworden waren. Ihm gelingt es als Chefredakteur, seine Zeitung fest auf dem Markt zu etablieren. Während die *Volksstimme* nach langen Auseinandersetzungen um ein Verbot der KPD im August 1956 ein letztes Mal mit einer Auflage von 13 000 Exemplaren erschien, hatte die *Rheinische Zeitung* schon Ende 1951 ihre wirtschaftliche Überlebensfähigkeit und damit Selbständigkeit verloren. Die Versuche der Parteien, »ihre« Zeitung auf Linie zu halten und als Parteizeitung unter Aufsicht der Parteizentrale zu verstehen, wurden von der Militärregierung abgelehnt, Verstöße deutlich kritisiert. Die *Volksstimme* wurde wie andere kommunistische Blätter nach heftigen Angriffen auf die Westmächte mehrfach auf Zeit verboten. So z. B. im August 1948 für einen Monat und im August 1950, zu Beginn des Koreakrieges, wurde sie sogar für drei Monate mit Erscheinungsverbot belegt.

Das traditionsreiche Unternehmen der Mediengruppe M. DuMont Schauberg, seit dem 16. September 2015 vereinfacht nur »DuMont Mediengruppe« mit Zeitungsdruck, Buchverlag und Beteiligung an Rundfunk und inzwischen seit 2015 eigenem Fernsehsender, war ursprünglich in der Breite Straße 70 ansässig. Es lebt bis zum schließlich lizenzfreien Erscheinen des Kölner *Stadt-Anzeigers* am 29. Oktober 1949 nach Kriegsende von ständig zunehmenden Druckaufträgen, darunter auch solchen für die Lizenz-Zeitungen der Konkurrenz, was für Kurt Neven DuMont (1902–1967) schmerzhaft mit anzusehen gewesen sein muss.

Er hatte sich seit Kriegsende vergeblich um eine Lizenz bemüht. Das Verlagsgebäude mit seiner Druckerei an der Breite Straße war schwer beschädigt, aber bald wieder nutzbar. 1937 war Kurt Neven DuMont, für einen »Schriftleiter« unter dem Druck der Verhältnisse unvermeidbar, in die NSDAP eingetreten. Sein Entnazifizierungsverfahren, ohne dessen positiven Abschluss er nicht mit einer Lizenz rechnen konnte, wurde zum Spielball zwischen Zuständigkeiten und verschiedensten Interessen. Erst Anfang 1948 wurde es nach mehrfacher Wiederaufnahme mit der Einstufung in die Kategorie V »Entlastete« abgeschlossen. Seine nun folgenden Bemühungen um eine Lizenz scheiterten dennoch, bis schließlich der Lizenzzwang aufgehoben wurde. Erst dann kann der *Kölner Stadt-Anzeiger* erscheinen und die Rückkehr auf den Zeitungsmarkt steht erst einmal im Vordergrund. Lange denkt man auch an eine Wiederauflage der überregionalen *Kölnischen Zeitung*. Aber Kurt Neven DuMont und sein Vetter August sehen sich nicht in der Lage, das wirtschaftliche Risiko der großen Redaktion und die Durchsetzung einer überregionalen Zeitung zu schultern, wie es vor 1945 die *Kölnische Zeitung* gewesen war. An sie erinnert seit 1962 der Untertitel des *Kölner Stadt-Anzeigers*. Letzterer schreibt dennoch binnen weniger Jahre im lokalen Umfeld in Konkurrenz zur *Kölnischen Rundschau* wieder eine Erfolgsgeschichte.

Den Rundfunk und seine Möglichkeiten hatte der Nationalsozialismus für sich entdeckt und intensiv für seine Ziele genutzt. Das sollte nach dem Willen der Militärregierung nun ganz anders werden. Das Hamburger Funkhaus konnte, ohne Schaden erlitten zu haben, übernommen werden und ging am 4. Mai 1945 mit »This is Radio Hamburg, a station of the Allied Military Government« wieder auf Sendung. Für Köln, wo das Funkhaus in der Dagobertstraße von einer Bombe getroffen worden war, kam am 18. August 1945 telegrafisch aus Hamburg die Genehmigung für den Wiederaufbau. Aus dem notdürftig instandgesetzten Kölner Funkhaus konnte man daher erst am 26. September 1945 über den ebenso notdürftig betriebsbereit gemachten Sender Langenberg wieder senden. Beide traten nun gemeinsam als NWDR unter Hamburger Leitung auf. Die Leitung in Köln übernahm im September 1945 für fast ein Jahr Major Horace Saunders-Jacobs, der seit 1925 als Redakteur bei der BBC gearbeitet hatte, als Chief Radio Controller und Chef von zumindest neun weiteren englischen Offizieren der »Broadcasting Control Unit Cologne«.

Die deutsche Leitung der Abteilung »Politisches Wort«, sicher besonders aufmerksam beobachtet, übernahm im Oktober 1945 Karl-Eduard von Schnitzler, überzeugter Kommunist aus reicher Kölner Familie, der ab Januar 1946 ein politisches Programm aufbaute. Seine erste Ausbildung für den Rundfunk hatte er in englischer Kriegsgefangenschaft und bei der BBC erhalten und dort auch schon erste Beiträge auf Deutsch gesendet. Seine tägliche Sendereihe »Zum Tage« war bemüht, ein breites Spektrum politischer Ansichten vorzustellen, und zugleich die einzige Sendung, die sich für immerhin eine Viertelstunde am Tage zudem mit der jüngsten Vergangenheit auseinandersetzte. Er wurde daher auch als Berichterstatter zu den Nürnberger Prozessen entsandt. Mit Max Burghardt, der am 2. Mai 1946 sein Amt als weitgehend weisungsgebundener Intendant in Köln antrat, kam ein zweiter überzeugter Antifaschist und Kommunist hinzu. Er machte sich gleich zu Beginn wohl nicht nur bei Konrad Adenauer unbeliebt, als er in seiner Antrittsrede formulierte: »Unser Lebensprinzip wird dann die Verwirklichung der Ideen Goethes, Herders, Kants, Hegels und Marx' sein. Unsere Aufgabe wird die Schaffung eines neuen Menschentyps sein, der verfeinerter, subtiler, klarer und tiefer sein möge als jener der Vergangenheit.« Die Nennung von Georg Friedrich Wilhelm Hegel und Karl Marx sowie das Fehlen eines Bezugs zum Christentum ließen nicht nur Konrad Adenauer gegen ihn aktiv werden. Die Auseinandersetzungen dauern bis ins Jahr 1947. Im Februar 1947 legt

Max Burghardt dann sein Amt nieder, geht in die sowjetische Zone und übernimmt die linientreue Reorganisation des Theaterwesens. Seine weitere Laufbahn in der DDR führt ihn schließlich bis ins ZK der SED. Karl-Eduard von Schnitzler wird am 15. Mai 1947 nach Hamburg gerufen und so unter direkte Aufsicht gestellt. Er folgt Max Burghardt Ende des Jahres 1947 nach Ostberlin und steigt mit weit über 1 000 Folgen von »Der Schwarze Kanal« im Fernsehen der DDR zwischen 1960 und 1989 zum im Westen bekanntesten Propagandisten des Kommunismus auf.

Inzwischen hatte Hugh Carleton Greene, Bruder des Schriftsteller Graham Greene und zukünftiger Direktor der BBC, am 1. Oktober 1946 sein Amt als Chief Controller des NWDR angetreten. Sein Ziel war der Aufbau eines durchaus politischen aber von der Politik unabhängigen Rundfunks. In Hamburg war am 15. November 1948 Adolf Grimme feier-lich in sein Amt als Intendant und damit Nachfolger von Hugh Carleton Greene eingesetzt worden. Letzterer hatte damit auch die Vorzensur aller Programme einschließlich der Nachrichten aufgegeben. Der Erfolg aber einer Umerziehung zur Demokratie, um die sich England bemüht hatte, wurde nicht so rasch sichtbar, wie man erwartet hatte. Im NWDR brachen Machtkämpfe mit heftigen Auseinandersetzungen aus, die Bürokratisierung nahm zu, Kommunisten wurden herausgedrängt. Adolf Grimme warf man Versagen vor. Und Hugh Carleton Greene, der als Berater zwischen London und Hamburg pendelte, betrachtete sein Vorhaben als gescheitert. Er sieht weder politisches Verantwortungsbewusstsein bei den Deutschen noch eine erkennbare öffentliche Meinung: *»It is unlikely therefore that a live, responsible democracy will develop in Germany in the near future.«* (Es ist daher unwahrscheinlich, dass sich in naher Zukunft in Deutschland eine lebendige und verantwortungsbewusste Demokratie entwickeln wird.) Damit hatte er selbst in diesem Augenblick kaum Recht. Bücher, Zeitungen, Zeitschriften, Rundfunk und Fernsehen sind zur stabilen Basis unserer Demokratie geworden.

Hugh Carleton Greene hatte noch zum 1. September 1947 Hanns Hartmann für den Kölner Sender als Intendanten eingesetzt, der dann auch am 25. Mai 1955 zum ersten Intendanten des WDR gewählt wurde. Dem waren lange Auseinandersetzungen zwischen Hamburg und Köln innerhalb des Senders, in der Öffentlichkeit und in der Politik vorausgegangen, die schließlich zur Trennung in NDR und WDR und zu Rundfunkstaatsverträgen im Norden und einem Rundfunkgesetz für Nordrhein-Westfalen führten. Schon zuvor hatte der NWDR unter dem

Druck des Mangels an Sendefrequenzen die Entwicklung der Ultrakurzwellentechnik vorangetrieben, die ab 1950 getrennte Regionalprogramme möglich machte. Im Kölner UKW-Programm wurde zuerst am 6. Januar 1952 mit dem »Internationalen Frühschoppen« Werner Höfers die Bonner Präsenz internationaler Korrespondenten genutzt. Bis zum Sturz Werner Höfers 1987 wurden über 1 000 Sendungen zuerst im Rundfunk und ab dem 30. August 1953 im Fernsehen gezählt.

Ein wesentliches Problem für die Breitenwirkung des Rundfunks war bis Mitte der fünfziger Jahre der Nachschub an Radiogeräten. Die Kölner Stadtverwaltung hatte sogar 1946 bei politisch Belasteten deren Radiogeräte für die Nutzung in Schulen beschlagnahmt. Erst Anfang der 60er Jahre kann man von einer »Vollversorgung« mit Radiogeräten sprechen, während erst ein Drittel der Haushalte über einen Fernseher verfügt. Mit Fernsehgeräten wird eine vergleichbare »Vollversorgung« erst in den späten 80er Jahren erreicht. Ende des Jahres 1952, als am ersten Weihnachtsfeiertag das tägliche Fernsehprogramm eröffnet wurde, standen im Empfangsbereich des NWDR Köln noch keine 1 000 Geräte zur Verfügung. Da die Post eine Fernsehübertragungsstrecke zwischen Hannover und dem Sender Langenberg nicht rechtzeitig fertigstellen konnte, wurde vom Verwaltungsrat des NWDR beschlossen, für Köln ein eigenes Fernsehprogramm einzurichten, um rechtzeitig mit Hamburg und der DDR-Konkurrenz auf Sendung gehen zu können. Für den Aufbau des Rundfunks in Köln war nach der Entscheidung für den Erwerb des Grundstücks am Wallrafplatz der Weg vorgezeichnet. Kurze Zeit stand die Drohung im Raum, in die junge Landeshauptstadt Düsseldorf zu wechseln. Heute ist der seit Anfang 1956 eigenständige WDR ein unverzichtbarer Begleiter des politischen Geschehens in Stadt, Land und Welt, ein wichtiger Wirtschaftsfaktor, prägender Teil der Kölner Kulturlandschaft und seit Jahrzehnten Kristallisationspunkt der deutschen Medienlandschaft.

Die von den Siegern wieder geschenkte Freiheit des Schreibens und Lesens war, wie das Entstehen der Zeitungen gezeigt hat, so rasch nicht ganz frei. Eine Betriebserlaubnis musste – oft über die IHK – bei der Militärregierung eingeholt werden. Hier wurde ganz besonders auf die erfolgreiche Entnazifizierung geachtet.

Broschüren und Bücher mussten vor dem Erscheinen von der Militärregierung genehmigt werden. Papier war Mangelware. Bibliotheken mussten erneut, nun im Auftrag der britischen Militärregierung, gesäubert werden. Eine zwanzig engbedruckte Seiten umfassende »Liste der nach den Richtlinien der Militär-Regierung unzulässigen Bücher«, die

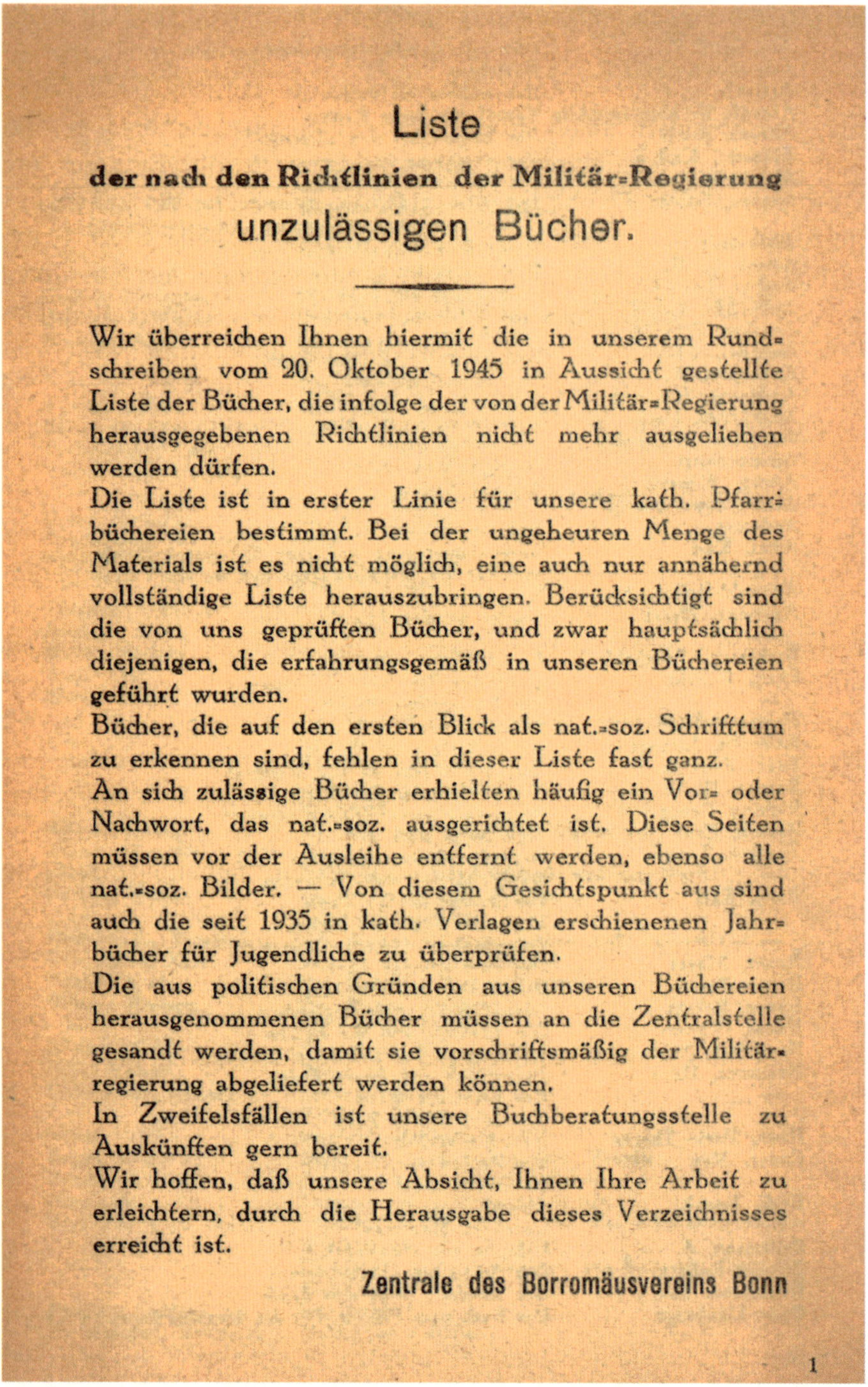

Liste

der nach den Richtlinien der Militär-Regierung

unzulässigen Bücher.

Wir überreichen Ihnen hiermit die in unserem Rundschreiben vom 20. Oktober 1945 in Aussicht gestellte Liste der Bücher, die infolge der von der Militär-Regierung herausgegebenen Richtlinien nicht mehr ausgeliehen werden dürfen.

Die Liste ist in erster Linie für unsere kath. Pfarrbüchereien bestimmt. Bei der ungeheuren Menge des Materials ist es nicht möglich, eine auch nur annähernd vollständige Liste herauszubringen. Berücksichtigt sind die von uns geprüften Bücher, und zwar hauptsächlich diejenigen, die erfahrungsgemäß in unseren Büchereien geführt wurden.

Bücher, die auf den ersten Blick als nat.-soz. Schrifttum zu erkennen sind, fehlen in dieser Liste fast ganz.

An sich zulässige Bücher erhielten häufig ein Vor- oder Nachwort, das nat.-soz. ausgerichtet ist. Diese Seiten müssen vor der Ausleihe entfernt werden, ebenso alle nat.-soz. Bilder. — Von diesem Gesichtspunkt aus sind auch die seit 1935 in kath. Verlagen erschienenen Jahrbücher für Jugendliche zu überprüfen.

Die aus politischen Gründen aus unseren Büchereien herausgenommenen Bücher müssen an die Zentralstelle gesandt werden, damit sie vorschriftsmäßig der Militärregierung abgeliefert werden können.

In Zweifelsfällen ist unsere Buchberatungsstelle zu Auskünften gern bereit.

Wir hoffen, daß unsere Absicht, Ihnen Ihre Arbeit zu erleichtern, durch die Herausgabe dieses Verzeichnisses erreicht ist.

Zentrale des Borromäusvereins Bonn

1

Titelseite der »Liste der nach den Richtlinien der Militär-Regierung unzulässigen Bücher«

von Josef M. Abs Werk *Der Kampf um unsere Schutzgebiete* bis Hans Zuchholds *Vier Soldaten der roten Armee* reichte, musste nicht nur vom Borromäusverein beachtet werden. Dabei umfasste die Liste ausdrücklich nicht die auf den ersten Blick als nationalsozialistisches Schrifttum erkennbaren Bücher. Während die nationalsozialistische Säuberung drei Prozent der Bestände der Kölner Volksbücherei vernichtet hatte, rechnet man im Februar 1946 mit erheblich weniger Verlust durch die aktuelle Säuberung. Und diesmal wird nicht verbrannt, sondern angesichts des Papiermangels als Altpapier verkauft. Und es wird geschrieben und gedruckt.

Gedruckt wird wieder, seit amerikanische Truppen Köln besetzt haben. Formulare und Anschläge, wie wir sie auf manchen Fotografien der Anfänge der Besatzungszeit finden, war der erste große Auftrag der einmarschierten amerikanischen Truppen und der Militärregierung, der zu erfüllen war.

Und beim Drucken haben mitunter die Sieger ihre Hände mit im Spiel und die waren im Kalten Krieg auch schon mal voller Geld. Zumindest für einen Kölner Verleger, für Joseph Caspar Witsch (1906–1967). Dieser steht seit Sommer 1948 mit der Stadt Köln, für die sich Max Adenauer bei ihm einsetzte, in Verhandlungen, um den Verlag Gustav Kiepenheuer nach Köln zu holen. Dieser Verlag hatte seine Heimat in Weimar, Gustav Kiepenheuer (1880–1949) aber wollte wie andere in den Westen wechseln.

Die Träume der Kölner reichten weit. Aber weder gelingt es, Brockhaus oder den Insel-Verlag, die Deutsche Bücherei, den Börsenverein des Deutschen Buchhandels nach Köln zu holen, noch die Buchhändlerschule in Köln zu halten. Frankfurt ist erfolgreicher.

Joseph Caspar Witsch hatte inzwischen in Hagen eine Verlagslizenz für die britische Zone erhalten. Eine Wohnung in Klettenberg und Verlagsräume im Verlagsbunker – er sollte helfen, die Träume von der Buchstadt Köln zu verwirklichen – in der Kevelaerer Straße sind rasch gefunden. Am 15. Januar 1950 beginnt Witsch mit der Arbeit und zieht mit dem Verlag Ende des Jahres an den Hansaring um. Heute bewundern wir den auf dieser Grundlage entstehenden Verlag Kiepenheuer & Witsch für sein literarisches Engagement mit Autoren wie Heinrich Böll, Rolf Dieter Brinkmann, Wolf Biermann, Günter Wallraff, Charles Bukowski oder Dieter Wellershoff, der dort Ende der 50er Jahre das Lektorat für neue deutsche Literatur übernahm.

Das andere Standbein des Verlages entspricht dem politischen, aber auch dem kaufmännischen Selbstverständnis des Verlegers, der nach fluchtartigem Verlassen der sowjetischen Besatzungszone hier eine politische Aufgabe erkannte. »Unter den deutschen Verlagen findet sich kein weiterer, in dessen Programm die Auseinandersetzung mit dem Kommunismus über eine Zeit von 15 Jahren eine derart breite Spur hinterlassen hat.« Und das auch mit wirtschaftlichen Erfolgen. Durch eine Anstellung im Verlag ermöglichte Joseph Caspar Witsch dem aus der DDR geflüchteten, als Politkommissar ausgebildeten Wolfgang Leonhardt das Schreiben seines Bestsellers *Die Revolution entläßt ihre Kinder*, der dann ja auch bis zur 22. Auflage im Jahre 2005 bei Kiepenheuer & Witsch verlegt wird. Das regelmäßig erscheinende SBZ-Archiv versorgte in kostenloser Verteilung »an alle Organe der Bundesrepublik, der Politik, der Wirtschaft und des kulturellen Lebens« mit Informationen über Entwicklungen in der DDR, allerdings erst seit 1964 mit dem offenen Hinweis »Überreicht vom Bundesministerium für gesamtdeutsche Fragen«. Eine Buchreihe – »Rote Weißbücher«, ebenfalls zur freien Verteilung, aber auch für den Handel gedacht – wird offen vom amerikanischen High Commissioner of Germany finanziert und abgerechnet. Neben diesen Einnahmen gab es auch Bargeld aus amerikanischer Hand in »das berühmte Köfferchen«, Geld, das Joseph Caspar Witsch aus Bonn abholte und dem Leiter seiner Buchhaltung übergab.

Auf der Gegenseite ist der Pahl-Rugenstein Verlag zu verzeichnen, 1957 von Manfred Pahl-Rugenstein gegründet, der nach ausbleibenden Subventionen aus der DDR 1990 Insolvenz anmelden musste, und zuvor immer wieder interessante Titel auch zur Kölner Stadtgeschichte publiziert hatte. An seine Stelle ist in Köln in ähnlicher Ausrichtung der PapyRossa Verlag getreten. Ohne solche Subventionen hat der Volksblatt Verlag gearbeitet, der aus der Arbeit der Redaktion des *Kölner Volksblatts* Anfang der 80er Jahre entstanden war.

Demokratie in Konkurrenz und Konkordanz

Die aktuelle Gemeindeordnung für das Land Nordrhein-Westfalen gibt wie ihre Vorgänger den Gemeinden einen hohen Stellenwert, der angesichts deren ständiger Finanznot zwar gut klingt, aber wenig Wirkung zeigt: »Die Gemeinden sind die Grundlage des demokratischen Staatsaufbaues. Sie fördern das Wohl der Einwohner in freier Selbstverwaltung durch ihre von der Bürgerschaft gewählten Organe.« So lautet §2, der die Eigenverantwortung eigentlich zwar betont, tatsächlich aber drastisch einschränkt: »Die Gemeinden sind in ihrem Gebiet, soweit die Gesetze nicht ausdrücklich etwas Anderes bestimmen, ausschließlich und eigenverantwortliche Träger der öffentlichen Verwaltung.« Dazu heißt es im offiziellen Kommentar: »Die inhaltliche Bestimmung des Begriffs ›Kommunale Selbstverwaltung‹ ist auch nach fast 200 Jahren immer noch nicht überzeugend gelungen.«

Dennoch ist man sich über die wichtigsten Themen einig, die als Daseinsvorsorge, als Existenzsicherung und zivilisatorische Grundversorgung zusammengefasst werden. Abfallbeseitigung, Wasser- und Energieversorgung, öffentlicher Personennahverkehr, Schulbildung, Stadtplanung, Wohnungswesen, Verkehrsplanung und Kultur sind daher die häufigsten Themen der Ratssitzungen. Große Entscheidungen sind selten, mühselige Kleinarbeit in den Ausschüssen, die unsere Bewunderung verdient, steht im Vordergrund. Über 90 Prozent der dann meist einstimmig gefassten Ratsbeschlüsse sind in der Arbeit der Ausschüsse vorbereitet worden. Dem gewählten, ehrenamtlich tätigen Rat steht dabei die Stadtverwaltung – je nach Gemütslage und aktueller individueller Sicht – zur Seite oder gegenüber. Aber im bewussten Gegensatz zur Kommunalverfassung der Weimarer Zeit, die eine fast autonom arbeitende Stadtverwaltung unter Leitung des Oberbürgermeisters erlebt hatte, gilt heute die Allzuständigkeit des Rates für alle Verwaltungsaufgaben nach § 41 der Gemeindeordnung, der jede Entscheidung treffen oder an sich ziehen kann.

Die nachdrückliche Kritik in England an der obrigkeitshörigen Haltung der Bürger in der preußischen Kommunalverwaltung vor 1933 hatte zum Wunsch nach einschneidenden Änderungen geführt. Die Spielräume der Bürger aber, sich an der Verwaltung ihrer Stadt zu beteiligen und darauf Einfluss zu nehmen, haben sich erst mit und nach dem Auftreten der Bürgerinitiativen deutlich erweitert. Mit § 25 zum Einwohnerantrag und § 26 zu Bürgerbegehren und Bürgerentscheid der Gemeindeordnung Nordrhein-Westfalen von 1994 haben neue Formen der Beteiligung Gestalt gefunden. Der »Bürgerhaushalt« ist ein Beispiel für aktuelle Versuche, eine breite politische Beteiligung zu erreichen.

Das britische Erziehungsziel einer demokratisch agierenden Stadtgesellschaft scheint heute, nicht immer zum Gefallen von Rat und Verwaltung, erreicht zu sein. Mit juristischen Argumenten setzen sich beide erfolgreich z. B. gegen Kritik an der Planung für das neue Museum auf dem Rathausplatz zur Wehr. Manche Initiativen scheitern an zu geringem Interesse der Bürger, andere vor Gericht, wie die Auseinandersetzung um die Bebauung des Rathausplatzes, aber es gibt auch Erfolge. Das hat sich beim wirkungsvollen Bürgerbegehren gegen den Abbruch des Opernhauses am Offenbachplatz gezeigt, dessen Erneuerung sich inzwischen zum Drama von Verzögerungen und Kostensteigerungen entwickelt hat.

Am Opernhaus lässt sich der Wandel der stadtpolitischen Landschaft seit der frühen Nachkriegszeit beispielhaft vorführen. Denn Streit ums Opernhaus hat eine Tradition, an der sich die Veränderung im Verhältnis zwischen Rat und Bürgern im Laufe der Jahrzehnte zeigt. Der Abbruch des alten Opernhauses am Rudolfplatz in den 50er Jahren, heute oft bedauert und verurteilt, war wie selbstverständlich seit 1946 durch Neubaupläne vorbereitet worden und löste erst 1951 eine lange und heftige Debatte im Rat aus.

Die Vorgeschichte ist eine Frage des Standortes, die Rudolf Schwarz für sich entscheiden kann: Am 29. August 1946 berichtet Oberbürgermeister Hermann Pünder im Rat von einem »Preisausschreiben für das Opernhaus« und fordert alle Fraktionen auf, diese Verwaltungsentscheidung gegenüber der Öffentlichkeit zu unterstützen. Für den Neubau stand das Stahlgerüst einer großen Flugzeugmontagehalle als Material zur Verfügung. Das berichtet Beigeordneter Wilhelm Steinforth, als man im Rat über den aktuellen Entwurf Wilhelm Riphahns (1889–1963) diskutiert. Wilhelm Riphahn war durch seinen expressionistischen Umbau der Bastei 1923/24 zum Restaurant und Blickfang am Rheinufer bekannt geworden. Anfang 1947 werden die Ergebnisse, die einen Theaterbau von ihm in Zusammenarbeit mit Hans Menne an der Volksgartenstraße vorsehen, der Öffentlichkeit vorgestellt. Gleichzeitig haben sich die Vorstellungen von Rudolf Schwarz, der gerade sein Amt als Generalplaner der Stadt angetreten hat, über den Standort geändert: »Einige unserer neuen Bauten wollen wir im Süden der Stadt am Sachsenring zu einer Gesundungszelle zusammenfassen, die sozusagen eine kleine Stadt in der Stadt werden und zeigen soll, wie wir uns etwa das neue Köln denken.« Das vertritt er auch in der nichtöffentlichen Ratssitzung am 24. Juni 1948, in der er seinen Gesamtplan präsentiert, und sieht neben dem Opernhaus am Sachsenring ein ganzes Kulturzentrum entstehen, von dem heute das Institut Français und die Franziskanerkirche St. Marien Zeugnis ablegen. Im Frühjahr 1950 werden erste Teile der Bühnentechnik des alten Opernhauses demontiert.

Im Rat stehen 1951 Verkehrsfragen im Vordergrund, aber die Kosten eines Wiederaufbaus des alten Opernhauses hat man gründlich prüfen lassen. Der Rat entscheidet, da Bürgerbegehren und Bürgerentscheid erst seit 1994 Teil der Kommunalordnung sind, am 7. Juni 1951 – bei drei Gegenstimmen der FDP – gegen das besonders durch den Architekten Hermann von Berg in Wallung versetzte »stadtkölnische Gemüt«. Deutlich spürt man in der Diskussion im Rat den Widerwillen, den bis in die 70er Jahre fast alle in der Ästhetik der Nachkriegszeit gegenüber den Bauten des Historismus unter preußischer Herrschaft empfinden. Zum Schluss wird in namentlicher Abstimmung mit 27 gegen 16 Stimmen auch der Standort des neuen Opernhauses an der Glockengasse festgelegt. 1953 nimmt der Rat dann nach langer Diskussion in geheimer Abstimmung mit 36 gegen 11 Stimmen den neuen Vorschlag von Wilhelm Riphahn an. Dessen endgültiger Entwurf für das Opernhaus wird am 6. Mai 1954 einstimmig bei einer Enthaltung im Rat gebilligt.

Die Verkehrslösung für den Ost-West-Verkehr, seit 1945 diskutiert, findet man in der Einbeziehung der Richard-Wagner-Straße als Parallele zur Aachener Straße, fortgeführt in Schaafenstraße und Hahnenstraße in Richtung Neumarkt und Heumarkt. Der faszinierende Gedanke aber, den der Generalverkehrsplan von 1956 vorstellt, den Hohenzollernring zwischen diesen beiden Straßenzügen in einem Tunnel unter dem dabei neuentstehenden Platz durchzuführen, ist zumindest bis heute nicht realisiert worden.

Die Sanierung des damals entstandenen Opernhauses, das Anhängsel Schauspielhaus wohl inbegriffen, beide unser immer noch aktuelles Thema, wird erstmals 1992 in der Haushaltsrede des Kämmerers Jörg-Michael Gleitze mit »Kosten bis zu 200 Millionen D-Mark« zur Sprache gebracht: »Derartige Maßnahmen sind überhaupt nur realisierbar, wenn ausreichend Eigenmittel, die in der Rücklage angesammelt werden müssen, eingesetzt werden.« Solche Mittel gab es nicht, damals nicht und heute nicht. Anfang des neuen Jahrtausends hatte man z. B. mit dem Gedanken gespielt, Opern- und Schauspielhaus abzureißen und großzügig auf der anderen Rheinseite einen Neubau zu planen. 2004 stellt ein externes Gutachten fest, dass für die Gesamtsanierung der Bauten 140 Millionen Euro und für Neubauten 200 Millionen Euro zu veranschlagen sind. Großzügig lässt der Rat sich nun ein Gutachten für Neubauten und die Neugestaltung des Offenbachplatzes mit Tieferlegung der Nord-Süd-Fahrt vorlegen. (Wie Geschichte so spielen kann, war Klaus Heugel im Herbst 1999 vor seinem Rücktritt als Oberstadtdirektor gerade auf dem Weg zum Städtebauministerium gewesen, um die Finanzierung der Tieferlegung zu sichern. Wir werden weiter darauf warten.) 2006 wird beschlossen, das Opernhaus zu sanieren, Schauspielhaus und Opernterrassen abzureißen und ein neues Schauspielhaus bauen zu lassen. Den Wettbewerb gewinnt 2008 eine futuristische Vision, gut fünf Meter höher als das Opernhaus aufragend. Dort sollen nun alle über die Stadt verteilten Abteilungen der städtischen Bühnen am Offenbachplatz zusammengeführt werden. Die Werkstätten liegen sogar unterirdisch, aber mit Tageslicht dank eines gläsernen Teils des Platzbodens. Gesamtkalkulation nun 230 Millionen Euro. Ein Jahr später, im Sommer 2009, stellt sich heraus, dass man mit Kosten von mindestens 364 Millionen Euro rechnen muss. Nun wird eingespart und so ziemlich alles, was den Neubau für den Spielbetrieb attraktiv machte, fällt wieder weg. Und dazu hatte der Einsturz des Historischen Archivs am 3. März 2009 die Stimmung in Köln kippen lassen. Nun war die Sanierung von Schauspielhaus und Opernhaus gemeinsam mit kalkulierten 250 Millionen Euro auf einmal wieder preiswerter als ein kastrierter Neubau mit 300 Millionen Euro. »Mut zur Kultur«, Ende 2009 gegründet, kündigte Anfang Januar 2010 ein Bürgerbegehren gegen den Abriss und für die Sanierung des Schauspielhauses an: »Dürfen wir akzeptieren, dass die Stadt Köln das bedeutende Erbe der 50er-Jahre-Moderne hat verwahrlosen lassen und nun angeblich nur der Abriss bleibt?« Während Opernintendant Uwe Eric Laufenberg und Bühnenchef Patrick Wasserbauer für den Neubau eintreten, argumentiert Schauspielintendantin Karin Beier nun für die Sanierung und wird zur Symbolfigur in Pappe auf einem karnevalistischen Protestwagen, der schon mal vorab am Freitag vor Rosenmontag am 5. Februar 2010 durch die Stadt fährt. Für das Bürgerbegehren sind bald 53 000 Unterschriften zusammengekommen und am 2. März 2010 Oberbürgermeister Jürgen Roters übergeben. 23 000 wären erforderlich gewesen. In der Ratssitzung am 13. April 2010 tritt der Rat dem Bürgerbegehren bei. Die Grünen stimmen dabei gegen ihren damaligen Koalitionspartner. Und Karin Beier wird im Karneval 2011 auf einem Wagen zu Jeanne d'Arc, die den Oberbürgermeister und andere Politiker bezwingt. Die Bretter, die die Welt bedeuten, bedeuten eben gerne auch die Stadt.

Am 24. November 2011 beschließt der Rat bei Enthaltung der SPD-Fraktion die Sanierung. Inzwischen hat sich die Baustelle vom politischen Schiffbruch des Rates mit Kostensteigerungen, die wieder einmal wie bei der U-Bahn oder beim Kulturzentrum am Neumarkt niemand voraussehen konnte – oder wollte –, zur Katastrophe der Entscheidungswege der Kölner Verwaltung weiterentwickelt. Bernd Streitberger, zuvor bis 2012 Stadtbaudezernent, kann 2016 vorerst nur feststellen: »Das Projekt ist wirklich auf Grund gelaufen.« Auf jeden Fall wird das Ergebnis teuer und überschreitet ein Volumen von 400 Millionen Euro.

Demokratie erfordert Abstimmungen und Absprachen über Ziele und Projekte. Parteien leben in Konkurrenz um die Stimmen der Bürger.

Ihre Ziele, die Ziele (hoffentlich) ihrer Wähler können sie nur in Konkordanz mit Koalitionspartnern erreichen, besonders wenn das Ziel erst im Laufe von zwei, drei oder mehr Wahlperioden zu verwirklichen ist. Das Leben der Demokratie spielt in Köln auf mindestens vier Ebenen: In den Parteien und im Rat, in den Bürgerinitiativen mit ihren wechselnden individuellen Zielen, seit 1994 mit den Instrumenten von Einwohnerantrag, Bürgerbegehren und Bürgerentscheid ausgerüstet, und in den seit 1979 zeitgleich mit dem Rat gewählten neun Bezirksvertretungen. Diese kämpfen allerdings immer noch um Einfluss und Finanzen. Daneben vertreten der Migrationsrat die weit über 100 000 wahlberechtigten Kölner mit Migrationshintergrund oder die gewählte Seniorenvertretung die Interessen der Bürger über einem Alter von 60 Jahren. Schon die Einrichtung von Senioren Netzwerken, von denen 32 im Jahre 2008 aktiv waren, und die Interessenvertretung in den Gremien des Rates und in den Bezirksvertretungen setzen einen wichtigen Akzent. Die repräsentativste Rolle allerdings verbleibt der Oberbürgermeisterin bzw. dem Oberbürgermeister.

Der Rat in acht Jahrzehnten

Die Ernennung einer ersten Stadtverordneten-Versammlung durch die örtliche Militärregierung war in den Richtlinien der Control Commission (B. E.) für die Militärregierung als Standard vorgesehen: »Der Oberbefehlshaber hat gesagt, daß unser nächstes Ziel eine geordnete und gut regierte Zone ist und daß die Deutschen beweisen müssen, daß sie wenigstens dazu fähig sind, bevor sie ehrgeizigere Pläne unternehmen. Die ernannten vertretenden Räte, denen jetzt Macht verliehen ist, werden mit den dazu nötigen Mitteln versehen. Wenn sie zeigen können, daß es ihnen gelingt, die Räte wirksam zu machen, haben sie schon den ersten Schritt zu dem letzten Ziel, der vollkommenen Selbstregierung, unternommen, einer Selbstregierung, die ihnen schon lange fremd ist.«

Da eine Einwohnerkartei noch fehlte, wäre die Durchführung einer Wahl auch noch nicht möglich gewesen. Und die Stadtverwaltung rechnete mit mindestens sechs bis acht Monaten für diese Grundvorrausetzung demokratischen Verfahrens. So wurde eine aus 24 Personen bestehende Stadtverordneten-Versammlung von der Militärregierung durch den Stadtkommandanten »zur Mitarbeit in der Verwaltung der Stadt Köln« berufen. Hier hält sich Stadtkommandant J. Alan Prior nicht an die Richtlinien, die eine höhere Zahl forderten, kündigt aber eine Erhö-

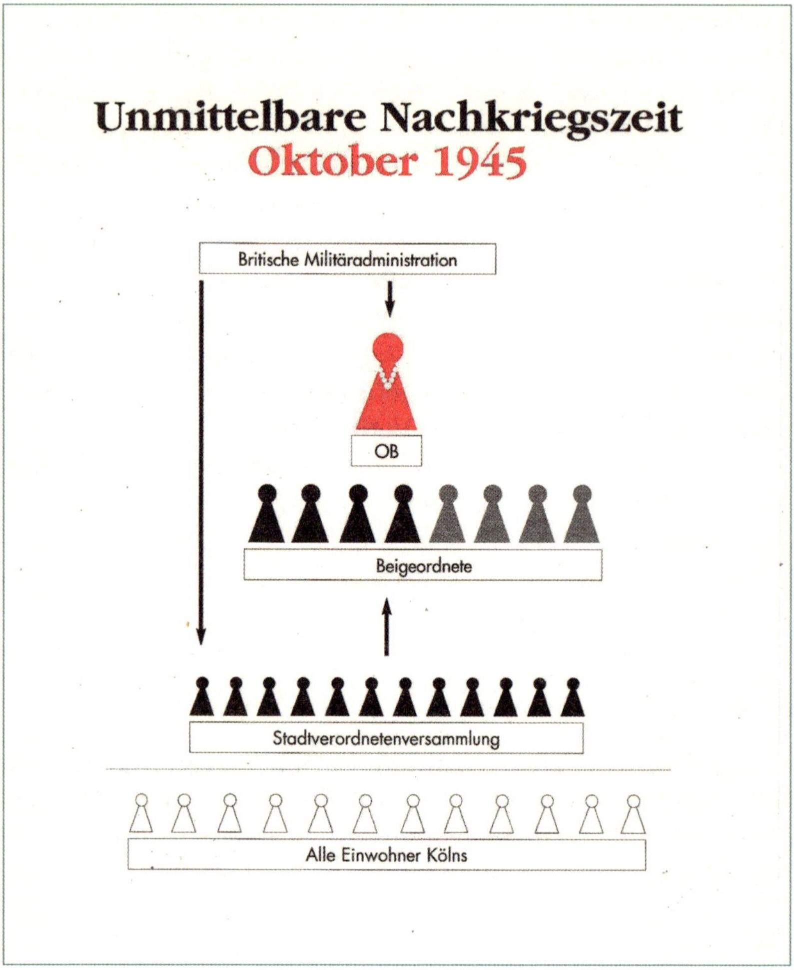

Stadtverfassung der unmittelbaren Nachkriegszeit,
W. Schäfke (Hg.): 600 Jahre Verbundbrief. *Köln 1996, S. 67*

hung an. Für eine Stadt von über 300 000 Einwohnern waren über 50 Ratsmitglieder vorgesehen. Bei offiziell 359 200 Einwohnern im September 1945 hätten es nach den Richtlinien exakt 55 Ratsmitglieder sein müssen. Offensichtlich wollte man das Trainingsprogramm Demokratie aber mit einem kleineren, überschaubaren Kreis von Personen beginnen lassen. Damit sollte der kommunalen Selbstverwaltung nach der totalen Gleichschaltung nach 1933 wieder ein eigenes Gewicht verliehen werden, was auch gelang.

1. Oktober 1945

Am 1. Oktober 1945 treten die für die Stadtverordneten-Versammlung ernannten Auserwählten erstmals im Hörsaal IV der Universität zusammen, um die Zukunftsvorstellungen und Ermahnungen des Stadtkommandanten Major J. Alan Prior entgegenzunehmen. Bei der Auswahl der von ihm ernannten Mitglieder der Stadtverordneten-Versammlung hat der Stadtkommandant wieder auf seine Richtlinien zurückgegriffen. Darin war ein eigenes Kapitel dafür verfasst worden: »Was bei der Auswahl von Ratsmitgliedern bedacht werden muß.« Es sollten alle Richtungen berücksichtigt werden: »Hinreichende Vertretung der Interessen der betreffenden Gegend muß in Betracht gezogen werden. Die Interessen können sich auf Gruppen oder Parteien beziehen, wie Katholiken, Gewerkschaften, Kommunisten, Landwirte, Industrien usw. Sie können auch örtlicher Art sein, wie Armeleuteviertel, Wohnungsviertel oder entlegene ländliche Gegenden.« Stadtkommandant J. Alan Prior hat sich daran gehalten.

Im ersten, von der Militärregierung berufenen Rat war die KPD mit bekannten Führungskräften wie Maria Fensky, Heinrich Gérard, Peter Klemmer, Kurt Kluth und Hermann Zilles vertreten. In den Beiträgen und Abstimmungen bis zur Wahl eines neuen Rates am 13. Oktober 1946 wurde von ihnen meist Kooperationsfähigkeit und Kompromissbereitschaft vertreten.

Allerdings wurde die neue Stadtverfassung am 7. März 1946 von der KPD abgelehnt, da eine Mitbestimmungsklausel fehlte. Und am 28. März 1946 stellte sich die KPD nach der ersten Kommunalwahl gegen die Wiederwahl von Oberbürgermeister Hermann Pünder, den die Engländer am 19. November 1945 als Nachfolger Konrad Adenauers eingesetzt hatten, da er nicht bereit war, Kommunisten in verantwortliche Positionen in die Stadtverwaltung zu nehmen. Auch persönliche Angriffe aus den Reihen der KPD auf politische Gegner wie Bankier Robert Pferdmenges sind nicht selten und bei diesem auch vorübergehend erfolgreich. Robert Pferdmenges beantragt einen Ausschuss, der die Vorwürfe überprüfen soll und ihn am 20. Juli 1946 völlig entlastet. Nun macht sich Pferdmenges aber als Gegner der Sozialisten bei der englischen Militärregierung unbeliebt, wird aus allen Ämtern, darunter dem des Präsidenten der IHK, entfernt. Erst am 6. August 1947 gilt er endgültig wieder als entlastet.

Neben den bereits erwähnten Kommunisten ist oft die CDU im Rat wortführend. Sie wird vertreten durch Johannes Albers, der von den russischen Truppen Ende April 1945 aus dem Zuchthaus Plötzensee befreit worden war, und Peter Josef Schaeven, der für ein halbes Jahr zuerst von März bis September 1945 das Nachrichtenamt der Stadt aufgebaut hatte und nun als Fraktionsvorsitzender der CDU lange den Rat prägen wird. Ebenso durch Bernhard Günther, zugleich Präsident der Handwerkskammer Köln von 1945 bis 1975, und wie erwähnt mit Robert Pferdmenges, damals noch Präsident der IHK. Mitglied der Fraktion ist auch Christine Teusch, die von 1920 bis 1933 Abgeordnete im Reichstag gewesen war und bald, ab dem 2. Oktober 1946, auch Mitglied des ersten ernannten Landtags in Düsseldorf wird. Sie übernimmt im Dezember 1947 als erste Frau ein Ministeramt.

Für die SPD ergreifen mit Robert Görlinger, dem am 7. Juli 1945 aus dem KZ Sachsenhausen zurückgekehrten zukünftigen Bürgermeister und Oberbürgermeister, mit dem Arzt Dr. Helmut Braubach, der bis zu seinem Tode am 13. März 1965 dem Rat angehören wird, dem Ortsausschussvorsitzenden für Dellbrück Theodor Fink und mit Hans Böckler (1875–1951) bereits vor 1933 profilierte Sozialdemokraten das Wort. Hans Böckler hatte schon am 2. August 1945 im Rathaus eine Einheitsgewerkschaft an Stelle der früheren Richtungsgewerkschaften gegründet und so die Gewerkschaftsbewegung in Köln und von Köln aus wieder in Gang gebracht. KPD, SPD wie auch CDU drängten in die Betriebe. Hans Böckler wird am 12. Oktober 1949 in München zum ersten Vorsitzenden des Deutschen Gewerkschaftsbundes (DGB) gewählt. Paritätische Mitbestimmung aber kann nur in Bergbau und in der Stahlindustrie durchgesetzt werden. Die Gegner auf diesem Feld, Bundeskanzler Konrad Adenauer und Hans Böckler, werden zusammen am 4. Januar 1951 Ehrenbürger der Stadt Köln. So werden beide Fraktionen zufriedengestellt. Der Kampf für ein Betriebsverfassungsgesetz mit mehr Rechten für Arbeitnehmer scheitert 1952, im Jahr nach dem Tod Hans Böcklers.

Die Industrie ist mit Peter Josef Bauwens, der im Oktober 1946 als Nachfolger des von den Engländern abgesetzten Robert Pferdmenges zum Präsidenten der IHK berufen wird, und seiner »Gruppe Dr. Bauwens« im Rat vertreten. In vier ausgedehnten Sitzungen zwischen dem 1. und dem 25. Oktober 1945 lassen sich die Mitglieder des Rates über die bisherige Tätigkeit der Verwaltung unterrichten und diskutieren oft kontrovers die von den Beigeordneten vorgetragenen Ergebnisse in den sechs folgenden Sitzungen am 8., 15. und 28. November, sowie 5. und 20. Dezember 1945 und 3. Januar 1946. Am 17. Januar 1946 wird mit dem auf 58 Stadtverordnete vergrößerten Rat eine »Kölnische Stadtverfassung« vorbereitet. In der nächsten Sitzung am 7. März 1946 wird sie beschlossen. Offiziell tritt sie erst 1947 nach Genehmigung durch die Mi-

Hans Böckler am 4. Januar 1951, Stadt Köln (Hg.): Verleihung des Ehrenbürgerrechts an Dr. h. c. Konrad Adenauer und Dr. h. c. Hans Böckler. *Stadt Köln 1951*

litärregierung in Kraft, bietet aber keine wesentlichen Änderungen gegenüber der seit dem 1. April 1946 wieder geltenden nach britischen Vorstellungen revidierten Deutschen Gemeindeordnung von 1935.

Mit der Anweisung Nr. 75 der Militärregierung, die um den Jahreswechsel 1945/46 bekannt wurde, war der weitere Zeitplan festgelegt. Am 13. Oktober 1946 sollte in den Städten gewählt werden, auf dem

Lande einige Wochen vorher. Am 17. Januar 1946 eröffnet, mit diesem Zeitplan vor Augen, der Stadtkommandant der Militärregierung die zweite Sitzung des Rates am 17. Januar 1946 mit einer nun den Richtlinien entsprechenden Zahl von 58 Mitgliedern. Stadtkommandant ist inzwischen Oberstleutnant John M. White, da Hermann Pünder als Bedingung für seine Übernahme des Oberbürgermeisteramtes einen Wechsel des Stadtkommandanten verlangt hatte. In seine Begeisterung für Hermann Pünder fügt er nach eindringlicher Erwähnung deutscher Verbrechen unter nationalsozialistischer Diktatur ganz vergnügt eine herbe Kritik an dessen Vorgänger ein: »*Cologne is indeed fortunate to have found at such a critical time an able and enthusiastic leader. Dr. Pünder is young in spirit and not so old in years. He is clearly a man not daunted by difficulties however insuperable they may appear.*« (Köln kann sich glücklich schätzen, in diesen kritischen Zeiten einen fähigen und enthusiastischen Kopf gefunden zu haben. Dr. Pünder ist jung im Geist und nicht so alt an Jahren. Er ist eindeutig ein Mann, der sich nicht von Schwierigkeiten erschrecken lässt, so unüberwindlich sie auch erscheinen mögen.) Alle bisherigen Stadtverordneten werden übernommen, mit Ausnahme des Studenten Kurt Kluth (KPD), für den Franz Deckers (KPD) berufen wird.

Unter den »Neuen«, die nun bis zur Kommunalwahl am 13. Oktober 1946 Mitglieder der Stadtverordneten-Versammlung sind, fallen in der Fraktion der KPD die Namen von Dr. Louis Napoleon Gymnich oder Ferdinand Humbach auf. Ferdinand Humbach war mit seiner Frau und seinem Sohn Heinz als Mitglied der Widerstandsgruppe »Nationalkomitee Freies Deutschland« verhaftet worden und nun, nach Köln zurückgekehrt, Vorsitzender der Kölner Kreisorganisation der KPD geworden. Louis Napoleon Gymnich ist bis zur Kommunalwahl am 13. Oktober 1946 Fraktionsvorsitzender der KPD in der Stadtverordneten-Versammlung, als zweiter Bürgermeister Vertreter des Oberbürgermeisters und aktiv im Rat mit zahlreichen Redebeiträgen. Für die CDU ergreift weiterhin Peter Josef Schaeven als Fraktionsvorsitzender das Wort, auch Christine Teusch meldet sich häufiger. Für die SPD ist Robert Görlinger, nun zum Bürgermeister gewählt und erster Vertreter des Oberbürgermeisters, weiterhin Fraktionsvorsitzender und wortführend in der Stadtverordneten-Versammlung. Neu im Rat sind auch die Architekten Eugen Blanck und Karl Band, die, ohne das Wort zu ergreifen, sicher als Diskussionspartner für das Thema Stadtplanung ausgewählt worden waren, und Dr. Josef Haubrich (SPD), mit dessen für Köln bis heute nachwirkender Stiftung moderner Kunst wir uns später beschäftigen werden, sowie Dr. Robert Grosche, Stadtdechant und Pfarrer von St. Gereon – als Vertreter der Kirche, wie in den Richtlinien vorgesehen –, dessen Tagebuch einen guten Einblick in die ersten Monate der Kölner Nachkriegszeit gibt.

Die Erfahrungen der ersten Jahre der Stadtverordneten-Versammlungen seit Oktober 1945 haben lange die Vorstellungen und Einstellungen führender Ratsmitglieder bestimmt. Für die CDU ist, wie erwähnt, Peter Josef Schaeven (1885–1958) als eine Führungsfigur eine der auch rhetorisch die Atmosphäre prägenden Persönlichkeiten. Bis zu seinem Tode durch Gehirnschlag zu Beginn einer Ratssitzung am 4. Juli 1958 hat er mit 386 Wortmeldungen und Reden seine Meinungen kundgetan und Meinung gebildet. Seine Zuständigkeit umschreibt er einmal am 3. März 1953 im Rahmen der Haushaltsdebatte: »Mir ist die Aufgabe zuteil geworden, vom Wesentlichen, vom Grundsätzlichen, von der Stadt Köln selber zu reden, von ihrer gegenwärtigen Situation und von der Gesamtlage.«

Neu in der Arbeit des Rates gegenüber der Weimarer Zeit ist die Detailarbeit, die nun den Ausschüssen übertragen wird. So deklariert die »Kölnische Stadtverfassung« von 1947 als § 15 »Der Hauptausschuß besteht aus dem Oberbürgermeister, zehn Stadtverordneten, die von der Stadtvertretung gewählt werden, und dem Oberstadtdirektor. Weitere Beamte können hinzugezogen werden. Die Beamten haben kein Stimmrecht.« Die Bedeutung des Hauptausschusses macht § 16 deutlich: »Der Hauptausschuß hat a) die ständige Verbindung zwischen Stadtvertretung und Stadtverwaltung zu unterhalten, b) sich mit den laufenden Geschäften und Aufgaben zu befassen, die ihm durch Gesetz oder durch Beschluß der Stadtverwaltung übertragen werden.« Bei weiteren Ausschüssen, die einzelnen Bereichen der Stadtverwaltung, jeweils von einem Beigeordneten geführt, entsprechen, dürfen seitdem auch sachkundige aber nicht stimmberechtigte Bürger hinzugezogen werden. Für die ehrenamtlichen Mitglieder des Rates bedeutet die regelmäßige Teilnahme an den Sitzungen der Ausschüsse, in die sie von ihrer Fraktion abgeordnet wurden, einen erheblichen Zeitaufwand. Die Ausschüsse sind erstmals schon im Vorgriff auf die revidierte Gemeindeordnung in der Sitzung des Rates vom 28. März 1946 besetzt worden.

Kommunalwahl 13. Oktober 1946

Die erste Kommunalwahl nach Kriegsende am 13. Oktober 1946 brachte bei einer Wahlbeteiligung von 73,6 Prozent ein überraschend eindeutiges Ergebnis für die junge CDU, verstärkt durch ein Mehrheitswahlrecht nach britischem Vorbild. Die CDU erhielt 53,4 Prozent der Stimmen, die SPD 34,6 Prozent und die KPD 9,3 Prozent. In jedem der dreizehn Wahlbezirke wurden drei Ratsmitglieder direkt gewählt. Mit 37 Sitzen, mehr als zwei Dritteln der Sitze, hatte die CDU die absolute Mehrheit. Nur im Wahlbezirk Altstadt-Süd/Neustadt-Süd gelang es der SPD, zwei Kandidaten – Theo Burauen und Peter Fröhlich – einzubringen. Damit waren 39 der 51 Sitze im Rat vergeben. Das von der Militärregierung durchgesetzte Mehrheitswahlrecht wurde durch den nach dem Verhältniswahlrecht »Reservestock« von zwölf Ratsmitgliedern kaum abgemildert. Auf diesem Weg kamen sechs Mitglieder der SPD, vier weitere der CDU und zwei Vertreter der KPD in den Rat. Das Desaster für die KPD mit zwei Sitzen im Rat hatte sich schon nach den Gemeindewahlen auf dem Lande am 15. September 1946 abgezeichnet. Für die SPD waren acht Stadtverordnete gegenüber 41 für die CDU von insgesamt 51 ein durch das Mehrheitswahlrecht verursachtes klägliches Ergebnis.

Der Wahl am 13. Oktober 1946 folgt am 24. Oktober 1946 die erste Sitzung des gewählten Rates. Es ist die zehnte Sitzung des Jahres, bei der nun, dem Anlass entsprechend, die Militärregierung mit dem Militärgouverneur des Regierungsbezirks, Oberst Oswald, mit dem Militärgouverneur der Stadt Köln, Oberstleutnant John M. White, und seinem Vertreter Oberstleutnant Cousins sowie dem Vertreter der belgischen Besatzungsmacht anwesend ist. Nun wird Hermann Pünder unter den wachsamen Augen der Militärregierung, die sich vom Erfolg des Demokratietrainings überzeugen und nach oben berichten muss, erstmals zum Oberbürgermeister gewählt. Gewählt wird durch das sich Erheben von den Plätzen, an dem die beiden Kommunisten zur Erheiterung der Versammlung versehentlich teilnehmen. Dazu anschließend Hermann Pünder, als Heinrich Gérard (KPD) sich erneut erhebt: »Herr Stadtverordneter Gérard, Sie haben das Wort erbeten. Ich glaube, ich kann die Rede für Sie halten. Sie wollten nur zum Ausdruck bringen, daß Sie versehentlich aufgestanden sind und nicht die Absicht hatten, für mich zu stimmen. (Zuruf Gérard: ›Jawohl!‹) Ich darf bitten, die Gegenprobe zu machen. Wer gegen meine Wahl ist, den bitte ich, sich zu erheben. (Nur die beiden Kommunisten erheben sich.)« Anschließend wird, wie offensichtlich zuvor abgesprochen, Robert Görlinger mit den Stimmen der beiden Kommunisten als Bürgermeister zu seinem Stellvertreter gewählt. Danach rühmt Stadtkommandant John M. White – auf Deutsch – die Leistungen Hermann Pünders, bedauert, dass Bürgermeister Napoleon Gymnich (KPD), »dessen klarer durchdringender Kopf und dessen Feder uns alle in Bewegung gehalten hat (Heitere Zustimmung)«, nicht mehr Mitglied des Rates ist.

Eigentlich hätte nach dem ursprünglichen Wahlgesetz von 1946 ein Drittel der Ratsmitglieder nach einem Jahr ausscheiden und durch neugewählte ersetzt werden müssen. Sie wurden jedoch per Landesgesetz verlängert. Während noch über ein neues Gemeindewahlgesetz debattiert wird, erhalten die Stadtvertretungen im Lande Nordrhein-Westfalen nach langen Querelen mit der Militärregierung Ende 1947 das Recht, die Beigeordneten, die bisher von der Militärregierung genehmigt werden mussten und nur auf Abruf im Amt waren, auf zwölf Jahre zu wählen. Die SPD hätte diese Wahlen gerne erst nach der Kommunalwahl am 17. Oktober 1948 durchgeführt, wurde aber überstimmt. Das gibt der CDU die Chance, ihre Machtposition zu nutzen und in der Ratssitzung am 25. Februar 1948 nach heftigen Protesten der SPD die Beigeordneten Turegg (SPD) und Keidel (KPD) durch Max Adenauer, den Sohn Konrad Adenauers, zu ersetzen. Die SPD-Fraktion und die beiden Stadtverordneten der KPD verlassen noch vor der Wahl unter Protest den Saal.

Ernst Schwering formuliert bei dieser brisanten Gelegenheit einmal deutlich, wie die Stadtverordneten und nicht nur die der CDU eigentlich bis heute die Rolle der Beigeordneten verstehen. Sie haben sich als Beauftragte ihrer Fraktion zu verstehen und könnten eigentlich wie die Mitglieder eines Ausschusses nach Parteischlüssel der Stadtvertretung besetzt werden. Dann könnte die CDU im Moment zwölf von den fünfzehn Beigeordneten stellen und gibt sich großzügig mit neun Parteimitgliedern als Beigeordneten zufrieden. Die im Rat weit verbreitete Einschätzung der Aufgaben und Handlungsspielräume eines Beigeordneten macht bis heute das Recht einer Partei, einen Beigeordneten zur Wahl durch den Rat vorschlagen zu dürfen, mehr zum machtpolitischen Symbol als zu einer politisch wirksamen Realität. Das Vorschlagsrecht ist dennoch das Zeichen der immer wieder betonten Forderung nach Anteil an der Macht in der Stadtverwaltung, die nach Kriegsende zuerst die SPD vehement vorträgt. Sie war zu Beginn nur für kurze Zeit mit einem Sozialdemokraten, Josef Brisch, als Personaldezernent berücksichtigt worden. Bald treten bis in unsere Tage wirksame klare Absprachen darüber, welche Fraktion einen Personalvorschlag für welche Beigeordnetenposition macht, an die Stelle der Auseinandersetzungen. Die Bedeutung des Rechtes, einen Beigeordneten zur Wahl für ein Dezernat vorzuschlagen, ist abgesehen vom symbolischen Gewicht nicht gut einzuschätzen und wird nach meiner Verwaltungserfahrung wohl eher überbewertet.

Allerdings schwächt diese Neuerung gegenüber der Weimarer Zeit noch heute die Macht des Oberbürgermeisters. Nicht er ist es mehr, der die Beigeordneten beruft und die Aufgaben zuteilt und verändern kann, es ist jetzt der Rat, genauer gesagt eine Fraktion oder eine Koalition. Noch viel mehr als in der Weimarer Zeit hängt nach 1945 von der Führungsfähigkeit und persönlichen Autorität des Oberstadtdirektors oder nach der neuen Kommunalordnung von 1994 des Oberbürgermeisters als Chef der Stadtverwaltung ab. Das zeigt sich auch in Köln.

Bei der Wahl der Spitzenbeamten der Stadtverwaltung, bei der Wahl von Dezernenten, Stadtdirektor und bis 1999 des Oberstadtdirektors durch den Rat, versucht man meist erfolgreich vor der Entscheidung, sich untereinander darüber zu einigen, welche Partei für welches Amt eine/n Kandidaten/in benennen darf. Allerdings sind nicht immer alle Parteien einbezogen. Im Anfang, nach Kriegsende, ließ man die KPD oft außen vor, später hielten die etablierten Parteien gerne einmal Abstand von den Grünen oder den Republikanern, um ihre untereinander vereinbarten Erbhöfe, die mit hohem Symbolwert versehene Benennung von Kandidaten für die Positionen von Oberstadtdirektor, Stadtdirektor oder Dezernenten, zu sichern. Vor der Kommunalwahl von 1999 sichern z.B. SPD und CDU schnell bei der Gelegenheit der Wahl von Marie Hüllenkremer zur Kulturdezernentin drei ihrer Beigeordneten durch Wiederwahl für die nächsten acht Jahre ab. Aktuell hat die CDU das Vorschlagsrecht für das neue Verkehrsdezernat erhalten, das auf Dauer dann mit dem Wirtschaftsdezernat verbunden wird. Die Grünen behalten das Vorschlagsrecht für das Sozialdezernat und den nächsten Stadtdirektor hat die CDU vorgeschlagen.

Max Adenauer (1910–2004), seit 1948 auf CDU-Ticket Beigeordneter für Wirtschaft und Häfen, von 1953 bis 1965 Oberstadtdirektor, damit Nachfolger seines Onkels Willi Suth, sah dies deutlich als Problem. Er verzichtete auf die ihm von der SPD, die in der Kommunalwahl 1964 die absolute Mehrheit gewonnen hatte, angetragene Wiederwahl. Der Spiegel vom 18. November 1964 setzt das Interview dazu unter den Titel: »Knecht des Rates oder Herr der Verwaltung?« Max Adenauer sieht darin seinen Handlungsspielraum in Zukunft bedroht: »Ich habe dem SPD-Fraktionsvorsitzenden van Nes Ziegler erklärt, daß ich nun wohl in einem solchen Maße von anderen Mitarbeitern umgeben würde, daß ich in meiner Arbeit an Händen und Füßen gefesselt würde. Daraufhin hat er mir bestätigt: ›Wir werden Sie einmauern.‹« Tatsächlich beanspruchte die SPD alle nun freiwerdenden Beigeordnetenpositionen. Darauf spielt er wohl im Jahr darauf mit einem etwas kryptischen Satz in seiner Abschiedsrede am 30. September 1965 im Rat an: »Es ist gut, wenn die Mitglieder der SPD und die Mitglieder der CDU in der Verwaltung sich als eine geschlossene Fraktion fühlen. Das soll so sein; denn wir haben vor allem sachlich und objektiv zu arbeiten.«

Sein Nachfolger wird Heinz Mohnen (1914–2005), zuvor Kölner Amtsgerichtspräsident, der bereits seit Dezember 1964, seit Max Adenauer seinen Rückzug aus dem Amt angekündigt hat, dessen Stellvertreter ist. Die offene Kritik an der SPD und ihrem Fraktionsvorsitzenden John van Nes Ziegler, der betonte, dass der Begriff des Einmauerns zuerst von Max Adenauer gebraucht worden sei, sollte nach der Kommunalwahl von 1969 Folgen für Max Adenauer und die CDU-Fraktion haben.

Als Oberstadtdirektor Heinz Mohnen sich am 30. September 1977 nach zwölfjähriger Amtszeit vom Rat verabschiedet, blickt er auch auf die Verwaltungskonferenz zurück, die er mit einem Orchester vergleicht: »Mein Dank gilt all diesen Herren, die ungeachtet unterschiedlicher Bindungen und Überzeugungen immer nach sachlichen Argumenten gearbeitet haben und mir die von mir zu treffende Entscheidung damit erleichtert haben. [...] Ich danke meinen Mitarbeitern in der Verwaltungskonferenz, daß dieser Gedankenaustausch in echter Teamarbeit geführt worden ist. Daß dies so war, wird unterstrichen durch die Tatsache, daß – wenn ich mich recht erinnere – die Fachbeigeordneten von ihrem Recht, abweichende Auffassungen im Hauptausschuß vorzutragen, nur in zwei Fällen in den gesamten zwölf Jahren Gebrauch gemacht haben. Die Seltenheit dieses Ereignisses zeigt besser als alle Worte, mit welcher Harmonie gearbeitet worden ist.«

Zurück in die Ratssitzung am 25. Februar 1948. Mit Kurt Alexander Keidel (KPD) sollen Verhandlungen für eine Weiterbeschäftigung in einer anderen Position geführt werden, das Parteimitglied der SPD und profilierten Spezialisten für Verwaltungsrecht Kurt Egon Freiherr von Turegg gen. Türcke (1904–1956) finden wir bald am Oberverwaltungsgericht Lüneburg und von 1953–56 als Bundesrichter am Bundesverwaltungsgericht in Berlin wieder. Max Adenauer wird als Beigeordneter für Wirtschaft und Verkehr auf zwölf Jahre wie Oberstadtdirektor Suth und alle anderen Beigeordneten, darunter auch Stadtdirektor Martin Wirtz (SPD) und Beigeordneter Wilhelm Steinforth (SPD), wiedergewählt. Die SPD hat diesen Affront, die Verhinderung einer Neuverteilung der Beigeordnetenpositionen nach der nächsten Wahl, nicht so schnell vergessen.

Im Frühjahr 1948 gibt Oberbürgermeister Pünder sein Kölner Amt auf, um Oberdirektor und Vorsitzender des Verwaltungsrates der »Verwaltung des Vereinigten Wirtschaftsgebietes« in Frankfurt zu werden. Nun hat dieser am 13. Oktober 1946 gewählte Rat in seiner Sitzung am 19. April 1948 erneut die Wahl eines Oberbürgermeisters vorzunehmen. Die CDU schlägt Ernst Schwering vor, der von SPD und KPD in Erinnerung an die Auseinandersetzungen um die Wahl der Beigeordneten am 25. Februar 1948 abgelehnt wird. Angesichts der überwältigenden Mehrheit der CDU in diesem Rat bleibt dies nur ein Signal. Dr. Ernst Schwering wird auf ein Jahr, bzw. bis zum Inkrafttreten des neuen Gemeindewahlrechtes mit 37 Stimmen der CDU gegen 11 Enthaltungen der SPD und der KPD gewählt.

Kommunalwahl 13. Oktober 1948

Nach heftigen Debatten hatte der Landtag im Sommer 1947 das Wahlgesetz angenommen, zu dem die Durchführungsverordnung am 23. August 1948 erschienen war. Nun mussten 30 Wahlbezirke eingerichtet werden, in denen jeweils ein Ratsmitglied direkt zu wählen war. Die CDU gewann 19 Sitze direkt, die SPD 11 Sitze. Entsprechend dem Verhältniswahlrecht erhielt die SPD über die Reserveliste sechs weitere Sitze, die KPD immerhin fünf und erstmals ist nun die FDP mit drei Sitzen im Rat vertreten. Die CDU hatte bei einer Wahlbeteiligung von 54,7 Prozent mit 42,5 Prozent Stimmenanteil ihre absolute Mehrheit von 1946 verloren, die SPD hatte sich von 34,6 Prozent auf 37,7 Prozent gesteigert und auch die KPD hatte sich auf 10,9 Prozent verbessern können. Die CDU stellte nun 19 Stadtverordnete, die SPD 17, die KPD fünf und die FDP drei. Die CDU hatte die »Hegemonie« verloren. Die neue Marktwirtschaft hatte sich auch noch nicht als sozial erwiesen, und das von Ludwig Erhard, damals noch »Direktor für Wirtschaft der Verwaltung des vereinigten Wirtschaftsgebietes«, propagierte Wirtschaftswunder ließ auf sich warten. Die Währungsreform hatte zwar ein reiches Warenangebot auf den Markt gebracht, aber oft zu kaum erschwinglichen Preisen. Mit der Bezeichnung »Eierwahlen« hat man die politischen Auswirkungen dieser Enttäuschung exemplarisch an der Preisentwicklung der Eier festgemacht. Lagen die Preise für ein Ei im Juli 1948 noch bei 35 Pfennig, erreichten sie im Oktober 1948 mit 85 Pfennig mehr als das Doppelte.

Die Auseinandersetzungen bei der Wahl des Oberbürgermeisters am 15. November 1948 nach der Kommunalwahl vom 13. Oktober 1948, der ein von der CDU wenig glücklich und von der SPD aggressiv geführter Wahlkampf vorausging, werden zu einem Wendepunkt der Kölner Lokalpolitik für die nächsten beiden Jahrzehnte. Angesichts des Ablaufs der

Ratssitzung an diesem 15. November 1948, der ersten nach der Wahl, zieht Robert Görlinger in den Tagen danach die Konsequenzen daraus für die Zukunft. Dabei kommt es zu einer Situation, die bis heute die Stadtpolitik prägt. Offensichtlich hat er im Laufe dieser Sitzung den entscheidenden Schritt der Entdeckung der eigentlich weitgespannten Interessenübereinstimmung von SPD, CDU und FDP gemacht und die minimale Übereinstimmung der Vorstellungen aller mit der KPD erkannt.

Die Mitglieder des Rates, die bisher sehen mussten, dass die CDU mit ihrer absoluten Mehrheit nach der Wahl vom 13. Oktober 1946 ihre Ziele rücksichtslos durchsetzen konnte, erleben eine völlig veränderte Situation. Die CDU stellt immer noch die größte Fraktion, hat aber keine Mehrheit im Rat. Die Folgen der neuen Machtverteilung im Rat offenbaren sich direkt und dramatisch bei der Wahl des Oberbürgermeisters, dessen Position die CDU als stärkste Fraktion für ihren Kandidaten Ernst Schwering beansprucht. Die Sitzung hatte schon mit einer heftigen Auseinandersetzung zur Geschäftsordnung zwischen Heinrich Gérard (KPD) und Noch-Oberbürgermeister Ernst Schwering begonnen, die erst nach einer langen Sitzungsunterbrechung und Einberufung des Ältestenrates beendet werden konnte.

Helmut Braubach (SPD) bringt die Verstimmung der SPD über die ausgiebig genutzte Machtstellung der CDU im vorhergehenden Rat noch einmal deutlich zum Ausdruck: Es »ist so gelaufen, daß man das Kölner Stadtregime der letzten zwei Jahre etwa nennen könnte ein Gemisch von Autokratie, Bürokratie, ergänzt durch Kaplanokratie (Heiterkeit links) und das Ganze gemildert durch Klüngel. (Schallende Heiterkeit links) Für diese Entwicklung, meine Damen und Herren ist die CDU-Fraktion verantwortlich und mit ihr natürlich die repräsentative Spitze, die von ihr in die Stadtführung hineingeschickt worden war. Das hindert uns natürlich nicht, im Menschlichen seiner Person alle Sympathien entgegenzubringen; das hindert uns nicht, seine Fähigkeiten anzuerkennen. Aber es hindert uns, ihm heute unsere Stimme zu geben.« Die SPD schickt gegen Ernst Schwering nun Robert Görlinger ins Rennen. Es steht rasch 22 zu 22 Stimmen. Offensichtlich haben die drei Abgeordneten der FDP für Ernst Schwering gestimmt und die fünf Abgeordneten der KPD für Robert Görlinger. Die Wahlwiederholung bringt das gleiche Ergebnis.

Bei Peter Josef Schaeven, dem Fraktionsvorsitzenden der CDU, bricht offene Panik aus. Er schlägt vor, um einen Losentscheid zu vermeiden, den auch Heinrich Gérard für die KPD als sehr schlechte Lösung und der Sprecher der FDP Fernando Casaretto als »ein unwürdiges Schauspiel« und Belastung für das Amt des Oberbürgermeisters betrachtet, dass alle Stadtverordneten ihre Mandate niederlegen, auch die Damen und Herren auf den Reservelisten, um eine neue Wahl für den Rat ansetzen zu lassen. Weitere Diskussionen über Kosten einer neuen Wahl, über einen Volksentscheid, über die Auslegung der Stadtverfassung und über eine Vertagung des Losentscheids schließen sich an. Der dann doch durchgeführte Losentscheid – der jüngste Abgeordnete Hans-Jürgen Baumann (FDP) zieht das Los – bringt Robert Görlinger für ein Jahr in die Rolle des Oberbürgermeisters.

Der Zorn über dieses Ergebnis ist bei Peter Josef Schaeven und seiner CDU-Fraktion so groß, dass Ersterer sich weigert, einen CDU-Kandidaten für den anschließend zu wählenden Stellvertreter, also die Rolle des Bürgermeisters, die bisher Robert Görlinger besetzt hatte, zu benennen. Während die KPD nun ihr Mitglied Rudolf Wascher als ersten Stellvertreter vorschlägt, die CDU ankündigt, Herrn Fernando Casaretto (FDP) zu wählen, wird schließlich nach Diskussionen über die Ablehnung eines Antrags der SPD, die Sitzung für eine Viertelstunde zu unterbrechen, der Antrag von Peter Josef Schaeven, die Wahl der Vertreter zu vertagen, angenommen. Ob den beiden anwesenden Vertretern der englischen Militärregierung bei diesem Sitzungsverlauf das schöne Wort »Kindergarten« in den Sinn gekommen ist, das ja geläufigen Eingang in die englische Sprache gefunden hat?

Theo Burauen, seit Oktober 1946 im Rat, hat als Oberbürgermeister einmal im Rückblick 1957 bei der Einweihung des Ratssaals im Spanischen Bau das so formuliert: »Das Rad der neuen Demokratie drehte sich erst langsam und noch etwas knarrend.« Aber es drehte sich. Der Kindergarten der Demokratie ist bis zur nächsten Sitzung des Rates am 16. Dezember 1948 offensichtlich rasch erwachsen geworden. An die Stelle der Konkurrenzdemokratie, die die CDU bisher gepflegt hat, in der die Mehrheit ziemlich rücksichtslos zur Durchsetzung der eigenen Interessen genutzt wird, ist nun die Konsensdemokratie getreten, die vielfach – nicht immer – die nächsten Jahrzehnte im Rat prägen wird. Oberbürgermeister Robert Görlinger hat die Initiative ergriffen und zu Besprechungen eingeladen, »die gezeigt haben, daß eine solche Zusammenarbeit aller Fraktionen des Hauses im Interesse der Stadt Köln möglich ist, aus der sich meines Erachtens ein Maximum an Arbeitsfähigkeit der Stadtvertretung entwickeln muß. Bei der furchtbaren Not und der Erbschaft, die wir in diesem Trümmerfeld unserer Stadt übernommen haben, dürfen wir sicher sein, daß unsere Mitbürger uns hierbei durchaus zustimmen werden, dies zu versuchen, und ich bin überzeugt, daß alle demokratischen Schichten Kölns uns beipflichten werden.« Das ist offensichtlich gegen die KPD gerichtet. Nun ist die CDU bereit, Ernst Schwering als Kandidaten für den ersten Stellvertreter des Oberbürgermeisters aufzustellen. Vielleicht hat man schon vor dieser Ratssitzung vereinbart, im kommenden Jahr, bei der nächsten Oberbürgermeisterwahl, dann Ernst Schwering zu wählen. Die KPD erhält die Kandidatur Rudolf Waschers aufrecht. Die FDP nimmt ihren Kandidaten zurück und enthält sich der Stimme. Die SPD stimmt für Ernst Schwering, der so 35 Stimmen erhält, fünf werden für Rudolf Wascher gezählt und drei Zettel sind weiß geblieben. Bei der Wahl eines zweiten Stellvertreters wird nun der Vorwurf gegen die KPD klar formuliert, der im Rückblick ein interessantes Licht auf die Wahl des Oberbürgermeisters einen Monat zuvor in der Sitzung am 15. November 1948 wirft. Fernando Casaretto hält der KPD vor, sich damals nicht an die demokratischen Spielregeln gehalten zu haben, die dem Kandidaten der stärksten Fraktion das Amt zusprächen. So wäre man nun auch nicht bereit, für einen Kandidaten der KPD als zweiten Vertreter des Oberbürgermeisters zu stimmen. So wird Fritz Fuchs (CDU), der die Wahlleitung übernommen hatte, mit 18 Stimmen bei fünf Stimmen für Rudolf Wascher und 20 Enthaltungen gewählt. Er nimmt an, verbittet sich aber Glückwünsche, die von der KPD »dem Kölner Trio« dennoch als »gute Fahrt ins kommende Amtsjahr« auf den Weg gegeben werden.

Es zeigt sich in dieser Oberbürgermeisterwahl, dass man von nun an bis zur nächsten Kommunalwahl und weiterhin immer wieder auf Kompromisse und Absprachen angewiesen sein wird. Für die Wahlen des Oberbürgermeisters und seiner Stellvertreter wird nach diesen dramatischen Szenen im Rat fast immer eine einvernehmliche Regelung zwischen den Parteien vor den Ratssitzungen gesucht und zumeist gefunden.

Tatsächlich werden Oberbürgermeister und Stellvertreter nach § 12 und § 13 der am 15. April 1947 veröffentlichten »Kölnischen Stadtverfassung«, angepasst an die zum 1. April 1946 revidierte Deutsche Gemeindeordnung vom 30. Januar 1935, bei dieser Wahl nur auf ein Jahr gewählt. Für den Oberbürgermeister galt dabei: »Wiederwahl ist zulässig, jedoch darf das Amt des Oberbürgermeisters fortlaufend nicht länger als drei Jahre von demselben Stadtverordneten bekleidet werden.«

Bei der nächsten Wahl des Oberbürgermeisters und seiner Vertreter, die für den 2. Dezember 1949 angesetzt wird, halten sich sowohl Peter Josef Schaeven für die CDU wie auch Theo Burauen für die SPD bei der Diskussion auffällig kurz in der Vorstellung ihrer Kandidaten, während Rudolf Wascher weitausholend seine Einstellung – »Köln ist ein reaktionärer Schnittpunkt des Westens« – erläutert. Anschließend erneuert Fernando Casaretto die Unterstützung der FDP für Ernst Schwering. Wieder kommt es zum Patt

In einer Sondersitzung des Rates am 5. Oktober 1949 werden Oberbürgermeister Robert Görlinger, Sibilla Hartmann und Peter Josef Schaeven für ihre 30-jährige Zugehörigkeit zur Stadtvertretung geehrt. In der hinteren Reihe die ehemaligen Stadtverordneten Blum, Pieper, Bender, Frau Robertz, Heß, Deimann, Kreibohm und Dr. Lohmer. Stadt Köln (Hg.): Sonderdruck des Sitzungsberichtes. *Köln 1949*

mit 22:22 Stimmen. Nach der revidierten Gemeindeordnung muss nun innerhalb von zwei Wochen erneut in geheimer Wahl gewählt werden.

Jetzt wird der KPD ein Denkzettel verpasst. Am 9. Dezember 1949 tritt der Rat wieder zur Wahl von Oberbürgermeister und zwei Stellvertretern zusammen. Ausführlich trägt Peter Josef Schaeven (CDU) den Inhalt der Vereinbarung vor, die mit der SPD geschlossen wurde und die KPD ihrer Rolle als Entscheidungsträger beraubt. So soll in dieser Sitzung Ernst Schwering zum Oberbürgermeister gewählt werden, in einem Jahr dann wieder Robert Görlinger und danach ein weiteres Mal Ernst Schwering. Peter Josef Schaeven erinnert daran, dass eine Urwahl des Oberbürgermeisters durch die Bürger der Stadt immerhin 80000 D-Mark kosten würde, und betont schließlich: »Es bleibt mir nur noch übrig, Ihnen im Voraus zu erklären, daß unser tiefstes Motiv und unser erster Grund die Liebe zur Stadt Köln und die Freude am kommunalpolitischen Frieden ist und wir die Zeit, in der wir uns auseinanderreden und auseinanderarbeiten, besser und nützlicher dazu verwenden, in Gemeinsamkeit am Aufbau unserer Vaterstadt zu arbeiten. Dann wird unser heutiger Beschluß von der Bürgerschaft zweifellos verstanden und begrüßt werden.« Bei der nun folgenden Wahl erhält Ernst Schwering 39 Stimmen und Robert Görlinger die fünf Stimmen der KPD, Ernst Schwering gilt nun als bis zum 17. Oktober 1950 gewählt.

Die Schaukelpolitik wird umgesetzt. Die nächste Wahl von Oberbürgermeister und seinen Stellvertretern steht am 23. November 1950 am Ende der Tagesordnung. Jetzt wird Robert Görlinger bei drei Enthaltungen der FDP mit 37 Stimmen von CDU, SPD und KPD bis zum 17. Oktober 1951 zum Oberbürgermeister gewählt und Ernst Schwering wechselt auf die Stellvertreterposition. Am 8. November 1951 steht die Wahl des Oberbürgermeisters und seiner Stellvertreter wieder am Schluss der Tagesordnung des öffentlichen Teils der Ratssitzung und endet mit 37 Stimmen für Ernst Schwering und vier Stimmen für Robert Görlinger, der anschließend zu seinem Stellvertreter gewählt wird.

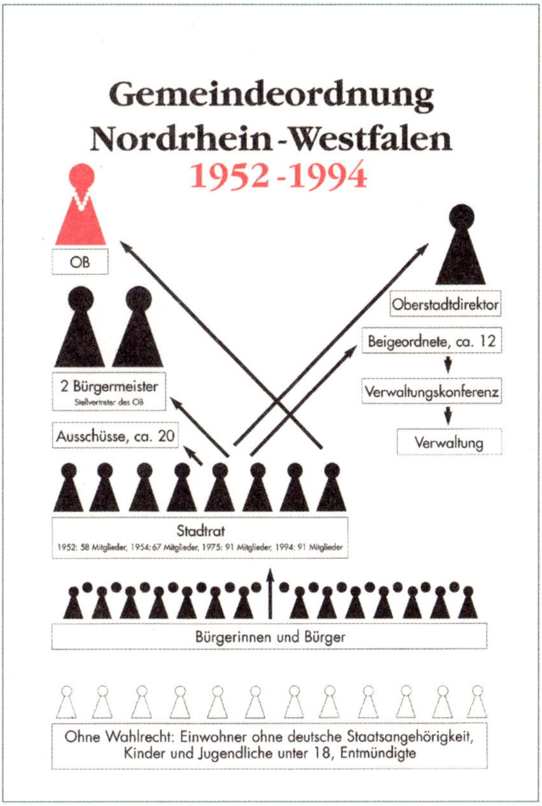

Gemeindeordnung für Nordrhein-Westfalen 1952–1994. W. Schäfke (Hg.): 600 Jahre Verbundbrief. *Köln 1996, S. 69*

Kommunalwahl 9. November 1952

Danach ändern sich die Mehrheitsverhältnisse. Nach dieser Kommunalwahl mit einer Wahlbeteiligung von 63,6 Prozent, gehen 43,1 Prozent der Stimmen an die CDU, 37,1 Prozent an die SPD und 11,4 Prozent an die FDP. Die CDU stellt 30, die SPD 25, die FDP acht und die KPD drei der insgesamt 66 Ratsmitglieder. Mit 58 Stimmen wird am 20. November 1952 Ernst Schwering, der aktuellen Gemeindeordnung des Landes Nordrhein-Westfalen entsprechend, die nach langen Debatten gerade erlassen worden war, auf zwei Jahre zum Oberbürgermeister gewählt. Robert Görlinger wird anschließend zu seinem Stellvertreter gewählt. So steht die nächste Wahl am 18. November 1954 an. Sie findet, wie alle Ratssitzungen seit dem 18. Dezember 1952, ohne Vertreter der KPD statt. Die Überprüfung der Zählergebnisse hatte ergeben, dass die KPD, statt mit 120 Stimmen über der Fünf-Prozent-Hürde zu liegen, tatsächlich mit 160 Stimmen darunterlag. Bald darauf, im Jahre 1956, wird die KPD als verfassungsfeindlich verboten. Ernst Schwering wird mit 60 Stimmen, bei zwei Enthaltungen und einer ungültigen Stimme, gewählt.

Kommunalwahl 28. Oktober 1956

Theo Burauen hatte am 4. März 1954 die Nachfolge des am 10. Februar 1954 verstorbenen Robert Görlinger als erster Stellvertreter des Oberbürgermeisters angetreten. Nach der Kommunalwahl am 28. Oktober 1956 bei einer Wahlbeteiligung von 65,4 Prozent zieht die SPD als erstmals stärkste Partei mit 46 Prozent und 32 Mitgliedern, die CDU mit 38,1 Prozent und 29 Mitgliedern und die FDP mit 7,2 Prozent und fünf Mitgliedern in den wieder 66 Sitze umfassenden Rat ein. Die SPD schlägt ihren Fraktionsvorsitzenden Theo Burauen vor, die CDU wieder Ernst Schwering. Die FDP äußert sich nicht zum Thema, hat aber offensichtlich ihren Ratsmitgliedern die Wahl freigegeben: Es entfallen bei einer Enthaltung 34 Stimmen auf Theo Burauen und nur 31 auf Ernst Schwering, der anschließend mit 32 Stimmen zum ersten Stellvertreter gewählt wird. Zweiter Stellvertreter wird Edgar Schnell (FDP) mit 56 Stimmen und Josef Haubrich (SPD) wird wieder mit nur 36 Stimmen bei 28 Enthaltungen zum dritten Stellvertreter gewählt. In seiner Antrittsrede als erster sozialdemokratischer Oberbürgermeister, die mit ausdrücklichem Dank an Ernst Schwering verbunden ist, hebt Theo Burauen im Rückblick hervor: »Es waren harte und entbehrungsvolle, aber auch aufbauende und beglückende Jahre. Die schweren Probleme, die uns der Krieg und seine Folgen hinterließen, konnten zu einem erheblichen Teil erfolgreich in einem geradezu vorbildlichen Zusammenwirken gelöst werden.«

Kommunalwahl 19. März 1961

Die ursprünglich für den 23. Oktober 1960 vorgesehene Kommunalwahl wird im Rahmen der Vorbereitungen des neuen Kommunalwahlgesetzes vom 24. Dezember 1960, das die Möglichkeit der Briefwahl einführte und die Chancen für freie Wählergruppen sicherte, auf den 19. März 1961 verlegt. Bei einer Wahlbeteiligung von 67,4 Prozent erhielt die SPD 46,8 Prozent, die CDU 45,4 Prozent und die FDP 7,5 Prozent der Stimmen. Damit entfielen von insgesamt 66 Sitzen 31 auf die SPD, 30 auf die CDU und fünf Sitze auf die FDP. Offensichtlich hat man sich danach abgesprochen. Theo Burauen wird mit 55 Stimmen bei zehn Enthaltungen und einer ungültigen Stimme wieder zum Oberbürgermeister gewählt. Als sein erster Stellvertreter wird Franz Lemmens (CDU) mit 47 Stimmen bei 19 Enthaltungen gewählt. Und der ehemalige Kämmerer aus der Zeit der nationalsozialistischen Diktatur in Köln, Prof. Dr. Dr. Oskar Türk (FDP), wird mit 48 Stimmen bei 14 Enthaltungen und drei ungültigen Stimmen zum zweiten Stellvertreter. Dagegen erhält Josef Haubrich bei seiner Wahl zum dritten Stellvertreter nur 36 Stimmen bei 26 Enthaltungen und wieder drei ungültigen Stimmen.

Kommunalwahl 27. September 1964

Die Wahl wird zum Triumph für die SPD. Sie erhält bei einer Wahlbeteiligung von 64,8 Prozent die absolute Mehrheit mit 57,4 Prozent der Stimmen, die CDU kommt auf 38,1 Prozent und die FDP erreicht nicht einmal die notwendigen fünf Prozent, um in den Rat einziehen zu können. So fallen 40 Sitze an die SPD und 27 an die CDU. Bei der Wahl des Oberbürgermeisters wird Theo Burauen mit allen 67 Stimmen des Rates gewählt. Franz Lemmens (CDU) erhält ebenfalls alle 67 Stimmen bei seiner Wahl zum ersten Stellvertreter. Zum zweiten Stellvertreter wird John van Nes Ziegler (SPD) und zum dritten Stellvertreter Günther Baumhögger (CDU) gewählt. Oberstadtdirektor Max Adenauer lehnt angesichts dieser Mehrheitsverhältnisse im Rat die von der SPD 1964 angebotene Wiederwahl ab.

Kommunalwahl 9. November 1969

In den Wahlkampf für die Kommunalwahl waren die SPD mit Theo Burauen und die CDU mit Max Adenauer als Spitzenkandidaten gezogen. Die Wahlbeteiligung lag bei 61,8 Prozent. Die SPD mit 53,8 Prozent der Stimmen erhält 37 Sitze und damit wieder die absolute Mehrheit, die CDU mit 38,6 Prozent bekommt 26 Sitze und die FDP mit 6 Prozent noch vier Sitze im Rat. DKP und NPD gehen mit jeweils 0,8 Prozent leer aus. In der ersten Ratssitzung am 20. November 1969 kommt es zum Eklat, als die SPD nicht dem Vorschlag der CDU folgt, und Max Adenauer zum ersten Stellvertreter des Oberbürgermeisters Theo Burauen wählt.

In geheimer Wahl erhält Theo Burauen 64 Stimmen, Franz Lemmens zwei und Max Adenauer eine Stimme. Die demokratische Gewohnheit, dass die Opposition den Oberbürgermeister mit wählt, hat gehalten.

Dann kommt die Überraschung. Die SPD mit John van Nes Ziegler als Fraktionsvorsitzendem hat den Affront des Verzichts von Max Adenauer auf die von der SPD angebotene Wiederwahl als Oberstadtdirektor aus dem Jahr 1964 nicht vergessen. Und da sich Theo Burauens Amtszeit dem Ende zuneigt, hat John van Nes Ziegler, noch Fraktionsvorsitzender der SPD, wohl auch Angst, dann gegen Max Adenauer als Oberbürgermeisterkandidaten antreten zu müssen. Bei der Wahl des ersten Stellvertreters mit dem Titel Bürgermeister, für den die CDU Max Adenauer vorschlägt, erhält der nicht aufgestellte Franz Lemmens (CDU), bereits von 1961 bis 1969 von der SPD mitgewählter Bürgermeister, die 37 Stimmen der SPD, 27 Stimmen fallen auf Max Adenauer, zwei auf Friedrich Jacobs (FDP) und eine auf Hans Grün (SPD). Franz Lemmens nimmt aus Solidarität das Amt nicht an und die Wahl muss bei einer neu einzuberufenden Ratssitzung am nächsten Tag wiederholt werden. Das Ergebnis bringt 25 Stimmen für Max Adenauer, 14 für Friedrich Jacobs, 13 für Hans Grün, sieben für Frau Else Schmitt (SPD), vier für Günther Baumhögger (CDU), drei für Helmuth Rehker (CDU), den langjährigen Hauptgeschäftsführer der IHK und eine für Franz Lemmens. Der zweite Wahlgang endet mit demselben Ergebnis. Im nächsten Wahlgang, bei dem namentlich offen abgestimmt wird, erhält Friedrich Jacobs 40, Max Adenauer 25 und Franz Lemmens eine Stimme. Friedrich Jacobs nimmt die Wahl an. Die Sensation ist perfekt, die SPD hat einen Bürgermeister Adenauer verhindert.

Nach einer Sitzungsunterbrechung folgt der dritte Wahlgang an diesem Tag. Nun schlägt die SPD Hans Grün als zweiten Vertreter des Oberbürgermeisters vor. Die CDU verzichtet, wie intern zuvor vereinbart, frustriert auf einen Vorschlag. Hans Grün wird mit 41 Stimmen bei 25 Enthaltungen und einer ungültigen Stimme gewählt. Als dritte Stellvertreterin wird Else Schmitt, erstmals eine Frau als Bürgermeisterin, von der SPD vorgeschlagen und mit 40 Stimmen bei 25 Enthaltungen und zwei ungültigen Stimmen gewählt. Die anschließende Wahl der Ratsmitglieder für den Hauptausschuss verläuft einstimmig ohne Turbulenzen. Max Adenauer, der als Oberstadtdirektor der SPD die Zusammenarbeit aufgekündigt hatte, ist mit dabei.

Er hätte nach dem Rücktritt Theo Burauens vom Amt des Oberbürgermeisters am 17. Dezember 1973 für den als Nachfolger gewählten John van Nes Ziegler in der Kommunalwahl von 1975 eine Konkurrenz werden können. Politische Taktik mit Weitblick einerseits und die späten Folgen des Verzichts von Max Adenauer auf die Wiederwahl als Oberstadtdirektor sind die sichtbaren Zeichen eines Wandels der politischen Landschaft. Öffentlichkeitswirksam ist der Rat der Stadt Köln hier in die

Konkurrenzdemokratie zurückgekehrt. Die Wahl von John van Nes Ziegler am 20. Dezember 1973 zum Oberbürgermeister erfolgt mit 40 Stimmen des Rates mit 67 Sitzen. Offensichtlich haben die CDU und ein Mitglied der FDP die 27 gezählten ungültigen Stimmen abgegeben. Die »Kölnische Fraktion« ist nun für die SPD im Besitz der absoluten Mehrheit im Rat ein wenig Vergangenheit. So wird auch der Haushalt des Jahres 1974 am 13. Dezember 1973 gegen die Stimmen der CDU beschlossen.

Das friedliche Bild der einen »kölnischen Fraktion« endet damit erst einmal in den frühen 70er Jahren. Öffentlich wird dies 1979 im Rat, dessen Arbeit inzwischen oft von ausgeprägter CDU-Opposition bestimmt wird, von Klaus Burghard (FDP) angesprochen. Heribert Blens (CDU), von 1969 bis 1987 Mitglied des Rates, von 1975 bis 1987 Bürgermeister, habe Anfang 1979 in einer Fraktionsvorsitzendenbesprechung zur Erklärung der heftigen Oppositionspolitik seiner Fraktion die »Änderung des Klimas in der Kommunalpolitik« konstatiert. Klaus Burghard (FDP), der dies in der am 6. Februar 1979 folgenden Ratssitzung zitiert, sieht damit die Kommunalverfassung und die Wahlperiode von zwölf Jahren für die Beigeordneten und das Vorschlagsrecht unterlegener Parteien für die Wahl neuer Beigeordneter in Frage gestellt.

Kommunalwahl 4. Mai 1975

Bei einer hohen Wahlbeteiligung von 80,9 Prozent, dank der gleichzeitigen Landtagswahl, ergibt sich ein Wahlergebnis von 47,8 Prozent für die SPD, 42,8 Prozent für die CDU und 8,3 Prozent für die FDP. Im nach der Gebietsreform auf 91 Sitze vergrößerten Rat hat die SPD die für zwei Wahlperioden von 1964 bis Anfang 1975 genossene Alleinherrschaft verloren: Es gibt nun 44 Sitze für die SPD, 40 für die CDU und sieben für die FDP. Die Haushalte 1975 und 1976 werden wieder einstimmig, der Haushalt 1977 dagegen in einer Kampfabstimmung mit 47 gegen 37 Stimmen – im Wesentlichen SPD und FDP gegen CDU – beschlossen. Der Fraktionsvorsitzende der FDP, Wilhelm Peter Winkler, bietet bei dieser Gelegenheit Mitgliedern der CDU-Fraktion an, ihren jeweiligen IQ messen zu lassen. Entsprechend werden dann auch die Haushalte 1978 und 1979 gegen die Stimmen der CDU beschlossen. Diese sieht inzwischen die Verwaltung als ihren politischen Gegner.

Die neuen Zahlenverhältnisse führen zu politischer Unruhe, weniger bei den Sachthemen als in der Personalpolitik. Nach der Wahl, so berichtet Wilhelm Peter Winkler, Fraktionsvorsitzender der FDP, in der Ratssitzung am 6. Februar 1977, hätten alle drei Parteien noch ein gemeinsames Papier erarbeitet, »worin in völlig fairer Weise die personalpolitischen Pläne, die Ihnen am Herzen lagen, geregelt wurden.« Wilhelm Peter Winkler wirft der CDU-Fraktion vor, statt gemeinsame politische Arbeit aller drei Fraktionen versucht zu haben, entweder SPD oder FDP zu einer Koalition gegen den anderen bringen zu wollen, nachdem SPD und FDP ein Bündnis mit 23 Sachpunkten geschlossen hatten. Damit war die CDU außen vor, ganz anders als in der vorhergehenden Wahlperiode 1969 mit 53,8 Prozent für die SPD, 38,6 Prozent für die CDU und sechs Prozent für die FDP, in der man eigentlich trotz der absoluten Mehrheit der SPD eine »Große Koalition« gehabt habe.

Kommunalwahl 30. September 1979

Das Wahlergebnis brachte ein Kopf-an-Kopf-Rennen der beiden großen Parteien. Die SPD lag mit 44,5 Prozent knapp vor der CDU mit 44,3 Prozent. Die FDP erreichte 6,6 Prozent. Die Grünen traten zwar erstmals an, blieben aber unter der Fünf-Prozent-Hürde. Hätte Max Adenauer, der nicht wieder angetreten war, an Stelle von Heribert Blens als Spitzenkandidat den entscheidenden Unterschied ausmachen können? Nun erhielten die SPD 43, die CDU 42 und die FDP sechs der 91 Sitze des Rates. So wurden zwar die nächsten Haushalte seit 1980 bis einschließlich 1982 gegen die CDU beschlossen, 1983 und 1984 fielen die Beschlüsse über den Haushalt dann aber wieder einstimmig.

Kommunalwahl 30. September 1984

Bei einer Wahlbeteiligung von 57,9 Prozent ergeben sich 46,4 Prozent der Stimmen und 45 Sitze für die SPD, 32,8 Prozent und 36 Sitze für die CDU und 10,8 Prozent und zehn Sitze für die Grünen. »1968« ist von der Straße ins Rathaus eingezogen. Die Karten werden für die nächsten Jahrzehnte neu gemischt und neu verteilt. So beginnt für die Beschlussfassung über den Haushalt ein politisches Wechselspiel: 1985 SPD und CDU gegen die Grünen. 1986 SPD und die Grünen gegen die CDU, 1987 SPD und CDU gegen die Grünen, 1988 wieder SPD und die Grünen gegen die CDU, 1989 SPD und CDU gegen die Grünen.

Kommunalwahl 1. Oktober 1989

Die Kommunalwahl bringt bei einer Wahlbeteiligung von 59,8 Prozent keine einschneidenden Änderungen. Die SPD erhält 42,1 Prozent und 41 Sitze, die CDU 30,5 Prozent und 30 Sitze, die Grünen kommen auf 11,8 Prozent und elf Sitze, die Republikaner auf 7,0 Prozent und sieben Sitze und die FDP auf 7,0 Prozent und sechs Sitze. 1990 beschließen dann SPD und CDU den Haushalt gegen die Grünen, die FDP und die Republikaner, die nun bis zur Wahl 1994 im Rat vertreten sind, genauso im Jahr 1991, wie auch 1992. 1993 wird die Koalition gewechselt, nun treten SPD und die Grünen gegen den Rest des Rates an. Den Haushalt 1994 beschließen wieder SPD und CDU gegen die Grünen und den übrigen Rat.

Kommunalwahl 16. Oktober 1994

Bei einer Wahlbeteiligung von 79 Prozent, dank gleichzeitiger Bundestagswahl, ist die SPD weiter in führender Position mit 42,5 Prozent der Stimmen und 42 von 91 Sitzen im Rat. Die CDU gewinnt 33,9 Prozent und 33 Sitze und die Grünen 16,2 Prozent und 16 Sitze. Demonstrativ wird der Haushalt 1995 von SPD und Grünen gegen die CDU beschlossen. Die Haushalte 1996, 1997, 1998 und 1999 dagegen verabschieden dann wiederum SPD und CDU gegen die Grünen. Vor der Kommunalwahl am 12. September 1999 werden bei SPD und CDU die Weichen für die nächsten Jahre gestellt. Albert Schröder (CDU), seit 33 Jahren im Rat, seit acht Jahren Fraktionsvorsitzender, tritt nicht wieder an und Rolf Bietmann übernimmt sein Amt in der Fraktion. Bei der SPD wechselt Klaus Heugel, der im November 1997 gegen den Parteivorsitzenden Kurt Uhlenbruch (1946–2008) die OB-Kandidatur gewonnen hat, auf die Position des Oberstadtdirektors. Lothar Ruschmeiers achtjährige Amtszeit war abgelaufen. Und Norbert Rüther (SPD), bisher Fraktionsgeschäftsführer, wird nun Fraktionsvorsitzender. Harry Blum (CDU) gilt als Zählkandidat der Partei für die Position des Oberbürgermeisters ohne Chancen auf einen Wahlsieg.

Kommunalwahl 12. September 1999

Die Kommunalwahl wird bei einer Wahlbeteiligung von 45,8 Prozent für die SPD zum Debakel. Ihr Oberbürgermeisterkandidat Klaus Heugel, der ja nach der neuen Kommunalverfassung auch Chef der Verwaltung geblieben wäre, tritt zwei Wochen vor dem Wahltermin zurück, nachdem ein Insidergeschäft mit Aktien bekannt geworden ist. Für die Aufstellung eines neuen Kandidaten sind die Fristen verstrichen. Die Wahlbeteiligung liegt unter 50 Prozent. Als »Zählkandidat« erscheint er dennoch auf dem Wahlzettel und erhält noch einen Sympathieanteil von 12,9 Prozent der Stimmen. Harry Blum, eigentlich aussichtslos für die CDU angetreten, wird dann in der Stichwahl am 26. September 1999 gegen Annemarie Lütkes von den Grünen mit 54,8 Prozent gegen 45,2 Prozent der Stimmen Oberbürgermeister. Da Harry Blum am

Plakat der Kölner Grünen 1998/99 mit von links nach rechts: Norbert Rüther, Hans Imhoff (1922–2005), Rolf Bietmann, Franz-Josef Antwerpes, Schäl, Alfred Neven DuMont (1927–2015), Klaus Heugel, Lothar Ruschmeier (1945–2012) und Alfred von Oppenheim (1934–2005)

17. März 2000 stirbt, kann Fritz Schramma ihn bis zur Wahl als erster Bürgermeister im Amt vertreten. Die Stichwahl am 17. September 2000 gewinnt er mit 52,3 Prozent gegen Anke Brunn mit 47,7 Prozent. Am 20. September 2000 tritt er für vier Jahre Harry Blums Nachfolge an und ist mit weiteren eigenen fünf Jahren bis zum 20. Oktober 2009 auf neun Jahre gewählt.

Mit 30,3 Prozent und 29 Sitzen war die SPD nach dieser Wahl vom 12. September 1999 nur noch zweite Kraft im Rat nach der CDU mit 45,3 Prozent und 43 Sitzen, die Grünen erreichen wieder 15,8 Prozent und 15 Sitze, aber dank der Aufhebung der Fünf-Prozent-Klausel des Kom-munalwahlgesetzes durch das Landesverfassungsgericht im selben Jahr kommen auch die FDP mit 4,1 Prozent und vier Sitzen, die PDS mit zwei und die Republikaner mit einem Sitz in den nun 94 Sitze umfassenden Rat. Selbstverständlich sollen die Grünen nun in der Koalition mit der CDU bei nächster Gelegenheit das Vorschlagsrecht für einen Beigeordneten erhalten. Gemeinsam mit der FDP macht man sich die Ratsausschüsse passend. Mit der neuen Koalition wird erstmals seit Jahrzehnten ein Haushalt im Jahr 2001 und 2002 gegen die Stimmen der SPD beschlossen. Die Koalition aus CDU und Grünen zerbricht kurz darauf am Plan, die GAG zu verkaufen. Die anschließende Koalition von CDU und FDP bricht dann wiederum mit dem Scheitern des Verkaufs der GAG auseinander. Nun haben CDU und Grüne eine klare Mehrheit; denn für eine Koalition der SPD mit den Grünen reicht es nicht. Die üblichen Personalfragen werden zuerst gelöst. Die Grünen erhalten das Sozialdezernat, die Dezernate Schule und Jugend sowie Stadtentwicklung bleiben der CDU vorbehalten, Wirtschaftsdezernent Klaus Fruhner (FDP) steht jetzt zur Disposition. »Rasch wird nun der rote Filz durch den schwarzen ersetzt.« So kommentiert die von da an rasch aufeinanderfolgenden vielfältigen Wechsel in der Spitze der Stadtverwaltung erstaunlich ehrlich der SPD-Fraktionsvorsitzende Martin Börschel. Immerhin wird dabei die Zahl der Dezernate von elf auf sieben reduziert. Und auch der Haushalt 2003/2004 samt Haushaltssicherungskonzept für den Zeitraum bis 2007 wird gegen die Stimmen der SPD, der FDP und der PDS und des einsamen Republikaners verabschiedet. Der Beschluss über den lange umstrittenen Neubau des Kulturzentrums am Neumarkt für das Rautenstrauch-Joest-Museum und Museum Schnütgen dagegen erfolgt im selben Jahr 2003 – offensichtlich ein Projekt der »Kölnischen Fraktion« – einstimmig. Am 14. Juni 2005 wird schließlich der Grundstein gelegt.

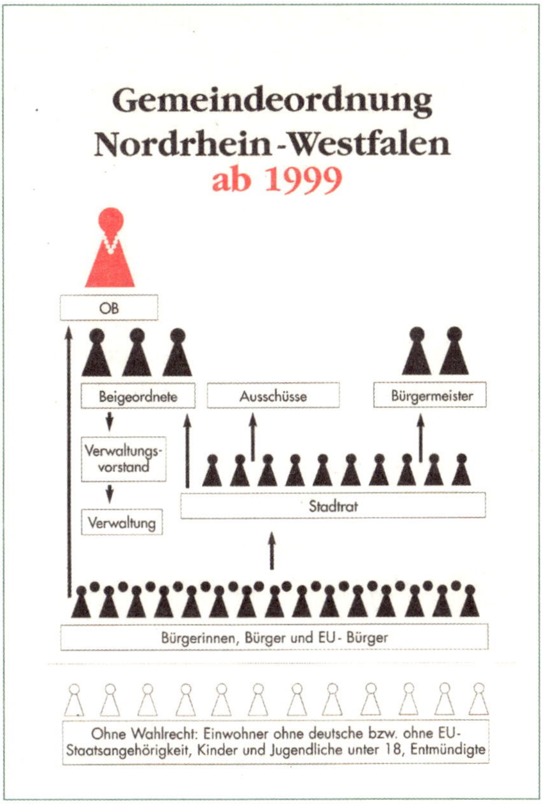

Gemeindeordnung für Nordrhein-Westfalen ab 1999. W. Schäfke (Hg.): 600 Jahre Verbundbrief. *Köln 1996, S. 71*

Kommunalwahl 26. September 2004

Die Kommunalwahl bringt bei einer Wahlbeteiligung von 48,2 Prozent neun Parteien in den Rat. Die CDU verliert gegenüber 1999 12,5 Prozent und erreicht nur noch 32,7 Prozent der Stimmen und damit 29 Sitze. Die SPD kann sich nur knapp auf 31 Prozent verbessern und erhält 28 Sitze. Die Grünen erzielen 16,6 Prozent und 15 Sitze, für die Koalition mit der CDU reicht es aber nicht mehr. Die FDP erreicht 7,4 Prozent und sieben Sitze, Pro Köln gewinnt 4,7 Prozent und vier Sitze, die Bürger kommen auf 1,7 Prozent und erhalten zwei Sitze, Republikaner und die Gruppierung Gemeinsam kommen auf jeweils einen Sitz. Die Wahlbeteiligung liegt, ohne gleichzeitige Bundestagswahl, bei unter 50 Prozent. Die SPD kann 2006 mit den Grünen Guido Kahlen (SPD) als Stadtdirektor und Norbert Walter-Borjans (SPD) als Wirtschaftsdezernenten durchsetzen. Der Haushalt für 2008/2009 wird mehrheitlich gegen FDP, Pro Köln, Die Linke und zwei weitere Ratsmitglieder beschlossen. Ein Beschluss für die Regionale 2010 dagegen erfolgt wieder einstimmig. Köln steht 2008 mit einem Schuldenstand von über 4 000 € pro Kopf in NRW an der Spitze.

Kommunalwahl 30. August 2009

Die Kommunalwahl, zugleich Neuwahl des Oberbürgermeisters, bringt bei einer Wahlbeteiligung von 49,1 Prozent einen Achtungserfolg für den Berliner Peter Kurth mit 33,3 Prozent, den Verlegenheitskandidaten der CDU, die keinen prominenten Kölner aufstellen konnte. Oberbürgermeister Fritz Schramma hatte nach den Diskussionen um die Verantwortung für das bei den Bauarbeiten für die Nord-Süd-U-Bahn eingestürzte Historische Archiv am 30. März 2009 auf eine erneute Kandidatur verzichtet. Jürgen Roters, gemeinsam von SPD und den Grünen aufgestellt, erreicht 54,7 Prozent der Stimmen und war damit für sechs Jahre gewählt.

SPD und die Grünen, die ihren gemeinsamen Oberbürgermeisterkandidaten durchgebracht hatten, erhielten zusammen – mit 25 und 20 Sitzen – die Hälfte der Sitze des Rates und hatten nun mit der Stimme des Oberbürgermeisters eine knappe Mehrheit. Die CDU kam bei 27,9 Prozent ebenfalls mit 25 Sitzen, die FDP bei 9,4 Prozent mit neun, Pro Köln bei 5,4 Prozent mit fünf, die Linke bei 4,8 Prozent mit vier, die FWK und Deine Freunde mit jeweils einem Sitz in den Rat. Der Entwurf für den Haushaltsplan 2010/2011 kann mehrheitlich gegen die nur fünf Stimmen von Pro Köln beschlossen werden.

Kommunalwahl 25. Mai 2014

Die Kommunalwahl bringt der SPD bei einer Wahlbeteiligung von 49,7 Prozent nach der ersten Auszählung 27 Sitze bei 29,4 Prozent der Stimmen. Die CDU erreichte 27,2 Prozent, die Grünen19,5 Prozent, die FDP 5,1 Prozent, die Linke 6,9 Prozent, die AfD 3,6 Prozent, Pro Köln 2,6 Prozent, die Piraten 2,1 Prozent und Deine Freunde 2 Prozent, Rot-Grün konnte weiterregieren. Allerdings warf schon die kommende Wahl des Oberbürgermeisters 2015 einen Schatten auf die unsicheren Stimmenverhältnisse. Bald wurden Zweifel an der Zuordnung eines Briefwahlergebnisses in Rodenkirchen laut, die der SPD zugute kamen. Dem Zweifeln folgte erbitterter Streit. Wahlleiter Stadtdirektor Guido Kahlen (SPD) lehnte ebenso wie Regierungspräsidentin Gisela Walsken (SPD) und Innenminister Ralf Jäger (SPD) eine Neuauszählung ab. Der Rat fordert am 23. Oktober 2014 eine komplette Neuauszählung und erst das Verwaltungsgericht entscheidet nach Klage der CDU am 25. März 2015 für die teilweise Neuauszählung, die dann am 19. Mai 2015 durchgeführt wird. Sie bringt das von der SPD befürchtete Ergebnis. Jochen Ott, seit 2003 Vorsitzender der Kölner SPD, verliert seinen Ratssitz und die Koalition von SPD und Grünen damit ihre knappe Mehrheit. Respekt vor dem Willen der Wähler sieht anders aus.

Danach hat die SPD nun im Rat 26 Sitze. Das ergibt zusammen mit den 18 Sitzen der Grünen und selbst mit der Stimme eines Oberbürgermeisters keine Mehrheit. Die Oberbürgermeisterwahl wenige Monate später am 15. Oktober 2015 bringt keinen Oberbürgermeister Jochen Ott zurück in den Rat, sondern eine von den Grünen nominierte Oberbürgermeisterin Henriette Reker, in der Wahl von CDU und Grünen unterstützt. Die CDU erhält nun 25 Sitze, die FDP fünf, die Linke kommt auf sechs, die AfD auf drei, die Freunde, Pro Köln und die Piratenpartei auf zwei und die FWK auf einen Sitz.

Es ist in der Gegenwart nun spannend zu beobachten, wie sich das politische Spiel entwickelt. Ein Bündnisvertrag wird Anfang März 2016 zwischen den Grünen und der CDU vereinbart. Vieles bleibt offen, ÖPNV, Fußgänger und Radfahrer sollen bevorzugt werden, aber »auf den Hauptverkehrsstraßen soll der Autoverkehr mit einem intelligenten Verkehrsleitsystem und modernisierter Ampelsteuerung optimiert« werden. Bei »Historischer Mitte« und Standort des neuen Großmarktes bleibt man offen, der Ausbau des Godorfer Hafens gilt als Fehlinvestition und die von der CDU vorgeschlagene parteilose Verkehrsdezernentin Andrea Blome kann nach dem Ausscheiden der Wirtschaftsdezernentin Ute Berg (SPD) 2017 deren Amt zusätzlich übernehmen. Der CDU stand auch mit Stephan Keller (CDU) die Benennung des Stadtdirektors zu, den Grünen dagegen 2018 das Vorschlagsrecht für die Benennung eines Nachfolgers der von ihnen benannten Kämmerin Gabriele Klug. Dabei ist ihr in der Hierarchieebene darunter ein Durchbruch gelungen: »Hier wird zum ersten Mal seit Jahrzehnten der Amtsleiterposten in der Kämmerei nicht durch einen Bewerber aus den eigenen Reihen, sondern mit einer Kandidatin aus der Privatwirtschaft besetzt.«

Der Doppelhaushalt 2016/2017 weist zusammen ein Defizit von einer halben Milliarde Euro auf, das aus der «Allgemeinen Rücklage« gedeckt wird. Das hört sich gut an. Dabei handelt es sich allerdings im Rahmen des seit 2008 geltenden neuen kommunalen Finanzmanagements (NKF) nicht um real angesparte Mittel. Unter diesem wohlklingenden Titel wird der unverkäufliche Wert städtischen Eigentums an Straßen, Wegen, öffentlichen städtischen Gebäuden und Plätzen verzeichnet. In diesem Rahmen können unterhalb von fünf Prozent dieser Bemessungsgrenze jeweils neue Kredite aufgenommen werden. Nur so kann der Rat die Herrschaft der Regierungspräsidentin im Rahmen des Haushaltssicherungskonzeptes vermeiden.

Die (Ohn)Macht des OB

Nach der neuen Gemeindeordnung des Jahres 1994, für Köln wirksam seit 1999, die die bis dahin gültige Doppelspitze abschafft und den Oberbürgermeister auch zugleich zum bezahlten Chef der Stadtverwaltung – wie zuvor den Oberstadtdirektor – und zum Vorsitzenden des Rates machte, hat er etwas Macht hinzugewonnen.

Die repräsentative Rolle des Oberbürgermeisters oder der Oberbürgermeisterin bleibt. Das haftet gut in der öffentlichen Erinnerung, als »Amtsbonus« eine gute Sache für ihn und seine Partei bei der nächsten Kommunalwahl.

Zuerst ein kurzer Blick auf die Repräsentation: Die Amtskette ist ein stolzes Zeichen. 1955 wurde sie von Elisabeth Treskow (1898–1992) vollendet. Ihrer Goldschmiedekunst ist auch die »Salatschüssel«, die 1949 entstandene Meisterschale des DFB zu verdanken. Seit 1948 war sie an den Kölner Werkschulen tätig. Münzen und Texte rufen die zwei Jahrtausende der Kölner Geschichte rings um die Figurengruppe der Anbetung der Heiligen Drei Könige in Erinnerung. Der/die Oberbürgermeister/in empfängt mit ihr geschmückt die hohen politischen Gäste der Stadt. Der repräsentative Auftritt des Oberbürgermeisters/der Oberbürgermeisterin gilt zugleich immer als Wahlwerbung für die Partei, der er/sie angehört. Schließlich ist in der Demokratie nach der Wahl auch wieder vor der Wahl. Besonders Theo Burauen und seine SPD haben von der Nähe zur provisorischen Bundeshauptstadt Bonn profitiert.

Die Pariser Verträge waren 1954 gerade erst von den Besatzungsmächten unterzeichnet, als Kaiser Haile Selassie, Kaiser von Abessinien, auf Staatsbesuch auch nach Köln kommt. Am 10. November 1954 besichtigt er den Kölner Dom und am 11. November 1954 wird ihm die Alweg-Bahn vorgeführt. Zwei Jahre zuvor war die Versuchstrecke des bald scheiternden Projektes in Betrieb genommen worden. Am 5. September 1962 begleitet Bundeskanzler Konrad Adenauer seinen Staatsgast, den Präsidenten Frankreichs, General Charles de Gaulle, bei seinem Besuch in Köln. De Gaulle spricht vor dem Rathaus, trägt sich ins Goldene Buch ein und die Zeit reicht sogar für ein festliches Essen unter Verwendung des Kölner Ratssilbers im Hansasaal. Am 23. Juni 1963 begleitet Bundeskanzler Konrad Adenauer nun John F. Kennedy, den wenige Monate später ermordeten Präsidenten der

Es war einmal...

Köln am 5. September 1962: Vom Rathausturm der Rheinstadt erklingt das Glockenspiel mit gleich zwei Nationalhymnen, der Marseillaise und dem Deutschland-Lied. Die musikalische Ehrung gilt dem französischen Staatspräsidenten Charles de Gaulle, der bei seinem Staatsbesuch am Rhein versichert, er sei „beglückt von Köln". Am Schluß seiner großen Rede vor dem Rathaus hebt der General die Arme zur typischen De-Gaulle-Geste. Er ruft: „Vive l'amitié Franco-Allemand!" – „Es lebe die französisch-deutsche Freundschaft!" Es war einmal ...

»Es lebe die französisch-deutsche Freundschaft." Charles *de Gaulle bei seinem Besuch in Köln am 5. September 1962.* Kölnische Rundschau. *Köln 17. März 1966*

Das war am 23. Juni dieses Jahres: Nachdem sich der Präsident der Vereinigten Staaten ins Goldene Buch der Stadt eingetragen hatte, wurde er von den Kölnern mit Herzlichkeit überschüttet. Bild: Archiv

Am 23. November 1963 erinnert der Kölner Stadt-Anzeiger *an den Besuch John F. Kennedys in Köln vor wenigen Monaten.*

USA, bei seinem Besuch in Köln. Seine Rede vor dem Spanischen Bau endet mit »Kölle Alaaf«, bevor er an einer Messe im Dom teilnimmt. Den charmantesten Besuch empfängt Köln am 25. Mai 1965: Da begrüßt Oberbürgermeister Theo Burauen am Hauptbahnhof Queen Elisabeth II. nach ihrer Ankunft im Sonderzug und begleitet sie strahlend auf der Fahrt zum Rathaus. Es folgen der Eintrag ins Goldene Buch, ein Besuch des British Council »Die Brücke«, heute Sitz des Kölner Kunstvereins, eine Besichtigung des Domes begleitet von Josef Kardinal Frings und die Weiterfahrt nach Düsseldorf. Die größte Anzahl von Staatsoberhäuptern und Würdenträgern bringt am 25. April 1967 die Trauerfeier für den am 19. April 1967 verstorbenen Konrad Adenauer nach Köln, der am 23. April 1967 im Dom für das Trauerdefilée des Volkes aufgebahrt worden war.

IN DAS GOLDENE BUCH DER STADT KÖLN trug sich Königin Elizabeth ein. Unter ihren Namenszug setzte auch Prinz Philip seine Unterschrift. Bild: H. Koch

Kölner Stadt-Anzeiger. Köln *26. Mai 1965*

Nach den Protesten gegen die KVB-Preiserhöhungen im Jahr zuvor wird auch hier die Gelegenheit für politischen Protest genutzt. Es gibt während der Trauerfeierlichkeiten für Konrad Adenauer einen ersten Protest gegen den Vietnamkrieg, gegen Präsident Lyndon B. Johnson. Und einen Monat später, als Reza Pahlewi, Schah von Persien, die Regenbogenpresse mit seiner Begleitung, seiner zweiten Ehefrau Farah Diba, glücklich macht, kommt es am 28. Mai 1967 kurz vor den Demonstrationen in Berlin schon zu Protesten in Köln. Die Kaiserin besichtigt in Begleitung von Oberbürgermeister Theo Burauen das Wallraf-Richartz-Museum und am nächsten Tag die Kölner Werkschulen. Ähnlich verläuft der Besuch des belgischen Königspaares. Nur Königin Fabiola kommt im Rahmen ihres Damenprogramms nach Köln, wird im Rathaus empfangen und trägt sich in Gegenwart von Josef Kardinals Frings ins Goldene Buch ein. Es kommt noch ein Kaiser: Kaiser Hirohito von Japan und Kaiserin Nasako besuchen auf ihrer offiziellen Weltreise am 12. Oktober 1971 Köln und werden im Ratssaal des Spanischen Baus empfangen. Nach der Eintragung ins Goldene Buch folgen die Besichtigung des Domes und des Japanischen Instituts. Über den Besuch des Dalai Lama freut sich Köln am 30. Oktober 1973; der spätere Friedensnobelpreisträger kommt allerdings nicht offiziell, sondern als Gast von Erzbischof Joseph Kardinal Höffner und Alterzbischof Joseph Kardinal Frings. Offiziell begrüßt wird dagegen am 19. Juni 1974 Königin Margarethe II. von Dänemark von Oberbürgermeister John van Nes Ziegler. Bei der Eintragung ins Goldene Buch durch König Taufa'ahau IV. von Tonga vertritt Bürgermeister Heribert Blens (CDU) die Stadt.

Später ist es nicht immer so einfach, hochrangigen Besuch zur Unterschrift ins Goldene Buch zu bewegen. Als Papst Johannes Paul II. am 15. November 1980 Köln besucht, gelingt es Norbert Burger erst auf Umwegen, den Papst für eine Eintragung zu gewinnen. Und das Rederecht erschleicht er sich dabei vor dem Dom mit einem im Mantel verborgenen Mikrofon. Am 3. November 1987 begegnen wir im Rahmen eines Deutschlandbesuches Charles, Prince of Wales, und seiner Gemahlin Diana im Rathaus mit einer Ansprache ans Volk von der Ratslaube aus und bei einer britischen Modenschau im noch gemeinsamen Wallraf-Richartz-Museum/Museum Ludwig sowie dem obligatorischen Besuch des Domes. Schon nach dem Ende der Amtszeit von Bundeskanzler Konrad Adenauer 1963 tritt Köln etwas in den Hintergrund, nach dem Wechsel der Bundesregierung nach Berlin gerät unsere Stadt leicht aus dem Blick der großen Politik. Eine Ausnahme sind die Gipfeltage von Köln vom 3. bis zum 20. Juni 1999. Hier kann Oberbürgermeister Norbert Burger am 18. Juni 1999 die Chefs der G7-Staaten zu einem Empfang im Rathaus mit Eintragung ins Goldene Buch begrüßen. Beim Besuch von Papst Benedikt XVI. in Köln anlässlich des Weltjugendtages vom 16. bis 21. August 2005 kam es nicht zum Empfang im Rathaus. Am 18. August 2005 erwartete Oberbürgermeister Fritz Schramma den Papst am Rheinufer und hielt das Goldene Buch bereit, als die »Rheinenergie« anlegte.

Und nun zur politischen Praxis: Ein gewichtiges Wort hatte auch der Oberbürgermeister vor der Kommunalreform von 1994, die 1999 umgesetzt wird. Zwischen 1948 und 2009 waren die Oberbürgermeister zuvor prominente Mitglieder ihrer Ratsfraktion, oft sogar Fraktionsvorsitzende, gewesen. Hat sich mehr geändert als die Besoldung, die angesichts der Belastung des Amtes längst fällig war? Immer noch entscheidet der Rat über die Besetzung der Positionen der Beigeordneten und über den Zuschnitt ihrer Geschäftsbereiche. Die Tradition der Vereinbarungen, welche Partei das Recht des Personalvorschlags für welche Beigeordnetenposition hat, den der Rat dann »wählt«, hat standgehalten. Und auch in der Amtsleiterebene darunter entscheidet oft genug das Parteibuch über die Besetzung der Positionen. Gerne nimmt man geänderte Machtverhältnisse nach einer Wahl zum Anlass für einen »Farbwechsel«. Erst recht wird bei der Besetzung von Positionen in städtischen Gesellschaften bis in dieses Jahrtausend hinein auf das Parteibuch geachtet. Im Streit um eine solche Besetzung zerbricht 2005 sogar die große Koalition, die man knapp ein Jahr zuvor beschlossen hatte, zwischen CDU und SPD. So können wie bei den Beigeordneten neue Mehrheiten im Rat zu interessanten Positionswechseln führen. Der Oberbürgermeister hat dabei wenig Einfluss. Und er wird weiter an Einfluss verlieren. Mit dem neuen »Gesetz zur Stärkung der kommunalen Demokratie« vom 9. April 2013 werden die Wahltermine für Rat und Oberbürgermeister ab 2020 für eine Dauer von fünf Jahren wieder auf den gleichen Tag gelegt. Man hofft, damit die ständig schwindende Wahlbeteiligung wieder stärken zu können, sicher aber hat man damit die Bedeutung der Rolle des Oberbürgermeisters erneut geschwächt. Mit Absicht?

Welche Macht hat der Rat, welche Macht hat der Oberbürgermeister tatsächlich, wer bestimmt die Richtlinien der Politik, wer trifft Entscheidungen? Das ist bei allen Wechseln der Gemeindeordnungen seit 1945 die immer wieder mit Spannung beobachtete Fragestellung. Die Diskussion der Nachkriegszeit in Nordrhein-Westfalen um die doppelte Gemeindespitze mit Oberbürgermeister und Allzuständigkeit des Rates einerseits sowie dem Oberstadtdirektor als Chef der Verwaltung andererseits nach britischem Vorbild endet vorerst mit dem Beschluss des Landtages zur Gemeindeordnung vom 10. November 1952. Er bestätigt die Doppelspitze. Die Diskussion aber geht weiter. Sie führt zur neuen Gemeindeordnung vom 17. Mai 1994, wirksam ab 1999, die nun einen hauptamtlichen Oberbürgermeister zugleich als Leiter der Verwaltung und als Vorsitzenden des Rates vorsieht. Weder vor 1994/1999 noch danach ändert sich allerdings etwas an den meist ausschlaggebenden und entscheidenden Absprachen oder festen Koalitionen zwischen Fraktionen oder an der Bedeutung der mehr oder weniger regelmäßigen Fraktionsvorsitzendenbesprechungen mit dem Oberbürgermeister.

Wie lässt sich die Rolle des Oberbürgermeisters jenseits der dürren Worte der Gemeindeordnung und jenseits des schönen Scheins der Repräsentation fassen? Kölner Oberbürgermeister haben zu selten, wie Theo Burauen, eine Biografie geschrieben bekommen und zu selten, wie Hermann Pünder, aus ihrer Zeit als Kölner Oberbürgermeister autobiografisch berichtet. Umso schöner ist die Bereitschaft von Henriette Reker, ihren Wahlkampf, das Attentat und ihre Konzeption für das Amt zu veröffentlichen. Meist wird das Wirken des Oberbürgermeisters oder nun der Oberbürgermeisterin spätestens beim Ausscheiden aus dem Amt »angemessen« gewürdigt. Ein Panegyrikos, eine Lobrede, eine Grabrede – das sind allerdings nicht einfach zu interpretierende Quellen zur Beurteilung der Rolle des Oberbürgermeisters – für alle wie für die jeweilige Persönlichkeit. Seien dies Reden bei Festsitzungen des Rates anlässlich von Verabschiedungen, Verleihungen oder auch Trauerfeiern, sie müssen mit Vorsicht gedeutet werden. Dennoch sind sie durchaus aufschlussreich: Es sind zeitgenössische Zeugnisse, die einen guten Blick auf die Rolle ermöglichen, auch wenn hier selbstverständlich kaum einmal Kritik zu ahnen und manches sicher überbewertet ist. Aber das Feld der Aktivitäten wird abgearbeitet und damit für uns sichtbar.

Etwas Besonderes sind die Reden in den jährlich veröffentlichten Verhandlungen der Stadtverordneten. Hier wird das aktuelle politische Geschäft verhandelt und oft kein Blatt vor den Mund genommen. Und hier hören wir manchen späteren Oberbürgermeister schon früh in seiner politischen Laufbahn als Ratsmitglied, als Fraktionsvorsitzenden oder Beigeordneten im O-Ton. Da fallen schon einmal schärfere Formulierungen ins Auge, und politische Taktiken werden sichtbar. Das gibt dem Historiker einen guten Blick auf Person und Wirken des künftigen OBs in und für seine Stadt. Viele andere Informations- und Wirkungsmöglichkeiten bieten sich für ihn im Rat und außerhalb davon, Positionen, in denen er seine Überzeugungskraft, seine Autorität einsetzen kann.

Konrad Adenauer (4. Mai bis 6. Oktober 1945)

Den wenigen Monaten der Arbeit Konrad Adenauers im zerstörten Köln sind wir bereits begegnet. Hier folgt die Entlassung: Konrad Adenauer (1876–1967) hat nach seiner Zeit als Berater seit Mitte März 1945, als er am 4. Mai 1945 sein Amt als Oberbürgermeister offiziell antritt, noch fünf Monate bis zu seiner Entlassung am 6. Oktober 1945. Mit der Übernahme des Amtes hatte er gewartet, bis seine Söhne in Sicherheit waren. Bis zur Berufung der ersten Stadtverordneten-Versammlung, die am 1. Oktober 1945 erstmals zusammentritt, ist Konrad Adenauer ein Oberbürgermeister ohne Rat, versehen mit einem Bürgermeister Willi Suth (1881–1956), seinem Schwager, als Chef der Stadtverwaltung, die dieser persönlich im Auftrag und nach Absprache mit der lokalen Militärregierung seit dem 16. März 1945 aufgebaut hatte.

Willi Suth wird auch nach der Entlassung Konrad Adenauers die Stadtverwaltung weiterhin führen und das Amt des Oberbürgermeisters vom 6. Oktober 1945 bis zum Amtsantritt von Hermann Pünder am 19. November 1945 nur kommissarisch übernehmen. Mit Einführung der neuen Kommunalverfassung des Landes Nordrhein-Westfalen vom 25. August 1948 wird er dann auf zwölf Jahre als Oberstadtdirektor wiedergewählt und dieses Amt gut fünf Jahre bis zum 13. Oktober 1953 ausüben: »Nicht das alte, aber ein neues Köln wird wiedererstehen. In ihm wird der gute, alte Kölner Geist lebendig bleiben. Meine Generation wird dabei nur den Grundstein legen. Aber das ist eine Aufgabe, die einen alten Kölner zum letzten Einsatz lockt.« Konrad Adenauer erwähnt – vielsagend – seinen Schwager, der für die acht ersten Jahre Kölns Stadtverwaltung geprägt hat, in seinen Erinnerungen mit keinem Wort.

Seine eigene Entlassung dagegen schildert er ausführlich. Konrad Adenauer begreift seine Aufgabe als Oberbürgermeister aus der Perspektive der aktuellen Not, der es abzuhelfen gilt, noch mehr aber aus der Perspektive des langfristig und großzügig planenden Politikers, der die Zukunft Kölns vor Augen hat. Die Gründe für die Entlassung Konrad Adenauers aus dem Amt des Oberbürgermeisters hat er selbst immer wieder reflektiert, und die Forschung hat bis heute keine endgültige Lösung anzubieten. Zum Zeitpunkt der Entlassung selbst war das wohl für ihn eine Überraschung, für die Zeitgenossen war es nicht sehr ungewöhnlich. Deutsche Funktionäre, die nicht so funktionierten, wie sich die Militärregierung das vorstellte, wurden ausgewechselt. Erst durch die wohl unerwartete weitere Laufbahn des großen Politikers Konrad Adenauer wurde die Entlassung im Rückblick teils peinlich für die Briten, teils zum Rätsel für Historiker, das man unterschiedlich zu lösen versucht hat.

Entlassungen von deutschen Politikern sind in diesem Herbst 1945 keine Seltenheit. Von der amerikanischen Militärregierung eingesetzt, musste das übernommene Personal ja nun der englischen Militärregierung in die Planungen passen. Und das war nicht überall der Fall. In Aachen werden Ende August 1945 der Leiter des Wirtschafts- und Ernährungsamtes und der Polizeidirektor entlassen, ebenso ein Landrat.

Am 18. September 1945 wird Düsseldorfs Oberbürgermeister Wilhelm Füllenbach entlassen. Anfang Oktober werden in Düren Bürgermeister Stiegler und in Düsseldorf Oberpräsident Hans Fuchs abberufen, und dieser muss seine Nordrheinprovinz binnen 24 Stunden verlassen. Gegenüber Hans Fuchs, als er den Briten noch angenehm war, hat Brigadegeneral John Barraclough schon am 14. Juli 1945 sein Missfallen an Konrad Adenauer geäußert. Hans Fuchs hat es noch am selben Tag notiert: »Im Ganzen betrachtet, schwebe Dr. Adenauer mit seinen Plänen zu sehr in den Wolken. Sollte Herr Dr. Fuchs in Zukunft irgendeinen geeigneten Mann für die Stellung eines Oberbürgermeisters in Köln vorschlagen können, bemerkte Oberst Barraclough abschließend, so sei dies sehr erwünscht.«

Vielleicht hatte ihn zu diesem Zeitpunkt gerade das vom 10. Juli 1945 datierte Memorandum von Charles Ferguson erreicht, nach dem Ersten Weltkrieg Oberbefehlshaber der britischen Besatzungstruppen im Rheinland, der heftig vor Konrad Adenauer warnt: »Sein Haß auf die Briten geht bei ihm tiefer als jedes andere Gefühl. Er ist schlau, listig, gefährlich und ein geborener Intrigant. Ich möchte vorschlagen, daß in ihn nicht allzuviel Vertrauen gesetzt werden sollte und daß unsere Stellen auf der Hut sein sollten, wenn sie mit ihm verhandeln.«

Einen letzten Ausschlag könnte die Fahrt von Sir Gerald Templer, dem stellvertretenden Stabschef der britischen Control Commission in Berlin, Ende September 1945 durchs zerstörte Ruhrgebiet und die Nordrheinprovinz gegeben haben. Der »Tiger of Malaya« besuchte Düsseldorf, Essen, Dortmund und andere Städte, in denen nach seinem Eindruck gute Fortschritte gemacht worden waren. *»In Cologne he was shocked to see how far that city seemed to be lagging behind. [...] He told Barraclough firmly that in the restoration of essential services, in the clearing of bomb debris and in measures of economic recovery Cologne was being left far behind by the other cities. He thought that the Ober-Bürgermeister was not tackling the problems sufficiently energetically enough – a younger and more energetic man was needed.«* (In Köln war er schockiert zu sehen, wie weit die Stadt im Rückstand war. Er stellt gegenüber Barraclough fest, dass Köln in den wesentlichen Aufgaben, dem Räumen von Schutt und Aufbau der Wirtschaft, weit von anderen Städten übertroffen würde. Er dachte, dass der Oberbürgermeister die Probleme nicht ausreichend energisch angreifen würde – ein jüngerer und energischerer Mann sei nötig.)

Es mag noch andere, politische Gründe gegeben haben. Am 1. Oktober 1945 schrieb Brigadegeneral Barraclough ins britische Hauptquartier nach Bünde: »Im Augenblick neige ich dazu, Adenauer loszuwerden und zwar eher wegen Unfähigkeit denn wegen politischer Unerwünschtheit.« Bestand die politische Unerwünschtheit aus Kontakten zu Frankreich oder in einem Interview, das er am 5. Oktober 1945 der »Associated Press«, der großen New Yorker Presseagentur und dem Londoner *News Chronicle* gab?

Auch der Gedanke, mit französischer Unterstützung einen separaten Rhein-Ruhr-Staat unter Konrad Adenauers Führung zu gründen, kann Anlass der Entlassung gewesen sein. Der späteren Vereinigung aller drei Besatzungszonen hätte Charles de Gaulle, der Anfang 1946 zurücktreten muss, nicht zugestimmt. Der Plan wird auf Vermittlung des Schweizer Generalkonsuls Franz-Rudolph von Weiss von Konrad Adenauer in diesen Wochen mehrfach mit französischen Offizieren besprochen und ist wie die Person Adenauer auch General de Gaulle geläufig. Das lag keinesfalls in englischem Interesse. So sah man das zumindest in Frankreich, und man hielt Adenauers Entlassung für den »aufsehenerregendsten Fall« der Entfernung eines Führers des »rheinischen Separatismus«. Offiziell lehnt Konrad Adenauer in der am 9. Oktober 1945 geschriebenen Zusammenfassung seines Interviews vom 5. Oktober 1945 den Gedanken ab. Er sei nur zur Not eine Option: »Wenn es aber nicht anders gehe, müsse auch das um des höheren Zweckes willen schließlich in Kauf genommen werden.«

Jedenfalls erhält Konrad Adenauer am 6. Oktober 1945 in der Kölner Militärregierung ein ausführliches Entlassungsschreiben, das ihm mangelnde Pflichterfüllung vorhält und ihm den Aufenthalt in Köln und jegliche politische Tätigkeit untersagt. In Köln darf er jedoch bald wieder seine Frau im Krankenhaus besuchen und die Genehmigung, politisch aktiv zu werden, folgt. Am 6. Februar 1946 wird Konrad Adenauer zum Vorsitzenden der rheinischen CDU gewählt, Leo Schwering, sein Vorgänger, wird nur noch Mitglied des Vorstandes und konzentriert sich in den folgenden Jahren darauf, in drei Schriften seine Rolle als Initiator und Gründervater der CDU festzuschreiben. Und drei Wochen später wird Konrad Adenauer zum ersten Vorsitzenden des CDU-Zonenausschusses gewählt. Die Weichen sind gestellt.

Hat erst die Entlassung Adenauers weitere Tätigkeit und seinen Weg zum Amt des Bundeskanzlers ermöglicht? Wahrscheinlich nicht. Manche seiner Äußerungen am Kriegsende lassen vermuten, dass er von Beginn an höhere Ziele als den Posten des Kölner Oberbürgermeisters anstrebte.

Hermann Pünder (17. November 1945 bis 19. April 1948)

Hermann Pünder tritt im November 1945 nach einigen Wochen voller Überlegungen und Gesprächen Konrad Adenauers Nachfolge an. Nach sechs Jahren als Chef der Reichskanzlei im Mittelpunkt der deutschen Politik wird er mit dem Ende der Regierung Brüning im Oktober 1932 als Regierungspräsident nach Münster abgeschoben und im Juli 1933 nach dem Gesetz zur Wiederherstellung des Berufsbeamtentums von den Nazis in den Ruhestand versetzt. Von Carl Friedrich Goerdeler (1884–1945) in die Umsturzpläne einbezogen, wurde er 1944 zwar vor dem Volksgerichtshof unter Roland Freisler freigesprochen, wurde aber von KZ zu KZ weitergereicht und schließlich mit über hundert anderen Geiseln der SS in den Alpen befreit. Als er am 26. Juli 1945 wieder nach Münster zurückgekehrt war, war dort der Posten des Oberpräsidenten der Provinz Westfalen bereits durch Rudolf Amelunxen, bald erster Ministerpräsident Nordrhein-Westfalens, besetzt. Hermann Pünder wurde Vorsitzender des Katholikenausschusses in Münster und am 15. Oktober 1945 dort auch Vorsitzender der CDU, die erst nach heftigen Diskussionen im Kreis ehemaliger Zentrumsmitglieder zustande kam. In Köln war inzwischen der Versuch der CDU, Wilhelm Warsch als Oberbürgermeister zu gewinnen, am Widerstand der SPD gescheitert, die diesen nur bis zur ersten Kommunalwahl akzeptieren wollte. Auch der Beigeordnete Gustav Finck wurde als möglicher Nachfolger gehandelt.

Brigadegeneral John Barraclough ließ nun Hermann Pünder nach Düsseldorf kommen und forderte ihn auf, das Amt des Oberbürgermeisters in Köln zu übernehmen. Vor einer Zusage führte Hermann Pünder erst einmal Gespräche mit Konrad Adenauer, mit dem neu ernannten Oberpräsidenten der Rheinprovinz Robert Lehr, in Köln mit zwei Mitgliedern des ernannten Kölner Rates, mit Peter Schlack, führend im Wiederaufbau der Konsumgenossenschaften, und mit Christine Teusch. Alle rieten ihm zu.

Gegenüber John Barraclough stellt er zwei Bedingungen: das ausdrückliche Vertrauen der Militärregierung und des Oberpräsidenten sowie einen Wechsel im Amt des Kölner Stadtkommandanten. Beides wird ihm zugesagt, aber die zweite Zusage nur halb gehalten. Zwar wird nun Oberstleutnant John M. White neuer Stadtkommandant der Kölner Militärregierung, aber Major J. Alan Prior bleibt ein einflussreicher Berater desselben, wie Hermann Pünder bald zu seiner Enttäuschung feststellen muss. Am 20. November 1945 erfolgt seine Ernennung zum Oberbürgermeister und am 28. November 1945 leitet Hermann Pünder seine erste Stadtverordneten-Versammlung. Die Einführung ins Amt mit hohen Gästen der Besatzungsarmee und mit Oberpräsident Robert Lehr, der die offizielle Einführung vornimmt, folgt am 4. Dezember 1945 in festlichem Rahmen mit gemeinsamem Mittagessen im gleichen Hörsaal IV der Universität, der noch für die Sitzungen der Stadtverordneten-Versammlung genutzt wird. Hermann Pünder hat in seinen Erinnerungen einiges preisgegeben, das einen Einblick in den politischen Umgang Kölner Politiker miteinander gewährt. Das Problem der angemessenen Vertretung der SPD und der KPD in der Verwaltungsspitze musste nun Anfang 1946 endlich gelöst werden.

In der Sitzung am 28. März 1946 wird Hermann Pünder, da der Oberbürgermeister von der Militärregierung ernannt wird und erst nach einer kommenden ersten Kommunalwahl gewählt werden soll, von CDU und SPD gegen die Stimmen der KPD das Vertrauen ausgesprochen. Robert Görlinger (SPD) wird mit der Bezeichnung Bürgermeister zu seinem ersten Stellvertreter gewählt, Napoleon Gymnich (KPD) zum zweiten Vertreter ebenfalls mit dem Titel Bürgermeister und Fritz Fuchs (CDU) an dritter Stelle.

Im Gegensatz zum Sinn der neuen »Kölnischen Stadtverfassung«, die nach britischem Vorbild unpolitische Beamte an der Spitze der Stadtverwaltung vorsah, erhob danach die SPD, da der Oberbürgermeister Mitglied der CDU war, Anspruch auf den Posten des Oberstadtdirektors. Die neue Stadtverfassung entsprach mit der Vorstellung einer Doppelspitze von politisch bestimmtem Oberbürgermeister und einem unpolitischen Beamten als Oberstadtdirektor den britischen Wünschen, aber nicht der Vorstellungswelt der Kölner Lokalpolitik. Unpolitische Spitzenbeamte passten nicht in ihre Welt. In der Ratssitzung am 11. April 1946 sollte das neue Konzept der Doppelspitze umgesetzt werden, aber so, wie man es in der Kölner Lokalpolitik interpretierte. Nach manchen gemeinsamen und internen Diskussionen, nach Gesprächen mit der Militärregierung, hält man an Willi Suth (CDU) als Oberstadtdirektor fest und einigt sich auf Oberregierungsrat Martin Wirtz (SPD) für das neue Amt des Stadtdirektors, als Leiter des Hauptamtes Allgemeine Verwaltung und Willi Suths Stellvertreter. Hermann Pünder hatte erfolglos darauf beharrt, Ernst Schwering (CDU) im Hauptamt Allgemeine Verwaltung als Beigeordneten zu halten. Die letzten Details der Vorbereitung der Ratssitzung am 11. April 1946 machen die Fraktionsvorsitzenden schließlich ohne Beteiligung von Hermann Pünder unter sich aus. Ernst Schwering soll sich mit dem Wohlfahrtsamt begnügen. Am Vorabend der entscheidenden Ratssitzung gibt es dann auch noch ein Gespräch in kleinem CDU-Kreis bei Oberbürgermeister a. D. Konrad Adenauer, wieder ohne Teilnahme von Hermann Pünder. Danach wird nun doch von der CDU-Fraktion in der Ratssitzung am 11. April 1946, in welcher der Rat erstmals den Stadtdirektor, seinen Stellvertreter und die Beigeordneten wählt, noch einmal ohne Erfolg das Hauptamt Allgemeine Verwaltung für Ernst Schwering gefordert. Insgesamt ein (symbolischer) Erfolg für Bürgermeister Robert Görlinger als Fraktionsvorsitzenden der SPD, die nun vier Spitzenpositionen der Verwaltung besetzt.

Für die zukünftige Politik und für die Machtverteilung zwischen Oberbürgermeister, Rat und Fraktionen wird damit in dieser Ratssitzung eine wichtige Weichenstellung vorgenommen. In der Kommunalverfassung vor 1933 hatte der Oberbürgermeister das Recht, die Beigeordneten zu ernennen, und auch das Recht, ihnen ohne Zustimmung des Rates einen neuen anderen Aufgabenbereich zu übertragen. Nun wird seit dieser Ratssitzung vom 11. April 1946 jeder Beigeordnete einzeln vom Rat für seinen Aufgabenbereich gewählt. Wobei man, wie Hermann Zilles (KPD) vermutet, davon ausgehen muss, dass die Vorschläge »wahrscheinlich in monatelanger Vorarbeit hinter verschlossenen Türen ausgebrütet wurden«. Damit hat er wohl Recht. Spätestens in dieser Ratssitzung wird das Gewohnheitsrecht konstituiert, dass Beigeordnetenämter meist parteibezogen nach Absprache vergeben werden. Der oder die Beigeordnete hat damit gegenüber dem Oberstadtdirektor bis 1994 in der alten Kommunalverfassung oder dem Oberbürgermeister seit 1994 in der neuen Kommunalverfassung eine deutlich stärkere Position als vor 1933. Und ist eine Beigeordnete oder ein Beigeordneter parteilos, wie häufig in den vergangenen Jahren für den Bereich der Kultur erprobt, ist er oder sie vielleicht keiner Partei verpflichtet, aber es ist auch keine Partei zwingend zur Unterstützung des oder der Beigeordneten verpflichtet.

In das neugeschaffene Amt des Oberstadtdirektors wird – noch in einer Kampfabstimmung – Willi Suth (CDU) gewählt, sein Gegenkandidat Oberregierungsrat Martin Wirtz (SPD) wird zu seinem Stellvertreter mit dem Hauptamt Allgemeine Verwaltung und übernimmt damit das bisher von Ernst Schwering geführte Amt des zweiten Mannes der Stadtverwaltung. Er soll nun doch das Wohlfahrtsamt übernehmen. Ernst Schwering nimmt die Wahl nach längerer Bedenkzeit nicht an und kehrt erst nach der Kommunalwahl am 13. Oktober 1946 als Stadtverordneter in den Rat zurück. Bis zum Ende seiner Amtszeit als Oberbürgermeister im Jahre 1956 ergreift er fast tausend Mal das Wort im Rat der Stadt Köln. Mit Dr. Egon Freiherr von Turegg genannt Türcke, bisher kommissarischer Amtsgerichtsdirektor in Jülich, wird nun ein SPD-Mitglied als Beigeordneter für Recht und Sicherheit gewählt. Und mit Ingenieur Kurt Alexander Keidel (KPD) gelingt es sogar der KPD, mit dem Hauptamt Wirtschaft und Arbeit die Position eines Beigeordneten zu erobern. Kurt Alexander Keidel kommt im Rat 1946 allerdings nur einmal zu Wort. 1947 darf er ausführlich über die Probleme bei der Ausgabe von Lebensmittelmarken referieren.

Hermann Pünder verabschiedet sich Mitte April 1948 wieder vom Rat. Er hat drei Tage zuvor seine Position als Oberdirektor und Vorsitzender des Verwaltungsrates der »Verwaltung des Vereinigten Wirtschaftsgebietes« in Frankfurt angetreten. Als Oberdirektor hat er für die Bizone aus amerikanischer und englischer Besatzungszone, der nur langsam und schrittweise die französische Besatzungszone angegliedert wird, nun eine Position erreicht, die man als Vorstufe zur Regierungsverantwortung bezeichnen kann. Viele der Mitglieder des Verwaltungsrates und der Ämter des Vereinigten Wirtschaftsgebietes finden wir bald als Minister oder Staatssekretäre in Konrad Adenauers erstem Kabinett wieder, nicht aber Hermann Pünder. Er ist weiter tätig als Mitglied des Landtages, als Mitglied des Bundestages und setzt als Präsident des Zentral-Dombau-Vereins und als Vorsitzender des Kölner Männergesangvereins wichtige Projekte für Köln um, das seit seinem Amtsantritt als Oberbürgermeister sein Wohnsitz geblieben ist. Hier fand er nach seinem Tod in Fulda am 3. Oktober 1976 auch sein Grab auf Melaten.

Ernst Schwering und Robert Görlinger (1. Juni 1948 bis 9. November 1956)

Das Abstimmungspatt im Rat bei der Wahl des Oberbürgermeisters am 15. November 1948 zwischen Ernst Schwering und Robert Görlinger (SPD) führte zum Losentscheid für Robert Görlinger. Er wird Oberbürgermeister vom 15. November 1948 bis zum 9. Dezember 1949. Um der KPD keine weitere Chance auf Einwirkung zu geben, wechseln sich danach Ernst Schwering vom 9. Dezember 1949 bis zum 23. November 1950 und Robert Görlinger vom 23. November 1950 bis zum 8. November 1951 und anschließend wieder Ernst Schwering vom 8. November 1951 bis zum 9. November 1952 im Amt ab. Das geschieht jeweils einvernehmlich nach Absprache zwischen SPD und CDU, wie Peter Josef Schaeven vor der Wahl am 8. November 1951 deutlich hervorhebt: »Über der Oberbürgermeisterwahl liegt längst nicht mehr die Spannung vom Jahre 1948. Die Wahl vollzog sich in den letzten Jahren nach den

Abmachungen, die zwischen der CDU und der SPD getroffen worden sind, und die eingehalten wurden.« Das ist ein deutliches Beispiel der »Kölnischen Fraktion«, die nach Schwächeln und Krisen erst mit der Koalition von CDU und Grünen nach der Wahl von 1999 ihr Ende findet. Ernst Schwering hatte die Chance, für das Amt mit Domjubiläum 1948 und Stadtjubiläum 1950 eine größere Öffentlichkeit zu gewinnen.

Robert Görlinger (1888–1954) war seit 1920 Fraktionsvorsitzender der SPD im Kölner Rat gewesen. Im besetzten Frankreich identifiziert, verhaftet, verurteilt und am 5. Mai 1945 von den Engländern aus dem KZ Sachsenhausen befreit, gehört er dem ersten von der Militärregierung berufenen Rat seit der ersten Sitzung am 1. Oktober 1945 wieder als Fraktionsvorsitzender an. Erfolglos setzte er sich für nicht konfessionsgebundene Volksschulen ein. Hier hatte Konrad Adenauer bereits im Juli 1945 die Richtung vorgegeben, die eine Elternbefragung, gefordert von der Militärregierung, im März 1946 bestätigte. In der Kölner Messe setzte er sich für die photokina ein, die zu einem der großen Kulturakzente und Wirtschaftsfaktoren Kölns werden sollte, und übernahm den Vorsitz der in Köln neu gegründeten Deutschen Gesellschaft für Photographie. So engagierte er sich auch für den Ankauf des Mappenwerks von August Sander »Köln wie es war« für das Kölnische Stadtmuseum. Von 1946 bis 1951 war er einer der Lizenzträger der wiederbegründeten *Rheinischen Zeitung* der SPD, von 1948 bis 1951 zugleich Verlagsleiter. Von 1946 bis 1949 war er für die SPD auch Mitglied des Landtages. Anschließend bis zu seinem Tod Mitglied des Bundestages.

Ernst Schwering (1886–1962) war seit 1915 in städtischen Diensten, seit 1920 Stadtdirektor, von 1924 bis 1926 Mitglied im Rat, danach bis 1933 Beigeordneter und damit enger Mitarbeiter Konrad Adenauers gewesen. In dieser Rolle kehrte er 1945 wieder zurück, von der SPD anfangs nicht sehr geliebt. Für die CDU war er von 1950 bis 1962 im Landtag und aktiv auch in der Landschaftsversammlung tätig. Ernst Schwering wird nach der Kommunalwahl vom 9. November 1952 am 20. November 1952 erneut mit den Stimmen von CDU, SPD und teilweise der FDP zum Oberbürgermeister gewählt. Robert Görlinger erhält bei seiner Wahl zum Stellvertreter sogar Stimmen der KPD, die aber wenig später den Rat wieder verlassen muss, da sie nach erneuter Stimmenauszählung die Fünf-Prozent-Klausel nicht übersprungen hatte. Ernst Schwering hat sein Amt als Repräsentant der Stadt und eines weitgehend einvernehmlich agierenden Rates für fünf Jahre bis zum 9. November 1956 geführt.

Theo Burauen (9. November 1956 bis 17. Dezember 1973)

Mit Theo Burauen (1906–1987) tritt eine neue Politikergeneration an, nicht mehr von der Politik der Weimarer Zeit geprägt, sondern von Krieg und Nachkriegszeit. Er lebt aus der Erfahrung der Nachkriegszeit und des Wirtschaftswunders, das auch eine Wunderzeit ständig steigender städtischer Einnahmen darstellt, er erlebt die erste kleine Krise der Wirtschaft 1966/67 und empört sich über »1968«.

Nach einer kaufmännischen Ausbildung war er seit 1924 als Buchhalter tätig, von 1930 bis zum Verbot 1933 Vertriebsleiter der *Rheinischen Zeitung* der SPD, deren moderne Maschinen und gerade bezogenes Druckhaus Deutz der *Westdeutsche Beobachter* der NSDAP übernahm. Nach Kriegsende ist Burauen 1946 neben Peter Fröhlich einer der beiden SPD-Abgeordneten, die bei der ersten Kommunalwahl in den Rat gewählt werden. Hier sammelt er bald politische Erfahrungen als Fraktionsvorsitzender einer erneuerten SPD.

Der neue Ehrenbürger der Stadt Köln, Bundespräsident Theodor Heuss, trägt sich, begleitet von Oberbürgermeister Theo Burauen, ins Goldene Buch der Stadt Köln ein. Aus der Publikation der Stadt Köln zum Festakt am 26. August 1959. Köln 1959

Die Möglichkeiten des Amtes, sich außerhalb des Rates für die Interessen der Stadt einzusetzen, sind bei Theo Burauen, populärer Oberbürgermeister vom 9. November 1956 bis zum 17. Dezember 1973, gut zu beobachten. So begegnen wir Burauen in folgenden Positionen: als Mitglied des Landtags von Nordrhein-Westfalen 1954 bis 1966, Mitglied der Landschaftsversammlung des Landschaftsverbandes Rheinland von 1953 bis 1970, als Vorsitzendem der Landschaftsversammlung von 1957 bis 1961 und erneut von 1965 bis 1970, als Mitglied im Aufsichtsrat der Messe seit 1948 und als dessen Vorsitzendem seit 1957, seit 1956 als Vorsitzendem des Aufsichtsrates der Köln-Bonner Eisenbahn, als Mitglied des Aufsichtsrates des Flughafens Köln-Bonn, Mitglied des Verwaltungsrates der Stadtsparkasse Köln, als Vorsitzendem des Kreisverbandes Köln des Deutschen Roten Kreuzes von 1963 bis 1970, Vorsitzendem des Aufsichtsrates des Zoologischen Gartens Köln sowie als Mitglied im Vorstand des Zentral-Dombau-Vereins zu Köln und vielem mehr.

Während seiner Amtszeit war Köln 1956 Bühne für den 77. Deutschen Katholikentag und 1965 für den 12. Evangelischen Kirchentag. Im April 1967 werden die Trauerfeierlichkeiten für Konrad Adenauer im Dom zum internationalen Großereignis.

Sein betont kölsches Auftreten gewinnt ihm und damit auch der SPD in einem immer noch katholisch gestimmten Köln Ansehen, Popularität und Wähler. Bei seiner einstimmigen Wahl zum Bürgermeister in der Nachfolge des am 10. Februar 1954 verstorbenen Robert Görlinger im März 1954 formuliert er in einem Satz seiner Rede sein zentrales Selbstverständnis auf Kölsch: «Wat kann ich als Kind dieser Stadt andersch dun als minger Vatterstadt zu deene, zo arbeide un för de Minsche, die in unser Stadt wonne, mich Dag för Dag zu sorge.«

So hat ihn das Attentat von Volkhoven am 11. Juni 1964 tief getroffen. »Das Herz der Stadt stand still«, als sich die Nachricht verbreitete, dass der »psychisch abwegige« Walter Seifert einen Anschlag auf die katholische Volksschule Volkhoven mit einem selbst gefertigten Flammenwerfer und einer Lanze verübt hatte. Er ermordet die Lehrerinnen Gertrud Bollenrath und Ursula Kuhr, die versuchen, die Kinder zu schützen, und verletzt mit seinem Flammenwerfer 28 Schülerinnen und Schüler, von denen acht in den folgenden Tagen sterben.

Der Krieg war in die Stadt zurückgekehrt. Walter Seifert, technisch begabt, hatte als Soldat eine Waffenschule besucht, daher kamen die Fähigkeiten zum Bau des Flammenwerfers. Im Frieden kann er nach kurzer Kriegsgefangenschaft nicht Fuß fassen, prozessiert arbeitslos jahrelang zur Verbesserung seiner Rente. Die letzte gerichtliche Absage ist vom

In langen Schlangen bewegte sich die Bevölkerung durch das Südportal des Kölner Domes zum Trauerdefilee. Über zweihunderttausend Menschen erwiesen hier Konrad Adenauer die letzte Ehre.

Am 24. April 1967 wird Konrad Adenauer im Dom aufgebahrt. Aus der Publikation der Stadt Köln zu Staatsakt, Trauergottesdienst und Trauerfeier. *Köln 1967*

25. April 1964 datiert. Er vergiftet sich nach dem Amoklauf mit E605 und stirbt am selben Abend. Das Kabinett der Landesregierung entscheidet, Krankenhaus- und Arztkosten der Opfer zu übernehmen. Im Rat wird am

23. Juli 1964 beschlossen, die Folgekosten und die Renten bei Erwerbsunfähigkeit zu übernehmen. Ein bis 1973 tätiges Kuratorium verteilt die Spenden von über eine Million D-Mark zugunsten der Opfer.

John van Nes Ziegler (20. Dezember 1973 bis 28. Oktober 1980)

John van Nes Ziegler (1921–2006) ist von der Politik nach 1945 geprägt. An den verschiedenen Positionen, die der Oberbürgermeister von Amts wegen übernimmt, lässt sich nicht sehr deutlich ausmachen, wofür diese jeweils genutzt wurden. Für Informationen und Kontakte sind sie selbstverständlich wichtig. Wichtig für Köln kann auch ein zusätzliches Mandat im Landtag sein. Bei John van Nes Ziegler, vom 20. Dezember 1973 bis zu seinem Rücktritt am 28. Oktober 1980 als Oberbürgermeister Nachfolger von Theo Burauen, den er schon von 1960 bis 1966 bei Gelegenheit als Bürgermeister vertreten hatte, können wir das Wirken an seiner Rolle im Landtag des Landes Nordrhein-Westfalen deutlich ablesen. John van Nes Ziegler war zuvor seit seinem Eintritt in den Rat 1956 bis zu seiner Wahl zum Oberbürgermeister Fraktionsvorsitzender der SPD – ebenfalls als Nachfolger Theo Burauens, der dieses Amt 1948 von Robert Görlinger übernommen hatte, also längst an entscheidender Position in Köln aktiv. Schon seit 1958 und bis 1985 war er Mitglied, dann von 1966 bis 1970 erstmals Präsident das Landtages von Nordrhein-Westfalen. 1968 gelingt ihm im Schulstreit mit der CDU um Gemeinschaftsschule gegen Bekenntnisschule zusammen mit dem Fraktionsvorsitzenden der CDU im Landtag, Wilhelm Lenz, den er seit Kriegszeiten kennt, ein Kompromiss als »Kölner Modell«: Jungen und Mädchen werden gemeinsam erzogen, es gibt keine Zwergschulen mehr und Bekenntnisschulen werden nur bei entsprechendem Elternwillen eingerichtet. Wichtig für die Landespolitik und für Köln ist John van Nes Zieglers Mitgliedschaft im »Zehnerklub«, der keine formale, aber eine entscheidende Rolle in der Entstehung der Gesetzgebung zur Gebietsreform spielte, die für Köln zum 1. Januar 1975 in Kraft trat. Im Kreis Köln setzte man sich im Rahmen der kommunalen Neugliederung für einen Großkreis Köln bestehend aus Kreis Köln, Kreis Bergheim und Erftstadt im Westen der Stadt ein. Wesseling, das Köln wegen hoher Gewerbesteuereinnahmen durch die Raffinerie gerne eingemeindet hätte, scherte nach Protesten und Prozess wieder aus. Die sinnvolle Eingemeindung von Pulheim, typisches Fluchtgebiet einkommensstarker Köl-

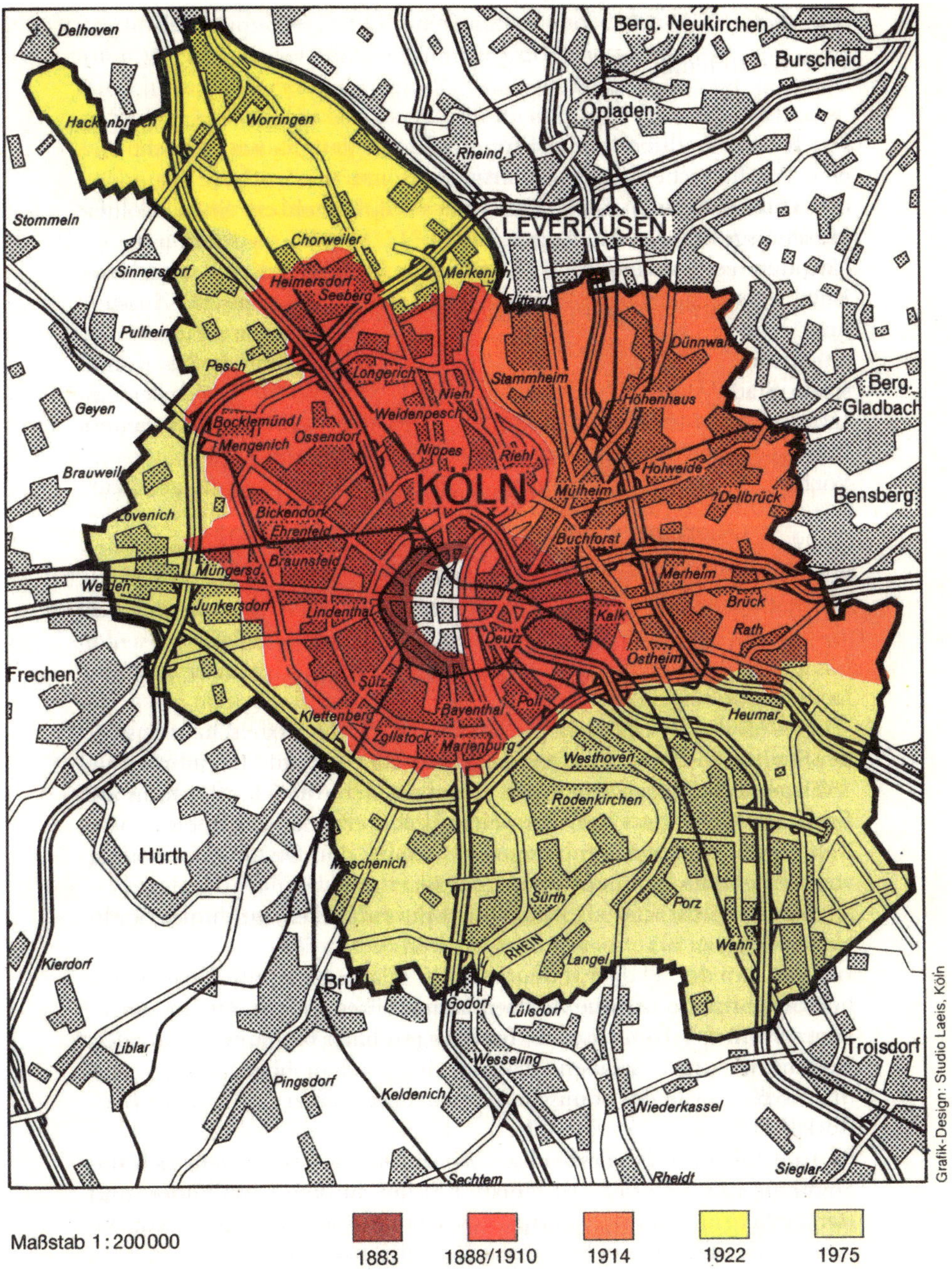

Stadterweiterung 1975. W. Schäfke (Hg.): Die räumliche Entwicklung der Stadt Köln. *Köln 1986, S. 21*

ner, kann wiederum Bernhard Worms (CDU) als Einwohner von Stommeln und Mitglied im »Zehnerklub« verhindern. Ängste, dass der Zugewinn solcher ländlicher Gebiete die Stellung der SPD im Rat, der damit 1975 von 67 auf 91 Mitglieder wächst, gefährden würde, teilte John van Nes Ziegler – im Gegensatz zu Theo Burauen – nicht.

Am 23. Oktober 1980 beschreibt Oberbürgermeister John van Nes Ziegler nach sieben Jahren Amtserfahrung vor der Wahl seines Nachfolgers die Rolle des Oberbürgermeisters deutlich: »Der Oberbürgermeister ist im Bewußtsein und vielleicht auch im Wunschdenken der Bevölkerung – trotz gegenteiliger Gemeindeordnung – ein Ratsvorsitzender mit umfassenden Vollmachten in und gegenüber der Verwaltung, ähnlich wie in der rheinischen Bürgermeistereiverfassung und heute noch in Süddeutschland. Ich habe oft Briefe bekommen, in denen sich Bürger über bestimmte Dinge beklagen, und die dann regelmäßig mit dem Satz endeten, daß ich Kraft meines Amtes doch einmal mit einem Machtwort die Angelegenheit bereinigen sollte. Richtig daran ist nur, daß der Oberbürgermeister eine Beschwerdeinstanz als Repräsentant des Rates ist, aber auch Vermittler zwischen Verwaltung und Bürger. Darin liegt seine Chance, in dieser Stadt zu wirken und zu arbeiten. Ihm wird gerade in Köln ein uneingeschränktes Vertrauen entgegengebracht, was nicht zuletzt an einer Reihe kraftvoller Persönlichkeiten in diesem Amt nach dem Kriege wie Adenauer, Pünder, Schwering, Görlinger und Burauen begründet ist.« Mit 69 von 86 abgegebenen Stimmen wird Norbert Burger, der als einziger Kandidat zur Wahl steht, also auch mit Stimmen der CDU gewählt.

Norbert Burger (28. Oktober 1980 bis 30. September 1999)

Norbert Burger (1932–2012) kam am 28. Oktober 1980 als Kompromisskandidat ins Amt des Oberbürgermeisters. Er blieb bis zum 30. September 1999 und hat so die längste Amtszeit eines Kölner Oberbürgermeisters im 20. Jahrhundert aufzuweisen. Die SPD-Fraktion hatte sich mit absoluter Mehrheit für Heinz Lüttgen (1942–2016), der am 28. Oktober 1980 im Rat dann noch vier Stimmen erhielt, gegen Norbert Burger und Hans Josef Michels entschieden, aber Heinz Lüttgen erhielt auf einem außerordentlichen Parteitag nicht die erforderliche Mehrheit. Hans Josef Michels zog seine Kandidatur zurück und so ging Norbert Burger mit Unterstützung des linken Flügels gegen den Wunsch der Mehrheit der »gemäßigten« Fraktion als Sieger aus dem Parteitag hervor. Der Gegensatz zwischen SPD-Fraktion, in der der linke Flügel schwächer als die »Gemäßigten« waren, und dem linken Übergewicht in der Partei tritt hier deutlich hervor.

Norbert Burger war seit 1957 Mitglied der SPD und übernahm das Amt des Oberbürgermeisters, versehen mit den Erfahrungen einer Ratsmitgliedschaft seit 1975 und einer Tätigkeit in städtischen Diensten von 1963 bis 1973. Zuerst war Norbert Burger im Rechtsamt tätig, dann ab 1965 als Leiter des Schulverwaltungsamtes, bevor er 1970 Beigeordneter für Jugend und Soziales wurde. 1973 geht er als stellvertretender Chef des Presse- und Informationsamtes in den Dienst der Bundesregierung. Bei seiner Verabschiedung im Rat trägt Oberbürgermeister Theo Burauen eine lange Liste seiner Leistungen als Chef der Sozialverwaltung für Obdachlose, Gastarbeiter, Senioren, für Erziehungsberatung und für die Einrichtung einer Drogenberatungsstelle vor. Es sind Jahre des Umbruchs in Köln und als Vorsitzender des Sozialausschusses bleibt Burger den Themen, die ihn als Dezernent beschäftigt hatten, treu: Drogenberatung, Reform der Fürsorgeerziehung, Verdreifachung der Zahl der städtischen Kindergärten, Integration ausländischer Arbeitnehmer. Als Oberbürgermeister griff er die Probleme einer Wirtschaft im Wandel, einer politischen Landschaft im Wandel der Wiedervereinigung mit ihren Folgen auch für Köln mit Technologierunden, Medienrunden und Arbeitsmarktkonferenzen auf. Das Wachstum Kölns als Medienstadt, die Zukunft von Flughafen und Messe, der Ausbau von Bio- und Gentechnologie in der Domstadt lagen ihm am Herzen, ebenso wie der Ausbau der Verkehrsinfrastruktur. Nachdem schon 1980 der Verkehrsverbund Rhein-Ruhr gegründet worden war, gelang es 1987, den Verkehrsverbund Rhein-Sieg zu gründen, der in der Stadtbahn Rhein-Sieg von 1974 seinen Anfang genommen hatte. Auch der Blick auf Zusammenarbeit in der Region führte 1992 während seiner Amtszeit zur Gründung des Vereins Region Köln/Bonn, die inzwischen international auch als Metropolregion Köln/Bonn auftritt. Mitglied des Landtages war Norbert Burger von 1985 bis 2000. Im Jahr 2017 wird ein neuer Anlauf unternommen, einen Verein »Metropolregion Rheinland« zu gründen. Besonderes Gewicht hat Burger immer auf den internationalen Aspekt der kommunalen Arbeit gelegt. Die Zahl der Kölner Städtepartnerschaften, die er als »kommunale Außenpolitik« sieht, hat sich während seiner Amtszeit fast verdoppelt. Norbert Burger hat dies z. B. mit der Finanzierung von verschiedenen Projekten in den Kölner Partnerstädten, wie Tel Aviv/Jaffa, Bethlehem oder Wolgograd, verwirklicht. Mit »Cologne Alliance« ist 2014 ein Verein gegründet worden, der den Partnerschaftsvereinen Raum für Erfahrungsaustausch, gemeinsame Aktionen und Hilfe bei der Sponsorensuche geben soll.

Das alles hindert Rolf Bietmann, den Fraktionsvorsitzenden der CDU, nicht daran, eine in der Fraktionsvorsitzendenbesprechung beschlossene

Ehrenbürgerschaft für Norbert Burger kurzfristig wieder infrage zu stellen. Er befürchtet offensichtlich, dass dies dem Landespolitiker Burger mehr Gewicht geben könne. Dabei hatte Norbert Burger 1982 die CDU gerade vor einer Blamage bewahrt, als es um die Ehrenbürgerwürde für Heinrich Böll ging. Die CDU hatte gegen den Text der Urkunde nachträglich Protest eingelegt und Heinrich Böll drohte, auf die Feier zu verzichten. Es gelang Norbert Burger in einem langen Telefonat mit dem Schriftsteller und in Absprache mit der CDU einen für Böll akzeptablen Vorschlag zu machen, den er stolz und ohne Kommentar in der Ratssitzung am 25. November 1982 vortragen konnte. Es war ein Text entstanden, der auch Bölls gesellschaftspolitisches Engagement, das die CDU oft genug herausgefordert hatte, hervorhob. Schon die Anfänge des späteren Nobelpreisträgers (1972) hatte die CDU mit Ernst Schwering an der Spitze, lange eine führende Gestalt und mehrfach ja Oberbürgermeister, schon 1951 kritisch gesehen, während Kulturdezernent Wilhelm Steinforth und der Vorsitzende des Kulturausschusses Josef Haubrich sich damals bereits für Heinrich Böll eingesetzt hatten. Am 25. April 1983 kann dann der Festakt für den neuen Ehrenbürger stattfinden: »... in Würdigung seiner Person sowie der gesamten Spannweite seines literarischen Werkes und seines gesellschaftspolitischen Engagements, das auch in seinen Werken zum Ausdruck kommt, ...« Auch der Festakt für Norbert Burger kann dann trotz der Bedenken Rolf Bietmanns am 24. November 1999 abgehalten werden.

Das Denkmal für Bundeskanzler Konrad Adenauer im Schatten des Chores von St. Aposteln hat dagegen die SPD leichter ertragen. Gegen die Stimmen der Grünen wurde es am 30. April 1994 vom Rat als Schenkung angenommen. Zur Enthüllung am 1. Juli 1995 konnte Norbert Burger Bundeskanzler Helmut Kohl begrüßen, allerdings nicht, wie von der CDU gewünscht, am Rathaus.

1990 hatte die SPD in Köln im Bundestagswahlkampf das Attentat am 25. April 1990 auf Oscar Lafontaine in der Mülheimer Stadthalle erleben müssen. Als Bundeskanzlerkandidat scheiterte er am 2. Dezember 1990. Die lebensbedrohliche Verletzung und parteiinterne Auseinandersetzungen zur Wiedervereinigung warfen Lafontaine für Jahre aus der Bahn. Der im Schatten des Endes der DDR erfolgte Rücktritt Wilhelm Vollmanns am 30. September 1993 hat die Kölner SPD tief getroffen. Vollmann, der Mitglied des Landtages, zuvor lange auch des Rates, gewesen war, hatte 1970 in Ost-Berlin eine »Verpflichtungserklärung« unterschrieben und war bis 1989 für die Stasi tätig gewesen. Die Karriere eines »liebenswerten Chaoten« war damit beendet.

Harry Blum (1. Oktober 1999 bis 17. März 2000)

Vor dem Wahlerfolg von Harry Blum (1944–2000) für die CDU, ursprünglich als Verlegenheitslösung seiner zerstrittenen Partei angetreten, kommt es zu einem Desaster für die SPD, zu einer Katastrophe zugleich für die kommunale Demokratie. Das bildet der Rückgang der Wahlbeteiligung deutlich ab. Die neue Rolle des direkt gewählten Oberbürgermeisters, der mit der Kommunalordnung von 1994 zugleich Verwaltungschef und erster Repräsentant seiner Stadt ist, bringt zuerst das Ende der städtischen Laufbahn von Oberstadtdirektor Lothar Ruschmeier (SPD). Ruschmeier (1945–2012) war seit 1975 im Sozialdezernat tätig, von 1979 bis 1981 im Büro von Oberstadtdirektor Kurt Rossa, ab 1981 dann Sozialdezernent, gerne als »Superdezernent« bezeichnet, und wird schließlich 1990 Nachfolger von Kurt Rossa als Oberstadtdirektor: engagiert, zielstrebig, machtbewusst und durchsetzungsfähig, wie z.B. die Entstehungsgeschichte der Lanxess Arena gezeigt hat. Lothar Ruschmeier, erfolgreicher Manager städtischer Interessen und Projekte, dessen Position bald wegfallen und mit der Funktion des Oberbürgermeisters verbunden wird, wird daher 1998 nicht wiedergewählt. Heftiger Kritik für diesen Seitenwechsel ausgesetzt, geht Lothar Ruschmeier als Geschäftsführer zur Oppenheim-Esch-Holding, mit der er zuvor manchen Deal als Oberstadtdirektor ausgehandelt hatte. Klaus Heugel, bis dahin Fraktionsvorsitzender der SPD, tritt als neuer Oberstadtdirektor an seine Stelle, wird damit Kandidat seiner Partei für die Kommunalwahl samt Wahl des Oberbürgermeisters am 12. September 1999. Die Wahl wird für die SPD zum Debakel. Klaus Heugel tritt zwei Wochen vor dem Wahltermin zurück, nachdem ein Insidergeschäft mit Aktien bekannt geworden ist. Für die Aufstellung eines neuen Kandidaten sind die Fristen verstrichen. Die Wahlbeteiligung liegt unter 50 Prozent. Als »Zählkandidat« erscheint Klaus Heugel dennoch auf dem Wahlzettel und erhält noch einen Sympathieanteil von 12,9 Prozent der Stimmen. Harry Blum, eigentlich aussichtslos für die CDU angetreten, wird in der Stichwahl am 26. September 1999 mit 54,8 Prozent der Stimmen gegen Annemarie Lütkes von den Grünen mit 45,2 Prozent Oberbürgermeister. Da er jedoch überraschend am 17. März 2000 stirbt, kann Fritz Schramma nach einer Stichwahl gegen Anke Brunn (SPD) bei einer Wahlbeteiligung von 39 Prozent am 17. September 2000 Harry Blums Nachfolge für mehr als neun Jahre – vier Jahre als Nachfolger und fünf »eigene« – bis zum 20. Oktober 2009 antreten.

Noch zu Harry Blums Lebzeiten ist von Kurt Arentz für ein Denkmal gesorgt worden, gestiftet von Hans-Georg Waltner, das ohne allgemeines Einvernehmen 2014 auf privatem Boden am Harry-Blum-Platz aufgestellt wurde.

Fritz Schramma (17. September 2000 bis 20. Oktober 2009)

Oberbürgermeister Fritz Schramma (CDU) hat nach dem überraschenden Tod seines Vorgängers Harry Blum, der als erster am 1. Oktober 1999 an die Spitze des Rates wie der Verwaltung getreten war, rasch einen Weg gefunden, der wie bei seinen Vorgängern den Handlungsspielraum außerhalb der alltäglichen politischen Arbeit des Rates nutzt. Die neue Doppelrolle von Repräsentant und Verwaltungschef konnte Harry Blum in den wenigen Monaten seiner Amtszeit nur antesten. Sie hat, wie Fritz Schramma erfahren musste, manche Nachteile und wenig neue Macht. Schrammas Versuch, ein als Machtsymbol gehandeltes Grundrecht der Fraktionen außer Kraft zu setzen, die Benennung eines Kandidaten für eine Dezernentenposition, scheitert. Sein Versuch, Christoph Nix als Kandidaten für die Position des Kulturdezernenten durchzusetzen, wird von der CDU-Fraktion blockiert. Wie schon bei seiner Berufung von Barbara Mundel zur Opernintendantin will sich die Ratsfraktion Personalentscheidungen vorbehalten. Und innerhalb der Partei herrscht über Jahre dank heftiger persönlicher Auseinandersetzungen der führenden Funktionäre laut Presse »Chaos«.

Zu den großen Kölner Problemen in Schrammas Amtszeit gehörten auch der terroristische Bombenanschlag am 19. Januar 2001 in der Probsteigasse und das Nagelbombenattentat des NSU am 9. Juni 2004 in der Mülheimer Keupstraße. Das von den erfahrenen Bombenbauern und Mördern Uwe Mundlos und Uwe Böhnhardt durchgeführte Attentat mit einer auf einem Fahrrad transportierten und dann abgestellten und ferngezündeten Bombe wurde erst nach Jahren als rechtsextremistischer Anschlag identifiziert. Dieser kam nicht aus der Mitte der Kölner Gesellschaft, aber seine voreilige und zumindest nachlässige Interpretation als Verbrechen unter Migranten und nicht als terroristische Tat setzte sich bis zur Aufdeckung der Anschlagsserie 2012 für Jahre in der Kölner Gesellschaft fest. »Birlikte« – Zusammenstehen – war dann 2014 die gemeinsame Antwort auf diese schmerzhafte Leidenszeit. Das Schauspiel Köln hat sich 2014 mit »Die Lücke. Ein Stück Keupstraße« dieser Jahre unbegründeter Verdächtigungen der Opfer angenommen. Das Konzept des Berliner Künstlers Ulf Aminde für einen Erinnerungsort, der auch Raum für Gespräche und Informationen bietet, hat 2016 die Jury überzeugt.

Die Bewerbung Kölns als Kulturhauptstadt 2010 unter Schrammas Führung scheitert. Aber man sollte sich als Stadt auch nicht um eine Position bewerben, von der man glaubt, und zu Recht glauben kann, sie längst zu besitzen. Außerdem war abzusehen, dass mit der Wahl Essens das Ruhrgebiet in seinem mühevollen Strukturwandel gefördert werden sollte. Die aufwändigen Diskussionen für ein Leitbild 2020 schaffen 2009 ein Bewusstsein dafür, dass ständiger Wandel Thema der Stadtgesellschaft sein muss. Die politische Verantwortung für den Einsturz des Historischen Archivs am 3. März 2009 wurde – bei noch immer ungeklärter Ursache – im traumatischen Schock von manchen in der Politik und vielen Bürgern spontan – wenn auch nicht ausdrücklich so formuliert – dem Oberbürgermeister als Verwaltungschef zugeteilt. Das haben Partei und Ratsfraktion, jeweils geführt von Richard Blömer und Rolf Bietmann, mit denen Fritz Schramma sich selten einig war, genutzt. Wenige Wochen nach dem Einsturz und dem anschließenden Sturm von Kritik verzichtet Schramma auf eine erneute Kandidatur. Er fühlt sich von seiner Partei im Stich gelassen.

Fritz Schramma hatte sich bald nach Amtsantritt für seine Stadt und in seiner Stadt Wirkungsmöglichkeiten eröffnet, die jenseits des politischen Geschäfts des Rates lagen. Seit Herbst des Jahres 2000 – mit der Eröffnung des OB-Bürgerbüros nahe dem Rathaus – hatte Fritz Schramma bis zum Ende seiner Amtszeit 100 Bürgersprechstunden nach Anmeldung durchgeführt, Jürgen Roters hat die Institution übernommen. Hier können im direkten Kontakt Fragen und Probleme von Bürgerinnen und Bürgern gemeinsam mit der Stadtverwaltung und deren Chef gelöst werden. Seit 2005 gab es eine Bürgersprechstunde als Chat im Internet, allerdings in den fünf Jahren nur insgesamt neunmal. 2001 hat Schramma den Ehrenamtspreis »KölnEngagiert« eingeführt, der sich, wie der neue OB Jürgen Roters in der Festsitzung des Rates für Oberbürgermeister a. D. Dr. h. c. Fritz Schramma am 28. August 2010 feststellt, »inzwischen zu einer wichtigen Tradition in unserer Stadt entwickelt hat«. Mit persönlichem Engagement hat sich Schramma besonders beim sehr emotional geführten Moscheestreit für Toleranz und Integration eingesetzt. Der 2006 einberufene Rat der Religionen ist ein weiterhin aktives Beispiel dafür. Auch die seit 2002 von manchem belächelte, hoffentlich aber langfristig die Gewohnheiten und das Bewusstsein der Kölner verändernde Aktion »Kölle Putzmunter« geht auf seine Initiative zurück: ein Versuch, das Schmudddelimage vom Stadtbild zu putzen. Als Repräsentant der

Wirtschaft der Stadt war Schramma in China, Indien und der Türkei erfolgreich an der Spitze Kölner Delegationen aktiv. Wie der Weltjugendtag des Jahres 2005 war auch der 31. Deutsche Evangelische Kirchentag im Jahre 2007 ein überregional beachtetes Ereignis.

Jürgen Roters (21. Oktober 2009 bis 20. Oktober 2015)

Mit dem Verzicht Fritz Schrammas auf eine erneute Kandidatur verlor die CDU den Amtsbonus, der für den populären Fritz Schramma wohl seine Wiederwahl gewährleistet hätte. Kein Kandidat aus den eigenen Reihen wagt das Risiko. Peter Kurth (CDU) aus Berlin tritt für die Kölner CDU an. Sympathisch, bekennender Homosexueller, aber nicht bereit, sich auf Dauer zu Köln zu bekennen, erhält er 33,3 Prozent der Stimmen. Die SPD benennt gemeinsam mit den Grünen Jürgen Roters (SPD), als Regierungspräsident seit 2005 im einstweiligen Ruhestand. Er wird mit 54,7 Prozent der Stimmen im ersten Wahlgang gewählt. Er hat die Rolle des Oberbürgermeisters und dessen Möglichkeiten als Vermittler, Anreger und Vertreter klarer Positionen im Gefüge der Macht in Köln schon aus den Erfahrungen seiner Zeit als Polizeipräsident ab 1994 und Regierungspräsident ab 1999 offensichtlich gut eingeschätzt. Er hat in seinem reich bebilderten Bericht über die Entwicklung Kölns während seiner Amtszeit an keiner Stelle seine persönliche Rolle in den Vordergrund gestellt. Das hat dagegen mit deutlichen Worten Winrich Granitzka, von 2005 bis 2014 Fraktionsvorsitzender der CDU im Rat, Stellvertreter von Jürgen Roters in dessen Zeit als Polizeipräsident, ähnlich anderen Vertretern von Kölner Spitzenpositionen, getan: »Wie bei den Verhandlungen zum Verbleib der Deutschlandzentrale von PSA PeugeotCitroen in Köln hat Jürgen Roters auf vielen anderen Ebenen sein Verhandlungsgeschick und seinen Einfluss eingesetzt, um Köln in der Konkurrenz der westdeutschen Großstädte nach vorne zu bringen. Jürgen Roters ist nicht in erster Linie Parteisoldat, sondern orientiert sich am Wohle der Stadt und dies auch über Parteigrenzen hinweg. Ich konnte dies in vielen Gremien des Stadtrates miterleben und habe es mit Respekt und Anerkennung beobachtet. Oftmals wurde er bei der Umsetzung seiner politischen Vorhaben von den ihn tragenden politischen Parteien ausgebremst. Andererseits fiel es ihm schwer, sich dagegen zur Wehr zu setzen und auch mal mit der Faust auf den Tisch zu hauen.«

Für die Wahl eines neuen Oberbürgermeisters, geplant für den 13. September 2015, hatte die Stadtverwaltung unvorschriftsmäßige Wahlzettel drucken lassen. Nach erfolgreichem Protest wird der 18. Oktober 2015 festgelegt. Für diese Wahl hat sich die SPD nicht nur mit dem Auszählungsdebakel zur vorhergehenden Kommunalwahl 2014 ungeschickt aufgestellt. Jürgen Roters wäre bereit gewesen, für eine zweite Amtsperiode zu kandidieren. Dann wäre er wohl auch kostengünstig für die Stadt vor der Kommunalwahl 2014 zurückgetreten, damit OB und Rat gleichzeitig gewählt werden können. Die Spitzen der Kölner SPD, Martin Börschel und Jochen Ott, beide Mitglieder des Landtages, der eine Fraktionsvorsitzender im Rat, der andere Parteivorsitzender der Kölner SPD, hatten aber selbst Interesse an der prominenten und repräsentativen Rolle. So absolvierte Jürgen Roters mit persönlicher Begeisterung seine volle Amtszeit. Damit war ein langer Vorlauf für die Oberbürgermeisterwahl am 18. Oktober 2015 mit Kosten von etwa 1,6 Millionen Euro gewährleistet.

Henriette Reker (seit 15. Dezember 2015)

Henriette Reker, seit 2010 offiziell parteilose, aber von den Grünen benannte Beigeordnete für Soziales, Integration und Umwelt, tritt schließlich als Kandidatin, vorgeschlagen von den Grünen, dazu getragen von CDU, FDP und Freien Wählern, gegen Jochen Ott (SPD) als Oberbürgermeisterkandidaten an, der sich mutig diesem absehbar chancenlosen Versuch gestellt hat. Henriette Rekers Begeisterung für Köln ist ansteckend: »Mein Beruf ist Köln«. Dieses Motto haben Jonathan Briefs und Pascal Siemens, ihr Personal Coach und ihr Wahlkampfleiter aus dem Parteivorstand der Grünen, als Titel zur biografischen Beschreibung des Wegs von der Sozialdezernentin zur Oberbürgermeisterin genutzt. »Die Aussicht, in Zukunft nicht immer nur ausgebremst zu werden, sondern selbst die Strippen ziehen und das Gaspedal bedienen zu können«, hat sie gereizt.

Der rechtsradikale Mordversuch an Henriette Reker am 17. Oktober 2015, am Tag vor der Wahl, löst Entsetzen aus. Der Anschlag kann ihren Sieg nicht verhindern, scheint aber, nach den vorhergehenden Umfragen zu urteilen, den Wahlausgang bei der bisher niedrigsten Wahlbeteiligung von 40,3 Prozent auch nicht wesentlich beeinflusst zu haben. Henriette Reker erreicht mit 52,7 Prozent die absolute Mehrheit, Jochen Ott mit 32 Prozent immerhin mehr Stimmen als seine Partei mit den 29,4 Prozent bei der Kommunalwahl 2014. Erst am 15. Dezember 2015 kann Henriette Reker feierlich in ihr Amt eingeführt werden: »Ich stehe für einen neuen Politikstil. Der hat genauso zur Wahl der Oberbürgermeisterin gestanden wie ich selbst. Und die Wählerinnen und Wähler haben beides gewählt – im ersten Wahlgang mit absoluter Mehrheit. Es geht um eine neue Entscheidungskultur der Offenheit und Sachlichkeit.« Damit ist auf Grundlage einer demokratieschädlichen minimalen Wahlbeteiligung eine Koalition aus CDU und Grünen ohne eigene Mehrheit im Rat entstanden. Die SPD steht vorläufig im Abseits, kritisiert ihren gescheiterten Kandidaten und sucht neue Konzepte. Der Schock der Vorgänge der Silvesternacht 2015/2016 an Dom und Hauptbahnhof, dazu die desaströse Aufarbeitung, bringen Henriette Reker von Beginn an in schwieriges Fahrwasser. Sie ist sich sicher, dass zur Verwirklichung ihrer Vorstellungen von einer Verwaltungsreform, die sie sich vorgenommen hat, und einem neuen Stil der Politik zumindest eine zweite Amtszeit kommen muss. Für die Verwaltungsreform hat sie den Soziologen Rainer Heinz, einen erfolgreichen Unternehmer und frühen Kämmerer und Bürgermeister in Flensburg, angeworben. Es wird mit Kosten von fünf Millionen Euro und der fünf Jahre erfordernden Durchquerung eines »Tals der Tränen« gerechnet.

Die Macht des Rates

Die für mich eher symbolische als tatsächliche Machtfrage im Rat, wer über die Berufung von Beigeordneten entscheidet, die dann die verbündete Mehrheit im Rat wie abgesprochen zu wählen hat, bleibt seit 1946 und auch nach 1994 mit Wirkung von 1999 in den Händen der Fraktionen und damit liegt, realistisch gesehen, die eigentliche Macht in den Händen der Fraktionsvorsitzenden. Das schwächt bis zur Kommunalreform von 1994 mit Wirkung von 1999 den Oberstadtdirektor und seitdem den Oberbürgermeister oder die Oberbürgermeisterin. Beigeordnete sind vom Rat gewählt, ebenso wie für lange Jahrzehnte der Oberbürgermeister. Wie viel Einfluss der Verwaltungschef tatsächlich hat, hängt daher vom persönlichen Geschick von Oberstadtdirektor und nach der Kommunalreform des Oberbürgermeisters/der Oberbürgermeisterin ab. Vieles wird vor den Ausschüssen zwischen den Fraktionen ausgehandelt, vorher auch mit den Beigeordneten besprochen. Oder es ist sogar im Vorfeld in Fraktionen oder Fraktionsvorsitzendenbesprechungen geregelt worden.

Drastisch bekommt Kurt Rossa, Heinz Mohnens Nachfolger als Oberstadtdirektor von 1977 bis 1989, im Jahre 1987 die Macht der

Fraktionsvorsitzenden zu spüren. Kurt Rossa (1930–1998) als Oberstadtdirektor nach Köln geholt worden, ein glänzender Redner, brillant in seiner Polemik, Kinderbuchautor und 1987 inzwischen im Streit mit Klaus Heugel, seit 1980 Fraktionsvorsitzender der SPD. Sein Vorgänger als Fraktionsvorsitzender, Günter Herterich, der Kurt Rossa 1977 als »bester Mann deutscher Zunge« aus Bremen nach Köln geholt hatte, war 1980 für zwei Wahlperioden in den Bundestag gegangen. Nun wünschte er, unterstützt auch von Kurt Rossa, an die Spitze der Ratsfraktion zurückzukehren. Klaus Heugel widersetzt sich erfolgreich. Und der Historiker Günter Herterich (1939–2014) widmet sich in den nächsten Jahren bis zum Tode der Forschung zu Friedrich von Gentz (1764–1832). Er trägt eine Bibliothek und über 450 Aktenordner mit Informationen zusammen, die er der Universitäts- und Stadtbibliothek anvertraut. Dort sind sie zur Grundlage eines Forschungsprojektes zu diesem Denker und Politiker der Restauration des frühen 19. Jahrhunderts geworden. Weder zur Eröffnung von Museum und Philharmonie 1986 noch zum Jubiläum 2006 wird Günter Herterich eingeladen.

In der Sitzung des Rates am 12. März 1987 bricht der Konflikt zwischen Kurt Rossa und Klaus Heugel als Fraktionsvorsitzendem der SPD beim Thema der Einsparung von Dezernenten offen aus. Schon nach der Kommunalwahl von 1984, die der SPD 45 von 91 Sitzen im Rat eingebracht hatte, hatten sich CDU (36 Sitze) und SPD auf eine Neugliederung der Dezernate und eine Reduzierung derselben von 14 auf 11 geeinigt. Davon werden vier der CDU und sieben der SPD zugeordnet. Kurt Rossa wehrt sich mit einem vehementen Protest gegen diese Überforderung der Dezernenten aus seiner Sicht, muss sich aber von Klaus Heugel daran erinnern lassen, dass der Rat berechtigt ist, im Vorrang gegenüber der Organisationshoheit des Oberstadtdirektors den Geschäftskreis der Dezernenten selbst festzulegen. Zuvor stellt er noch fest »daß die Beigeordneten, die eine schwere Aufgabe in einer schwierigen Zeit zu lösen haben, die Leistungen dafür erbringen können und in ihnen gewachsen sind. Ich habe allerdings Zweifel, ob Sie ihre Leistungen bringen können.« Harter Tobak. Gegen die Stimmen der Grünen, erstmals im Rat vertreten, wird die Dezernatsneuordnung mit den Stimmen der SPD und der CDU beschlossen. In seiner Rede zur Verabschiedung von Kurt Rossa als Oberstadtdirektor am 5. Oktober 1989 hält Norbert Burger humorvoll aber deutlich den Kernpunkt der Auseinandersetzung fest. Kurt Rossa habe »nie so recht akzeptiert, daß der Rat nicht gesetzgeberisches Parlament gegenüber einem Regierungschef Oberstadtdirektor ist, sondern daß der Rat selbst oberstes Verwaltungsorgan ist und damit Vorgesetzter des Verwaltungschefs«. Die SPD hat einen klaren Wunsch. Sie möchte Dezernent Lothar Ruschmeier (1945–2012) als Kurt Rossas Nachfolger sehen. Aber sie hat dafür nicht die erforderliche Mehrheit im Rat und auch noch keine Verbündeten. Nach der Kommunalwahl am 1. Oktober 1989 ist die SPD wieder die stärkste Fraktion im Rat und einigt sich rasch mit der CDU. Auf einer gemeinsamen Liste werden Norbert Burger (SPD) als Oberbürgermeister, Rolf Bietmann (CDU) als erster Stellvertreter und als zweite Stellvertreterin Renate Canisius (SPD) vorgeschlagen und gemeinsam gewählt. Für die Wahl des neuen Oberstadtdirektors dauern die Verhandlungen länger. Sie bringt die nächste Neuordnung der Dezernate. Erst in der 8. öffentlichen Sitzung des neuen Rates am 27. März 1990 wird Lothar Ruschmeier zum Oberstadtdirektor gewählt und die neue Dezernatsordnung beschlossen. Jetzt werden sieben Dezernate der SPD und fünf – also eines mehr als zuvor – der CDU zugesprochen. Der Neuordnung der Dezernate stimmt auch die FDP zu. Die Grünen haben sich ebenfalls eingemischt. Albert Schröder, als Fraktionsvorsitzender der CDU einer der Hauptverantwortlichen der Neuregelung, betont dabei: »Ehe wir die Dezernate aufteilten – das möchte ich Ihnen auch sagen –, hatten wir uns große Mühe gegeben, zuerst mit Sachfragen ins Reine zu kommen, bevor wir über Personal und über Dezernatszuteilung gesprochen haben.« Es werden wieder zwölf Dezernate. Seit der letzten Neuordnung im Jahre 2003 kommt die Stadt Köln sogar mit acht Dezernaten einschließlich desjenigen des Stadtdirektors aus. Damals, nach der Niederlage der SPD in der Kommunalwahl 1993, klagt allerdings Walter Kluth (SPD) im Rat: »Die CDU hat sich mit dieser Dezernatsneuordnung nun endgültig die Stadt zur Beute gemacht. Inklusive des Dezernates des Oberbürgermeisters besetzt die CDU fast zwei Drittel aller Dezernate. Die zweitgrößte Fraktion in diesem Rat wird auf einen Dezernentenposten reduziert.« Damit war die jahrzehntelange Tradition gebrochen, die das Recht auf Besetzungsvorschläge für Dezernenten nach Absprache auf die großen Fraktionen des Rates verteilte.

Den direkten Zugang zur Stadtverwaltung, an Oberstadtdirektor und Dezernenten vorbei, haben die Fraktionen und Bezirksvertretungen durch die Teilnahme leitender Verwaltungsmitarbeiter an Fraktionssitzungen und Arbeitskreisen. Kurt Rossa nennt bei dieser Gelegenheit einmal Zahlen: 72 Verwaltungsmitarbeiter wirken bei der SPD, 31 bei der CDU mit. Das kann man positiv sehen, aber auch negativ, da es natürlich die Position der Dezernenten und des Oberstadtdirektors gegenüber der Politik schwächt. Daher versucht die Verwaltungsspitze immer wieder, diese Kontakte von ihrer Zustimmung abhängig zu machen. Umgekehrt bemühen sich die Parteien darum, ihre Mitglieder in der Stadtverwaltung in die entscheidenden Positionen zu bringen. Diskutiert wird dies immer wieder: 1996 beklagt z. B. die CDU, dass trotz der politischen Partnerschaft immer mehr SPD-Mitglieder wichtige Positionen in der Verwaltung unterhalb der Beigeordneten besetzen. Der Streit wird öffentlich. So beklagt wiederum Walter Kluth (SPD), in der bereits erwähnten Sitzung des Rates im Jahre 2003 »... die Tatsache, dass Sie, Herr Bietmann, die Stadtverwaltung mittlerweile schwarz gefärbt haben und erstmals seit Bestehen der Bundesrepublik die zweitstärkste Fraktion faktisch aus allen wichtigen Bereichen der Stadtverwaltung herausgedrängt haben, Sie haben auch aktiv daran gearbeitet, das kompetente Dezernenten vertrieben und kaltgestellt wurden ...« So hat sich in der Nachkriegszeit die bis heute unübersehbare Bedeutung der Fraktionsvorsitzenden und der Fraktionsgeschäftsführer entwickelt, wie sie schon Hermann Pünder zu spüren bekam.

In Köln stehen die Parteien im Wettbewerb um die Gunst der Wähler. Das spricht für Konkurrenz. Das ist tatsächlich der Fall, wenn es um Entscheidungen über Ämter und Personen geht. Das gilt besonders bei der Wahl der Oberbürgermeisterin oder des Oberbürgermeisters. Mit dem Ende der Doppelspitze und der neuen Rolle des direkt gewählten Oberbürgermeisters hat sich dies noch mehr auf seine Person konzentriert. Bei den Stellvertretern, den Bürgermeistern, gilt es dann als selbstverständlich, auch die nächststärkeren Parteien zu berücksichtigen.

In der Sacharbeit des Rates ist das Konkurrenzdenken in manchen Wahlperioden auch, wie wir sehen werden, bei den Entscheidungen über den Haushalt spürbar. Die Freiräume für Entscheidungen sind allerdings gering und immer kleiner geworden. In den ersten Nachkriegsjahren beschloß der Rat den Haushalt noch einstimmig, erst ab 1949 trat die KPD auch auf diesem Gebiet bis zu ihrem Ausscheiden aus dem Rat mit der Wahl 1952 als Daueropposition an. Die Haushalte ab 1953 bis einschließlich 1970 werden einstimmig mit hin und wieder einstelligen Gegenstimmen verabschiedet. 1971 verweigert die CDU aus Protest gegen die Lohnsummensteuer ihre Zustimmung. Ende des Jahres beschließt der Rat dann den Haushalt für 1972 wieder fast einstimmig. So auch im Jahre 1972 für 1973. Der Haushalt 1974 wird dann in 1973 von SPD und FDP gegen die CDU verabschiedet. Danach treten teils wechselnde Koalitionen zutage, teils werden die Haushalte wie 1975, 1976, 1983 und 1984 einstimmig beschlossen. Koalitionen halten beim Haushalt meist für einige Jahre, so die von SPD/CDU von 1989 bis 1992 und wieder von 1995 bis 1999. Im Jahre 2000 wird erstmals ein Haushalt gegen die Stimmen der SPD beschlossen, erneut in 2001 und 2002. Seitdem haben Rat und Öffentlichkeit sich an wechselnde Mehrheiten gewöhnen können.

Die »Kölnische Fraktion«

Konsens bei kleinen Entscheidungen ist im Rat alltägliche Selbstverständlichkeit. Diese Fragen werden vorab in den Ausschüssen geklärt. Zwei Drittel der Beschlüsse im Rat werden bis 1953 einstimmig von CDU, SPD und KPD gefasst und nur etwa ein Drittel der Beschlüsse wird von CDU und SPD zusammen gegen die Stimmen der KPD gefällt. Keine zehn Prozent der Beschlüsse, das sind dann allerdings die wichtigen, sind nach Kontroversen im Rat entschieden worden. Von 1953 bis 1964 werden mit 2 310 Beschlüssen 97 Prozent aller Entscheidungen im Rat einstimmig gefällt. Nur 47 Entscheidungen – also 2 Prozent – führen zu Kontroversen. Bei den fehlenden 24 Abstimmungen war der Fraktionszwang aufgehoben. Das gilt ähnlich auch für die nächsten Jahrzehnte und die Abstimmungen im nichtöffentlichen Teil der Ratssitzungen, die sich überwiegend mit Grundstücksfragen beschäftigen. Konsens besteht ebenso darüber, welche Partei jeweils das Vorschlagsrecht für die Besetzung der Position eines Beigeordneten hat. Das hat, wie wir gesehen haben, seit der frühen Nachkriegszeit Tradition.

Konsens in den Abstimmungen zu großen Projekten, die sich über mehrere Wahlperioden entwickeln werden, prägt die Entscheidungen im Rat notwendigerweise. Das gilt besonders bei den wichtigen Beschlüssen über Kultur und Gestalt der Stadt. Hier werden die weitreichenden Pläne mit großer Mehrheit oder sogar einstimmig beschlossen – auch wenn man gerne darüber streitet, welche Partei denn nun den guten oder schlechten Gedanken zuerst hatte, den man schließlich gemeinsam verwirklicht oder beerdigt. Der lange Weg der Sachentscheidungen durch die Diskussionen in der Öffentlichkeit, in den Arbeitskreisen der Parteien – oft unter Teilnahme parteizugehöriger Verwaltungsangehöriger –, in den Fraktionen und in den zuständigen Ausschüssen führt dazu, dass die weitaus meisten Abstimmungen im Rat eigentlich nur noch die Veröffentlichung von gemeinsamen Entscheidungen betreffen. Dafür kann dann die Größe und die davon abhängige Zusammensetzung der Ausschüsse nach d'Hondt eine wichtige Vorbereitung sein. Die langen Jahre, derer es bedarf, große Pläne über Wahlperioden hinweg zu realisieren, verlangen Konkordanzentscheidungen, Zustimmung einer großen Mehrheit, die auch die nächste Kommunalwahl überdauern wird. Für die Vorgeschichte, Diskussionen und Beschlüsse zur Revitalisierung des Rheinauhafens, der mit seinen Kranhäusern inzwischen zu einem Kölner Wahrzeichen im Stadtpanorama geworden ist, liegt eine beispielhafte Studie vor. Wenn dagegen kein Einverständnis erreicht wird, stehen große Projekte, deren Realisierung über mehr als eine Wahlperiode reichen wird, immer wieder vor dem Scheitern. Aktuelle Beispiele sind der Streit um die nördliche Verlängerung des Gürtels, über die seit einem halben Jahrhundert diskutiert wird, oder der Ausbau des Godorfer Hafens.

Manchmal bedeutet die Verabschiedung von Beschlüssen durch den Rat aber auch, dass Rat und Verwaltung sich von der Umsetzung des Projektes vorerst verabschieden. So hat z. B. der Rat 2001 einen Beschluss zum Brandschutz in U-Bahn-Tunneln gefasst, der bis heute nicht verwirklicht worden ist. Anfang 2017 hat der Rat das alte Konzept verabschiedet und erwartet nun, dass Bahnen im Falle eines Brandes bis zum nächsten U-Bahn-Hof weiterfahren, um dann dort löschen zu lassen. Ebenso hatte der Rat z. B. 1991 auf Antrag der FDP, auf Initiative ihres langjährigen Bürgermeisters Jan Brügelmann (1921–2012), des Gründers und Vorsitzenden der »Freunde des Kölnischen Stadtmuseums«, einstimmig beschlossen, das als Parkplatz genutzte Grundstück an der römischen Stadtmauer für eine mögliche Erweiterung des Stadtmuseums aus dem Besitz des Landes Nordrhein-Westfalen zu erwerben. Erst 2005, als die Stiftung eines Erweiterungsbaus angeboten wurde, sind die Verhandlungen zum Erfolg geführt worden. Das Stiftungsangebot des Erweiterungsbaus scheiterte schließlich nach meinen Beobachtungen im Sommer 2009 trotz des persönlichen Einsatzes von Ehrenbürger Alfred Neven DuMont im Widerstreit persönlicher Animositäten und Eitelkeiten am frustrierten und frustrierenden Rückzug des Stifterehepaares Stock.

Die Diskussionen werden, wie gesagt, vorher in den Ausschüssen und, besonders wenn es um Formalien geht, in den Fraktionsvorsitzendenbesprechungen geführt und die Ergebnisse vorbereitet. Für dieses Prinzip der fraktionsübergreifenden Übereinstimmung in wichtigen stadtpolitischen Fragen formuliert Oberbürgermeister Burauen, vom 13. Oktober 1946 bis zum 17. Dezember 1973 Mitglied des Rates, am 26. April 1966 bei der Abstimmung über die Gestaltung des Wiederaufbaus des Historischen Rathauses das geflügelte Wort (im Druck gesperrt): »Wer ist für die Vorlage? – Wer ist dagegen? – Wer enthält sich? – Ich habe es nicht anders erwartet: e i n e k ö l n i s c h e F r a k t i o n! Ich danke Ihnen.«

In der Ausstattung des Sitzungssaales im neuen Spanischen Bau, des am 12. April 1957 eingeweihten Ratssaales, findet diese Vorstellung einer geschlossenen kölnischen Fraktion ihren Ausdruck in der nur sanft geschwungenen blockartigen Aufstellung der Bestuhlung, die Gemeinschaft ausdrückt und nicht Konfrontation. Der alte Ratssaal im damit ersetzten Spanischen Bau des 17. Jahrhunderts, den viele Mitglieder des Rates aus den Jahren vor 1933 mit ihren heftigen Auseinandersetzungen noch in Erinnerung hatten, besaß eine im Halbkreis geschwungene zur offenen Diskussion herausfordernde Bestuhlung, wie sie auf dem Kontinent und auch im Bundestag ein gewohntes Bild ist. Im neuen Saal – in demokratischer Blockbildung – werden von nun an die großen gemeinsamen Entscheidungen der Stadt zwar nicht getroffen – das geschieht zuvor innerparteilich, zwischen den Fraktionen und in den zuständigen Ausschüssen–, aber veröffentlicht. Es gibt viele Beispiele dafür.

Für Stadtplanung: In der Stadtverordneten-Versammlung am 2. Mai 1946 wird einstimmig bei Enthaltung der KPD beschlossen, dass die Hohenzollernbrücke nicht wiederaufgebaut werden soll, um eine Verlegung des Hauptbahnhofs möglich zu machen. In seiner Sitzung am 23. Februar 1962 beschließt der Rat einstimmig, mit dem schrittweisen Bau der Unterpflasterbahn zu beginnen, ein Projekt, das ja auch nach mehr als einem halben Jahrhundert noch nicht abgeschlossen ist. Es wird einstimmig beschlossen und Oberbürgermeister Theo Burauen sieht das Ergebnis mit Vergnügen: »Ich darf zu meiner Freude feststellen, daß es wieder ein richtiger stadtkölnischer Beschluß gewesen ist.« In seiner Sitzung am 21. Mai desselben Jahres 1962 wird einstimmig vom Rat nicht nur der Bau der Zoobrücke selbst, sondern auch die rechtsrheinischen Fortsetzungen in Brückenform über die angrenzenden Straßen und das Werksgelände von KHD hinweg entschieden. Bereits am 19. Dezember 1963 war der Bebauungsplan festgelegt worden.

Für Architektur und Stadtbild: Am 28. November 1957 ist die Hohenzollernbrücke erneut Gegenstand eines Ratsbeschlusses. Türme und Kolonaden sollen – fast einstimmig gegen drei Stimmen bei vier Enthaltungen beschlossen – abgebrochen werden. Die vier Kaiserdenkmäler dürfen weiterreiten. Der Entwurf für das Opernhaus von Wilhelm Rip-hahn wird am 6. Mai 1954 einstimmig bei einer Enthaltung im Rat gebilligt.

Obwohl ein demonstrativ umgesetztes Projekt der SPD, wurde der Bau der Siedlung Bocklemünd-Mengenich, entstanden als Gegenentwurf zur Adenauer-Siedlung, in der Ratssitzung am 23. Februar 1965 einstimmig bei einer Enthaltung beschlossen. Für die Adenauer-Siedlung war der Bebauungsplan – allerdings sehr unauffällig – am 19. Dezember 1963 beschlossen worden. Auch eine Fehlplanung aus heutiger Sicht, das Zentrum von Chorweiler, wird einmütig fortgeführt. So beschließt der Rat im Jahre 1968 einstimmig, das Zentrum solle so ausgebaut werden, dass diese »Neue Stadt« eine Parallelstadt zu Köln werde.

Am 25. April 1978, als nun Zuschüsse des Landes und des Bundes bewilligt sind, wird das Sanierungskonzept für das Gebiet Altstadt/Dom-Rhein, dessen zentrale Punkte der Rheinufertunnel, das Museum mit der Philharmonie und der Rheingarten sind, einstimmig und ohne weitere Diskussionen im Rat beschlossen. Hier wird der politische Vorlauf sogar einmal erwähnt: »Er nimmt von dem Ergebnis der vorbereitenden Untersuchungen zustimmend Kenntnis und erkennt die Zielsetzungen für das Gesamtprojekt an.« Und auch über alle weiteren Details entscheidet der Rat in Zukunft »nach vorheriger Beratung in den zuständigen Fachausschüssen«. Da die SPD 1975 ihre absolute Mehrheit im Rat verloren hatte, zog Günter Herterich als junger Fraktionsvorsitzender – sein Vorgänger John van Nes Ziegler war inzwischen Oberbürgermeister geworden – nach einer Abfuhr bei der CDU zuerst die FPD auf seine Seite. Eine schriftliche Vereinbarung u. a. über die Besetzung von 14 Positionen in der Stadtverwaltung war Grundlage des Schulterschlusses. Auch die CDU stellte sich bald hinter das Projekt, auch wenn die Kostensteigerungen, die sich z. B. aus den Umplanungen für die Philharmonie ergaben, von 77 auf fast 200 Millionen D-Mark eine breite Protestfront erzeugt hatten.

1988 beschließt der Rat am 28. April mit breiter Mehrheit von SPD, CDU und FDP gegen die Stimmen der Grünen und der Regenbogenfraktion, die seit Sommer 1985 diskutierten Planungen zum MediaPark auf dem Gelände des ehemaligen Güterbahnhofs Gereon nach den preisgekrönten Entwürfen des kanadischen Architekten Eberhard H. Zeidler umsetzen zu lassen.

Ein Jahr später, am 16. Juni 1989, da der Beschluss erst nach Mitternacht der am 15. Juni begonnenen Ratssitzung fällt, kommt es zur Mehrheitsentscheidung gegen drei Stimmen bei vier Enthaltungen, Verhandlungen für den Bau einer »open air«-Halle aufzunehmen. Eine der jüngeren Attraktionen Kölns, die Lanxess Arena, wird damit auf den Weg gebracht.

Beim Landschaftsplan werden 1992 einmal die Vorlaufzeiten für ein großes gemeinsames Projekt genannt. Götz Bacher (SPD): »Über 15 Jahre wurde an diesem über 1 100 Seiten starken zweibändigen Werk, mal intensiver, mal weniger intensiv, gearbeitet, um die Natur und die vielfältige Landschaft in Köln auch für die Zukunft zu sichern. Köln, eine der grünsten Großstädte Europas, grün Gott sei Dank im ökologischen und nicht im politischen Sinne, sichert mit diesem Plan seine rund 22 000 Hektar Freiflächen im Außenbereich ebenso wie seine circa 8 700 Hektar Grünflächen.« Der Beschluss erfolgt einstimmig.

Der Rheinboulevard mit Ufertreppe und Flanierstrecke zwischen Hohenzollernbrücke und Deutzer Brücke, ein Projekt im Rahmen der Regionale 2010, dessen Vollendung durch die Diskussionen um einen historischen Park Deutz, der die Grabungsergebnisse präsentiert, aufgehalten wurde, wird am 14. Juli 2011 mehrheitlich gegen die Stimmen der Fraktion Die Linke beschlossen. In der gleichen Sitzung wird mehrheitlich gegen die Stimmen der CDU zur Fortführung eines bedeutenden Projektes von nationalem Rang beschlossen, die städtischen Mittel für die Archäologische Zone und das jüdische Museum um gut 25 Millionen Euro auf über 37 Millionen Euro zu erhöhen, um damit den Forderungen des Landes zu entsprechen.

Auch Angst hat man gemeinsam: Die durchaus realistische Angst vor einem Atomkrieg hat einstimmig beschlossene Denkmäler in Gestalt einiger realer Bunkerbauten in Tiefgaragen und Haltestellen der U-Bahn hinterlassen. Manchmal wird vorsichtig taktiert: Der Frauenförderplan wird – mit verschiedenen Änderungsanträgen versehen – 1986 schließlich einstimmig in den Ausschuss Allgemeine Verwaltung und Rechtsfragen verwiesen und, wie die heutige Situation in der Stadtverwaltung zeigt, langsam aber mit erkennbaren Ergebnissen umgesetzt. Allerdings ist das Ziel auf der Führungsebene, dass jede zweite Position mit einer Frau besetzt ist, noch lange nicht erreicht. Bei der Aufwertung der Frauen-Gleichstellungsstelle zum Gleichstellungsamt im Jahre 1989 hält sich die CDU vornehm zurück: Der Rat beschließt einstimmig bei Enthaltung der CDU.

Diese »einstimmigen« Entscheidungen des Rates, manchmal mit der einen oder anderen Enthaltung verbunden, sind eine Konsequenz der Diskussionen, der Absprachen und der Fraktionsdisziplin. Das heißt, auch wenn das Ratsmitglied vielleicht persönlich anderer Meinung sein sollte, folgt es mit seinem Abstimmungsverhalten der Mehrheit der Fraktion bzw. den Vorgaben des Fraktionsvorstandes ... Daher werden geheime Abstimmungen im Rat zur Gefahr für den Fraktionsvorsitzenden und den Fraktionsgeschäftsführer. In geheimen Abstimmungen ist die Fraktionsdisziplin bedroht. Günter Herterich hat dies 1977, als es sogar eine schriftliche Vereinbarung zwischen den Fraktionen gab, sehr deutlich formuliert: »Ich mag nicht, daß meine Unterschrift und die meines Parteivorsitzenden und auch die Unterschriften Ihres Partei- und Fraktionsvorsitzenden – da geht es nicht nur um die Glaubwürdigkeit der eigenen Person – in Zweifel gezogen werden dadurch, daß sich irgend jemand bemüßigt fühlt, eine Verabredung, der er vorher zugestimmt hat, hinterher in der geheimen Abstimmung nicht mehr gelten zu lassen. Hier steht generell die Glaubwürdigkeit der in diesen Parteien demokratisch gewählten Führungsorgane zur Debatte. Ich mag dem keinen Vorschub leisten, daß das Vertrauen in die Führungsgremien einer Erosion ausgesetzt wird.«

Nur in der offenen Abstimmung kann sich die Fraktionsführung der Wirksamkeit des Fraktionszwanges sicher sein. Der dramatischste Fall einer verweigerten Fraktionsdisziplin ist die geheime Abstimmung über den Verkauf des städtischen Unternehmens GAG Immobilien AG, der am 19. Dezember 2002 ebenso im Rat an zwei fehlenden CDU-Stimmen scheitert wie in der Wiederholung vier Wochen später am 13. Januar 2003. Zum 1. Januar 1990 war die Gemeinnützigkeit im Wohnungswesen abgeschafft worden. Damit waren nun GAG und GRUBO (Grund und Boden), beide weitgehend in städtischem Besitz, als Kapitalgesellschaften steuerpflichtig, standen im Markt, wurden aber auch für den Markt verfügbar. Im Jahr 2000 wird die GRUBO in die GAG integriert. In der nun entstandenen GAG Immobilien AG besitzt die Stadt etwa 90 Prozent der Aktien. Ein Wert, der städtischen Politikern in schwierigen Finanzzeiten zur Deckung des Haushaltes interessant erscheint. Ein Bürgerbegehren, das sich gegen den Verkauf richtet, scheitert vor Gericht. Die SPD-Fraktion lehnt den Verkauf vehement ab. Die Fraktion der Grünen tritt zur Ratssitzung am 19. Dezember 2002 in schwarzen T-Shirts mit dem Aufdruck »Ein schwarzer Tag für Köln« gegen den Verkauf an, erlebt aber, dass dieser in der geheimen Abstimmung scheitert. Zumindest zwei Ratsmitglieder der CDU haben sich dargegen ihre Fraktion entschieden. Auch der zweite Abstimmungsversuch in einer Sondersitzung am 13. Januar 2003 scheitert.

Die Koalition zwischen CDU und FDP zerbricht am gescheiterten Verkauf. Rolf Bietmann tritt ein halbes Jahr später als Fraktionsvorsitzender zurück, um »sich stärker seinem Bundestagsmandat zu widmen«. Und mit den Grünen schließt die CDU in der Folge die erste Koalition in einer Großstadt. Heute lebt fast jeder zehnte Kölner in einer der 42 000 Wohnungen der GAG, deren Vorstände seit diesem gescheiterten Verkauf die sozialen Aufgaben, aber auch die Wirtschaftlichkeit des Unternehmens neu gewichtet haben. Durch die Entscheidung im Jahre 2016, die Aktie des Unternehmens aus dem Börsenhandel zu nehmen, muss nun auch die reine Wirtschaftlichkeit nicht mehr ausschließlich im Vordergrund stehen.

Die dunkle Seite der Macht

»*Power tends to corrupt, and absolute power corrupts absolutely.*« Einfach gesagt: Macht verdirbt den Charakter. Das gilt auch im kleinen Rahmen des kommunalen Lebens und der kommunalen Politik in Köln, in dem Macht nie absolut in eine Hand gerät. Gerade das zwingt zu Absprachen, zu Bündnissen, zu gegenseitigen Gefälligkeiten, zum Klüngeln. Über den Klüngel spricht und schreibt man in Köln gern. Das ist der einzige und relevante Unterschied zu anderen Städten. Dort redet man nicht darüber, aber man tut das Gleiche. Oder wiederum einfach gesagt: »Köln ist sauber, eine Hand wäscht die andere.« Manchmal wird dabei nur die Grenze des guten Geschmacks, manchmal aber auch die des legal Möglichen überschritten. Unabhängige Justiz und unabhängige Medien beobachten die Mächtigen, die Korrupten und die Korrumpierbaren. Dann wird die dunkle Seite der Macht in verschiedenen Abstufungen von fast Weiß bis Dunkelgrau sichtbar: Interessenkonflikte, Eigennutz, Gier, Bestechlichkeit, Machtmissbrauch.

Die eine oder andere Anekdote zeigt, dass die graue Seite der Macht die Jahrzehnte seit 1945 von Beginn an mitbestimmt hat. Viele Dienststellen der Stadtverwaltung trugen offensichtlich in der frühen Nachkriegszeit den Titel »Das Haus der kleinen Geschenke«. Ende des vergangenen Jahrhunderts wird von »mehr als 70 Verfahren im Zusammenhang mit der städtischen Korruptionsaffäre« im Baubereich gesprochen. Das gilt auch für die Prominenz. Der erste noch städtische Polizeipräsident der Nachkriegszeit, Karl Winkler, aus Verfolgung in den Dienst zurückgekehrt, war guten Beziehungen wohl nicht abgeneigt. Nicht ungewöhnlich in Köln. Kommissar Alfred Hasemeier, der seinen Polizeipräsidenten geradezu verehrt, erzählt von einer aufschlussreichen Auseinandersetzung. Hasemeier hatte in Uniform und mit Kollegen die Gäste einer Bar überprüft – erfolgreich mit vier Festnahmen. Der Besitzer droht direkt mit seiner Beschwerde, und tatsächlich wird Alfred Hasemeier am nächsten Morgen zum Polizeipräsidenten gerufen und bekommt »eine kalte Zigarre« verpasst. Alfred Hasemeier berichtet nicht über weitere Folgen. Hat er die Bar noch einmal heimgesucht? Wohl kaum.

Wieder näher an die Gegenwart heran gelangen wir mit kurzen Notizen zu möglichen Interessenkonflikten, die ein interessantes Licht auf die

»Stollwerck-Story« werfen, die fest im Kölner Gedächtnis verankert ist. Aktien des Unternehmens Stollwerck sind im Besitz von Oberstadtdirektor Heinz Mohnen, zugleich Mitglied des Aufsichtsrates des Unternehmens, in dessen Amtszeit der Betriebsverlegungs- und Unterstützungsvertrag des Jahres 1975 fiel. Und der Beratervertrag mit der Stollwerck AG, den der Rechtsanwalt und Oberbürgermeister John van Nes Ziegler eingegangen war, belegt ebenfalls enge Kontakte. Heute kommt der/die Oberbürgermeister/in als Chef der Stadtverwaltung mit Nebeneinkünften auf durchaus akzeptable Einnahmen. Fritz Schramma hat seine Einkünfte einmal 2005 offengelegt. Aber mit diesen fast 200 000 € vor Steuern kann er sich mit manchen Posten in städtischen Gesellschaften nicht messen.

En Sau wälz sich em Dreck,
un wann se en jolde Halskett hätt

Gegen das zweite Februarblatt des Kalenders 1975 »Kölsche Sprichwörter« klagte Oberbürgermeister John van Nes Ziegler mit Erfolg. Kölnische Rundschau. *Köln 15. Januar 1976*

Manchmal haftet der Geruch des Machtmissbrauchs und Klüngels ein Leben lang. Diplomkaufmann Jürgen Noppel (SPD) räumt nach der Wahl am 1. Oktober 1989 seinen Sitz im Rat für den nicht gewählten Fraktionsvorsitzenden der SPD, für Klaus Heugel. Dank des Wahlerfolgs der SPD hatte dessen Listenplatz nicht gegriffen. Bereits bei der ersten Sitzung des neugewählten Rates am 17. Oktober 1989 nimmt Klaus Heugel teil. Der Vorgang wird 1992 zum Skandal erhoben: Am 11. Juni 1992 wird das Ausschreibungsverfahren für einen neu einzustellenden kaufmännischen Geschäftsführer für den GRUBO-Vorstand, einer Wohnungsbaugesellschaft, weitgehend in städtischem Besitz, ausführlich im Rat diskutiert. Dass man dafür Jürgen Noppel ausersehen hat, scheint Dieter Göbel von den Grünen klar: »Meine Damen und Herren, dieses Spiel ist für alle, die in der politischen Arena in Köln kämpfen, unwürdig.« Auf Jürgen Noppels eigenen Wunsch wird ein unabhängiges Unternehmen die Kandidaten beurteilen. Der Makel bleibt. Am 29. Oktober 1992 wird die Einsetzung von Jürgen Noppel als Geschäftsführer erneut im Rat diskutiert und dabei ein persönliches Schreiben zitiert: »Ich hoffe, daß nach einer Zeit der ständigen öffentlichen Kritik meine Familie und ich ein normales Leben führen können und ich meiner Arbeit nachgehen kann.« Trotz dieses möglichst offenen Vorgangs und der Besetzung mit einem qualifizierten Mann vom Fach, steht der Verdacht, hier wäre geklüngelt worden, auch später noch im Raum. 2003 scheidet Jürgen Noppel zum 31. Oktober aus dem Vorstand der GAG, die zwischenzeitlich mit der GRUBO zusammengelegt worden war, wegen »unterschiedlicher Auffassungen über die Unternehmenspolitik« wieder aus. So hat Jochen Ott, Parteivorsitzender der SPD, der nach dem Auszählungsdebakel der Wahl des Jahres 2015 seinen Sitz im Rat abgeben musste, wohl nicht gewagt, auf dieses Modell zurückzugreifen.

Die elegante Methode, dem Fraktionsvorsitzenden seinen Sitz im Rat zu sichern, den ihm der Wahlerfolg der SPD dank zahlreicher Direktmandate indirekt genommen hatte, fällt noch in die Zeit vor der Diskussion um den Band von Erwin K. und Ute Scheuch *Cliquen, Klüngel und Karrieren*. Die Studie, die auf Wunsch der Wirtschaftsvereinigung der CDU in NRW entstanden war, hatte Ende 1991 bald Aufsehen erregt und war 1992 dann als Buch erschienen. Schon 1994 waren 74000 Exemplare in den Handel gekommen. 2013 ist der Band neu aufgelegt worden.

Was geschieht hier? Es hat Tradition seit der Antike. Die Inhaber verantwortungsvoller Ehrenämter in Bezirksvertretungen und Rat stehen vor hohen moralischen Ansprüchen, selbst formulierten und denen der lokalen Wählerschaft, und werden in unserem System nur geringfügig finanziell vergütet. Vor diesem Hintergrund wird in den Parteien, oft von ausgewählten Delegierten, über Besetzung der etwas besser finanzierten Positionen der Landtags- und Bundestagsabgeordneten verfügt. So hat sich in und über der lokalen Ebene eine Laufbahn des Berufspolitikers entwickelt, für die der erlernte Beruf, meist ein Studium, nur die Einstiegsvoraussetzung ist. Eine Promotion erleichtert den Einstieg. Sie kann, wie wir inzwischen wissen, zur Falle werden, wenn man es sich damit zu leicht gemacht hat. Immer aber hat man eine politische Durststrecke zu überwinden und muss Unterstützer für die entsprechende Nominierung gewinnen. Gegenseitige Abhängigkeiten und gegeneinander arbeitende Gruppen bilden sich in Partei und Rat heraus. Positiv wirkt sich die Kombination von Rats- und Landtagsmandat durchaus auch für die Stadt aus. Flügel- und Machtkämpfe gibt es innerhalb der Ratsfraktionen und zwischen Fraktion und Partei. Dies wurde von CDU und SPD in den letzten Jahrzehnten beispielhaft öffentlich vorgeführt. Das gibt es in jedem Verein, in Köln oft in den Karnevalsvereinen. Dort kann man im Streitfall problemlos einen neuen Verein gründen. In der Politik ist das schwieriger.

Diese Grundsituation fordert das ganze politische Können von Fraktionsgeschäftsführern und Fraktionsvorsitzenden heraus. Gelingt ihnen die schwierige Aufgabe, war es über Jahrzehnte nicht ungewöhnlich, dass der eine oder andere seine Karriere besser bezahlt im Vorstand einer stadteigenen Gesellschaft fortsetzte. Klüngel? Ja! Formuliert man es besser, heißt das, der Rat greift für wichtige Positionen unter seiner Verantwortung auf Führungspersonal zurück, das seine Fähigkeiten bereits unter Beweis gestellt hat. Dass Direktionsassistenten im nächsten Schritt ihrer Karriere die Führung eines Tochterunternehmens übernehmen, ist fast Standard. Qualität setzt sich durch. Bei Erwin K. und Ute Scheuch wird damit allerdings eine Welle selbstgerechter Empörung aufgescheucht. Dabei genügt es, sich einmal die Verläufe akademischer Laufbahnen mit ihren Netzwerken, Seilschaften und wilden Eifersüchteleien zu betrachten, um ein Forschungsfeld für vergleichende Studien zu sehen.

Auch sonst geht es oft um Geld für den Einzelnen oder für die Partei. Und die Frage stellt sich, was ist erlaubt, was ist strafbar und was ist noch öffentlich vertretbar. Ratsmitglieder erhalten als Architekten Aufträge der Stadt, Ratsmitglieder vertreten diese als Rechtsanwälte bei Prozessen, spätestens dann zahlt sich ein juristisches Studium aus. Das gilt für Personalfragen, Honorare und Beraterverträge. Dem populären Unmut entgeht man damit nicht.

Rolf Bietmann (CDU) zog 20-jährig erstmals in den Rat ein, war von 1987 bis 1991 als erster Bürgermeister Stellvertreter von Norbert Burger. Im Oktober 1999 gerät er mit Immobiliengeschäften in Köln und in den damals noch neuen Bundesländern in die öffentliche Diskussion. Er legt mit Wirkung zum 18. Mai 2004, seinem 50. Geburtstag, sein Ratsmandat nieder, um sich auf die Arbeit im Bundestag zu konzentrieren. Er hat an 335 Ratssitzungen teilgenommen, dort 465 Reden gehalten. Dem Abschied vom Rat waren seine Abwahl als Vorsitzender der CDU-Mittelstandsvereinigung am 5. November 2003 und der vom Unmut der Versammlung erzwungene Abschied aus dem Verwaltungsrat des 1. FC Ende November 2003 vorausgegangen. Rolf Bietmann zieht 2005 nicht in den Bundestag ein. Seine nächste Bundestagskandidatur wird Anfang 2009 durch Berichte über Honorare aus Beraterverträgen mit der Sparkasse KölnBonn zu Fall gebracht. Von ihm selbst beauftragte Wirtschaftsprüfer sehen keinen Anlass zur Beanstandung. Der anschließende Streit wird vor Gericht ausgetragen. Rolf Bietmann gewinnt und die Sparkasse KölnBonn verzichtet auf eine Revision, nach dem man sich auf einen Vergleich geeinigt hat. Im selben Jahr 2011 werden weitere Beratungsverträge mit Sal. Oppenheim jr. und der Lanxess Arena bekannt. Der Prozessmarathon läuft weiter. Für einen erfahrenen Juristen, einst »eine der schillerndsten Figuren des Kölner Politikbetriebs«, sicher ein mehrmonatiges Vergnügen in 2017. Die jeweils genannten Summen lösen öffentlichen Neid aus, kaum allerdings bei Fußballprofis oder Vorständen von Banken oder DAX-Unternehmen.

Bürgermeister Josef Müller (CDU) tritt Anfang 2009, als sein Beratervertrag von 2001 bis 2003 mit einer Tochter der Düsseldorfer Sparkasse bekannt wird, zurück. Nicht wegen Tätigkeit für »die verbotene Stadt« Düsseldorf, sondern weil die Sparkasse KölnBonn den Vertrag refinanziert hatte. Im Gegensatz zu Rolf Bietmann gelingt es ihm nicht, honorierbare Leistungen nachzuweisen. Strafrechtlich erweist sich der Vorgang als verjährt, zivilrechtlich einigt sich die Sparkasse KölnBonn mit ihrem ehemaligen Vorstandsvorsitzenden Gustav Adolf Schröder und Josef Müller im Sommer 2010 im Vergleich auf eine Zahlung von 250 000 €. Mit Gustav Adolf Schröder hat die Sparkasse KölnBonn noch weitere Probleme. Im Vergleich einigt man sich 2014 auf eine Halbierung seiner Pension und die Zahlung einer »höheren sechsstelligen Summe«.

Für die Kommunalwahl gibt es keine staatliche Kostenerstattung wie für die Bundestags- oder die Landtagswahl. Geld kostet der Wahlkampf trotzdem und auffällige Nähe zu der einen oder anderen Firma soll nicht unbedingt sichtbar werden: Der bundesweite nicht nur Kölner »Müllskandal« und die Spendenaffären von SPD und CDU sind inzwischen Geschichte. Die Müllverbrennungsanlage in Niehl hat in gut 15 Jahren Betrieb seit dem Start Anfang 1998 bis Sommer 2013 zehn Millionen Tonnen Müll verbrannt. Selbst vom Plastikmüll wird nach der Sortierung noch etwa die Hälfte verbrannt. Die aus Köln selbst stammende Menge hat sich von fast 600 000 Tonnen im Jahr 2005 auf weniger als 500 000 Tonnen im Jahr 2012 reduziert. So muss man sich, um die Anlage wirtschaftlich betreiben zu können, Müll zuliefern lassen.

Über den Umgang mit Müll war seit den späten 1980er Jahren viel debattiert worden. Der Beschluss zum Bau der überdimensionierten Anlage fällt gegen die von Egbert Bischoff (CDU) in der Ratssitzung vorgetragene Erkenntnis, dass die Mengen zukünftig abnehmen werden, am 24. März 1992 mit 47 gegen 34 Stimmen. Die Bürgerinitiative KIMM (Kölner Initiative Müllvermeidung statt Müllverbrennung) scheitert. Und der Gewinn für Helmut Trienekens lag – und für seine Nachfolger liegt – im Zuliefern. Müll von jenseits der Kölner Stadtgrenzen wird hier preiswerter als der Kölner Müll mitverbrannt.

Für Helmut Trienekens endet das Thema seiner großzügigen »Landschaftspflege« 2010 mit zwei Jahren Haft auf Bewährung, einer Auflage von einer Million Euro und einer Geldstrafe von 1,08 Millionen Euro wegen Untreue. Sein Anteil ist heute im Besitz der Remondis GmbH Rheinland, die damit 49,9 Prozent Anteile an der AVG Köln (Abfallentsorgungs- und Verwertungsgesellschaft Köln) als Betreiber der Müllverbrennungsanlage hält.

Es geht um Vorteile für die eigene Partei: Der Spendenskandal bei der SPD endet für den ehemaligen Fraktionsvorsitzenden Norbert Rüther und den Kassierer Manfred Biciste, der die Spendenbescheinigungen ausgestellt hatte, mit einem Vergleich. Sie zahlen der Partei, die sie verlassen haben, jeder über 100 000 €. Norbert Rüther und Klaus Heugel werden 2008 im Revisionsverfahren zu Bewährungsstrafen verurteilt, da sie den »Anschein der Bestechlichkeit« erweckt hätten. Der Haushalt der Kölner SPD weist nach den Strafzahlungen im Jahre 2005 ein Defizit von fast 600 000 € auf. Im fast gleichzeitigen Skandal um Stückelung von Spenden für die Kölner CDU wird 2012 die Verurteilung von Richard Blömer zu zehn Monaten Haft auf Bewährung vom Bundesgerichtshof bestätigt. Ende 2015 liegen die Schulden unter 300 000 €. Beim Abtragen haben sich Richard Blömer selbst und von ihm angeworbene Spender beteiligt.

Es geht auch um eigene Vorteile: Ein Beratervertrag mit Trienekens führt 2003 zum Rücktritt von Heinz-Ludwig Schmitz (CDU). Und 2014 wird Jörg Uckermann, ehemals Mitglied des Rates für Pro Köln, zu zwei Jahren und drei Monaten Haft sowie 4 500 € Strafe verurteilt. Er und zwei andere Mitglieder der rechtspopulistischen Partei hatten mit manipulierten Anwesenheitslisten Sitzungsgelder erschwindelt.

Fritz Schramma hat das Grundproblem 2003 deutlich formuliert: »Auf kommunaler Ebene ist die Distanz der Mandatsträger zu den Themen im Rat aus der Natur der Sache viel geringer als in Bundes- oder Landesparlamenten.« Der Skandal um die Insidergeschäfte Klaus Heugels hat noch im Herbst 1999 die Forderung nach einem Ältestenrat und einem Ehrenkodex im Rat ausgelöst. Erst als der SPD-Spendenskandal erneut die Wellen der Empörung aufschäumen lässt, werden 2002 Ehrenkodex und Ehrenrat beschlossen. Die Forderung des Leitenden Oberstaatsanwalts Jürgen Kapischke nach einem Leitfaden mit klaren Regeln für Freikarten, Einladungen, Spenden, Berater- und Honorarverträge löst Anfang 2004 Empörung quer durch alle Parteien aus. Lieber fordert Martin Börschel (SPD) eine einheitliche Regelung im Land. 2006 – Jürgen Kapischke ist in zwischen Generalstaatsanwalt in Köln – liefert der Rat der Staatsanwaltschaft eine Steilvorlage. Das Finanzamt ist inzwischen auf die Aufsichtsratsreisen städtischer Unternehmen aufmerksam geworden und fordert Steuern für die privaten Anteile der »Lustreisen« zu oft interessanten touristischen Zielen. In nichtöffentlicher Sitzung beschließt der Rat, dass die städtischen Unternehmen diese Steuerforderungen übernehmen sollen. Anfang November 2006 werden Büros und Wohnungen durchsucht. Im Mai 2008 sind die Ermittlungen gegen rund 170 Mitglieder von Aufsichtsräten städtischer Unternehmen und der Stadtverwaltung sowie gegen 40 Vorstände, Geschäftsführer und Prokuristen abgeschlossen. Alle haben für die privaten Anteile gezahlt, insgesamt eine halbe Million Euro. Es wurde keine Anklage erhoben. Ein Beschluss über einen Leitfaden für Mandatsträger und eine Unterschrift unter den Ehrenkodex gehört seitdem zur Tagesordnung der ersten Sitzung eines neugewählten Rates.

Immer wieder neu: der Blick zurück

Unser Verständnis von Geschichte ist immer von der Erfahrung der eigenen Zeit geprägt. Und mit dem Wandel der Gegenwart wandelt sich auch unsere Sicht der Vergangenheit. Oft wird die Vergangenheit sogar von einer sehr persönlichen Perspektive aus gesehen und auch gerne verdrängt. Das letzte und 260. der brisanten von Gerhard Ludwig zwischen 1950 und 1956 im Wartesaal 3. Klasse des Hauptbahnhofs veranstalteten Mittwochsgespräche stand unter dem Thema »Dürfen wir vergessen?«. Carlo Schmid (SPD) erhält nur von einem einzelnen der großen Zahl der Zuhörer Beifall, als er am 4. Juli 1956 formuliert: »Also: Was wollen die Deutschen vergessen? Sie wollen vergessen, daß sie ihr Gewissen Adolf Hitler gegeben haben ... Aber vergessen wir nicht, daß es Hitler gab, und daß wir an ihm schuldig sind! Daß er ohne uns nicht hätte werden können, was er war.« Man dürfe nicht vergessen, fährt Schmid fort, daß die Deutschen den Krieg begonnen und die Machteroberung nicht verhindert hätten. Zwar gebe es keine Kollektivschuld, jedoch gebe es ebenso wenig ein »Recht auf Kollektivunschuld«.

Vergessen, was vor 1945 war, stand für Jahrzehnte im Vordergrund. Noch 40 Jahre nach Kriegsende empfinden über 70 Prozent der vor 1921 Geborenen die Geschehnisse vor 1945 als schwere Belastung. Auch bei den Jüngeren, bis 1933 Geborenen, sind es über 60 Prozent und bei den danach Geborenen noch über 40 Prozent. Und wer will dann schon immer wieder gerne daran erinnert werden?

Im Winter 1945 hat das Werbeamt, das spätere Verkehrsamt und die heutige Köln Tourismus GmbH, unter dem zuständigen Beigeordneten Ernst Schwering eine Plakatserie herausgebracht, die die Ursachen der gegenwärtigen Not in Erinnerung rufen sollte. Zu gerne machte man sonst die Besatzungsmacht oder die aktuelle Verwaltung für die Nöte verantwortlich. Als Beispiel: »Hier wird wieder Recht gesprochen, wo die Nazi es zerbrochen« oder «Durch die Straßen Bettlern gleich / Ziehn wir dank dem Nazi-Reich«.

Die Sehnsucht zu vergessen spürte auch Hans Schmitt-Rost (1901–1978), von 1945 bis 1966 Chef des Nachrichtenamtes der Stadt Köln bei vielen seiner Mitbürger. Dem trat er entgegen. Der vielseitig interessierte promovierte Wirtschaftswissenschaftler hatte sich bereits 1946 mit seinen

Vorstellungen zum Thema »Der Wiederaufbau von Köln« in den öffentlichen Diskurs eingebracht. Er lässt gegen das Vergessen eine Ausstellung von Fotografien von Walter Dick unter dem Titel »Was wir vergessen haben« vom Dezember 1962 bis in den Februar 1963 im Gürzenich zeigen. Am Ende konnte er stolz auf über 40000 Besucher verweisen und die Fotografien dann 1965 als den Bildband *Zeit der Ruinen. Köln am Ende der Diktatur* mit einem Vorwort von Heinrich Böll publizieren.

Nach 1945 hat man es nicht nur in Köln mit diesen beiden Vergangenheiten zu tun: Es gibt die ungeliebte Vergangenheit der Jahre zwischen 1933 und 1945, die meist gerne erst einmal beschwiegen werden. Und es gibt die angenehme Vergangenheit möglichst weit vor 1933, von der zwei Perspektiven in Köln besonders beliebt sind. Das ist zum einen und nicht nur in Köln das christliche Abendland, ergänzt um eine neue Heiligenschar, zu der z.B. Goethe und Schiller, aber auch Thomas Mann gehören. Und zum anderen ist lokal in Köln die Antike als Identifikationsbild beliebt, das »römische Köln« mit seinen Spuren. Begonnen hat der Rückblick aber erst einmal mit dem, was man als das Unwort des Jahres 1945 bezeichnen könnte, mit der »Entnazisierung« oder, heute gebräuchlicher, der »Entnazifizierung«.

Die »Komödie der Entnazisierung«

Eigentlich war die Entnazifizierung, wie wir diesen weitgehend gescheiterten Versuch der Reinigung und Rekonstruktion der Gesellschaft heute nennen, eher eine Tragödie. Entnazisierung war der in Köln bald sehr bekannt gewordene zeitgenössische Begriff für das, was wir heute als Entnazifizierung bezeichnen und was in all seinen Zielen nur unter großen Schwierigkeiten und unvollkommen umgesetzt werden konnte.

Die Unsicherheit der juristischen Grundlagen und die mangelnde juristische Ausbildung und Erfahrung der Ausschussmitglieder haben dazu geführt, diesen Versuch einer künstlichen Revolution schließlich im Sande verlaufen zu lassen. Das ist auch von Kölner Politikern wie Kölns späterem Oberbürgermeister Theo Burauen heftig kritisiert worden. In einem Brief an Wilhelm Sollmann schreibt er Pfingsten 1947: »Es wäre besser gewesen, wenn gegen etliche Zehntausende zwei Tage lang die Maschinengewehre gesprochen hätten und die Mitläufer durch einen generellen Schluss-Strich freigesprochen worden wären. So aber werden die Mitläufer von allen in die Pfanne gehauen und die Drahtzieher ziehen wieder ihre Strippen.« Hannah Arendt hat dies 1950 mit bitterer Enttäuschung kommentiert: »Das Ganze ist ein Trauerspiel, das auch die Erkenntnis, daß die Alliierten angesichts der Verhältnisse keine andere Wahl hatten, nicht weniger traurig wird. Die einzige denkbare Alternative zum Entnazifizierungsprogramm wäre eine Revolution gewesen – der Ausbruch einer spontanen Wut des deutschen Volkes gegen all diejenigen, die als prominente Vertreter des Naziregimes bekannt waren. So unkontrolliert und blutig eine solche Erhebung auch gewesen wäre, sie hätte sicherlich gerechtere Maßstäbe gesetzt, als das in einem papiernen Verfahren geschieht. Doch die Revolution blieb aus ...« Rechtsrheinisch hat es zumindest ein Beispiel gegeben. Wenige Tage nach Kriegsende wird in Höhenhaus ein blutig geschlagener SA-Mann mit gefesselten Händen und einem Pappschild um den Hals mit der Aufschrift »Ich war ein Nazi-Schwein« durch die Straßen geführt.

Mit der zitierten sarkastischen Titulierung als Komödie berichtete die *Rheinische Zeitung* am 5. Juni 1948 über die erfolgreiche Entnazifizierung von Prof. Dr. Dr. Oskar Türk (1893–1978), von 1936 bis zum Ende der nationalsozialistischen Stadtherrschaft Kämmerer der Stadt Köln. Oskar Türk war im Internierungslager in die Kategorie V der Unbelasteten eingeordnet worden. Der Hauptausschuss für Entnazisierung in der Stadt Köln hatte sich dagegen für die Wiederaufnahme des Verfahrens eingesetzt und nun hatte der britische Zivilkommissar für Entnazisierung zur Empörung der *Rheinischen Zeitung* die Wiederaufnahme abgelehnt.

Oskar Türk, promoviert als Mediziner und als Jurist, Honorarprofessor der Universität zu Köln, wird ab 1952 nun die FDP im Rat der Stadt Köln und von 1956 bis 1966 im Landtag von Nordrhein-Westfalen vertreten. Am 6. November 1958 wird er vom Rat zum zweiten stellvertretenden Bürgermeister für Oberbürgermeister Theo Burauen gewählt. Er ist also ein typisches Beispiel des Rechtsrucks der FDP in diesen Nachkriegsjahren.

Die erste eigentliche Entnazifizierung hatte allerdings bereits stattgefunden und weite Bevölkerungskreise erfasst. Das absehbare Ende der nationalsozialistischen Diktatur im langsamen Untergang an zwei Fronten hatte längst den Traum vom Endsieg und die nationalsozialistische Begeisterung durch die Angst um Heimat, Familie und das eigene Leben ersetzt. »Hinter der Propaganda, der Rhetorik, den Ermahnungen und dem Herumkommandieren schwand der Glauben an den Nationalsozialismus, die Partei und sogar den ›Führer‹ rasch, wenngleich es nicht möglich ist, das Ausmaß des noch verbliebenen Rückhalts genauer einzuschätzen.« Die vielfach geschilderte Begeisterung und Freude der wenigen verbliebenen Kölner beim Einmarsch der amerikanischen Truppen, das Ausbleiben eines wirksamen Widerstands in den Ruinen der Stadt, beides spiegelt den Erfolg dieser ersten Entnazifizierung durch die Realität der Niederlage.

Die Sieger wollten im Rahmen der nun einsetzenden offiziellen Entnazifizierung ehemalige, nun besiegte Nationalsozialisten nicht wieder in verantwortungsvollen Positionen sehen. Schon die Anstrengungen Colonel John K. Pattersons beim Aufbau einer neuen Verwaltung für das eroberte Köln waren davon bestimmt, keine ehemaligen Mitglieder der NSDAP einzubeziehen – was nur unvollkommen gelang. Das Ziel, das im Februar 1945 auf der Konferenz der Siegermächte in Jalta festgelegt wurde, lautete: »Alle Mitglieder der nazistischen Partei, welche mehr als nominell an ihrer Tätigkeit teilgenommen haben, und alle anderen Personen, die den alliierten Zielen feindlich gegenüberstehen, sind aus den öffentlichen und halböffentlichen Ämtern und von verantwortlichen Posten in wichtigen Privatunternehmen zu entfernen.« Schon hier wird deutlich, dass sich offensichtlich keine klare Linie ziehen ließ. Für wenig aktiv gewordene Parteimitglieder blieb ein Schlupfloch offen. Und wer wollte nach dem 8. Mai 1945 noch jemals so aktiv gewesen sein, wenn es nun ums Leben und Überleben unter neuer Herrschaft ging?

Bereits die Proklamation Nr. 1 der Militärregierung im September 1944, die unter amerikanischer Besatzung im Mai 1945 in Köln veröffentlicht wurde, unterzeichnet von Dwight D. Eisenhower als Oberstem Befehlshaber der Alliierten Streitkräfte, war eindeutig gewesen: »In dem deutschen Gebiet, das von Streitkräften unter meinem Oberbefehl besetzt ist, werden wir den Nationalsozialismus und den deutschen Militarismus vernichten, die Herrschaft der Nationalsozialistischen Deutschen Arbeiter-Partei beseitigen, die NSDAP auflösen sowie die grausamen, harten und ungerechten Rechtssätze und Einrichtungen, die von der NSDAP geschaffen worden sind, aufheben. Den deutschen Militarismus, der so oft den Frieden der Welt gestört hat, werden wir endgültig beseitigen. Führer der Wehrmacht und der NSDAP, Mitglieder der Geheimen Staatspolizei und andere Personen, die verdächtigt sind, Verbrechen und Grausamkeiten begangen zu haben, werden gerichtlich angeklagt und, falls für schuldig befunden, ihrer gerechten Bestrafung zugeführt.« Damit war zu erkennen, dass jeder Deutsche überprüft werden würde und sich zu verantworten habe.

Die Direktive »Arrest and Removal and Exclusion of Nazis from Office« – Verhaftung, Entlassung und Ausschluss von Nazis aus dem Öffentlichen Dienst – der alliierten Kontrollkommission vom 5. September 1945 wurde dann vom Kölner Stadtkommandanten an die Stadt weitergegeben. Unter dem Stichwort »Ausschluss des Nazi-Einflusses« wurde das Ziel vorgegeben »jeden Nazi- und militaristischen Einfluss aus öffentlichen Ämtern und aus dem kulturellen und wirtschaftlichen Leben des deutschen Volkes« zu entfernen. Mit dieser offenen Formulierung hat man sich von der reinen Frage der Parteimitgliedschaft entfernt. Die Entnazifizierung wurde damit umso schwieriger. Sie ist zugleich die Prüfungsaufgabe, ob und welche politische Kompetenz die Stadt besitzt: »Der Reinigungsprozess im Stadt-Kreis Köln ist der erste Schritt zur Voraussetzung einer politischen Verantwortlichkeit der Einwohner der Stadt. Nach der Art und Weise, in der sie die ihnen übertragenen Aufgaben durchführen, wird ihre politische Festigkeit und Reife beurteilt werden.« Dafür sollen nun Gemeindeausschüsse gebildet werden, welche die Entnazifizierung durchführen sollen: »Die Militärregierung wird den Vorschlag der Zivilregierung in Erwägung nehmen und ihn entweder genehmigen oder zur Erledigung des Falles anders entscheiden.«

Erstmals werden in der Ratssitzung am 25. Oktober 1945 je fünf Mitglieder und fünf Stellvertreter des linksrheinischen und des rechtsrheinischen Zentralausschusses für das politische Prüfungsverfahren gewählt. In der Ratssitzung am 5. Dezember 1945 werden die Verfahrensvorschiften für die Unterausschüsse genehmigt. So gibt es rasch – am 21. Januar 1946 ist die Konstituierung abgeschlossen – einen linksrheinischen und einen rechtsrheinischen Zentralausschuss und zahlreiche Unterausschüsse, für deren Besetzung man die Ortsausschüsse in Anspruch nahm, nur keine verbindlichen Richtlinien, nach denen alle arbeiten konnten. Die Unterausschüsse traten aber bis Ende des Jahres 1945 kaum in Funktion.

Die untergeordneten alliierten Stellen widersprechen sich selbst in Anweisungen und Aktionen. Bei PGs, bei Parteigenossen der NSDAP, gibt es keine klare Linie. So berichtet am 21. November 1945 die Verwaltung an Bürgermeister Suth: »Hier in Köln erleben wir täglich die Groteske, dass etwa vom Stadtkommandanten der Betreffende zur Arbeit zugelassen und dann von der FSP nach ein paar Wochen wieder herausgesetzt wird. [...] Dazu kommt noch, dass auch jede einzelne Militär-Regierung wieder ihre eigene Auffassung über die Zulassung von Parteigenossen hat. So mussten wir es erleben, dass in Köln 5 500 Beamte, die PGs waren, hinausgeworfen wurden und ganze 527 Beamte übrig blieben. Auch die Angestellten wurden zu 2/3 hinausgeworfen und 1/3 blieben. In Düsseldorf arbeiten alle PGs. In Wuppertal wurden alle von der Stadt herausgeworfenen auf Befehl der Mil. Reg. wieder hereingeholt. Dabei stehen wir vor der Groteske, dass bei den unteren Verwaltungsbehörden (Stadt- und Landkreise) zum Teil sehr rigoros, zum Teil sehr milde vorgegangen wird, während bei den höheren Verwaltungsbehörden (Landwirtschaftskammer in Bonn, Landesernährungsamt, Regierung, Oberpräsident) Parteigenossen in den wichtigsten und verantwortungsvollsten Stellen sitzen.«

Auch im Wiederaufbau der Universität wird ebenso wie beim Kollegium der Musikhochschule entnazifiziert. Das betrifft die Professoren und auch die wenigen Studenten, die zu Beginn zum Studium zugelassen werden. Harry Beckhough (1914–2015), zuvor am Projekt der Entschlüsselung des deutschen Nachrichtenverkehrs in Bletchley Park beteiligt, übernimmt als sehr von sich selbst überzeugter University Education Control Officer die Aufsicht über die Entnazifizierung des Lehrkörpers und der Studenten und engagiert sich für den Wiederbeginn der Universität. Er berichtet eine Generation später von der mühsamen und schwierig zu entscheidenden Arbeit der Zulassung der Studenten bei etwa 10000 Bewerbungen und 1000 zu vergebenden Studienplätzen. Tatsächlich studieren im Wintersemester 1945/46 an der am 10. Dezember 1945 feierlich eröffneten Universität 280 Studentinnen und 1.269 Studenten. Beckhough berichtet auch von seinen mühsamen Auseinandersetzungen mit Rektor, Professoren und eigenen Vorgesetzten. Besonders Josef Kroll hatte seine Abneigung geweckt. Diese beruhte offensichtlich auf Gegenseitigkeit. Auf Re-education ist Josef Kroll noch 1967 schlecht zu sprechen. Rektor und Professoren setzen bei Entlassungen im Rahmen eines zweiten Entnazifizierungsdurchgangs bei den meisten ihrer Kollegen erfolgreich auf Verzögerungstaktik, um dann doch noch eine Rückkehr auf den Lehrstuhl zu ermöglichen.

Und auch im Karneval wird entnazifiziert. Man hatte sich nach 1933 meist geschmeidig an die neue Herrschaft angepasst, sich in der »Narrenrevolte« eine begrenzte organisatorische Selbständigkeit bewahrt. So begründete Thomas Liessem (1900–1973), Präsident der Prinzengarde, seine Parteimitgliedschaft in der NSDAP seit 1932 damit, dass er wirtschaftliche Schäden abwenden wollte, da er gegen die Vorstellungen der nationalsozialistischen Betriebsorganisation russisches Mineralwasser importiert habe. Das Berufsverbot wird aufgehoben; aber erst, als man ihn für den Rosenmontagszug 1949 als Zugleiter braucht, werden auch Rede- und Auftrittsverbot annulliert. Wenige andere hatten wie Karl Küpper (1905–1970) oder Albrecht Bodde (1891–1962) mit ihrem Spott über Parteibonzen sogar KZ-Haft riskiert. Albrecht Bodde wird nun bis 1954 Präsident des Festkomitees, bevor ihn sein Vorgänger Thomas Liessem wieder ablöst. Karl Küpper dagegen eckt erneut mit kritischen Reden an und zieht sich 1960 endgültig zurück.

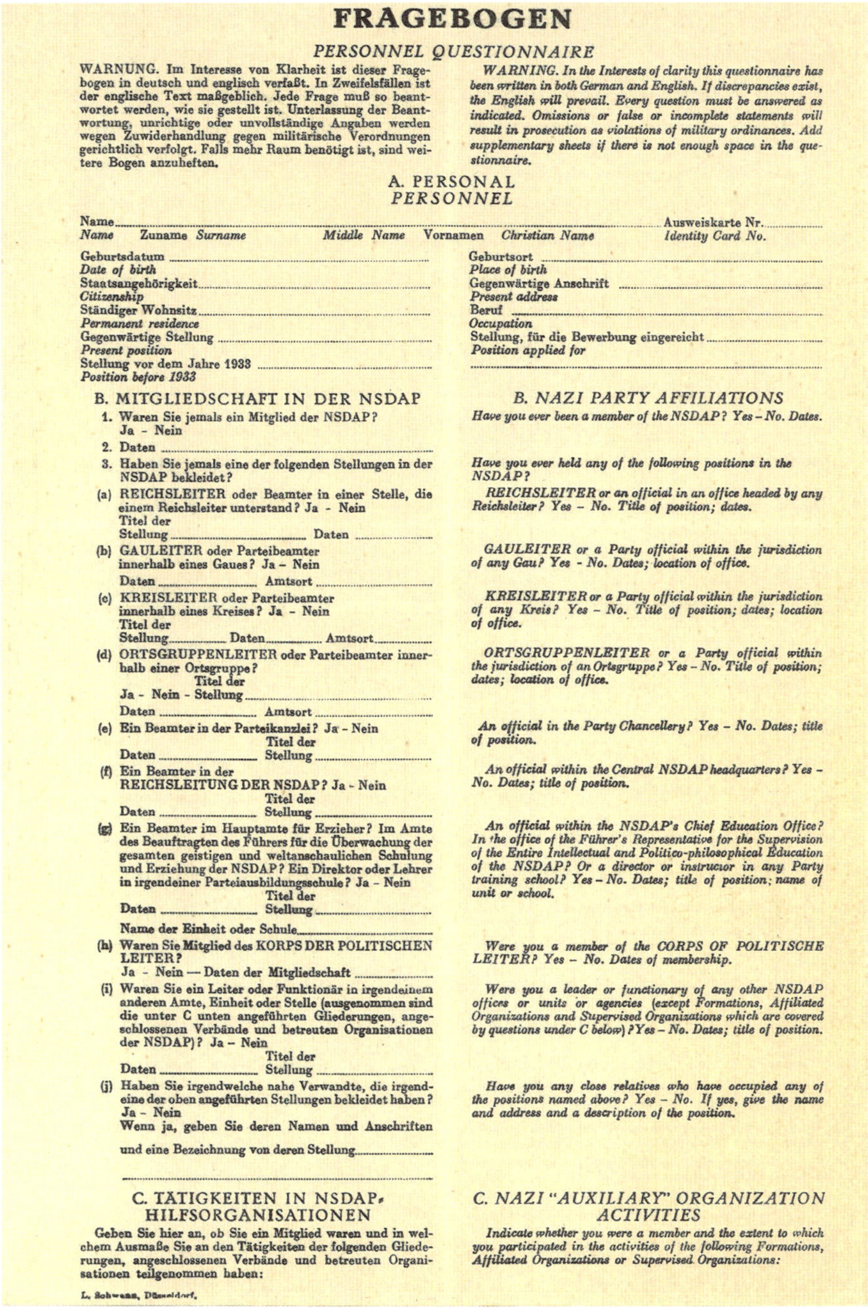

FRAGEBOGEN

PERSONNEL QUESTIONNAIRE

WARNUNG. Im Interesse von Klarheit ist dieser Fragebogen in deutsch und englisch verfaßt. In Zweifelsfällen ist der englische Text maßgeblich. Jede Frage muß so beantwortet werden, wie sie gestellt ist. Unterlassung der Beantwortung, unrichtige oder unvollständige Angaben werden wegen Zuwiderhandlung gegen militärische Verordnungen gerichtlich verfolgt. Falls mehr Raum benötigt ist, sind weitere Bogen anzuheften.

WARNING. In the Interests of clarity this questionnaire has been written in both German and English. If discrepancies exist, the English will prevail. Every question must be answered as indicated. Omissions or false or incomplete statements will result in prosecution as violations of military ordinances. Add supplementary sheets if there is not enough space in the questionnaire.

A. PERSONAL
PERSONNEL

Name .... Ausweiskarte Nr. ....
Name Zuname *Surname* *Middle Name* Vornamen *Christian Name* *Identity Card No.*

Geburtsdatum .... *Date of birth*
Geburtsort .... *Place of birth*
Staatsangehörigkeit .... *Citizenship*
Gegenwärtige Anschrift .... *Present address*
Ständiger Wohnsitz .... *Permanent residence*
Beruf .... *Occupation*
Gegenwärtige Stellung .... *Present position*
Stellung, für die Bewerbung eingereicht .... *Position applied for*
Stellung vor dem Jahre 1933 .... *Position before 1933*

B. MITGLIEDSCHAFT IN DER NSDAP — *B. NAZI PARTY AFFILIATIONS*

1. Waren Sie jemals ein Mitglied der NSDAP? Ja - Nein
   Have you ever been a member of the NSDAP? Yes – No. Dates.
2. Daten ....
3. Haben Sie jemals eine der folgenden Stellungen in der NSDAP bekleidet?
   Have you ever held any of the following positions in the NSDAP?

(a) REICHSLEITER oder Beamter in einer Stelle, die einem Reichsleiter unterstand? Ja - Nein Titel der Stellung .... Daten ....
REICHSLEITER or an official in an office headed by any Reichsleiter? Yes – No. Title of position; dates.

(b) GAULEITER oder Parteibeamter innerhalb eines Gaues? Ja – Nein Daten .... Amtsort ....
GAULEITER or a Party official within the jurisdiction of any Gau? Yes - No. Dates; location of office.

(c) KREISLEITER oder Parteibeamter innerhalb eines Kreises? Ja - Nein Titel der Stellung .... Daten .... Amtsort ....
KREISLEITER or a Party official within the jurisdiction of any Kreis? Yes – No. Title of position; dates; location of office.

(d) ORTSGRUPPENLEITER oder Parteibeamter innerhalb einer Ortsgruppe? Ja - Nein - Titel der Stellung .... Daten .... Amtsort ....
ORTSGRUPPENLEITER or a Party official within the jurisdiction of an Ortsgruppe? Yes – No. Title of position; dates; location of office.

(e) Ein Beamter in der Parteikanzlei? Ja - Nein Daten .... Titel der Stellung ....
An official in the Party Chancellery? Yes – No. Dates; title of position.

(f) Ein Beamter in der REICHSLEITUNG DER NSDAP? Ja - Nein Daten .... Titel der Stellung ....
An official within the Central NSDAP headquarters? Yes – No. Dates; title of position.

(g) Ein Beamter im Hauptamte für Erzieher? Im Amte des Beauftragten des Führers für die Überwachung der gesamten geistigen und weltanschaulichen Schulung und Erziehung der NSDAP? Ein Direktor oder Lehrer in irgendeiner Parteiausbildungsschule? Ja - Nein Daten .... Titel der Stellung .... Name der Einheit oder Schule ....
An official within the NSDAP's Chief Education Office? In the office of the Führer's Representative for the Supervision of the Entire Intellectual and Politico-philosophical Education of the NSDAP? Or a director or instructor in any Party training school? Yes – No. Dates; title of position; name of unit or school.

(h) Waren Sie Mitglied des KORPS DER POLITISCHEN LEITER? Ja - Nein — Daten der Mitgliedschaft ....
Were you a member of the CORPS OF POLITISCHE LEITER? Yes – No. Dates of membership.

(i) Waren Sie ein Leiter oder Funktionär in irgendeinem anderen Amte, Einheit oder Stelle (ausgenommen sind die unter C unten angeführten Gliederungen, angeschlossenen Verbände und betreuten Organisationen der NSDAP)? Ja – Nein Daten .... Titel der Stellung ....
Were you a leader or functionary of any other NSDAP offices or units or agencies (except Formations, Affiliated Organizations and Supervised Organizations which are covered by questions under C below)? Yes – No. Dates; title of position.

(j) Haben Sie irgendwelche nahe Verwandte, die irgendeine der oben angeführten Stellungen bekleidet haben? Ja - Nein Wenn ja, geben Sie deren Namen und Anschriften und eine Bezeichnung von deren Stellung ....
Have you any close relatives who have occupied any of the positions named above? Yes – No. If yes, give the name and address and a description of the position.

C. TÄTIGKEITEN IN NSDAP-HILFSORGANISATIONEN — *C. NAZI "AUXILIARY" ORGANIZATION ACTIVITIES*

Geben Sie hier an, ob Sie ein Mitglied waren und in welchem Ausmaße Sie an den Tätigkeiten der folgenden Gliederungen, angeschlossenen Verbände und betreuten Organisationen teilgenommen haben:

Indicate whether you were a member and the extent to which you participated in the activities of the following Formations, Affiliated Organizations or Supervised Organizations:

L. Schwann, Düsseldorf.

Die erste Seite des berühmten Fragebogens

Die Entnazifizierung in der britischen Besatzungszone verlief in verschiedenen Phasen unter sich immer wieder ändernden und oft sich widersprechenden Bedingungen, Kategorien und Verfahrensvorschriften. Grundlage der Überprüfung war der berühmte Fragebogen, der in seiner ab Anfang 1946 gültigen Fassung 133 Fragen aufführte. Am 22. März 1946 ist eine fünfzehnköpfige Jury für die Entnazifizierung gewählt. Zusätzlich wird ein Berufungsausschuss eingesetzt. Die Militärregierung hatte dafür angeordnet: »Die ernannten Personen müssen so sein, dass sie sozial und politisch passend erscheinen und geeignet sind, eine gut ausgeglichene Jury zur Durchführung der Entnazifizierungspolitik zu bilden.« Der Ausschuss, dem die Militärregierung gut 1 100 Fragebögen zur Bearbeitung übergeben hatte, begann am 16. April 1946 mit seiner Arbeit, stellte aber bald fest, dass diese Arbeit ohne Unterausschüsse zu umfangreich wurde. Die Aufgabenstellung war umfassend: Der Reihe nach sollten zuerst die Mitglieder der Entnazifizierungsausschüsse selbst, dann bisher noch nicht überprüfte Verwaltungsbeamte, Gewerkschaftsfunktionäre, Funktionäre der politischen Parteien, Professoren und andere Lehrkräfte, Richter und Staatsanwälte, Justizbeamte, höhere Polizeibeamte, höhere Beamte der Reichsbahn und schließlich die Wirtschaftselite überprüft werden. Ende 1947 bestehen im Kölner Stadtgebiet 312 Unterausschüsse, denen von 62 Ortskomitees mit Informationen zugearbeitet wird.

Der Beginn war kaum gemacht, als mit der Zonen-Exekutiv-Anweisung Nr. 54 vom 30. November 1946 die Regeln wieder neu bestimmt wurden. Jetzt wird die oben erwähnte Aufgliederung in fünf Kategorien eingeführt, ab Juli 1947 erneut bekräftigt und man legt Strafen fest. Die neuen Regeln der Entnazifizierung wurden zwar mit Hoffnung begrüßt, waren aber von einem enttäuschten Rückblick begleitet. So hieß es dazu schon im Oktober 1946 in der *Rheinischen Zeitung*: »Viel Schaden ist angerichtet worden dadurch, daß sehr oft dem Grundsatz gefolgt wurde, die Kleinen hängt man, die Großen läßt man laufen.« Auch in anderen Zeitungen der britischen Besatzungszone in den Jahren 1946 bis 1949 verstummt die Kritik nicht. Die öffentliche Meinung zur Entnazifizierung ist von Allensbach zuerst im August 1948 nach der Währungsreform, drei Jahre nach Kriegsende, abgefragt worden. Nur wenige sind – wohl auch in Köln – der Meinung, dass die Entnazifizierung notwendig war und einigermaßen ihren Zweck erfüllt hat. Mehrheitlich hält man sie für falsch durchgeführt und 40 Prozent sind der Meinung, dass sie nicht notwendig war und eher eine Schikane der Besatzungsmächte darstellte.

Sauber liefen die Verfahren auch nicht immer. Ende 1946 werden Klagen laut, dass »Ortskomitees in zunehmenden Maße die Entnazisierung gegen Hergabe von Mangelware vornehmen und es an der nötigen Objektivität fehlen lassen«. Umgekehrt führt die wachsende Neigung der Hauptausschüsse, aktive Nationalsozialisten als Mitläufer oder Unbelastete einzustufen, zu Missmut und Resignation bei den Unterausschüssen. Im Mai 1947 ziehen sich daher die Kommunisten frustriert aus diesen zurück. Das wiederum legte die Arbeit der Ausschüsse lahm, da sich die verbleibenden Parteien nicht über die Besetzung der freigewordenen Plätze einigen konnten. Bald darauf zieht die KPD ihre Mitglieder auch aus den Hauptausschüssen zurück, »da die Mitglieder der K.P.D. die Aussichtslosigkeit ihrer Bemühungen, eine gerechte Entnazisierung zu erreichen, eingesehen haben«. Im Oktober 1948 verlässt auch die SPD die Ausschüsse.

In Köln wurden bis zum 31. März 1947 insgesamt 20558 Entnazifizierungsverfahren durchgeführt. Mit dem Ergebnis »unbelastet« enden 13998 Verfahren, 3756 Überprüfte können in ihrer Stellung verbleiben und 907 dürfen mit Einschränkungen weiterbeschäftigt werden. 1230 müssen entlassen werden. Da Ende 1947 rund 2800 Berufungsverfahren laufen, scheint fast jeder negativ Beurteilte gegen sein Urteil Berufung eingelegt zu haben, wie wir dies bei Dr. Günter Riesen sehen werden.

Die Kategorien, in die seit Oktober 1946 die Personen eingeteilt werden, die sich der Entnazifizierung unterziehen müssen, lassen den Ausschüssen erheblichen Spielraum. Kategorie I war den Kriegsverbrechern, den Hauptschuldigen, vorbehalten, Kategorie II den Schuldigen, den Aktivisten, Militaristen und Nutznießern, Kategorie III den Minderbelasteten, Kategorie IV den Mitläufern und Kategorie V umfasste diejenigen, die als unbelastet oder entlastet angesehen wurden.

Im Juni 1948 ist die Zahl der Ortskomitees auf 43 gewachsen. Allerdings sind manche kaum noch arbeitsfähig. Vier hatten ihre Tätigkeit eingestellt und sechs waren wenig zu Aktivitäten zu bewegen. Und zur Zahl von 358 Unterausschüssen gehören auch die von Glanzstoff Courtaulds und der Freien Berufe, die geschlossen zurückgetreten waren, weil sie »sich mit den bisherigen Prinzipien der Entnazisierung nicht einverstanden erklären« konnten. Zwei Entnazifizierungsausschüsse der Stadtverwaltung, die Ausschüsse für Goldschmiede, für Uhrmacher, für Textil-Einzelhandel, für Fotografen, Hutmacher, Schornsteinfeger, Buchhändler, für Holzverarbeitung und elf weitere hatten sich entweder aufgelöst oder waren arbeitsunfähig geworden. Im April 1949 werden alle aufgelöst.

Ernst Schwering, inzwischen Oberbürgermeister, erinnert sich 1955 an die Probleme der Stadtverwaltung mit der englischen Militärregierung bei der Entnazifizierung in seiner Zeit als Personaldezernent:

»Auch der Polizeioberst, der sich um die Entnazifizierung kümmern mußte, war nicht leicht zu nehmen. Bekanntlich wurde die Entnazisierung denkbar unglücklich aufgezogen. Auch dieser Polizeioberst bedrohte mich, da ich unglücklicherweise inzwischen Personaldezernent geworden war und als solcher die Entnazisierung einzuleiten hatte, alle fünf bis sechs Tage mit Verhaftung. Er stellte ununterbrochen unmögliche Forderungen, fügte sich aber in das Unvermeidliche, wenn nach entsprechender Verhaftungsdrohung von seinen Forderungen 20 bis 30 Prozent erfüllt wurden.«

In der deutschen Öffentlichkeit hatte der alliierte und bald in deutsche Hände delegierte Versuch der Entnazifizierung keinen guten Stand. Die unterschiedslose Verdammung aller Parteimitglieder ist von Beginn an Ziel heftiger Kritik. Selbst Polizeichef Winkler gibt zu, wäre er 1933 aufgefordert worden PG zu werden, der NSDAP beizutreten, um seine Stellung zu behalten, er hätte dies getan. Erzbischof Josef Frings kritisierte schon in seinem ersten Gespräch am 18. Juli 1945 mit Colonel J. M. Hamilton, Militärgouverneur des Regierungsbezirks Köln, die unterschiedslose Behandlung der Parteimitglieder der NSDAP. »Dabei waren hier im Rheinland nur sehr wenige überzeugte Nazis, wie ich aus meiner früheren Pfarrertätigkeit bezeugen kann.« Er wiederholte diese Kritik schon am 26. Juli 1945 wieder im Gespräch mit Colonel Hamilton, der sich über mangelnde deutsche Initiative beklagt, und setzte sich ausdrücklich für den Einsatz ehemaliger Parteimitglieder ein: »Gerade die unternehmenden, tüchtigen, erfahrenen Kräfte sind jetzt ausgeschaltet.« Wenig später, am 23. August 1945, wendet er sich nun im Namen der Fuldaer Bischofskonferenz an den Alliierten Kontrollrat: »Es wird sich zeigen, wie ungeheuer stark der Druck gerade auf kleinere und mittlere Beamte und Angestellte gewesen ist und wie diese manchmal die wirtschaftliche Existenz ihrer Familien aufs Spiel setzten oder sich der Gefahr des Konzentrationslagers aussetzten, wenn sie nicht äußerlich der Partei beitraten ...« In der englischen Öffentlichkeit sah man das Projekt mit großer Skepsis, sei es als hochrangiges Mitglied des Military Governments oder als renommierter englischer, 1934 aus Berlin emigrierter Jurist, wie Wolfgang Gaston Friedmann (1907–1972) es war.

Am 24. August 1949 wird vom Land Nordrhein-Westfalen die Verordnung zum Abschluss der Entnazifizierung erlassen. Mit dem Entnazifizierungsschlussgesetz des Bundes im Jahre 1951 und dem entsprechenden Gesetz zum Abschluss der Entnazifizierung im Lande Nordrhein-Westfalen vom 5. Februar 1952 findet die unvollkommen gelöste Aufgabe ihr Ende. Dabei hatte man immer auch den § 131 des

Grundgesetzes vor Augen, der für die Regelung der Rechte der vor Kriegsende im öffentlichen Dienst Beschäftigten, aber noch nicht wieder eingesetzten Beamten, Angestellten und Arbeitern ein Gesetz vorschrieb. Dieses wird dann gegen die eigentlichen Wünsche der Alliierten bezüglich einer Reform des Beamtenwesens am 11. Mai 1951 vom Bundestag als breit gestreutes Wahlgeschenk beschlossen. Wer im Rahmen der Entnazifizierung nicht als Hauptschuldiger oder Belasteter eingestuft worden war, hatte nun einen Anspruch auf Wiederbeschäftigung. Gleichzeitig wurde auch den durch »nationalsozialistisches Unrecht geschädigten Angehörigen des öffentlichen Dienstes«, den Beamten unter den Vertriebenen oder den aus aufgelösten Dienststellen Ausgeschiedenen sowie den entlassenen Soldaten Wiedergutmachung mit Pension oder Wiedereinstellung zugesagt. Angesichts wachsender Steuereinnahmen kann man sich nun das Prinzip, »allen wohl, keinem wehe« zu tun, leisten.

»Auch die Demokratie braucht ihre Mitläufer« – so kann man den Umgang der westdeutschen und damit auch der Kölner Gesellschaft mit ehemaligen Nationalsozialisten in den nächsten Jahren zusammenfassen. Wie Oskar Türk, dem Stadtkämmerer und damit hohen nationalsozialistischen Kölner Funktionär, dem wir zu Beginn des Kapitels zur Entnazifizierung begegnet sind, gelingt es vielen, wieder ihre alte Stellung in Gesellschaft und Öffentlichkeit wie vor dem Ende der nationalsozialistischen Diktatur einzunehmen oder ihre Karriere fortzusetzen. Hatte sich die *Rheinische Zeitung* 1948 noch über Türks Einstufung als unbelastet empört, so ist die Vergangenheit des ehemaligen Stadtkämmerers bei seinem ersten großen Auftritt im Rat am 3. März 1953 mit einem ausführlichen Kommentar zum Haushaltsplan kein Thema mehr. Er wird freundlich als neuer Kollege im Rat begrüßt. Gerne hat man in den ersten Jahrzehnten nach Kriegsende auch in Köln den Schleier des Vergessens über eigene Tätigkeiten und die anderer während der nationalsozialistischen Diktatur ausgebreitet.

Ein paar Beispiele: Die Ideologie des Nationalsozialismus konnte auf Wissenschaftler, die sich mit Volkskunde beschäftigten, und Freunde des jeweils lokalen Brauchtums eine verführerische Ausstrahlung entwickeln. So hat man 1956 gerne vergessen, dass Adam Wrede (1875-1960), als dessen *Neuer Kölnischer Sprachschatz* in diesem Jahr erstmals erschien und danach viele Auflagen erlebte, sich 1936 mit seiner 1938 erweiterten *Deutschen Volkskunde auf germanischer Grundlage. Die nationalsozialistische Idee im Schulunterricht.* engagiert in die festgeschlossenen Reihen der Ideologen eingeordnet hatte.

Manche Laufbahn, z. B. bei der Polizei, lässt dagegen Bruchlinien erkennen. In der Auseinandersetzung mit Kölns Schwarzem Markt sind wir bereits Alfred Hasemeier im Polizeidienst begegnet. Vom 1. Juni 1935 bis zum 15. November 1943 war er nach Auskunft seines Fragebogens Mitglied der NSDAP. Seit 1940 werden seine Polizeieinheiten militärisch eingesetzt, vom 1. Januar 1945 bis zum 8. Mai 1945 leistet er schließlich seinen Dienst im Polizei-Regiment 19. Einsätze führen ihn in diesen Jahren nach Frankreich, in die Steiermark, nach Mährisch-Ostrau und wohl auch nach Jugoslawien. War er in verbrecherische Handlungen verwickelt? Weshalb trat er aus der NSDAP aus? Nach Kriegsende hat er vergeblich versucht, eine angebliche Beförderung zu belegen. Seine Nachkriegskarriere ist sonst makellos und seine Erinnerungen an den Polizeidienstalltag in Köln sind populär. Interessante Erinnerungen an seine Laufbahn, ohne seine Mitgliedschaft in der NSDAP ab 1937 und in der SS ab 1938 bis zu seiner Beförderung zum SS-Sturmbannführer im Reichssicherheitshauptamt zu erwähnen, verfasste auch Karl Kiehne, von 1959 bis 1969 Leiter der Kölner Kriminalpolizei. Seine Vorgänger Oskar Wenzky und Hans Maly sind vor 1945 ebenfalls regimekonform aktiv gewesen. Aber qualifizierte Mitarbeiter für die Polizei waren Mangelware. So wird erst im Frühjahr 1968 Hauptkommissar Theo Lipps verhaftet, der in Südrussland als SS-Obersturmbannführer an den Erschießungen von Juden beteiligt gewesen war.

An der Kölner Universität macht Theodor Schieder (1908–1984) nach seiner Berufung 1948 auf einen Lehrstuhl für Neuere Geschichte eine glanzvolle Karriere, zu der die Rollen des Herausgebers der *Historischen Zeitschrift* wie der Vorsitz des Verbandes der Historiker Deutschlands gehören. In seiner siedlungspolitischen Denkschrift, die 1939 der deutschen Seite bei den Verhandlungen über die Teilung Polens in Moskau vorlag, hatte er neue Grenzen beschrieben, verbunden mit »Bevölkerungsverschiebungen allergrößten Ausmaßes« und der »Entjudung Restpolens«. Also hat Theodor Schieder völlig regimekonform gedacht. Seine Entnazifizierung mit der Einstufung als Mitläufer nach 1945 erfolgt problemlos, was ein Freund als »außerordentlich glatte Entbräunung« bezeichnet. Seine Aktivitäten vor 1945 hat Theodor Schieder später nie erwähnt oder kommentiert und von nun an hat er demokratiekonform geschrieben und gelehrt.

So schwierig diese Vergangenheit in all ihren Aspekten persönlich für den Historiker und als Historiker gewesen sein muss, so peinlich war sie für den großen Galeristen der Moderne in Köln, für Hein(rich) Stünke (1913–1994). »Stünke war ein kritischer Nationalsozialist. Leider hat er nach dem Krieg nie den Schritt gewagt, sich zu outen und das Ganze öffentlich aufzuarbeiten. Er hat das einfach tabuisiert, wie viele seiner Generation. Deswegen diese Gerüchteküche.« Damit skizziert der ehemalige Volontär der Galerie »Der Spiegel« die gesellschaftliche Spannung, in der Eva Stünke, die als promovierte Kunsthistorikerin juristisch als Gründerin und Geschäftsführerin der Galerie auftritt, und ihr Ehemann leben und arbeiten. So umgibt den Kunsthändler als angeblich einst kritischen Nationalsozialisten ein Hauch von Risiko und Abenteuer, das offensichtlich niemand, der die Düfte der von Rudolf Zwirner erwähnten Gerüchteküche wahrnahm, hinterfragen wollte. Dabei hatte es der doch wohl eher linientreue Bannführer Hein(rich) Stünke bis zum stellvertretenden Chef des Kulturamtes der Reichjugendführung gebracht.

Mit mehr zeitlichem Abstand wird der Blick der Zeitgenossen schärfer und das Urteil hart. Für einige Monate bewegte Werner Höfer die Medien, der Mann, von dem von vielen Zeitgenossen gesagt wurde, er »habe nach 1945 doch eine so fabelhafte demokratische Gesinnung an den Tag gelegt«. Werner Höfer (1913–1997), vom Kriegsdienst bis kurz vor Kriegsende freigestellter Journalist bei der Organisation Todt und im Ministerium Albert Speers, längst als Fernsehdirektor im Ruhestand, aber mit dem »Internationalen Frühschoppen« immer noch als liberaler Vertreter demokratischer Prinzipien populär und aktiv, ist spät, erst im Jahre 1987, mit seiner Vergangenheit zusammengestoßen. Ein wiederentdeckter kurzer Artikel, der als »Hinrichtungshymne« im Jahre 1943 die Ermordung eines »ehrvergessenen« jungen Pianisten durch ein Urteil Robert Freislers ein paar Tage nach der Tat feierte, entlarvte den engagierten Mitläufer der Demokratie als zuvor engagierten Mitläufer der Terrorherrschaft des Nationalsozialismus. Vier Jahrzehnte nach Kriegsende hat sich die Perspektive auf seine Parteimitgliedschaft seit 1933 und seine Tätigkeit als »Schreibmaschinentäter« verändert. Was für Hugh Carlton Greene und Intendant Hanns Hartmann bei Werner Höfers Einstellung 1947 tragbar erschien, war es nun nicht mehr. Der zeitliche Abstand hatte neue Akzente gesetzt und von einer neuen, jüngeren Generation, die nun die Öffentlichkeit bestimmte, wurden neue Regeln für die Vergangenheit aufgestellt. Enttäuscht und verbittert stellt Höfer den »Internationalen Frühschoppen« ein und zieht sich zurück.

Die Größen der nationalsozialistischen Diktatur in Köln sind gut davongekommen. Rasch waren sie noch vor Kriegsende aus der Stadt verschwunden. Die am 21. August 1946 durch britisches Militär erfolgte Festnahme eines Urgesteins der Kölner NSDAP, Josef Grohés, der als Gauleiter am Sitz seiner Macht absolute Dominanz beansprucht hatte und bei seiner Gefangennahme noch verletzt war von einem missglückten Selbstmordversuch, ist nur der *Kölnischen Rundschau* einen Artikel wert. Am 7. Mai 1947 wird Grohé (1902–1987), der am 19. Juli 1944 auch noch zum Reichskommissar für Belgien und Nordfrankreich ernannt worden war, an Belgien ausgeliefert. Brüssel war aber bereits vor seinem Amtsantritt am 3. September 1944 von US-Truppen befreit worden. Die belgischen Behörden können ihm – mangels Zeit und Gelegenheit für den neuen Machthaber – keine Verbrechen nachweisen und überstellen ihn am 28. September 1949 nun den Behörden der frisch gegründeten Bundesrepublik. 1950 wird Grohé in einem Spruchgerichtsverfahren in Bielefeld wegen »kenntnisbelastender Zugehörigkeit zum Führerkorps der NSDAP« zu viereinhalb Jahren Gefängnis verurteilt, auf die die vorhergehenden Zeiten der Internierung und der Haft angerechnet werden. Die geringe Reststrafe wird ihm auf dem Gnadenweg erlassen. Ein zweites Verfahren 1957/58 wird nach wenigen Zeugenvernehmungen von der Kölner Staatsanwaltschaft eingestellt. Als Handelsvertreter baut Grohé eine bürgerliche Existenz auf, lebt in Köln unauffällig und unbeirrt in seinen Vorstellungen, allerdings statt in seiner Marienburger Villa wie vor Kriegsende nun in einem Reihenhaus im rechtsrheinischen Vorort Brück.

Anfang 1948 steht der ehemalige Gauinspektor und Leiter des rassenpolitischen Amtes des Gaues Köln-Aachen Toni Merzenich vor dem Spruchgericht in Recklinghausen und wird zu einer Gefängnisstrafe von sechs Jahren unter Anrechnung der dreißigmonatigen Internierungshaft verurteilt. Als Leiter des rassenpolitischen Amtes war er für die Ariernachweise zuständig, wofür im Stadtarchiv eine Beratungsstelle eingerichtet worden war. Ihm wirft man vor, »daß er als Mitglied des Korps der politischen Leiter in organisierter Weise durch Wirken und Propaganda den Boden bereiten half, auf dem solche ungeheuerlichen Dinge wie Auschwitz, Maidanek usw. überhaupt erst erwachsen konnten«. Er ist von 1954 bis 1970 Bundesgeschäftsführer des Deutschen Familienverbandes.

Im Frühjahr 1948 erhitzt einmal kurze Zeit das Gerichtsverfahren gegen Freiherr Kurt von Schröder (1889–1966) die Gemüter. Der Teilhaber des Bankhauses J. H. von Stein hatte Revision gegen die Verurteilung zu drei Monaten Haft und einer Geldstrafe von 1 500 D-Mark beantragt, die das Spruchgericht in Bielefeld gegen ihn verhängt hatte. Er war am 4. Januar 1933 in seiner Villa am Stadtwaldgürtel Gastgeber und Zeuge des Gesprächs zwischen Franz von Papen und Adolf Hitler gewesen, das zur Ernennung Hitlers zum Reichskanzler am 30. Januar 1933 führen sollte. Schon zuvor hatte er sich für die finanzielle Unterstützung der NSDAP engagiert und war nach der Machtübernahme als Bankier und Präsident der IHK erfolgreich in der Nutzung der Möglichkeiten, die ihm das neue Regime bot. In einem Kriegsgefangenenlager für SS-Angehörige war er 1945 erkannt worden. 1947 wurde er vor dem Spruchkammergericht in Bielefeld angeklagt. In einer Revisionsverhandlung vor dem Obersten Spruchgerichtshof in Hamm bot er nun eine Geldstrafe von 500000 RM an. Ein Jahr Gefängnis kam noch hinzu. Im dritten Durchgang blieb es 1950 bei einer Geldstrafe von 30000 D-Mark. Bis zu seinem Tode im Jahr 1966 lebte Kurt von Schröder dann auf seinem Gut in Schleswig-Holstein, offiziell war er seit 1950 aus der Kölner Privatbank ausgeschieden.

Ende April 1948 bringt das Urteil gegen Richard Schaller tatsächlich Demonstrationen auf die Kölner Straßen. Richard Schaller (1903–1972), ab 1923 Mitglied der NSDAP, war 1926 Ortsgruppenleiter Groß-Köln geworden, Führer der SA in Köln, ab 1929 im Stadtrat, ab 1932 stellvertretender Gauleiter, zeitweise Bürgermeister und stadtbekannt in noch anderen Positionen: »Treuherzig bieder versichert dieser Würdenträger des Dritten Reiches, daß sein Amt als stellvertretender Gauleiter ja kaum praktische Bedeutung hatte. Es war ein glänzender Name, und bei feierlichen Anlässen durfte er auch mal für den Gauleiter glänzen, aber sonst hatte er überhaupt keine Aufgabe. Einige Kenntnisse habe er wohl gehabt, das wolle er wohl zugeben. Aber von den schlimmen Sachen habe er nichts gewußt. Als man im November 1938 den Juden so arg zusetzte, da sei er böse gewesen, und sein Gauleiter hätte getobt. Er war überhaupt immer gegen jede Gewalt.« Lautstark soll er allerdings kurz vor Kriegsende verkündet haben, »er werde sich nicht scheuen, den Dom sprengen zu lassen, wenn es notwendig sei, um das Schußfeld freizumachen!«. Das heftig als zu gering kritisierte Urteil lautete auf vier Jahre und drei Monate Gefängnis sowie 10000 D-Mark Geldstrafe. Für den 26. April 1948 ruft daraufhin der Ortsauschuss des Deutschen Gewerkschaftsbundes zur Protestdemonstration gegen das Bielefelder Urteil vor dem Gewerkschaftshaus am Venloer Wall auf. Tausende versammelten sich, um gegen das Urteil zu protestieren. Der Beerdigung Richard Schallers geben 1972 »seine zahlreich erschienenen Kameraden aus der NS-Zeit eher den Charakter einer nationalsozialistischen Kundgebung«.

Richard Schallers Bruder Alfons (1909–1968), erst seit 1931 Mitglied der NSDAP, in weniger bedeutenden Funktionen der Partei tätig, 1941 in eine Korruptionsaffäre verstrickt, war von Mai 1945 bis Juni 1948 interniert. Ihm gelang es, von Stadtdechant Dr. Robert Grosche, dem Siegburger Pfarrer Dr. Becker und dem Kanzler des Kölner Erzbistums Dr. Hanke für ihn günstige »Persilscheine« zu erhalten. Er wurde zu dreieinhalb Jahren Haft unter Anrechnung der Internierung verurteilt und blieb als Fabrikant und Lederwarengroßhändler in Köln tätig.

Im August 1948 wird der frühere Ortsgruppenleiter der NSDAP für Köln-Deutz zu einer Geldstrafe von 1 500 D-Mark verurteilt, die gegen die bisherige Internierungshaft verrechnet wurde: »Das Gericht hielt ihn für überführt, von den Judenverfolgungen gewußt zu haben, zumal die verschleppten Juden auf dem Messegelände gesammelt wurden, das zum Ortsgruppenbereich des Angeklagten gehörte.«

Ausführlich wird am 3. November 1948 in der *Rheinischen Zeitung* der Prozess gegen den ehemaligen Kölner Landgerichtspräsidenten Walter Müller vorgestellt, der während des Zweiten Weltkrieges den Spitznamen »Rüben-Müller« trug. »Unkritisch, bedingungslos und sklavisch gehorsam will der Angeklagte lediglich die Rolle des polternden und zuweilen brüllenden Dolmetschers zwischen nationalsozialistischer Rechtspflegelenkung und der Kölner Strafjustiz gespielt haben.« So kritisierte Walter Müller das Urteil einer ihm untergeordneten Sondergerichtskammer am Kölner Landgericht, das einer Frau, die einen Kriegsgefangenen mit einem Butterbrot und einem Glas Schnaps versorgt hatte, nur eine Geldstrafe auferlegt hatte: »Ein Butterbrot – ein Jahr Gefängnis; ein Kuss – zwei Jahre Gefängnis, Geschlechtsverkehr – Kopf ab.« Und zu Plünderungsfällen belehrte er seine Kollegen: »Meine Herren, da gibt es nur eine Parole, Kopf ab, Kopf ab, ein Standardurteil.« Das Bonner Schwurgericht spricht ihn frei. Der Oberste Gerichtshof der Britischen Zone in Köln hebt das Urteil auf und verweist zurück nach Bonn. Diesmal wird Walter Müller am 13. März 1950 zu einem Jahr Gefängnis verurteilt. Angeklagter und Staatsanwaltschaft legen Revision ein und schließlich hebt der Bundesgerichtshof am 16. Dezember 1952 den Schuldspruch auf, verweist nach Bonn zurück, wo Müller nun endgültig am 17. Juni 1953 freigesprochen wird.

Der Fall des »berüchtigten Gestapobeamten« Josef Hoegen wird am 28. September 1948 vor dem Spruchgericht Hiddesen bei Detmold, dem Sitz der Militärregierung für Nordrhein-Westfalen, eröffnet. Am 28. und 29. Dezember 1948 werden in Köln die zahlreichen Zeugen der Anklage wie der Verteidigung für das Spruchgericht gehört. Bisher hatten Spruchgerichte nahe den Internierungslagern die Prozesse geführt. Das Spruchgericht Hiddesen wird Anfang 1949 aufgelöst und der Fall Hoegen an das Spruchgericht Bielefeld überwiesen. Dort entschied man sich, den Ausgang des in Köln schon seit 1947 auf der Grundlage britischer Ermittlungen in der Haftanstalt Brauweiler von der Staatsanwaltschaft betriebenen Verfahrens abzuwarten. Die britischen Unterlagen über das »Kütter-Kommando« der Gestapo unter Kommissar Ferdinand Kütter, das die Trümmer Kölns durchsuchte, waren von der Empfehlung begleitet, die Ermittlungen gegen Josef Hoegen sowie Walter Hirschfeld, Horst Gegusch und Josef Schiffer fortzuführen. Ferdinand Kütter selbst hatte sich am 12. April 1945 durch Selbstmord den Untersuchungen entzogen. Ins Rechtsrheinische übergewechselt, in Breunfeld, heute ein Teil von Nümbrecht, hatte er am 11. März 1945 noch seinen 34 Seiten umfassenden Ermittlungsbericht für die »Terror-Akten« abgeschlossen: »Es wäre für jeden eine Kleinigkeit gewesen, den zuständigen Behörden Fingerzeige zu geben. Sie hätten dazu beigetragen, daß die brutalen und rohen Morde an aufrechten deutschen Männern nicht zur Ausführung gekommen wären.« Damit waren seine in den Auseinandersetzungen in den Trümmern Kölns getöteten Kollegen gemeint ...

Am 20. Juli 1949 wird gegen Josef Hoegen, Walter Hirschfeld, Josef Schiffer, Erich Ganssäuer und Adolf Roggendorf wegen ihrer Aktivitäten im Kütter-Kommando Anklage vor dem Kölner Schwurgericht erhoben. Nach 20 Verhandlungstagen fällt das Urteil. Josef Hoegen wird zu neun, Walter Hirschfeld zu vier, Josef Schiffer zu zwei Jahren und sechs Monaten, Erich Ganssäuer zu einem Jahr und drei Monaten und Adolf Roggendorf zu fünf Monaten Haft verurteilt. Internierung und Untersuchungshaft wurden angerechnet. Erich Ganssäuer und Adolf Roggendorf kamen damit frei. Josef Hoegen wurden drei Jahre angerechnet, bei Walter Hirschfeld und Josef Schiffer werden je ein Jahr angerechnet. Gegen die Urteile legen Staatsanwaltschaft und Anwälte jeweils Revi-sion ein. 1953 wird als letzter auch Josef Hoegen zur Bewährung auf freien Fuß gesetzt.

Zu den überlebenden Kollegen Ferdinand Kütters hatte auch Heinrich Engels gehört. Im Oktober 1949 muss er, der bereits 1948 vom Spruchgericht Hiddesen zu fünf Jahren Gefängnis wegen seiner Zugehörigkeit zu SS und Gestapo verurteilt worden war, sich ebenfalls erneut vor dem Kölner Schwurgericht verantworten. Es soll entscheiden, ob einzelne Straftaten noch separat zu ahnden sind. Nur die kommunistische *Volksstimme* berichtet darüber: »In der Beweisaufnahme wurden einige zwanzig Zeugen gehört, deren Vernehmung zum Teil ein erschütterndes Bild von den Alltagspraktiken der Gestapo im EL-DE-Haus in der Elisenstraße ergab. Zeugen, die Engels getreten, denen er mit der Pistole Zähne ausgeschlagen hatte, die er geohrfeigt und blutig geschlagen hatte, bestimmten wesentlich den Eindruck des ersten Tages. [...] Umso überraschender waren die Zeugenvernehmungen des zweiten Tages. Es wurden Zeugen unter Eid genommen, die aussagten, daß Engels sich ihnen gegenüber »tadellos« benommen und oft geholfen habe, einem traurigen Schicksal zu entgehen. [...] Nach über zweistündiger Beratung vertrat das Schwurgericht die Auffassung, daß eine Strafe von zweieinhalb Jahren angemessen sei. Wenn man bedenkt, daß im Jahre 1933 in Köln 17800 Juden ansässig waren, von denen 1948 nur 650 zurückkehrten, und wenn man weiter bedenkt, daß die Zeugen, die in einem solchen Prozeß aussagen könnten, unter den furchtbarsten Umständen vernichtet worden sind, dann erscheint sowohl den Angehörigen der Opfer des unmenschlichen Nazisystems als auch allen menschlich empfindenden Deutschen das Urteil als ein sehr mildes.«

Dr. Günter Riesen (1892–1951), Kölns erster nationalsozialistischer Oberbürgermeister mit beschränkter Haltbarkeit nur von März 1933 bis November 1936, war auf den Posten eines Landrats nach Merseburg geschickt worden. Bereits als »minderbelastet« eingestuft in Kategorie III, ruft er 1949 die Berufungskammer des Spruchgerichts an. In der Verhandlung trägt er vor, dass Oberbürgermeister Robert Görlinger ihm in einem Gespräch bestätigt habe, dass »alle seine Maßnahmen zwischen 1933 und 1936 für die Stadt Köln gut gewesen seien«. Robert Görlinger bestreitet dies und lässt die Kopie eines Briefes vorlegen, mit dem er im März 1949 abgelehnt hat, ein Gutachten über Dr. Günter Riesens Tätigkeit als OB abzufassen. Auch bei Konrad Adenauer versucht Riesen vergeblich, die Ausstellung eines »Persilscheins« zu erwirken. So scheitert sein Versuch, über eine bessere Einstufung in den Genuss seiner Pension als ehemaliger OB zu kommen.

Einfache Vergangenheit

Untergänge, besonders Weltuntergänge, werden von Legenden begleitet. Zuerst unter amerikanischer, nach hundert Tagen dann unter englischer Herrschaft, beginnt das Leben der Stadt neu inmitten der Trümmer. Und gemeint ist nicht nur das durch Mangel an Nahrungsmitteln, Mangel an Kleidung, Mangel an Unterkunft, Mangel an Verkehrsmitteln, Mangel an Strom, Gas und Wasser bedrohte alltägliche Leben. Das Leben nach dem Kriegsende ist ebenso alltäglich durch den Mangel an Selbstbewusstsein bedroht. Um nicht von einem verlorenen Krieg sprechen zu müssen, setzte man den schlichten Titel »Zusammenbruch« darüber. Alle waren zwar besiegt, gerne beanspruchten aber viele, nicht besiegt, sondern befreit worden zu sein. Und dann war es sinnvoll, nicht zu denen gehört zu haben, die den Zusammenbruch zu verantworten hatten. Eine der Legenden des Zusammenbruchs berichtet vom Verlassenwerden. So eröffnet Oberbürgermeister Dr. Hermann Pünder seine Rede am Sonntag, dem 20. Oktober 1946, zur Eröffnung der Kölner Kulturtage mit den Worten: »Köln lebt! In den ersten Märztagen vorigen Jahres meldete der Wehrmachtsbericht, die Ruinen Kölns seien dem Gegner überlassen worden.« Damit, so fühlte man, war auch alle Verantwortung für die vorangegangenen zwölf Jahre aus Köln über den Rhein abgezogen. Unschuldig und verlassen war die Stadt zurückgeblieben, in der man – die zweite fürs Überleben wichtige Legende – schon immer dagegen gewesen war und die Grundfesten eines christlichen Abendlandes gehütet hat. Das formuliert Hermann Pünder in seinem Vorwort zum Sammelband der Reden, die im Rahmen der Kölner Kulturtage gehalten wurden: »Wir werden darüber hinaus an die Quelle des einzigen nie enttäuschenden Vertrauens geführt: Wir sollen letztlich doch nur auf den drei-persönlichen Gott vertrauen. Das wissen besonders jene Deutschen am Rhein und in den vaterländischen Gauen, die sich den Ansprüchen Hitlers nie unterworfen und in den ›Glanz- und Siegestagen des Dritten Reiches‹ die kommende Katastrophe blutrot heraufdämmern sahen. Sie waren zu schwach, das Unheil des deutschen Volkes zu wenden, weil in jenen Tagen dem apokalyptischen Tiere Macht verliehen war. Aber sie blieben sich ihrer Pflicht bewusst, das eigentliche Erbe der deutschen Kultur in jene Zeit hinüberzuretten, die nach dem Ende kommen mußte. [...] Daran wollten die Kölner Kulturtage erinnern. Es zu tun, war eine stadtkölnische Verpflichtung. Denn die Stadt des Dionysos-Mosaiks und des Kölner Domes, die Stadt der allumfassenden ruhmreichen Kunsttradition, die Stadt der von Gottseligkeit zeugenden Kirchenruinen, die Stadt des großen Albertus, des Duns Scotus, des Stephan Lochner ist und bleibt auch als Trümmerhaufen ein Kraftzentrum christlich-abendländischer Kultur.«

Das fordert bei der Eröffnung der Universität am 10. Dezember 1946 auch der Altphilologe Josef Kroll (1889–1980), der noch bis zum 1. April 1946 auf Wunsch Konrad Adenauers auch kommissarischer Kulturdezernent gewesen war. Josef Kroll war 1930/31 Rektor der Universität gewesen, übernimmt dieses Amt erneut von 1945 bis 1949 und amtiert dann bis 1951 als Prorektor. 1956 wird er emeritiert. »Christlicher Humanismus und abendländische Kultur« waren seine Leitbilder für die Universität und prägten auch seine Vorstellungen als Kulturdezernent.

In der Kölner Kultur und der Kölner Kulturpolitik zeigt sich dies deutlich. Das christliche Abendland hat seinen ersten großen publizistischen Erfolg mit dem Buch des Fotografen Hermann Claasen *Gesang im Feuerofen*, das 1947 erstmals erscheint und dessen Aufnahmen im gleichen Jahr unter dem Titel »Tragödie einer Stadt« als Fotoschau in der Eigelsteintorburg gezeigt werden. Die große öffentliche Diskussion über den Wiederaufbau in Köln wird nicht durch die von Rudolf Schwarz konzipierte Stadtplanung ausgelöst. Die große, langandauernde Diskussion, in zwölf Vorträgen über den Winter 1946/47 hinweg geführt, löst die Frage des Wiederaufbaus der romanischen Kirchen aus. Sie endet mit der Feststellung: »Alle wußten es, auch die Nichtgläubigen ahnten es, in ihren Kirchen lebte die ganze Stadt, in ihrem Schatten war sie groß geworden, mit ihren Trümmern drohte sie unterzugehen. Was sollte man tun? [...] Die Diskussion des letzten Abends brachte es klar zum Ausdruck. Man will und kann die Kirchen nicht verloren geben, man will und kann auf sie nicht verzichten. In ihnen war unsere gesamte Geschichte Gestalt geworden. Mit ihnen verlören wir den Boden, in dem unsere Kultur wurzelt.« Es wird noch viel Zeit bis 1985 verstreichen, bis der Wiederaufbau der romanischen Kirchen weitgehend abgeschlossen ist und mit dem »Jahr der romanischen Kirchen« gefeiert wird. Der Weg aber war jetzt vorgegeben.

So ist es wohl kaum ein Zufall, dass am 5. Mai 1956 als »erstes« der Kölner Museen das Museum Schnütgen eröffnet wird und Bundespräsident Theodor Heuss es nach seinem Besuch am 26. Juli 1956 als »das schönste Museum Deutschlands« bezeichnet. Schließlich konzentriert sich im Kirchenraum von St. Cäcilien der städtische Besitz an kirchlicher Kunst zumeist des Rheinlandes.

Die kommenden großen Feiern der beiden großen Kölner Vergangenheiten, der antiken und der abendländisch/christlichen, bringt Peter Josef Schaeven als Fraktionsvorsitzender der CDU bereits am 2. Mai 1946, Monate vor der Vortragsserie zu den romanischen Kirchen, im Rat ins Gespräch. Für das historische Bewusstsein der Kölner der Nachkriegszeit lagen die Daten der Jubiläen in der Luft. »Ich stehe hier nicht als Vertreter meiner politischen Freunde, sondern als Kölner Bürger. Meine politischen Freunde sind mit dieser meiner Haltung einverstanden. Ich glaube, daß es bei den folgenden Erklärungen genauso sein wird, und ich wünsche, daß der Eindruck, der von dieser Sitzung der Stadtvertretung ausgeht, in der Bürgerschaft und darüber hinaus – ich betone – auch bei der Militärregierung als die Stimme des Volkes empfunden wird, als die der Söhne und Töchter Kölns, als der **einhellige Wunsch unserer Bevölkerung.** [Im Original hervorgehoben.] Im Jahre 1962 wird diese Stadt 2000 Jahre alt sein. Ob wir in 16 Jahren mit dem Wiederaufbau soweit sind, daß der historische Festzug, der dann den Rückblick auf diese ruhmvolle Vergangenheit werden soll, sich durch geordnete Straßen, sich durch ein neues, vielleicht sogar größeres Köln bewegen wird? [...] Sehr viel früher, bereits in vier Jahren, also 1950, sind es 1900 Jahre, seit Claudia Agrippina, die Tochter des Germanicus und spätere römische Kaiserin, in Erinnerung an ihre Geburtsstadt der römischen Kolonie Stadtrecht [im Original gesperrt] verlieh. Glauben wir, daß bei diesem grandiosen Jubiläum aller Schutt aus Köln weggeräumt sein wird. Hoffen wir, daß dann bereits die ersten Häuser wieder aufgebaut sind und daß sich schon manches von der Planung sichtbar abzeichnet, die jetzt von der Stadt und der Bürgerschaft in Angriff genommen wird. Und schon zwei Jahre vorher, 1948, sind es 700 Jahre, seit der Grundsteinlegung des Domes zu Köln. Ob dann die Dächer des Domes repariert sind? Ob dann unser stolzer Dom soweit instandgesetzt ist, daß die notwendigen Feierlichkeiten im Dom veranstaltet werden können?«

Bei beiden Jubelfeiern für historische Daten ist die Zeit des Nationalsozialismus für die Darstellung von Stadtgeschichte kein Thema. Den Gedanken an Kölner Geschichte, Sagen und Traditionen feiert bereits 1946 das erste »Divertissementchen« des Jahres 1946: »D'r Jan kütt heim«! Die Revue Kölner Gestalten reicht von den Heinzelmännchen bis zur patriotischen Kölner Jungfrau. Die jüngste Vergangenheit taucht dabei, eine Ausnahme in diesen Zeiten, als Anspielung bei General Jan von Werth auf, der sich als längst pensioniert glücklich preist, den Krieg nicht auf dem Gewissen zu haben und nicht auf der Anklagebank (in Nürnberg?) zu sitzen.

Zu Beginn der Aktivitäten des Stadtjubiläums greift Rudolf Schwarz im *Rheinischen Merkur* vom 27. Mai 1950 vorbildlich voll in die Tasten: »Mit dieser römischen Stadt im nordischen Land wurde das Abendland gegründet, zu dem unabsehbar mittelmeerische Kulturen und unabsehbar nordische beitrugen. Eine Metropole des Abendlandes ist die Stadt dann immer geblieben. Die Mutter, die Zeitalter kommen und gehen sieht und sie ins Dauernde einbringt.« Im Jahre 1948 wie 1950 gehört der Nationalsozialismus für Publikationen wie für die stadthistorische Jubiläumsausstellung noch nicht zu den Zeitaltern, um noch einmal auf das Zitat von Rudolf Schwarz zurückzukommen, »die ins Dauernde eingebracht werden«.

In der Wiederaufbau GmbH, die Rudolf Schwarz nun leitete, waren neben der Planungsabteilung auch eine Technische und eine Wissenschaftliche Abteilung unter der Leitung des Kölner Wirtschaftshistorikers Bruno Kuske eingerichtet worden. Von ihr wird 1948 der Band *Köln* herausgegeben, der mit der »Klarstellung des bisherigen Wesens einer zerstörten Stadt [...] eine geistige Vorrausetzung ihrer Erneuerung« sein soll. Er erscheint im Jahr des Domjubiläums und von einem Dutzend renommierter Kölner Autoren wird darin der Versuch gewagt, der zerstörten Stadt ihr historisches Selbstbewusstsein zurückzugeben. Für einen Rückblick auf die Jahre 1933 bis 1945 ist es offensichtlich zu früh. Einmal wird kurz »die christen- und judenfeindliche Haltung des vergangenen politischen Regimes« angesprochen. Anderen Autoren des Bandes ist selbst eine kurze Erwähnung zu viel. Für Gerhard Kallen, gerade erst auf seinen Lehrstuhl zurückgekehrt, endet »Die politische Entwicklung der Stadt« mit der Preußenzeit. Für Erich Kuphal, seit 1932 und noch bis 1960 Leiter des Historischen Archivs, endet »Die Entwicklung der Verfassung und Verwaltung Kölns« schon mit der preußischen Zeit.

Zum Stadtjubiläum wird im Band *Köln – Werden, Wachsen, Wirken*, den das Schulamt und das frisch gegründete Amt für Kölnisches Volkstum 1950 als Festschrift für die Schulen herausgeben, kurz angebunden von Joseph Klersch, Leiter des Amtes für Kölnisches Volkstum, in seinem Beitrag über »Die Verfassung und Verwaltung der Stadt Köln« festgestellt: »Die glückliche und hoffnungsvolle Entwicklung der Stadt wurde unterbrochen durch die nationalsozialistische Revolution und den zweiten Weltkrieg. Der Nationalsozialismus richtete auch die Stadtverfassung nach dem sogenannten Führerprinzip aus.«

Mit dem Stadtjubiläum feiert Köln sich selbst, strebt nach Neubeginn aus antiker Wurzel. Köln erinnert sich 1950 der Erhebung des Oppidum Ubiorum zur Colonia, durch Kaiser Claudius im Jahre 50 mit römischem Stadtrecht versehen. Dass dessen in Köln geborene Gemahlin Agrippina bei diesem Vorgang das letzte Wort hatte, belegt der Name »Colonia Claudia Ara Aprippinensium« deutlich. Die Ortswahl hatte Agrippa, der erfolgreiche Feldherr und Gefährte des Augustus, wohl 19. v. Chr. getroffen. Wenn Werner Eck nun jüngst versucht, Augustus zum Stadtgründer Kölns zu erheben, folgt er einem volkstümlichen Geschichtsdenken, das gerne Kaiser, Präsidenten oder Kanzler für alles in ihrer Amtszeit verantwortlich macht.

Für das Konzept der mit über 250 000 Besuchern erfolgreichen Stadthistorischen Ausstellung im Staatenhaus der Messe zum Stadtjubiläum sind wie für die Jahrtausendausstellung des Jahres 1925 auch 1950 wieder Wilhelm Ewald und Bruno Kuske federführend zuständig. Die Glie-

Rechts: Das Werbeheft zum Stadtjubiläum von 1950 feiert mit dem heute als Domitian indentifizierten Marmorkopf vom Heumarkt eine möglichst weit von den Verbrechen und Schrecken der vorherigen Jahre entfernte Vergangenheit.

KÖLN

derung der Ausstellung wechselt vom chronologischen Aufbau mit »Römische und fränkische Zeit« über »Das heilige Köln« zu einer thematischen Gliederung mit »Das wirtschaftliche und soziale Köln« und schließt mit dem aktuellen Ausblick »Köln baut«. So entfällt unauffällig bis auf wenige Spuren für den lokalpatriotischen Besucher die wohl als unerfreulich angesehene Begegnung mit französischer Besetzung, preußischer Herrschaft oder gar nationalsozialistischer Diktatur.

Das Ergebnis der die jüngste Vergangenheit ausblendenden Jubiläen, die Peter Joseph Schaeven anvisiert hatte, war überwältigend, emotional und international. Das Domjubiläum brachte eine internationale Resonanz, von der die Veranstalter selbst überrascht waren: »Die Festtage zur 700-Jahrfeier der Grundsteinlegung des Kölner Domes vom 15. bis 22. August sind als das ›Kölner Ereignis‹ des 20. Jahrhunderts in die Geschichte eingegangen.« Regierungspräsident Wilhelm Warsch (CDU) stiftet in Erinnerung an das Kölner Ereignis des 19. Jahrhunderts, die Gefangennahme des Kölner Erzbischofs Paulus Melchers 1874 durch die preußische Regierung im Kulturkampf, einen über zwei Meter hohen Sanctus-Leuchter aus Bronze als »Sühneleuchter«.

In der Alten Universität, bis vor kurzem noch Sitz der Gauverwaltung der NSDAP, wird ausgewählte »Gotische Kunst« aus der britischen Besatzungszone gezeigt. Schon am 13. Januar 1948 wird im Haus Tüllmann in der Komödienstraße 28/30 vom Zentral-Dombau-Verein die Ausstellung »Helft dem Dom« eröffnet. In der Universität wird im Mai und Juni 1948 mit einer Ausstellung über das »Studium Generale« des Dominikanerordens im Jahre 1248 an die »Hochschulanfänge« erinnert.

Die Festwoche beginnt am 13. August 1948 mit den Grundsteinlegungen in zwei Siedlungen durch Kardinal Frings in Longerich und in Stammheim für die Bruder-Klaus-Siedlung, jeweils aus Steinen des Domes gefertigt. Der städtische Festakt folgt am nächsten Vormittag in der Aula der Universität, gerahmt von zwei Sätzen von Bruckners Symphonie in Es-Dur, mit Reden von Kardinal Frings, Oberbürgermeister Schwering und dem »heiße(n) Sehnen nach abendländischer Völkerverständigung und nach Wiedervereinigung aller deutschen Stämme«, das Hermann Pünder als Oberdirektor der Bizone vortrug. Es folgten Reden von Ministerpräsident Karl Arnold, vom evangelischen Landesbischof Lilje und von Konrad Adenauer, der aus politischer Abwarteposition das letzte Wort hat: »Das abendländische Christentum, dessen Symbol unser Dom ist, hat noch immer – wenn unsere Generation es will – für immer feste und tiefe Wurzeln geschlagen im rheinischen, im deutschen, im europäischen Boden.« Elisabeth Langgässers »Kölnische Elegie«, für diese Gelegenheit geschrieben und hier als Abschluss vorgetragen, beschwört die Hoffnung auf ein christliches Abendland: »Und auch ich, die gemarterte Stimme Europas, will wieder einfallen in das Lied und den Jubel der Hochzeitsleute.«

Noch am selben Tag empfängt Kardinal Frings an der Grenze seines Bistums in Bad Godesberg den Legaten des Papstes Kardinal Clemente Micara, den Generalvikar Emmerich David mit Vertretern der Landesregierung bereits in Frankfurt abgeholt hatte. Die offizielle Begrüßung samt brüderlicher Umarmung der Kirchenfürsten, dabei weitere Kardinäle aus Wien, Mecheln, Paris und London, findet in der Vorhalle von St. Andreas statt: »Draußen springt der Funke der Freude von Herz zu Herz durch die Stadt und weiter durch das Erzbistum, der selten solche Ehre zu teil wurde.«

Der Festtag selbst beginnt mit einem Glockenläuten im gesamten Erzbistum von 6 bis 7 Uhr. Um 8 Uhr starten die Kardinäle und Bischöfe von Hohenlind aus, zumeist dort mit Quartier im St. Elisabeth-Krankenhaus untergebracht, zusammen mit den zehn Schreinen der Kölner Heiligen zu St. Maria Lyskirchen. Von dort, dem einstigen Ankunftsort der Heiligen Drei Könige am Kölner Rheinufer, zieht die vielbejubelte Prozession mit dem strahlend nach allen Seiten lächelnden und grüßenden Kardinal Micara und den Schreinen auf LKW über Heumarkt und Alter Markt zum Dom. Um 10 Uhr folgt – als erste Messe seit fünf Jahren – das Pontifikalamt im Dom, dessen Hauptschiff noch bis zum Katholikentag 1956 durch eine hohe Wand abgetrennt sein wird: »Die Wellen des Rundfunks tragen die Klänge der Feier hinaus ins Land und über die deutschen Grenzen. Millionen werden Zeugen ...« Für die große Zahl derer, die keinen Platz im Dom gefunden haben, die wie eine Flut alle freien Flächen und die Fenster der Ruinen füllen, wird eine stille Messe vor dem Südportal gefeiert. Den Nachmittag prägt die »Große religiöse Laienkundgebung« im Stadion, bei der Kardinal Micara das Schlußwort hat. Von 19 bis 20 Uhr läutet erstmals der »Dicke Pitter« wieder mit den anderen Domglocken und bewegt die Gemüter. Die Passanten auf dem Fußgängersteig der Hohenzollernbrücke bleiben stehen und die Männer nehmen die damals noch selbstverständlich getragenen Hüte ab. Es folgt eine Festwoche, die am Sonntag, dem 22. August 1948, endet. »Kölns Weckruf an das Abendland«, um damit einen der Titel der zahlreichen Zeitungsberichte zu zitieren, war ein publizistischer Erfolg und vor dem Hintergrund der kurz zuvor durchgeführten Währungsreform die beglückt gefühlte Hoffnung auf den Wiederbeginn von normalem Leben nicht nur in Köln. Dagegen hat der Kölner Kolpingtag des nächsten Jahres 1949, als Treffen von Vertretern der Kolpingfamilien aus vielen Nationen und gefeiert vom 1. bis zum 7. Juni anlässlich der Gründung der Kölner Kolpingfamilie 1849, keine Spuren in der populären Erinnerung hinterlassen.

Beflügelt vom publizistischen und emotionalen Erfolg des Domjubiläums wird das Stadtjubiläum 1950 ebenfalls als Großereignis inszeniert, das auch Erinnerungen an die Jahrtausendfeier der Rheinlande 1925 oder die Pressa des Jahres 1928 wachruft. Anfang Mai 1950 wird mit einer Musikwoche vom 7. bis 14. Mai zum 25-jährigen Bestehen der Hochschule für Musik begonnen. Der Festakt zur Eröffnung am 25. Mai 1950 muss allerdings auf den 25. Juni verschoben werden, da Bundespräsident Theodor Heuss an der Trauerfeier für die Opf er des Grubenunglücks vom 20. Mai in Gelsenkirchen teilnimmt. Dennoch werden die Ausstellung im Staatenhaus, »Köln 1900 Jahre Stadt. Stadtgeschichtliche Ausstellung«, mit Feststraße und Festplatz zwischen Deutzer Brücke und Staatenhaus wie auch die Ausstellung »Kölner erforschen die Welt« im Rautenstrauch-Joest-Museum am Ubierring am 26. Mai 1950 eröffnet. Am selben Tag wird auch der Grundstein für den Wiederaufbau des Ratsturmes gelegt. Vom 10. bis 18. Juni 1950 folgt eine Theater- und Musikfestwoche, vom 16. Juni bis zum 20. Juli wird des Bach-Jahres gedacht, der Allgemeine Deutsche Sportkongress findet am 25. und 26. Juni statt. Vom 29. Juni bis zum 1. Juli folgt die Jahreshauptversammlung des Deutschen Städtetages, der seinen Sitz in Köln genommen hat. Einen Höhepunkt bringt dann am 8. Juli die »Festkundgebung der Kölner Bevölkerung unter Teilnahme des Herrn Bundespräsidenten, der Bundesregierung und der Landesregierung am Kölner Dom« mit »Dom- und Rheinbeleuchtung, Feuerwerk, Dampferkorso auf dem Rhein«.

Das verkündet auch Oberbürgermeister Ernst Schwering im Rahmen des auf den 25. Juni 1950 verschobenen Festaktes im notdürftig hergerichteten Gürzenich emphatisch: »Alles, was den Begriff des Abendlandes ausmacht, hat in dieser Stadt nicht nur seinen Niederschlag gefunden, sondern ist maßgeblich von ihr aus begründet und geprägt worden und darum ist das Erbe geistiger Art und das Materielle, soweit es überhaupt noch vorhanden ist, von höchster Bedeutung weit über die Mauern unserer Stadt hinaus.«

Im großen Festspiel des Altermarktspielkreises »Meer sin noch do«, dessen Titel sich an das Motto des Rosenmontagszuges des Jahres 1949 anlehnt, dürfen dagegen Franzosen und Preußen noch auftreten. Der Nationalsozialismus erscheint noch als Thema auf dem Titelblatt des Manuskripts von Johannes Leptien, aber nicht mehr im Textbuch selbst.

Die Titelseite des Programmheftes

Er wird nur akustisch mit dem »Badenweiler Marsch in scharfen Sirenentönen« als Auftakt zum Bombenkrieg eingespielt. Als letzte Szene lädt der Kölner Bauer, Leitfigur des Stücks durch alle Szenen, die aus den Kellerschluchten kriechenden Elendsgestalten zu sich: »Kütt öm mich eröm! / En uns litt, wat Kölle wor / en uns litt, wat Kölle weed!« Vierzehn Aufführungen auf einem zwei Meter hohen Podium von 18 x 36 Metern, geleitet von Franz Goebels, vor der Trümmerkulisse des Alter Markt mit 500 Mitwirkenden vor jeweils 6000 Zuschauern auf den Tribünen aus Stahlrohrgerüsten haben einen tiefen Eindruck hinterlassen. Noch heute lebt der Altermarktspielkreis fort, der hier seinen Anfang nahm.

Dem historischen Selbstbewusstsein der Kölner hat das Konzept des Festjahres, das die »Sündflut jener zwölf Jahre« außer Betracht lässt, gutgetan. Mit einer Gliederung, die der Stadthistorischen Ausstellung im Staatenhaus entspricht, wird das Rheinische und Historische Museum in Deutz am 26. Juni 1953 mit 14 Schauräumen an gewohntem Ort wiedereröffnet. Einer kirchlichen Abteilung folgen Orden, Universität und Schulen mit zwei Räumen, der Dom, das Werden der Reichsstadt, drei Räume Verfassung und Verwaltung, drei Räume wirtschaftshistorische Abteilung und drei Räume Wohnungsausstattung und Kleidung. Die ehemalige Kaserne der Deutzer Kürassiere, die seit 1927 als Rheinisches und Historisches Museum, später Haus der Rheinischen Heimat, genutzt wurde, muss schließlich dem Neubau für den Sitz des Landschaftsverbandes Rheinland weichen. Mit neuem Namen an neuem Ort als »Kölnisches Stadtmuseum im Zeughaus«, aber mit altem Konzept, wird die Schau-sammlung in den alten Mauern des Zeughauses seit dem 11. Januar 1958 der Öffentlichkeit präsentiert. Nun heißen die Themen: »Von der Bischofsstadt zur Reichsstadt«, »Die Wehrverfassung«, »Stadtbild und Stadtentwicklung«, »Handel, Gewerbe und Verkehr«, »Die Münze«, »Maße und Gewichte«, »Handwerk und Zünfte«, »Schifffahrt«, »Heiliges Köln«, »Die Stifte«, »Die Klöster«, »Alte Universität und Schulen«, »Reformation und Gegenreformation«, »Die Juden in Köln und Deutz«, »Die Wohnung« und »Die Kleidung«. Das 19. und 20. Jahrhundert sind nur in »Wohnung« und »Kleidung« geduldet. Das »Stöhnen der bombardierten Stadt«, das noch im Festspiel des Jubiläumsjahres 1950 zu hören war, ist verklungen. Der »charakteristische Ausschnitt der Stadtgeschichte« ist der prächtige Hintergrund einer Gegenwart im Wirtschaftswunder, die nicht hinterfragt wird. Das wird sich erst mit der Ausstellung »Widerstand und Verfolgung in Köln 1933–1945« des Historischen Archivs im Jahre 1974 ändern.

Die römische Antike hatte sich durch ein Wunder ins Spiel gebracht und bleibt bis heute ein Grundpfeiler Kölner Selbstverständnisses. So, als Wunder, interpretiert Georg Gerster in seinem hymnisch von Nietzsche beschwingten Führer 1948 die Entdeckung des Dionysos-Mosaiks beim Bunkerbau am Dom im Sommer 1941. Bereits in der Ratssitzung am 29. August 1946 kann Oberbürgermeister Hermann Pünder die Eröffnung ankündigen: »Und so werden diese Kulturtage vieles zeigen, was in dieser Einmaligkeit nördlich der Alpen und in ganz Europa nicht gezeigt werden kann, insbesondere das berühmte Dionysos-Mosaik aus der römisch-heidnischen Zeit im Dombunker, das in diesen Tagen freigelegt und zu einem weihevollen Ort umgestaltet wird.« Der noch lange in den kommenden Jahren unterirdisch zugänglich gemachte Raum wird im Rahmen der bereits erwähnten »Kölner Kulturtage vom 18. bis 27. Oktober 1946«, die unter dem Titel stehen »Der Rhein und Europa« am 20. Oktober eröffnet und verzeichnet bis zum Jahresende 1946 über 5 000 Besucher. Damit war aus der Römisch-Germanischen Abteilung des Wallraf-Richartz-Museums das Römisch-Germanische Museum geworden, weiterhin unter der Leitung von Fritz Fremersdorf. Die Präsentation von Steindenkmälern rings um das prachtvolle Mosaik wurde bereits zum Domjubiläum erweitert.

Die Ruinen des Prätoriums unter dem Spanischen Bau sind »Mit dem Fahrstuhl in die Römerzeit« die nächste überregional bedeutende antike Attraktion. Mit einer den Bau darüber tragenden gewölbten Betondecke, von nur einer Stützenreihe – 58 Meter lang und 32 Meter breit – freitragend überspannt, sind die wuchtigen Mauern und das zentrale Oktogon seit dem 5. Oktober 1956 zugänglich. Die nach Norden anschließenden Ausgrabungen Otto Doppelfelds blieben teils im Heizungsbereich des Rathauses sichtbar, teils sind sie rings um die zugänglich gemachte Mikwe, das jüdische Kultbad, anschließend wieder zugeschüttet worden. Der Verlauf der Mauern des Judenviertels blieb in der Pflasterung sichtbar. Nach langen Jahren der Grabungen und der Diskussionen entsteht hier Kölns nächstes Museum. Mit »Miqua«, dem »Museum im Quartier«, ganz ausführlich »LVR-Jüdisches Museum im Archäologischen Quartier Köln« über den Ausgrabungen am Rathaus, die erstaunliche Ergebnisse zur Geschichte der Juden im mittelalterlichen Köln gebracht haben, wird dann die bis in die Antike zurückreichende, immer wieder durch Verfolgung und Pogrome unterbrochene Tradition jüdischen Lebens in Köln vor 1933 öffentlich erlebbar werden. Bisher hat sie im Kölnischen Stadtmuseum nur angedeutet werden.

Das Bewahren des römischen Erbes traf auch auf Widerspruch. In der Diskussion um ein 70 Meter langes Stück der römischen Stadtmauer an der St. Apernstraße auf dem Grundstück des Kolpinghauses-Köln-Mitte, heute teils als Hotel am Römerturm und als Kolping Jugendwohnheim genutzt, erinnert sich Oberbürgermeister Theo Burauen in der Ratssitzung am 26. Oktober 1967: »Ich habe dreimal eine »Römerschlacht« im Rat der Stadt erlebt; heute war es nur ein Gefecht. Dreimal habe ich mich mit an die Spitze gestellt, weil ich davon überzeugt war, daß etwas hätte verloren gehen können, was sich zur Schande der Ratsvertretungen nach dem letzten Krieg ausgewirkt hätte. Beim ersten Mal ging es um das Prätorium. Da lebte noch der Kollege Schaeven, der Vorsitzender der CDU-Fraktion war, Kollege Casaretto war Vorsitzender der FDP-Fraktion, und ich hatte das Vergnügen, der Vorsitzende der SPD, der Sozialdemokratischen Fraktion, zu sein. Die Phalanx der Neinsager war damals sehr groß und überwog die der Jasager. In wochenlangen Teilgefechten an den Theken unserer Stadt haben wir einen Neinsager nach dem anderen herausgesoffen – (Große Heiterkeit) – und stellten nachher fest, daß man doch eine Mehrheit zusammenbringen könnte. Dann haben wir in einer Ratssitzung gemeinsam den Antrag gestellt, das Prätorium zu erhalten, und es wurde mit 22 zu 20 Stimmen positiv entschieden. Es hätte genauso schiefgehen können.«

Manche Träume waren größer angelegt. In derselben Sitzung erinnert sich Rolf Jovy (SPD): »Ich habe nach dem Krieg, als alles noch in Trümmern lag, davon geträumt, dass man die römische Stadtmauer in ihrer ganzen Länge freilegen und als Grünanlage in die Stadt und ihr jetziges Leben einbeziehen könnte.« Diesen Traum hatte Karl Band (1900–1995), Architekt und von 1946 bis 1948 sowie erneut von 1950 bis 1961 CDU-Ratsmitglied, sogar unter dem Titel »Umgrünung der Römerstadt« 1947 in detaillierte, allerdings nicht ausgeführte Pläne gefasst. Der jenseits der Helenenstraße anschließende »Helenenturm« ist so Teil einer kleinen Grünanlage geworden. Daher blieben auch die bei den Bauarbeiten im Griechenmarktviertel freigelegten Reste der römischen Stadtmauer nicht nur parallel zum Blaubach erhalten. Parallel zum Mauritiussteinweg ist nach dem Abräumen der Trümmer ein mehr als 100 Meter langes Stück der Mauer sichtbar und bei der Planung der Bebauung in den Innenhöfen offen und auf Initiative des Rates für die Allgemeinheit zugänglich bewahrt worden. An der Griechenpforte ist auch ein Teil eines der Türme zu sehen. Im Straßenbild markieren seit 1990 große Bronzeplatten im Trottoir mit dem Grundplan des römischen Köln an 17 Stellen den Verlauf der römischen Stadtmauer.

Der Vorraum des Prätoriums zeigte zur Eröffnung einige wichtige antike Steindenkmäler. In der Alten Wache neben dem Zeughaus wird, mit Zugang durch das Kölnische Stadtmuseum, bald eine »Schatzkammer« des Römisch-Germanischen Museums gezeigt. Für die Aufstellung des Poblicius-Grabmals erhielt später der Museumsbau des Römisch-Germanischen Museums über dem Dionysos-Mosaik nachträglich noch eine um gut drei Meter aufgestockte Halle. In der an spektakulären Funden nicht armen Geschichte der Kölner Archäologie ist die Bergung der unter dem Haus Chlodwigplatz 24 im Frühjahr 1967 gefundenen Quader, Reliefs und Skulpturen des Poblicius-Grabmals wohl die abenteuerlichste Story. Die empfindlichen Kalksteinarbeiten wurden von einer kleinen Gruppe Amateurarchäologen bergmännisch abgebaut und konnten für die fast 15 Meter hohe Rekonstruktion mit Funden ergänzt werden, die bereits um 1884 am Chlodwigplatz gesichert worden waren. 1970 werden die Funde schließlich für etwas mehr als 500 000 D-Mark von der Stadt erworben. Am 3. März 1974 wird dann der Neubau von Heinz Röcke und Klaus Renner über dem Dionysos-Mosaik eröffnet, mit der stupenden Inszenierung Hugo Borgers (1925–2004), seit 1970 Nachfolger von Otto Doppelfeld und ab 1979 Generaldirektor der Kölner Museen. Sorgsam ergänzt und modernisiert von seinen Nachfolgern Hansgerd Hellenkemper von 1980 bis 2010 und Marcus Trier seit 2010 ist das Haus zusammen mit seinen erfolgreichen Sonderausstellungen auch heute eine der großen Attraktionen Kölns.

Schwierige Vergangenheit

Der Blick zurück in die andere, gerade im »Zusammenbruch« beendete eigene Vergangenheit der Jahre nach 1933 ist nach 1945 ein Wagnis, das man gerne umgeht. Für die, die dabei waren, ist es eine Zumutung und die, die nicht dabei waren, vermeiden oft die unangenehme Auseinandersetzung mit ihren Zeitgenossen und beschweigen die Jahre vor 1945. Alle Prozesse, die durch die Medien gehen, alle Kunst, alle Denkmäler, Theaterstücke, Forschungen und Informationen, Publikationen und Gedenkstätten, die nach dem Ende der nationalsozialistischen Diktatur entstehen, versuchen diese Jahre und damit das Gesicht der Medusa zu beschreiben. Alle scheitern vor dem Ziel, die Menschen zu erschüttern, aufzurütteln, die sich eigentlich nicht mit dem Thema beschäftigen wollen. Das gelang weder dem *Tagebuch der Anne Frank* noch Rolf Hochhuths Schauspiel *Der Stellvertreter* noch dem Theaterstück *Die Ermittlung* von Peter Weiss oder dem Drama *Andorra* von Max Frisch. Es gelingt erst der vierteiligen Fernsehserie »Holocaust: Die Geschichte der Familie Weiss«, die der WDR Anfang 1979 ausstrahlt. Es waren der Abstand einer Generation und die Identifizierungsangebote einer gekonnt inszenierten amerikanischen Serie notwendig, um den längst historisch erfassten und juristisch ausgemessenen Abgrund zu einem Abgrund unserer Seelen zu machen.

Keiner der heute Lebenden trägt Verantwortung für den Zweiten Weltkrieg und die unvergleichlichen, sich Jahr für Jahr unter nationalsozialistischer Diktatur noch steigernden Verbrechen, welche die Jahre zwischen 1933 und 1945 heute in unserem Bewusstsein dominieren. Inzwischen ist es unsere Verantwortung, uns dieser Geschichte zu stellen. Die Jahre und Jahrzehnte nach 1945 sind in den Fragen von Verantwortung und Schuld vom Wandel der Perspektiven und der Fragestellungen bei wachsendem zeitlichem Abstand geprägt. Im Umgang mit dem von der Stadtverwaltung weiter genutzten, von Bomben verschonten Sitz der Gestapo im EL-DE-Haus nach 1945 wie auch im Umgang mit den noch lebenden Opfern der nationalsozialistischen Diktatur zeigt sich dies ebenso wie in den Denkmälern und Mahnmalen, die öffentlich aufgestellt werden.

Über die Verbrechen der jüngsten Vergangenheit werden in Köln schon Details bekannt, als sie fast noch Gegenwart sind. Ende August 1945 erfährt Köln bereits von den Vorbereitungen für den Nürnberger Prozess. Mitte September 1945 beginnt eine ausführliche Berichterstattung über den Belsen-Prozess in Lüneburg, den die englische Militärregierung gegen den Lagerkommandanten des KZ Bergen-Belsen und zahlreiche weitere Angeklagte durchführt. Dabei werden auch erste Details über Selektionen, Gaskammern und Krematorien im KZ Auschwitz bekannt. Über Massenhinrichtungen im Kölner Gestapo-Haus werden die Kölner im Oktober 1945 unter dem Titel »Auch Köln war nicht frei von Nazi-Greueln« mit einem reich bebilderten Bericht informiert.

Wollte man das überhaupt wissen? Wollte man sich damit auseinandersetzen? Der Krieg war vorbei. Die nationalsozialistische Diktatur, in die viele ihre Hoffnungen gesetzt hatten, war nach erstaunt und voll Pathos gefeierten Erfolgen kläglich gescheitert. Für die noch lebenden Opfer der Gestapo waren die Erinnerungen schmerzhaft, gegenüber ihren Familien werden sie oft kaum erwähnt. Der ärmliche Alltag verlangt jetzt volle Aufmerksamkeit. Den Vorwurf der Kollektivschuld wehrt die Gemeinschaft der Überlebenden ab.

Differenziert und zugespitzt trägt dies unvorsichtig Oberbürgermeister Konrad Adenauer in einem Aufruf vor, den der *Kölnische Kurier* am 3. Juli 1945 prominent veröffentlicht: »Wir tragen Schuld an unserem Unglück; wir müssen uns klar darüber werden. Die einen haben gesündigt durch die Tat, die anderen durch ihr teilnahmsloses Zuschauen, sei es daß sie blind waren oder daß sie nicht sehen wollten. Wieder andere, die die Macht dazu gehabt hätten, haben nicht eingegriffen und dem

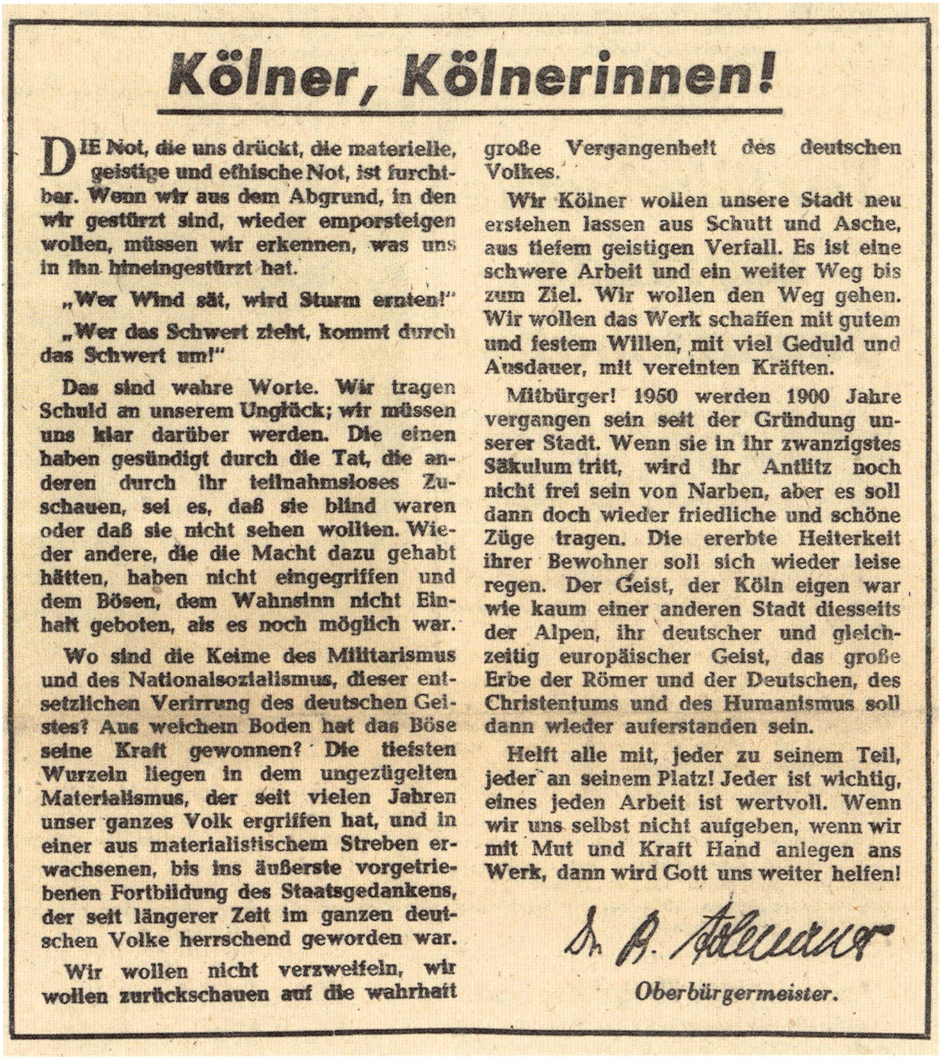

Kölner, Kölnerinnen!

DIE Not, die uns drückt, die materielle, geistige und ethische Not, ist furchtbar. Wenn wir aus dem Abgrund, in den wir gestürzt sind, wieder emporsteigen wollen, müssen wir erkennen, was uns in ihn hineingestürzt hat.

„Wer Wind sät, wird Sturm ernten!"

„Wer das Schwert zieht, kommt durch das Schwert um!"

Das sind wahre Worte. Wir tragen Schuld an unserem Unglück; wir müssen uns klar darüber werden. Die einen haben gesündigt durch die Tat, die anderen durch ihr teilnahmsloses Zuschauen, sei es, daß sie blind waren oder daß sie nicht sehen wollten. Wieder andere, die die Macht dazu gehabt hätten, haben nicht eingegriffen und dem Bösen, dem Wahnsinn nicht Einhalt geboten, als es noch möglich war.

Wo sind die Keime des Militarismus und des Nationalsozialismus, dieser entsetzlichen Verirrung des deutschen Geistes? Aus welchem Boden hat das Böse seine Kraft gewonnen? Die tiefsten Wurzeln liegen in dem ungezügelten Materialismus, der seit vielen Jahren unser ganzes Volk ergriffen hat, und in einer aus materialistischem Streben erwachsenen, bis ins äußerste vorgetriebenen Fortbildung des Staatsgedankens, der seit längerer Zeit im ganzen deutschen Volke herrschend geworden war.

Wir wollen nicht verzweifeln, wir wollen zurückschauen auf die wahrhaft große Vergangenheit des deutschen Volkes.

Wir Kölner wollen unsere Stadt neu erstehen lassen aus Schutt und Asche, aus tiefem geistigen Verfall. Es ist eine schwere Arbeit und ein weiter Weg bis zum Ziel. Wir wollen den Weg gehen. Wir wollen das Werk schaffen mit gutem und festem Willen, mit viel Geduld und Ausdauer, mit vereinten Kräften.

Mitbürger! 1950 werden 1900 Jahre vergangen sein seit der Gründung unserer Stadt. Wenn sie in ihr zwanzigstes Säkulum tritt, wird ihr Antlitz noch nicht frei sein von Narben, aber es soll dann doch wieder friedliche und schöne Züge tragen. Die ererbte Heiterkeit ihrer Bewohner soll sich wieder leise regen. Der Geist, der Köln eigen war wie kaum einer anderen Stadt diesseits der Alpen, ihr deutscher und gleichzeitig europäischer Geist, das große Erbe der Römer und der Deutschen, des Christentums und des Humanismus soll dann wieder auferstanden sein.

Helft alle mit, jeder zu seinem Teil, jeder an seinem Platz! Jeder ist wichtig, eines jeden Arbeit ist wertvoll. Wenn wir uns selbst nicht aufgeben, wenn wir mit Mut und Kraft Hand anlegen ans Werk, dann wird Gott uns weiter helfen!

Dr. K. Adenauer

Oberbürgermeister.

Konrad Adenauers Aufruf im Kölnischen Kurier *Nr. 15. Köln 3. Juli 1945*

Bösen, dem Wahnsinn nicht Einhalt geboten, als es noch möglich war.« Das kam wohl nicht gut an.

In der ersten Sitzung des von der Militärregierung berufenen Rates der Stadt Köln klingt es bei Konrad Adenauer schon anders: »Aber – und ich spreche jetzt aus diesem Saale an die gesamte Kölner Bürgerschaft – bedenken Sie und alle unsere Mitbürger doch immer das Folgende: Schuld an diesem unbeschreiblichen Elend sind jene Fluchwürdigen, die in dem unseligen Jahre 1933 zur Macht kamen, jene, die den deutschen Namen vor der ganzen zivilisierten Welt mit Schmach bedeckt und geschändet haben, unser Reich zerstörten, unser verführtes und gelähmtes Volk, als ihr eigener mehr als verdienter Untergang gewiß war, planmäßig und bewußt in das tiefste Elend gestürzt haben.« Und kein Jahr später steht Köln für Konrad Adenauer, inzwischen Vorsitzender der CDU in der britischen Zone, an der Spitze der Mitleidsskala: »Keine große Stadt ist vom Krieg so schwer getroffen wie Köln. Und dabei hatte sie es von allen deutschen Großstädten am wenigsten verdient; denn nirgendwo ist dem Nationalsozialismus bis 1933 so offener Widerstand und seit 1933 so viel geistiger Widerstand geleistet worden, nirgendwo waren die nationalsozialistischen Stimmen sogar noch bei den letzten freien Wahlen prozentual so niedrig wie in Köln.« Er begründet damit eine der Kölner Lieblingsmythen. Sein Nachfolger Hermann Pünder greift dies auf und ergänzt die entschuldende Selbstdarstellung Kölns in einer Sondersitzung des Rates am 6. April 1947 anlässlich des Besuches des Oberbürgermeisters von Birmingham in Gegenwart des englischen Stadtkommandanten um die ebenso in den Mythos eingegangene Abneigung Adolf Hitlers gegenüber Köln: »Auch dem nationalsozialistischen Geist hat Köln wie keine andere deutsche Stadt Widerstand geleistet. Vor dem 30. Januar 1933 hatte die NSDAP in Köln kaum Fuß fassen können, und auch nachher brachte Hitlers Partei in Köln bei den letzten halbfreien Wahlen den geringsten Prozentsatz an Stimmen in allen deutschen Großstädten auf. Kein Wunder also, daß Hitler Köln haßte. Während seines ganzen ›Tausendjährigen Reiches‹ hat er Köln trotz seiner überragenden Bedeutung und Größe nur ein einziges Mal besucht und dies auch nur für wenige Stunden.« Ganz Köln erhält die Opferrolle. Und die Anklagen, Forderungen und politischen Vorstellungen derer, die sich gegen den Nationalsozialismus gestellt hatten, werden nicht immer gerne gehört. Selbst ein kritischer Zeitzeuge wie Heinrich Böll lässt sich 1953 von der neu geschaffenen gemeinsamen Kölner Erinnerung verführen: »[...] es ist gewiß kein Zufall, daß Hitler sich in keiner Stadt so wenig wohl gefühlt hat wie in Köln; die Souveränität der Bevölkerung liegt so sehr in der Luft, daß kein Tyrann, kein Diktator sich in Köln wohlfühlen kann.« Als Arnold Stelzmanns *Illustrierte Geschichte der Stadt Köln* im Jahr 1958 in erster Auflage erschien, war aus dem Wunschdenken historische Darstellung geworden: »Die Zustimmung, die der Nationalsozialismus in Köln fand, war äußerst gering.« Wirksam ist der Mythos noch in der Entschließung des Rates am 17. März 1983 anlässlich des 50. Jahrestages der »Machtergreifung in Köln«, die feststellt: »Köln wurde in der Folge zu einem Zentrum des Widerstandes gegen den totalitären Staat.«

Kein Wunder, dass das erste öffentliche Denkmal, aufgestellt am 1. November 1949, also an Allerheiligen, am Chor der Ruine von St. Maria im Kapitol, ganz allgemein »Den Toten« des Zweiten Weltkrieges gewidmet ist. »Die Grabstätten der Gefallenen, Verschollenen, von Bomben getroffenen und politisch Vernichteten kennen wir nicht. Allen diesen Toten für die Hinterbliebenen eine Stätte des Gedenkens zu schaffen, ist der Sinn des Kölner Totenmals von Gerhard Marcks.« Diese summarische Zusammenlegung aller Opfer, eine neutrale Distanzierung, die sich schließlich mit Zahlen zufriedengibt und so mit der Geschichte abschließt, bleibt lange offizielle Haltung.

Aber sie ist von Beginn an nicht unwidersprochen. Am 25. Mai 1945 hatte man sieben Opfer auf dem Gelände des Klingelpütz entdeckt und ihnen im Angesicht der Öffentlichkeit am 3. Juni 1945 am Hansaring, im Park vor der mittelalterlichen Stadtmauer, ein neues Grab gegeben. Dort wird von Verfolgtenorganisationen und der Stadt Köln 1951 eine ganz andere Perspektive formuliert: »Hier ruhen sieben Opfer der Gestapo. Dieses Mal erinnere an Deutschlands schandvollste Zeit 1933–1945.« Abseits der Öffentlichkeit hatte die Synagogengemeinde ohne städtische Unterstützung, dann aber aus den Landesmitteln der Gemeinde bereits am 6. Juni 1948 ein von Helmut Goldschmidt entworfenes Mahnmal für die jüdischen Opfer des Naziregimes auf dem jüdischen Friedhof in Bocklemünd aufgestellt. Bundesweit wird am 9. September 1951 vom VVN, der Vereinigung der Verfolgten des Naziregimes, ein »Internationaler Gedenktag für die Opfer des Faschismus« auch in Köln durchgeführt. In der Domstadt versammeln sich am Westbahnhof mehrere tausend Menschen und am Denkmal im Hansapark werden Kränze niedergelegt.

Ein im Zweiten Weltkrieg entstandener Zweitguß des Ehrenmals für die Toten des Ersten Weltkrieges im Dom zu Güstrow wird am 18. Mai 1952 in der Antoniterkirche installiert. »Der Schwebende« von Ernst Barlach mit den Gesichtszügen von Käthe Kollwitz ist eine der bedeutendsten Skulpturen des 20. Jahrhunderts, eine Klage schwebend über den Schlachtfeldern. Die Daten beider Weltkriege auf einer Steinplatte darunter beanspruchen die Skulptur nun auch für den Zweiten Weltkrieg. Eine Bronzeskulptur mit Davidstern von Dieter Boers bringt seit 1995 dazu die Erinnerung an den Holocaust in den Dialog mit dem Betrachter ein.

Neue Diskussionen über ein »Ehren- und Mahnmal für die Opfer des Nationalsozialismus«, die sich im Frühjahr 1957 im Rat entwickeln, lassen die beiden Positionen deutlich werden. Sally (Samuel) Keßler (auch

Kessler) (1912–1985), bald Mitglied im Vorstand der Synagogengemeinde, mit einer kurzen Unterbrechung von 1954 bis 1975 Mitglied des Rates für die SPD, fordert: »Wir denken an die Errichtung eines Mals, das in symbolischer Form und künstlerischer Gestaltungsweise den Sinngehalt des Ringens jener Menschen in gültiger und echter Aussage darstellt: das Ringen, Kämpfen und Sterben für den Frieden, für die Unverletzlichkeit des Glaubens und der religiösen Überzeugung und für die Würde des Menschen.« Die Gegenposition vertritt Heinrich Lohmer, von 1956 bis 1994 für die CDU Mitglied des Rates: »Es entspricht einer Tradition, daß wir, wenn wir diese Frage berühren, auch derer gedenken, die durch den unseligen Krieg ihr Leben gelassen haben, der ja auch dem nationalsozialistischen Gewaltregime entsprungen ist.« Als »kleine Lösung« wird dann Ende des Jahres 1957 die Aufstellung des Zweitgusses der Skulptur »Bomslachtoffer« von Mari Andriessen, die Mitglieder des Rates in den Niederlanden besichtigt hatten, neben der Gedenkplatte am Hansaring beschlossen. Eine große Lösung für eine Gedenkstätte für die Opfer des Nationalsozialismus hatte in früheren Besprechungen – wohl im Kulturausschuss – zwar keinen Widerspruch gefunden – »Die Ausführung eines so weitgreifenden Planes liegt aber noch in der Ferne.« Sprachlos angesichts dieser vorzugsweise unterschiedslos erinnerten Opfer und ohne Inschrift sind in der Ruine der spätgotischen Kirche St. Alban zwischen Wallraf-Richartz-Museum und Gürzenich die leicht vergrößerten Kopien der »Trauernden Eltern« von Käthe Kollwitz aufgestellt. Erstmals bereits 1955 und endgültig dann zur feierlichen Einweihung als Gedächtnisstätte der Bundesrepublik für die Toten des Zweiten Weltkrieges am 21. Mai 1959. Bundespräsident Theodor Heuss hatte die Erlaubnis der Familie erbeten, Kopien des Skulpturenpaares schaffen zu lassen, die Käthe Kollwitz 1932 auf dem Soldatenfriedhof in Flandern, auf dem ihr Sohn sein Grab im Ersten Weltkrieg gefunden hatte, aufstellen lassen konnte. Sie entstanden im Atelier von Ewald Mataré durch dessen damalige Schüler Joseph Beuys (den Vater) und Erwin Heerich (die Mutter). Begleitet werden die Skulpturen durch das ursprünglich am Dom aufgestellte Bundes-Ehrenmal für die Kriegsgefangenen mit der Inschrift: »Noch warten Kriegsgefangene auf ihre Heimkehr« von Kurt-Wolf von Borries.

Im Sammelverfahren des Gedenkens an die Opfer des Zweiten Weltkrieges konnte man auch in Köln »der Strafverfolgung von NS-Verbrechen keinen Reiz abgewinnen«.

In Köln werden bis 1968 insgesamt nur 29 Strafverfahren wegen nach dem 1. September 1939 begangenen Tötungsverbrechen gegen 66 Angeklagte durchgeführt. Ein Beispiel: Im Jahr 1954 erhalten Dr. Emanuel Viktor Schäfer, von 1940 bis 1942 Leiter der Gestapo Köln, sein Nachfolger bis 1944 Oberregierungsrat Franz Sprinz und Kriminalrat Kurt Maschke, seit 1942 Leiter des Kölner Judenreferats, wegen ihrer Beteiligung an der Deportation von etwa 12 000 Kölner Juden Zuchthausstrafen. Das Gericht zeigt sich den Angeklagten gegenüber wohlgesonnen. Für das Gericht galt nur, »dass die Angeklagten dienstlich nicht über das Schicksal der Juden informiert waren« obwohl zwei Sekretärinnen der Polizei bezeugen, dass jeder gewusst hat, »dass die Juden in den Tod gingen«. Emanuel Viktor Schäfer war allerdings bereits 1953 wegen in Serbien im Krieg begangener Morde zu sechseinhalb Jahren Zuchthaus verurteilt worden und erhielt nun drei Monate zusätzlich. Kurt Maschke, dem das Gericht zugute hält, »daß er ehrlich an den damaligen Staat geglaubt« habe, erhält zwei Jahre für seine Beteiligung. Franz Sprinz, »ein korrekter und sauberer Beamter«, bekam wegen 8500-facher »Freiheitsberaubung im Amt« drei Jahre Zuchthaus.

An Heiligabend 1959, drei Monate nach der Einweihung der als Gemeindezentrum erneuerten Synagoge, öffnen dreiste Schmierereien erneut den Blick in den Abgrund, den man so gerne vergessen wollte. Zuerst wurde gegen 23 Uhr gezielt der zweite Satz des Gedenksteins am Hansaring »Dieses Mal erinnere an Deutschlands schandvollste Zeit 1933–1945« mit schwarzer Lackfarbe überstrichen, dann folgten in derselben Nacht gegen 2 Uhr 30 die Schmierereien in Rot und Weiß an der Synagoge in der Roonstraße mit den Parolen »Juden raus« und »Deutsche fordern: Juden raus«, ergänzt um schwarze Hakenkreuze am Synagogeneingang. Die Täter, beide Mitglieder der DRP, der rechtsradikalen Deutschen Reichspartei, waren dank eines Hinweises ihres vorläufigen Parteivorsitzenden rasch gefasst. Bereits am 6. Februar 1960, gerade sechs Wochen nach der Tat, ergingen die Urteile. Paul Schönen, der bei den Schmierereien Schmiere gestanden hatte, wurde zu zehn Monaten, Arnold Strunk zu einem Jahr und zwei Monaten Gefängnis verurteilt. Zu diesem Zeitpunkt, genauer bis zum 28. Januar 1960, hatte das Bundesamt für Verfassungsschutz 470 Vorkommnisse von »antisemitischen und nazistischen Schmierereien und Ausschreitungen« erfasst, die die Berichterstattung über die Kölner Vorkommnisse ausgelöst hatten. Bei zwei Dritteln der Täter handelt es sich um Jugendliche oder junge Erwachsene. Es entsteht Handlungsbedarf und Rechtfertigungsdruck.

Im Rat wird von Oberbürgermeister Theo Burauen am 28. Januar 1960 eine gemeinsame Erklärung aller Fraktionen des Rates verlesen, in der man die Gelegenheit nutzt, die besondere Opferrolle Kölns wieder einmal in Erinnerung zu rufen: »Kaum eine Stadt hat in der Zeit der unseligen nationalsozialistischen Gewaltherrschaft so nachhaltig inneren und äußeren Widerstand geleistet wie Köln. [...] Um so tiefer empfunden ist die Gesamtscham unserer Bürgerschaft gegenüber diesen verbrecherischen Handlungen. Wo solcher Ungeist sich zeigt, muß er ausgemerzt werden.«

»Damals, kurz nach der so bekannt gewordenen Schmiererei an der Kölner Synagoge, entwickelte der Kulturdezernent der Stadt Köln, Herr Beigeordneter Dr. Hackenberg, den Plan, eine eigene große kulturgeschichtliche Ausstellung über das Leben der Juden am Rhein zu veranstalten.« Für Kurt Hackenberg war eine Ausstellung, die darstellen sollte, »welches Schicksal die deutschen Juden im Laufe der Geschichte betroffen habe«, die Antwort auf den schwierigen Versuch, die »unterschwelligen Gründe« für die Welle antisemitischer Aktionen zu finden. Mit 114350 Besuchern in Zeughaus und Alter Wache, die für die Zeit der Ausstellung vom 15. Oktober 1963 bis zum 15. März 1964 vom Kölnischen Stadtmuseum und Römisch-Germanischen Museum geräumt worden waren, und einer breiten Resonanz in der Presse war die Ausstellung ein großer Erfolg. Sie hat dem Engagement, das sich bereits vor den Schmierereien mit der Gründung der Bibliothek Germania Judaica am 28. Februar 1959 und der Gesellschaft für Christlich-Jüdische Zusammenarbeit formiert hatte, einen neuen Boden bereitet. Mehr als 50000 Schüler und Studenten, zu denen auch ich damals zählte, sind hier jüdischer Kultur und einer ersten Darstellung der Verfolgung der Juden nicht nur in Köln vom Mittelalter bis zur nationalsozialistischen Diktatur begegnet. Die Kölnische Gesellschaft für christlich-jüdische Zusammenarbeit war auf Anregung von Hermann Pünder am 11. Juli 1958 im Isabellensaal des Gürzenichs gegründet worden. Sie hat besonders mit der regelmäßigen Veranstaltung der Woche der Brüderlichkeit und Vortragsveranstaltungen Wirkung erzielt.

Neues Nachdenken über die Jahre des Nationalsozialismus bringen erst die Frankfurter Auschwitz-Prozesse seit 1963 in Gang. In Köln wird in denselben Jahren von Oktober 1964 bis Mai 1965 ein Prozess gegen den SS-Oberscharführer Otto Kaiser und neun weitere SS-Leute des KZs Sachsenhausen geführt. Otto Kaiser erhält wegen versuchten Mordes in sechs Fällen am 28. Mai 1965 eine Strafe von 15 Jahren Zuchthaus, acht Mitangeklagte werden zu ein bis zwei Jahren Gefängnis verurteilt, einer wird freigesprochen. 1968 werden erneut Anklagen erhoben und diesmal am 20. April 1970 Otto Kaiser und vier weitere Angeklagte zu lebenslangen Freiheitsstrafen verurteilt.

Den Wendepunkt des Umgangs mit der Geschichte des Nationalsozialismus markiert, wie gesagt, die erfolgreiche Ausstellung des Historischen Archivs »Widerstand und Verfolgung in Köln 1933–1945« vom 8. Februar bis zum 28. April 1974. Der Vorschlag prominenter Kölner wie Heinrich Böll und Paul Schallück im Jahre 1971, die Frankfurter Ausstellung »Antifaschistischer Widerstand 1933–1945« nach Köln zu holen und um einen Blick auf die Kölner Verhältnisse zu ergänzen, war Anlass, die Stadtgesellschaft zu aktivieren und die vom Historischen Archiv, besonders von Franz Irsfeld, betriebene Forschungsarbeit zu unterstützen. Eine neue Generation, ohne eigene Erinnerungen an die Zeit des Nationalsozialismus, hatte sich unter der Leitung von Hugo Stehkämper (1929–2010) als Direktor des Archivs, der persönlich der »Flakhelfergeneration« zuzurechnen ist, dem bisher im historischen Bewusstsein der Stadt kaum berührten Thema zugewandt. Erstmals werden diejenigen, die Widerstand geleistet haben, und diejenigen, die Opfer der nationalsozialistischen Verfolgung und Vernichtung geworden sind, nicht mehr mit den Opfern »verrechnet«, die der Krieg sonst gefordert hat. Die Ausstellung ist ein solcher Erfolg, dass sie verlängert und der Katalog nachgedruckt wird. Kulturdezernent Kurt Hackenberg resümiert dies begeistert am 28. März 1974 unter allgemeinem Beifall im Rat: »Es zeigt sich, daß wir recht getan haben, das Thema nicht auf das Bundesgebiet auszudehnen, sondern auf eine lokale Ebene zu projizieren. Dadurch hat sich ein näherer Bezug zur Stadtgeschichte, zu den Menschen unserer Stadt ergeben.«

Die neue lokale Perspektive auf die Zeit des Nationalsozialismus in Köln setzt eine Entwicklung in Gang, die unserer Tage die historische Landschaft der Stadt mit dem NS-Dokumentationszentrum im EL-DE-Haus, mit neuen Denkmälern und den Stolpersteinen Gunter Demnigs prägt. Heute ist das Dokumentationszentrum im ehemaligen Sitz der Gestapo mit mehr als 80000 Besuchern im Jahr 2016 ein erfolgreicher Vermittler der andauernden Forschungen zur Geschichte des Nationalsozialismus in Köln. Neben Dokumentation, Forschung und der Vermittlung von Informationen gerade an die Jugend, hat das NS-Dokumentationszentrum sich auch den in der Emigration gebliebenen Kölnern gewidmet und sich für das städtische Besuchsprogramm mit den nach Köln vor 1945 verschleppten Zwangsarbeitern gemeinsam mit der Projektgruppe Messelager in Verbindung gesetzt.

Detailliert hat sich inzwischen auch die katholische Kirche in Köln mit ihrer Geschichte zwischen 1933 und 1945 beschäftigt. In der Kirche, der man heute gerne das zögerliche Taktieren des Vatikans vorwirft, erinnert man sich nun in Köln der warnenden Hirtenbriefe, der erzbischöflichen »Abwehrstelle gegen die nationalsozialistische antichristliche Propaganda« und der verschiedenen Kreise, Geistlichen und Laien, die sich wie auch Erzbischof Josef Frings gegen den Nationalsozialismus stellten und über Planungen für eine Gesellschaft nach Kriegsende nachdachten. Viele haben ihr Leben dabei riskiert, mancher hat es dabei verloren. Langsam hebt nun auch die Kölner Kirche ihre Märtyrer in ihr Bewusstsein, viele davon aus Köln selbst. Bewusst geworden ist sich das Erzbistum Köln, wie ebenfalls die evangelische Kirche im Rheinland, auch der Tatsache, dass in den eigenen Institutionen Zwangsarbeiter beschäftigt worden sind. Der Caritasverband hat sich darangegeben, die Betroffenen aufzuspüren und möglichst unbürokratisch Entschädigungen zu zahlen, Versöhnung oft mit einem Besuch in Köln zu erreichen.

Aktiver Protest gegen den Nationalsozialismus war die heute noch lebendige Bußwallfahrt der Männer zum Kalker Gnadenbild. Pater Josef Spieker, Kölner Männerseelsorger, hatte die Wallfahrt 1931 initiiert. Unter den Fürbitten fand sich im Jahre 1933 auch »Von Satans Reich befreie uns«. Misstrauisch beobachtet, behindert und schließlich verboten, wurde die Bußwallfahrt nach Kriegsende wiederaufgenommen. Das alte Gnadenbild hatte überraschend die Zerstörung der Kapelle und anschließend den Brand der Marienkirche unversehrt überstanden.

Für die evangelische Kirche ist die Situation in der Spannung zwischen ehemaligen, dem Nationalsozialismus nahestehenden »Deutschen Christen« und den Mitgliedern der »Bekennenden Kirche«, die eine Grenze gezogen hatten, aber auch nicht »laut genug gerufen hatten« und von denen nur wenige den Treueeid auf den Führer verweigert hatten, schwieriger. Ungern erinnert man sich daran, wie die eigene Kirche den Verweigerer des Eides, den »roten Pfarrer« der Kartäuserkirche Georg Fritze (1874–1939), behandelt hatte. Erst 1980 wird Fritze offiziell rehabilitiert und seine Haltung gewürdigt.

Der langsam wirkende allgemeine – nicht nur Kölner – Bewusstseinswandel zeigt sich in der Domstadt – eine Generation nach Kriegsende – auch am Prozess gegen Kurt Lischka, Herbert Hagen und Ernst Heinrichsohn. Kurt Lischka (1909–1989) war für wenige Monate im Jahre 1940 Vorgänger von Dr. Emanuel Viktor Schäfer als Leiter der Kölner Gestapo gewesen, bevor er ab November 1940 die Gestapozentrale in Paris übernahm und damit auch die Leitung der Transporte französischer Juden in die Vernichtungslager. Herbert Hagen war als Leiter der Außenstelle in Bordeaux im nichtbesetzten Frankreich für die Festnahme der Juden zuständig, während Ernst Heinrichsohn die technische Abwicklung der

Transporte betreute. Kurt Lischka war in Frankreich in Abwesenheit verurteilt worden, wurde aber als deutscher Staatsbürger nicht ausgeliefert. Er hatte sich nach dem Krieg in Köln niedergelassen und war im Getreidegroßhandel einer befreundeten Familie als Prokurist tätig. Hier haben ihn 1971 Beate und Serge Klarsfeld aufgespürt und für das israelische Fernsehen beim Gang zur Arbeit gefilmt. Wenig später versuchen sie, ihn nach Frankreich zu entführen. Das wurde in der Öffentlichkeit noch als »hysterisch« und »fanatisch« eingestuft. Erst als Beate Klarsfeld 1974 wegen des Entführungsversuches in Köln der Prozess gemacht wird, ändert sich die Betrachtung. Es wird nun als der eigentliche Skandal empfunden, dass »seit Jahren in unserer Mitte unbehelligt ein Mann (lebt), der für die Verschleppung und Ermordung Tausender von Juden verantwortlich ist«. Nach Ratifizierung eines Zusatzabkommens mit Frankreich im Januar 1975, gerne als »Lex Klarsfeld« bezeichnet, wird ein Prozess gegen Lischka, Hagen und Heinrichsohn geführt, der am 11. Februar 1980 mit langen Freiheitsstrafen für die Angeklagten endet. Richter Heinz Faßbender formuliert das Erschrecken der Nachkriegsgeneration: »Da verhandelt man über drei Monate, man sieht diese Leute ständig vor sich und sieht, dass sie sich von den eigenen Eltern und Verwandten gleichen Alters in Erscheinungsbild und Lebensweise nicht unterscheiden, und da wird einem angst und bange. Von jedem anderen Täter, den wir vor dem Schwurgericht hatten, sei es Raub- oder Sexualmörder, kann man sich distanzieren. Von ihnen dagegen nicht.«

Anfang 1979 – noch wird auf den Prozess gegen Lischka, Hagen und Heinrichsohn gewartet und die vierteilige Serie »Holocaust: Geschichte der Familie Weiss« läuft im 1. Programm der ARD – stellt sich Sammy Maedge mit Mahnschildern auf den Wallraf-Platz. Wieder einmal erinnert er an die Jahre nationalsozialistischer Herrschaft in Köln und weist auf die Gestapozellen im Keller des EL-DE-Hauses hin, das seit Kriegsende für städtische Dienststellen angemietet ist, die die Zellen als Aktenkeller nutzen. Wenig später, in der Nacht vom 6. auf den 7. März 1979, verschaffen sich Kurt Holl und der Fotograf Gernot Huber Zutritt zu den Kellerräumen des EL-DE-Hauses und damit zu den ehemaligen Zellen der Kölner Gestapo und fotografieren die Graffitis an den Wänden. Die Bilder sind mehr als wirksam. Stadtkonservatorin Hiltrud Kier veranlasst einen Stopp der gerade begonnenen »Renovierungsarbeiten«. Und am 13. Dezember 1979 beschließt der Rat mit den Stimmen von SPD und CDU – die FDP äußert sich nicht zum Thema, das sie aber am 3. Mai 1979 im Kulturausschuss eingebracht hatte –, die Herrichtung der Kellerräume als Informationsstätte und die Einrichtung eines »Dokumentationszentrums

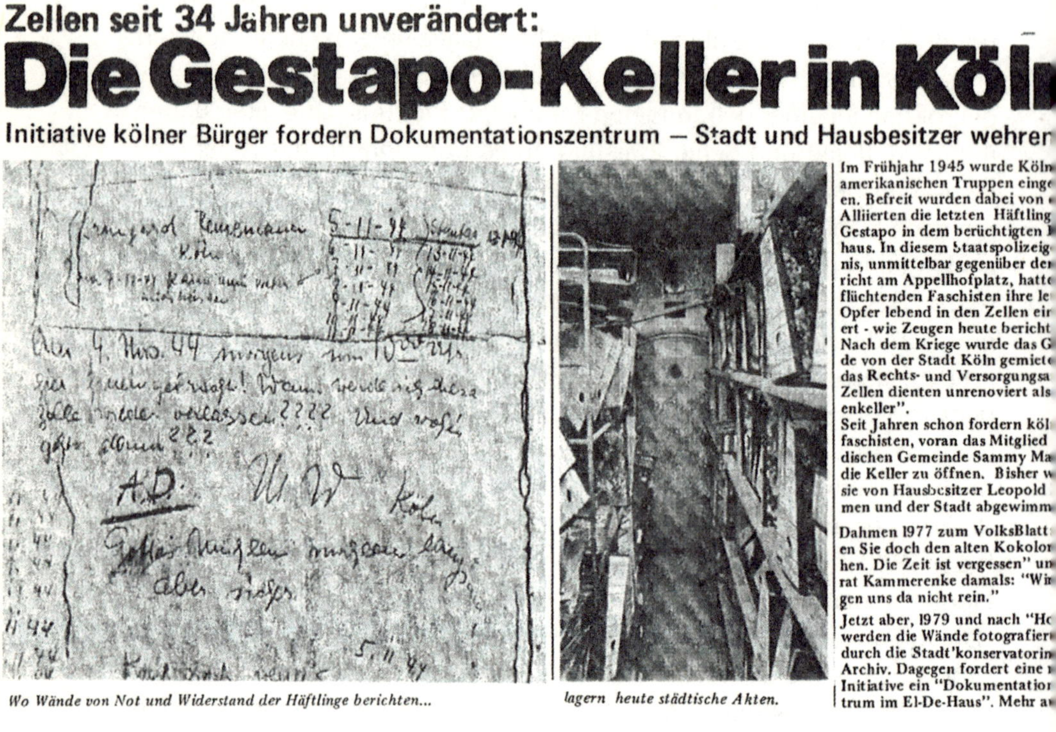

Zellen seit 34 Jahren unverändert:
Die Gestapo-Keller in Köl
Initiative kölner Bürger fordern Dokumentationszentrum – Stadt und Hausbesitzer wehren

Im Frühjahr 1945 wurde Köln
amerikanischen Truppen einge
en. Befreit wurden dabei von
Alliierten die letzten Häftling
Gestapo in dem berüchtigten
haus. In diesem Staatspolizeig
nis, unmittelbar gegenüber de
richt am Appellhofplatz, hatt
flüchtenden Faschisten ihre le
Opfer lebend in den Zellen ei
ert - wie Zeugen heute bericht
Nach dem Kriege wurde das G
de von der Stadt Köln gemiet
das Rechts- und Versorgungsa
Zellen dienten unrenoviert als
enkeller".
Seit Jahren schon fordern köl
faschisten, voran das Mitglied
dischen Gemeinde Sammy Ma
die Keller zu öffnen. Bisher w
sie von Hausbesitzer Leopold
men und der Stadt abgewimm

Dahmen 1977 zum VolksBlatt
en Sie doch den alten Kokolor
hen. Die Zeit ist vergessen" un
rat Kammerenke damals: "Wi
gen uns da nicht rein."

Jetzt aber, 1979 und nach "H
werden die Wände fotografier
durch die Stadt'konservatorin
Archiv. Dagegen fordert eine
Initiative ein "Dokumentatio
trum im El-De-Haus". Mehr a

Wo Wände von Not und Widerstand der Häftlinge berichten...

lagern heute städtische Akten.

Kölner Volksblatt. *Köln April 1979*

über die Zeit des Nationalsozialismus in Köln«. Hans-Dieter Tintner formuliert im Antrag das neue Verständnis der städtischen Vergangenheit: »Uns steht hierzu zunächst ein grausames Relikt dieser Herrschaft zur Verfügung: die Kellerräume der Kölner Gestapo-Zentrale im sogenannten EL-DE-Haus, in denen viele Opfer der Willkür verhört, gefoltert und – worauf ebenfalls Hinweise deuten – ermordet worden sind.«

Im Oktober des nächsten Jahres 1980 beginnt Horst Matzerath den Aufbau einer Institution, an deren Spitze er bis 2002 stehen sollte und die nun unter seinem Nachfolger Werner Jung zu den bedeutendsten ihrer Art in der Bundesrepublik zählt. Heute lässt sich die Vielfalt der Aufgaben, die sich auf Horst Matzeraths und anderen Schreibtischen im Historischen Archiv entwickelte, gut beschreiben. Der Zellentrakt im Keller des EL-DE-Hauses musste zur Gedenkstätte umgestaltet werden, die Dokumente zur Geschichte des Nationalsozialismus in Köln mussten angesichts der gezielten Aktenvernichtung am Ende des Krieges aus Gegenüberlieferungen in anderen Archiven und Privatbesitz erfasst werden, die Geschichte der Zeit musste erforscht und einem ständig wachsenden Publikum vermittelt werden und das mit einer inzwischen bereits mehrfach erweiterten und überarbeiteten Dauerausstellung im EL-DE-Haus, die durch thematische Sonderausstellungen ergänzt wird.

Im EL-DE-Haus sind auch die »Edelweißpiraten« ein Thema. Vergangenheit verändert sich zwar nicht, aber sie wird immer wieder neu erforscht und beschrieben und neu verstanden. Die Edelweißpiraten sind für den nach Forschungen und juristischen Auseinandersetzungen sich ändernden Blick zurück auf Kölns Vergangenheit vor 1945 ein faszinierendes Beispiel.

Ohne Gerichtsverfahren waren von der Gestapo unter dem Befehl von Ferdinand Kütter 13 Fremdarbeiter öffentlich in der Hüttenstraße (heute seit 1981 Bartholomäus Schink-Straße) an einem dort errichteten hölzernen Galgen erhängt worden. Am 10. November 1944 folgen an gleicher Stelle 13 »Reichsdeutsche«, unter ihnen der noch nicht sechzehnjährige Barthel Schink. Das NS-Dokumentationszentrum hat sich 2004 mit der Ausstellung »Von Navajos und Edelweißpiraten – Unangepasstes Jugendverhalten in Köln 1933–1945« ausführlich mit den Jugendlichen befasst, die sich nicht von der HJ vereinnahmen lassen wollten. Die »Ehrenfelder Gruppe« mit einem Umfeld von gut hundert Personen, der sich auch unangepasste Jugendliche angeschlossen hatten, die zuvor wie Barthel Schink als Edelweißpiraten aktiv gewesen waren. Unter der Führung des aus dem KZ-Außenlager Köln-Messe geflohenen Häftlings Hans Steinbrück war diese »Gesellschaft in der Katastrophe« am Kriegsende zur Bedrohung der staatlichen Autorität geworden. Mit den öffentlichen Hinrichtungen sollte ein Zeichen gesetzt werden. Die Aktion blieb auch im Gedächtnis der Zeitgenossen, wie z. B. ein Gemälde von Bert May im Kölnischen Stadtmuseum zeigt, das wohl noch 1945 kurz nach Kriegsende entstanden ist. Die Diskussion aber, ob hier Widerstand geleistet wurde oder kriminelle Aktivitäten entwickelt worden waren, oder wie weit beides sich miteinander verband, ist bis heute aktiv. Oft wurde sie auch, da es um offizielle Anerkennung und Wiedergutmachung ging, juristisch geführt. Die Familien der Ermordeten, Überlebende der Ehrenfelder Gruppe und der Edelweißpiraten, wie sie z. B. durch Jean Jülich (1929–2011) vertreten wurden, haben das schmerzhaft erfahren.

Die öffentliche Diskussion hat Walter Kuchta, damals Kölner Vorsitzender der Vereinigung von Verfolgten des Naziregimes, am 10. November 1966 mit einem großen Schild angestoßen: »Heute vor 22 Jahren wurden hier 11 Deutsche durch die Nazis ermordet. Frage an den Staatsanwalt: Ist das vergessen und erledigt?« Die später vom Kölner Jugendring gestaltete Gedenktafel wurde am 7. Mai 1972 am Ort der Ermordung angebracht. Das Kölner Schauspiel hat 1980 unter Jürgen

Flimm und Volker Canaris mit dem Stück »Edelweißpiraten sind treu«, einer Collage aus Texten vor und nach 1945, das Thema weiter in die Öffentlichkeit gebracht. Mit dem »Edelweißpiratenfestival« ist die Erinnerung an ihr selbstbewusstes und widerständiges Verhalten seit 2005 heute regelmäßiger Bestandteil des kölschen Kalenders geworden. Mit einer Ehrung durch Jürgen Roters, damals Regierungspräsident, ist diesem Widerstand spät, am 16. Juni 2005, auch öffentlich Anerkennung ausgesprochen worden. Allerdings gelang es auch danach nicht, die gesamte CDU-Fraktion für eine Ehrenbürgerschaft für Jean Jülich, der wenig später starb, zu motivieren. Auch Gertrud Koch, die mit einer Flugblattaktion und Monaten in Gestapohaft ihr Leben riskiert hatte, hat diese Ablehnung in den Jahrzehnten nach Kriegsende schmerzhaft erfahren.

Die persönlichen Erinnerungen an die deutschen Kriegszüge des Zweiten Weltkrieges sind im Blick zurück der Teilnehmer kaum zu ertragen. Man spricht nicht darüber. Das wird zur Erfahrung der Jugend der Nachkriegszeit. Auch in Literatur und Kunst ist der Krieg selbst ein seltenes Thema. Heinrich Böll (1917–1985) bringt uns seine Kriegszeit, ausgeliefert an allgegenwärtige Zerstörung und Tod, in Kurzgeschichten nahe, von denen manche erst nach seinem Tode erschienen, und in Romanen wie *Wo warst Du Adam?* (1951). Hans Bender (1919–2015) wird, erst im Jahre 1949 »im Rock des Feindes« aus russischer Kriegsgefangenschaft zurückgekehrt, zur zentralen Gestalt der deutschen Nachkriegsliteratur. Seit 1959 in Köln lebend, lässt er uns in seinem Roman *Wunschkost*, der 1959 erscheint, am Erlebnis der Gefangenschaft teilnehmen. Als Maler hat sich Gerd Baukhage (1911–1998) seit seiner Rückkehr aus der russischen Kriegsgefangenschaft immer wieder mit seinen Erlebnissen auseinandergesetzt. Ende der 50er Jahre hat Gerd Baukhage in einer Serie großformatiger Aquarelle die Schrecknisse seiner Kriegserlebnisse, wie keiner sonst in seiner Kölner Generation, in Szenen des Grauens gefasst. Ob seine augentäuschend realistisch gemalten »Versperrungen« aus Holz oder rostigen Eisenplatten der späten 1960er Jahre die Erlebnisse verdecken?

Auch in der nächsten Generation ist das Handeln und Erleben der einfachen Soldaten der Wehrmacht kein selbstverständliches Thema. Das in den in Millionen-Auflagen erschienenen Landser-Heften der Nachkriegszeit leichthin romantisierte und gerechtfertigte Kriegsgeschehen, im Osten und Südosten vielfach mit Verbrechen verbunden, war in der Öffentlichkeit lange ein Tabuthema. Die umstrittene Ausstellung »Vernichtungskrieg. Verbrechen der Wehrmacht 1941 bis 1944« des Hamburger Instituts für Sozialforschung, 1995 zuerst in Hamburg gezeigt, erreicht im Frühjahr 1999 Köln. Kölnisches Stadtmuseum und NS-Dokumentationszentrum haben sich des schwierigen aber notwendigen Projekts, das auch in Köln heftige Emotionen und Diskussionen auslöst, gemeinsam angenommen.

Viele Mahnmale sind nicht auf den ersten Blick im Stadtbild zu sehen, manchen aber, zentral verortet und nicht zu übersehen, begegnet man oft und immer wieder. Im Park am Ort des abgerissenen Gefängnisses Klingelpütz am Gereonswall erinnert seit 1979 ein Gedenkstein, entworfen von Hans Karl Burgeff, mit einem Zellenfenster und der Inschrift an die hier Ermordeten: »Hier wurden 1933–1945 über 1 000 von der nationalsozialistischen Willkürjustiz unschuldig zu Tod Verurteilte hingerichtet.« Am Grundstück des ehemaligen Polizeipräsidiums Schildergasse/Ecke Krebsgasse liegt seit 1981 eine Gedenktafel – in den Boden eingelassen, da der Hausbesitzer sich gegen die Anbringung am Haus wehrte –, die daran erinnert, dass hier von 1933 bis 1935 die Gestapo zuerst ihren Sitz hatte.

Für Gunter Demnig hat sich das Sichtbarmachen der Verfolgung im Nationalsozialismus und das Erinnern an die Opfer zur Lebensaufgabe entwickelt. Man gerät nur geistig ins Stolpern, aber das durchaus heftig, wenn man den Stolpersteinen dieses Künstlers begegnet. Die Wirkung zeigt sich, wie ich beim Nachfragen bei meinen jungen Enkelinnen erlebt habe, schon früh im Alltag. Das Verlegen seiner Stolpersteine hat sich langsam aus anderen Projekten Gunter Demnigs entwickelt und ist auf lange Zeit und dauerhaft angelegt. 1990 druckt er in Absprache mit dem Kölner Rom e.V. zum 50. Jahrestag der Deportation der Kölner Roma und Sinti im Mai 1940 mit Farbe eine Textspur entlang des Weges der Deportierten zum Bahnhof in Deutz. Als die Farbe verblasst, wird der Schriftzug in Messing an 22 Stellen im Stadtbild verlegt und so auf Beschluss des Rates konserviert. Aus den Gesprächen mit Anwohnern an der Textspur entwickelt Demnig das Projekt Stolpersteine. Mit im Boden vor den Wohnorten verlegten 10x10 Zentimeter großen Messingplatten, mit Betonstein darunter, wird mit der Erinnerung »Hier wohnte ...«, dazu Namensnennung und persönliche Daten, an deportierte Sinti und Roma, Juden und andere NS-Opfer erinnert. Jeder Buchstabe, jede Zahl wird von Gunter Demnig mit Stempeln zuvor eingeschlagen. Europaweit ist der Künstler seit 1993 mit seinem Projekt aktiv.

Im Jahr 2006 – inzwischen sind zu diesem Zeitpunkt allein in Köln etwa 1 400 Stolpersteine verlegt – wird Demnig dafür mit Kölns alternativer Ehrenbürgerschaft ausgezeichnet. Inzwischen liegen in der Domstadt über 2 000 Stolpersteine. Dass das Kölner Finanzamt sein international beachtetes, mehrfach mit Preisen ausgezeichnetes Projekt statt mit sieben Prozent für Kunst mit 19 Prozent als gewerblich besteuern möchte, schlägt im Jahre 2011 Wellen. Eine hohe Nachzahlung wird gefordert, bis Finanzminister Walter-Borjans regelt, dass dies Kunst ist. Ein Denkmal für jedes Opfer einzeln.

Im Sommer des Jahres 1995 wird das Mahnmal, entworfen von Achim Zinkann, für die lesbischen und schwulen Opfer des Nationalsozialismus am Rheinufer in Höhe der Hohenzollernbrücke eingeweiht. Ein Dreieck in rosa Granit, an den rosa Winkel als Kennzeichen der Homosexuellen im KZ erinnernd, trägt die Inschrift »Totgeschlagen – Totgeschwiegen. Den schwulen und lesbischen Opfern des Nationalsozialismus.« In der Nähe stand ein damals als Treffpunkt genutztes Pissoir.

Spät hat sich die Kölner Polizei mit ihrer Vergangenheit beschäftigt, lange hingen die Portraits der Polizeipräsidenten zwischen 1933 und 1945, Walter Lingens und Walter Hoevel, unkommentiert an der Wand des Sitzungssaals im Polizeipräsidium, wurden die Akten aus der Zeit des Nationalsozialismus im Keller verwahrt, genutzt und vor der Öffentlichkeit noch verborgen. Die Einstellung zur eigenen Vergangenheit hat sich erst, wie so oft generationsbedingt, unter Jürgen Roters als Polizeipräsident von 1994 bis 1999 geändert.

In den letzten Jahren ist die Erinnerung an Opfer des Nationalsozialismus weiterhin wachgehalten worden. Neue Denkmäler setzen Akzente für Gruppen, oft für kleine Gruppen. Am Haus Sülzgürtel 8, ursprünglich auf dem Gehweg davor, ist seit 1995 eine Gedenktafel für das kommunistische Nationalkomitee Freies Deutschland angebracht, dessen Kölner Führungskreis sich an diesem Ort traf und hier im November 1944 von der Gestapo verhaftet wurde. Nur wenige Überlebende konnten wie Heinz Humbach, der in der Nachkriegszeit wieder für die KPD in Köln aktiv war, am Erinnern teilnehmen.

An den Tod von 17 jugendlichen Flakhelfern und einem Unteroffizier erinnert, nach langem Streit in der Bezirksvertretung Kalk über die Gestaltung, seit Anfang des Jahres 2000 eine Gedenkstätte an der Ecke Hans-Schulten-Straße/Dattenfelder Straße in Neubrück. Gestiftet wurde sie von der Geschichtswerkstatt Brück, gestaltet vom Bildhauer Josef Höntgesberg. Dieser entwarf auch das 1993 vollendete Mahnmal für das Zwangsarbeiterlager am Bensberger Marktweg, dessen Gelände inzwischen Teil des Ostfriedhofs geworden ist.

Der Bücherverbrennung am 17. Mai 1933, angeblich wegen schlechten Wetters verschoben, fielen zwar »nur« Bücher zum Opfer, rasch wurden aber auch ihre Autoren und die Freiheit des Geistes zu Opfern. Jährlich werden dort – erstmalig auf Initiative des Kunstkritikers Walter Vitt im Jahre 2001 – weitere Bodenplatten vor dem Gebäude der »Alten Universität«, heute Sitz der Technischen Hochschule Köln, eingesetzt, von Steinmetzlehrlingen mit den Namen von Schriftstellerinnen und Schriftstellern versehen, wo deren Schriften 1933 der Bücherverbrennung zum Opfer fielen. Erst 2005 wurden im Rahmen eines Festaktes in der Universität die Aberkennung akademischer Grade durch die Universität im Nationalsozialismus für nichtig erklärt. Der Rat der Stadt Köln war etwas schneller: Die Nichtigkeit der Beschlüsse des Rates über die Ehrenbürgerwürde für Paul von Hindenburg, Adolf Hitler, Robert Ley, Alfred Rosenberg und Joseph Goebbels wird schon in der Ratssitzung am 8. November 1945 betont. In der Auflistung der Ehrenbürger anlässlich der Verleihung der Würde an Konrad Adenauer und Hans Böckler am 2. Januar 1951 finden sie dennoch Erwähnung. Oberbürgermeister Norbert Burger stellt die Nichtigkeit erneut in seiner Rede zur Entschließung des Rates zum 50. Jahrestag der »Machtergreifung« in Köln am 17. März 1983 fest. Auf Initiative der Grünen wird sie endgültig formell in der Sitzung des Rates vom 27. April 1989 beschlossen.

Am 1. September 2009 wurde mit dem Denkmal für Deserteure an die Opfer der NS-Militärjustiz erinnert. Einer von ihnen, Marinemaat Rainer Beck, wurde noch fünf Tage nach Kriegsende am 13. Mai 1945 hingerichtet, verurteilt vom Richter Wilhelm Köhn, der ab 1955 wieder am Oberlandesgericht Köln tätig war. Das Denkmal steht als offener Pavillon quer zu den Leitlinien der umgebenden Architektur, vor dem Gerichtsgebäude, in dem von Sondergerichten mindestens 123 Todesurteile gefällt worden sind, und zwischen Kölnischem Stadtmuseum im Zeughaus mit der Darstellung der Geschichte Kölns und dem NS-Dokumentationszentrum im ehemaligen Sitz der Kölner Gestapo. Dort, im Innenhof des EL-DE-Hauses, ist 2013 der Hinrichtungsort der Gestapo, an dem über 400 Menschen ermordet wurden, als Gedenkstätte, entworfen von Thomas Locher, eingerichtet worden. Auch die Gegenseite ist aktiv. Mit hohem kriminellem Aufwand, mit Aufbrechen von Türschlössern, Maschineneinsatz und einem Lastwagen, haben Metalldiebe (?) die etwa 750 Kilogramm schwere Bronzeskulptur des Kölner Künstlers Franz Lipensky, bestehend aus einem siebenarmigen Leuchter und sechs Davidsternen, im November 2010 vom jüdischen Friedhof gestohlen. Hier waren im November 1938 nach dem Pogrom gerettete Geräte und Tora-Rollen aus Kölner Synagogen verborgen worden. 1978 wird das längst geplünderte Versteck geöffnet. Jetzt erinnert nur noch der Sockel an die zerstörten Kölner Synagogen und die hier kurz nach der Bergung wieder beerdigten Reste.

Die Auseinandersetzung mit dieser Epoche endet nicht. Das NS-Dokumentationszentrum verzeichnet jährlich wachsende Besucherzahlen.

In den vergangenen Jahren haben sich auch immer wieder Kölner Unternehmen wie das Bankhaus Oppenheim, die DuMont Mediengruppe oder das Kunsthaus Lempertz, Institutionen wie die Kölner Polizei oder der Kölner Karneval mit ihrer Geschichte zwischen 1933 und 1945 beschäftigt. Und die lange Reihe der Veröffentlichungen des NS-Dokumentationszentrums, um die sich der Emons-Verlag verdient gemacht hat, bald zwei Dutzend Bände, zeigt, dass noch manches Licht in dieses dunkle Kapitel auch der Kölner Geschichte zu bringen ist.

Vergangenheit und Gegenwart – die Synagogengemeinde

Für die Handvoll in Köln überlebender Juden und die Rückkehrer aus den Vernichtungslagern war Köln kein angenehmes Pflaster. 1947 beantragt ein Mitglied der Synagogengemeinde Geburtsurkunden für ausgewanderte Freunde in den USA. Wie es das Gesetz von 1939 verlangt, werden diese mit den zusätzlich auferlegten Namen Sara bzw. Israel ausgestellt. Gegenüber Protest bleibt der Beamte des Kölner Standesamtes stur, da keine entsprechende Änderung verfügt worden sei. Im Schatten dieser nicht nur hier und auf diese Weise nachwirkenden Vergangenheit steht seit April 1945 die Gegenwart der Synagogengemeinde Köln mit heute rund 5 000 Mitgliedern, seit 1959 mit Gemeindehaus und Synagoge in der Roonstraße und dazu seit 2003 mit dem Wohlfahrtszentrum in der Ottostraße in Ehrenfeld mit Verwaltung, Bibliothek, Altersheim, Grundschule und Kindertagesstätte, den Begegnungszentren in Porz seit 2004 und Chorweiler seit 2009. Aktuell zeugt die andauernde polizeiliche Bewachung der Synagoge in der Roonstraße und des Wohlfahrtszentrums in der Ottostraße von ebenso andauernder Gefährdung der Gegenwart.

Am 29. April 1945, noch vor Kriegsende, feiert eine kleine Gruppe von vielleicht 80 Überlebenden mit einem amerikanischen Feldrabbiner einen ersten Gottesdienst und erneuert die jüdische Gemeinde in den Trümmern der Synagoge Roonstraße. So wenige – von noch 8 000 im Mai 1939 – hatten wie Karl Winkler, der nun die Kölner Polizei führen sollte, von Freunden verborgen, Krieg und Verfolgung in Köln überlebt. Aus dem KZ Theresienstadt kehren in drei mühsam organisierten Transporten fast zweihundert jüdische Kölner zurück.

Dagegen ist Rückkehr nach Köln aus der Emigration lange umstritten und oft auch für beide Seiten schwer zu ertragen. Die Rückkehrer sind eine lebendige Anklage, die nicht gerne vernommen wird. Zu ihnen gehört z. B. bereits 1945 Willi Eichler (1896–1971), der später als Mitglied des Bundesvorstands der SPD zu den Autoren des Godesberger Programms zählt, oder 1952 Ernst Simons (1919–2006), der inmitten seiner vielfältigen Tätigkeiten von 1965 bis 1974 eine Realschule in Braunsfeld leitet. Seine drei Töchter allerdings hält es nicht in Köln. Sie gehen nach Israel. Wilhelm Unger (1904–1985) wird 1956 aus seinen Aktivitäten für die deutsche Literatur in England von Alfred Neven DuMont als Feuilleton-Redakteur zum *Kölner Stadt-Anzeiger* geholt. Der bedeutende Soziologe Alphons Silbermann (1909–2000) wird 1958 von René König nach Köln an die Universität gerufen.

Zu den in der Domstadt Überlebenden gehört auch Hermann Bramson, der vom neugewählten Vorstand als Geschäftsführer der Gemeinde angestellt und von der britischen Militärregierung für den ersten Stadtrat nominiert wurde. Er schildert dort am 13. Juni 1946 die Situation: »Man hat tatsächlich das Gefühl, daß für die politisch und rassisch Verfolgten nichts oder nur sehr wenig getan wird. [...] Wir haben gemeinsame Sorgen, und wir sind genau solche Kölner Bürger wie die anderen auch. Lassen Sie uns nicht das Gefühl im Herzen, daß die paar überlebenden Kölner Juden, die noch hier sind, so enttäuscht werden, daß sie auch noch weggehen, nach draußen, nach Amerika.« Gehen oder bleiben? Das ist noch für Jahre ein Thema. Ende 1946 planen zwei Drittel der Kölner Gemeinde auszuwandern. So sprach man oft vom »Sitzen auf gepackten Koffern«. Aber eine Ausreise nach Palästina bleibt bis zur Gründung des Staates Israel schwierig und nicht leicht gelangte man in die USA oder nach Südamerika. Erst nach der Währungsreform konnte als Zeichen dauerhaften Verbleibens am 6. April 1949 eine provisorische Synagoge in der Ottostraße eingeweiht werden, in der die Trennung zwischen Männern und Frauen nicht wie gewohnt mit einer Empore ermöglicht, sondern durch eine Schnur vollzogen wurde. Zu diesem Zeitpunkt zählt die Kölner Synagogengemeinde fast 700 Mitglieder. Mancher mag auch in der Hoffnung geblieben sein, für erlittenes Unrecht und Verluste an Vermögen entschädigt zu werden. Erst nach langen Diskussionen und Taktieren des Finanzministers tritt schließlich am 4. März 1952 das »Gesetz über die Anerkennung der Verfolgten und Geschädigten der nationalsozialistischen Gewaltherrschaft und über die Betreuung der Verfolgten« in Kraft.

Moritz Goldschmidt, seit Ende 1946 Vorsitzender des Gemeindevorstands, charakterisiert die Situation 1954 in einem Brief nach London: »Hier in Deutschland ist das Leben nur für solche jüdischen Menschen erträglich, die bereit sind, zu vergeben, ohne dabei die begangenen Untaten zu vergessen.« Die Zahl der Gemeindemitglieder war inzwischen auf über 800 gestiegen und erreicht bis 1960 fast 1 200 Personen.

Der fortwirkende Antisemitismus zeigt sich nicht nur in der zögerlichen und widerspenstigen »Wiedergutmachung« oder in Friedhofsschändungen und Schmierereien längst vor 1959. Er zeigt sich auch versteckt im Alltag. Herbert Lewin (1899–1982), aus dem KZ nach Köln zurückgekehrt, für wenige Monate Vorgänger von Moritz Goldschmidt als Vorsitzender der Synagogengemeinde, ehemals Chef der Gynäkologie am Jüdischen Krankenhaus, bewirbt sich vergeblich als Dozent für Gynäkologie an der Universität. Erst als sich Universitätsoffizier Harry Beckhough für ihn einsetzt, finden wir ihn als Privatdozenten im Wintersemester 1948/49 und im folgenden Sommersemester. Im Wintersemester 1949/50 erscheint er als beurlaubt. Da zeichnet sich sein Wechsel nach Offenburg auf den Lehrstuhl der Universität Frankfurt bereits ab. Von 1963 bis 1969 ist Herbert Lewin dann Vorsitzender des Zentralrates der Juden in Deutschland.

War die Weihe der provisorischen Synagoge 1949 ein erster Schritt, so kam dem Wiederaufbau der großen Synagoge in der Roonstraße mit verändertem Innenraum und weitgehend rekonstruierter äußerer Erscheinung eine besondere Bedeutung zu. Nach Kriegsende konnte der Maler Georg Meistermann (1911–1990), dessen beeindruckende Fenster z. B. im Spanischen Bau, im WDR oder in St. Gereon zu finden sind, Räume im erhaltenen Untergeschoss für einige Jahre als Atelier nutzen. 1954 entschloss sich die Gemeinde zum Wiederaufbau und beauftragte den Architekten Helmut Goldschmidt (1918–2005) mit dem Entwurf. Im Synagogenraum zog er eine Zwischendecke ein und ließ so einen Gemeindesaal entstehen. Der Verzicht auf den reichen Schmuck der 1899 vollendeten Synagoge – ähnlich verfuhr man zu dieser Zeit mit dem Wiederaufbau der romanischen Kirchen – brachte ein ruhiges, kühles Licht in die Räume. Die Weihe am 20. September 1959 mit einer Ansprache von Bundeskanzler Konrad Adenauer war ein überregional beachtetes Ereignis. Für den Leiter der in Köln ansässigen Israel-Mission Felix E. Shinnar blieb die Synagoge in seinem Grußwort dennoch nur eine Durchgangsstation für die Gemeinde auf dem Weg nach Israel. Internationale Resonanz fanden dann entsprechend auch die Schmierereien an Heiligabend 1959, drei Monate später, die eine Welle antisemitischer Aktionen auslöste. Ähnlich verstörend, wenn auch nicht so die Öffentlichkeit aufwühlend, wirkten die Ergebnisse einer Untersuchung des aus australischem Exil zurückgekehrten Kölner Soziologen Alphons Silbermann (1909–2000). Seine Aufgabe war es Anfang der 70er

Jahre, Ausmaß und Erscheinungsformen des Antisemitismus in der Bundesrepublik zu untersuchen. Seiner Recherche zufolge gab es eine Gruppe von 30 Prozent toleranten, 50 Prozent mehr oder weniger latent antisemitischen und 20 Prozent ausgeprägt antisemitischen Bürgern.

Das lässt sich auch an der Umsetzung der »Wiedergutmachung« sichtbar machen. Felix E. Shinnar, als Felix Schneebalg in Stuttgart geboren, dem wir gerade bei der Eröffnung der Synagoge begegnet sind, sollte als Leiter der in Köln untergebrachten Israel-Mission die Erfüllung des Luxemburger Wiedergutmachungsabkommens von 1952 überwachen. Zusammen mit dem Londoner Schuldenabkommen desselben Jahres war dieser Vertragsabschluss Grundbedingung für die Souveränität der Bundesrepublik. Das diplomatisch vereinbarte Geschäft lief. Die individuelle Wiedergutmachung dagegen stand immer wieder vor Schwierigkeiten. Die Politik der Wiedergutmachung war bei keiner Gruppe von Verantwortlichen vom Willen zu raschem Handeln bestimmt. Erst im Mai 1949 erließ die britische Militärregierung ein Rückerstattungsgesetz. Ein bundesweites Entschädigungsgesetz wurde erst 1953 verabschiedet. Am 3. Mai 1953 nimmt Felix E. Shinnar mit der Israel-Mission, in Räumen der Synagogen-Gemeinde, unterstützt von der Stadt Köln, seine Arbeit auf. Bei der Umsetzung des Gesetzes durch die entsprechende Abteilung der Bezirksregierung, bei der oft erforderlichen gerichtlichen Klärung, trafen die Opfer häufig auf Unwillen und eine negative Grundeinstellung. 1954 dauerte es in Nordrhein-Westfalen in Fällen von Freiheitsberaubung im Schnitt mehr als vier, bei Berufsschäden sogar sechs Jahre, bis ein Antrag bearbeitet war. 1965, bei Erlass des Schlussgesetzes zum Bundesentschädigungsgesetz, liegen noch etwa 175 000 unabgeschlossene Anträge beim Regierungspräsidium vor – allerdings nur wenige davon aus der Kölner Synagogengemeinde selbst.

Zwischen 1960 und 1990 stagniert die Zahl der Gemeindemitglieder bei etwa 1 300. Mit dem Untergang der Sowjetunion beginnt die Zuwanderung der »Kontingentflüchtlinge«, die sich als jüdischer Herkunft verstehen, vor aktivem Antisemitismus fliehen, meist kaum aber als Juden gelebt hatten. Ihre Integration in die Synagogengemeinden ist bis heute nicht einfach. Das Gemeindeblatt der Kölner Synagogengemeinde erscheint seit Jahren zweisprachig deutsch/russisch und die Mitgliederzahl der Gemeinde ist inzwischen auf über 5 000 gestiegen. 1996 hat sich neben der orthodox orientierten Einheitsgemeinde mit Sitz in der Roonstraße mit Gescher LaMassoret e. V. eine liberale jüdische Gemeinde gegründet.

Der Besuch von Papst Benedikt XVI. am 19. August 2005 in der Kölner Synagoge, erster Besuch eines deutschen Papstes in einer deutschen Synagoge, war vielleicht nicht nur für mich ein historisches Ereignis.

Frühe Weichenstellungen – späte Folgen: »Benachteiligungen Kölns«

Viele Entscheidungen der frühen Nachkriegsepoche in der Zeit der Besatzungszonen und des Entstehens der Bundesrepublik über den Sitz von Unternehmen, Institutionen oder Behörden sind bis heute wirksam. Tatsachen, wenn sie nun so sind, halten wir gerne für selbstverständlich – aber erst mussten sie geschaffen werden. Heute erinnern in Frankfurt immer noch Bundesbank, Europäische Zentralbank und Bankenviertel daran, dass hier der Wirtschaftsrat des Vereinigten Wirtschaftsgebietes (der englischen und amerikanischen Zone) von 1947 bis 1949 ein spannendes und erfolgreiches Vorspiel zur ersten Bundesregierung aufgeführt hat, mit dem Zauberkunststück der Währungsreform als interessantestem Programmpunkt. Frankfurts Hoffnungen, danach auch vorläufiger Sitz von Parlament, Bundesrat und Ministerien zu werden, erfüllten sich jedoch nicht. Nach der knappen Entscheidung des Parlamentarischen Rates am 10. Mai 1949 für Bonn statt Frankfurt, bestätigt durch einen klaren Beschluss des Bundestages am 3. November desselben Jahres, wird Bonn und nicht Frankfurt vorläufiger Regierungssitz. Dadurch liegt Köln nun zwischen Landeshauptstadt und für vier Jahrzehnte vorläufiger Bundeshauptstadt. Das nimmt deutlich Einfluss auf die Geschichte unserer Stadt von Beginn an bis heute. Manche Entscheidungen über den Sitz von Unternehmen, Verbänden und Botschaften sind zwar durch die Hauptstadtentscheidung für Berlin verändert oder ganz neu getroffen worden, aber sie haben für Jahrzehnte Entwicklungen in Köln beeinflusst.

Mit einer *Denkschrift über Benachteiligungen Kölns infolge und seit seiner Zerstörung*, die Lorenz Fischer, Direktor des Statistischen Amtes der Stadt Köln, im Jahre 1952 auf Wunsch des Rates der Stadt Köln vorlegt, wird das Gefühl der Domstadt, in dieser Lage zwischen zwei Zentren ständig benachteiligt zu werden, mit Fakten gefüttert. Über für Köln vorteilhafte Entscheidungen verliert Fischer allerdings in seiner Denkschrift erwartungsgemäß kein Wort. Der Tropfen, der das Fass in der Ratssitzung zum Überlaufen und die von Oberbürgermeister Ernst Schwering als Beschluss vorgeschlagene Forderung nach einer Denkschrift brachte, waren Überlegungen der Bundesbahn, das Eisenbahnausbesserungswerk Nippes zu schließen. 1945 war auf Befehl der Militärregierung die Direktion der Bahn für das Werkstättenwesen nach Essen verlegt worden. Man fürchtet nun die sozialen und wirtschaftlichen Folgen der Schließung des Ausbesserungswerkes und erinnert sich an andere Verluste.

Die Entwicklung des Kölner Flughafens, der Kölner Messe, der Kölner Werkschulen oder die Wahl Düsseldorfs für den Sitz der Landeszentralbank, der heute nicht mehr so begehrten WestLB, folgen aus der für Köln bis heute regional, international und landespolitisch wichtigsten britischen Entscheidung, dass Düsseldorf Landeshauptstadt des neugegründeten Bundeslandes wird. Das zeichnete sich für jeden, der die Etablierung der britischen Militärregierung mit dem Detachment 714 für das nördliche Rheinland seit dem 21. Juni 1945 verfolgte, als mögliche Weichenstellung ab. Die Kölner Stadtverordneten-Versammlung erfährt am 18. Juli 1946 aus dem Mund von Oberbürgermeister Hermann Pünder: »Ein hoher Beamter der britischen Kontrollkommission hat heute früh die Erklärung abgegeben, daß die politische Struktur der britischen Zone mit sofortiger Wirkung so reorganisiert werden würde, daß die früheren Provinzen Nordrhein und Westfalen zu einem Staat Nordrhein-Westfalen mit der Hauptstadt Düsseldorf zusammengefaßt werden.« Die Wahl von Düsseldorf, bereits Sitz

LEBENS- UND AUFBAUWILLE DER STADT KÖLN

Sonderdruck des Berichts über die SITZUNG DER STADTVERTRETUNG vom 2. Mai 1946 mit der Denkschrift über die Lage der Stadt Köln

HERAUSGEGEBEN VON OBERBÜRGERMEISTER DR. PÜNDER

Im Anhang schildert eine Denkschrift Hermann Pünders – Die Lage der Stadt Köln, die Hemmungen in ihrem Wiederaufbau und ihre Entwicklung – *Kölns schwierige Lage.*

der Militärregierung und Provinzialregierung Nordrhein, der Nordhälfte der einstigen preußischen Rheinprovinz – die südliche Hälfte war französisch geworden – als Sitz der Landesregierung für Nordrhein-Westfalen war nur konsequent. Unmittelbare Wirkung auf das Leben in Köln nach 1945 hat auch die heute fast vergessene Zerschlagung der preußischen Rheinprovinz durch die Grenzziehung zwischen englischer und französischer Besatzungszone. Sowohl England als auch Frankreich waren daran interessiert gewesen, Köln als Teil ihrer Besatzungszone zu besitzen. Frankreich sah darin einen ersten Schritt zur Internationalisierung des Ruhrgebietes und der englischen Politik war daran gelegen, selbst das Ruhrgebiet zusammen mit Köln zu kontrollieren. Köln wurde durch die neue, streng überwachte Grenze unmittelbar von einem traditionsreichen Zulieferer von landwirtschaftlichen Produkten abgeschnitten. Diesem akuten Nachtteil stand im Bewusstsein vieler der Verlust der Mittlerrolle zwischen dem landwirtschaftlichen Süden der Rheinprovinz und dem industrialisierten Norden an Gewicht für das Schicksal und die Bedeutung der Stadt an Wirkung nicht nach. Alle späteren Versuche, die Landesgrenzen wieder zu ändern, scheiterten.

Das Zusammenfügen des Nordteils der Rheinprovinz mit der ehemaligen Provinz Westfalen und die britische Entscheidung für Düsseldorf als Landeshauptstadt bleiben bis heute eine Weichenstellung mit vielen Konsequenzen für die weitere Geschichte Kölns. Josef Albers (CDU) kommentiert dies im Rat am 18. Juli 1946 mit »Klein-Berlin!« Peco Bauwens, unabhängiges Ratsmitglied, sieht diese Entscheidung als in geradezu preußischer Tradition stehend: »Wir Kölner sind nicht neidisch darüber. Zur Preußenzeit mochte man uns Kölner auch nicht. Da ist man mit fast allen staatlichen Einrichtungen und Lehrinstituten in alle möglichen anderen Städte gegangen, so nach Koblenz, nach Aachen, nach Düsseldorf, weiß Gott wohin, aber nur nicht nach Köln, das nur Kasernen und sonstige militärische Anlagen erhielt.« Auch Peter Josef Schaeven sieht das in der nächsten Sitzung am 29. August 1946 mit Skepsis: »Es ist mir unbehaglich zumute, wenn ich daran denke, daß diese Stadt Köln im Kohlenrevier liegen sollte. Es ist mir – und ich bitte Sie, diesen meinen Satz nicht mit Heiterkeit zu begleiten, es ist dafür viel zu ernst, auch nicht ganz wohl dabei zumute, wenn Düsseldorf unsere Hauptstadt ist. Ich halte zu viel von der sittlichen, moralischen und politischen Bedeutung meiner Vaterstadt, als daß ich eine andere Empfindung haben könnte. Dabei weiß ich sehr wohl, daß Köln an die Grenzen dieses neuen Landes gerückt ist. Wir sind nicht mehr im Zentralpunkt, sondern wir sind eine peripherische Stadt geworden. Ein Zustand, der jeden Kölner bedrücken muß.« Nicht jeder ahnte, dass diese erst einmal vorläufige Weichenstellung dauerhaft sein sollte. Das hatte zuerst direkt erkennbare Folgen: Düsseldorf wurde gegenüber Köln bevorzugt. Düsseldorf wurde die Nutzung von 2 100 Pkw zugestanden, Köln erhielt nur 1 300 genehmigt. Selbst bei Kinderschuhen galt das: Düsseldorf erhielt 7 000 Paar, Köln nur 2 000 Paar.

Neue Illustrierte. *Köln 18. April 1947, S. 8*

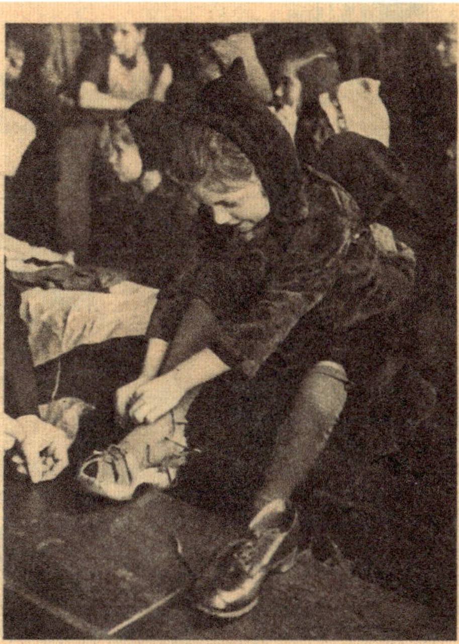

„Wer braucht ein Paar Schuhe?" fragt der Rektor die Mädchen. **Alle Hände gehen hoch. Ein Paket aus England, die erste Antwort auf den Artikel des Zeitungsmannes, ist eingetroffen. Es enthält Kleidungsstücke — gesammelt von Schulkindern einer englischen Stadt, die selbst wenig zu verschenken haben, für die „Kölner Kinder, die sich selbst ihre Schule wieder aufbauen". Die Bilder in der Neuen Jllustrierten werden den elfjährigen Kindern in Birmingham zeigen, welche Freude sie den Kindern der Kölner Volksschule gemacht haben und mit welcher Sehnsucht die versprochenen weiteren Pakete von ihnen erwartet werden.**

Bald konnte man aber sehen, dass diese Entscheidung auch Folgen für die Zukunft Kölns hatte.

Kölns Stellung im Luftverkehr ist wie manche anderen wirtschaftlichen Entwicklungen bis heute aus dieser Grundentscheidung zu verstehen. So erkennt laut Verwaltungsbericht der Stadt Köln 1947/48 die Militärregierung zwar die hervorragende Entwicklung des Kölner Flughafens in der Vergangenheit an, »jedoch für ihre Entscheidung, welcher Flughafen in Nordrhein-Westfalen zuerst angeflogen wird«, will sie andere Gesichtspunkte zugrunde legen. Der Flughafen Butzweilerhof, ohne Bombenschäden in die Hände der amerikanischen Truppen gefallen, ging in britische und bald bis 1995 belgische militärische Nutzung über. Im Frühjahr 1948 entschied die Militärregierung mit Sitz in Düsseldorf, den Flughafen Düsseldorf-Lohhausen für zivile Nutzung zu öffnen. Am 4. April 1949 eröffnete die British European Airways (BEA) den Flugbetrieb mit einer Verbindung nach London und einer nach Berlin. Am nächsten Tag begann die Scandinavian-Airlines-System (SAS) ihre regelmäßigen Flüge auf der Strecke Kopenhagen-Düsseldorf-Stuttgart. Im Jahr darauf folgten die niederländische KLM, die belgische Sabena, die Air France und die American Overseas Airline mit weiteren internationalen Verbindungen. Und am 1. Dezember 1950 wurde der Flughafen an die neugegründete Flughafengesellschaft übergeben, an der die Stadt Düsseldorf und das Land NRW zu je 50 Prozent beteiligt waren.

Die Entscheidung des Jahres 1949 für Bonn als provisorische Hauptstadt hatte auch andere wichtige Folgen für Köln. Entsprechend dieser Ortswahl ließen sich Botschaften und wichtige Verbände als Lobbyisten gerne auch im nahegelegenen Köln nieder. Greven's *Kölner Adressbuch* verzeichnet 1957 zehn Botschaften, die ihren Sitz in Köln genommen haben, von insgesamt 64 Diplomatischen Vertretungen und Konsulaten. Genau genommen sind es sechs Botschaften, Australien, El Salvador, Iran, Kolumbien, Kuba und Mexiko, dazu die schwedische und schweizerische Gesandtschaft, die Finnische Handelsvertretung und die Mission des Staates Israel.

Im Verwaltungsbericht 1950/51 wird stolz darauf verwiesen, dass sich der Bundesverband des privaten Bankgewerbes, der Fachverband Zementindustrie, der Fachverband Kalkindustrie, die Arbeitsgemeinschaft der Tuch- und Kleiderstoffindustrie, der Zentralverband des genossenschaftlichen Groß- und Außenhandels, der Zentralverband der Handelsvertreter- und Hausmaklerverbände, die Kassenärztliche Vereinigung für das Bundesgebiet, der Verband der Ärzte Deutschlands und die Arbeitsgemeinschaft Westdeutscher Ärztekammern in Köln niedergelassen haben. Und in 614 (gegenüber im Vorjahr 668) Fällen erreichte das Amt für Wirtschafts- und Verkehrsförderung auch die Zuzugsgenehmigung für die »Schlüsselkräfte« der Neuansiedlungen und konnte teilweise sogar die Wohnungen beschaffen. Im folgenden Berichtsjahr wurde dem Amt für Wirtschafts- und Verkehrsförderung von zwei Versicherungsgesellschaften für diesen Zweck sogar Wohnungen in zwei Wohnungsblocks zur Verfügung gestellt. Erneut konnten für »Schlüsselkräfte« 546 Zuzugsgenehmigungen ausgestellt werden. Bundesärztekammer und Kassenärztliche Bundesvereinigung gehen 2004 allerdings in die Hauptstadt, nach Berlin.

Der Bundesverband der Deutschen Industrie (BDI) nimmt bis 1999 seinen Sitz in Köln. Er wird ab 1948 als Verband der Spitzenvertretungen der deutschen Industrie geplant, um die gemeinsamen Interessen der Industrie zu wahren, allerdings »ohne die sozialpolitischen Angelegenheiten« zu vertreten, die bis heute vom Arbeitgeberverband übernommen worden sind. Am 19. Oktober 1949 treten in Köln 35 industrielle Verbände zusammen, um den »Ausschuss für Wirtschaftsfragen industrieller Verbände« zu gründen, der im Jahr darauf seinen uns heute gewohnten Namen erhält und 1953 in der Hauptstelle der damaligen Stadtsparkasse am Rudolfplatz Büroräume anmietete. (Der damals genutzte, klar gestaltete Bau des Architekten Theodor Kelter ist zu meinem Bedauern längst wieder durch einen Neubau ersetzt worden.) 1971, bis zum Wegzug 1999 nach Berlin, bezieht der BDI seinen von Claus Winkler entworfenen markanten Bau am Gustav-Heinemann-Ufer, der inzwischen samt Umgebung in eine Büro- und Wohnanlage verwandelt wird. Lange hat seine Doppelschwungfassade mit den bronzefarben bedampften Fensterbändern das Kölner Rheinufer dominiert. Damit rückte der BDI in die direkte Nachbarschaft des Hauses der Deutschen Arbeitgeber – Sitz der Bundesvereinigung der Deutschen Arbeitgeberverbände (BDA) von 1951 bis 1999 mit Sitz in Köln –, die hier 1965 ihr Bürogebäude bezogen hatten. Beide gemeinsam sind Träger des 1951 gegründeten Instituts der deutschen Wirtschaft, das seit 2009 in einen repräsentativen Neubau am Konrad-Adenauer-Ufer umgezogen ist, also an seinem Sitz in Köln festgehalten hat und nur ein Hauptstadtbüro in Berlin unterhält. Das private Wirtschaftsforschungsinstitut betrachtet sich laut seines Leitbildes als »Anwalt der sozialen Marktwirtschaft«.

Im »Deutschen Herbst« wird Köln am 5. September 1977 mit der Entführung von Hanns Martin Schleyer, als Präsident beider Bundesverbände das »Schweine-System« in Person, zum Schauplatz eines brutalen Überfalls. Schleyers Kölner Fahrer Heinz Marcisz und die Polizeibeamten Reinhold Brändle, Roland Pieler und Helmut Ulmer werden ermordet. Die konspirative Wohnung in Erftstadt, in der sich die Entführer mit ihrem Opfer versteckten, hätte aufgespürt werden können. Die Entführung endet mit der Ermordung Hanns Martin Schleyers am 18. Oktober 1977 und die Geschichte der RAF inzwischen mit ihrem Auftritt als »Rentner-Gang«. In Köln hatte sich Geschichte der Bundesrepublik ereignet.

Zurück in die Kölner Geschichte: Ähnlich wie Flughäfen sind Messen vielfältige Motoren für das Wirtschaftsleben ihrer Region. Hier wäre die Entwicklung nach der großflächigen Zerstörung des Messegeländes fast an Köln vorbeigegangen. Die Domstadt hatte unter Konrad Adenauer Messegelände und Tradition als Messestandort aufgebaut. Nach der propagandistisch erfolgreich am 8. Mai 1946, zwei Jahre nach Kriegsende, eröffneten Leipziger Messe sollte auch die britische Besatzungszone eine Messe durchführen. Beim Zentralamt für Wirtschaft in der britischen Besatzungszone in Minden hatten sich Ende 1946 bereits Hannover und Düsseldorf mit Messevorhaben gemeldet. Für die stark zerstörten Kölner Messebauten aber wollte die Düsseldorfer Militärregierung keine Baustoffe genehmigen. Im Gegenteil, vom Kontrollrat in Berlin aus wurde dringend die Durchführung einer Exportmesse in Düsseldorf gefordert. Als das nicht zu realisieren war, wurde die Lizenz für die Messe Anfang April 1947 nach Hannover gegeben, mit bis heute nachwirkendem Erfolg für diesen Standort. Während sich die Kölner Militärregierung für ihren Standort engagiert, favorisiert die übergeordnete Düsseldorfer Militärregierung Düsseldorf und der britische Vertreter in der Kontrollkommission das für ihn näher gelegene Hannover. Kölns Oberbürgermeister Hermann Pünder schaltet Konrad Adenauer mit ein, und der Kölner Stadtkommandant John M. White empfiehlt seinem Oberbürgermeister, sogar auch ohne Genehmigung der Düsseldorfer Militärregierung die Vorbereitungen voranzutreiben. Erst als nun im Frühjahr 1947 feststeht, dass nur noch deutsche Stellen über Messen entscheiden, gelingt es Ende Juni 1947, die Genehmigungen für die Verkehrsschau vom 21. Juli bis zum 3. August 1947 als erste Veranstaltung in den Kölner Messehallen überhaupt zu erhalten. Und auch – als erste richtige Messe – die Kölner Herbstmesse 1947 vom 14. bis zum 17. September wird genehmigt. Das Programm ergänzt die »Werkbund-Ausstellung Neues Wohnung/Deutsche Architektur seit 1945« vom 14. Mai bis zum 3. Juli 1949.

Mit der Anfang 1947 gegründeten Düsseldorfer Messegesellschaft ist trotz des erwähnten ersten erfolglosen Versuchs, eine Exportmesse durchzuführen, für Köln eine neue, dauerhafte und erfolgreiche Konkurrenz entstanden, deren Umsätze oft über denen der Kölner Messe liegen.

Zu geringe Landeszuweisungen und fehlende Unterstützung hatte Lorenz Fischer schon bei Flughafen und Messe aufgezeigt. Auch die Landesmittel für Kriegsschädenbeseitigung am Gemeindevermögen erscheinen ihm deutlich zu gering. Köln beklagt selbst einen Gesamtschaden am kommunalen Vermögen von 940,43 Millionen D-Mark, seitens des Landes werden aber nur 211,77 Millionen D-Mark beim Schadensausgleich berücksichtigt. Eine Benachteiligung sieht der Rat der Stadt Köln schon 1946 darin, dass die Finanzzuwendungen für Baustoffe nach der aktuellen Bevölkerungszahl bemessen werden, statt die Bevölkerung zu Friedenszeiten oder den tatsächlichen Grad der Zerstörung zugrunde zu legen. Von 11,6 Millionen Quadratmetern Straßenoberflächen waren 1945 drei Millionen Quadratmeter zerstört gewesen. Noch Ende 1953 beklagt die Straßenbauabteilung des Kölner Tiefbauamtes, dass Köln für die Beseitigung von Kriegsschäden im Straßenbau nur 628 000 D-Mark erhält, gegenüber 750 000 D-Mark für Düsseldorf, ganz zu schweigen von 2 341 000 D-Mark für Essen und drei Millionen für Duisburg. Vielleicht findet sich hier schon die Wurzel des bis heute beklagenswerten Erscheinungsbildes vieler Kölner Straßen und Bürgersteige?

Besonderes Gewicht legt Lorenz Fischer auf den Kölner Bevölkerungsverlust durch noch nicht aus der Evakuierung zurückgekehrte Kölner. Erst Ende 1959 wird mit 773 280 Personen der Stand des Jahres 1939 wieder knapp überschritten. Für seine Argumentation, welche die Landesregierung als Empfänger im Auge hat, betont er, dass Düsseldorf bereits 1952 seine Einwohnerzahl der Vorkriegszeit wieder erreicht hat, Oberhausen, Mülheim an der Ruhr, Bonn und Bielefeld diese mit 11 Prozent bis 28,6 Prozent sogar weit überschritten haben, während stark zerstörte Städte wie Aachen mit 14 Prozent und Köln mit 17,6 Prozent weit unter ihren Vorkriegszahlen liegen. Da viele Finanzzuweisungen des Landes von der Einwohnerzahl abhängen, sind die Konsequenzen leicht zu sehen. Auch die wirtschaftliche Erholung der Stadt würde rascher erfolgen: »Ohne Zweifel wäre bei einer beschleunigten Rückführung der Evakuierten 1. die Zahl der Beschäftigten, 2. die gewerbliche Leistung und damit das Gewerbesteueraufkommen, 3. das Grundsteueraufkommen merklich höher; dagegen 4. die Gewerbesteuerausgleichzahlung wohl merklich niedriger als heute.« Eine nachvollziehbare Argumentation, zu der auch konkrete Entscheidungen gegen Köln passen.

Eine davon hat für Hermann Pünder noch mehr als zwanzig Jahre danach einen »bitteren Nachgeschmack«.

Ein ganzes Kapitel seiner Autobiografie behandelt »Die neue Landeszentralbank«. Es war ein vergeblicher Kampf. Zwar hatte sich in Köln der Sitz der rheinischen Reichsbankhauptstelle befunden, im neogotischen Bau in rotem Sandstein Unter Sachsenhausen, den Max Hasak entworfen hat und den heute die Deutsche Bank nutzt. »Noch Mitte Februar 1948 ging die Auffassung der Öffentlichkeit dahin, daß die Bank nach Köln und nicht nach Düsseldorf gehöre. Dieser Ansicht gab Mitte Februar auch der Finanzminister des Landes, Dr. Weitz, vor der Presse Ausdruck. Umso mehr mußte überraschen, daß in den gleichen Tagen das Kabinett Arnold die Stadt Düsseldorf zum Sitz der Landeszentralbank bestimmt hatte.« Ein anschließend nicht nur von Hermann Pünder vehement auch mit juristischen Argumenten geführter Kampf vermag nichts mehr zu ändern. Laut meldet sich die Industrie- und Handelskammer zu Köln und »erhebt namens der Kölner Wirtschaft nachdrücklichst Protest gegen den Beschluß der Landesregierung, durch den der Gesamtwirtschaft des Kölner Raumes, die ohnehin durch den Krieg mehr als andere Bezirke gelitten hat, ein schwerer Schlag versetzt wird und der eine weitere Vernachlässigung des linksrheinischen Gebietes erkennen lässt«. Ähnlich vehement erhebt die Industrie- und Handelskammer gegen den Wechsel der Wertpapierbörse ebenfalls nach Düsseldorf Protest. Auch Lorenz Fischer beklagt noch 1952 die Entscheidung über den Sitz der Landeszentralbank gegen Köln. Und er sieht eine Reihe weiterer Entscheidungen über den Sitz wichtiger Institutionen der jungen Bundesrepublik, die gegen Köln ausgefallen sind. So ging 1951 das Bundesaufsichtsamt für das Versicherungswesen nach Berlin, heute Teil von BaFin mit Sitz in Frankfurt und Bonn.

Ganz zu kurz gekommen ist Köln aber nicht. Die 1967 gegründete Bundeszentrale für gesundheitliche Aufklärung hat mit über 250 Mitarbeitern 2015 ein neues Gebäude am Maarweg bezogen. Das Bundesamt für Auswanderung, die Bundesanstalt für den Güterfernverkehr, heute das Bundesamt für Güterverkehr immer noch mit Sitz in Köln, zuständig für die LKW-Maut, die Bundesanstalt für Straßenbau, heute als Bundesanstalt für Straßenwesen in Bergisch-Gladbach, und als Institution mit sicheren Zukunftsaussichten die Bundesstelle für Verwaltungsangelegenheiten des Bundesministers des Innern haben ihren Sitz zuerst in Köln erhalten. Deren Aufgaben und andere hat heute zumeist das 1960 eingerichtete Bundesverwaltungsamt an der Amsterdamer Straße übernommen. Dort hat auch im Jahre 2009 das »Kompetenzzentrum« für Abhören als Servicebetrieb für Bundeskriminalamt und Bundespolizei seine Arbeit aufgenommen. Hinzu kommt das Bundesamt für Verfassungsschutz, das mit Beschluss der Bundesregierung vom 7. November 1950 nach Köln ging und in Chorweiler seinen Sitz erhielt. Das militärische Gegenstück, das Amt für Militärischen Abschirmdienst (MAD), hat seinen Sitz in der 1965 an der Brühler Straße fertiggestellten Konrad-Adenauer-Kaserne ebenfalls in Köln. Damit haben zwei der drei auf Bundesebene agierenden deutschen Nachrichtendienste ihren Sitz in der Domstadt. Der MAD ist nur eines der hier beheimateten Ämter und Truppenteile der Bundeswehr, die Köln nicht nur zum größten Standort der Bundeswehr im Jahre 2011, sondern auch zum Sitz vieler ihrer zentralen Ämter in Deutschland machen. Hier wirkt noch die Nähe zum Hauptsitz des Bundesverteidigungsministeriums in Bonn nach. Die ersten Soldaten der Bundeswehr waren am 25. Februar 1958 in Köln stationiert worden, festlich von englischen und belgischen Offizieren und Vertretern von Rat und Verwaltung begrüßt. Heute ist Köln nach den Auswirkungen der Bundeswehrreform mit etwa 7 000 Soldaten und 2 000 zivilen Mitarbeitern nur noch einer der großen Standorte Deutschlands.

Die Konrad-Adenauer-Kaserne trägt den Namen des Oberbürgermeisters und Bundeskanzlers seit 1972. Hier hat seit 1965 das Heeresamt, seit 2013 Amt für Heeresentwicklung, seinen Sitz. Nachbar ist das Kreiswehrersatzamt. In Köln-Westhoven, in der Mudra-Kaserne, von 1951 bis 1965 von den belgischen Streitkräften genutzt, hat 1974 das Personalamt der Bundeswehr seine in Köln verstreuten Abteilungen endgültig im Jahre 2000 vollständig zusammengezogen. Die Stammdienststelle der Bundeswehr mit fast tausend zivilen und militärischen Mitarbeiterinnen und Mitarbeitern ist in der Lüttich-Kaserne in Longerich untergebracht.

Der Fliegerhorst Wahn – hier ziehen wir einmal die Gebietsreform von 1975 vor – wird am 18. Juli 1957 von der »Höheren Kommandobehörde der Luftwaffe« übernommen. Mit anderen Dienstleistungsämtern ergänzt, ist dies heute die »Luftwaffenunterstützungsgruppe Wahn«. Die oberste Kommandoebene der Luftwaffe wird durch das Luftwaffenführungskommando und das Luftwaffenamt gestellt. Dazu ist hier ebenfalls seit 1957 die Flugbereitschaft des Bundesministeriums für Verteidigung mit 1 100 zivilen und militärischen Mitarbeiterinnen und Mitarbeitern stationiert, soll aber nach Berlin wechseln. In Köln bleibt, nach mehrfachem Umorganisieren und Umbenennen, das für alle Streitkräfte zuständige »Streitkräfteunterstützungskommando« seit 2001.

Inzwischen hat 2014 auch das neue Luftfahrtamt in Wahn den Dienst aufgenommen. In den Luftwaffenstandort Wahn sollen 750 Millionen Euro investiert werden.

Die Dienststelle West der Deutschen Bahn AG leitet mit einer Außenstelle in Essen die Aufgaben der DB im Bereich der ehemaligen Eisenbahndirektionen Köln und Essen mit über 7000 Mitarbeitern von Köln aus, allerdings nicht mehr repräsentativ mit Sitz am Rheinufer, sondern in der Werkstattstraße in Nippes.

Bemüht hatte sich die Stadt Köln auch um den Sitz des Bundesgerichtshofes, heute in Karlsruhe, ist aber gescheitert, »weil der Ausschuß zur Mehrheit aus süddeutschen Mitgliedern bestand«. Da der Vorgänger, der Oberste Gerichtshof der britischen Zone, zwischen 1948 und 1950 seinen Sitz in Köln und im Gebäude des Oberlandesgerichts am Reichensperger Platz getagt hatte, war man überzeugt, darauf einen Anspruch zu haben. Eine vergleichbare Institution hatte es zuvor in der amerikanischen oder französischen Zone nicht gegeben.

Hermann Pünder, dem es nicht gelang, die Landeszentralbank nach Köln zu holen, hatte Erfolge mit anderen Institutionen. So gelingt es ihm z. B., den Deutschen Städtetag oder den Deutschen Bühnenverein nach Köln zu holen. Das Verbot der Alliierten, über die Zonengrenzen hinweg zu korrespondieren, wird bei der Wiederbegründung des Deutschen Städtetages damit umgangen, dass der erste Brief, den noch Konrad Adenauer Ende August 1945 schrieb, in der französischen Besatzungszone vom Freiburger Oberbürgermeister und in der amerikanischen Besatzungszone vom Münchener Oberbürgermeister versandt wurde. Zum 1. März 1948 ging dann die Geschäftsstelle von Bad Godesberg nach Köln, zwei Monate bevor Hermann Pünder nach Frankfurt wechselte. So ist eine der wichtigsten überregionalen kommunalpolitischen Institutionen bis heute mit einer der beiden Hauptgeschäftsstellen in Köln vertreten. Die zweite befindet sich in Berlin. Der Versuch der Landesregierung, die Staatliche Musikhochschule nach Westfalen zu verlegen, kann verhindert werden. Sie wird provisorisch im Palais Oppenheim am Rheinufer untergebracht und erhält nach Fertigstellung des neuen Funkhauses am Wallrafplatz dessen alten Bau in der Dagobertstraße und damit ihren heutigen Standort. In Hermann Pünders Amtszeit fällt auch die Gründung der Sporthochschule unter der Leitung von Carl Diem. Auf dem Umweg über Johannes Sampels, engagierter Sportfunktionär und Leiter des Kölner Sportamtes, scheint der Gedanke Carl Diems, eine Sporthochschule zu errichten, Peco Bauwens erreicht zu haben. Er bringt ihn allerdings in der Ratssitzung am 29. August nicht selbst ins Gespräch. Den Antrag stellt Peter Josef Schaeven (CDU); er wird auch von Helmut Braubach (SPD) unterstützt. Bis auf die Universität Köln waren wenig später die Universitäten bei einer Nordwestdeutschen Hochschulkonferenz, also die der britischen Besatzungszone, der Auffassung, dass zu jeder Universität ein Sportinstitut gehören müsse. Das hatte der Senat der Universität zu Köln bereits im Februar 1946 abgelehnt. So kam der Gedanke einer eigenständigen Sporthochschule in Köln der Universität entgegen. Schließlich stimmte auch der Zonen-Erziehungsrat dem Gedanken zu und Kultusminister Heinrich Konen konnte seinen Widerstand nicht weiter aufrechterhalten. Am 3. Juli 1947 erfolgte die Zustimmung, am 7. Juli 1947 wurde offiziell mit der Arbeit begonnen. Zu Beginn verließ sich die Stadt auf einen Landeszuschuss für die Sporthochschule, ab 1954 wurde eine Vereinbarung mit dem Land Nordrhein-Westfalen wirksam, nach der die Stadt Köln die Hälfte der Kosten der Institution trug. Das war eine zukunftswirksame Investition. Ab 1962 werden die gesamten Kosten vom Land übernommen, seit 1965 gilt für die »Deutsche Sporthochschule Köln« eine Rektoratsverfassung, seit 1970 ist sie als Universität mit Promotions- und Habilitationsrecht anerkannt. Und von weniger als 200 Studenten 1947/46 sind die Zahlen heute auf mehr als 5000 gestiegen. So überrascht es nicht, dass sich, thematisch angebunden, seit 1974 die Trainerakademie und seit 2003 auch die Führungsakademie des Deutschen Olympischen Sportbundes in Köln befinden. Carl Diem (1882–1962), bis zu seinem Tode Rektor der Sporthochschule, war trotz seiner Weigerung, Mitglied der NSDAP zu werden, ein wichtiger Sportfunktionär in der nationalsozialistischen Diktatur gewesen. Das hat seit der Gründungsphase der Sporthochschule bis in die Gegenwart immer wieder zu heftigen, geradezu exemplarischen Auseinandersetzungen um die Bewertung der Rolle seiner Person in dieser Zeit geführt. Den Prozess gegen die Entscheidung der Bezirksvertretung zur Umbenennung des »Carl-Diem-Weges«, zugleich Adresse der Sporthochschule, in »Am Sportpark Müngersdorf« hat die Sporthochschule 2008 verloren.

Auch Oberbürgermeister Ernst Schwering wird erfolgreich in der Akquisition von Institutionen für Köln. An erster Stelle steht der Umzug des 1953 anstelle des Provinzialverbandes Rheinland getretenen Landschaftsverbandes Rheinland nach Köln. Im Rat der Stadt Köln wird bereits Anfang 1951 darauf gehofft, den späteren Landschaftsverband nach Köln zu holen. In der Sitzung des Rates am 18. November 1954 kann schließlich der Landschaftsversammlung für ihren Beschluss wenige Tage zuvor, am 3. November 1954, Köln als Sitz des Landschaftsverbandes zu bestimmen, ausdrücklich Dank ausgesprochen werden. Diese Entscheidung hat man in Düsseldorf nicht mit Vergnügen gesehen. Oberbürgermeister Ernst Schwering selbst leitet am 27. März 1956 die entscheidende Sitzung im Düsseldorfer Ständehaus, in der die Landschaftsversammlung Rheinland mit 48 gegen 42 Stimmen Köln erneut als eigenen Verwaltungssitz festlegt. Überzeugend war sicher auch gewesen, dass die Stadt das Grundstück kostenlos zur Verfügung stellte und sogar bereit war, nicht verwertbare Bauteile des Rheinischen Museums auf ihre Kosten abtragen zu lassen und verbilligte Grundstücke für den Bau von Wohnungen für die Mitarbeiter anzubieten. 1959 kann der heute unter Denkmalschutz stehende Bau des Landeshauses am rechten Rheinufer bezogen werden, für den die Stadt Köln das zentrale Grundstück zur Verfügung gestellt hat. An dieser Stelle stand zuvor eine preußische Kaserne, die ab 1926 dem erwähnten Rheinischen Museum gedient und nach 1945 trotz partieller Zerstörung ersten großen Kölner Ausstellungen wieder Raum geboten hatte. Der Rheinische Landschaftsverband selbst und die parallel geführten Rheinischen Versorgungskassen haben inzwischen mit bedeutenden Bauten und entsprechend zahlreichen Mitarbeitern in Deutz markante Akzente gesetzt und sind gemeinsam zu einem wichtigen Arbeitgeber in Köln geworden. Auch darüber hinaus bringt der LVR der Stadt Geld ein. 2013 hat die Stadt Köln als Umlage 283 Millionen Euro an den LVR gegeben, während sie Leistungen in Höhe von 442,2 Millionen Euro von diesem erhalten hat. Auch 2015 hat sich das Verhältnis nicht geändert. 307 Millionen Euro hat die Stadt gezahlt und über 500 Millionen an Leistungen erhalten.

Der Bau des Funkhauses am Wallraf-Platz war eine andere bis heute wirkungsvolle Entscheidung über ein Grundstück für die Zukunft Kölns und der Kölner Wirtschaft, auch wichtig für die Kölner Kulturlandschaft. Der Wunsch, dort zu bauen, stieß bei der Stadt Köln nicht auf Begeisterung, aber nach Düsseldorf wechseln lassen wollte man das damals noch als Zweigstelle des Hamburger NWDR geführte Funkhaus auch nicht. Eigentlich passte ein solcher Bau nicht in die Vorstellungen der Stadtplanung für das Stadtzentrum, wie sie Stadtplaner Rudolf Schwarz formulierte. Rasch erwies sich das Grundstück mit der noch teilweise nutzbaren Bauruine des Hotels Metropol auch als zu klein. Zukäufe wurden erforderlich. Mit der Ausweitung der Sendezeiten des Fernsehens werden dafür dann Anfang der 60er Jahre die Fernsehstudios An der Rechtschule gebaut. Wieder wird Peter Friedrich Schneider, ein Schüler von Peter Behrens, der 1936 sein Büro in Köln gegründet hatte, als

Architekt beauftragt. Die neuen Studios, teils tief unter der Erde, um Ruhe für die Aufnahmen sicherzustellen, trugen für einige Zeit als »Zeche Bismarck« den Namen des Intendanten Klaus von Bismarck. Noch vor der Eröffnung der Fernsehstudios 1965 begannen Planungen und Bauarbeiten für das Archivhochhaus, das quer über die Nord-Süd-Fahrt hinweg errichtet und 1968 vollendet wurde. Dieser dominierende Akzent der Bauten des WDR in Kölns Innenstadt forderte zu heftigen Diskussionen heraus und die Höhenwirkung wurde mit Ballons geprüft. Noch vor seiner Vollendung hatten auch die Bauarbeiten für das dann 1970 fertiggestellte Vierscheibenhaus jenseits der Nord-Süd-Fahrt begonnen. Der Entwurf des Büros Hentrich und Petschnigg hatte die Überlegungen für ein Hochhaus abgelöst, das als Konkurrenz für den Dom im Stadtzentrum auf Ablehnung gestoßen war. An die Stelle des benachbarten Kantinengebäudes sind inzwischen die von Gottfried Böhm entworfenen und 1997 vollendeten WDR-Arkaden samt neuer Kantine getreten, die mit ihrer Neon-Signatur allabendlich den Hausherrn verkünden. Insgesamt gehören unter anderem ringsum auch noch das Filmhaus über der Nord-Süd-Fahrt und das Archivhaus, das Besucherzentrum ebenfalls an der Nord-Süd-Fahrt, eine Tiefgarage und das EDV-Haus an der Breite Straße zum WDR.

Für Köln sind die im Jahre 2012 ca. 1,3 Milliarden Euro umfassenden Einnahmen und Ausgaben ein nachhaltiger Faktor für Wirtschaft und Kultur der Stadt, davon wird eine knappe halbe Milliarde für das Personal des WDR mit 4 192,2 Mitarbeiterinnen und Mitarbeitern ausgegeben. Hatte man im August 1945 mit 38 Mitarbeitern begonnen, waren es im Juli 1946 bereits 208 und im Januar 1956, im nun selbständigen WDR, 812. Im Jahre 1984 wohnen mit 2 277 mehr als die Hälfte der 4 470 festen Mitarbeiterinnen und Mitarbeiter des nun seit Anfang 1956 eigenständigen WDR in Köln. Das beschreibt natürlich nur den Kern der Wirkung des Senders auf den Kölner Arbeitsmarkt. Etwa 15 000 freie Mitarbeiter sind für den Sender aktiv und damit sind auch zahlreiche kleine und größere Firmen zusätzlich für den WDR tätig. Das *Medienhandbuch Köln* umfasst in seiner fünften Auflage im Jahr 2000 über 800 Seiten. Das im selben Verlag 1998 erschienene *Medienhandbuch Düsseldorf* hat dagegen keine 300 Seiten. Aktuell hat der WDR etwa 4 500 feste Mitarbeiter, deren Zahl aber auf unter 1 000 reduziert werden soll. Der Effekt des frühen Starts als Medienstandort zeigt sich auch rein statistisch deutlich bis heute nachwirkend. 1994 waren es in Köln über 50 000 Beschäftigte gegenüber 40 000 noch in 1988. An der Gesamtheit der Beschäftigten in Köln betrug der Anteil damit fast zwölf Prozent in 1994 gegenüber unter zehn Prozent in 1988. Auch die 1973 gegründete, nicht immer allseits beliebte GEZ, die Gebühreneinzugszentrale, mit etwa 1 100 Mitarbeitern in der Kölner Zentrale ist ursächlich mit dem Standort Köln des WDR verbunden. Der Sender konnte für den notwendigen Bürobau ein eigenes Grundstück in Bocklemünd anbieten.

Die Entscheidungen, 1953 die Deutsche Welle und 1954 den BFBS, den British Forces Broadcasting Service, in Köln zu etablieren, ergänzten das Bild der Kölner Medienlandschaft in den folgenden Jahren. Bis 1990 sendete der BFBS aus einer Villa in Köln Marienburg und die Deutsche Welle konnte 1980 ihr Funkhochhaus beziehen, musste aber 2003 nach Bonn wechseln.

Mit der Freigabe des Fernsehens für private Sendeanstalten entscheiden sich seit 1984 RTL und die parallelen Unternehmen der RTL-Mediengruppe Super RTL, VOX und n-tv für den Standort Köln. Seit dem Jahr 2010 senden sie zentral aus den umgebauten Messehallen am Deutzer Rheinufer und erwirtschafteten in diesem Jahr einen Umsatz von 1,9 Milliarden Euro. RTL ist, als 2003 der Wegzug von der Aachener Straße geplant wird, der größte Gewerbesteuerzahler der Stadt. Kein Wunder also, dass sich viele in Köln bemühen, das Unternehmen gegen die Konkurrenz von Hürth in Köln zu halten. Jochen Witt, damals Hauptgeschäftsführer der KölnMesse, erkennt die Chance, den Sender zu halten, in der Überlassung der alten Rheinhallen, welche die KölnMesse mit der Umsetzung des Masterplans der Messe nicht mehr nutzen wird. Oberbürgermeister Fritz Schramma, Stadtsparkasse und Stadtwerke greifen das Thema auf. Die Stadtsparkasse verhandelt den Kauf des Grundstücks für den Esch-Fonds »Grundstücksgesellschaft Rheinhallen«, Vermieter ist die Sparkassentochter »Rhein-Estate«, mit dem Bau wird Hochtief beauftragt. Nachdem ursprünglich der Umzug für 2008 vorgesehen war, kann RTL am 5. Juni 2010 erstmals aus Deutz senden — das weithin sichtbare RTL-Logo am Messeturm prägt seither das Bild der »Schäl Sick«. Und neben den Gewerbesteuern sind 2 000 Arbeitsplätze für Köln gesichert.

Schon zur 15-jährigen Präsenz am Standort Köln gratulierte Ministerpräsident Wolfgang Clement im Jahre 1999 (sich, NRW und der Stadt Köln) dem Unternehmen: »Binnen weniger Jahre hat sich RTL vom Garagensender zum umsatzstärksten Werbeträger in Europa entwickelt. Das ist eine Erfolgsstory ohnegleichen. Zu dieser Leistung gelten allen Beteiligten bei RTL mein Respekt und meine Anerkennung.« Wenig überraschend, dass 2006 dann auch die Sportcast GmbH, Tochter der Deutschen Fußball Liga, zuständig für die Übertragung von Spielen der 1. und 2. Bundesliga, sich in Köln niederlässt. Die entsprechenden Unternehmen für Werbung in Fernsehen und Rundfunk haben sich mit WWF Westdeutsche Rundfunkwerbung, HSG Hörfunk Service GmbH und IP Werbung GmbH ebenfalls in Köln niedergelassen. Diese Entscheidungen sind ohne die in den ersten Nachkriegsjahren vorbereitete Kölner Medienszene nicht zu verstehen. Und für die Gegenwart sollte heute auch die Wirkung der ständigen Bewerbung Kölns durch die Nennung als Senderstandort und als Hintergrundbild der Nachrichtensendungen nicht unterschätzt werden.

Für die Auswirkungen auf die Stadtgesellschaft, deren intellektuelles und kulturelles Leben vielfältig vom WDR geprägt wird, kann hier an Bau und Betrieb der Philharmonie erinnert werden, die ohne den Sender kaum denkbar gewesen wäre. Oder an die frühe Gründung der deutschen Sektion von Amnesty International am 28. Juli 1961 in Köln. Die Initiative entstand einen Monat zuvor auf einer Party, an der Gerd Ruge ebenso wie Carola Stern teilnahm. Oder an die Entscheidung von Alice Schwarzer, den Kolpingplatz 1a in Köln gegenüber dem WDR als Sitz der Redaktion von *EMMA* zu wählen. Eine Entscheidung, die wenige Monate nach der aufsehenerregenden Auseinandersetzung mit Esther Vilar im Fernsehen an Weiberfastnacht 1975, am Nachmittag des 6. Februars fiel. Esther Vilar vertrat mit ihrem Buch *Der dressierte Mann* die These, die Frauen hätten sich die Männer als Arbeitssklaven dienstbar gemacht. Alice Schwarzer hatte mit ihrem Band *Frauenarbeit-Frauenbefreiung* zwei Jahre zuvor eine deutliche Gegenposition eingenommen.

Bis heute beeinflusst die Gründung des Landes Nordrhein-Westfalen und die Bestimmung Düsseldorfs zur Landeshauptstadt Kölner Strukturen. Exemplarisch stehen hier dafür abschließend der Untergang der Kölner Werkschulen und die Gründung der Kunsthochschule für Medien.

Unter der Leitung von August Hoff (1892–1971), geprägt vom Gedanken des Werkbundes, wurde nach Wiedereröffnung der Kölner Werkschulen die Zielvorstellung des Unterrichts »Der am Material selbst geschulte Gestalter«. Zwischen 1933 und 1945 hatten sie den Titel »Meisterschule des Deutschen Handwerks der Hansestadt Köln« getragen. 1958 tritt der Maler Friedrich Vordemberge (1897–1981) August Hoffs Nachfolge an. Noch vor seiner Pensionierung 1965 verfasst er eine Denkschrift zur Statusveränderung der Werkschulen in eine Kunstakademie. Sein Nachfolger, der Maler Werner Schiefers (1926–2003), greift das Thema 1966 mit einer eigenen Denkschrift auf und erreicht, dass der Rat 1968 einen entsprechenden Antrag an den Kultusminister richtet. Da nun das Land die Finanzierung übernimmt, die bisher vom städtischen Haushalt getragen worden war, gehen die Kölner Werkschulen mit der Gründung der Fachhochschule Köln im Jahre 1971 in die Zuständigkeit des Landes über. Trotzdem wird intern weiter versucht, am Gedanken einer Aufwertung zur Kunstakademie mit der Einführung von neuen Themen wie Film oder Video und neuen prominenten Lehrkräften wie z.B. Daniel Spoerri zwischen 1977 und 1984 festzuhalten. Aber Erfolg haben alle Bemühungen nicht. Selbst Norbert Burgers gute Argumentation bei der Anhörung zum Kunsthochschulgesetz konnte den Zwang, Westfalen mit einer Kunstakademie zu versehen, nicht überwinden. Trotz damals 600 Studenten der Kunst und damit 1987 »die größte Ausbildungsstätte für freie Kunst in der BRD« wird der Studiengang Freie Kunst an der Fachhochschule per Landesgesetz im Jahre 1988 zum 1. April 1993 aufgehoben. Einschreibungen neuer Studenten dürfen nun nicht mehr erfolgen. Proteste und Demonstrationen bleiben nicht aus. Stattdessen wird Münster, bis dahin Institut für Kunsterzieher, angeschlossen an die Düsseldorfer Akademie, zur eigenständigen Akademie. Im ständigen Wettkampf der Landesteile des Bindestrichbundeslandes haben die Westfalen wieder einen Erfolg errungen.

Grandioser Ersatz: Schon 1990 war die inzwischen national wie international erfolgreiche Kunsthochschule für Medien gegründet worden. Der Studiengang Design ist inzwischen als »Köln International School of Design« erfolgreicher Teil der seit September 2015 Technischen Hochschule Köln. War die Schließung der »Freien Kunst« für die Kunstmetropole Köln ein spürbarer Verlust, so war die Gründung der Kunsthochschule für Medien, beides betrieben von der zuständigen Ministerin für Wissenschaft und Forschung, der Kölnerin Anke Brunn, für die Medienstadt einen großen Gewinn.

Aus dem »Schatten des Hungers« zu Kölsch und internationaler Küche

Bis zur Währungsreform lastet der »Schatten des Hungers« schwer wie auf jeder Stadt oder Großstadt auch auf Köln. Die mangelnde Versorgung mit Nahrungsmitteln, über die man in der Domstadt schon unter nationalsozialistischer Herrschaft geklagt hatte, ist von Beginn an ein Thema für die Militärregierung, für die nach Köln zurückkehrenden Einwohner, für Rat und Verwaltung. Konnte das Reich vor dem Krieg etwa 80 Prozent seines Bedarfs durch eigene Produktion befriedigen, waren es nach dem Verlust der Ostgebiete in den vier Zonen nur noch 35 Prozent, die gedeckt werden konnten. In der Nordrheinprovinz konnten 1945/46 nur noch 15 Prozent des Fleisch-, gut 10 Prozent des Getreidebedarfs und 13 Prozent der benötigten Kartoffeln erzeugt werden. Angesichts der bewussten Abschottung der besetzten Gebiete voneinander und des Ausweichens der Produzenten mit ihren Erzeugnissen auf den Schwarzen Markt waren die Ernährungsprobleme vorprogrammiert. Das »ausgehungerte Lebensgefühl« derer, die nicht auf dem oder für den Schwarzen Markt oder die Militärregierung tätig waren, muss als Hintergrund für den Überraschungseffekt gesehen werden, den die nach drei langen Jahren des Mangels nach Kriegsende mit der Währungsreform plötzlich vollen Schaufenster boten.

Zwischen Kriegsende und Ende 1948 stehen den Einwohnern Kölns im Durchschnitt offiziell etwa 1 500 Kalorien täglich zu. Das ist für viele deutlich zu wenig. Etwa 2 400 Kalorien rechnet man als täglichen Mindestbedarf »ohne besondere berufliche Belastung«. Nicht, dass diese kargen 1 500 Kalorien dann leicht zu bekommen gewesen wären. Schlange stehen war eine alltägliche Beschäftigung. Dieses ständige Hungern mindert bei vielen die Leistungsfähigkeit, trübt die allgemeine Stimmung, nimmt die Zuversicht und raubt alle Hoffnung auf bessere Zeiten. Für diese drei langen Jahre sind alle auf hamstern, »fringsen«, Tauschgeschäfte, Käufe auf dem Schwarzen Markt oder Lebensmittelspenden angewiesen – wenn man nicht selbst auf und für den Schwarzen Markt tätig ist. Besser geht es nur den deutschen Mitarbeitern der Militärregierung. Ein gutes Gehalt und immer ein gutes Mittagessen an den Arbeitstagen, das war ein hochgeschätztes Privileg.

Um eine Grundlage für die Ausgabe von Lebensmittelkarten zu bekommen, hatte man linksrheinisch am 20. März 1945 mit der Registrierung der Bevölkerung Kölns begonnen. Am 5. April 1945 schließt man mit einem Ergebnis von 39255 Erwachsenen und 2260 Kindern unter zwölf Jahren ab. Rechtsrheinisch begann die Registrierung am 5. Mai 1945. Die Bevölkerung des besetzten und besiegten Deutschlands zu ernähren, stellte die amerikanische und englische Besatzung in Köln wie in allen Besatzungszonen vor große Probleme. Bis zum Kriegsende war die Bevölkerung des Reichs trotz Bewirtschaftung und Zuteilung der Lebensmittel über Lebensmittelkarten seit Kriegsausbruch – die erste Zuteilungsperiode lief vom 28. August bis zum 24. September 1939 – relativ gut versorgt worden. Kaffee und Butter waren allerdings kaum noch zu bekommen und pflichtgemäße Eintopfsonntage seit Oktober 1933 begeisterten nicht alle. Nun fielen mit Kriegsende 1945 die Lieferungen aus den russisch besetzten Gebieten des Reiches jenseits der Oder-Neiße-Linie und aus der landwirtschaftlich geprägten sowjetischen Besatzungszone aus. Auch die Beutezüge in den besetzten Ländern Europas hatten ihr Ende gefunden.

Im Chaos der Evakuierungen und nach dem Bombenangriff des 2. März 1945 hatten viele Kölner ihre Lebensmittelkarten für die 73. Zuteilungsperiode nicht mehr erhalten. Wegen der hier noch verwendeten Hoheitszeichen verloren sie für die Militärregierung allerdings ohnehin ihre Gültigkeit. Neue Lebensmittelkarten werden nun fortlaufend zu den Nummerierungen vor der Besetzung Kölns für die 74. Zuteilungsperiode vom 9. April bis zum 29. April erarbeitet. Die letzten Lebensmittelmarken werden in Köln im Januar 1950 für Januar und Februar ausgegeben.

Der städtische Verwaltungsbericht für den Zeitraum 1945 bis März 1947 sieht das Ernährungsamt in sorgender Kontinuität zu seiner Arbeit vor der Besetzung Kölns: »Am 6. März stand das Ernährungsamt praktisch ohne Leitung und ohne Angestellte, ohne Diensträume für die zentrale Verwaltung und ohne Außenstellen da. Nur einige Beamte und Angestellte, die sich nach der Zerstörung des Stadthauses am 2. März 1945 in die Kellerräume des Kaufhofs geflüchtet und der Aufforderung der damaligen Kreisleitung der NSDAP, sich auf rechtsrheinisches Gebiet zu begeben, keine Folge geleistet hatten, waren im linksrheinischen Teil des Stadtgebietes verblieben, da sie sich für die geregelte Fortführung der Versorgung ihrer Mitbürger verantwortlich fühlten. Bereits am zweiten Tage der Besetzung wurde diesen Beamten die Verantwortung für die weitere Versorgung der noch in Köln verbliebenen Einwohner übertragen.« Diesen Mitarbeitern des Ernährungsamtes, an deren Spitze der als Einziger englisch sprechende Peter Adams steht, ist der englische Journalist Paul Holt am 8. März im Tiefkeller des Kaufhofs beim gemeinsamen Mittagessen an mit Blumen geschmückten Tischen begegnet, bereit, die Lagervorräte des Kaufhofs zu verkaufen. Da die Keller des Kaufhofs im Sperrgebiet entlang des Rheins lagen, wechselt das Amt nun unter Leitung von Stadtoberinspektor Fritz Knaup nach Sülz in die Sülzburgstraße 263. Bald danach zieht es ins Allianzhaus, ins Rathaus am Kaiser-Wilhelm-Ring 31–41, und hat im Oktober 1945 wieder 21 Bezirksstellen linksrheinisch und 14 rechtsrheinisch für die Verteilung der Lebensmittelkarten in Betrieb. Wie beim Thema Gesundheit macht sich hier die rasch wieder gestiegene Einwohnerzahl bemerkbar. Im Mai 1945 kehren täglich mehr als 2000 Menschen nach Köln zurück. Ende April hatte Köln wieder fast 70000 versorgte Einwohner erreicht – ohne Ausländer, die bis dahin zumeist als Zwangsarbeiter in Köln gelebt hatten und zügig in ihre Heimatländer zurückgebracht werden sollten. Doppelt so viele sind es Ende Mai, im Juni kommen 40000 dazu, im Juli fast 80000 und Ende des Jahres 1945 rechnet man mit 447000 »versorgten«, also mit Lebensmittelkarten versehenen Einwohnern. Bis Ende 1946 kommen weitere 50000 Personen dazu.

Vor diesem Hintergrund enthüllt die statistische Darstellung der Ernährungssituation in Köln zwischen Sommer 1945 und Sommer 1948 erst endgültig ihren dramatischen Charakter. Bis ins Frühjahr 1948 liegen die als Soll in Köln pro Tag und Person vorgesehenen Mengen an Nahrungsmitteln zwischen 1000 und 1500 Kalorien. Danach werden 1948 die 1500 Kalorien langsam überschritten. Das Soll, selbst schon für Erhaltung von Gesundheit und Arbeitskraft nicht ausreichend, wurde oft genug nicht erreicht. Bereits im Sommer 1946 konnten im Juli nur 774 Kalorien als Tagesration ausgegeben werden. Im Frühjahr 1947 – die Ernte des Vorjahres ist verbraucht, die Vorräte falsch eingeschätzt, neue Ernte noch nicht eingefahren, Lieferungen der Alliierten fehlen – sinkt die real durchgeführte Zuteilung weit unter 1000 Kalorien. Für April 1947 lag der Tageskaloriensatz bei 830 Kalorien, im Mai wird der Tiefpunkt von 755 Kalorien erreicht, für Juni 1947 liegt der Tagessatz noch bei 815 Kalorien. Zwar beschäftigten sich alle Ebenen der Politik und der Verwaltung – deutsche und alliierte – mit der Versorgungskrise, aber eine Lösung findet sich nicht.

Eine Stichprobe, eine Reihenuntersuchung an den Studenten der Universität zu Köln, ergibt, dass 90 Prozent untergewichtig sind. Durchschnittlich fehlen 10 Prozent, bezogen auf das Soll-Normalgewicht. Bei einem Drittel werden mehr als 10 Kilogramm Untergewicht festgestellt.

Hier sehen die Kirchen mit ihren traditionell internationalen Beziehungen eine wichtige Aufgabe. Kölns Erzbischof Josef Frings nutzt seine Erhebung zum Kardinal in Rom gezielt für Gespräche über die Not der deutschen Bevölkerung. Als eine Eingabe der deutschen Bischöfe im Sommer 1946 nicht an den amerikanischen Präsidenten weitergegeben wird, wendet er sich nun persönlich an den Erzbischof von Chicago, Kardinal Stritch, den er in Rom kennengelernt hatte. Ende des Jahres 1946 kann er für fast 300 000 Pakete danken, die über Caritas, Evangelisches Hilfswerk, Arbeiterwohlfahrt und Rotes Kreuz in der britischen und amerikanischen Besatzungszone verteilt worden waren. Auch die einzelnen Personen zugedachten Pakete wurden im Rahmen der Sammeltransporte gepackt und versandt.

Auf der Ebene der Kölner Pfarrer ist z.B. Josef Könn (1876–1960), Pfarrer an St. Aposteln, ähnlich aktiv. Er mobilisiert seine Kontakte im Ausland, Schwesterhäuser in Argentinien, Chile, Brasilien und Oslo. In der Schweiz war eine große Sammelaktion für Wäsche, Kleider und Lebensmittel zustande gekommen.

Eine in Köln wichtige Verteilungsstelle war der Diözesan-Caritasverband: »Der Verband mußte zu diesem Zweck eigens ein Lager im Rheinau-Hafen anmieten, das vom Konditormeister Orth, einem Bruder der dienstältesten Mitarbeiterin, Fräulein Grete Orth, verwaltet wurde. Ein Care-Paket-Lager war im Caritashaus, d.h. im eigentlichen Wohnhaus des Diözesan-Caritasverbandes, Georgsplatz 18, eingerichtet, zu dessen Schutz eigens ein Nachtwächter eingestellt werden mußte.« Entlang der Verteilungskette von Bremen zu den Empfängern kam es durch Selbstbedienung, unbefugte Aneignung, Diebstahl und Raub bis zu den Verteilungsstellen zu einem Schwund von ca. zwei Prozent. Weiteres wurde dann vor Ort – sicher auch in Köln – durch Beziehungen und Eigeninteresse der direkten Akteure abgezweigt.

Die Ernährungs- und Versorgungsprobleme mit Schwarzem Markt, Diebstählen, Schwarzschlachtungen und Verwirtschaftungen – im Handel spurlos verlorenen Waren – sind das Hauptthema der Diskussionen im Rat der Jahre 1945 bis 1948. Anfang 1947, in der 2. Sitzung am 7. März, nehmen Oberstadtdirektor Willi Suth, verheiratet mit Konrad Adenauers Schwester Lilli, und anschließend die jeweils zuständigen Beigeordneten ausführlich dazu Stellung. Im Protokoll ergeben die gemeinsamen Ausführungen 29 dicht bedruckte Seiten. Höhere Ablieferungen der Produzenten in Land- und Viehwirtschaft, bessere Kontrollen, vermehrte Importe werden gewünscht, dem Schwarzen Markt sollen die Grundlagen entzogen werden.

Den Kindern galt besondere Sorge. Bereits am 15. Dezember 1945 wurde mit der Schulspeisung der Volksschüler begonnen, nachdem linksrheinisch am 23. Juli 1945 und rechtsrheinisch am 20. August der Schulbetrieb wieder begonnen hatte. Ab Februar 1946 kamen auch die bis zu 16-jährigen in den Genuss von einem halben Liter Suppe an jedem Schultag. Ab Mai werden dazu Brötchen ausgeben. Von Mai bis Ende September verteilt man sogar zweimal wöchentlich Süßigkeiten aus internationalen Hilfslieferungen über CRALOG und CARE. Daneben werden auch Nahrungsmittel für Kleinkinder aus der »Schweizer Spende« und der »Irischen Spende« ausgegeben. Ausreichend war das alles dennoch nicht. Der Gesundheitszustand der Kölner Schulkinder galt als der schlechteste in allen Großstädten.

Durch die massenhafte Evakuierung und die wilde, ungeregelte Rückkehr in die durch die letzten Bombenangriffe im Herbst 1944 und Anfang 1945 vor der Besetzung durch amerikanische Truppen und durch anschließende Plünderungen verwüstete Stadt fehlte es nicht nur an Nahrungsmitteln. Erst nach heftigen Protesten gelingt es, den Verteilungsschlüssel für Alltägliches für Köln zu verbessern. Im Mai 1946 widmet sich fast eine ganze Ratssitzung zentral dem Thema. Immerhin kann Oberbürgermeister Hermann Pünder in der Ratssitzung am 21. Februar 1946 einen Erfolg der Proteste für die allgemeine Versorgung der Stadt feststellen: »Unsere Kölner Bevölkerung stellt im Rahmen der alten Nordrheinprovinz einen Anteil an der Gesamtwirtschaft dieser Provinz von 8 ¼ Prozent dar. Während wir vorher bei den notwendigen Bedarfsartikeln, wie Berufskleidung für die Industrie, sonstige Textilien, Fahrräder, Möbel, Hausrat, Autos, Treibstoff usw., weit unter diesen 8 ¼ Prozent lagen, liegen wir heute durchweg über diesem Prozentsatz, und zwar gegenüber 8,25 Prozent der Bevölkerung 10,65 Prozent bei Berufsbekleidung für die Industrie, 12,45 Prozent bei sonstigen Textilien, 9,65 Prozent bei Schuhen, 12,5 bei Möbeln und Hausrat usw. Nach meiner Meinung sind selbst diese immerhin erfreulichen Verbesserungen aber noch keineswegs hinreichend. Diese drei Prozent, die uns dazugegeben worden sind, können unter keinen Umständen dem völligen Verlust des Fundus der Kölner Bevölkerung entsprechen.«

Diese Mangelsituation in allen Bereichen des Alltags wurde auch als Bedrohung der demokratischen Entwicklung empfunden. Bei der Landtagswahl in NRW am 20. April 1947 beteiligen sich nur 67,3 Prozent und die KPD erreicht 14 Prozent der abgegebenen Stimmen. Karl Arnold als zukünftiger Ministerpräsident nutzte die Gelegenheit, in Abstimmung mit Konrad Adenauer als Vorsitzendem der CDU-Fraktion im Landtag, um zu betonen, »daß die sachliche und politisch dringend erforderliche Übernahme einer erweiterten deutschen Zuständigkeit nur möglich sei, wenn die Militärregierung vorrangig die Ernährung an Rhein und Ruhr sichere.«

Streiks und Hungerdemonstrationen wie im Ruhrgebiet, im Rheinland ringsum, aber auch in Hamburg und Niedersachsen, mit denen seit März 1947 immer wieder spontan auf die Ernährungslage reagiert wurde, prägten ebenfalls das Bild in Köln. Mit den ersten Arbeitsniederlegungen protestierten die Arbeiter der traditionsreichen Firma Westwaggon und Klöckner-Humboldt-Deutz am 12. November 1946. Die Arbeiter anderer Firmen in Deutz, Mülheim, Poll und Dellbrück schlossen sich den Protesten am nächsten Tag an. Eine zweite Protestwelle prägte den März 1947. Im Juni folgten die nächsten Streiks und nach einem zu heißen und zu trockenen Sommer, der zu Ernteausfällen führte, kam es Anfang Januar wieder zu Streiks, dem sich nach einem Streikbeschluss am 21. Januar 1948 etwa 120000 Arbeiter, Angestellte und Beamte anschlossen.

Dr. Hans Schmitt-Rost, seit dem 17. Oktober 1945 Chef des Nachrichtenamtes der Stadt Köln, erinnert sich 1973, als er die Hungerdemonstration vor dem Rathaus am 27. März 1947 schildert: »Der damalige Oberbürgermeister Dr. Pünder stellte sich auf einen Stuhl und hielt eine beschwichtigende Ansprache. Als er sagte: ›Auch ich habe Hunger‹, wurde freilich laut gejohlt. Das hätte er nicht sagen sollen. Er hatte eine hübsch rundliche Figur. Aber man beruhigte sich schnell und ließ Robert Görlinger sprechen. Er sprach vom Krieg und den Folgen, und die Not sei allgemein. Auch im Rathaus habe man nicht mehr zu essen und zu rauchen als im Volk. Da ertönte in gutem Kölsch aus dem hinteren Glied die zweifelnde Frage: ›Woher häs do dann die jähl Fingere?‹ Nun war freilich nicht alles lustig. Darum gedenke ich zum Schluß eines Beamten, der ehrlich und rechtschaffen nur von seinen zugeteilten Rationen leben wollte, ohne Bezüge vom Schwarzmarkt. Er glaubte noch an die Moral und das Gesetz. Er ist buchstäblich verhungert.«

Keine der Sterbestatistiken der *Statistischen Jahrbücher* der Stadt Köln bis 1948 notiert Hunger als direkte Todesursache und im Vergleich der Todesursachen zum Jahr 1939 zeigen sich keine gravierenden Unterschiede. Dennoch wird die durch Hunger geschwächte Konstitution vieler oft die eigentliche Todesursache gewesen sein.

Mit den entsprechend hohen Einnahmen aus Schwarzhandel und Schwarzem Markt leben dagegen die erfolgreichen Betreiber und Nut-

etzliches **Vorgehen.** Der Stellvertreter des Kölner Oberbürgermeisters und Vorsitzende der sozialdemokratischen Fraktion in der Stadtvertretung, Bürgermeister Robert Görlinger, lert zur Besonnenheit und Disziplin auf und erklärt: „Wenn die süddeutschen Agrarländer nicht die Ablieferungspflichten erfüllen, dann sind wir gezwungen, Zucker und Kohle zurück- ehalten." Neben ihm stehen der politische Kommentator beim Kölner Sender, Eduard von Schnitzler (mit dem Mikrophon), und der Kölner Polizeipräsident, Karl Winkler.

Es spricht Bürgermeister Robert Görlinger, neben ihm Eduard von Schnitzler und Polizeipräsident Karl Winkler, Neue Illustrierte. *Köln 18. April 1947, Seite 3*

zer dieser Schattenwirtschaft recht gut und oft auffällig luxuriös. Bürgermeister Robert Görlinger (SPD) beklagt in der Ratssitzung am 13. Juni 1946 die Provokation, die von »Schlemmerlokalen« ausgeht, »wo man für 200–300 Mark ein ausgezeichnetes kalorienreiches Essen bekommt und für die Flasche Wein 150 Mark zu zahlen hat«. Bernhard Günther (CDU) fordert in einer späteren Ratssitzung, dass solche Gaststätten, »die Genußmittel zu weitübersetzten Preisen verkaufen« unverzüglich geschlossen werden. Ende 1946 wird daraufhin ein Gaststättenausschuss des Rates gegründet. Heinrich Gérard, kommunistischer Stadtverordneter, hebt besonders die Atlanticstuben hervor: »Im Zentrum unserer Stadt gibt es neben vielen anderen Vergnügungsstätten die sogenannten Atlanticstuben. Dieses Unternehmen, in dem bekanntlich kein gewöhnlicher Sterblicher verkehren kann, braucht zur Befriedigung seiner Gäste ein besonderes Kontingent an Lebensmitteln. So wurde mir beispielsweise mitgeteilt, daß der Inhaber dieser Bar auch noch über eine Bäckerei verfügt. Diese Bäckerei dient wahrscheinlich zur besonderen Unterstützung der ehrwürdigen Gäste, die in den Atlanticstuben verkehren dürfen. Wie mir aus zuverlässiger Quelle mitgeteilt wird, hat dieser Schieberversorger rund 12 000 Kilogramm Mehl verschoben. Aber auch dieser sogenannte Gewerbetreibende darf nach wie vor die Bevölkerung weiter betrügen.« Auch die SPD nutzt die Säle des Atlantic für Parteiveranstaltungen.

Im September 1947 diskutiert man im Rat die bisherigen Ergebnisse der Arbeit des Gaststättenausschusses. In 28 Sitzungen des Ausschusses wurden von den etwa 900 Gaststätten im Stadtgebiet 600 geprüft. Bis zu diesem Zeitpunkt ist die Überprüfung von über 100 Konzessionen abgeschlossen. 25 Lokalschließungen wurden ausgesprochen. Nur vier davon besaßen überhaupt eine Konzession, bei anderen wurde z. B. Handel mit Brillanten, Textilien oder Stahl festgestellt. Moniert wurden Steaks von 200 Gramm für 100 Mark, mit Ei für 120 Mark – ohne Marken – oder Rechnungen für Speisen und Getränke über 8 000 Mark ... »Aber was sagt der objektive Beurteiler dazu, wenn Anzeigen wegen solcher Verstöße von der hiesigen Staatsanwaltschaft negativ behandelt, d. h. ›mangels öffentlichen Interesses‹ eingestellt werden?« Werden Schwarzhändler oder Diebe vor Gericht gebracht, erscheinen die Strafen den Mitgliedern des Rates zu gering.

Im Frühjahr 1948 ändert sich das Bild. Vom April bis Juni 1948, noch vor der Währungsreform, steigen die Lebensmittelrationen für alle von 1 400 auf 1 700 Kalorien, immer noch nicht ausreichend, aber eine erkennbare Steigerung. Mit der Währungsreform ziehen neue Zeiten auf. Im Dezember 1948 wird die Bewirtschaftung von Kartoffeln aufgehoben, die Fleischrationen auf den Lebensmittelkarten können nun tatsächlich ausgegeben werden. Im März 1949 kann die Bewirtschaftung von Fisch ganz eingestellt werden. Brot, Fett, Fleisch und Zucker werden weiter bewirtschaftet. Aber das Ernährungsamt erkennt den Silberstreifen am Horizont: »Vorrübergehend konnten sogar Marmelade, Kunsthonig und Zuckerwaren frei verkauft werden.« Anfang 1949 erscheinen bereits Apfelsinen und Bananen, die man seit zehn Jahren nicht mehr gesehen hatte, wieder auf dem Markt. Ostern 1949 konnten Zuckerwaren frei verkauft werden. Mitte 1949 wird schon so viel Milch abgeliefert, dass von einer Milchschwemme gesprochen wird. Und Anfang 1950 wird die Aufhebung der Ernährungs- und Wirtschaftsämter angekündigt und zum 1. April 1950 umgesetzt. Ab dem 1. September 1949 dürfen Gaststätten Essen an Gäste abgeben, ohne dafür Marken zu verlangen.

UNTER EINEM DACH

Aufnahmen: H. K. (5)

Ein Haus in einer westdeutschen Großstadt: Unten schimmert ein wenig neuer „Glanz". Vor dem Eingang des Restaurants hilft ein Portier den Gästen aus dem Wagen, während sich der Pikkolo devot verbeugt. Darüber aber haust das Elend, wohnen zusammengepfercht 22 Familien mit 76 Personen, wilde Mieter genannt.

3. Stock: Der Trockenspeicher ist zugleich ein trauriger Spielplatz für die 22 Kinder des Hauses. Fenster und Türen fehlen. Müll, Küchenabfall und allerlei Gerümpel werden in die Ecke geworfen oder durch die Fensterhöhlen einfach auf den Hof geschüttet.

2. Stock: Frau Lindlau, 43 Jahre alt, war vor dem Krieg Marktfrau. Ihr Mann ist Zimmerpolier. Um diesen Raum zu bekommen, mußten sie dem früheren Mieter dreihundert Mark Abstand zahlen. Ihre Einrichtungsgegenstände barg ihr Mann aus den Trümmern.

1. Stock: Herr Johann Riedel, 43 Jahre alt, Bauarbeiter, lebt mit seiner Frau und drei Kindern in zwei Räumen ohne elektrisches Licht. Das einzige Fenster ist zur Hälfte mit Pappe vernagelt und dient als Kamin für einen an mehreren Stellen geplatzten Ofen.

Parterre: Fünf- bis sechshundert Gäste finden in dem Restaurant und einer darunterliegenden Bar bei Unterhaltungsmusik und Tanz ein wenig Ausspannung. Je Person werden bis zu zwei Getränke abgegeben. Kuchen und Abendessen gibt es auf Marken. Die Musik der großen Tanzkapelle dringt durch die Decke zu Familie Riedel.

Neue Illustrierte. *Köln 15. November 1946, S. 4*

Damit beginnt eine rasante gastronomische Entwicklung, die nun im Rahmen der sozialen Marktwirtschaft kulinarische Angebote preislich gestaffelt für alle und nicht nur für Schwarzhändler bereithält. Bereits im *Baedeker* von 1954 ist mit dem »Atelier« am Hildeboldplatz »französische Küche, anspruchsvoll« zu finden. Und mit dem »Vita« in der Werderstraße wird auch eine vegetarische Gaststätte genannt.

In Kölner Reiseführern, in den Adress- und Telefonbüchern nimmt »Fremdes Essen« – ausländische Küche – seit den späten 50er Jahren einen breiten Raum ein. Das Interesse wird genährt von Urlaubswünschen und Urlaubserinnerungen und nimmt bald durch den Zustrom von Gastarbeitern einen immer breiteren Raum ein. Im Jahr 1960, richtet der *Baedeker* in der nächsten Auflage für die »Ausländische Küche« eine eigene Abteilung ein. Vier chinesische Restaurants, eines mit ungarischer und zwei mit italienischer Küche treten auf. Und neue Angebotsformen präsentieren sich Ende der 60er Jahre z. B. mit Eiscafé und Milchbar. Der Schnellimbiss kommt ins Laufen.

Im ausgewachsenen Wirtschaftswunder kann man nun auch, ohne allzu viel Sozialneid hervorzurufen, über gutes Essen schreiben. Die Anfänge der Restaurantkritik zeigen sich. Im Jahr 1968 nennt die Rubrik »Ausländische Küche« eines Reiseführers, der sich auf das abendliche und nächtliche Leben in Köln konzentriert, bereits ein amerikanisches Steakhaus, siebenmal »balkanesische« Küche, ebenso oft chinesische, dreimal französische, sechsmal italienische, darunter »Bei Bepi« in der Breite Straße, einmal japanische, zweimal schweizerische, zweimal türkische und einmal skandinavische Speisenangebote. Im Jahr 1973 ist die Zahl der Restaurants mit ausländischer Küche auf 62 angestiegen. Zusätzlich zum bekannten Angebot finden wir nun zwei argentinische Steakhäuser, einmal griechische und einmal indonesische Küche. Nur drei Jahre später verlangt das Verzeichnis »Ausländische Küche« inzwischen drei Seiten und hinzugekommen sind persische, portugiesische, rumänische, spanische und böhmisch/tschechische Küche. Gut ein Jahrzehnt danach hat sich die Zahl der Restaurants weiter vermehrt und die Variation der Küchen ist um vietnamesisch ergänzt worden. Der Reigen internationaler Küchen wird stetig erweitert. Seit 1986 erscheinen regelmäßig Restaurantführer für Köln, so dass sich die Entwicklung der gastronomischen Landschaft dank *TagNacht*, der *Stadtrevue* und der aufopferungsvollen Tätigkeiten von Joachim Römer und seit wenigen Jahren von Helmut Gote regelmäßig gut verfolgen lässt.

Fastfood von Franchise-Unternehmen unterschiedlicher Herkunft – vom Burger über den in Berlin Anfang der 70er Jahre entwickelten

Döner zu den klassischen Schnellimbissvariationen mit Siede- und Bratwürstchen, modernisiert als Currywurst – ergänzt längst die Angebotspalette für Kalorienzufuhr. In Köln gehen bereits im Jahr 2001 etwa 90 000 Portionen und damit 15 Tonnen Dönerkebab über die Theke. Den Duft der Rievkoochebud vor dem Hauptbahnhof – um ein zwanzig Jahre lang Kölns Stadtlandschaft prägendes Element nicht zu vergessen – hat man sicher noch in Erinnerung. Abgebaut 2004 nach langer, oft emotionsgeladener Diskussion, ist sie am 1. April 2006 noch einmal als Aprilscherz auferstanden.

Die traditionelle einheimische Küche hat heute ihre Heimat vorzugsweise in den als traditionell inszenierten Brauhäusern, in denen längst nicht immer noch gebraut wird, und in manchen Gaststätten wie »Bei Oma Kleinmann«. Vom Ehepaar Willi und Paula Kleinmann 1950 als »Der Goldene Krug«, Zülpicher Straße 9, eröffnet, brachten die Persönlichkeit und Kochkunst Paula Kleinmanns (1914–2009) dem Lokal Kultstatus und 1999 die offizielle Akzeptanz seines längst üblichen Namens. In Deutz haben es Annemie und Hans Lommerzheim (1930–2005) mit der von ihnen 1959 eröffneten Gaststätte ebenfalls zu Kultstatus gebracht. Das noch kurz vor dem Tode von Hans Lommerzheim, den sein wortkarges Auftreten berühmt gemacht hatte, geschlossene Lokal hat Rudolf Päffgen sorgsam restaurieren und nicht renovieren lassen. Er hat es 2008 wiedereröffnet und beliefert es auch weiterhin mit dem Kölsch seiner Brauerei. Die nicht immer stille Verehrung von Gastwirtspersönlichkeiten hat Tradition. So erinnert sich Hans Schmitt-Rost (1901–1978), von 1945 bis 1966 Leiter des Nachrichtenamtes der Stadt Köln, noch 1955 mit Begeisterung an die »Kleine Glocke« und Opa Dierse in der Glockengasse vor dem Zweiten Weltkrieg.

Die »Brauhäuser« stehen für Touristen und Bürger Kölns als Leuchttürme der kölschen Tradition für beide Interessentengruppen als Ziel fest. Der Kölner hat dazu noch seine Kneipe, oft tatsächlich an einer Straßenecke, als zweites Wohnzimmer, in dem er allerdings nicht mehr rauchen darf. Das hat das mediterrane Flair verstärkt. Nun raucht man, die Klimaerwärmung genießend, eben vor der Tür oder sitzt – wenn vorhanden – auf der notfalls mit Heizstrahlern gewärmten Terrasse. In der Hand dazu dann meist die Stange mit Kölsch, die nach dem Zweiten Weltkrieg zum Symbol kölschen Patriotismus geworden ist.

Stadtgesellschaft im Wandel

Köln nimmt Teil am allgemeinen und umfassenden Wandel der Gesellschaft der Bundesrepublik seit der Nachkriegszeit in einem sich in Globalisierung und Flüchtlingskrise wandelnden Europa. Die braune Elite verschwand und suchte das Vergessen und Vergessenwerden. Die alten Oberschichten des Adels und des Militärs hatten endgültig ihre Stellung verloren. Die führenden Wirtschaftsbürger hatten dagegen als Eigentümer oder Manager ihre Stellung entweder bewahren oder bald nach zuerst eventuell missglückter Entnazifizierung zurückgewinnen können. Unterhalb dieser Elite, die durch Parteispenden und intensive Lobbyarbeit die Politik in Köln, in Nordrhein-Westfalen und der Bundesrepublik zu steuern versucht, sehen wir vier Perspektiven, an denen die Stadtgesellschaft in ihrer Beständigkeit und ihrem Wandel aufgezeigt werden kann. Die Kölner Stadtlandschaft der 50er Jahre muss mit ihrer Mischung aus ersten Neubauten und geräumten Trümmergrundstücken für alle eine Herausforderung für Fantasie und Vorstellungskraft gewesen sein. Eine Stadt, eine Gesellschaft, eine Kultur waren neu zu gestalten. Rekonstruktion oder neuer Entwurf, beides wurde umgesetzt – in Architektur, in Gesellschaft, in Politik und Kultur.

Als erste Perspektive zeigt sich in Kultur und Popkultur die Bereitschaft, immer wieder Tradition und Revolution zu erneuern, werden hier Vorstellungen und Wünsche der städtischen Gesellschaft und darüber hinaus vorgestellt – wie es sich für eine Metropole gebührt –, um sie zu bestätigen, zu erneuern oder zu zerbrechen, Neues zu schaffen. Lange vor dem öffentlichen Auftakt von »1968« mit den medienwirksamen Demonstrationen gegen die KVB-Preiserhöhungen des Jahres 1966 hatte es längst erste deutliche Signale für das Wachstum einer neuen Kultur des Lebens, der Musik, der Literatur, der darstellenden Künste, des Theaters, der Oper und der Medien gegeben. Ein alternatives Milieu entsteht, das einen antibürgerlichen Lebensstil pflegt und linke Politik neugestaltet.

1965 geben die Rolling Stones mit »I can get no satisfaction« ihrem Publikum die Nationalhymne der Revolte der nächsten Jahre, deren Wurzeln viel weiter zurückliegen, nicht nur im politischen und soziologischen Denken der Frankfurter Schule, sondern auch in den Künsten der Nachkriegsjahre ganz besonders in Köln. Aufbruch in den Künsten und in der Gesellschaft laufen fast parallel, die Künste eilen oft allerdings den politischen Wünschen voraus. Und so fühlen sich die Künstler denn als Avantgarde der politischen Bewegungen und vereinnahmen die außerparlamentarische Opposition als auch ihre Opposition gegenüber dem gewohnten Kunstgebrauch und Kunstgenuss. Deutlich wird dies von Wolf Vostell formuliert: »... schon garkeine [sic] Überbleibsel im Museum auf Teppichboden, das ist, was wir nicht wollten.« Und – genussvoll sich damit identifizierend – bildet er dabei in seinem dokumentarischen Sammelband einen Zeitungsausriss ab, der notiert, dass Justizminister Jahn für 1968 und 1969 insgesamt 4312 Demonstrationen aufgelistet hat, von denen 2966 friedlich verliefen.

Als zweite Perspektive sehen wir den Wandel und die wachsende Vielfalt der jeweils persönlichen Lebens- und Gesellschaftsvorstellungen, im Leben als Single oder in Ehe und Familie, im Berufsleben oder im kulturellen oder politischen Leben in der Stadtgesellschaft. Das bedeutet die Eroberung von Freiräumen für eigene Vorstellungen und dem gegenüber steht dann die Forderung anderer von Sperrzonen. Die Betätigungen, für die Freiräume gewünscht oder Sperrzonen gefordert werden, reichen von der Prostitution bis zum Skateborden. Rat und Stadtverwaltung bemühen sich mit gewissem Erfolg. In anderen Bereichen ist ein friedliches Miteinander, wie es zum kölschen Jemöt mit »Jeck loss Jeck elans« passen könnte, nicht vorstellbar. Hier muss eine kurze Aufzählung genügen, um einige Probleme, die großstadttypisch sind, in Erinnerung zu rufen. Im Stadtbild sind Graffiti das sichtbarste Thema. Das kann zu Kunst werden wie Harald Naegelis »Kölner Totentanz« um 1980. Sein Skelett am Westportal von St. Caecilien ist inzwischen schon restauriert worden. Oft ist es demonstrative Sachbeschädigung, die von der 1998 auf breiter Basis gegründeten KASA (Kölner Anti Spray Aktion) möglichst rasch wieder entfernt wird. Brillant wirkt es im Kölner Stadtbild, wenn große Flächen ganz offiziell als Street Art im Rahmen des City Leaks Festival seit 2011 alle zwei Jahre in Kunst verwandelt werden. Andere irritierende Dauerthemen sind Türsteherkonflikte auf den Ringen, Rockerbanden im Konkurrenzkampf, Drogenkonsum, Grillen in den Grünanlagen, Junggesell(inn)enabschiede in der Altstadt, Straßenmusik, Wildpinkeln, Betteln. Die Nutzung öffentlicher Plätze vom Roncalliplatz über Alter Markt oder Heumarkt für kommerzielle Veranstaltungen aller Art erfordert höchste Diplomatie. An anderen Orten, auf den Ringen oder dem Brüsseler Platz, sind trotz Jahren und Jahrzehnten die Interessen der Feiernden und der Anwohner nicht aufeinander abstimmbar.

Oft bietet »1968« die Atmosphäre, in der neue Themen und Ziele persönlicher Freiheiten öffentlich gemacht werden. Das ist kein allein deutsches Phänomen, es ist ein internationales Phänomen. Die Ursachen sind oft und immer wieder diskutiert worden. Proteste aller Art hatte es auch zuvor gegeben. Ich meine, dass Ende der 60er Jahre das erdrückende Übergewicht der schweigenden Mehrheit, die glücklich ohne weitergehende Wünsche im neuen Wohlstand lebte, geschwunden war. Man hatte sich ans Wirtschaftswunder gewöhnt und war durch die eigentlich kleine Wirtschaftskrise von 1966/67 verunsichert. Die Karrieren der Generation, die unter nationalsozialistischer Diktatur oder in der Atmosphäre der Restauration aufgestiegen waren, liefen aus. Wirtschaftskrise und große Koalition stellten ihre Autorität infrage. Nun lösen Proteste und Krawalle, mit denen schon in den späten 50er Jahren die »Halbstarken« nur für öffentliches Unverständnis gesorgt hatten, erstmals erkennbare öffentliche Resonanz aus und werden damit politisch wirksam. In Köln kommt es im September 1956 zu viertägigen Krawallen, die für Presse, Polizei und Gerichte rätselhaft bleiben. Die Kölner Presse vermutet dahinter die Suche nach Zeitungspräsenz, die in Köln verweigert wird. In Berlin, Hamburg oder München kommt es dagegen mehrfach zu Krawallen.

Dabei ist es international die gleiche Generation der zwischen 1937 und 1945 Geborenen, die protestiert. Waren die »Halbstarken« die Jugend der sozialen Unterschicht, die sich mit erstem selbstverdienten Geld von den Idealen der Eltern abwandten, so ist es in »1968« die Jugend der aufstiegswilligen Mittelschicht, die andere Strukturen für eine zwar wiederhergestellte, aber in Krieg und Not der Nachkriegsjahre entwertete Gesellschaftsordnung sucht. Und in der jetzt nachfolgenden Jugend schwindet die Bereitschaft, »sich in eine Ordnung einzufügen, sich anzupassen«, wie Schnee in der Sonne. Stimmen dem 1967 noch 55 Prozent zu, sind es 1972 nur noch 28 Prozent. Hierbei scheint im Hintergrund der ständige Wandel der Jugend auf. Der Wandel der Bildungslandschaft – die Veränderung der Schulformen, das Entstehen der Gesamtschulen, das langsame Verschwinden der Hauptschule, das Zusammenwachsen der Fachschulen zur Technischen Universität Köln, das Anschwellen der Studentenzahlen und das Entstehen neuer Bildungsinstitutionen wie der Hochschule für Oekonomie & Management (FOM) im Rheinauhafen – ist unübersehbar.

Die unterschiedliche Wahrnehmung von Protesten vor und in »1968« lässt sich für Köln an Protesten gegen Preiserhöhungen der KVB aufzeigen. Berühmt sind die Proteste des Jahres 1966, gelten sie doch als ein erstes Zeichen der kommenden Unruhe. Protest aber und Demonstration gegen eine Preiserhöhung der KVB gab es bereits 1959. Am 26. Oktober 1959 kamen ca. 1 000 Studenten in einem großen Protestmarsch zum Rathaus, angeführt vom späteren CDU-Ratsmitglied Axel Rodert als Vorsitzenden des Studentenparlamentes und mit Unterstützung durch den Rektor Professor Theodor Kraus, vor Beginn der Ratssitzung am selben Tage, um gegen eine Veränderung der Tarife zu demonstrieren, die für sie zu erheblichen Preissteigerungen führen würde. Oberbürgermeister Theo Burauen geht ins Gespräch mit den Studenten. Noch sind alle ganz brav. Es wird in der Ratssitzung vom Verwaltungswissenschaftler Prof. Dr. Hans Peters (CDU) ausdrücklich festgestellt: »Erstens: Es ist sowohl vom Herrn Oberbürgermeister wie von den Studenten festgestellt worden, daß der Rat unmöglich etwa den Eindruck haben könnte, er würde von den Studenten unter Druck gesetzt. Beiderseits ist anerkannt worden, daß diese Demonstration zufällig auf diesen Tag gefallen ist, und schon vorher auf diese Zeit festgelegt worden war. Zweitens: Praktisch ist keinerlei Zusage gemacht worden, sondern es war eine sachliche Unterhaltung, in der insbesondere festgelegt wurde, daß die Studenten selbst bestimmte Vorschläge machen sollten.«

Sieben Jahre später, am Freitag dem 21. Oktober 1966, als die Preise um die Hälfte steigen sollen, sind es etwa 7 000 Schüler, Lehrlinge und Studenten, die vors Rathaus ziehen. Alle Gespräche zuvor und Forderungen des ASTA, die Preiserhöhungen zurückzunehmen, waren gescheitert. Diesmal kommt kein Gespräch vorab zustande. Die Demonstration wird von der Polizei aufgelöst. Teilnehmer auf dem Rückweg durch die Innenstadt blockieren die Gleise am Neumarkt und am Rudolfplatz, teilweise auch die Straße. Drei Straßenbahnen entgleisen. Es gibt 12 Verletzte und 39 Verhaftungen. Am Samstag und am Montag werden die Proteste fortgesetzt. Oberbürgermeister Theo Burauen ist entsetzt: »Das waren aber keine Pennäler, sondern Gammler und sonstige Müßiggänger, die auf Kosten unserer Gesellschaft leben, ohne ihren Beitrag ihr Leben zu fristen gedenken.« Den Mitarbeitern der KVB spricht er in der nächsten Ratssitzung am 27. Oktober 1966 »ein Wort des aufrichtigen Dankes und der Anerkennung für das mustergültige und disziplinierte Verhalten« aus. Klaus Laepple, der als Vorsitzender des ASTA, des Allgemeinen Studentenausschusses, für die Demonstration verantwortlich zeichnete, wurde auf Schadenersatz in Höhe von 98 292 D-Mark verklagt. Spricht man ihn zunächst noch frei, so sieht der Bundesgerichtshof dies dann später anders, erkennt »psychische Gewalt«. Der Nachfolgeprozess, der in Wuppertal stattfinden soll, kommt nicht mehr zustande. Noch intensiver werden die Proteste gegen die nächsten Preiserhöhungen in den Jahren 1972 und 1975. Das hinderte ihn als späteres Mitglied der CDU nicht an einer glanzvollen Karriere im Tourismus. Für andere, deren Weg eigentlich als Lehrer in den Staatsdienst führen sollte, wurde der »Radikalenerlass« des Jahres 1972 zur Drohung für viele und für manche zur Hürde, die auf einen anderen Lebensweg führte. In Köln sind etwa 100 Entlassungen auf dieser Grundlage erfolgt. Für die Domstadt ist der Lebensweg des bereits als Student politisch sehr aktiven Kurt Holl (1938–2015) wohl das bekannteste Beispiel. Nach dem Referendariat wurde ihm aufgrund »mangelnder charakterlicher Eignung« die Verbeamtung als Lehrer verweigert, was ihn in finanzielle Bedrängnis stürzte. Sein vielfältiges soziales Engagement, besonders für Sinti und Roma, aber auch für das Entstehen des NS-Dokumentationszentrums, brachten ihm Jahrzente später, 2011, dann aber schließlich die Alternative Kölner Ehrenbürgerschaft ein.

Die Folgen der Umerziehung oder Erziehung zur Demokratie haben nun in der Atmosphäre von »1968« nicht nur in der Bundesrepublik, sondern ziemlich international in Europa und den USA die Lehrer, die Professoren, die Politiker und die Generation der Eltern des restaurativen Wiederaufbaus zu ertragen. Im Kampf um das Recht auf eigene Lebensentwürfe, auf politische Mitsprache, um Menschenwürde und Menschenrechte bietet Köln wichtigen Organisationen und erstaunlichen Akteuren Raum, Bühne und Unterstützung. Auch in der städtischen Politik sind die Folgen von »1968« sichtbar und wirksam. Aber es dauert, bis daraus eine neue Partei entsteht.

1979 verhindert noch die später gekippte Fünf-Prozent-Hürde den Einzug der späteren Grünen in den Rat und damit Dirk Bach (1961–2012) als Kölner Ratsherrn. Ende 1979/Anfang 1980 werden Kreisverband, Landesverband und Bundespartei gegründet. Seit 1984 sind die Grünen (seit 1994 offiziell Bündnis 90/Die Grünen) dann regelmäßig im Rat vertreten. Das Rotationsprinzip gerät ebenso aus dem Blickfeld wie die regelmäßigen Spenden der Ratsmitglieder für den Nikolaus Gülich-Fond. Und Jörg Frank, seit 1989 im Rat, ist seit 2010, nach einem am Regierungspräsidenten Hans Peter Lindlar (CDU) gescheiterten Versuch, das Amt des Kämmerers zu übernehmen, stattdessen hauptamtlicher Fraktionsgeschäftsführer der Grünen, derzeit nach Überzeugung des *Kölner Stadt-Anzeigers* der mächtigste Mann im Rathaus. Der rechte Rand des Parteienspektrums bietet zwar immer wieder einmal Anlass für bizarre Vorgänge, bleibt aber bis zur nächsten Kommunalwahl noch belanglos.

Für die Politik, für die Einschränkung der Macht der nicht gewählten Verwaltung und des von immer weniger Wählern gewählten Rates bringen sich zunehmend Bürgerinitiativen als Gesprächspartner in Stellung. Seit 1994 haben in NRW Einwohnerantrag, Bürgerbegehren und Bürgerentscheid den Wünschen der Bürger direkte legale Wege geöffnet. Nur das 2008 gestartete Angebot, sich über den Bürgerhaushalt an den finanziellen Entscheidungen zu beteiligen, hat bisher keine großen Erfolge gebracht.

Dem parallel laufenden Wandel der Arbeitswelt, in der langfristigen Perspektive eigentlich eine Revolution, begegnen wir später beim Thema Wirtschaft. Er findet seine Entsprechung im Wandel der Ausbildungen, der Bildungsziele und der Bildungsinstitutionen. Die Fülle der Themen und Ziele traditionsreicher Organisationen und Vereine und dazu immer wieder neu sich bildender Initiativen, oft kurzfristig entstanden und dann bis heute unverzichtbar, ist kaum zu überblicken. Sie kann nur angesprochen und in Beispielen dargestellt werden.

Als dritte Perspektive blicken wir auf den Wandel der Gesellschaft durch Zuwanderung und Migration. Das beginnt mit der langwierigen und schwierigen Integration der Vertriebenen und Flüchtlinge aus dem Osten, setzt sich mit der ebenso unbeliebten Arbeitsmigration fort und zeigt sich erneut mit der aktuellen Welle von Flüchtlingen aus Bürgerkriegen und wirtschaftlicher Not, die 2016 etwa 14 000 Flüchtlinge nach Köln gebracht hat.

Und – als vierte Perspektive – inmitten dieses vielfältigen Wandels der Stadtgesellschaft bewahrt und formt die Stadt ganz erstaunlich ihr eigenes Gesellschaftsbild, ihre Eigenlogik. Das bestätigt auch die jüngere empirische Sozialforschung, die das Erfolgsrezept für wirtschaftliches Wachstum in einer kreativen Gesellschaft mit den Stichworten Technologie, Talent und Toleranz eingrenzt. Dabei wird aus den Indikatoren, wie dem Anteil der im Ausland geborenen Bevölkerung, dem Wähleranteil rechtsextremer Parteien, der Zahl der Künstler und Künstlerinnen und dem Anteil Homosexueller an der Bevölkerung, ein Toleranz-Index ermittelt. Hier liegt Köln in Deutschland mit 7,94 vor München, Hamburg, Freiburg, Frankfurt, Münster, Stuttgart, Düsseldorf und Heidelberg mit Werten von 6,85 bis 3,43. Nur Berlin steht mit einem Wert von 8,35 besser da. Das entspricht auch vehement dem Bild, das Köln von sich selbst zeichnet. Es entspricht der Eigenlogik der Stadt.

Kultur, Popkultur, Protestkultur

Kultur – vereinfachend gesagt für Bildungsbürger –, Popkultur – vereinfachend gesagt für alle – und schließlich Protestkultur – für wenige, darunter auch Bildungsbürger – bringen der städtischen Gesellschaft Selbstbestätigung. Das tut auf anderer Ebene auch das Brauchtum. Kultur und Popkultur bieten dazu Widerspruch, Anregungen, Herausforderungen und auch Konfrontationen, Bühne zum Feiern und Erleben von Gemeinschaft in den Festivals und halten der Gesellschaft in der Protestkultur in Konflikten einen Spiegel vor. Kultur, Popkultur und Protestkultur in Köln spielen darüber hinaus in der Bundesrepublik von Beginn an eine besondere Rolle, die immer wieder neu definiert werden muss.

Die Fülle dessen, was unter Kultur, Popkultur und Protestkultur verstanden werden kann, repräsentiert die Diversität der sozialen Milieus und die Spannbreite der Interessen, die sich seit Kriegsende entwickelt haben. Erlaubt ist, was zumindest so viel Publikum gefällt, dass nicht zu viel öffentliche Zuschüsse notwendig sind. Als Vorentwurf zu einer Gesellschaft, die eine Vielzahl von Lebensstilen herausgebildet hat, entwickeln sich Kultur und Popkultur in Köln im Laufe der vergangenen Jahrzehnte zu einem mehr als bunten Panorama aller Künste, der anstrengenden und der unterhaltenden.

Kultur in Köln beginnt in Trümmern. Die Kölner Gesellschaft versucht wie überall im besiegten, befreiten und besetzten Deutschland, sich wiederzufinden, bald dann sich neu zu erfinden. Nach dem »Zusammenbruch« – so wird gerne das Kriegsende statt als Niederlage oder gar als Befreiung bezeichnet – müssen die Bruchstücke gerettet und sortiert werden. Dann kann man sie wieder zusammensetzen, Lücken ausfüllen und die Oberfläche neu anstreichen. Das Haus steht wieder. Man kann die Bruchsteine aber auch vom alten Mörtel reinigen, neues Material erwerben, neue Pläne entwerfen und ein neues Gebäude errichten.

Nicht alle wollen das, aber viele. Und es gibt zahlreiche Wege und noch mehr Ziele. Das gilt für Schauspiel und Oper, für Musik aller Genres wie auch für die bildenden Künste und die Literatur. Das ist anstrengend für alle, aber auch anregend.

Erste Schritte

Zuerst werden, wie wir bei Domjubiläum und Stadtjubiläum gesehen haben, das christliche Abendland oder die deutsche Klassik als Grundlage eines Neuanfangs in Theater und Oper, in der Musik oder in den

Ausstellungen gesucht. Im Jahr 1946 stellt Karl Pempelfort angesichts »einer zerstörten Welt« erstaunt fest: »... geblieben ist vor allem, was sich so verletzlich, so leicht und luftig darbot – die Welt der Bühne.« Spielstätten für Theater, Oper, Operette und Konzerte werden mit der Aula der Universität, mit Hörsaal IV und mit einem Studio in einer Wirtschaft auf der Venloer Straße 16 gefunden, das gleichzeitig von der Rheinischen Künstler-Gemeinschaft für Ausstellungen genutzt wird. Schließlich kommen nach einem ersten Versuch 1946 dann ab 1948 als dauerhaftes Provisorium die Kammerspiele im Rautenstrauch-Joest-Museum am Ubierring hinzu.

Konrad Adenauer setzt am 14. Juni 1945 Josef Kroll kommissarisch als Kulturdezernenten ein, er wird bis zum 1. April 1946 tätig sein. Der Altphilologe Kroll (1889–1980), war 1930/31 Rektor der Universität gewesen und übernimmt dieses Amt erneut, provisorisch vom Winter 1944 bis zur Ernennung durch Konrad Adenauer im April 1945 bis 1949. »Christlicher Humanismus und abendländische Kultur« waren seine Leitbilder für die Universität und prägen auch seine Vorstellungen als Kulturdezernent. Räume bot trotz der Zerstörung des Bühnenhauses und des Zuschauerraums das Opernhaus. Das städtische Orchester unter Heinz Pauels (1908–1985) hatte am Anfang kultureller Aktivitäten seinen ersten Auftritt in Schloss Brühl am 11. Juli 1945 vor englischen Soldaten. Instrumente hatte man mit Mühe beschaffen müssen, der städtische Bestand im Opernhaus hatte bis auf zwei Harfen, die wohl zu schwer waren, mit Kriegsende das Weite gesucht. In der Aula der Universität konnten kurz danach, am 13. und 14. August 1945, auch die Kölner das Programm mit Mendelssohns Hebriden-Ouvertüre genießen. Am 17. August 1945 folgte der Spielbetrieb des Schauspiels, er beginnt mit Shakespeares »Ein Sommernachtstraum« in der Aula der Universität unter Chefdramaturg Karl Pempelfort mit der Musik von Mendelssohn. Eduard Künnekes »Vetter aus Dingsda« brachte, inszeniert von Joachim Liman, als »Direktor der Operette« installiert, die leichte Muse ins Spiel. Joachim Liman übernahm selbst die Rolle des Wandergesellen im Stück. Sehr passend, da er sich bald wieder aus Köln verabschiedete. Schon am 2. September 1945 hatte der Kölner Männer-Gesang-Verein seinen ersten öffentlichen Auftritt auf der Treppe des Hohenstaufenbades. Das erste Konzert folgte am 22. September 1945 in der Aula der Universität. Diese Chance hatte der KMGV dem jungen Kapellmeister der Kölner Oper Franz Paul Decker zu verdanken, der als Dolmetscher bei den Engländern tätig war und nun in Vertretung von Eugen Papst, bei dem er studiert hatte, den Chor leitete.

Beispielhaft für Mühen und Aufgaben der ersten Nachkriegszeit ist der Beginn der Tätigkeit von Herbert Maisch als Generalintendant. Erst nach spektakulärer bühnenreifer Entnazifizierung geben in Berlin Russen, Amerikaner und Engländer Herbert Maisch für den Ruf nach Köln als ersten Generalintendanten frei. Sein Vertrag beginnt im Januar 1947, aber erst zum 1. April steht eine Wohnung zur Verfügung. Seinen Vertrag unterschrieb er am 10. Februar 1947, eine Woche vor Rosenmontag, mit Übernachtung in der Kapitänskabine des Dampfers »Bismarck« am Rheinufer, einem der wenigen Orte, an denen in Köln Karneval gefeiert werden konnte. Auch die neu in die Domstadt gerufenen Mitglieder des Ensembles fanden erst einmal keine Wohnungen. Die Stadt konnte diese erst später zur Verfügung stellen. Aber die erste Premiere, von Hans Schalla inszeniert, ist im April 1947 Thornton Wilders »Wir sind noch einmal davongekommen« mit dem zentralen Satz: »Das ist alles, was wir tun – immer wieder von vorn anfangen.« Die Auseinandersetzung mit den gerade vergangenen Jahren setzte sich fort mit Carl Zuckmayers »Des Teufels General«, achtzig Mal in der Aula mit René Deltgen als General Harras aufgeführt, und Wolfgang Borcherts Heimkehrertragödie »Draußen vor der Tür«, »das einzige gültige Stück, das wir bis heute besitzen«, lief dreißig Mal im Studio.

Zum 1. April 1946 hatte Wilhelm Steinforth (1890–1980), von der SPD vorgeschlagen, am 11. April 1946 im Rat gewählt, das Amt des Beigeordneten für Kultur von Josef Kroll übernommen und wird es bis zu seiner Pensionierung im Juli 1955 ausüben. Die SPD behält dieses Vorschlagsrecht bis heute, nutzt es in den letzten Jahrzehnten allerdings zurückhaltend. Es werden keine Parteimitglieder der SPD vorgeschlagen, denen gegenüber man ja zur Unterstützung bei Wünschen und Vorhaben verpflichtet wäre. Und die Position wird genutzt, um den Frauenanteil unter den Beigeordneten zu mehren. Auch Wilhelm Steinforth hatte es nicht einfach. Seine Schwierigkeiten mit Oberstadtdirektor Willi Suth (CDU) sieht er durchaus als politisch bedingt und fühlt sich von der SPD-Fraktion nicht ausreichend unterstützt.

In die Amtszeit Wilhelm Steinforths fallen, ohne dass er dafür prominent im Rat auftreten muss, zahlreiche Entscheidungen, die Kölns Kulturlandschaft bis heute bestimmen. Im Rat ist er kaum einmal zu hören gewesen. 1946 kann er die Schenkung der Sammlung Haubrich, »das künstlerische Lebenswerk unseres lieben Mitbürgers«, begrüßen. Die Forderung aber nach einem eigenständigen Museum moderner Kunst, einem »Museum Haubrich«, stellt Hans Carl Nipperdey (SPD) auf, da sie ja kaum von Josef Haubrich selbst vorgetragen werden konnte. 1947 wird Wilhelm Steinforth als Redner im Rat nicht verzeichnet, 1948 nimmt er seine Bestätigung im Amt zur Kenntnis und im Jahr 1949 schweigt er wieder im Rat. 1950 muss er sich gegen unberechtigte Vorwürfe der KPD zur Wehr setzen, die Jubiläumsfeier des Jahres sei zu teuer geworden, und er beklagt sich über den Mangel an Museumsbauten. In der Diskussion um den Standort des neuen Opernhauses tritt er 1951 für den Standort Neumarkt/Caecilienstraße ein, der dann später mit Volkshochschule, Kunsthalle, Zentralbibliothek und einem banalen Ärztehaus gefüllt wird. Rudolf Schwarz setzt sich mit seinem Wunsch des Standortes an der Glockengasse, an der von ihm vorgesehenen Nord-Süd-Fahrt, durch.

Damit war das Schicksal des alten Opernhauses am Rudolfplatz besiegelt. 1956 beginnen die Abbrucharbeiten am alten Opernhaus, dessen Zerstörung eine vom vorgesehenen Weg abgeirrte deutsche Rakete vom Typ V1 am 13. Mai 1944 abgeschlossen hatte. 1958 werden die Abbrucharbeiten beendet. Einen großen Teil der Ziegel verwendet man für den Bau der am Rande des Stadtgartens gelegenen Kirche St. Alban, entworfen von Hans Schilling. An der Stelle des Opernhauses entstand 1961/1962 der Sitz der Provinzialversicherung, entworfen von Theodor Kelter, 1983 renoviert und seit 1986 als Hotel genutzt.

1952 ist der Einsatz von Theaterärzten Wilhelm Steinforths einziges Thema im Rat. Im Jahr darauf kann er mit dem »Kölner Ausstellungssommer 1953« glänzen. Ende Juni wird am 24. Juni 1953 zuerst der Grundstein für den Neubau des Wallraf-Richartz-Museums gelegt, am nächsten Tag werden die Räume des Heimatmuseums in Deutz eingeweiht, nachmittags folgt die Eröffnung einer Ausstellung in der Eigelsteintorburg, tags darauf die einer großen Ostasiatika-Ausstellung im Staatenhaus und am Sonntag wird im Rautenstrauch-Joest-Museum eine Ausstellung zur »Kunst des Schwarzen Erdteils« eröffnet. Ein »Bravo« gibt es zum Schluss für die Einladung ins Schloss Brühl am Samstagabend durch die Freunde des Wallraf-Richartz-Museums. Jetzt werden zugleich der geplante Einzug des Museums Schnütgen in die Cäcilienkirche wie auch der zukünftige Umzug des Historischen Museums ins Zeughaus vorgestellt. Ansonsten ist 1953 die Erhöhung der Gagen der Mitglieder des Chors der Bühnen Steinforths Hauptthema. Sein letzter Auftritt im Rat gilt 1955 dem von Marcks entworfenen Albertus-Magnus-Denkmal, das vor der Universität aufgestellt werden soll. Die Forderung, ein Denkmal für diesen der Stadt Köln eng verbundenen Theologen und Naturforscher zu errichten, wird von Josef Haubrich Anfang 1954 im Rat vorgetragen. Er schlägt vor, das Denkmal durch Verzicht auf die Restaurierung des Denkmals für König Wilhelm III. auf dem Heumarkt und die anderer preußischer Herrscher zu finanzieren.

Mit der Ausstellung »Meisterwerke aus Kölner Museen« vom 21. März bis zum 10. Juni 1946 in der Eigelsteintorburg, zugleich Sitz des neuen Generaldirektors der Kölner Museen, Leopold Reidemeister, tritt das christliche Abendland mit Altären des Wallraf-Richartz-Museums sowie Schatzkammerstücken und Skulpturen des Museums Schnütgen »als Bilder der Andacht« seine vorerst erneuerte Herrschaft an.

Wilhelm Steinforths Nachfolger Kurt Hackenberg (SPD) wird 1955 mit 45 von 58 Stimmen, von denen 26 zur SPD-Fraktion gehören, bei 13 Enthaltungen gewählt. Zum 1. Dezember tritt er sein Amt an. Er kann die Entfaltung und Blütezeit einer neuen Epoche von Kultur und Pop-Kultur, von Kunst und Markt in Köln begleiten und fördern; er wird rückblickend zur Symbolfigur seiner glanzvollen 24 Jahre Kölner Kulturgeschichte, deren Grundlagen in Wilhelm Steinforths Jahrzehnt gelegt wurden.

Die Museen spielen naturgemäß vorerst die konservative Karte aus, bis 1968 mit der Ausstellung der Sammlung Wolfgang Hahn unvermittelt die Avantgarde, aktiv in der Domstadt und anderswo, in die Mitte der Kölner Museumslandschaft vordringt. Für das begeisterte Publikum gibt es eine neue Welt zu entdecken.

Mit der Schenkung der Sammlung Josef Haubrichs kehrt Köln dankbar und konservativ zur klassischen, zwischen 1933 und 1945 verfemten Moderne der Malerei des 20. Jahrhunderts zurück. Ende 1946 wird die Sammlung in der Alten Universität ausgestellt, die kurz zuvor noch Sitz der Gauverwaltung der NSDAP und des Gauleiters Josef Grohé gewesen war. Die modernen Kunstschätze erreichen dort allerdings nur gut 8000 Besucher, im Gegensatz zu den Meisterwerken niederländischer und flämischer Malerei des 17. Jahrhunderts der Sammlung Carstanjen, die fast 20000 Besucher in die Eigelsteintorburg locken. Josef Haubrich (1889–1961) war Rechtsanwalt, Kunstsammler und von 1946 bis zu seinem Tode für die SDP im Rat, für die gleiche Zeit Vorsitzender des Kölnischen Kunstvereins, für dessen Wiederzulassung er sich bei der Militärregierung eingesetzt hatte. Seine aufsehenerregende Schenkung kam früher, als eigentlich von ihm vorgesehen. Hatte die amerikanische Militärregierung ihn noch rücksichtvoll behandelt, so hatte die englische Militärregierung sein Haus im Juni 1945 beschlagnahmt und nun stand seine Sammlung, großenteils »entartete Kunst«, dicht gedrängt in der Wohnung seiner zweiten Frau, die er nach dem Selbstmord seiner ersten jüdischen Frau Alice 1944 geheiratet hatte. Seine

Verbindung zum Wallraf-Richartz-Museum war eng. Als nach 1933 drei Gemälde des Museums von Max Liebermann als jüdische Kunst ausgesondert wurden, erwarb sie Josef Haubrich teils im Kauf, teils im Tausch – nun kehrten sie zurück. Als Botschaft des Wiederaufbauwillens der Stadt Köln und indirekt als Kontrapunkt zur Wanderausstellung »Entartete Kunst« zwischen 1938 und 1941 geht die Sammlung Haubrich von 1947 bis 1956 mit über 30 Stationen auf Wanderschaft, beginnend in Koblenz, weiter über Amsterdam, Basel, Brüssel, Eindhoven, Lüttich, Luxemburg, Paris, Turin sowie Zürich und endend – als Ausnahme nach der Eröffnung der modernen Abteilung des Wallraf-Richartz-Museums 1957 – in São Paulo. Ein heute aus konservatorischen Gründen kaum vorstellbarer Werbefeldzug für Köln als Metropole moderner Kunst, von dessen Wirkung die Stadt offensichtlich noch heute zehrt. Der großzügige Mäzen hatte nicht verlangt, dass seine Sammlung gesondert gezeigt werde, er wollte sie integriert als Teil des Museums sehen. Um sie in Absprache mit dem Museum ergänzen zu können, hatte er sich dafür das Gehalt eines Beigeordneten ausbedungen. Aus diesem Josef-Haubrich-Fonds sind bis zu seinem Tode weitere Erwerbungen, die den Charakter der Sammlung einer einmal verfemten Moderne verstärken, getätigt worden. Vehement hat sich Haubrich 1958 auch für den Erwerb der Sammlung Strecker eingesetzt.

Die Museumsbauten und ihre Ausstellungsräume liegen in Trümmern. Mühsam müssen die meist gut erhaltenen Bestände von ihren Auslagerungsorten zurück nach Köln geholt werden. Als Ausstellungsräume werden Eigelsteintorburg und Neue wie Alte Universität genutzt. Bald stehen auch das wenig zerstörte Rautenstrauch-Joest-Museum, die Messehallen und das Staatenhaus dafür zur Verfügung. Im Rheinischen Museum, der ehemaligen Kürassierkaserne, die bald dem Sitz des Landschaftsverbandes Rheinland weichen wird, können das Wallraf-Richartz-Museum und das Historische Museum wieder in einige Räume einziehen. Lange noch werden die Pläne für ein zentrales Museumszentrum über dem Dombunker, wie sie als Zeichnung im Konzept von Rudolf Schwarz in *Das neue Köln. Ein Vorentwurf* erscheinen, verfolgt. Noch im Juli 1954 ist Hermann Schnitzler, seit dem 1. April 1953 Direktor des Schnütgen-Museums, ganz begeistert von der Vorstellung, dass hier Römisch-Germanisches Museum, Schnütgen-Museum, Diözesanmuseum, Dommuseum und Dombauhütte zusammengeführt werden sollen. Mit der Grundsteinlegung für das Schnütgen-Museum am 24. Juni 1953 und seiner Eröffnung am 5. Mai 1956 beginnt das Aufblühen der Kölner Museumslandschaft.

Ein großer gemeinsamer Schritt für Kunst und Bildung in Köln sind die schon lange diskutierten Bauten am Neumarkt: Volkshochschule, Kunsthalle, Kunstverein und der große Saal des Forums. Hatte man zuerst überlegt, das Gelände des früheren Bürgerhospitals für das Agrippabad zu nutzen, so wird Ende 1959 beschlossen, hier am Josef-Haubrich-Hof die Bauten für Volkshochschule und Kunsthalle zu errichten. Auch der Gedanke an eine zentrale Stadtbücherei taucht auf. 1964 kann die Volkshochschule mit dem Fassadenrelief von Arnaldo Pomodoro ihre Arbeit aufnehmen.1967 werden die Josef-Haubrich-Kunsthalle mit dem Relief von Ernst Wille an der Fassade und der Kunstverein eröffnet, mussten aber inzwischen wieder dem neuen, 2010 eingeweihten Museumsbau weichen. Ein glanzvoller Reigen folgte, der seit 1965 mit dem »Außenreferat« – der Titel präsentiert den Wechsel der Perspektive –, heute Museumsdienst Köln, auf sein Publikum zugeht.

Seit 1974 zeigt das Römisch-Germanische Museum über dem Dionysos-Mosaik seine immer noch erfolgreiche von Hugo Borger konzipierte Präsentation, 1977 wird das stimmungsvolle Museum für Ostasiatische Kunst am Aachener Weiher eröffnet, 1986 beziehen Museum Ludwig und Wallraf-Richartz-Museum den Neubau über der Philharmonie, 1988 übernimmt das reiche Museum für Angewandte Kunst das vom Wallraf-Richartz-Museum verlassene Gebäude und 2001 erhält das Wallraf-Richartz-Museum seinen eigenen von Oswald Mathias Ungers entworfenen Bau. Andere Museen stehen an: Der Museumsbau über den Grabungen im Judenviertel hat begonnen, für das Kölnische Stadtmuseum steht gemeinsam mit dem Kurienhaus neben dem Römisch-Germanischen Museum ein Bau als »Historische Mitte« zur Diskussion, der endlich die zweitausendjährige Geschichte der Stadt am Dom zusammenführen wird.

Das aufblühende Kölner Musikleben entwickelte sich neben dem seit dem Sommer 1945 laufenden Streit um die Besetzung der Position des Kölner Generalmusikdirektors mit dem traditionsreichen Titel des Gürzenichkapellmeisters. Eugen Papst (1886–1956), der zukünftige Vorgänger seines jungen Nachfolgers Günter Wand (1912–2002), hatte eigentlich noch einen Vertrag bis 1950 und wurde auch in seiner Heimat Bayern, in Oberammergau, trotz Mitgliedschaft in der NSDAP und öffentlichen festlichen Auftritten mit dem Kölner Männer-Gesang-Verein vor dem Führer entnazifiziert, kam aber dadurch zu spät nach Köln zurück. Hier hatte man sich inzwischen für Günter Wand entschieden, mit einem ungewöhnlichen Zehnjahresvertrag ab Frühjahr 1946, der 1949 aber in ein auf Lebenszeit gültiges Beamtenverhältnis, wie es bereits seit 1947 für die Musiker seines Orchesters galt, verwandelt wurde. Günter Wand leitet bereits das 5. Konzert des Gürzenich-Orchesters am 8. und 9. Oktober 1945 und gibt der Kölner Pianistin Tiny Wirtz mit dem Festkonzert zur Eröffnung der Universität am 10. und 11. Dezember 1945 – wegen Kälte um eine Woche verschoben – ihren ersten öffentlichen Auftritt.

Neuen Schwung bekommt auch der Kunsthandel in Köln nach 1945. Damit müssten wir eigentlich ins letzte, das Kapitel über Wirtschaft, und dort in den Abschnitt »Kultur- und Kreativwirtschaft« wechseln. Aber achten wir einmal (nicht) darauf, dass alle Kultur immer auch ans Geld will, ans Geld des Publikums, der Leser, der Zuhörer und Zuschauer, der um einen guten Ruf und guten Eindruck Bemühten, der Mäzene, der Stifter, der Sammler, und aller öffentlichen Institutionen, die irgendwie nach Geld riechen.

Die großzügige Stiftung Josef Haubrichs und die Ausstellung seiner Sammlung hat auch in Köln selbst für den Kunsthandel zur Popularisierung der bis dahin »entarteten« Kunst beigetragen und ihr staatliche Anerkennung zurückgegeben. Die liberalen Regelungen des Kunsthandels in der britischen Zone – im Gegensatz zur amerikanischen – haben ebenfalls dazu beigetragen, dass die heute »klassische« Moderne ihren Markt in Köln fand. Das ist wieder eine der frühen Weichenstellungen, die Köln bis heute prägen. Bereits am 4. Dezember 1945 erhält Josef Hanstein die Genehmigung, wieder mit »Kunsthandel und Kunstversteigerungen« tätig zu werden. Es werden Räume im Haus Schildergasse 107 angemietet, das so zum ersten Galeriehaus der Nachkriegszeit wird. Anfang Dezember 1947 kann das Unternehmen seine erste Auktion seit mehr als vier Jahren durchführen. Inzwischen ist unter der Leitung der vierten Generation mit Henrik R. Hanstein die Zahl der Auktionen auf weit über 1 000 gestiegen, mehr als 600 seit diesem Neubeginn. 1959 gründet Carola van Ham-Eisenbeis für ihre Auktionen das »Kunsthaus am Museum«, das mit Markus Eisenbeis als »van Ham Kunstauktionen« inzwischen erfolgreich von der zweiten Generation übernommen wurde. Andere Auktionen bieten eine Bühne z. B. auch für technikhistorische Geräte oder, zeitweise, für Ostasiatika.

Gegenüber der Öffentlichkeit der Preise auf Auktionen und der leicht erreichbaren Anonymität der Käufer ruht der Handel der Galerien auf dem persönlichen Vertrauen in den Händler. Die klassische Moderne wird in den ersten Nachkriegsjahren besonders von den Galerien von Dr. Werner Rusche, Aenne Abels, der »moderne galerie« sowie der Galerie »Der Spiegel« von Eva und Hein Stünke, dem wir ja bereits begegnet sind, vertreten. Kölner Künstler werden wieder in den regelmäßigen

Ausstellungen des Kunstvereins präsentiert oder in Ausstellungen, wie sie z. B. die Rheinische Künstlergemeinschaft durchführt. 1949 kommt aus Berlin die Galerie Möller hinzu, die ab 1951 den eleganten, bei Wilhelm Riphahn in Auftrag gegebenen Galeriebau am Beginn der Hahnenstraße nutzt. Auch das Kunsthaus Lempertz setzt beim Wiederaufbau auf eine moderne Architektur und kann im Neubau am Neumarkt 1952 den 1947 auf der Schildergasse wieder aufgenommenen Auktionsbetrieb fortsetzen. Noch die Abschiedsausstellung von Gerhard F. Reinz in seinem 1973 bezogenen, in weißem Marmor schimmernden Galeriebau im Jahre 2009 demonstriert, dass er seine auf eine klassische Moderne bezogene Linie über ein halbes Jahrhundert seit 1959 beibehalten hat. Die klassische Moderne hat sich etabliert und hat, wie z. B. in der Galerie Boisserée, weiter einen guten Stand am Markt.

Sie trifft früh auf Widerspruch aus der nächsten Generation, die neue Aussagen und neue Künstler sucht. Dazu gehören Kunsthändler wie Rudolf Zwirner, der mit seiner jungen Galerie, aber reichen Kenntnissen als Generalsekretär der documenta von 1959 im Jahre 1962 nach Köln kommt. Ihm gelingt es dank der Vermittlung eines Ateliers, Gerhard Richter nach Köln zu locken. Er schließt seine Galerie, für die er 1972 einen eleganten und schlichten Galeriebau in der Albertusstraße durch den Architekten Erich Schneider-Wessling errichten ließ, im Jahre 1992. Zwirners Haus war ein Markstein auf dem Weg der Rückkehr der Kunstmetropole Köln in die Reihen der mehr oder weniger gleichrangigen Konkurrenten. Sein Sohn David eröffnet im Jahr darauf eine Galerie in New York. Nüchtern konstatiert Rudolf Zwirner im Rückblick »die rasante Industrialisierung des Kunsthandels«, an der er sich lange erfolgreich beteiligt hat. Besonders der Wandel der immer weiter gespannten Informationsmöglichkeiten hat den einst fast geheimnisumwitterten Vorsprung der verschwiegenen Gemeinschaft der Händler in die Konkurrenz untereinander mit den großen Auktionshäusern und mit den strategisch investierenden und Leihgaben platzierenden Großsammlern verwandelt. Ein brillanter Vertreter dieses Informationsvorsprungs, dieses Gespürs für kommende Kunst, z. B. mit Cy Twombly oder Louise Bourgeois, ist auch Karsten Greve, seit 1973 am Wallrafplatz ansässig, dann in den ehemaligen Räumen des Auktionshauses van Ham in der Drususgasse am Kolpingplatz, dazu mit Filialen in St. Moritz und Paris.

Ein weiteres architektonisches Zeugnis des Kölner Kunsthandels ist seit 1969 das Galeriehaus mit den Galerien Friedrich, Müller, Neuendorf, Onnasch, Ricke, Thelen und Wilbrand in der Lindenstraße 18–22. Christoph und Andreas Voswinkel haben den Bau, angeregt vom Erfolg des ersten Kunstmarktes und New Yorker Vorbildern, errichten lassen. Andreas Voswinkel brachte als Geschäftsführer der documenta-Foundation, die durch Grafikverkäufe die Finanzierung der documenta sichern soll, Erfahrungen mit, wie sie auch Rudolf Zwirner genutzt hatte. Die Galerie Gmurzynska, heute nur noch in der Schweiz, in Zürich, Zug und St. Moritz vertreten, hat nach ihren Kölner Anfängen 1965 im Handel mit russischer Moderne 1989/91 einen Galeriebau in Marienburg, Goethestraße 65a, errichten lassen. Der in krassem Rot gestrichene, in Beton hochgezogene, kubisch angelegte Bau ist noch heute ein Blickfänger, auch wenn das Unternehmen 2005 Köln verlassen hat. In diesen noch wilden Jahren spielen daneben die Galerien Lauhus, Tobies & Silex, art intermedia, Der Spiegel, Klang, Dreiseitel, Reckermann, Möllenhoff, Dom Galerie, Onnasch, Hake, Michael Werner, Paul Maenz und Ingo Kümmels »spirits and art shop«, später »Galerie K 235«, eine wichtige Rolle. Für die Intensität, mit der Köln für und mit Kunst lebt, stehen für Jahrzehnte beispielhaft die Aktivitäten von Dietmar Schneider, der 1969 erstmals aktuelle Kunst in Geschäften auf der Hohe Straße ausstellt, später den »Kunstpreis Glockengasse« organisiert und als Herausgeber der *Kölner Skizzen* ab 1979 für mehr als 30 Jahre viermal im Jahr Kölner Künstlerinnen und Künstler porträtiert. Brachte Dietmar Schneider Kunst ins öffentliche Straßenbild, so bringt die »artothek« seit 1973, einst als Abteilung der Stadtbibliothek von Horst-Johannes Tümmers initiiert, heute selbständig, neben der regelmäßigen Präsentationen meist Kölner Künstler, deren Kunst als Leihgabe in Wohnzimmer und Büros. Mit den Tagen der offenen Ateliers seit 1976 feiern Kölner Bürger und Kölner Künstler jährlich die Freude ihrer Stadt an Kunst, daraus entsteht dann auch ein Verzeichnis der Ateliers in Köln, das als *Kunstadressbuch Köln 2008* inzwischen seine sechste und bis heute letzte Auflage erlebt hat.

Einige große Namen aber stehen durch ihr erfolgreiches Engagement und durch die von ihnen vertretenen Künstler im Vordergrund. Die Galerie »Der Spiegel« von Eva und Hein Stünke, seit 1945 zuerst in Deutz dann in der Richartzstraße betrieben, hatte z. B. Max Ernst im Programm. Nach Anfängen in Berlin 1964 kam 1969 Michael Werner nach Köln, der seit 1990 z. B. mit Georg Baselitz, Jörg Immendorf, Anselm Kiefer, Markus Lüpertz oder Sigmar Polke auch in New York vertreten war. Inge Baecker hat ihre Galerie von 1982 bis 2007 in der Zeughausstraße am Römerturm betrieben und z. B. Wolf Vostell vertreten. Mit Daniel Buchholz, der sich z. B. für Isa Genzken oder Wolfgang Tillmans einsetzt, tritt dann seit 1987 die nächste Generation an. Das neue Gewicht, das Berlin nach der Wende auch auf dem Kunstmarkt gewonnen hat, zeigt sich im Umzug mancher Kölner Galerie und des Bundesverbandes Deutscher Galerien nach Berlin, beschlossen im Jahre 2009. Dagegen ist es gelungen, das ZADIK (Zentralarchiv des internationalen Kunsthandels) in Köln zu halten.

Auch in der Kunstszene selbst trennen sich die Generationen. Die Künstler, die vor 1933 aktiv waren, gleichgültig ob sie wie Joseph Faßbender (1903–1974), Hann Trier (1915–1999) oder Hubert Berke (1908–1979) in Köln in innerer Emigration geblieben waren oder wie Anton Räderscheidt (1892–1970) aus der Emigration nach Köln zurückkehrten, genießen die neue Freiheit, den neu geöffneten Markt. Aber sie suchen keine Revolte, keine Revolution. Öffentliche Aufträge fallen ihnen selbstverständlich zu, wie z. B. für das wieder aufgebaute Rathaus. Die Zukunft der Kunstmetropole aber entwickelt sich an anderem Ort und mit jüngerem Personal.

In der Literatur war die Situation noch schwieriger. Vor 1933 und vor 1945 hatte Köln wenig mehr als regionalen Rang zu bieten. Die Anfänge nach 1945 waren kümmerlich, durchaus kritisch, aber nicht revolutionär. Die Revolution kam später. Am tragischen Schicksal Irmgard Keuns lässt sich dies ablesen. Irmgard Keun (1905–1982) war in Berlin geboren worden, in Köln aufgewachsen, hatte Schauspiel gelernt und gespielt und 1929, wieder in Köln, zu schreiben begonnen. Die Romane *Gilgi, eine von uns* und *Das kunstseidene Mädchen* werden 1931 und 1932 zu Überraschungserfolgen. Sie werden übersetzt, hoch gelobt und heftig kritisiert. Der Antrag auf Aufnahme in den nationalsozialistischen Reichverband Deutscher Schriftsteller scheitert im Jahr danach. Irmgard Keun kann nicht mehr unter ihrem Namen veröffentlichen. Es folgen nicht legal veröffentlichte Feuilletons, Emigration, diverse Beziehungskrisen und Scheidung. Ein für die Presse vorgetäuschter Selbstmord ermöglicht noch während des Krieges die Rückkehr ins Kölner Elternhaus. Ausgebombt und in den Trümmern lebend holt Max Burghardt, Intendant des Kölner NWDR, sie zum Sender. Scharfsichtig und scharfzüngig legt sie im »Kabarett der Zeit« alle vierzehn Tage die entnazifizierte Gegenwart bloß, die wie entkoffeinierter Kaffee immer noch wie Kaffee riecht, schmeckt und aussieht. In *Ferdinand, der Mann mit dem freundlichen Herzen* öffnet sie uns 1950 ihre Sicht auf das triste und trostsuchende Köln der Nachkriegszeit und seine Bewohner. Wer will sich schon von jemand, der den Rausch nicht geteilt hat, auch noch den Kater erklären lassen? Freunde macht sie sich mit ihrem letzten Roman und den danach noch erscheinenden Sammelbänden nicht, auch nicht mit dem gleichzeitigen Erscheinen ihrer Bücher in der DDR. Sie wird übergangen, wird krank und erst wenige Jahre vor ihrem Tod dann als Vertreterin der Exilliteratur wiederentdeckt.

Anregung und Vorbild für viele in den ersten Nachkriegsjahren war als Schriftsteller und Feuilletonist Albrecht Fabri (1911–1998), dessen ebenso kurze wie brillante Reden zu Ausstellungseröffnungen, Katalogvorworte und andere Schriften bei den Zeitgenossen bleibende Wirkung hinterlassen haben. Besonders seine jahrzehntelange Freundschaft mit Eva und Hein Stünke und damit die Reden zu Eröffnungen der Galerie »Der Spiegel« haben ihm eine nachhaltige Wirkung in der frühen Kölner Szene gegeben.

Einen kritischen Blick auf deutsche Gegenwart und jüngste Vergangenheit – gerne als Trümmerliteratur bezeichnet – erträgt man gerade noch von Schriftstellern, die das Schicksal der zwölf Jahre der nationalsozialistischen Diktatur mit dem Leser geteilt haben. Zum Beispiel von Heinrich Böll (1917–1985) oder Paul Schallück (1922–1976). Er meldet sich 1951 mit dem Roman *Wenn man aufhören könnte zu lügen* zu Wort, im selben Middelhauve Verlag erschienen wie Heinrich Bölls erste Werke. Zum Verlag hatte Heinrich Böll auch den Kontakt hergestellt. Paul Schallück war nach Köln gekommen, um sein Studium mit einer Promotion abzuschließen. Beide sind in den Mittwochsgesprächen bei Gerhard Ludwig aufgetreten und gemeinsam haben sie sich zur Trümmerliteratur und ihren Aufgaben bekannt, die Heinrich Böll 1952 – noch voller Hoffnung – so formuliert: »Es ist unsere Aufgabe, daran zu erinnern, daß der Mensch nicht nur existiert, um verwaltet zu werden – und daß die Zerstörungen in unserer Welt nicht nur äußerer Art sind und nicht so geringfügiger Natur, daß man sich anmaßen kann, sie in wenigen Jahren zu heilen.« Heinrich Böll bietet dazu immer, wie z. B. 1955 in *Das Brot der frühen Jahre*, auch Liebe und Hoffnung an. Allerdings ist sein eigentlich wichtigster Kölner Nachkriegsroman *Der Engel schwieg*, in dem Menschlichkeit und Liebe inmitten von Hunger, Schwarzmarkt und Gier im Mittelpunkt stehen, 1950 von Josef Caspar Witsch abgelehnt worden und erst 1992 erschienen. Im Jahr darauf, 1951, wird Heinrich Böll für die Erzählung »Die schwarzen Schafe«, in der Lottoglück und zerstörte bürgerliche Ordnung schicksalhaft verbunden sind, zum Preisträger der Gruppe 47. Mit Dieter Wellershoff, Paul Schallück oder Hans Bender (1919–2015) wird Köln ganz anders als vor 1933 zu einer Stadt mit Schriftstellern, angezogen von Kölns Atmosphäre und vom NWDR, ab 1956 nur noch WDR. Durch ihn finden viele als Lieferanten von Hörspielen, Drehbüchern und anderen Beiträgen ihren Weg nach Köln. Die dadurch geprägte, als absurd empfundene Lebenssituation schildern z. B. Heinrich Böll 1957/58 in seiner Satire *Dr. Murkes gesammeltes Schweigen* oder Paul Schallück in seinem 1967 erschienenen Roman *Don Quichotte in Köln*. Heinrich Böll wie auch Paul Schallück finden wir daher auch aus diesen Motiven, um eine neue Gesellschaft zu formen, als Initiatoren und Gründer der Kölner Gesellschaft für christlich-jüdische Zusammenarbeit und der Bibliothek Germania Judaica.

Von Köln angezogen, aber voll von Widerspruch und Widerwillen gegen die gegenwärtige Gesellschaft, kommt mit Rolf Dieter Brinkmann (1940–1975) ein Kind der Kriegs- und Nachkriegszeit, ein Dichter und Künstler im Gestalten von Film und Collagen nach Köln, der sich mit der inzwischen entstandenen Nachkriegswelt auseinandersetzt. Der äußere Schein der Wohlanständigkeit treibt ihn zur Verzweiflung. »Brinkmanns Zorn« wächst und wütet. Diese Welt, die das bürgerliche Gesellschaftsbild wahren will, wird selten einmal so deutlich enthüllt. Im Verlag Kiepenheuer und Witsch spürte man, wie sich Renate Matthei erinnert, dass hier etwas Neues begann: »Das war Brinkmann. Und wie der sich dann entwickelt hat, das war alles vor 1968, da merkte man, was da auch für Impulse bei den jungen Leuten arbeiteten.«

Gelesen wurde immer in Köln und noch mehr in der Nachkriegszeit. Leihbüchereien und der unaufhaltsame Aufstieg der Taschenbücher kündeten davon – nicht nur in Köln. Gerhard Ludwigs Taschenbuchkeller in der Bahnhofsbuchhandlung mit Selbstbedienung – 1952 konzipiert, 1957 mit dem Umbau der Bahnhofsvorhalle realisiert – war dafür als erste reine Taschenbuchhandlung mit Selbstbedienung eine Attraktion, die auch Zugang zu englischen und französischen Titeln bot. Die großen Buchhandlungen wie Gonski, Bücherstube am Dom oder Lengfeld'sche Buchhandlung nehmen ihre Arbeit wieder auf. Die breite Basis mit einem Netz städtischer Volksbüchereien, deren begeisterter Nutzer ich in meiner Jugend gewesen bin, wurde langsam ausgebaut. War doch die einstige Stadtbibliothek Teil der Universitäts- und Stadtbibliothek geworden und hatte sich mit dem Übergang der Universität ans Land langsam von der Stadt gelöst. Erst am 21. September 1979 wird der Bau der Zentralbibliothek am Josef-Haubrich-Hof eröffnet. Seit Anfang der 80er Jahre kam auf Initiative von Horst-Johannes Tümmers das von Uta Biedermann geleitete Literatur-in-Köln-Archiv hinzu. Diesen neuen städtischen Rückhalt für das literarische Leben in der Domstadt würdigt Heinrich Böll mit der Rückholung eines Teils seines Nachlasses aus Boston nach Köln. Weitere Teile wurden in den 80er Jahren von der Stadt als Ergänzung erworben. Der im Historischen Archiv bewahrte Teil ist von den Folgen des Einsturzes betroffen. Mit seinem publizierten Werk beschäftigt sich in der Zentralbücherei das Heinrich-Böll-Archiv. Heute ist Köln mit einem mühsam errungenen Literaturhaus seit 1996, mit dem Festival lit. Cologne seit 2001, mit der lit. Cologne Spezial seit 2011, dem Festival Crime Cologne seit 2012 und der Poetica an der Universität zu Köln seit 2015 ein Literaturstandort von internationalem Rang.

Die Liebe zum alten Buch ist wie die Liebe zu bibliophil gestalteten Büchern mit der Cologne Art Book Fair seit 2015 in Köln nie ein Massenphänomen geworden. Bis 2017 hat fast nur noch Roman Heuberger in Deutz die Tradition eines Antiquariats als Ladengeschäft gegen die erfolgreiche Konkurrenz des Internets aufrechterhalten. Die Ringbuchhandlung August Nethe, Hohenzollernring 88, veranstaltete schon im November 1946 eine erste Auktion für Bücher und Grafik, wie sie heute von Venator & Hanstein fortgeführt werden. Die Bibliophilen-Gesellschaft Köln wurde bis Ende der 80er Jahre von Hanns-Theo Schmitz-Otto (1908–1992) als geschäftsführendem Vorsitzenden geleitet. Danach übernahm sein Sohn Hanns Georg Schmitz-Otto als Sekretär die Arbeit bis zum Ende der Gesellschaft mit einer Festveranstaltung am 8. Mai 2010. Nicht als Ersatz, aber als neuer Kreis, nun mit Anbindung an die Universitäts- und Stadtbibliothek, der Hanns Georg Schmitz-Otto wichtige Bücherschätze aus Familienbesitz gestiftet hat, ist 2003 die Kölnische Bibliotheksgesellschaft gegründet worden.

Bei Festivals wird es oft schwer, zwischen Kultur und Popkultur zu unterscheiden. Das aber ist auch nicht das Ziel der Festivals von anspruchsvoll wie »Acht Brücken« als Nachfolger der MusikTriennale Köln veranstaltet, von der Kölner Philharmonie bis zu den populären »Kölner Lichtern«, die 2016 zum 15. Mal veranstaltet wurden oder der elitären »Kölner Golfwoche«, die sich 2004 etablierte. Bei den seit den 1970er Jahren ständig zunehmenden Festivals wird gefeiert. Mit der Entscheidung für ein eigentlich selbstverständliches Festival hat Köln allerdings bisher gezögert, mit einem Offenbach-Festival. Das Feiern, oft über ein paar Tage hinweg, und die regelmäßige Wiederholung im Abstand von einem oder mehrerer Jahre sind das Entscheidende daran. Und das reicht von Straßenfesten für ein Wochenende, wie seit mehr als einer Generation auf der Dürener Straße, am Eigelstein oder auf der Severinstraße bis hin zu unter einem Thema zusammengefassten Veranstaltungsreihen. Und Kölns ständig wachsende Variationsbreite und sein Reichtum an Festivals können sich sehen lassen.

Seit 1990 ist Köln jährlich Treffpunkt für das Medienforum NRW, eine der herausragenden Veranstaltungen dieser Art in Europa. Mehr als ein Dutzend Filmfestivals und filmbezogene Preise machen immer wieder auf Köln aufmerksam. Die bedeutendste, die 1991 begründete »cologne conference«, betont ihre Rolle nun mit dem seit 2016 neuen Titel »Film Festival Cologne«.

Der »Erlebnismarkt« hält in Köln eine Fülle von Angeboten für verschiedenste Szenen, für Kölner und ihre Gäste von nah und fern bereit. Selbstverständlich gehört dazu seit 1991 ein Comedy-Festival. »Globalize Cologne«, unter diesem Titel hat das Netzwerk der vier freien Kölner Theater für ein Jahrzehnt bis 2016 internationale Theateraufführungen nach Köln geholt. Dazu gibt es immer wieder das Architekturfestival »plan« oder die »Passagen« zum Thema Design, organisiert von Sabine Voggenreiter. Beliebt sind nächtliche Aktivitäten für Museen, Technik, Theater, Tanz, Musik, Kinos oder Kirchen. Der auf vielen Feldern aktive »KunstSalon« lässt seit 1997 für »Musik in den Häusern der Stadt« aufspielen. Seit 2004 informiert regelmäßig ein »Tag der Forts«, veranstaltet vom Verein Fortis Colonia, über die Festungsgeschichte Kölns als Teil der Stadtgeschichte. Seit 2012 gibt ein Kölner Stiftungstag dem vielfältigen Kölner Stiftungswesen öffentliche Präsenz. Die älteste Kölner Stiftung von 1422 gehört zum Kölner Gymnasial- und Stiftungsfonds. Man feiert einen »Romanischen Sommer«, zum Jahresende seit über zwanzig Jahren einen »Krippenweg«, seit 2005 ein Amphi-Festival für die schwarze Szene am Tanzbrunnen, ein Mittelalterfestival am Fühlinger See seit 1994, einen Köln-Marathon seit 1997, seit 2007 ein Medienfest NRW. Ein großartiges Ringfestival dagegen endete 2006 nach 14 Jahren mit dem Weggang der Musikmesse Popkomm nach Berlin, dafür haben wir seit 2013 mit der »phil. Cologne« nun auch ein Philosophiefestival: Neben der Hochburg des Feierns mit Karneval und Christopher Street Day (CSD) ist Köln, was man außerhalb lange kaum wahrnahm, nun auch offiziell eine Hochburg der Intellektuellen.

Frühe Unruhe – frühe Weichenstellungen – Aufbruch in Köln

Betrachtet man »1968« als ein gesellschaftliches Erdbeben, das die Landschaft auf Dauer verändert hat, dann zeichnet sich das kommende Beben im Leben der Kultur, im Geschehen der Künste früh – lange vor »1968« – seismografisch in leicht, teils kaum öffentlich spürbaren Erschütterungen ab. Das Epizentrum liegt im Elektronischen Studio des

NWDR. Manche spüren das Erdbeben, das die Künste und die Gesellschaft auf Dauer verändert, dann erst mit dem Kunstmarkt Köln 1967, der Ausstellung der Sammlung Hahn 1968 und der Ausstellung »Kunst der sechziger Jahre« der Sammlung Ludwig 1969, mit dem im selben Jahr erstmals von Ingo Kümmel und Michael Siebrasse organisierten »Neumarkt der Künste« oder der Ausstellung des Kunstvereins »Happening & Fluxus« 1970 in der Kunsthalle. Viele erleben das Erdbeben als Katastrophe, andere als Befreiung. Und wieder andere erstatten Anzeige. Aber dazu später mehr.

Im Kölner Biotop wächst nach Kriegsende deutlicher als anderenorts eine neue, andere Moderne heran, vielleicht als Reaktion auf die erfolgreiche Rückkehr zur nach 1933 unterdrückten Moderne mit der Stiftung Josef Haubrichs, die eigentlich nun nicht mehr modern ist, und auf das von Paris als aktuellem Zentrum der Kunst propagierte abstrakte Informel. Bis Mitte der 1960er Jahre bricht sie sich auf der Bühne, in Musik und Kunst Bahn und erobert dann Markt und Museen. Oft nur zufällig in Zeitschriften entdeckt, wie von Bernard Schultze (1915–2005), tritt die junge revolutionäre Kunst der USA ins Blickfeld. Diese Moderne sieht oft ihre Vorbilder im Dadaismus, der Revolte gegen die Gesellschaft des Ersten Weltkrieges und der Jahre danach: Von Zürich ausgehend, mit Max Ernst und seinen Zeitgenossen, war Dada auch in Köln stark vertreten. Wolf Vostell fühlte sich davon angezogen, auch wenn man nichts Genaues darüber wusste: »Aber es gab Gerüchte und irgendwie einen Mythos der 20er Jahre, das spürte man. Deshalb war eine neue Avantgarde in Köln nicht bodenlos.« In den USA hatten sich Happening und Fluxus an der Wiederentdeckung von Dada durch Robert Motherwell (1915–1991), Kunsthistoriker und Maler des abstrakten Expressionismus, im Jahre 1951 entzündet. »Unsere Nachkriegs-Ratlosigkeit, unser ›Suchen nach Neuem‹, nicht besetzten Nischen ... was konnten wir noch zu Kunst erklären?« Mary Bauermeisters etwas lockere Interpretation im Rückblick nach einem halben Jahrhundert, trifft nicht das ganze Geschehen der ersten Nachkriegsjahre. Im Rückblick lassen sich andere Anfänge und klare Motive aufzeigen. Gesucht wurden neue Wege, die Welt zu verstehen, zu erklären und zu verändern.

Das berühmte »1968« beginnt, wie gesagt, auf allen Gebieten von Kunst und Kultur in Köln längst vor 1968, aber es bestimmt noch nicht die öffentliche Wahrnehmung, noch nicht die Atmosphäre. Lange schon fühlen sich viele unwohl in der gegenwärtigen Gesellschaft, die der CDU für das Wahlkampfmotto »Keine Experimente« im Bundestagswahlkampf 1957 als Ergebnis 53 Prozent der Mandate des Bundestages überlässt. Heftige Kritik an den Verhältnissen wird formuliert. Beispielhaft legt dies der Musiktheoretiker Klaus-Heinz Metzger (1932–2009) in seinem Kölner »Manifest« dar, das er im »Contre-Festival« am 16. Juni 1960 im Atelier von Mary Bauermeister vorträgt. Es ist als Protest gedacht gegen das gleichzeitig in Köln auf Einladung des WDR stattfindende 34. Weltmusikfest der IGNM, der »Internationalen Gesellschaft für Neue Musik«. In einer Gesellschaft »wo die höchsten Chargen des Staates die Protektion sogenannter avantgardistischer Veranstaltungen übernehmen, die womöglich noch von der Industrie finanziert sind, und ich kann mich des Eindrucks nicht erwehren, daß da ein gewisser Stachel sei's nicht mehr empfunden, sei's absichtlich ignoriert wird« fordert Metzger »daß die bestehende Gesellschaft, und zwar durchaus zuerst, in die Luft gesprengt wird, was ich allerdings sehr befürworten möchte ...« Und individuell und privat hat Mary Bauermeister, in deren Atelier dieser Zerstörungstraum formuliert wird, diese Sprengung gesellschaftlicher Konventionen, mühsam in der Nachkriegszeit wieder aufgerichtet, schmerzhaft durchlebt. Sie wird nicht die Einzige gewesen sein.

Für wenige faszinierende Jahre wird Köln jetzt eine Metropole der neuen Moderne, die immer wieder auch neue Grenzen entdeckt, die überschritten werden können, deren Ausstrahlung das Land und damit die Konkurrenz weckt. Diese weiten Felder der Kultur in Musik, Theater, Tanz, Skulptur, Malerei, Literatur und ihr noch weiteres Umfeld mit Brauchtum und Karneval in Köln blickt im Gegensatz zur introspektiven kölschen Eigenlogik nicht nur auf die Stadt, sondern auch auf das Umland. Man arbeitet international für das ganze globale Feld des Geschehens der Gegenwart und sucht hier sein Publikum.

Die fehlenden Antworten auf die Fragen der Jugend nach einer lebenswerten Zukunft und zum Geschehen zwischen 1933 und 1945, die wohl für viele weder von den Eltern noch Großeltern noch von der Schule gegeben wurden – unser Geschichtslehrer Oberstudienrat Richard Hahn am Apostelgymnasium hat uns allerdings Anfang der 1960er Jahre intensiv informiert – gab nicht nur das Kino in vielerlei Variationen. Verbrechen und Verdrängen und die Wünsche nach heiler Welt, alles wurde angeboten und auch angenommen. Den Verbrechen und Verbrechern, den Schuldigen und Leidenden, die auch auf den Bühnen des Theaters und der Oper auftraten, die in der Trümmerliteratur den Überlebenden die Rechnungen eröffneten, konnte niemand ausweichen. Die Zeitungen berichteten darüber und über die Prozesse, nicht erst seit dem Frankfurter Auschwitz-Prozess. Mit den Krawallen der »Halbstarken« und mit »1968« brach dann die mühsam (re)konstruierte heile Welt auf, zeigte die in ihr verborgenen Abgründe und dass keine allgemeingültige Lösung zu finden war. Köln nimmt daran teil, bietet den Zeitgenossen aber mit der aus dieser Unruhe entstehenden neuen Moderne eine Fülle originärer Antworten, die diesen Jahren der Kölner Kultur ein besonderes Gewicht geben. Das wird z. B. am 19. November 1976 sichtbar, als Wolf Biermann mit Nobelpreisträger Heinrich Böll und Günter Wallraff gemeinsam den internationalen Medien gegenübertritt. Biermann hatte bei beiden Unterstützung gesucht und gefunden. Köln steht im Mittelpunkt internationalen Interesses. Überregionales Aufsehen hatte schon das ausverkaufte Konzert Wolf Biermanns in der Sporthalle am 13. November 1976 gebracht. Drei Tage später wird er von der DDR ausgebürgert. Die »Biermann-Geschichte« ist lange als gesamtdeutsches Medienereignis in Erinnerung geblieben. Hier zeigte sich – im Blick zurück – der Anfang vom Ende der DDR, die einen ihrer glühendsten Verehrer nicht mehr ertragen konnte. Köln zehrt bis heute davon, dass damals »Der Traum von der Metropole« real war. Er schwindet in dem Maße im Laufe der 80er Jahre dahin, in dem diese neuen Künste und ihre Verkünder auch außerhalb Kölns Ruhm gewinnen – und Geld verdienen.

Noch einmal zurück auf Anfang und ein Blick auf die öffentliche Wirkung: Die Rückkehr der vom Nationalsozialismus als »entartet« verfemten Moderne heilt erst einmal die Wunden, die die Diktatur geschlagen hatte. Für Köln und das Rheinland werden Kunst, Literatur und Politik zuerst seit 1946/47 in Alfter diskutiert. Hier im Sperrgebiet, das Hamsterern verschlossen sein sollte, entsteht die Donnerstag-Gesellschaft, die bis 1950 Künstler, Politiker, Kunsthistoriker, Architekten, Galeristen und Sammler zusammenführt, wie Hubert Berke, Josef Faßbender, Toni Feldenkirchen, Elisabeth Flickenschildt, Werner Haftmann, Rudolf Hagelstange, Josef Haubrich, Elisabeth Langgässer, Carl Linfert, Peter Ludwig, Gerhard Marcks, Ewald Mataré, Georg Meistermann, Erich Mueller-Kraus, Josef Pieper, Rudolf Schwarz, Hans Carl Scheibler, Carlo Schmid, Hermann Schnitzler, Albert Schulze-Vellinghausen, Emil Steffan, Eva und Hein Stünke, Eduard Trier, Alex Vömel oder Tiny Wirtz. Tief ins Gedächtnis, mehr der Teilnehmer als der Öffentlichkeit, hat sich z. B. der Tag der Abstrakten Kunst, der 20. Juli 1947 geprägt, mit einer Ausstellung von Arbeiten vieler der genannten Künstler und dem Lichtbildervortrag Hermann Schnitzlers, Kustos und ab 1953 Direktor des Museums Schnütgen, betitelt »Picasso in uns selbst«. Als durchaus politisch zu verstehender Kontrapunkt zum sozialistischen Realismus jenseits des Eisernen Vorhangs vertritt bald diesseits die Abstraktion mit dem begeistert aufgegriffenen Informel die künstlerische Freiheit des westlichen demokratischen Liberalismus. Widerspruchslos bleibt die Entwicklung nicht. In Köln wird das Informel herausragend vertreten von Hann Trier (1915–1999), Raimund Girke (1930–2002) oder Jupp Lückeroth (1919–1993).

Als am 26. April 1950 ein Cello-Konzert mit Ludwig Hölscher als letzte Veranstaltung in Alfter stattfindet, haben die »Mittwochsgespräche«, die Bahnhofsbuchhändler Gerhard Ludwig (1909–1994) im Kölner Hauptbahnhof von Dezember 1950 bis 1956 veranstalten wird, noch nicht begonnen. Aber die inzwischen deutlich sichtbare Rückkehr der Kultur in die Städte war Anlass gewesen, die Veranstaltungen in Alfter zu beenden. Laut Anekdote soll eine Diskussion Gerhard Ludwigs mit dem Autor Jakob Kneip (1881–1958), ob durch zufällige Besuche von Schriftstellern die Bahnhofsbuchhandlung zum »Treffpunkt« würde, Anlass der Reihe gewesen sein. Sie startet am 6. Dezember 1950 mit Jakob Kneip und dem Thema »Die Aufgabe des Dichters in unserer Zeit«. Kneip bleibt als Moderator der nächsten »Mittwochsgespräche« an Bord. Unter dem Motto »Freier Eintritt, freie Fragen, freie Antworten« finden bis zum 4. Juli 1956 insgesamt 260 Veranstaltungen im Wartesaal 1. Klasse des Hauptbahnhofs statt. Sie sind überfüllt und heiß, begleitet von Durchsagen, Verkehrslärm und dem Fahrgeräusch der Züge, eben die passende Umgebung für eine Gesellschaft im Aufbruch. Gegenwart in all ihren Aspekten, Politik, Kultur, Wirtschaft und Recht werden vor großem Publikum angesprochen und von der Presse aufgegriffen.

Diese Gesellschaft im Aufbruch braucht Treffpunkte, um sich auszutauschen, zu diskutieren, sich gegenseitig zu bestätigen. Und sie braucht Ereignisse, die Aufsehen erregen und Diskussionen auslösen. Ein berühmter Treffpunkt war schon ab 1949 und dann für Jahrzehnte bis 1979 das Campi auf der Hohe Straße: Nah zum WDR gelegen und auf der Laufstrecke zur Innenstadt vom Hauptbahnhof aus. Dort gab es vorzügliches Eis, vorzügliche Gäste und auch schon mal vorzügliche Musik, Jazz und Raum auch für politische Initiativen. Und Gigi Campi (1928–2010) war der Chef, studierter Architekt, Journalist und zugleich einer der großen Promotoren des klassischen Jazz in Köln, Gründer der Clark Bohland Big Band und eines eigenen Labels. Gigi Campi begegnen wir wieder auch im Rahmen der Gruppe »Die Werkstatt« für Neue Musik und Jazz, teils in enger Verbindung zur Neuen Musik, wie sie auch im Elektronischen Studio des WDR vertreten wurde. Diesen Kreis hatte Wolfram Gerbracht, später Fernsehjournalist, 1946 zusammengebracht. Musik, Kunst oder Literatur wurden vorgestellt und anschließend diskutiert. Dabei wurden z. B. die großen Schwierigkeiten sichtbar, auf die Günter Wand (1912–2002) bei seinen regelmäßigen Versuchen traf, als Generalmusikdirektor und Gürzenichkapellmeister von 1946 bis 1974 Verständnis des Publikums für ein zeitgenössisches Stück in den Gürzenich-Konzerten zu gewinnen. Missfallenskundgebungen begegnete er dann schon mal mit einer Ansprache ans Publikum und einer ostentativen Wiederholung. Gemeinsam mit Komponist Herbert Eimert, wenig später Musikkritiker der *Kölnischen Rundschau*, und mit Heinrich Lemacher (1891–1966), Komponist und seit 1923 als Professor an der Musikhochschule tätig, beantragte Günter Wand bereits 1946 die Wiederzulassung der Gesellschaft für Neue Musik.

Günter Wand probt im Gürzenich. Stadt Köln (Hg.): Köln/Cologne. Impressionen aus einer europäischen Stadt. *Gesehen von Henry Maitek. Köln 1971, S. 28*

Für Musik, für Kunst und Geselligkeit war z. B. im gut bürgerlichen Bereich die »Gemeinschaft der Künstler und Kunstfreunde e. V.« aktiv, die aus einer privaten Initiative der Sängerin Elisabeth Delseit (1908–1999) und ihres Mannes, des Konzertpianisten Karl Delseit (1904–1971), in der Evakuierung im Bergischen entstand und über Jahrzehnte hinweg Konzerte, Feste und Ausstellungen in Köln und Umgebung organisierte.

Am anderen Ende des Regenbogens der Musik, im Jazz, war der NWDR/WDR genauso aktiv. Mit »Dr. Jazz«, mit Dr. Dietrich Schulz-Köhn (1912–1999), werden ab 1948 Jazz-Sendungen gebracht. Kurt Edelhagen (1920–1962) leitet ein Jazz-Seminar, später kommt ein Jazz-Studiengang dazu. Bernd Alois Zimmermann (1918–1970) knüpft Kontakte und bis zum Aufkommen der Musikautomaten in den 60er Jahren gibt es eine lebendige Clubszene. Popmusik und Experimentelles entsteht mit der Band CAN, die drei Schüler Stockhausens vereint. Jazzgeschichte schreibt Keith Jarrett am 24. Januar 1975 mit »The Köln Concert« im Kölner Opernhaus. Die Aufnahme ist inzwischen mehr als drei Millionen mal verkauft worden.

Diese zweifache Moderne – Rekonstruktion des Lebens vor 1933 einerseits, Befragung der Gegenwart nach 1945 andererseits –, geprägt von der unterschiedlichen Sicht der Generationen, zeigt sich auch in einer unterschiedlichen fotografischen Wahrnehmung der Ruinen. Die grafische, gezeichnete Darstellung des zerstörten Köln kann gegenüber der unvermittelten und intensiven Qualität der Fotografie ihren Deutungsanspruch ebenso wenig wie manche dichterische Versuche behaupten. Hermann Claasens (1899–1987) in düsteres Moll eines meist wolkenverhangenen Himmels gestimmter Bildband des Jahres 1947 feiert mit seinem alttestamentarischen Titel *Gesang im Feuerofen*, mit seinen Aufnahmen der Trümmer, vorwiegend der romanischen Kirchen, Köln als das unzerstörbare christliche Abendland. Chargesheimer, eigentlich Karl-Heinz Hargesheimer (1924–1971), setzt dagegen in seinen vielleicht zwei Jahre später entstandenen Aufnahmen Kölns »Schöne Ruinen« bei klarem Sonnenlicht diagonal in quadratischem Bildausschnitt aggressiv in Szene. Ihre grafische Struktur zählt, die Vergangenheit nicht, sie wird ausgeblendet. Zwei Generationen, zwei gegensätzliche Sehweisen der Zerstörung. Fordert Hermann Claasen mit kunstvoller Bildgestaltung dazu auf, das christliche Abendland wieder erstehen zu lassen – »Heimkehr in die großen Ordnungen der Schöpfung Gottes« –, so entdeckt Chargesheimer die Ruinen selbst als Material seiner frühen Bildkunst, die erst 1994 einen Verleger fand. Wolf Vostell (1932–1998), dem wir gleich wieder begegnen werden, erklärt dann später, im Jahr 1961 in seiner Aktion »Cityrama = Kunst ist Leben / Leben ist Kunst« 26 Kölner Trümmergrundstücke zu Kunstwerken, die mit einem Bus besichtigt werden sollen.

Zurück zur Fotografie. Sie wird dann ja ab 1950 auch mit den bedeutenden thematischen und Einzelausstellungen der Photokina zu einem Kölner Dauerthema und Alleinstellungsmerkmal. Hier hat L(eo) Fritz Gruber (1908–2005), der 1933 nach London ins Exil gegangen war, seine Dissertation nicht vollenden konnte, 1939 zurück in Deutschland aufgrund einer Polio-Erkrankung vom Kriegsdienst verschont blieb, dann als Organisator dieser Ausstellungen in der Messe sein Leben der Fotografie gewidmet. Diese wird nun endgültig als Kunst entdeckt. Bereits 1972 stellt man die Sammlung L. Fritz Gruber im Kunstverein aus. Zum 100. Geburtstag wurde der »L. Fritz-Gruber-Platz« nahe Kolumba nach ihm benannt.

Schon 1951 hatte L. Fritz Gruber August Sander auf der Photokina mit einer Einzelausstellung geehrt. August Sanders bedeutendes Mappenwerk »Köln wie es war«, das das Bild der Stadt vor Beginn des Zweiten Weltkrieges porträtiert, wird 1953, wenn auch erst nach langen Diskussionen, für das Kölnische Stadtmuseum erworben. Aus dem langsam wachsenden Interesse Kölns an Fotografie entsteht die fotografische Sammlung des Museum Ludwig. Für diese kann 1976 die Sammlung L. Fritz und Renate Gruber erworben werden, die inzwischen mehrfach von ihnen großzügig durch Schenkungen ergänzt worden ist. Mit dem Erwerb der Sammlung Robert Lebeck und des Agfa Foto-Historama 2005 ist sie eine der bedeutendsten europäischen Sammlungen geworden. Fotografie in Köln und Kölner Fotografen sind auch für das Kölnische Stadtmuseum immer wieder ein Thema. Daneben ist mit der Photographischen Sammlung der SK Stiftung Kultur, für die das Werk August Sanders dank des 1992 erworbenen Archivs des Fotografen ein Kernthema geworden ist, ein dritter Ausstellungsort entstanden.

Und Fotografie spielt seit diesen Anfängen eine bedeutende Rolle in Kölns Kultur, mit verschiedenen Studiengängen und bedeutenden Fotografen wie Hermann Claasen, Wim Cox, Walter Dick, HG Esch, Peter H. Fürst, Heinz Held, Walde Huth, Jürgen Klauke, Reinhard Matz, Sigmar Polke, Hugo und Karl Hugo Schmölz, Wolfgang Vollmer, Jens Willebrand oder Eusebius Wirdeier und vielen anderen.

Überregional glänzt die Moderne in diesen Jahren auf der I. und II. documenta in Kassel, 1955 und 1959. Bis heute hat die jetzt jeweils im Abstand von fünf Jahren stattfindende documenta vielen die Augen geöffnet. Meist für Kunst, Hein Stünke aber und Rudolf Zwirner öffnete sie

1959 die Augen fürs Geschäft. Hier entdecken Hein Stünke als nicht honoriertes Mitglied des Vorbereitungskomitees und der junge Rudolf Zwirner als Generalsekretär, dass das Publikum einer solchen Ausstellung, jenseits der Schwellenangst einer Galerie, kaufbereit ist. Galerist Hein Stünke hatte als Ausgleich für sein unbezahltes Engagement die Genehmigung erhalten, einen Verkaufsstand für Grafik einzurichten. Da keimte im Gespräch der beiden erstmals der Gedanke an eine Verkaufsausstellung moderner Kunst auf. Aber bis zum Kunstmarkt Köln im Jahre 1967 und seinem sensationellen Erfolg vergehen noch ein paar Jahre, in denen Kunst in Köln aufblüht, aber Düsseldorf noch als die heimliche Metropole moderner Kunst gilt. Die Kunstakademie mit Josef Beuys und engagierte Galeristen wie Jean-Pierre Wilhelm oder Alfred Schmela setzen dort Akzente. Den Kölner Anfängen begegnen wir mehr als ein Jahrzehnt zuvor. Die Stadt wird in den späten 1950er Jahren zum Treffpunkt vieler Köpfe, die die Moderne formen.

Den wichtigsten Lockruf sendet der NWDR mit der Gründung des bald international berühmten und vernetzten »Studios für Elektronische Musik«. Diese revolutionäre Abteilung des NWDR/WDR wird ab 1951 von Herbert Eimert (1897–1972) aufgebaut. Das Studio ist in den kommenden Jahren neben den ebenfalls 1951 eröffneten Sendesälen im neuen Funkhaus am Wallrafplatz mehr als nur ein Treffpunkt, es wird Werkstätte und mit den Sendesälen Bühne der Ereignisse des Aufbruchs in neue Dimensionen der Musik und der Kunst. Es musste aber im Hause des Kölner NWDR selbst gegen erhebliche interne Widerstände durchgesetzt werden. Trotz Unterstützung durch den Intendanten Hanns Hartmann (1901–1972) gab es keine glatte Weichenstellung für diese Kölner Zukunft. Der promovierte Musikwissenschaftler und Komponist Herbert Eimert hatte schon als Student 1924 eine atonale Musiklehre publiziert und gründete 1948 am NWDR in Köln das »Musikalische Nachtprogramm«. Die auf Neuer Musik aufbauenden Sendungen trafen weder bei den Hörern noch bei der Kritik auf spontane Begeisterung, wurden aber mit Unterstützung des Intendanten fortgesetzt. Im Studio übernahm Karlheinz Stockhausen (1928–2007) bald eine führende Rolle, die in heftigem Streit mit Herbert Eimert gipfelte. Stockhausens »Studie 2« wird als erste elektronische Partitur publiziert. Ab 1963 übernimmt er, als Herbert Eimert in den Ruhestand geht, dann die Leitung, während Eimert nun ein Studio für Elektronische Musik an der Musikhochschule einrichtet. Köln wird in diesen Jahren gegenüber den Donaueschinger Musiktagen und den Darmstädter Ferienkursen für Neue Musik – beide seit 1946 mit Festivalcharakter – zu einem permanent bis heute aktiven Zentrum neuer musikalischer, neuer künstlerischer Entwicklungen. Stipendien der Stadt Köln für die Darmstädter Ferienkurse erhielten nach 1953 mehrfach Bernd Alois Zimmermann, Karlheinz Stockhausen und Gottfried Michael König.

Zentrales Ereignis ist in diesen Jahren nicht nur das Überschreiten von bisher gültigen Grenzen der Künste in Themen und Materialien, sondern auch das Überschreiten der Grenzen zwischen den Künsten. So wie Karlheinz Stockhausens Partituren sich auch als grafisches Ereignis präsentieren lassen, so sind in anderen Partituren wieder Einflüsse von Piet Mondrian oder Paul Klee sichtbar. Die Literatur gibt mit James Joyce oder Stéphane Mallarmé strukturelle Vorbilder. Die Geltung der Zwölftonmusik verblasst, seriellen Konzepten tritt das Prinzip Zufall gegenüber, ebenso aus den USA in die Musik übernommen wie der Gedanke des Happenings. In der Architektur beteiligt sich Erich Schneider-Wesseling nach seinen Studien in den USA in den frühen 1960er Jahren an Fluxus-Aktionen, entwickelt neue Konzepte für urbanes Wohnen, entwirft das Haus von Karlheinz Stockhausen und nutzt sein eigenes Kölner Büro mehrfach als Galerie.

Das »Mekka der Neuen Musik«, die zeitweilige »Welthauptstadt der neuen Musik«, fordert zu durchaus vehementer Kritik heraus: Ein Zuhörer schreit 1956 im Saal bei der Uraufführung von Karlheinz Stockhausens »Gesang der Jünglinge«, einem heute kanonischen Werk: »Das ist Gotteslästerung.« Die vorbereitete anschließende Podiumsdiskussion mit dem Titel »Umstrittene Sachen. Die Unerhörte Musik. Komponisten ohne Publikum?« war ein Versuch, Verständnis zu erreichen. Eine Zeitungskritik sprach von »Musikalischer Vivisektion«. 1958 löst die europäische Erstaufführung des Klavierkonzerts von John Cage einen beachtlichen Skandal aus. »Mit einer ganz gezielten Un-Ordnung, die unbestimmte Formen und zufallsbestimmte Zusammenklänge« ergibt, zieht John Cage sich neben wüsten Angriffen, er würde der Neuen Musik schaden, den Vorwurf des Anarchismus zu. Begeistert schildern dagegen noch 1994 die Komponisten György Ligeti, Pierre Boulez, Sylvano Bussotti, Dieter Schnebel, Konrad Boehmer und andere die weltweite Attraktion des WDR und seines Elektronischen Studios.

In der Szene selbst, besonders an der Musikhochschule, gibt es Widerstand. Aber auch an den Spielstätten. 1960 muss Bernd Alois Zimmermann (1918–1970), der 1957 den Kompositionsauftrag der Stadt Köln für eine Oper erhalten hatte, erleben, dass die von ihm vorgelegte Partitur für »Die Soldaten« nach dem Drama von Jakob Michael Reinhold Lenz von Opernintendant Oscar Fritz Schuh und Generalmusikdirektor Wolfgang Sawallisch als unspielbar abgelehnt wird. So kann sich das antimilitaristische Werk erst spät mit einer konzertanten Uraufführung durch Michael Gielen im Mai 1963 als spielbar erweisen, und die komplexe szenische Bühnenkonzeption mit Simultanszenen, Zuspielbändern und Filmeinspielungen wird erst unter dem nächsten Intendanten Arno Assmann mit der Uraufführung am 15. Februar 1965 realisiert.

Auch untereinander wurde mit harten Bandagen gekämpft. Als Zimmermann und Stockhausen 1960 zu gleichen Teilen der Große Kunstpreis des Landes Nordrhein-Westfalen für Musik verliehen werden soll, lehnt Stockhausen ab. Für Bernd Alois Zimmermann, der den Preis nun allein erhält, ein deutlicher Affront durch den jüngeren und erfolgreicheren Konkurrenten um Komponistenruhm.

1961 werden im Theater am Dom unter der Regie des Regisseurs Carlheinz Caspari die von Karlheinz Stockhausen konzipierten »Originale« als musikalisches Happening aufgeführt, dem Kurt Hackenberg nach der ersten Vorstellung und öffentlichem Aufruhr die städtischen Zuschüsse streichen muss, da Nam June Paik bei seinem Auftritt Mehl, Reis und Zucker ins Publikum warf. Im Ensemble wirken neben Stockhausen selbst z. B. zwei seiner Kinder, seine Geliebte Mary Bauermeister, Hans G. Helms, wie erwähnt Nam June Paik, der Pianist David Tudor, der Schlagzeuger Christoph Caskel, der Regisseur Caspari selbst, die Sängerin Belina, Edith Sommer als »Modedame«, eine Affenwärterin des Kölner Zoos und Kölner Originale aus dem Straßenbild wie die Zeitungsverkäuferin Hoffmann oder der Straßensänger Lilienweiß mit.

In dieser Atmosphäre wird Nam June Paik (1932–2006), der als Komponist und Schüler Wolfgang Fortners in Freiburg wegen des Elektronischen Studios des WDR 1958 nach Köln gewechselt ist, dort zum Aktionskünstler, gelangt schließlich im Rheinland zum internationalen Durchbruch als Videokünstler. Ein Beispiel seiner Kunst, ein historisches Dokument der Kölner Szene der Künste, ist das »Klavier Intégral 1958–63« von Nam June Paik, präpariert mit Glühbirnen, Postkarten, Fotos, Spielzeug, Küchengeräten, Eisenteilen, Glassplittern und verschiedenen Dingen der Konsumwelt der Sammlung von Wolfgang Hahn. Nam June Paik hat über Jahre daran gearbeitet. Er hat es auch beim berühmten Konzert am 6. Oktober 1960 im Atelier von Mary Bauermeister genutzt, bei dem er John Cages Lederkrawatte zerschnitten hat, Geschenk seines verehrten Zen-Lehrers. Benjamin Patterson hat das Klavier in seinem ersten Konzert in der Galerie Haro Lauhus genutzt, Christo hat es einmal verpackt – und Paik bedauert später sehr, es wieder ausgepackt zu haben. Das Kunstwerk erzählt Kunstgeschichte und ist dadurch selbst zum Kunstobjekt geworden. Wolfgang Hahn (1924–1987), Sammler und Chefrestaurator des Wallraf-Richartz-Museums hat dies Instrument mit seiner epochalen Geschichte früh in seine Sammlung integriert, die seit 1979 Teil des Wiener Museums für Moderne Kunst im Palais Liechtenstein ist.

Dem vehementen Gesellschaftskritiker, Komponisten, Musiker und Historiker Hans G. Helms (1932–2012) erscheint Köln schon 1957 attraktiv, gilt ihm zwischen 1955 und 1965 zeitweise als »Weltmetropole der neuen Musik«, als liberalste Stadt Deutschlands, besonders durch das Studio für Elektronische Musik. Hier entsteht im Gespräch mit dem Komponisten Gottfried Michael König sein Werk »fa:m' ahniesgwow«, die Darstellung der Liebesgeschichte zwischen dem deutschen Juden Michael und Helène, der Tochter eines finnischen Nazi-Generals, als literarische, sprachanalytische und studiotechnische Herausforderung an die aus dem angeblichen »Zusammenbruch« erstehende Bundesrepublik der Adenauerzeit.

Ernst Brücher (1925–2006), seit 1955 Verleger des neugegründeten DuMont-Buchverlages, veröffentlicht das Werk 1960 mit einer beigefügten Schallplatte. Der Verleger, verheiratet mit Alfred DuMonts Schwester Majella, führt ein offenes Haus in Marienburg und einen Verlag mit einem wagemutigen Programm. Auch an anderen Stellen finanziert er Experimente, wie im Atelier von Mary Bauermeister, in dem zwischen 1960 und 1962 Kunst, Literatur und Musik neue Wege geöffnet werden – nicht der Beginn, aber ein Höhepunkt. Und wirft man einen Blick in Ernst Brüchers Verlagsprogramm der späten 50er und der 60er Jahre, wird erkennbar, dass ohne sein persönliches, mäzenatisches Engagement, bei Karlheinz Stockhausen sogar über Jahrzehnte, Kölns Strahlkraft in der Moderne mancher Glanz gefehlt hätte.

1957 zieht das Elektronische Studio auch Mauricio Kagel (1931–2008) nach Köln. Der als Komponist, Dirigent und Filmemacher erfolgreiche Künstler bleibt in Köln, wirkt 1968 am »Labor« mit, einem letzten Versuch, nicht vermarktbare Kunst in der Tiefgarage unter der Kunsthalle, dem Kunstmarkt in der Kunsthalle darüber, entgegenzustellen. In seinem 1968 konzipierten Film »Ludwig van«, der vom WDR zum 200. Geburtstag des Komponisten in Auftrag gegeben wurde, spielt Mauricio Kagel mit verschiedenen Ebenen von Wirklichkeit, Musik und Alter. Noch einmal – wie bei Stockhausens »Originalen« am Anfang des Jahrzehnts – wirken andere Künstler mit. Stefan Werwerka, Diether Roth, Josef Beuys und Kagels Ehefrau Ursula Burghardt entwerfen Szenenbilder, spielen teils wie Josef Beuys auch mit. Werner Höfer wird mit einem Frühschoppen zur Wirkung des Komponisten eingefügt, bei dem Heinz-Klaus Metzger noch einmal seine revolutionären Hoffnungen vortragen kann.

Für das Werk Wolf Vostells (1932–1998) sind seine Kölner Jahre von 1958/59 bis 1970/71 ebenso zentral wie von unübersehbarer Bedeutung für Köln als Metropole moderner Kunst. Schon 1954 hatte er Karlheinz Stockhausen und das Elektronische Studio besucht und war beeindruckt. Nach Studium und ersten Aktivitäten in Paris lässt sich Vostell 1959 in Köln nieder. Hier werden in seinem Atelier in der Spichernstraße 18 im Jahr 1961 erste Happenings aufgeführt, hier entsteht seine Zeitschrift *Dé-coll/age* seit 1962. Wolf Vostell gehört dann auch zu den Organisatoren des Fluxus-Festivals, die sich in Köln treffen. Das Festival, eine Reihe von Konzerten, findet allerdings aus organisatorischen Gründen in Wiesbaden statt: »Köln war der Boden, wo alles diskutiert und organisiert wurde.« Auf Drängen des Sammlers Wilhelm Hack (1899–1985) kann Wolf Vostell dann 1966 mit »Bilder, Verwischungen, Happening-Notationen 1961–1966« erstmals im Kölnischen Kunstverein, in diesen wichtigen Jahren von Wulf Herzogenrath geleitet, in der Hahnentorburg ausstellen. Ein Jahr vor dem Kunstmarkt Köln.

Im Sommer dieses Jahres 1966 der Proteste gegen die KVB-Preiserhöhungen gründen am 4. Juli Hein Stünke und Rudolf Zwirner mit 16 weiteren Galerien aus Düsseldorf, Esslingen, Frankfurt, Hamburg, Hannover, zwei aus Berlin und drei aus München sowie aus Köln Aenne Abels, Rolf Ricke und Tobies & Silex den »Verein progressiver Kunsthändler«. Als Anregung konnte man auf die Deutsche Kunst- und Antiquitäten-Messe, seit 1956 in München ansässig, und die Stuttgarter Antiquariatsmesse seit 1962 zurückgreifen. Überzeugt und überzeugend legt Hein Stünke dem Kulturdezernenten Kurt Hackenberg, der das Projekt Kunstmarkt innerhalb von Stadtverwaltung und Politik durchsetzt, für die Eröffnung im Gürzenich die passenden Worte in den Mund: »Ich halte den Kunstmarkt für eine eminent kulturelle Sache. Indem er nämlich einen deutlichen Hinweis auf den Warencharakter der Kunst gibt, fördert er zugleich ihre etwas realistischere und unsentimentale Betrachtung, bringt er wirklich zur Anschauung, was allzu gerne in allzu abstrakten Diskussionen über die Beziehungen von Quantität und Qualität verloren geht. Es ist also nicht bedenklich, mit der Kunst auf den Markt zu gehen, sie für alle Leute erreichbar zu machen, sie kann nicht öffentlich genug sein, wenn man sich ihr nähern möchte.«

Mit dem ersten Kunstmarkt 1967 im Gürzenich vom 13. bis 17. September, begleitet von einer Ausstellung der beteiligten Galeristen im Kunstverein, prallen die Künste, die Künstler, welche die Welt erklären wollen, und der Markt aufeinander. Statt die Künstler – ihrer Kritik, ihren Überzeugungen entsprechend – als Revolutionäre aufzuhängen, werden ihre Werke aufgehängt oder aufgestellt, aufgekauft und damit politisch jedenfalls entschärft. Und die Überreste der Happenings und Aktionen liegen heute zwar nicht auf dem von Wolf Vostell einst verurteilten Teppichboden im Museum, sondern meist auf Parkett oder Steinböden, dennoch museal längst ihres zeitgebundenen politischen Inhalts beraubt.

Mit einem Umsatz von einer Million D-Mark war der Kunstmarkt ein berauschender Erfolg. 1968 führt der zweite Kölner Kunstmarkt – nun in der mehr Raum und Umsatz bietenden Kunsthalle – auch HA Schult nach Köln mit einer Materialshow am 14. Oktober um 22 Uhr, bei der das Pfund Material – meist Schutt – für 5,00 D-Mark und das Kilo für 7,50 D-Mark verkauft wurden: »Ein sogenannter progressiver Künstler greift natürlich während bestimmter politischer Perioden Themen aus diesen politischen Perioden auf.« Das wird bei HA Schult mit biokinetischen Situationen, mit seinen diversen Aktionen zum Thema Auto oder Müll in verschiedenen Variationen sein Programm für die nächsten Jahrzehnte und bald vom Standort Köln aus bleiben.

Mit dieser Erfindung des Kunstmarktes müssten wir nun endgültig ins Kapitel über die Wirtschaft, genauer zu »Kultur- und Kreativwirtschaft«, wechseln. Noch sind aber die letzten inneren Widersprüche nicht aufgelöst. Die Sinnkrise, der innere Widerspruch zwischen einem Kunstmarkt, der die steigenden Preise für die aktuelle Moderne entdeckt hat und Künstlern und Galeristen, die ihre Kunst preiswert für eine breite, demokratisch bewusste Öffentlichkeit bestimmt sehen, bricht heftig auf.

Der engagierte Galerist Helmut Rywelski, vor dessen Galerie in der Domstraße 81 hinter dem Hauptbahnhof Wolf Vostells Aktionsplastik »Ruhender Verkehr« entstand, vernagelt aus Protest gegen die Preisentwicklung auf dem Kunstmarkt im Oktober 1972 seinen Stand auf der Berliner Kunstmesse und schließt seine Kölner Galerie, die er seit 1967 betrieben hatte. Anfang des Jahres 1972 hatte er noch eine Edition »Marksgrafik« herausgebracht. Hier kostete im Protest gegen die Preisentwicklung für moderne Kunst jedes der zehn Blätter tatsächlich 1,00 D-Mark. Auf dem Markt wird aber längst entgegen allen Hoffnungen mancher Künstler und Galeristen nicht mehr mit moralischen oder politischen Werten, sondern mit kapitalintensiven Wertanlagen mit guten Aussichten auf hohe Wertsteigerungen gehandelt. Eduard Beaucamp, lange und erfolgreich als Kunstkritiker aktiv, hat das als Zeitgenosse des Wandels schon früh beobachtet: »Dann, um 1970, trat Ernüchterung ein.« Herbert Marcuse hatte das schon Jahre vor dem ersten Kölner Kunstmarkt vorausgesehen: Der Markt, der gleich gut Kunst, Anti-Kunst und Nicht-Kunst, alle möglichen einander widerstreitenden Stile in sich aufnimmt, liefert »ein behagliches Gefäß, einen freundlichen Abgrund«, in dem der radikale Impuls der Kunst, ihr Protest gegen die etablierte Wirklichkeit, untergeht. Es wird z. B. 1969 von Wolf Vostell und Helmut Rywelski mit der Aktion »Ruhender Verkehr« noch versucht, sich dem Wandel entgegenzustellen. Der finanzielle Erfolg des Kunstmarktes, ein Monopol des exklusiven »Vereins progressiver Kunsthändler«, von dem mancher ausgeschlossen bleibt, reißt auch sie mit. Sie verlangen Beteiligung. Und 1970 kommt es gemeinsam mit Josef Beuys, Klaus Staeck, Wolf Vostell und anderen zu medienwirksamem Protest gegen die Monopolisierung des Marktes durch eine Minderheit. Während der Pressekonferenz für den vierten Kunstmarkt Köln in der Kunsthalle fordern Künstler und Galeristen lautstark vor der rasch von Rudolf Zwirner verschlossenen Glastür der Kunsthalle einen »neuen, freien Kunstmarkt«.

Wolf Vostells »Ruhender Verkehr«, einst am Neumarkt, heute auf dem Mittelstreifen des Hohenzollernringes nördlich des Rudolfplatzes aufgestellt, ist zu einem festen Teil der Kölner Stadtgeschichte und des Kölner Stadtbildes geworden. Die Skulptur ist mehr, sie ist ein Beispiel der frühen Kunst Wolf Vostells, die ihre Wirkung auf das Nachdenken der demokratischen Gesellschaft über Auto und Konsum entfalten soll. Helmut Rywelskis Ankündigung, Wolf Vostell wolle seinen lindgrünen Opel Kapitän L mit dem Kennzeichen K-HM 175 – übrigens bei laufendem Autoradio – vor seiner Galerie »art intermedia« in der Domstraße einbetonieren, löste ein grandioses Medienecho aus. Helmut Rywelski hat in einer Pressemitteilung 1969 nach der Aktion die Ziele deutlich formuliert: »Die Aktion fand auf der Straße statt, also nicht für eine elitäre Gesellschaft. Die Plastik ist kritisch, sie bezieht sich auf ein aktuelles Thema. Sie wurde mit modernen Produktionsmitteln hergestellt. [...] es handelt sich um die Verfremdung eines Konsumguts, zur Bewußtmachung von Zuständen.« Ich hätte in meinen Jahren als Direktor des Kölnischen Stadtmuseums das »Parkraum-Verschwendungs-Monument« gerne seiner ursprünglichen Bestimmung gemäß auf einem Parkplatz vor dem Zeughaus gesehen.

Das in den Medien und in den Umsätzen der beteiligten Galeristen sowie ihrer Künstler mehr als erfolgreiche Modell des Kunstmarktes führt nicht nur zu Protesten derer, die sich gerne beteiligen wollen, sondern auch zu zahlreichen Konkurrenzveranstaltungen. Schon im Jahr des ersten Kunstmarktes nutzt der Münchener Galerist Heiner Friedrich das vom Kölner Künstler, Designer und Architekten Stefan Wewerka (1928–2013) im Jahre 1961 entworfene Innenraumkonzept des Studio

Dumont in der Breite Straße für seine »Demonstrative 67«. Er bietet dabei z. B. Werke von Gerhard Richter und Sigmar Polke an. In der Kunsthalle Düsseldorf wird 1968, nach dem ein Abwerbeversuch gescheitert ist, die »Prospect 68 – Internationale Vorschau auf die Kunst in den Galerien der Avantgarde« als Gegenveranstaltung präsentiert. 1969 organisieren die Galeristen Ingo Kümmel (1937–1990) und Michael Siebrasse den »Neumarkt der Künste« als direkten Nachbarn und 1971 nutzen beide die Volkshochschule und das Belgische Haus für die konkurrierende IKI, die »Internationale Kunst- und Informationsmesse«. Inzwischen vertritt der BVDG (Bundesverband deutscher Galerien und Kunsthändler) die gemeinsamen Interessen aller am Kunsthandel Beteiligten. 2009 hat er seine Geschäftsstelle von Köln nach Berlin verlegt. Dort sind schon Ende des 20. Jahrhunderts mehr Galerien tätig als in Köln, noch mehr allerdings in München. Aber der Umsatz pro Galerie liegt in Köln nach der durchstandenen Krise der 80er Jahre mit über einer Million D-Mark am höchsten im Vergleich der genannten Städte bei über 100 Galerien in Köln. Die Art Cologne bringt dabei durchaus zusätzlichen Umsatz auch für die Kölner Galerien, die nicht selbst dort vertreten sind. Seit 2003 ist die Kunstmesse Art Fair hinzugekommen. Zuerst als Konkurrenz empfunden, hat sie sich zum erfolgreichen herbstlichen Gegenpart der Art Cologne entwickelt und nun bedauert man die Abwanderung nach Düsseldorf.

Mit der ART Basel und weiteren international aufgestellten Messen erwächst seit 1970 dem Kölner Kunstmarkt eine ernstzunehmende Konkurrenz, die sich rasch internationalem Interesse an Partizipation am neuen Geschäftsmodell öffnet und den Erfolg des Kölner Kunstmarktes noch übertreffen kann. Hier gewinnt dann seit 1970 z. B. auch Klaus Staeck den von ihm in Köln im Protest vor der Kunsthalle vergeblich geforderten Zugang zum Markt.

Nicht immer belebt Konkurrenz das Geschäft. Der Kunstmarkt war 1973 im Gefolge des Ölpreisschocks in eine Krise geraten. Diese führte die Konkurrenten zusammen. 1975 wird der Bundesverband Deutscher Galerien gegründet, dessen «Internationaler Kunstmarkt« von 1975 bis 1982 zwischen Köln und Düsseldorf pendelt, bis nach attraktiven Angeboten beider Städte der Bundesverband sich am 11. November 1983 mit großer Mehrheit für Köln entscheidet und der Kunstmarkt seit 1984 als Art Cologne auftritt. Mit dem Neubau des Museums auf der gegenüberliegenden Rheinseite und dem Versprechen, attraktive Ausstellungen zur Messezeit zu organisieren, hat Köln seinen Status als Kunststadt auch nach schwierigen Jahren festigen können. Die Konkurrenz der Kunstmesse Art Forum in Berlin, nach der Wende als hauptstädtische Gegenveranstaltung entstanden, hat nur von 1996 bis 2010 durchgehalten.

Für viele war die Unruhe im Kölner Kunstbiotop oft kaum zu ertragen. Die Kölner Polizei, Staatsanwälte und Gerichte haben sich in den 60er und 70er Jahren mehrfach mit aktueller Kunst beschäftigen müssen. Schon 1967 hatte eine Ausstellung der Galerie Tobies & Silex mit Arbeiten von Mel Ramos, der Warenwerbung mit weitgehend, aber für heute nun vor dem Hintergrund der Genderdebatte zu weit gehend nackten jungen Frauen verband, öffentliche Empörung ausgelöst, die Polizei und Justiz aber nicht teilen wollten.

1968 fanden in der noch nicht genutzten U-Bahn Station Neumarkt, parallel zum Kunstmarkt in der Kunsthalle, Filmvorführungen der »XSCREEN-Underground-Explosion« statt. Sie waren Teil eines auf Wunsch der Stadt von »XSCREEN – Kölner Studio für unabhängigen Film« mehrtägig als Begleitprogramm geplanten multimedialen Festivals. Ein Vater auf der Suche nach seinem Sohn gerät in die erste Veranstaltung und erstattet Anzeige wegen der Vorführung von pornografischen Filmen vor Jugendlichen. Ohne Rücksprache mit Veranstaltern, Stadtverwaltung oder Staatsanwalt wird am nächsten Abend eine Razzia durchgeführt. Filme werden beschlagnahmt, ein Dealer wird festgenommen und alle, die sich wie Rolf Dieter Brinkmann nicht ausweisen können, werden festgenommen.

Der Kunstmarkt wird aus Protest für einen Tag geschlossen. Protestierende stürmen abends die Bühne des Opernhauses, allerdings ohne beim Publikum Gehör zu finden. Und am nächsten Tag bringen der Sozialistische Deutsche Studentenbund (SDS) und der linksintellektuelle Republikanische Club über 1 000 Demonstranten auf die Beine, die eine erneute Schließung des Kunstmarktes erzwingen. Statt der noch nicht eröffneten U-Bahn-Station wird für XCSREEN nun die Tiefgarage der Kunsthalle zur Verfügung gestellt. Trotz der sonst so gelassenen »passiven Toleranz« Kölns war es der Polizei gelungen, einen Skandal zu inszenieren. Kunst war politisch.

Berühmt geworden ist auch die rechtzeitig vor der Geburt des Kalbes polizeilich entfernte trächtige Kuh, die Wolf Vostell in die Kunsthalle als Begegnung mit dem Leben selbst eingebracht hatte. Kurt Hackenberg hatte verfügt, alles Stinkende aus der Ausstellung »Happening & Fluxus« zu entfernen. Ebenso nachhaltig blieb das Einsprühen der Festgesellschaft am 14. Februar 1970 mit einem Feuerlöscher anlässlich der Eröffnung der Ausstellung »Jetzt« in der Kunsthalle und der gleichzeitigen Verleihung des Kunstpreises an Bernard Schultze. Die Bilder aber, die die Aktionen der Künstler, Happenings und Fluxus teils bereits vor

1968 in die Medien gebracht haben, werden oft dann als Vorlage und Muster von der APO, der außerparlamentarischen Opposition, genutzt. Als politisches Kabarett und Rockband haben sich in den Jahren von »1968« bis 1983 die Gruppe »Floh de Cologne« und sogar bis 2001 das

Plakat für das Programm von »Floh de Cologne« 1972

Kabarett »Die Machtwächter« mit Wiltrud Fischer und Heinz Hertrampf einen Namen gemacht. Eigentlich hatte Oberbürgermeister Theo Burauen recht, als er mit Blick auf die Ausstellung »Happening & Fluxus« von »asozialen Elementen, die sich anschicken, eines Tages die Gesellschaftsordnung aus den Angeln zu heben« sprach. Erfreulicherweise ist das wenigstens teilweise gelungen.

Anders als Ballett oder Oper, die selten aktuelles Geschehen aufnehmen, zitieren oder umsetzen, antwortet das Schauspiel oft sehr direkt auf das aktuelle Leben der Stadt. Das Kölner Schauspiel hat dies immer wieder geboten. Auf der Bühne des Schauspielhauses tritt »1968« Hansgünther Heyme als Oberspielleiter und später Schauspieldirektor genau in diesem Jahr 1968. Die Reaktionen sind oft wenig begeistert. »In Köln will man jetzt (und oft genug in lehrhafter Weise) das Publikum für ein ›neues Bewußtsein‹ gewinnen und von der Bühne herab eine ›neue Gesellschaft‹ predigen.« So zog Wilhelm Unger (1904–1985) Ende des Jahres 1971 im *Kölner Stadt-Anzeiger* eine erste Bilanz des Wirkens von Hansgünther Heyme. Als Theaterkritiker, Feuilleton-Redakteur und Psychologe ahnte er, was dem Kölner Publikum bevorstand. Kurt Hackenberg, der sich regelmäßig politischen Angriffen wegen Heymes Arbeit erwehren musste, hielt stand, erreichte aber keine Verlängerung des Vertrages für Heyme weit über sein eigenes Dienstende 1979 hinaus, wie er es sich gewünscht hätte.

Wilhelm Ungers Feststellung hatte sich an Heymes Inszenierung von Dieter Fortes kapitalismuskritischem Stück »Martin Luther & Thomas Münzer oder Die Einführung der Buchhaltung« entzündet. Es blieb nicht dabei, es war der Beginn eines Dauerzustandes. Im Rosenmontagszug des Jahres 1973 spiegelt sich seine Arbeit im »Erziehungs-Heyme Offenbachplatz« unter dem Thema »Heute gehen wir ins Marxim ...«

Die Auseinandersetzungen Kurt Hackenbergs mit Heinrich Lohmer (CDU) über Hansgünther Heymes Inszenierungen begegnen uns regelmäßig in den Ratsprotokollen dieser Jahre. Heinrich Lohmers Angriffe und Kritik haben Kurt Hackenberg oft genug erst, wie er bei seinem Abschied vom Amt am 22. Mai 1979 im Rat festhält, die Mehrheiten für seine Projekte gesichert. Hansgünther Heyme war damals offensichtlich der Ansicht, dass ein Schauspieler nur davon überzeugen kann, wovon er selbst überzeugt ist.

Im JKT, im »Jugendclub Kritisches Theater«, stellen Jugendliche Regisseuren und Autoren nicht nur »die Gretchenfrage«, wie sie es mit der Revolution halten. Hier werden auch eigene Inszenierungen mit und von Jugendlichen erarbeitet, neue Spielstätten erobert. Seinem Kölner Ensemble bietet Hansgünther Heyme vergeblich Mitbestimmung an und mit Nachdruck Seminare über die Grundlagen des Marxismus, die Intendant Claus Helmut Drese schließlich untersagt. Drastische Gegenwartsbezüge waren für Heyme angesagt. Für Daniel Casper von Lohensteins Drama »Epicharis« um ein gescheitertes Attentat auf Kaiser Nero aus dem späten 17. Jahrhundert stellt er z. B. drei Monate nach der Ermordung Hanns Martin Schleyers dessen zerschossenen Mercedes als Gegenwartsbezug auf die Bühne. Zum Abschied inszeniert er 1979 »Hamlet« im elektronisch mit dem »Terror der Medien« ausgestatteten Bühnenbild von Wolf Vostell und übernimmt selbst einen Teil der auf Bühne und im Zuschauerraum doppelt besetzten Titelrolle. Hansgünther Heyme war für Kurt Hackenberg »die Sturmmauer in der Kölner Kulturpolitik«: »Die musste verteidigt werden aus tatsächlicher Anerkennung einer hoch veranlagten künstlerischen Persönlichkeit. Man kann nicht immer das unterlassen, was die Lauen auf die Palme bringt.«

Peter Nestler (SPD), zuvor Mitarbeiter des Berliner Kultursenators, übernahm bis 1994 die Nachfolge Kurt Hackenbergs. Er geriet in schwierige Zeiten. 1981 betrug der Anteil für Kultur am Haushalt der Stadt noch neun Prozent. 1987 war er auf gut vier Prozent gesunken und hat sich bis heute davon nicht mehr erholt. In der SPD, immer noch die stärkste Fraktion des Rates, hatte er keinen besonderen Rückhalt. Dem Fraktionsvorsitzenden Klaus Heugel schreibt er im Sommer 1982: »Tatsache ist, daß es kaum einen anderen Bereich gibt als die Kultur, wo die Fraktion noch in aggressiver Geschlossenheit einmütige Ablehnung zeigt, daß jede Negativentscheidung gegen Kultur jeweils in Tagesform entweder in Pogrom- oder in Karnevalsstimmung gefeiert wird.«

Auf Hansgünther Heyme folgt Jürgen Flimm bis 1985. In Köln geboren, mit Studium und Theateranfängen in Köln – mit ihm waren die Kölner unter sich. Aber man war sich bald nicht einig. Schon 1980 hat z. B. das kritische Stück von Heinrich Pachl und Richard Rogler »Absa(h)nierung« – im besetzten Stollwerck aufgeführt – Unmut erzeugt. Einen neuen Höhepunkt erreicht der immer denkbare Konflikt zwischen Schauspiel und Politik erst wieder im Streit um Sanierung oder Abriss des Schauspielhauses.

Die Entwicklung Kölns – zumindest vorübergehend – zur Kunstmetropole wäre ohne Peter Ludwig (1925–1996) und seine Frau Irene geb. Monheim (1927–2010) nicht möglich gewesen. Als der dritte Kunstmarkt im Oktober 1969 in der Kunsthalle eröffnet wird, da hatte sich seit dem 8. Februar 1969 der Besucherstrom für die neue Dauerpräsentation der Leihgaben von Peter und Irene Ludwig »Kunst der sechziger Jahre« in Eingangshalle und Obergeschoss des Museums bereits in Bewegung gesetzt. Anfang des Jahres war die Dauerleihgabe von 100 Gemälden und Objekten, dazu 50 Grafiken ans Wallraf-Richartz-Museum vereinbart worden. Die ständig mit jeder Auflage des von Wolf Vostell gestalteten Kataloges erweiterte Sammlung hatten Irene und Peter Ludwig bis zur fünften Auflage im Jahr 1971 mehr als verdoppelt.

Gert von der Osten (1910–1983), Generaldirektor der Kölner Museen von 1960 bis 1975, hatte 1965 mit der Gründung des Museumsdienstes, der die Museen der Jugend und einer breiten Öffentlichkeit zugänglich macht, einen ersten Traditionsbruch vollzogen. Den Bildungsbürgern wurde der Alleinbesitz der Museen streitig gemacht. Mit dem 1967 von Kurt Hackenberg durchgesetzten, in der Öffentlichkeit und in der Politik heftig umstrittenen Erwerb von Piet Mondrians »Tableau I« aus dem Jahre 1921, für 440000 D-Mark und zur Hälfte vom WDR mitfinanziert, hatte Gert von der Osten ein Schlüsselwerk der Moderne ins Haus geholt. Nun folgte der zweite Traditionsbruch. »Der Sammler geht voran« – der Titel des Katalogvorwortes von Gert von der Osten war das überlieferte Prinzip der Politik der Kunstmuseen: Ein Museum hatte abzuwarten, welche Kunst, welche Kunstwerke mit angemessenem Abstand den Ewigkeitswert erreichen würden, der sie für eine Präsentation im Museum als würdig erweisen würde. Einen anderen Tabubruch hatte Gert van der Osten zuvor mit der Ausstellung »ars multiplicata« vom 13. Januar bis 15. April 1968 in der Kunsthalle angedeutet, in der vollkommen unmuseal Kunstverkäufe vermittelt werden konnten. Und ihn mit der Ausstellung der Sammlung seines für Kunst der Gegenwart begeisterten Chefrestaurators Wolfgang Hahn »Zeitgenössische Kunst« vom 3. Mai bis 7. Juli 1968 im eigenen Haus vollzogen. Wolfgang Hahn (1924–1987) war es auch, der im Gespräch mit Peter Ludwig in New York den Anstoß für die Präsentation der Pop Art, der jüngsten Sammelleidenschaft Peter Ludwigs, in Köln gab, der man in Aachen keinen dauerhaften Platz gewähren wollte. Wolfgang Hahn hatte selbst 1964 sein erstes Pop Art-Kunstwerk, Jim Dines »Yellow Oil Can«, bei Rudolf Zwirner erworben, das einzige aus der Schau, das der Galerist verkaufen konnte. Pop Art war wenig später in der Mode angekommen, hatte die Augen des Publikums auf die kommenden Bilder vorbereitet. Kulturdezernent Kurt Hackenberg, Generaldirektor Gert von der Osten, Horst Keller als Direktor des Wallraf-Richartz-Museums und die Kuratoren Evelyn Weiss und Rainer Budde, Letzterer dann von 1981 bis 2004 Direktor des Wallraf-Richartz-Museums, haben hier eine bahnbrechende Leistung vollbracht.

Das Engagement des Sammlerpaares hat der Rat der Stadt Köln 1975 für Peter Ludwig und 1995 für Irene Ludwig mit der Ehrenbürgerschaft gewürdigt. Das steht am Ende eines langen Weges, der in und für Köln mit der Begegnung mit Hermann Schnitzler, dem langjährigen Direktor des Schnütgen-Museums begonnen hat. Das begann 1947 mit dessen Ausstellung »Romanische Kunst« in der alten Universität. Und Hermann Schnitzlers Vortrag »Picasso in uns selbst« hat dann den in Mainz Kunstgeschichte studierenden Ludwig, Sohn einer Koblenzer Familie, zum Dissertationsthema »Das Menschenbild Picassos als Ausdruck eines generationsbedingten Lebensgefühls« inspiriert. Hermann Schnitzlers 1956 eröffnetes neues Schnütgen-Museum begeistert Peter Ludwig, den inzwischen erfolgreichen Manager des Aachener Industrieunternehmens Monheim – heute Ludwig Schokolade GmbH & Co. KG. So sitzen das Ehepaar Ludwig und Hermann Schnitzler am 22. November 1957 in einer Auktion im Kunsthaus Lempertz und bieten gegen das Pariser Musée Cluny auf ein ottonisches Reliquienkästchen aus Elfenbein: »Als der Preis bei DM 60000 den Schätzpreis überstieg, wollte Irene, die unser Interesse durch jeweiliges Handaufheben signalisierte, nicht höher bieten. Schnitzler ergriff ihre Rechte und hob sie hoch. ‚Ihr müßt, ihr müßt' war seine dringliche Bitte. Bei DM 76000 zuzüglich 15% Aufgeld kam es dann zum Zuschlag. [...] Schnitzler nahm es sofort in Empfang und brachte es gegenüber in die Cäcilienkirche.« Von diesem Tag an haben Peter und Irene Ludwig nur noch Objekte für Museen erworben – als Leihgaben und später oft auch als Schenkungen. Peter Ludwigs Biograf, der Soziologe Heinz Bude, erzählt das prägende Ereignis etwas anders. Bei ihm ist es Peter Ludwig, der »von Auktionsfieber und Besitzgier ergriffen« weiter die Hand hebt, die Irene gegen Schnitzlers Wunsch herunterziehen will. Dem niedergeschlagenen Peter Ludwig hilft dann am nächsten Tag sein Schwiegervater Franz Monheim, den Erwerb zu finanzieren. Was stimmt? Aber ist das nicht eigentlich egal?

Peter Ludwig baut danach gemeinsam mit seiner Frau im Laufe weniger Jahrzehnte eine Sammlung auf, immer für museale Präsentation gedacht, die eine überwältigende Themenfülle von der Antike über die Kunst des Mittelalters, natürlich Picasso und klassische Moderne, zeitgenössische Kunst, Pop-Art, Präkolumbische Kunst bis hin zu meist mit Skepsis betrachteter »Ostkunst« aufweist. So sind, lange bevor »Die Kunst der sechziger Jahre im Wallraf-Richartz-Museum« Furore macht, bedeutende Leihgaben und bald auch Schenkungen im Museum Schnütgen und ins Rautenstrauch-Joest-Museum gelangt. Eine Hoffnung aber, die man sich in Köln lange gemacht hat, wird nicht Realität. Die vier Bände des Kataloges *Die Handschriften der Sammlung Ludwig*, ein bibliophiles Prunkstück, entstehen öffentlich finanziert im Museum

Schnütgen. 1979 war der erste Band erschienen, doch noch bevor 1985 der letzte Band erscheint, wird die Sammlung für wohl etwa 100 Millionen D-Mark 1983 an das J.-Paul-Getty-Museum in Los Angeles verkauft. Für den Entschluss werden viele Gründe angeführt, Aufstockung des Kapitals des Familienunternehmens, Ärger über den Umgang mit einem Vorwort des Sammlers, das man ihm kürzen wollte, das er dann lieber ganz zurückzog, das Scheitern einer Nationalen Kunststiftung und dann schließlich die Gründung und finanzielle Ausstattung der eigenen bis heute aktiven Peter und Irene Ludwig Stiftung.

1976 entsteht mit der Schenkung von rund 300 Objekten das Museum Ludwig, das die Moderne Abteilung des Wallraf-Richartz-Museums integriert, ein Wachstum, das Josef Haubrich sicher begeistert hätte. Der Schenkungsvertrag wird im nichtöffentlichen Teil der Ratssitzung am 5. Februar 1976 einstimmig genehmigt. Wie im Vertrag festgelegt, kann das Museum, das sich zu diesem Zeitpunkt den Bau über der Kölner Philharmonie noch bis 2000 mit dem Wallraf-Richartz-Museum teilt, 1986 eröffnet werden. 1994 und 2001 kommen umfangreiche Bestände an Arbeiten Pablo Picassos als Schenkung hinzu und mit dem Testament Irene Ludwigs gehen 2010 fast 500 Werke der sowjetischen Avantgarde und weitere Schätze, bisher als Leihgabe im Museum Ludwig bzw. im Museum Schnütgen untergebracht, in das Eigentum der Stadt Köln über. Heute tragen Museen in Bamberg, Basel, Budapest, Konstanz, Koblenz, Oberhausen, Peking, Saarlouis, Sankt Petersburg und Wien den Namen des Stifterehepaares.

Die Sammelleidenschaft von Peter und Irene Ludwig haben viele in Köln geteilt. Schon der Ausstellungskatalog des Kölnisches Kunstvereins vom Jahre 1957 für die Ausstellung »Malerei des 20. Jahrhunderts in Kölner Privatbesitz« zählt für 133 ausgestellte Kunstwerke fast 50 Leihgeber auf. Offensichtlich ist darunter aber niemand mit dem unersättlichen Drang, von dem die Museen mit dem Namen Ludwig oder mit Leihgaben aus der Sammlung als Stifter Ludwig Zeugnis ablegen. Mancher dieser Sammler hätte vielleicht ebenfalls gerne seiner Sammlung im Wallraf-Richartz-Museum einen dauerhaften Charakter gegeben. Mit der Namensgebung aber fühlten sich viele offensichtlich ausgegrenzt, die ebenso neben der Sammelleidenschaft von der Selbstdarstellung ergriffen waren. Zurückhaltend blieben z. B. Günther und Carola Peill mit ihrer bedeutenden Stiftung ein Jahrzehnt zuvor, für die sich Köln mit der Jabach-Medaille bedankte. Wichtig war lange natürlich auch und nicht nur für Peter Ludwig, dass auf öffentlich zugänglich als Leihgaben präsentiertes Vermögen keine Vermögenssteuer, die erst seit 1997 nicht mehr erhoben wird, zu zahlen war.

Mit einer kritischen Ausstellung bei Paul Maenz reibt sich der in Köln geborene Konzeptkünstler Hans Haake 1981 an Peter Ludwig als Sammler und Stifter.

Daher künden nun viele in der Domstadt entstandene Sammlungen außerhalb von Köln den Ruhm der Kunststadt Köln und ihrer Bürger. Beispiele für in Köln entstandene Sammlungen, die andere Städte bereichert haben, gibt es genug. Die Sammlung Hahn, die mit ihren Objekten den Anfang des Kölner Aufstiegs zur Kunstmetropole dokumentiert und gegenüber der Ausstellung von 1968 noch gewachsen ist, ist seit 1979 in Wien zu besichtigen. Im Jahre 2000 gelangte die Sammlung zeitgenössischer Grafik von Hans und Uschi Welle ins Berliner Kupferstichkabinett. Reiner Speck hat seine grandiose Sammlung 1996 im Museum Ludwig gezeigt. Der Wunsch Peter Ludwigs und des Sammlers selbst, dass diese Sammlung, die eine perfekte Ergänzung der Bestände gewesen wäre, ins Museum Ludwig gelangte, erfüllte sich jedoch nicht.

Auch Stifter werden nicht immer glücklich. Gérard Corboud (1925–2017) und seine Frau Marisol warten seit 2001 auf den zugesagten Erweiterungsbau von Wallraf-Richartz-Museum & Fondation Courboud, als Gegenzug zur »ewigen Leihgabe« von fast 200 Gemälden aus der Zeit des Impressionismus bis zum Pointillismus.

Gerne wird aber, wie von Eberhard Garnatz, vom Sammler darüber geklagt, dass Köln kein ausreichendes Interesse gezeigt habe: »Ich will jetzt nicht die Kölner Verhältnisse nennen. Köln ist Weltmeister im Vertreiben von Sammlungen gewesen.« Ute und Eberhard Garnatz, sie Ministerialrätin a. D. und er lange Jahre bis 1999 Hauptgeschäftsführer der IHK Köln, haben mit ihren im Vergelich zu Peter Ludwig relativ bescheidenen Mitteln eine bedeutende Sammlung aufgebaut, die inzwischen seit 1996 mit einigen Schenkungen und meist als Leihgabe in der Städtischen Galerie in Karlsruhe präsentiert wird. Die Sammlung ist konzentriert auf Werke teils Kölner Künstler wie Rosemarie Trockel, Sigmar Polke oder Walter Dahn. Die Sammlung des Kölner Künstlers Jupp Lückeroth (1919–1993) zum Informel in Deutschland gelangte nach Trier. Nach München ist die Kölner Sammlung Udo und Annette Brandhorst gegangen und hat dort mit ihren faszinierenden Gruppierungen von Arbeiten von z. B. Andy Warhol, Cy Twombly oder Sigmar Polke 2009 ein eigenes Haus erhalten. Die Sammlung von Michael und Eleonore Stoffel, auf deren Initiative der Skulpturenpark von 1997 zurückgeht, ist ebenso wie die Fotosammlung von Ann und Jürgen Wilde in die Münchener Pinakothek der Moderne eingegliedert worden.

Ein besonderes Phänomen sind Galeristen als Sammler, oft Zeichen eines besonders persönlichen Engagements für die von ihnen vertretenen Künstler. Auch sie klagen dann gerne über fehlendes öffentliches Interesse. So hat bereits im Jahre 2002 Galerist Rolf Ricke über das mangelnde Interesse der Kölner Zuständigen an seiner Sammlung geklagt. Allerdings haben sich fast alle damals Verantwortlichen voller Begeisterung an einer Festschrift zum 25-jährigen Jubiläum seiner Galerie im Jahre 1989 beteiligt, ein Anlass, zu dem Ricke die Ausstellung »Aus meiner Sicht« im Kunstverein gestalten konnte. Noch vor der Schließung seiner Galerie im Jahre 2004, die ihre Anfänge 1963 zuerst in Kassel und in Köln dann mit dem Kunstmarkt ab 1967 hatte, geht Rickes Sammlung als Leihgabe nach Nürnberg. Der Verkauf dorthin aber scheitert und gelingt erst zu einem deutlich niedrigeren Preis, als sich drei Museen für moderne Kunst in Frankfurt, Liechtenstein und St. Gallen zusammentun. 1970 gründen Paul Maenz und Gerd de Vries die Galerie Paul Maenz, die sie 1990 wieder schließen. Der Grund ist vielleicht doch weniger die Tatsache, dass Paul Maenz »sich in der Rolle des erfahrenen väterlichen Freundes nicht sehen kann«, als die seit den späten 80er Jahren endgültig den Gesetzen des Marktes angepasste Szene. Maenz' Sammlung, aus der Arbeit der Galerie entstanden, geht zu einem Viertel als Ankauf, zu einem weiteren Viertel als Schenkung und der übrige Bestand als Leihgabe ins Neue Museum in Weimar. Unzufrieden mit den Aktivitäten des Museums hat Paul Maenz den Leihvertrag für den Teil seiner Sammlung, der noch sein Eigentum ist, nach 12 Jahren 2004 gekündigt.

Lebenswandel: neue Regeln, neue Rollen, neue Bühnen

Der immaterielle Freiraum für Wandel und Vielfalt der Lebensvorstellungen in Politik, Familie und Erziehung, der sich seit 1945 Schritt für Schritt entwickelt hat, erwächst aus einer wachsenden Betonung des individuellen Wertes von Gleichberechtigung und Selbstbestimmung und dem Anspruch auf Teilhabe am Leben der Gesellschaft unter Auflösung von manchen Autoritäten und Traditionen, aktuell z. B. unter dem Stichwort Inklusion. Oft ist in diesem Wandel das Vertrauen der Bürger in die Fähigkeit von Politik und Verwaltung verlorengegangen, die Probleme vor Ort in einer Großstadt zu sehen und zu lösen. Der materielle und zeitliche Freiraum für die Verwirklichung sich verändernder vielgestaltiger Lebensvorstellungen und für das Engagement in und für die Stadtgesellschaft wächst seit Mitte der 50er Jahre aus kürzeren Arbeitszeiten und einem zunehmenden Einkommen, von dem deutlich weniger für den alltäglichen Lebensbedarf aufgewendet werden muss.

Ob nun ausdrücklich in Gesetzesform gegossen oder als selbstverständlich vorausgesetzt, jede Gesellschaft hat Regeln, die ihrem Alltag seine alltägliche Gestalt geben. Auf der Bühne würde man von einem Drehbuch reden, das einen gewissen Spielraum fürs Improvisieren lässt. Über die Regeln wird oft diskutiert, die Drehbücher werden kritisiert und manche Mitspieler verlangen neue Regeln, neue Drehbücher.

Die nationalsozialistische Diktatur hatte seit der »Machtergreifung« grundlegende Regeln der Gesellschaft, die wir gerne als Moral bezeichnen, schrittweise außer Kraft gesetzt und zerbrochen. Die Not des Krieges und der Nachkriegszeit intensivierten den Zersetzungsprozess. Im Krieg und in der Nachkriegszeit, ausgebombt oder auf der Flucht, mit Schwarzem Markt, mit Hamstern und alltäglicher Not waren viele Regeln zerbrochen. Bertolt Brecht hatte aus den Erfahrungen im Ersten Weltkrieg und in der Inflationszeit mit seinem »Erst kommt das Fressen, dann kommt die Moral«, 1928 in der »Dreigroschenoper« formuliert, die offenkundige Zerstörung der Regeln der bürgerlichen Gesellschaft festgestellt.

Die heile Welt, die der Führer für viele geschaffen und viele damit überzeugt hatte, war mit ihren Regeln nun zerstört, entwertet. Alle Regeln der Gesellschaft waren von nun an infrage gestellt und blieben einem fast unablässigen Wandel unterworfen, dem neugefasste oder neue Gesetze dann eine zumindest vorübergehende feste Form gaben. Köln ist in den Jahrzehnten seit 1945 oft ein zentraler Ort, nicht selten öffentliche Bühne der Diskussionen und Auseinandersetzungen um die Lebensregeln unserer Gesellschaft gewesen. Der Krieg hatte noch mehr als die Friedensjahre der nationalsozialistischen Diktatur das Leben der Familien und der Gesellschaft verändert. Nun mussten überlieferte Regeln wieder in Kraft gesetzt, neue Regeln festgelegt werden. Die christlichen Kirchen haben, gestützt durch die Kirchensteuer, ihre Freiheit und ihren Einfluss auf Gesetze und Gesellschaft zurückgewonnen. Unter dieser glanzvollen Oberfläche, wie sie sich im Domjubiläum 1948 und einer Fülle brillanter Kirchenbauten zeigt, hatte die Erosion der Regeln längst begonnen.

Die »Moral«

Beginnen wir mit einer Geschichte aus den ersten hundert Tagen, aus der amerikanischen Besatzungszeit, erzählt von Paula Hiertz. Eine Schulfreundin, die 15-jährige Marlies, jüngste Tochter der Familie, bekam von ihrer Mutter abends regelmäßig eine Portion Reibekuchen mit auf den Weg. Nach Beginn der Sperrstunde um 22 Uhr erkaufte sich das Mädchen damit das Wohlwollen der Wache schiebenden amerikanischen Soldaten, um zu ihrem Treffen mit anderen amerikanischen Freunden in einem Haus der Straße »Auf dem Rothenberg« in der Altstadt zu gelangen. So kamen im Gegenzug Kaffee und andere Wohltaten in die Familie. Paulas Mutter bewunderte zwar den Kaffee, fand aber: »Ming Dochter soll wäje 'nem Paket Kaffe en dat verrofene Veedel un dann och noch bei die Amis jon?«. Paula bekam den Umgang mit Marlies verboten und hätte sich vielleicht an den Vorgang heute nicht mehr erinnert, wäre nicht Marlies wenig später versehentlich von einem ihrer Freier, einem betrunkenen amerikanischen Soldaten, beim Feiern erschossen worden.

Paula ist kein Einzelfall. So berichtet Erich Irmer (1908–1985), nach der Flucht aus Deutschland ins Exil nun als englischer Besatzungsoffizier an der Entnazifizierung in Köln beteiligt: »Während des großen Bombardements verloren viele junge Mädchen ihr Haus, ihre Eltern, kurz alles. Es gab niemanden, der sich um sie kümmerte. So gingen sie mit jedem, der ihnen ein Bett besorgen konnte, und auf diese Weise begann ihre Prostitution. [...] In den Kneipen sitzen Frauen aus solchen Klassen, die nie früher daran gedacht hätten, in eine Wirtschaft zu gehen. Sie starren jeden in Uniform so lange an, bis er beginnt sich mit ihnen zu unterhalten. Sie werfen sich jedem an den Hals, der bereit ist Notiz von ihnen zu nehmen. [...] Vor einiger Zeit hatte ich einige Untersuchungen zu machen über den Gesundheitszustand, und ein Spezialist für Geschlechtskrankheiten erzählte mir bei der Gelegenheit, dass von den Mädchen zwischen 19 und 29 Jahren etwa 40–60% geschlechtskrank sind.« In einem satirischen Beitrag für den NWDR räumt Irmgard Keun der intimen Bekanntschaft mit einem Koch des englischen Militärs den gleichen Wert ein wie mit einem berühmten Filmstar in der Vorkriegszeit. Diese »Verschiebung von der gewerbsmäßigen zur geheimen Prostitution«, wie sie bereits im Oktober 1945 im Rat konstatiert wird, kann wohlmeinend als »Kultur der Notwendigkeit« beschrieben werden. Es sind Lebensumstände, in denen sprichwörtlich Not kein Gebot kennt. Das beklagt im Herbst 1948 auch der Kölner Generalsekretär Michael Calmes anlässlich des 50-jährigen Jubiläums des über die Sittlichkeit wachenden Volkswartbundes: »Die von den nationalsozialistischen Machthabern erlassenen Sittlichkeitsgesetze standen nur auf dem Papier und wurden durch die Lehre und das Beispiel der führenden Leute selbst und durch die Praxis der vielen Bünde übertreten und ausgehöhlt. Krieg und Nachkriegszeit mit all ihren verheerenden Folgen haben uns heute in einen geradezu erschreckenden Tiefstand der öffentlichen geschichtlichen Sittlichkeit hineingestoßen.«

Die Mutter als Hausfrau, das Idealbild im Nationalsozialismus, hatte nun in Kriegszeiten allein zuhause dem Haushalt vorgestanden. Alleinstehende und junge Frauen, Studentinnen waren zu Fabrikarbeit verpflichtet gewesen, hatten als Krankenschwestern gearbeitet, waren in Verwaltungsarbeit eingebunden gewesen, waren an Selbständigkeit gewöhnt. Und viele mussten nach Kriegsende als Witwen oder ohne Chance, einen Mann zu finden, selbständig bleiben. Und wenn Witwen mit ihrer Rente einen neuen Partner fanden, entstanden oft die »Onkelehen«, in denen auf offizielle Eheschließung verzichtet wurde, um die Witwenrente nicht zu verlieren. Aber »Doppelverdiener« wurden nun wieder ungerne gesehen.

Der Volkswartbund e. V. mit Sitz in Köln und bundesweit verteilten regionalen Ortsgruppen hatte als »Bischöfliche Arbeitsstelle für Fragen der Volkssittlichkeit«, dessen jeweiliger Vorsitzender vom Kölner Erzbischof eingesetzt wurde, hier bereits vor 1933 eine klare Aufgabe: »Der Volkswartbund (Katholischer Verband zur Bekämpfung der öffentlichen Unsittlichkeit) ist bestimmt zur besseren Durchführung der Bestrebungen der deutschen Katholiken im Kampfe gegen die Unsittlichkeit durch gegenseitige Unterstützung und gemeinsames Vorgehen.« Einige Stichworte im Band *Aktuelles Zeitbild*, 1963 in zweiter veränderter Auflage in Köln erschienen, zeigen die Schlachtfelder der Liberalisierung der Nachkriegsjahrzehnte auf, auf denen der Volkswartbund zuerst unter Generalsekretär Michael Calmes (bis 1958) und nun unter Friedrich Weyer seine moralischen Rückzugsgefechte führt: Abtreibung, Alkoholismus, Astrologie, Barbetriebe, Dirnenwesen, erotisch-sexueller Versandhandel, Erwerbstätigkeit der verheirateten Frau, Geschlechtserziehung, Halbstarke, Homosexualität, Kunst, Nikotin, Mädchenhandel, Nacktkultur, Onkelehen, Pornografie, Präservative und Striptease. Der Volkswartbund bot der katholischen Kirche Unterstützung durch Laien mit juristischem Fachverstand bei Anzeigen und bei Vorstößen in Gesetzgebungsfragen. Die vom Volkswartbund nicht nur zu den genannten Stichworten vertretenen konservativen und restaurativen Vorstellungen treffen auf eine Gesellschaft, in der viele die Freiheiten des Grundgesetzes nutzen und weitere noch bestehende Restriktionen aufbrechen wollen.

Im Vordergrund der Aktivitäten aber steht die »Moral« und damit besonders das Liebesleben bei Frauen und Männern. Abtreibung, Homosexualität, »Kuppelei«, Pornografie und Onkelehen werden die großen Themen einer immer liberaleren Gesellschaft. Köln spielt bei vielen davon eine wichtige Rolle. Anfang 1951 vertraut nicht nur in der Domstadt die katholische Kirche noch auf ihre Macht als moralische Instanz.

Josef Kardinal Frings, Förderer und oberste Instanz des Volkswartbundes, wurde auch selbst aktiv, wenn er erkannte, dass Kunst zur »Zersetzung der sittlichen Begriffe unseres christlichen Volkes« zu führen drohte. Zwar gehört Hildegard Knefs (1925–2002) hüllenloser Kurzauftritt in »Die Sünderin« zum kulturellen Langzeitgedächtnis der Bundesrepublik, die Empörung der Zeitgenossen erregte aber nicht dieser Auftritt, sondern Prostitution aus materieller Not, Sterbehilfe und Selbstmord, die Kernthemen der Geschichte des Films um Marina und ihren an einem Gehirntumor erkrankten Maler. Neben einem deutlichen Hirtenbrief geht Kardinal Frings auch in einer Sonntagspredigt im Dom am 11. März 1951, zwei Wochen vor Ostern, voller Zuversicht auf den Film ein: »Wir wollen eine mächtige Phalanx, eine machtvolle Bewegung bilden und die Regierung von Bund und Ländern aufrufen, nicht zu ruhen, bis solche Dinge künftig unmöglich werden. Wenn nichts Anderes hilft, wollen wir auch zur Selbsthilfe greifen. Unsere Jugend lehnt die Vorführung des Filmes ab und steht auf der Wacht. Wir werden nicht dulden, daß Moral und Sitte von Geschäftemachern untergraben werden.« Erfolgreiche Werbung: Für die Bauern der Umgebung, die ihr Gemüse auf die Kölner Wochenmärkte brachten, gab es Sondervorstellungen an Vormittagen. Bei Protesten gingen die Glasscheiben der Türen des Schwerthof-Filmtheaters an der Zeppelinstraße zu Bruch, der Film selbst wurde zu einem der größten Erfolge der Nachkriegszeit. Die vielfältigen öffentlichen Proteste hatten Neugier und Aufmerksamkeit gesteigert. Gut ein Jahrzehnt später löst zwar Ingmar Bergmans »Das Schweigen« erneut heftige Proteste aus. Die kirchliche Filmpublizistik aber war von diesem Film angetan, der im Dezember 1963 von der 1949 installierten Freiwilligen Selbstkontrolle FSK das Prädikat »Besonders wertvoll« erhalten hatte. Der Volkswartbund hat, angesichts der offiziellen kirchlichen Bewertung, keine Stellung bezogen. Die dennoch lautstarke öffentliche Empörung kristallisierte sich zur Aktion »Saubere Leinwand« und musste sich mit schließlich nur über einer Million bundesweit eingesammelten Unterschriften ihr Scheitern eingestehen: »Bei der Mehrheit der Bevölkerung aber fand die Aktion keinen Anklang.« Im Kölner Jugendamt hatte der Volkswartbund seit Mitte der 50er Jahre ein sehr engagiertes Mitglied an zentraler Stelle als Jugenwohlfahrtspfleger in der Stadtverwaltung, das bis Mitte der 60er Jahre seine Aufgabe des Jugendschutzes im Kampf gegen unzüchtige Schriften, Prostitution und Homosexuelle mehr als engagiert versah und schließlich in den Dienst der katholischen Kirche trat. Der Volkswartbund aber, der 1969 seinen Kampf für die Strafbarkeit homosexueller Handlungen ver-

Extra für Köln und den Kölner Volkswartbund entstanden zwei Titelblätter ...

loren hatte, büßt 1969 mit dem Rücktritt von Josef Kardinal Frings im Alter von 82 Jahren seinen größten Förderer ein und geht später in anderen katholischen Institutionen auf.

Wie wenig sich die offiziellen Moralvorstellungen mit der Realität deckten, lässt sich nur ahnen. Die seit der Mitte der 50er Jahre wieder

… für das Juni-Heft 1964 der Zeitschrift pardon.

wachsenden Scheidungsraten und eine gleichzeitig sinkende Zahl von Eheschließungen und Geburten zeigen, dass der Wert der Ehe sinkt. Einen realistischen Blick hinter bürgerliche Kulissen erhalten wir selten. Erstaunlich akribisch dokumentiert ein Zufallsfund von Rechnungen, ausführlichen Berichten über gemeinsame »Dienstreisen« und Fotografien die Affäre von Sekretärin Margret und ihrem Chef Günter, beide in Köln verheiratet, von Mai 1969 bis Dezember 1970.

Die professionelle Variante der Prostitution, des »ältesten Gewerbes der Welt«, in einer bald nach der Währungsreform materiell gut versorgten Gesellschaft ist bis heute präsent und Teil des wirtschaftlichen Lebens wie auch der Steuereinnahmen der Stadt. Es müsste also eigentlich im Kapitel über Wirtschaft behandelt werden. Anders aber als in anderen Bereichen des wirtschaftlichen Handelns werden hier Widersprüche zu den Wertvorstellungen und den offiziell akzeptierten Strukturen der Gesellschaft sichtbar, die dazu noch im Rückblick gerne romantisiert werden. Die nüchterne Sicht auf Sexarbeit, die das seit dem 1. Januar 2002 geltende Prostitutionsgesetz ermöglicht, bringt diese Tätigkeit endgültig in den Blick der kommunalen Vergnügungssteuer. Sie trifft die/den individuelle/n Sexarbeiter/in wie den Unternehmer, der entsprechende Räume bereithält. Die Stadt Köln hat sich als erste im Gebiet der Bundesrepublik im Jahre 2003 diese steuerliche Einnahmequelle erschlossen. Allerdings bringt das Gewerbe keinen wesentlichen Beitrag zum Haushalt der Stadt. Bei etwa 2 500 darin offiziell Beschäftigten rechnet man 2013 mit nur knapp einer Million Euro. Im Jahr 2006, im Rahmen der Austragung der Fußball Weltmeisterschaft, waren es noch über eine Million gewesen, in 2015 rechnete man mit deutlich weniger Einnahmen aus der Sexsteuer. Und diesen stehen ziemlich hohe Sach- und Personalkosten gegenüber. Vor der Einführung der zusätzlich zur Einkommensteuer kommunalen »Besteuerung von Vergnügen besonderer Art« schätzte man die Zahl der Beschäftigten 1995 noch auf mindestens 6 000 bis 8 000 Frauen und 700 Männern, die aus unterschiedlichsten Motiven tätig sind. »Es gibt die Profis, die Gelegenheitshuren, wie Hausfrauen, Erwerbslose und Studentinnen, die Beschaffungsprostituierten, die das Geld für Drogen brauchen, die Migrantinnen, die von Schleppern zur Prostitution gezwungen werden.« Gleichzeitig sollten auch Musik-, Theater- und Sportveranstaltungen besteuert werden, nicht allerdings der Karneval – der ist schließlich kein Vergnügen, sondern Brauchtum. Nachdem die Veranstalter darauf hinwiesen, dass sie angesichts einheitlicher Preise bei Tourneen die Steuer selbst tragen müssten, gab es für diesen Bereich eine prompte Kehrtwende.

Der offenere, weitgehend entkriminalisierte Umgang mit Prostitution hat für Sexarbeiter nicht nur steuerliche Nachteile, sondern auch Vorteile. Die üblichen Ansprüche sozialer Sicherung gelten nun auch für sie. Für den Straßenstrich, für den weite Teile der Innenstadt, von Deutz und

Ein seltener Blick hinter die Kulissen der Gesellschaft. Verlag Walther König, Köln 2012

im Süden im Bereich der Brühler Straße als Sperrgebiete ausgewiesen sind, ist mit Ratsbeschluss vom 15. Mai 2001 die »Geestemünder Straße« als Schutzbereich und Sicherheitsbereich mit Kontaktmöglichkeiten zu Streetworkern eingerichtet worden. Hier ist Köln ein bundesweit beachtetes Vorzeigeprojekt geglückt, das besonders den rauschgiftabhängigen Frauen Schutz und Hilfe bietet. Allerdings gelingt es kaum, die Sperrbezirksverordnung flächendeckend durchzusetzen. Das sieht selbst das dafür zuständige Ordnungsamt so: »Prostitution gehört zu jeder größeren Stadt einfach dazu.« Straßenstrich hat eine ungebrochene Tradition, die sich z. B. in den 70er bis 90er Jahren durch den in mindestens 26 Auflagen erschienenen *Stadtplan für Männer* ebenso dokumentieren lässt wie durch die Abschnitte für Köln im Handbuch *Der Strich*. Entsprechende Betriebe, in unterschiedlichen Preislagen und wohl auch Qualitäten für alle Einkommensklassen, lassen sich als Kneipe, als Bar, als Club, als Sauna oder als Bad nachweisen.

Rasch hatte sich in den 50er Jahren die nicht sehr geheime Prostitution der Nachkriegszeit aus aktueller Notlage in fließendem Übergang wieder in die gewohnte klassische gewerbsmäßig betriebene Prostitution im Schatten krimineller Strukturen verwandelt. Materielle Not, Freude an schnell verdientem Geld, Sucht und kriminelle Zwänge, diesen Markt zu bedienen, bleiben bis heute die Determinanten, die das Angebot stellen, dem offensichtlich eine ungebrochene Nachfrage gegenübersteht.

In der ersten Nachkriegszeit ist das »Miljö« am Rheinauhafen konzentriert. Im Stadtbild sind die heute romantisierten Straßen des »Miljös« längst saniert. In der frühen Nachkriegszeit waren die 1964 geschlossene Nächelsgasse und die längst sanierte Straße Im Stavenhof zwei Zentren dieser gewerblichen Aktivitäten. 1972 wird trotz eines letzten von Louis F. Peters geführten juristischen Gefechtes auch die Kleine Brinkgasse geschlossen. Einige der Sexarbeiterinnen sind damals in das kurz zuvor am 11. Januar 1972 eröffnete »Eros-Center« an der Hornstraße umgezogen, andere mieteten Zimmer oder gingen wieder auf die Straße. Den Gedanken an ein Großbordell hatte 1964 erstmals der Kölner Polizeipräsident Theodor Hochstein öffentlich gemacht. Der von ihm vorgeschlagene Standort Im Stavenhof brachte die Eigelsteiner auf die Barrikaden und Pfarrer Paul Fetten von St. Ursula zur Forderung an den Rat, dann doch die heilige Ursula als Stadtpatronin aufzugeben. Acht Jahre später wird der Plan im städtischen Abseits an der Hornstraße verwirklicht. Der Betrieb läuft heute nach einer Zwangsversteigerung im Jahre 1995 finanziell erfolgreich als »Pascha«. Allerdings traf 1997 eine Razzia bereits auf zwei Dutzend illegal eingereiste oder ein-

Köln Stadtplan für Männer. *26. Auflage, Berlin Ende der 1990er Jahre,*

geschleuste Prostituierte. Seit 2002 wird der frühere Beherbergungsbetrieb offiziell als Bordell betrieben und besteuert. In der Gegenwart rechnet das »Pascha« mit etwa 1000 Nutzern am Tag. Alice Schwarzer, die sich darüber empörte, dass Geschäftsführer Harald Müller, Bruder von Unternehmer Hermann Pascha (alias Müller) in Pulheim als Prinz Karneval auftreten konnte, rechnet mit einer halben Million Euro allein an Mieteinahmen neben den Einkünften aus Eintritten und dem Amüsierbetrieb aus dem »Pascha«. Die Legalisierung der Prostitution hat für den Betreiber Nachteile gebracht. Die nun legalen und ebenso wie die Einnahmen aus der direkten Sexarbeit schon lange zu versteuernden Einkünfte können offensichtlich zu üblichen Steuervermeidungsversuchen führen. So zeigt das Bemühen, sich einen seriösen Anstrich zu geben, immer wieder Risse, auch wenn Steuerhinterziehung ja weitverbreitet ist. Dagegen wird der angebliche Charme des kriminellen »Miljös« immer wieder gerne verklärt.

In den 90er Jahren saniert der Gerling-Konzern seine Nachbarschaft, kauft Schritt für Schritt die Häuser im Friesenviertel auf. Hier verschwindet damit das »Miljö«, das neben dem berühmten Zweikampf der Unterweltsgrößen Schäfers Nas und Dummse Tünn als Verlierer durchaus Mord, Erpressung und Prostitution anzubieten hatte. Jupp Menth, Kommissar a. D., hält fest: »Das ist nicht nur schön kölsch. Das waren Kriminelle, zum Teil äußerst brutale Zuhälter mit einer großen Gewaltproblematik.« Schäfers Nas war kölscher Patriot. Als 1995 ein Vortragekreuz aus dem Dom gestohlen wurde, hatte er rasch den Dieb aufgespürt und konnte das Kreuz zwei Tage später dem Dompropst überreichen. So

Köln Stadtplan für Männer. *26. Auflage, Berlin Ende der 1990er Jahre,*

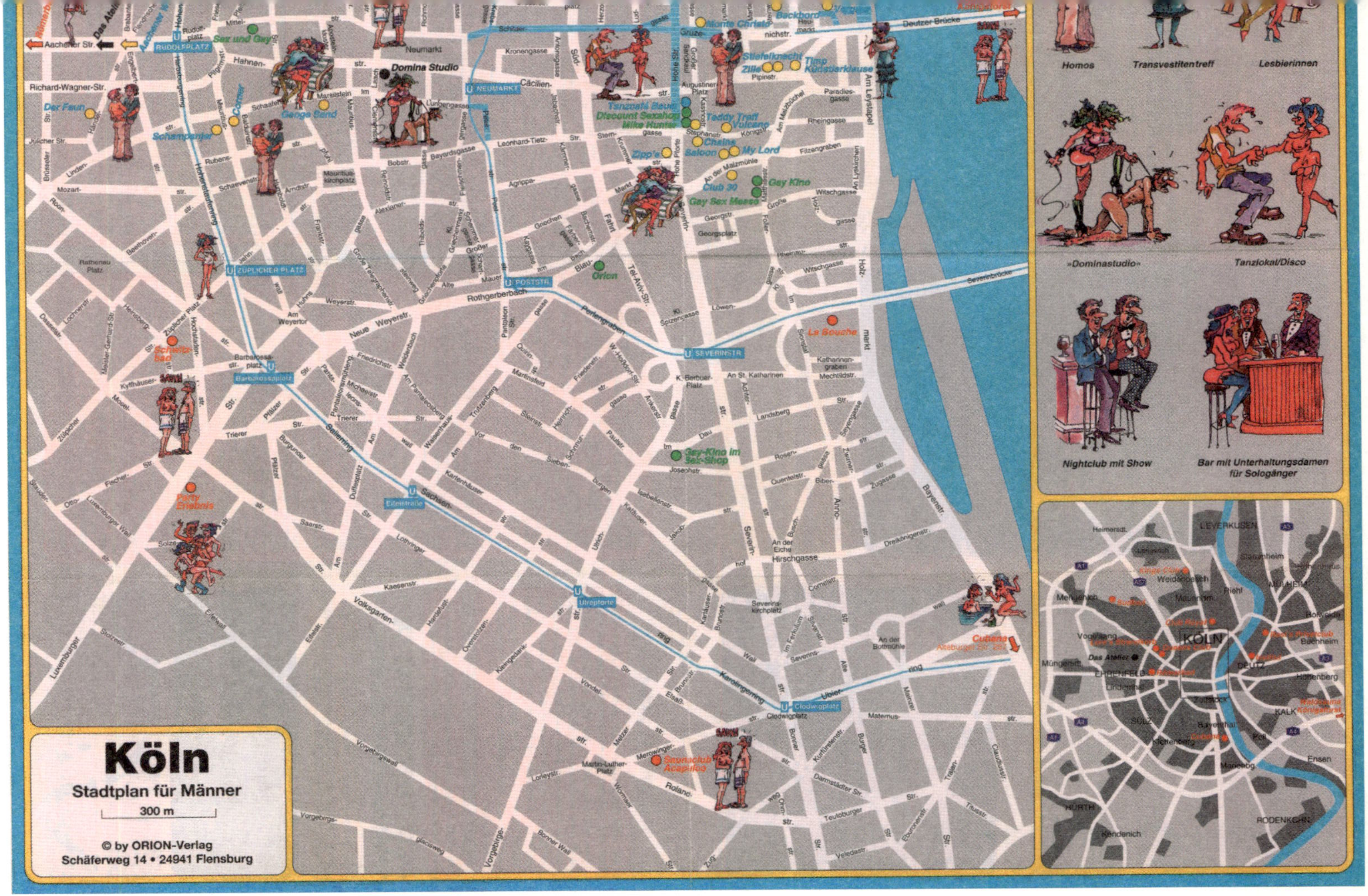
Köln
Stadtplan für Männer
300 m
© by ORION-Verlag
Schäferweg 14 • 24941 Flensburg
Homos
Transvestitentreff
Lesbierinnen
»Dominastudio«
Tanzlokal/Disco
Nightclub mit Show
Bar mit Unterhaltungsdamen für Sologänger
Domina Studio
Sex und Gay
Der Faun
Corner
Schampanjer
Gange Band
Tanzcafé Blue
Discount Sexshop
Mike Hunter
Teddy Treff
Vulcano
Chains
Saloon
My Lord
Zipp's
Club 30
Gay Kino
Gay Sex Messe
Orion
Monte Christo
Stiefelknecht
Zille
Timp
Künstlerklause
Backbord
La Bouche
Gay-Kino im Sex-Shop
Party Erlebnis
Cubana
Saunaclub Acapulco
Rudolfplatz
Neumarkt
Poststr.
Zülpicher Platz
Barbarossaplatz
Severinstr.
Eifelstraße
Ulrepforte
Chlodwigplatz
Deutzer Brücke
Severinsbrücke
Am Leystapel
Holzmarkt
Bayenstr.
Hohenstaufenring
Salierring
Sachsenring
Karolingerring
Ubierring
Volksgarten
Vorgebirgswall
Luxemburger Wall
Aachener Str.
Richard-Wagner-Str.
Rothgerberbach
Hohe Str.
Mittelstr.
Cäcilienstr.
Severinstr.
Köln
Leverkusen
Mülheim
Deutz
Kalk
Ehrenfeld
Sülz
Rodenkirchen
Hürth
Das Atelier

Der in Köln gedrehte Spielfilm »Heißes Pflaster Köln« von 1967 hatte Kölns »Miljö« zum Thema – nicht gerade zur Freude der Fremdenverkehrswerbung.

glimpflich war der Domraub zwanzig Jahre zuvor nicht ausgegangen. Die Täter hatten es im November 1975 auf Gold und Edelsteine abgesehen und die Kunstwerke zerstört, um das Gold einzuschmelzen. Domgoldschmied Peter Bolg hat die Prunkmonstranz in jahrelanger Arbeit rekonstruieren können.

Der Verlierer des Boxkampfs, Dummse Tünn, hat noch 1998 eine Bewährungsstrafe von einem Jahr und neun Monaten wegen Hehlerei erhalten. Das war eine der letzten Aktivitäten des alten »Miljös«. Eine zentrale Figur der jüngsten Zeit, »Neco« alias Necati A., ist nach Absitzen von vier Jahren und fünf Monaten seiner Haftstrafe in die Türkei abgeschoben worden. Der »ehemalige Rotlicht-König« war bei den Prostituierten teils gefürchtet – drohte auch schon einmal mit Mord –, teils waren sie stolz darauf, für ihn zu arbeiten.

SELTENES DOKUMENT: Milieugröße Hans Schäfer, wegen seines Riechorgans „Schäfers Nas"genannt, bei einer Beerdigung. Das Veedelsoriginal ist inzwischen gestorben. (Bild: Polizei)

Kölner Stadt-Anzeiger. *Köln 3. November 2000*

Lebenspläne

Für Interessen und Lebensentwürfe jenseits der reinen Erhaltung der Arbeitskraft wächst, wie bereits erwähnt, der finanzielle Freiraum langsam und der Rahmen gesellschaftlich akzeptierter Lebensweisen öffnet sich nicht ohne hinhaltende Widerstände. Auch nach der Währungsreform, nach der Gründung der Bundesrepublik bleibt zuerst nur in wenigen Haushalten nach den Ausgaben für Wohnen, Kleidung und Ernährung etwas freies Geld übrig. Doch das ändert sich mit zunehmender Geschwindigkeit. Die Lebenshaltungskosten für eine Durchschnittsfamilie mit zwei Kindern verdreifachen sich seit den 1950er Jahren. Der durchschnittliche Verdienst aber verfünffacht sich im selben Zeitraum. Anfang der 70er Jahre sind mehr als zwei Drittel der Familien mit einem PKW ausgestattet. Erst in den 80er Jahren verfügen fast alle Haushalte über Telefon. Selbst 1988 besitzen erst 95 Prozent aller Haushalte ein Fernsehgerät, erst 78 Prozent einen Kühlschrank und erst 29 Prozent eine Geschirrspülmaschine. Die seit den 1960er Jahren als sicher empfundenen Lebensumstände geben nun erst der »Kultur der Selbstverwirklichung« Raum. Gleichzeitig verlässt eine Generation ihre beruflichen und politischen Positionen, die sie in den zwölf Jahren nationalsozialistischer Diktatur erhalten hatte, auch wenn sie diese 1945 manchmal für kurze Zeit aufgeben musste.

Parallel zu diesem steigenden Wohlstand und der reicheren Ausstattung der Wohnungen verändern sich die Lebensvorstellungen, für Kinder, bei Männern, am deutlichsten in den Rollenbildern und den Rechten der Frauen. Die Veränderungen der Lebensformen sind kein revolutionärer Prozess, der Fächer der Diversifizierung des Zusammenlebens weitet sich im Laufe der vergangenen Jahrzehnte aus. Die »bürgerliche Familie« aus verheiratetem Ehepaar mit Kindern bleibt das Wunschbild, das aber seit den 60er Jahren immer schwieriger zu realisieren wird. Elternschaft wird zum Luxusgut. Die Zahl der Eheschließungen nimmt ab, die der Scheidungen dagegen zu, die Zahl der Kinder fällt unter das Reproduktionsniveau. Zwischen 1972 und 2000 geht die Zahl der Ehepaare mit Kindern um mehr als 10 Prozent zurück. Zwischen 1950 und 2000 verringert sich die Zahl der Eheschließungen im alten Bundesgebiet um ein Drittel. Sie sinkt von über 530 000 auf knapp 360 000. Es wird dazu immer später geheiratet. Entsprechend spät und weniger zahlreich folgen Kinder. Die Scheidungsrate dagegen verdoppelt sich bis Mitte der 70er Jahre und Mitte der 80er Jahre rechnet man mit einer Scheidung auf drei Eheschließungen. So leben 1988 in gut 20 Prozent der Haushalte Familien mit Kindern, in denen nur der Ehemann arbeitet, in weiteren über zehn Prozent sind beide Eltern mit Kindern berufstätig, bei fast 20 Prozent der Ehepaare ohne Kinder sind beide Partner erwerbstätig, bei weiteren gut zehn Prozent der Ehepaare arbeitet nur der Ehemann, gut zehn Prozent werden für Partnerschaften ohne Kinder gezählt, in denen beide Partner Geld verdienen. Dennoch bleibt für fast 90 Prozent noch um die Jahrtausendwende die Partnerschaft mit Kind die ideale Lebensvorstellung in Nordrhein-Westfalen.

1971 gibt es über 70 Prozent Familienhaushalte mit zwei oder mehr Generationen. 1996 sind es (in den alten Bundesländern) nur noch gut 50 Prozent. Die Zahl der Paarhaushalte ohne Kinder wächst im selben Zeitraum von unter 20 Prozent auf über 25 Prozent. Die Zahl der Einpersonenhaushalte steigt von1972 bis 2000 um zehn Prozent auf fast 40 Prozent aller Haushalte. Und waren das 1972 zu fast 80 Prozent alleinlebende ältere Frauen, so sind inzwischen kaum 40 Prozent Frauen. In Köln überschreitet die Zahl der Einpersonenhaushalte inzwischen 50 Prozent aller Haushalte, von denen allerdings angesichts ständig wachsender Studentenzahlen viele hier nur vorübergehend in ihrer Ausbildungszeit einzurechnen sind.

Die langsame aber deutliche Ausdifferenzierung der Gesellschaft mit ihren Lebensvorstellungen und Lebensstilen in eine Vielfalt von Milieus sowie von Bedürfnissen und postmaterialistischen Interessen jenseits der Basis der Lebenssicherung, hat auch in Köln in den Jahrzehnten nach 1945 deutliche Spuren hinterlassen. Die Wirtschaft hat darauf selbstverständlich reagiert und ihre Zielgruppen analysiert. Man kann schließlich nicht jedem alles verkaufen und man muss seine Kunden kennen. Alle Institute haben für ihre Zielgruppen aufschlussreiche Bezeichnungen gefunden: Die Sinus-Milieus kreisen um die bürgerliche Mitte mit Konservativen, Etablierten, Postmateriellen, Modernen, Performern, Experimentalisten, Hedonisten, Traditionsverwurzelten, Konsum-Materialisten und seit 1990 auch mit DDR-Nostalgischen. Ganz ähnlich kennt das Semiometrie-Modell von TNS Infratest als Zielgruppen kulturelle, lustorientierte, materielle, kritisch-dominante-kämpferische; familiäre-soziale, religiöse, verträumte, rationale und traditionelle. Die Gesellschaft für Innovative Marktforschung nennt kritisch-kreative Trendsetter, neotraditionelle Profilierer, Subkultur-Individualisten, Ich-zentrierte Genießer, bikulturelle Deutschtürken, karriereorientierte Mütter, öko-reflektiertes Bürgertum, kämpferische Wendeverlierer, unprätentiöse Selbstdarsteller, repräsentative Selbstdarsteller und distinguierte Stilexperten als ihre Zielgruppen.

Im November 1946 zählt Köln knapp 500000 Einwohner bei einem kriegsbedingten Frauenüberschuss von fast 10 Prozent. Von diesen Einwohnern gelten knapp 200000 als »Erwerbspersonen« und nur gut 50000 davon sind Frauen. Der Frauenüberschuss schrumpft bis 1959, als Köln endlich wieder die Einwohnerzahl der Vorkriegszeit mit 773280 überschreitet, auf gut fünf Prozent. Nun ist fast die Hälfte der Einwohner Arbeitnehmer. Dabei stehen gut 220000 männliche Erwerbstätige einer deutlich gewachsenen Zahl von 130000 weiblichen Arbeitnehmerinnen gegenüber. Im Jahre 2014 sind von gut 1050000 Einwohnern mit knapp 540000 nur etwas mehr als die Hälfte Frauen. Die Arbeitsmarktkennziffern sehen inzwischen bei insgesamt über 700000 Erwerbstätigen mehr als 500000 sozialversicherungspflichtige Arbeitsplätze in Köln. Davon ist beinahe die Hälfte mit Frauen besetzt. Aber ebenfalls fast die Hälfte haben Arbeitnehmer inne, die außerhalb der Kölner Stadtgrenzen wohnen. Und über 100000 Kölner/innen fahren wiederum zum Arbeiten über die Stadtgrenze hinaus. Dass fast die Hälfte der Arbeitsplätze in Köln mit Frauen besetzt ist, das ist angesichts dieser hohen Zahl von Ein- und

Auspendlern nur ein Hinweis darauf, dass die Gleichberechtigung den Weg zur Arbeit geöffnet hat. Wie weit sich dies auf die Gleichberechtigung bei der Hausarbeit auswirkt, das bleibt fragwürdig. Deutlich hat sich innerhalb wie außerhalb Kölns die Zahl der Teilzeitbeschäftigungen und der geringfügig entlohnten Beschäftigten vermehrt. Dass Frauen bei gleichen Tätigkeiten immer noch weniger verdienen als Männer, ist einer der Gründe dafür, dass zu Beginn des neuen Jahrtausends mehr Männer als Frauen mit ihrer Lebenssituation zufrieden sind. Von gut 50 Prozent des Verdienstes der Männer steigt der Verdienst der Frauen in vielen Bereichen bis zum Jahr 2000 erst auf gut 70 Prozent der Männer. Auch daher erachten mehr Frauen als Männer eine Frauenbewegung weiter als notwendig. Und nach allen Bemühungen der letzten Jahrzehnte hält sich der Frauenanteil in der Chefetage von Privatunternehmen seit 2004 mit geringen Schwankungen bei etwa 25 Prozent.

Schon der Weg zu Artikel 3 Absatz 2 des Grundgesetzes – »Männer und Frauen sind gleichberechtigt« – war für Elisabeth Selbert (SDP) steinig gewesen. Elisabeth Selbert (1896–1986) war eine der »vier Mütter des Grundgesetzes«. Sie musste lange für ihre Formulierung kämpfen und dafür Verbände, Gewerkschaften und Öffentlichkeit mobilisieren. Die im ursprünglichen Entwurf des Grundgesetzes aus der Weimarer Verfassung übernommene Formulierung lautete: »Männer und Frauen haben grundsätzlich die gleichen staatsbürgerlichen Rechte und Pflichten.« Die Brisanz der von ihr eingebrachten neuen Formulierung »Männer und Frauen sind gleichberechtigt« war offensichtlich. Und der anschließende Weg, dieses Grundrecht in die übernommenen Gesetze des BGB umzusetzen, der nach § 117 des Grundgesetzes 1953 abgeschlossen sein sollte, dauerte bis 1957. Wer denkt heute noch daran, dass erst zum 1. Juli 1958 Ehefrauen das Recht erhielten, ihr eigenes Vermögen zu verwalten, und der Ehegatte das Recht verlor, ein Arbeitsverhältnis seiner Frau fristlos zu kündigen. Seit 1962 dürfen Ehefrauen ein eigenes Konto führen. Und erst seit 1977 haben Ehefrauen das Recht, ohne Genehmigung des Gatten ein Arbeitsverhältnis einzugehen. Zwar hielt § 117 des Grundgesetzes fest, dass alte Gesetze des BGB bis 1953 an das Prinzip der Gleichberechtigung angepasst werden müssten, aber bewusste Verzögerungen und Überlegungen der CDU, diesen Artikel des Grundgesetzes gemeinsam mit der SPD wieder zurückzunehmen, führten dazu, dass erst 1957 nach lange anhaltendem Widerstand der CDU das Gleichstellungsgesetz beschlossen wurde. Und die Auseinandersetzungen über die Durchsetzung dieses Grundrechtes im alltäglichen Leben dauern an.

Die Kölner Frauen beteiligen sich an Politik und Kampf für Frauenrechte von Beginn an aktiv und bald auch sehr prominent. Mit sozialkaritativen Zielen traten Kölner Frauenvereine und -organisationen schon in der frühen Nachkriegszeit an. Ein Zentraler Frauenausschuß Köln unter dem Vorsitz der zukünftigen CDU-Ministerin Christine Teusch, der den Aufbau einer volksnahen Verwaltung unterstützen wollte, stellte dagegen rasch im Herbst 1947 seine Tätigkeit ein. Das »Lädchen«, inmitten der Inflation 1922 vom »Verein für Verkaufsvermittlung von Wertgegenständen aus Privatbesitz« eröffnet, nahm nach der Währungsreform am 24. November 1949 seine Tätigkeit wieder auf.

Sibylle Hartmann (1890–1973), Mitbegründerin der CDU in Köln, von Herbst 1946 bis zu ihrer ehrenvollen offiziellen Verabschiedung 1969 Mitglied des Rates, wie zuvor schon von 1919 bis 1933, setzt als Begleitprogramm zur 1900-Jahr-Feier einen Frauentag am 15. und 16. Juli 1950 durch. Dazu hat sie eine Ausstellung im Foyer des Kongresssaales organisiert. Im selben Jahr hatte die DFG (Deutsche Friedensgesellschaft) schon am 9. Januar 1950 eine Friedenskundgebung im Agnessaal durchgeführt. Am 8. März 1952 nehmen 800 Frauen an Kundgebungen gegen Wiederbewaffnung und Wehrpflicht teil. Am 18. Juli 1954 findet auf Initiative des kommunistischen Demokratischen Frauenbundes Deutschlands (DFD) eine »Konferenz zur Gleichberechtigung von Mann und Frau« statt. Es wird ein Alternativvorschlag, der Gleichberechtigung in Ehe und Beruf betont, zum immer noch verzögerten Gleichstellungsgesetz diskutiert. Die Organisationsfreude der Frauen im Köln der 50er Jahre ist vielfältig. Im Arbeitskreis Kölner Frauenvereine, der sicher nicht alle erfasste, waren 26 verschiedene Frauenorganisationen vertreten. Kirchenzugehörigkeit, gleiche Berufstätigkeit oder karitative Arbeit sind als Motive erkennbar. Die Nachkriegsgesellschaft hatte Gestalt angenommen. »1968« liegt noch in weiter Ferne.

Nur im Privaten lassen sich zu dieser Zeit die ersten Anzeichen der kommenden Frauenbewegung erkennen. Ma Braungart fordert Mitte der 50er Jahre: »Was wir brauchen, ist ein Haus für uns allein. In diesem Haus werden wir leben und lernen. Kein Mann tritt über die Schwelle außer für die grobe Hausarbeit. Hier werden wir gemeinsam studieren und forschen und ›die Frauenfrage‹ voran bringen.« Zumindest im Ansatz konnte sie ihren Gedanken einer beschaulichen und kultivierten Gemeinschaft mit der Eröffnung des »George Sand« im Hause Marsilstein 13 verwirklichen. Das am 22. Februar 1968, an Weiberfastnacht, eröffnete Frauencenter Ma Braungarts mit seinen Lesungen und Gesprächen und auch mit Männern als Gästen war kein Zentrum einer politischen Frauenbewegung, sondern ein Ort, der zur individuellen Frauenbefreiung anregen sollte. Ende Januar 2002 wird das »George Sand« nach langen Jahrzehnten geschlossen und Ma Braungart stirbt 75-jährig Ende 2007. So hat sie alles, was sich seit Ende der 60er Jahre in Köln als »Neue Frauenbewegung« entwickelt, miterlebt, hat Shere Hite oder Alice Schwarzer genauso wie Werner Höfer als Gäste empfangen und war auf ihre im Stadtbild immer bemerkbare Erscheinung Teil von »1968« und seinen Folgen. Der Entschluss, das »George Sand« zu gründen, war wie Ma Braungarts großer Auftritt im Straßenbild ein Element der neuen Atmosphäre, des neuen Wagemutes, des neuen Widerstandes, den wir so gerne unter den Titel »1968« zusammenfassen. Innerhalb der Frauenbewegung folgt dieser frühen Phase der betonten Selbsterfahrungsgruppenbildung die Phase der feministischen Projekte und dann die zunehmende Institutionalisierung. »1968« war auch der Boden, auf dem nicht nur die Frauen-, Lesben und Migrantinnen-Bewegung wuchs. Die ersten Schritte der Frauenbewegung in Köln lassen sich im Republikanischen Club erkennen. Angeregt durch den im April 1967 ins Leben gerufenen Berliner Republikanischen Club wurde der Kölner Republikanische Club im Oktober 1967 gegründet. Am Römerturm 17 bot er Räume und Ausstattung für verschiedene Arbeitskreise. Der AK Frauen und Gesellschaft nahm sich dort ein breites Spektrum von Themen vor: Selbstklärung – wer bin ich als Frau? – Aufklärung zu Rolle und Rechten der Frau, Scheidungsrecht, Familienrecht, Geburtenkontrolle. Äußerer Druck und innere Auseinandersetzungen führten dann 1974 zur Schließung des Republikanischen Clubs.

Eine andere Wurzel der Frauenbewegung plante in Köln das »Politische Nachtgebet« des ökumenischen Arbeitskreises um Dorothee Sölle (1929–2003) und Fulbert Steffensky im Januar 1971. Das Konzept für das »Politische Nachtgebet« entstand 1967/68 in Köln und erhielt seinen Namen auf dem Katholikentag im September 1968 in Essen, als man dafür einen Termin erst um 23 Uhr zur Verfügung stellte. Präses Joachim Beckmann hielt Dorothee Sölles in der Antoniterkirche vorgetragenes Glaubensbekenntnis für Häresie, Kardinal Josef Frings ließ durch den Generalvikar das »Politische Nachtgebet« als »häretisch und blasphemisch« verurteilen und die Nutzung der Kirche St. Peter untersagen. Das erste »Politische Nachtgebet« fand am 1. Oktober 1968 in der überfüllten Antoniterkirche statt. Weitere folgten monatlich bis Ende des Jahres 1973. Mit Maria Mies, die damals schon an der Fachhochschule Köln Sozialpädagogik lehrte, wurde das »Politische Nachtgebet« am 5./6. Januar 1971 unter dem Thema »Emanzipation der Frauen – als

Frau liegst du immer unten« durchgeführt und daraus erwuchs ein aktiver feministischer Arbeitskreis. Als Abspaltung dieses »Frauenforums« entstand bald danach SOFA, die »Sozialistisch-Feministische Aktion«.

Öffentlich und radikal startet die neue Frauenbewegung mit dem Kampf um die Abtreibung. Nach französischem Vorbild erschien am 6. Juni 1971 der *Stern* mit dem Titel »Wir haben abgetrieben!«. Vorbild war die gleiche aufsehenerregende Aktion im Pariser *Nouvel Observateur* zwei Monate zuvor gewesen. Rasch hatte damals *Jasmin* Interesse gezeigt, ein unpolitisches deutsches Frauenmagazin, das nicht gerade den Vorstellungen der französischen Redaktion entsprach. Diese hatte daraufhin Alice Schwarzer ins Spiel gebracht, die zu diesem Zeit als Journalistin und Studentin in Paris auch in der französischen Frauenbewegung aktiv war. Schwarzer stellte nun den Kontakt zum *Stern* her und begann rasch, ein Dutzend Prominente und insgesamt 374 Frauen zur Unterschrift für die Aktion »Wir haben abgetrieben – und fordern das Recht für jede Frau!« zu gewinnen. Darunter sind 28 Kölnerinnen. Aus der »Aktion §218 Köln« wird bei wachsendem Themenkreis schließlich wenig später die »Frauenbefreiungs-Aktion Köln«.

Alice Schwarzer war damit auf dem Weg, in einer sich langsam entwickelnden Frauenbewegung zur »Mutter der Bewegung« zu werden. Das war in den eigenen Reihen, wo man Prominenz verabscheute, nicht gerne gesehen. Dabei verband Alice Schwarzer auch noch, um das klassische Schlagwort zu verwenden, Beruf und Berufung. Sie verdiente als Journalistin am Feminismus, den sie auch öffentlich und persönlich vertrat. Zum § 218 allerdings wollte man sie nach dem Erscheinen des *Stern* nicht mehr schreiben lassen. So wird der Kampf nun mit Schwarzers noch im Herbst 1971 erschienenen Buch *Frauen gegen den §218* weitergeführt. Er führt zur im *Spiegel* am 11. März 1974 publizierten Ärzteaktion gegen den §218 und zum Beitrag von Alice Schwarzer in Peter Merseburgers Sendung »Panorama« im WDR am selben Tag über einen in Berlin durchgeführten Schwangerschaftsabbruch. Der vom WDR akzeptierte Beitrag darf dann aber auf Beschluss von sieben der neun Intendanten nicht in der ARD gesendet werden. Eine einmalige Aktion und natürlich dank breiter Presseberichterstattung die beste Werbung für die gesamte Protestaktion. Zum §218 folgt die Fristenlösung, die direkt vor dem von der CDU angerufenen Bundesverfassungsgericht scheitert. Sie wird schließlich durch die Indikationslösung ersetzt und noch mehrfach verändert.

Gute Werbung aber war die abgesetzte Sendung auch für Alice Schwarzer. Anfang 1975 wird sie zu einem Streitgespräch mit Esther

Vilar eingeladen, deren Buch *Der dressierte Mann* die Position vertrat, die Hausfrauen würden es sich auf dem Rücken ihrer geldverdienenden Männer bequem machen. Im Januar aufgezeichnet, wird dieses Gespräch an Weiberfastnacht, am 6. Februar 1975, gesendet und macht Alice Schwarzer endgültig zur feministischen Prominenz und zum einzigen Star der Szene. Im September 1975 erscheint dann *Der kleine Unterschied* und entwickelt sich zum Bestseller. Er schafft damit auch einen wesentlichen Teil der finanziellen Grundlage für das Erscheinen von *EMMA*, deren Redaktion sich, wie geplant, in Köln befindet. Alice Schwarzer wird Verlegerin, Herausgeberin und Chefredakteurin der Zeitschrift, sie ist bis heute ihr Projekt. Mit dem Kölner Sitz der Redaktion von *EMMA* unter der Leitung von Alice Schwarzer seit 1977 gingen von Köln entscheidende Anstöße aus. Zuerst am Kolpingplatz in direkter Nachbarschaft zum WDR ansässig, nutzt die Redaktion mittlerweile Räume im 1994 eröffneten FrauenMediaTurm, dem historischen Bayenturm. Heute ist Alice Schwarzer – und damit der Rolle von Günter Wallraff bei RTL ähnlich – eigentlich nur noch ein mediengerechtes Denkmal ihrer selbst im denkmalgeschützten Bayenturm. Zudem sind die geforderten städtischen Zuschüsse und der bereits 2005 abgelehnte Erlass der Pacht für den Bayenturm wie auch das Auslaufen der Zuschüsse des Landes Nordrhein-Westfalen für ihr Archiv umstritten. In Finanzfragen hat sich Alice Scharzer immer mannhaft verhalten: *EMMA* gehört in jeder Hinsicht ihr persönlich und ist ein Beispiel für den wirtschaftlichen Erfolg einer Zeitschrift, die sich nicht auf Anzeigen verlässt. Und auch die bekannt gewordene Steuerhinterziehung – das Verfahren ist inzwischen mit einem Strafbefehl abgeschlossen – zeugt von gesellschaftlich für Männer selbstverständlichem Verhalten. Dieses hat man ihr natürlich mit Vergnügen moralinsauer vorgehalten, statt ihr emanzipiertes Verhalten zu respektieren.

Binnen eines Jahrzehntes schließen sich Frauen zu den unterschiedlichsten Themen und Zielen zusammen. Rasch hatte frau erkannt, dass »die bloße Anwesenheit der Männer die Konkurrenz der Frauen hervorruft und eine Solidarisierung untereinander unmöglich macht; die emotionale Offenheit und Spontaneität, die im Umgang mit Frauen entstanden sind, undurchführbar wurden. [...] Die autonome Frauenbewegung hat das Bedürfnis der Frauen nach breiteren gesellschaftlichen und sexuellen Möglichkeiten artikuliert.« Im 1976 von der Frauenbefreiungsaktion gegründeten Frauenzentrum Eifelstraße 33, das 1987 wieder geschlossen wird, treffen sich 1980 eine Kneipen-, eine Knast- , eine Bewegungstanz-, eine Theatergruppe, eine Gruppe Frau und Arbeit, die Kölner

Frauenzeitungsgruppe. Ähnlich sieht es im 1973 gegründeten Frauenzentrum Ehrenfeld in der Geisselstraße 44 aus. Von dort aus werden z. B. auch Fahrten nach Holland in eine Abtreibungsklinik durchgeführt. 1976 wird das erste autonome Frauenhaus in Dellbrück eröffnet, dass misshandelten Frauen und Kindern Schutz gewährt. Hier treffen wir Lie Selter, die die erste Frauengleichstellungsstelle einer Stadt in Köln leiten wird, als aktive Feministin bei den Gründungsmitgliedern des Vereins »Frauen helfen Frauen«, der aus dem Kreis der Studentinnen um Maria Mies an der Fachhochschule entstanden war. Mit einer Aktion auf der Schildergasse im Sommer 1976 wurde die Behauptung des Kölner Sozialdezernenten Erich Körner widerlegt, dass es Gewalt gegen Frauen in Köln nicht gebe. Im Herbst war ein städtisches Haus immer noch nicht in Sicht und erst im November wird ein erstes eröffnet. Inzwischen sind es zwei, die bei weitem den Bedarf nicht abdecken können. Seit 1987 kommt dann ein Mädchenzentrum hinzu, das sich, getragen vom Verein »Lobby für Mädchen«, der Beratung junger Frauen widmet. Im Jahr 2014 mussten über 800 hilfesuchende Frauen abgewiesen werden.

Anfang Oktober 1976 wird ein großes Frauenfest in der Wolkenburg gefeiert, bei dem sich allerdings ein Reporter des *Express* einschleicht, um zu berichten. 1977 wird der Frauenbuchladen zuerst in der Engelbertstraße, dann in der Bismarckstraße, eröffnet, der teils auch Männern Zutritt gewährt und fast 30 Jahre Bestand haben wird. 1978 führt die »Rote Zora« Anschläge auf Kölner Sexshops durch. 1980 findet das erste deutsche Frauentheaterfestival in Köln statt.

Noch fehlt zu diesem Zeitpunkt eine Stelle in der Stadtverwaltung, die sich für Gleichstellung in Köln und besonders in der Stadtverwaltung selbst einsetzt. Und bei der Schaffung der Gleichstellungsstelle geht es, wie manches Mal, nicht sehr ernst zu im Rat. Beim Beschluss zur Einrichtung der bundesweit ersten kommunalen Gleichstellungsstelle am 29. September 1981 – ein Zeichen der Institutionalisierung der Frauenbewegung – zeigen sich manche der Ratsherren irritiert: Als über den Antrag der FDP verhandelt wird, der schließlich gegen die Stimmen der CDU beschlossen wird, fordert Friedel Haumann (CDU): »Der Oberstadtdirektor muss eine Frau werden!«; und Bürgermeister Heribert Blens (CDU) schlägt dazu passend für Oberstadtdirektor Kurt Rossa eine Geschlechtsumwandlung vor. Die schließich mit zwei Stellen eingerichtete, beim Oberstadtdirektor angebundene Gleichstellungsstelle hat in den folgenden Jahren ein umfangreiches Programm, das von Vorschlägen für den Rat über regelmäßige Berichte zur Gleichstellung in Köln, Öffentlichkeitsarbeit und Sprechstunden bis zur Erarbeitung von entsprechenden Statistiken reicht. Allerdings hat man wichtige Themen wie Gewalt in der Familie, ausländische Frauen, Frauen in den Medien, Frauen in der Werbung, Frauengruppen und Initiativen vorläufig noch ausgeklammert. Als fünf Jahre später, 1986, die SPD im Rat einen Frauenförderplan für die Stadtverwaltung einbringt, kann Kunigunde Haep (Grüne) nur feststellen: »52 Prozent der Bevölkerung in Köln sind Frauen. Trotzdem – wir wissen nicht, warum – haben sie in Köln nicht das Sagen. Man braucht sich nur die Zahlen hier im Rat anzusehen. Es sind ungefähr 18 Prozent Frauen hier vertreten. Es gab noch keine Oberbürgermeisterin – obwohl nach dem Krieg viele Frauen im Rat waren –, keine Oberstadtdirektorin oder keine Dezernentin. In den höheren Verwaltungspositionen gibt es eigentlich nur Männer – außer Frau Kier. Ein Rundgang durch das Rathaus und alle Ämter dieser Stadt entlang der Türen mit den weißen Schildchen genügt, um festzustellen, daß die gesamte Stadtverwaltung fest in männlicher Hand ist – ganz gleich, ob es sich um Bezirksverwaltungen oder Aufsichtsratsposten bei den Stadtwerken oder um die Leitung der Stadtsparkasse handelt.« Der Frauenförderplan wird mit verschiedenen Änderungsanträgen versehen und schließlich einstimmig in den Ausschuss Allgemeine Verwaltung und Rechtsfragen verwiesen. Und, wie die heutige Situation in der Stadtverwaltung zeigt, langsam aber mit erkennbaren Ergebnissen umgesetzt. Die Gleichstellungsstelle wurde dann 1989 zum Gleichstellungsamt aufgewertet, einstimmig bei Enthaltung der CDU. Von Beginn an bis ins Jahr 2000 leitete Lie Selter (SPD) das Gleichstellungsamt, von 2014 an war sie Leiterin des Personalamtes und ging dann 2016 in den Ruhestand. Die höhere Bezahlung, die normalerweise mit der Leitung des Personalamtes verbunden ist, wurde von Grünen und CDU im Rat verhindert.

Die 80er Jahre sehen weitere Fortschritte. Die »Feminale« findet 1984 als erstes »Frauenfilmfestival« und von da an alle zwei Jahre in Köln statt. 1985 folgt ein erstes »Sappho-Festival« mit Lesbenkulturwoche. Ein Denkmal der Frauenbewegung, das heute so auf den ersten Blick nicht zu erkennen ist, ist das Figurenprogramm des Ratsturms: Hiltrud Kier hat 1982 als Stadtkonservatorin die Diskussion über das Figurenprogramm angestoßen, das in der Ratssitzung am 12. März 1987 beschlossen werden sollte. Das vorgelegte Figurenprogramm war das Ergebnis langer Gespräche einer Kommission zumeist aus Historikern – alles Männer bis auf Frau Kier selbst, die gerne schon einmal als der »einzige Mann in der Stadtverwaltung« bezeichnet wurde. In der Ratssitzung stieß das Programm auf heftigen, wohl vorbereiteten Widerspruch, vorgetragen von Kunigunde Haep (Die Grünen) in ihrer letzten

Teilnahme an einer Sitzung des Rates: »Anlaß dazu hat mir die Vorlage gegeben, zu der ich leider feststellen mußte, daß unter den 124 vorgeschlagenen Figuren nur sieben Frauen sind. In Köln muß es aber mehr Frauen von historischer Bedeutung gegeben haben.« Die Liste wird zur Beratung an den Kulturausschuss zurückverwiesen. Zwischen der Kommission und einem Arbeitskreis von Ratsfrauen wird mit der Aufnahme von 13 zusätzlichen Frauenskulpturen, denen entsprechend 13 Männerfiguren weichen müssen, ein Kompromiss erarbeitet und am 28. Januar 1988 kann der Rat das Figurenprogramm beschließen. 1995 war die Aufstellung der Skulpturen abgeschlossen. Von Mitte 2006 bis November 2008 stand der Turm, da die Skulpturen zunehmend Risse aufwiesen, zur Gefahr wurden und erneuert werden mussten, wieder nackt da.

1992 gibt das Frauenamt der Stadt Köln unter dem Titel *Kreuz und quer durch Köln* ein Frauenstadtbuch heraus, das einen guten Überblick über die in den 80er Jahren weiter gewachsene Vielfalt der Frauengruppen und qualifizierten frauenspezifischen Beratungsangebote gibt. Eine weitere, völlig neu erarbeitete Ausgabe erscheint 1998 und vermerkt z.B. die über 20 Frauenbeauftragten der großen Kölner Behörden und Verwaltungen. Das Vorwort spricht in der Einleitung allerdings auch mit einem Unterton der Frustration von Stagnation der Frauenbewegung: »Viele Frauen, vor allem der jüngeren Generation, fühlen sich heute emanzipiert genug und halten Anstrengungen in dieser Richtung für überflüssig. Diese Tatsache lässt sich vielleicht am ehesten mit folgendem Bild erklären: ›Wer sich nicht bewegt, spürt seine Fesseln nicht.‹« Daran scheint sich in den Jahren danach kaum etwas geändert zu haben. Eine im Jahre 2001 gezogene Bilanz zu den Erfolgen der Frauenbewegung in Köln kommt zu einem ähnlichen Ergebnis. Bis heute hat sich daran wenig geändert, auch wenn sicher Alice Schwarzer nicht allein daran schuld sein kann. Dagegen wird die Wirksamkeit und der Erfolg der Frauennetzwerke, von denen 68 zu diesem Zeitpunkt im Jahre 2001 festgestellt werden, als ausgesprochen erfolgreich betrachtet. Das reicht von traditionellen Gruppen in Kirchen, Karneval oder Parteien, über traditionelle Frauenberufsverbände bis zu frauenpolitischen Institutionen und »modernen« Netzwerken.

Den Rollen der Männer, die durch die Gleichberechtigung der Frauen im Grundgesetz mehr bedroht als tatsächlich verändert wurden, öffnete »1968« weiten Raum für eigene individuelle Entscheidungen. Vor »1968« hat sich der männliche Teil der Gesellschaft, der sich seiner

S. 14/15 der Zivilschutzfibel *des Bundesamtes für den Zivilen Bevölkerungsschutz in Bad Godesberg 1964*

Rolle und seiner Bedeutung sicher war, vorrangig mit den Themen Wiederbewaffnung und Wehrdienstpflicht, Atomwaffen und Atomkraft beschäftigt.

Als Dank für die internationale Hilfe für Köln in den ersten Nachkriegsjahren stiftet der Rat der Stadt 1952 für die Weltfriedenskirche in Hiroshima eine Orgel, Spiegel der Hoffnung und Spiegel der Ängste. Die durch die Folgen der Atombomben auf Hiroshima und Nagasaki ausgelösten Ängste führen zu vielfältigen Protesten, als das Land 1956 den Bau eines Forschungsreaktors im Königsforst und alternativ in Delbrück plant. Der Rat beobachtet die Planungen sehr zurückhaltend. Und verschiedene Proteste verhindern den Bau im Kölner Stadtgebiet. Das Land weicht aus. Das Forschungszentrum Jülich entsteht und bis heute ist man mit den Problemen der Endlagerung der längst stillgelegten Forschungsreaktoren belastet. Der Bau von eigenen Atomreaktoren

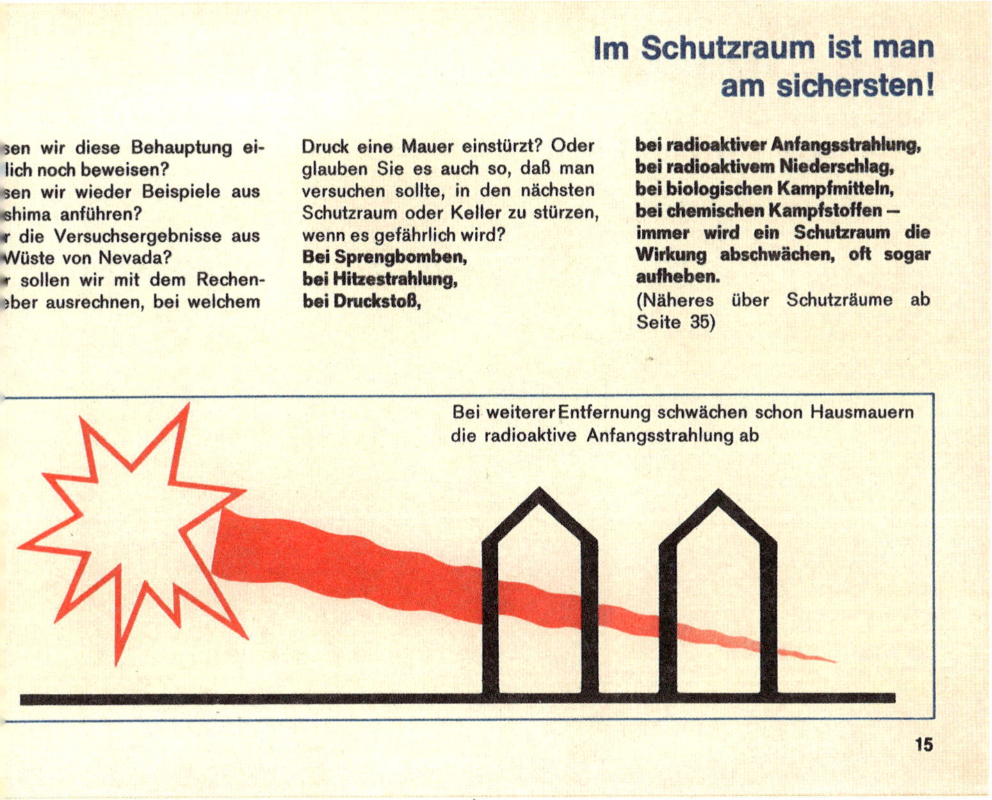

Im Schutzraum ist man am sichersten!

sen wir diese Behauptung eilich noch beweisen?
sen wir wieder Beispiele aus shima anführen?
r die Versuchsergebnisse aus Wüste von Nevada?
r sollen wir mit dem Rechenber ausrechnen, bei welchem Druck eine Mauer einstürzt? Oder glauben Sie es auch so, daß man versuchen sollte, in den nächsten Schutzraum oder Keller zu stürzen, wenn es gefährlich wird?
Bei Sprengbomben,
bei Hitzestrahlung,
bei Druckstoß,
bei radioaktiver Anfangsstrahlung,
bei radioaktivem Niederschlag,
bei biologischen Kampfmitteln,
bei chemischen Kampfstoffen – immer wird ein Schutzraum die Wirkung abschwächen, oft sogar aufheben.
(Näheres über Schutzräume ab Seite 35)

Bei weiterer Entfernung schwächen schon Hausmauern die radioaktive Anfangsstrahlung ab

15

ist 1967/68 in und für Köln noch einmal ein Thema. Das führt am 12. Juni 1980 sogar zu einer Protestdemonstration im Rat. Die realistische Angst vor einem Atomkrieg hat dann auch Denkmäler in Gestalt einiger realer Bunkerbauten in Tiefgaragen und Haltestellen der U-Bahn wie mit der Station Kalk Post oder mit der Tiefgarage am Kaiser-Wilhelm-Ring hinterlassen. Der weitverbreitete Protest gegen die dann am 30. Mai 1968 von der Großen Koalition beschlossenen »Notstandsgesetze«, der die APO, die Außerparlamentarische Opposition, Gestalt annehmen ließ, bringt auch die Kölner auf die Straße, Unruhe in die Schulen und die Universität in Aufruhr. Hier war es schon nach dem Protest gegen die KVB-Preiserhöhungen unruhig geworden. Auch der Besuch des Schahs von Persien am 28. Mai 1967, wenige Tage vor den Protesten in Berlin, bei denen Benno Ohnesorg am 2. Juni 1967 von einem Stasi-Mitarbeiter im Dienst der Westberliner Polizei erschossen wird, löst Proteste aus. Und am 12. Mai 1970 wird eine Demonstration gegen den Vietnamkrieg vor dem Amerika-Haus an der Hahnenstraße gewaltsam von berittener Polizei aufgelöst. Diese Proteste und andere mehr

Heiße Planung - Kaltes Grausen

Als Standorte für Atomkraftwerke in der Diskussion Rund um Köln: Zons, Worringen, Lövenich, Leverkusen, Rodenkirchen, Königswinter

Kernspaltung spaltet die Nation- so liest man in den Zeitungen. Unfaßbar für die Techniker der Macht: Erstmals in der Geschichte bezweifelt die Bevölkerung, daß der technische Fortschritt wirklich ein Fortschritt ist. Nicht nur Whyl und Brokdorf sind aktuell, die ganze Bundesrepublik soll mit einem Netz von Atommeilern überzogen werden: 14 sind bereits in Betrib, 12 in Bau und 7sind bestellt- sie sollen bis 1982 in Betrieb gehen. Weitere 18 sollen bis 1985 Strom liefern und im Jahre 2050 werden uns ganze 598 Atommeiler ins Haus stehen!

Nach den massiven Protesten der Bürger sah sich nun die Landesregierung gezwungen, 13 mögliche Standorte für Atomkraftwerke in Nordrhein-Westfalen herauszurücken. Wie endgültig dieser Plan wirklich ist, bleibt abzuwarten. Der Verdacht liegt nahe, daß hier der Bürger nur"beruhigt"werden sd

Nach dem Rohentwurf des Landesentwicklungsplanes VI brauchten wir uns in Köln gar keine Sorgen zu machen:Kein einziger Standort ist in unserer Gegend aufgeführt. Unsere eigenen Nachforschungen haben ein ganz anderes Ergebnis erbracht: Offizielle Stellen in der Bundesrepublik rechnen bereits mit einem Atomkraftwerk in Köln/Lövenich, Königswinter und Leverkusen! Das geht aus einer Karte zur Bundestagsdrucksache Nr, 7/5014 vom 9.4.1976 hervor. Darüber hinaus hat die RWE bereits bei Nivenheim/Zons neben der Aluminiumhütte Alunorf Grundstücke gekauft und möchte auch in Langel/Worringen/Dormagen bauen. (Im Nordrheinwestfalenprogramm 75 als Atomkraftwerksstandorte ausgedruckt!) Nach einer Studie des Kernforschungszentrums Jülich sollen bis 1990 in Rodenkirchen sogar 5 Atommeiler gebaut werden!

Es ist wohl kaum anzunehmen,daß mit diesem neuen Entwicklungsplan alle jene Planungen unter den Tisch fallen. Vielmehr werden wir genau aufpassen müssen, daß man sie uns nicht eines Tages ,in der üblichen Weise als Sachzwänge verpackt, unterschiebt. Industrie und Behörden haben schon immer versucht, ihre Vorhaben unter sich auszuhandeln. Wir aber wollen da auch ein Wörtchen mitreden - wenn nötig, wie die Bürger und Bauern von Whyl und Brokdorf! Dazu ist es nötig, daß man sich schon vor Baubeginn ausführlich informiert. Lesen Sie dazu unseren Leitartikel auf den beiden Mittelseiten.

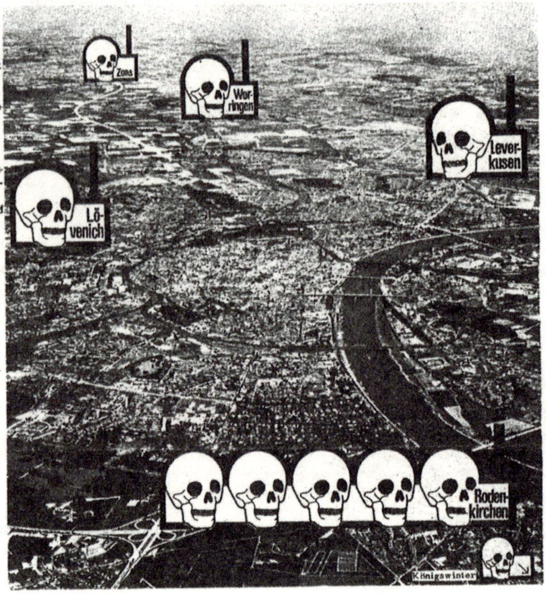

Freigegeben durch Regierungspräsident Düsseldorf Nr. 18/40/803

Kölner Volksblatt. *Köln 12. Dezember 1976*

sind nur die Spitze des immer gerne zitierten Eisbergs, in diesem Fall des Wandels der Gesellschaft, dem dieses Kapitel gewidmet ist.

Ein sehr persönliches Thema, an dem sich deutlicher der Wandel unserer Gesellschaft zeigt als an manchen Protesten, war seit Anfang der 50er Jahre die 1956 gesetzlich festgelegte Wehrpflicht. Auf dem Sprung zum ersten richtigen Verdienst als Geselle oder bereit zum Start ins Studium wurde dem männlichen Teil der Gesellschaft, wenn er denn gesund genug und nicht klug genug war, um überhaupt und überzeugend zu verweigern, wertvolle Lebenszeit geraubt. Am 8. August 1950 werden fünf CDU-Mitglieder vor dem britischen Militärgericht in Köln wegen des Anklebens von Antikriegsplakaten zur Zeit des Koreakrieges zu Gefängnisstrafen zwischen drei und sechs Monaten verurteilt. Wenig später warnt der berühmte Heidelberger Soziologe Alfred Weber auf dem 1. Deutschen Studententag vom 30. August bis 3. September 1950 in Köln vor einem »sinnlosen Verbluten« der deutschen Jugend bei einer erneuten kriegerischen Auseinandersetzung. Am 25. September 1953 gründen Kölner Mitglieder der SPD, darunter Gewerkschaftssekretär Hans Jürgen Wischnewski, die »Gruppe Kölner Wehrdienstverweigerer« (GKW). Beim 188. Mittwochsgespräch am 3. November 1954 zum Thema »Wollen die Zwanzigjährigen Soldat werden?« wird gegenüber den Mitarbeitern der Dienststelle Blank, die die Aufstellung der Bundeswehr vorbereitet, heftige Ablehnung laut. Dagegen ruft Kardinal Josef Frings in seiner Silvesterpredigt 1955 zur Landesverteidigung auf: »... es soll wieder Ehrenpflicht jedes wahren Deutschen sein und bleiben, die heiligen Rechte unserer deutschen Nation zu verteidigen und die Heimat zu schützen ...« Mit einem Autokorso demonstriert die Gruppe der Kriegsdienstverweigerer am 16. Juni 1956 gegen die Wehrpflicht. Von Köln aus werden Anfang Januar 1957 von der Gruppe der Kölner Wehrdienstverweigerer an die ersten Wehrpflichtigen 300 000 Informationsblätter verteilt, um sie zur rechtzeitigen Antragstellung aufzufordern. Am 20. April 1958 trifft sich der Zentrale Arbeitsausschuss der Aktionsgemeinschaft gegen die atomare Aufrüstung der Bundesrepublik in Köln, um über Aktivitäten zu beraten. Vom 9. bis 14. August 1958 findet auf dem Rudolfplatz eine Mahnwache gegen Atomwaffen statt, an der sich auch Oberbürgermeister Theo Burauen, Hans Jürgen Wischnewski, Irmgard Keun und Trude Herr beteiligen. Über 15 000 Unterschriften werden gesammelt. Aber eine Volksbewegung wird nicht daraus. Bis Ende der 60er Jahre stellen etwa 2 Prozent der Wehrpflichtigen einen Antrag auf Kriegsdienstverweigerung und meist haben etwa 80 Prozent davon Erfolg. Das bedeutet, jeder fünfte wird abgelehnt. Der Anerkennungsantrag von Karl-Heinz Schmalzgrüber, von 1975 bis 2005 für die SPD Mitglied des Rates, ist z. B. schließlich auch 1958 vom Bundesverwaltungsgericht in Berlin abgelehnt worden. Günter Wallraff, der 1962 seinen Antrag erst nach Erhalt der Einberufung und damit zu spät stellte, hat in den zehn Monaten seiner unfreiwilligen Dienstzeit bis zur Entlassung die Grundausbildung und Motivation für seine späteren Aktivitäten erhalten. Er wird schließlich vorzeitig entlassen als »eine abnorme Persönlichkeit, auf Dauer verwendungsunfähig für Frieden und Krieg«. Ab 1983 gibt es dafür den einfachen Weg in den Zivildienst und seit 2011 ist die Wehrpflicht ausgesetzt.

Ebenso persönlich, in das Leben des Einzelnen eingreifend, war der Umgang mit Homosexualität. Die unter nationalsozialistischer Diktatur verschärfte Gesetzgebung des § 175 blieb noch lange bestehen, drängte Homosexuelle an den Rand der Gesellschaft, ins Verborgene, und forderte mit der so offiziell gestützten Homophobie manche Opfer. Voller Empörung kommt Theo Burauen von einer Feldforschung zurück und berichtet am 10. Oktober 1951 im Rat: »Ich kann Ihnen sagen: Was sich namentlich in der Toilette am Neumarkt abgespielt hat, grenzt an das Unmöglichste dessen, was eine Stadt wie Köln noch dulden darf, geschweige denn dulden kann. Es ist dringend notwendig, hier in ganz entscheidender und meinetwegen brutaler Form – ich stelle mich persönlich mit all dem, was ich vermag, mit zur Verfügung – nach dem Rechten zu sehen und Ordnung zu schaffen.« Kölns prominentestes Opfer wird noch 1966 Regierungspräsident Franz Grobben (1904–1994). Am 11. Dezember 1958 wurde er zum Kölner Regierungspräsidenten ernannt, am späten Abend des 8. Juni 1966 bei einer Razzia in der unbeleuchteten Toilettenanlage vor dem Polizeipräsidium am Waidmarkt festgenommen. Im Eifer des Wahlkampfes für die Landtagswahl am 10. Juli 1966 wurde der Verdacht öffentlich ausgebreitet, dienststrafrechtlich geprüft und führte am 23. Juni 1966 zu der Bitte Franz Grobbens, ihn in den Ruhestand zu versetzen. Eine Karriere, ein Leben waren zerstört. An seiner Beerdigung im Jahre 1994 nahmen Innenminister Herbert Schnoor und Franz-Josef Antwerpes als Kölner Regierungspräsident teil. In der für Politik und Bundeswehr unrühmlichen Affäre um den Vier-Sterne-General Günter Kießling (1925–2009), der als Befehlshaber der Landstreitkräfte der NATO wegen angeblicher Homosexualität für erpressbar gehalten und entlassen wurde, spielt die Kölner Homosexuellenszene Anfang der 80er Jahre noch einmal eine Rolle. Günter Kießling wurde schließlich wiedereingestellt und bald darauf auf eigenen Wunsch, von Politik und Bundeswehr enttäuscht, mit Großem Zapfenstreich in den Ruhestand verabschiedet.

Der langsame Wandel der Wertvorstellungen und des sozialen Denkens hat hier vor der großen Strafrechtsreform lange vor »1968« eingesetzt. Immer wieder hat es Versuche gegeben, eine Veränderung zu schaffen. Noch an Weiberfastnacht 1968 wird auf Anweisung von Oberbürgermeister Theo Burauen u. a. das Schwulenlokal »Himmel und Hölle« geschlossen.

Erst mit dem 1. Gesetz zur Reform des Strafrechts, gültig ab dem 1. September 1969, erfährt der § 175 eine Veränderung, die das individuelle Ausleben von Homosexualität weitgehend entkriminalisiert und deutliche Freiheiten bringt. Endgültig 1994 wird der §175 ganz abgeschafft. Inzwischen strebt Bundesjustizminister Heiko Maas die Rehabilitation aller Männer an, die auf der Grundlage des § 175 verurteilt wurden. Der Paragraph sei von Beginn an grundgesetzwidrig gewesen.

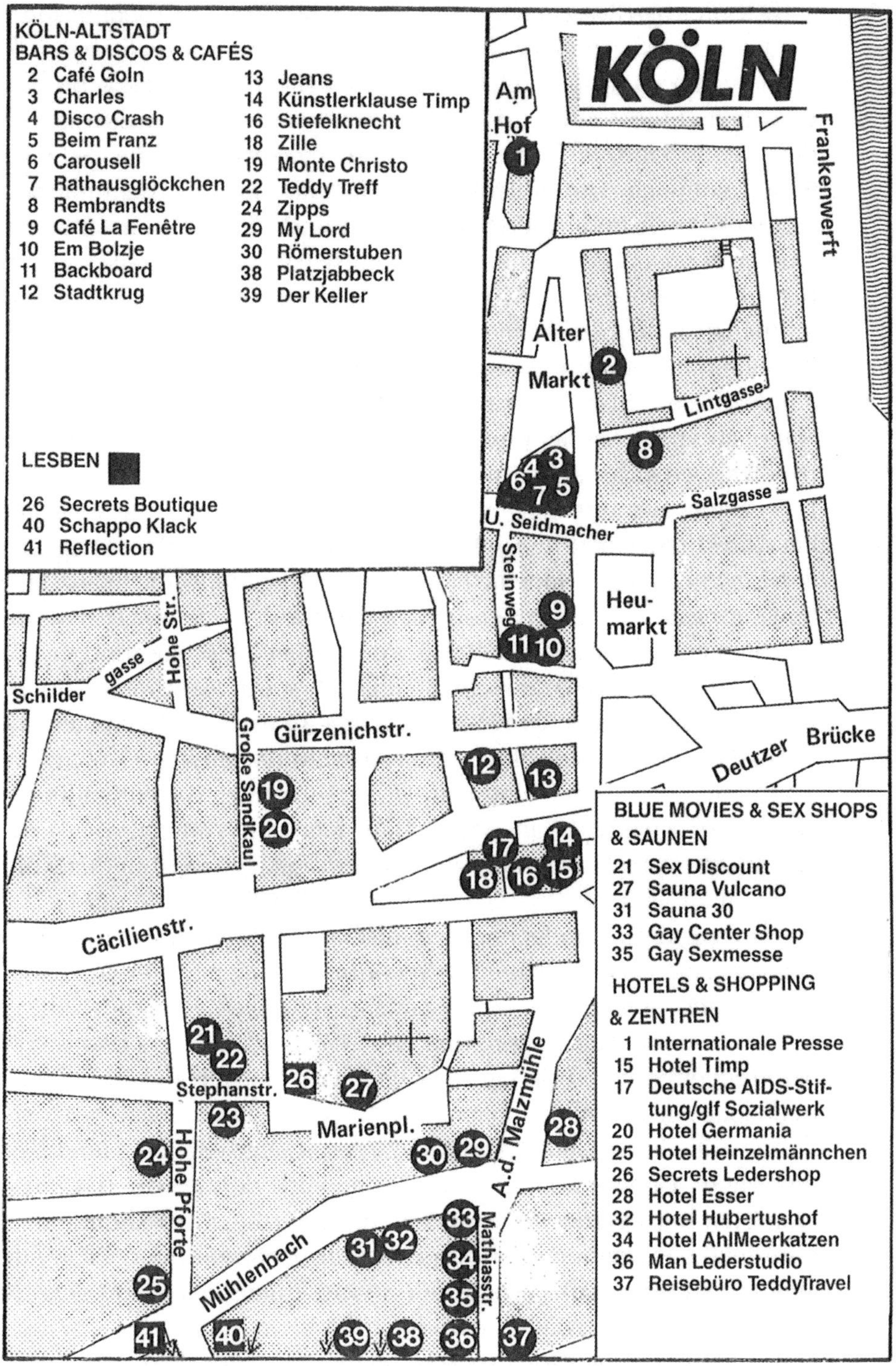
KÖLN-ALTSTADT
BARS & DISCOS & CAFÉS
2 Café Goln
3 Charles
4 Disco Crash
5 Beim Franz
6 Carousell
7 Rathausglöckchen
8 Rembrandts
9 Café La Fenêtre
10 Em Bolzje
11 Backboard
12 Stadtkrug
13 Jeans
14 Künstlerklause Timp
16 Stiefelknecht
18 Zille
19 Monte Christo
22 Teddy Treff
24 Zipps
29 My Lord
30 Römerstuben
38 Platzjabbeck
39 Der Keller
LESBEN
26 Secrets Boutique
40 Schappo Klack
41 Reflection
KÖLN
Am Hof
Frankenwerft
Alter Markt
Lintgasse
Salzgasse
U. Seidmacher
Steinweg
Heumarkt
Hohe Str.
Schildergasse
Große Sandkaul
Gürzenichstr.
Deutzer Brücke
Cäcilienstr.
Stephanstr.
Marienpl.
A.d. Malzmühle
Hohe Pforte
Mühlenbach
Mathiasstr.
BLUE MOVIES & SEX SHOPS & SAUNEN
21 Sex Discount
27 Sauna Vulcano
31 Sauna 30
33 Gay Center Shop
35 Gay Sexmesse
HOTELS & SHOPPING & ZENTREN
1 Internationale Presse
15 Hotel Timp
17 Deutsche AIDS-Stiftung/glf Sozialwerk
20 Hotel Germania
25 Hotel Heinzelmännchen
26 Secrets Ledershop
28 Hotel Esser
32 Hotel Hubertushof
34 Hotel AhlMeerkatzen
36 Man Lederstudio
37 Reisebüro TeddyTravel

Treffpunkte in der Altstadt. Köln & Düsseldorf von hinten. *Berlin 1989, S. 35*

Die Gleichstellung macht nach 1969 Fortschritte, aber sehr langsam. 1971 wird ein erster Info-Tisch zum Thema Homosexualität auf der Schildergasse aufgebaut. Der deutsche Zweig der »gay liberation front e.V.« (glf) entsteht 1972. 1978 nehmen erstmals 120 Schwule offen an der DGB Kundgebung zum 1. Mai teil. 1979 veranstaltet die »Schwule Aktion Köln« ein Fest im Stollwerck-Gelände. 1980 entsteht mit dem SC Janus der erste schwul-lesbische Sportverein Europas. 1982 gibt es eine erste schwul-lesbische Demonstration. 1991 wird der Kölner Lesben und Schwulentag e. V. als gemeinsame kommunalpolitische Plattform gegründet. 1995 wird mit den Rosa Funken die Karnevalsbühne betreten. Im gleichen Jahr wird am Rheinufer unterhalb der Hohenzollernbrücke ein Mahnmal für die schwulen und lesbischen Opfer des Nationalsozialismus in Gestalt des »Rosa Winkels« aufgestellt. Seit 1998 werden am »Kalten Eck« an der Markmannsgasse mit der Installation »Namen und Steine« von Tom Fecht die Namen an Aids verstorbener Kölner festgehalten. 1999 wird die Wählergemeinschaft »Regenbogenliste« gegründet. Nach heftigen Auseinandersetzungen mit der Fraktion der CDU in der Bezirksvertretung Innenstadt wird im Mai 2000 mit den Stimmen von SPD, Grünen und der Vertreterin der Regenbogenliste ein Platz an der Lindenstraße nach Jean-Claude Letist (1946–1990) benannt. Er war lange Jahre eine zentrale Persönlichkeit der Kölner und internationalen Schwulenszene gewesen. 2001 geht ein erstes schwules Paar eine Lebenspartnerschaft ein. 2010 wird ein Referat Diversity/ Lesben, Schwule und Transgender auf Ratsbeschluss im Sozialdezernat eingerichtet. 2011 tritt mit Marcus Gottschalk erstmals ein schwuler Prinz im Dreigestirn der Prinzengarde auf. Für den »Bund der Historischen Deutschen Schützenbruderschaften« ist dagegen das offene Bekenntnis einer jungen Kölner Schützenbruderschaft zur Homosexualität immer noch ein Problem.

Schon vor der Strafrechtsreform des §175 im Jahre 1969 lässt sich in der »Lederszene« in Köln ein Trend zum Organisieren von Treffen, von Treffpunkten sogar mit internationalen Kontakten beobachten. Köln wurde zur »heimlichen Lederhauptstadt Europas«. Nach der Entkriminalisierung hat es dann verschiedene Ansätze gegeben, sich lokal und auch national zu organisieren. Köln bietet mit bis zu 100000 homo- und bisexuellen Männern und Frauen durchaus genügend personellen Hintergrund für eine starke Organisation. Stattdessen haben sich über 30 kleinere Gruppen gebildet, die von 1985 bis 2003 das SCHULZ, das Schwulen und Lesbenzentrum, zuerst am Karthäuserwall 18, dann nahe dem Severinstor, als Veranstaltungszentrum mit Cafeteria getragen haben.

Mit dem farbenprächtigen Fest und Umzug des CSD – Christopher Street Day in Erinnerung an den Protest der New Yorker Homosexuellen im Jahre 1969 – als regelmäßige bunte bis schrille Demonstration für die eigenen Interessen haben Kölns Homosexuelle inzwischen unter dem Titel »ColognePride« jeweils in den zwei Wochen vor dem ersten Sonntag im Juli längst ein wirkungsvolleres und populäreres Medium gefunden. Gefeiert wird der »Gay Freedom Day« schon lange, auch öffentlich. Begonnen hat der heutige Kölner CSD bescheiden mit 5000 Besuchern als Straßenfest in der Stephanstraße und anschließendem Umzug im Jahre 1991. 2002 wird der CSD sogar touristisch und finanziell erfolgreich als zentrale europäische dreiwöchige Veranstaltung »Europride« mit einer halben Million Zuschauern am Straßenrand durchgeführt. An seinem Beispiel ist auch die wirtschaftliche Bedeutung des schwul-lesbischen Tourismus untersucht worden. Gibt 2002 der Hetero als Tourist gut 222 € aus, tritt der Homosexuelle bei wenig höherer Verweildauer mit fast 390 € deutlich spendabler auf. Die politische Wirkung des CSD hat sich z.B. mit der provozierenden Anmeldung von Pro Köln als Demonstrationsteilnehmer für den CSD 2013 gezeigt, die von der Mitgliederversammlung des Kölner Lesben- und Schwulentages (KLuST) als Veranstalter erst dadurch verhindert werden konnte, dass man nach einer formalen Absage die Demonstration mit der klareren Aussage, »gegen rechtspopulistische, rechtsextremistische, rassistische, nationalistische oder antiislamische Anschauungen« und nicht nur für die Gleichstellung von Schwulen und Lesben zu demonstrieren, neu anmeldete. 2016 wurde das 25-jährige Jubiläum mit einer Ausstellung im Rathaus gefeiert.

Die Rolle und Bedeutung Kölns in der Homosexuellenszene zeigt auch die Gründung des Bundesverbandes Homosexualität (BVH) im Jahre 1986 in Köln, nachdem ein erstes Koordinierungstreffen 1985 ebenfalls in der Domstadt stattgefunden hatte. Allerdings hat der 1990 in Leipzig gegründete Lesben- und Schwulenverband Deutschland (LSVD) mit Sitz in Berlin und Geschäftsstelle in Köln dem BVH bald seine Bedeutung genommen. 1997 hat er sich aufgelöst.

Kaum aber, dass der Makel des § 175 zu verblassen begann, trat Aids auf die Bühne, bedrohte Leben und Lebensfreude der Homosexuellen und wurde zum Stigma für neue Diskriminierung. Die zuerst vorrangig betroffenen Homosexuellen zogen sich ins Private zurück. 1982 sind, bevor das Thema die Öffentlichkeit erreicht, stillschweigend die bisher bekannten Gruppentreffpunkte der Homosexuellen in Köln aufgegeben worden. 1983 tritt auch in Köln Aids ins Blickfeld der Wissenschaft und nyme Tests, verbunden mit intensiver Beratung, an. »Safer Sex« wird propagiert. Der Übertragungsweg durch mehrfach gebrauchte Spritzen im Drogenmilieu wird durch Tauschangebote möglichst unterbrochen. Hier sind bis heute Fixerstuben immer wieder ein Thema.

Nach 15-jähriger Tätigkeit muss man dennoch im Jahr 2000 feststellen, dass Köln inzwischen etwa 1 000 Tote zählt, die an Aids erkrankt waren. Dazu leben in der Stadt etwa 1 700 HIV-Infizierte und bei 275 Personen ist die Krankheit ausgebrochen. 2004 richtet die Aidshilfe das Lebenshaus in Longerich ein, das nach dem Tod von Dirk Bach (1961–2012), Schauspieler, Moderator, genialer Komiker und großzügiger Unterstützer des Hauses, nach dem notwendigen Neubau nun seinen Namen trägt. Es ergänzt das Jean-Claude-Letist-Haus an der Neusser Straße in Weidenpesch. Trotz aller Bemühungen hat Köln weiterhin wachsende Zahlen an HIV-Infizierten zu verzeichnen. Manches Mal, wie z. B. 2005, 2008 oder 2012, die höchsten in der Bundesrepublik. Zum 30jährigen Jubiläum der Kölner Aidshilfe kann 2010 nur resignierend festgestellt werden, dass sich in dieser Zeit etwa 5 000 Menschen infiziert haben und davon 2 000 verstorben sind. Die besseren Behandlungserfolge führen andererseits aber dazu, dass alle Warnungen leichter vernachlässigt werden. Die seit 1992 regelmäßig am Vorabend des CSD-Wochenendes gefeierte Aids-Gala bringt ebenso öffentliche Aufmerksamkeit und Spenden wie Auktionen oder die bundesweite Aktion »Art against Aids«, die z. B. 2008 als Auktion zugunsten des Jean-Claude-Letist-Hauses durchgeführt wurde.

»1968« hat verfestigte gesellschaftliche Strukturen auch in Köln und nicht nur im Verhältnis zur Rolle der Frau oder zur Homosexualität aufgebrochen. Antiautoritär und vorerst außerparlamentarisch werden bei einer Fülle anderer Themen ebenfalls die bisher gültigen Antworten auf soziale Probleme nicht mehr als selbstverständlich akzeptiert. Das wird gerne unter dem Schlagwort »Neue Soziale Bewegungen« zusammengefasst. Viele dieser Bewegungen, darunter sozialistische bis kommunistische Gruppierungen, Antiimperialisten und Globalisierungsgegner, Friedens- und Anti-Kriegsbewegung oder die Anti-AKW- und Ökologiebewegung, haben sich in Köln und von Köln aus für ihre Ziele engagiert. Einige lösten sich rasch wieder auf, setzten aber manchmal, wie das Politische Nachtgebet vom 1968 bis 1973 in der Antoniterkirche, dauerhafte Wirkungen frei. Andere Initiativen wurden zu florierenden Wirtschaftsunternehmen, so etwa »Der andere Buchladen« oder »Bio-Möbel Genske« und schließlich Bio-Läden, von denen manche im Nebengeschäft Haschisch oder Trips verkauften. Und inzwischen ist »Bio« zum selbstverständlich etwas teureren Angebot im Supermarkt geworden. Auch hier hat die repressive Toleranz des Kapitalismus den Markt entdeckt und übernommen.

Oft hinterlassen die kleinen Initiativen und Gruppierungen, die sich im Gefolge von »1968« gebildet hatten, wenig Spuren, aber der Freiraum, den sie sich erkämpft haben, ist heute sichtbar. 1969 sieht das *APO Adressbuch Bundesrepublik Deutschland, Westberlin, Österreich, Schweiz '69/70* für Köln auf vier Seiten 50 Gruppen von einer »AG Gemeindestrukturen« bis zu einem »Zentrum für Gruppenstudien und Gemeinwesen« als aufnahmewürdig an. Einen dankenswert umfangreichen, aber sicher nicht vollständigen Überblick über Initiativen haben im Jahre 2014 viele der VeteranInnen der 70er und 80er in einem faszinierenden Band veröffentlicht. Oft sind die Anlässe für Proteste längst Geschichte, wie der Vietnamkrieg oder die Apartheid in Südafrika, und Diktatoren wie der Schah in Persien längst durch andere ersetzt worden. Andere Bewegungen und Gruppierungen hatten einen gewissen Erfolg, wirtschaftlich, gesellschaftlich oder politisch, sind inzwischen aber zu »Randbemerkungen« geworden, Zeugen der Unruhe von »1968«. Wieder andere Akteure wie Lothar Gothe, Mitbegründer des SSK, der Sozialistischen Selbsthilfe Köln, haben einen Rollenwechsel vollzogen – so ist Gothe heute als Ökobauer im Bergischen Land aktiv. Rainer Kippe dagegen, ebenfalls Mitbegründer des SSK, hat, nachdem er auf Antrag von Lothar Gothe vom SSK ausgeschlossen wurde, mit der Sozialistischen Selbsthilfe Mülheim (SSM) das Modell wiederum erfolgreich auf die rechte Rheinseite gedoppelt.

Der bereits erwähnte SSK ist ein langlebiges, erfolgreiches Beispiel einer frühen Initiative. Im Gegensatz zu anderen hat er seine Geschichte auch erzählt und viele Vorgänge dokumentiert. Am Anfang machten sich Studenten der Kölner Fachhochschule für Sozialarbeit, wie auch andere an vielen Orten der Bundesrepublik, Gedanken über eine Reform der Heimerziehung. Anlass der Gründung der Initiative war die Begegnung mit der Realität der Unterbringung und Behandlung von Kindern in Heimen, mit ihrer Flucht vor Druck und auch sexueller Gewalt; für die sich dem entziehenden Kinder und Jugendliche wurde der schöne Verwaltungsbegriff »entflohene Fürsorgezöglinge« geprägt und schließlich kam es so zu über 1 000 männlichen und weiblichen obdachlosen Jugendlichen in Köln. Entstanden ist der Verein als »Sozialpädagogische Sondermaßnahmen Köln e. V.« mit der Nutzung von Räumen im »Kontaktzentrum kritischer Christen« des »Politischen Nachtgebets« in der Engelbertstraße für obdachlose Jugendliche. Diese wehrten sich gegen den Vorschlag des Jugendamtes, sie getrennt neu unterzubringen.

Sie wollten zusammenbleiben. Bis Anfang 1974 gelingt es dem Verein, in verschiedenen Häusern und Kontaktzentren schließlich fast 300 Jugendliche zu betreuen. Neben den ständigen Auseinandersetzungen mit den zuständigen Behörden um verwaltungskonformes Verhalten gibt es auf der anderen Seite Streit und Schlägereien mit Zuhältern, die entlaufene Mädchen, aber auch Jungen als ihnen zustehende Beute für den Strich betrachten, in die Häuser eindringen und versuchen, diese mit Gewalt zu übernehmen. Eine zentrale Rolle in der Öffentlichkeit spielen das Hotel Astor, Salierring 37, das von der Stadt angemietet und dem Verein zur Verfügung gestellt wird, und das Haus Vorgebirgstraße 5, zugleich Sitz des Vereins. Nach langen Auseinandersetzungen mit der Nachbarschaft, dem Jugendamt der Stadt und dem Landschaftsverband werden beide Häuser Anfang 1974 auf ministerielle Anweisung geschlossen und versiegelt. Die Jugendlichen waren zuvor vom SSK, um eine gewaltsame Stürmung zu vermeiden, vorübergehend in Räumen der Fachhochschule für Sozialarbeit und -pädagogik in Sicherheit gebracht worden. Der Verein erreicht vor dem Verwaltungsgericht die Aufhebung der Schließung. Das Hotel Astor wird wiederbezogen und mit Heinrich Böll als prominentem Unterstützer der Verein »Helft dem SSK« gegründet. Als Konsequenz aus dem Vorgehen der Behörden beschließt der Verein nun, auf Sozialhilfe für die betreuten Jugendlichen zu verzichten und gemeinsam mit einem alten LKW mit dem Projekt «Wir packen an« mit Entrümpelungen und dem Verkauf von Gebrauchtmöbeln deren Lebensunterhalt in Eigenregie zu sichern. Das nach diesen Jahren und heftigen internen Auseinandersetzungen und Trennungen entstandene neue Selbstverständnis zeigt sich auch in der neuen Namensgebung: Unter dem gleichen Kürzel tritt man nun als »Sozialistische Selbsthilfe Köln« auf. 1983 umfasst der Verein sechs verschiedene Gruppen mit etwa 100 Personen in »ehemals besetzten und von uns erkämpften Häusern«.

Aus ähnlichen Initiativen sind auch die 13 Bürgerhäuser und Bürgerzentren entstanden, die heute meist Raum für Kindertagesstätten, Jugendtreffs, Seniorentreffs, Beratungen, soziale Hilfen, Versammlungsräume, Aufenthaltsmöglichkeiten, Unterhaltung und Bildungsangebote bieten. Vier davon sind in städtischer Trägerschaft: die Bürgerhäuser Kalk und Stollwerck, die Bürgerzentren Chorweiler und Deutz. Der Grundgedanke solcher Bürgerzentren ist alt, das Quäker Nachbarschaftsheim nahe der Venloer Straße ist bereits 1947 von Quäkern aus England für das notleidende Köln gegründet worden. 1971 begannen die Aktivitäten des Bürgerschaftshauses Bocklemünd-Mengenich in privater Trägerschaft. Von diesem wurde – als bundesweit einem der ersten

Häuser – das Konzept mit offenen Räumen für Treffen und Veranstaltungen bürgernah im Stadtviertel verwirklicht, das Norbert Burger 1970 als Dezernent für Jugend und Soziales entwickelt hatte. Das Bürgerzentrum Vingst entstand 1976. Vier Jahre später, 1980, kam das Bürgerzentrum Ehrenfeld hinzu. 1981 folgte das Gemeinwesenbüro in der Würzburger Straße und 1984 der Vingster Treff. Das »Bürgerzentrum Alte Feuerwache e.V.« entstand aus einem Konzept der Bürgerinitiative Nördliche Altstadt. Eigentlich sollten die Bauten nach dem Umzug der Feuerwehr einem Schwimmbad weichen, wurden aber Mitte der 70er Jahre erst besetzt. Die Zwischennutzung wurde geduldet und gegen die Stimmen der SPD wurde 1985 von CDU und Grünen beschlossen, das so entstandene Bürgerzentrum in freier Trägerschaft führen zu lassen. Lange noch hat die SPD-Fraktion versucht, das Projekt, wenn nicht zu ver-, dann doch zu behindern. Intensiv lassen sich der Bedarf und der Erfolg einer für das Viertel offenen Begegnungsstätte in der MüTZe, der Mülheimer Teestube Zentrum, getragen vom Mülheimer Selbsthilfe Teestube e.V., erleben. Seit 2006 machen Kölns Bürgerhäuser und -zentren als die »Kölner Elf«, auch wenn sich inzwischen dreizehn beteiligen, mit einem Fest auf ihre Aktivitäten und Angebote aufmerksam. Nicht umsonst, denn der städtische Zuschuss zur Finanzierung wird regelmäßig von Einsparungen bedroht.

Bleiben wir kurz beim Besetzen, beim »Häuserkampf«, für den zwar Berlin, Hamburg oder Frankfurt die großen Bühnen boten, der aber auch in Köln stattfand. Erschwinglicher Wohnraum war und ist nicht erst seit der Nachkriegszeit ein Wunsch bei Vielen, ist auch in Köln eine Sorge, eine ungelöste Aufgabe der Politik, der Gesellschaft. Das alte Thema wird im Widerspruch zum Handeln von Verwaltung und Politik im »Häuserkampf« neu angegangen. Der SSK gründet z.B. eine »Wohnraumrettungsgesellschaft«, die Wohnungssuchenden Hilfestellung bei Besetzungen geben soll. Wenig später sind dann mehr als ein Dutzend Häuser, besetzt, verteilt über Köln. Lange galt bis in die 80er Jahre die »Kölner Linie« als Richtschnur, nach der die Kölner Polizei erst nach Räumungsklage und Räumungsurteil eingriff. Manche Hausbesetzer wohnen zu »traumhaft niedrigen Mieten« noch heute dort. Andere haben dort wie »Klaus der Geiger« schließlich bei der Versteigerung des Hauses Eigentumswohnungen erworben. Drei Häuser von einst zehn in der Marienstraße in Ehrenfeld, die 1977 mit Unterstützung des SSK besetzt wurden, sind heute noch, versehen mit provisorischen Mietverträgen, »besetzt« und bewohnbar gemacht worden. Inzwischen rückseitig im Mauerwerk saniert und mit selbstfinanzierten

Fluchttreppen versehen, sollte man nun die Fassaden als Zeugnis sozialen Protestes unter Denkmalschutz stellen.

Die Auseinandersetzungen um das »Autonome Zentrum« im besetzten Haus Weißhausstraße 20 dauerten von 1986–1990. Heute bleibt uns mit einem neuen »Autonomen Zentrum« an der Luxemburger Straße ein fast museales Denkmal der Hausbesetzerszene. 2010 wurde die ehemalige Kantine von KHD in Kalk besetzt und von einem harten Kern von etwa 50 Personen als »Autonomes Zentrum« deklariert. Als Ausstieg aus der Mehrheitsgesellschaft ist hier ein auch politisch gewollter Freiraum mit Umsonst-Laden und Versammlungsräumen entstanden. Regelmäßige Umzüge von Kalk zum Eifelwall und nun an die Luxemburger Straße in neue – in Abstimmung mit der Stadtverwaltung jeweils mit Verträgen geregelt – für baldigen Abbruch bestimmte Bauten, sogar schon mal öffentlich gefördert, gehören heute nach heftigem Streit im Rat zum immer wieder mühsam befriedeten Erscheinungsbild der Vielfalt der Lebensentwürfe in einer Stadtgesellschaft. Das Einhalten von Verträgen ist immer nur eine Option ...

Gesellschaftliche Vielfalt ist oft schwer zu ertragen. Walter Herrmann und seine Klagemauer lassen diese Vielfalt seit 1989 als Forderung und Provokation durch ihren öffentlichen Auftritt sichtbar werden. Das durch und seit »1968« erweiterte Spektrum der Stadtgesellschaft hat sich an seiner »Kölner Klagemauer für Frieden und Völkerverständigung« bis zu seinem Tode 2016 im Alter von 77 Jahren immer wieder entweder gerieben oder mit ihm solidarisiert. Der ehemalige Lehrer hatte 1989 am Bierbrunnen des Bildhauers Harald Frehen aus dem Jahre 1972 auf der Schildergasse vor dem Haupteingang des Kaufhofs seinen Dauerprotest mit einer »Klagemauer zur Wohnungsnot« begonnen. Wer wollte, konnte dort eine Papptafel mit seinem Protest hinzufügen. 1991 kommen, nun vor dem Nordturm des Domes, an dem gerade die »Domplombe« verschwindet, Tafeln zum Protest gegen den Irakkrieg hinzu. An Schnüren zwischen Leuchten und Fahnenmasten vor dem Südturm etabliert sich die Klagemauer danach dauerhaft auf der Domplatte und wird zum gesamtgesellschaftlichen Streitfall, an dem Stadt, Domkapitel sowie Haus- und Grundbesitzerverein ebenso beteiligt sind wie die Heinrich-Böll-Siftung und ein großer Unterstützerkreis auf der anderen Seite. Prozesse folgen und werden verloren, die Klagemauer wird abgeräumt, rechtsradikale Schläger greifen mehrfach Walter Herrmann an und versuchen, die Klagemauer zu zerstören. Herrmann bleibt am Standort, nutzt nun aber eine mobile Installation für seine längst national und international bekannten Aktivitäten. Unter seinen wechselnden Themen hatte er sich zuletzt beim Palästinakonflikt mit heftigen Vorwürfen wegen antisemitischer Darstellungen und Tendenzen auseinanderzusetzen. Seine ca. 100 000 Papptafeln übereignete er vor seinem Tode dem Historischen Archiv und dem Kölnischen Stadtmuseum und löste damit erneut eine mediale Kontroverse aus. Sie endete mit der Übernahme einer kleinen Zufallsauswahl durch das Historische Archiv.

Walter Herrmanns Lebensweg in den Protest kam wie der Weg des SSK aus dem Schicksalsschlag der Obdachlosigkeit. Mit Obdachlosigkeit, also »wer ohne Unterkunft ist oder dem der Verlust einer ständigen oder vorübergehenden Unterkunft unmittelbar bevorsteht« und im Extremfall mit der realen Obdachlosigkeit des »Plattemachens«, ist eine unübersehbare und nicht erst seit 1945 andauernde Problemzone der Stadtgesellschaft benannt: Ausreichend Nahrung, Kleidung, Unterkunft und Sicherheit der Person können auch in Friedenszeiten mitten in Köln außerhalb der finanziellen Reichweite des Einzelnen sein. In diesen Randbereichen des Sozialstaates leben Menschen, die durchs Netz gefallen sind, nicht, weil das Netz nicht auch für sie aufgespannt wäre, sondern weil sie nicht ganz oder überhaupt nicht den Vorstellungen derer entsprechen können, die das Netz gewoben haben. Sie leben, teils inkompatibel mit den Rollenangeboten des Sozialstaates, in Parallelwelten, teils verlieren sie mit längerer Verweildauer in der Obdachlosigkeit, in öffentlicher oder privater Fürsorgeverwaltung, ihre Selbständigkeit. Noch 1960 stellt man Personen, »die nach ihrer sozialen Struktur nur vorübergehend in der Betreuung der Obdachlosenfürsorge stehen, [...] die aber im übrigen der sozialen Hebung würdig sind« Personen gegenüber, «die sich in die bürgerliche Gesellschaft nicht einzuordnen vermögen und deren soziale Hebung nicht oder nur unter unverhältnismäßig hohen materiellen Aufwendungen möglich ist.« Seit der Währungsreform wurden mit Übergangshäusern, Obdachlosenunterkünften und Auffanghäusern fast 3 000 Wohneinheiten für jeweils maximal vier Personen fertiggestellt. Man rechnet aber mit etwa 20 000 Obdachlosen und weiter wachsenden Zahlen von Menschen, oft voller Zorn gegen die Welt, in der sie leben. Und den richtigen Zugang zu den Obdachlosen zu finden, ist nicht einfach. Eine Aktion der *Kölnischen Rundschau* im Jahre 1969, die Kinder aufforderte, einen Teil ihres Spielzeugs für obdachlose Kinder und Jugendliche zu stiften, brachte Berge von Spielzeug und heftige Proteste aus den Obdachlosensiedlungen. Sie forderten menschenwürdige Unterbringung und Respekt statt Entmündigung.

Der Umgang mit diesem Teil unserer Stadtgesellschaft hat sich geändert. Neben den traditionsreichen karitativen Hilfsangeboten der Kirchen, der Heilsarmee oder der Verwaltung hat sich gerade hier im Laufe der ersten Jahre nach »1968« eine Fülle von einzelnen Initiativen und auch bei den Hütern der öffentlichen Ordnung langsam und schwerfällig ein anderes Verhalten entwickelt. Dazu gehören aktuell der B. O. J. E. Beratungsbus am Hauptbahnhof, der Verein Bürger für Obdachlose e. V., das Cafe Mäc Up in der Gereonstraße, die Comeback Notschlafstelle für Frauen in der Gilbachstraße, die CSH – Christliche Sozialhilfe, das Diakoniehaus Salierring, die Emmaus Gemeinschaft e.V., die Freunde der Kölner Straßen und ihre Bewohner e.V., die Initiative Bauen – Wohnen – Arbeiten e.V., das KALZ (Kölner Arbeitslosenzentrum e.V.) mit dem 1994 eröffneten Lobby-Restaurant LoRe in der Domstraße hinter dem Hauptbahnhof, das Kölner Obdachlosen-Frühstück seit 2005, der Looks e.V., die OASE – Benedikt Labre e. V. Fachberatungststelle seit 1986, SkF – Sozialdienst katholischer Frauen e.V., der SKM – Sozialdienst katholischer Männer e.V., das Vringstreff e.V. und die Weihnachtsengel für Obdachlose und andere Bedürftige Köln e.V. Oft sind es auch Einzelne, wie Bruder Lukas Ruegenberg in Bilderstöckchen, die sich den Entwicklungen des sozialen Abstiegs entgegenstellen, neue Strukturen schaffen.

Das Bild der Not in den Straßen Kölns ist nicht weniger drastisch geworden. Die Ursachen, die den Einzelnen in diese Not führen, sind vielfältig und der Weg heraus ist offensichtlich nicht leicht zu finden. Seit 1992 machen die heute fast 5 000 Obdachlosen, von den mindestens 650 auf der Straße leben, mit Deutschlands ältester Straßenzeitung auf sich aufmerksam, zuerst mit dem Titel *Bank Extra* und seit 2010 als *Draussenseiter*. 1998 kam monatlich die Mitmachzeitung *Querkopf* hinzu.

Eine weitere Antwort auf diese offensichtlich permanente Not in unserer Stadtgesellschaft, die zugleich die Freiheit des Anderen achtet und keine Fürsorgebevormundung aufzwingt, ist die »Überlebensstation Gulliver« im Brückenbogen der Hohenzollernbrücke am Breslauer Platz, die auf Initiative des KALZ mit vielfältiger, großzügiger privater und öffentlicher Unterstützung entstand und inzwischen über einen unbefristeten Mietvertrag verfügt. Hier können seit Anfang 2001 Obdachlose in einer »sozialarbeiterfreien Zone« auf Dusche, Getränke, Kleiderkammer und medizinische Ersthilfe, die der Mobile Medizinische Dienst des Gesundheitsamtes seit 1993 anbietet, zurückgreifen. Medizinische Hilfe bietet auch der Verein »Gesundheit für Wohnungslose«

an. Essen wird z. B. am Apellhofplatz von Emmaus und dem Verein »Bürger für Obdachlose« ausgegeben. Für Notschlafstellen setzt sich seit 2011 der Verein »Heimatlos in Köln« ein, wie sie z.B. der Sozialdienst katholischer Frauen nur für Frauen anbietet.

Die neuen sozialen Bewegungen werden öffentlich wahrgenommen, meist kritisch und oft ablehnend, sie suchen bestätigende Öffentlichkeit und bringen sich selbst in die Öffentlichkeit. Das bedeutet auch, eigene Öffentlichkeit zu gestalten oder auf dem Weg über Skandale Veränderungen zu erwirken. Im Rahmen der Frauenbewegung setzte die Selbstbezichtigungsaktion 1971 gegen den §218 ein öffentliches Fanal gegen unhaltbar gewordene Verhältnisse. Mit *EMMA* folgt seit 1977 von Köln aus die erfolgreichste eigene mediale Öffentlichkeit des Feminismus. Eines der wenigen Beispiele alternativer Presse, das überlebt hat. Das gilt für Kölner Bürgerinitiativen im lokalen Rahmen des Viertels und dann der ganzen Stadt entsprechend. Früh, Ende 1969 hatte der SSK unter dem Titel *Ana & Bela Kölnisches Volksblatt* eine Underground-Zeitung gegründet, die aber keinen langen Bestand hatte. Ab Oktober 1974 erscheint dann, im Titel daran angelehnt, das *Kölner Volksblatt – Bürgerinitiativen informieren*. 1982 entschließt die Redaktionsgruppe um Martin Stankowski, die Zeitung einzustellen, das Unternehmen in einen Verlag zu überführen. Das gefiel nicht allen, eine Wiedergründung wird ab Anfang 1983 zum Erfolg, bis 1999. Dann erfolgte ein erneuter Versuch mit der kurzlebigen *Kölner-Woche – Neue Rheinische Zeitung*, die im August 1999 Klaus Heugels Insiderhandel mit Aktien in die Öffentlichkeit brachte. Das Redaktionsarchiv des *Kölner Volksblatts* gelangte als »KölnArchiv« als Leihgabe ins Historische Archiv der Stadt Köln. Das *Kölner Volksblatt* hatte bereits 1980 mit dem *Stattbuch Köln 80–81* Verlagsaktivitäten für das breite Spektrum der alternativen Bewegungen entwickelt, die für das *Stadtbuch* bis zu einem letzten Band 1993/1994 fortgesetzt wurden.

Geblieben ist von den verlegerischen Aktivitäten der neuen sozialen Bewegungen in Köln ist nur die *Stadtrevue* als »Monatsmagazin für Köln«, 1976 von Rudi Rauf und Rolf Henke gegründet. Das erste Heft erschien für November 1976. 1980 verkaufen beide Gründer das Blatt nach einem Streit für symbolische 2 D-Mark an einen Mitarbeiterverein. Es ist nach Ablegen revolutionärer Attituden heute nun »verlegerisch und journalistisch unabhängig und als Kollektiv organisiert: ProduzentInnen- und EigentümerInnen-Gemeinschaft sind identisch.« Stolz organisiert die Redaktion heute die jährliche Museumsnacht. Man ist in der Mitte der Gesellschaft, für deren Veränderung man sich engagiert hat, angekommen.

Prominentestes Beispiel für erfolgreichen Wandel der Gesellschaft durch eigene Aktionen ist Günter Wallraff. Er verantwortet heute mit der Sendereihe »Team Wallraff« ein erfolgreiches Beispiel investigativen Journalismus bei RTL. Hier ist er nun aktiv in das über Jahrzehnte auch von ihm veränderte gesellschaftliche System – wie Alice Schwarzer – als Denkmal seiner selbst integriert. Die Anfänge dieses Lebensweges brachten ihm seine verspätete Meldung als Kriegsdienstverweigerer und das im *twen* veröffentlichte dabei entstandene Bundeswehrtagebuch. Als Arbeiter am Band, im Auftrag der gewerkschaftseigenen Zeitschrift *Metall* geht er bald darauf zu Ford und in andere große Unternehmen. Die Serie wird zwar rasch gestoppt, erscheint dann aber 1966 als Buch: *Wir brauchen Dich: als Arbeiter in deutschen Industriebetrieben*. In *konkret* veröffentlicht Wallraff in den nächsten Jahren eine Reihe von Undercoverstories zu großen Familienunternehmen, mit deren Reichtum und Lebensstil sich gleichzeitig Bernt Engelmann beschäftigt. Höhepunkt wird – nicht nur für Köln – Wallraffs Auftritt für zwei Monate bei Gerling als Bürobote und Portier. Er lässt sich auf dem Schreibtisch des Konzernchefs sitzend fotografieren und provoziert schließlich seinen Rauswurf mit dem Versuch, sich mittags im Casino der Direktoren bedienen zu lassen. Im gemeinsam mit Bernt Engelmann 1973 veröffentlichten Band *Ihr da oben – wir da unten* macht dieser Auftritt Hans Gerling zum Gespött. Das Buch wird ein Erfolg, auch ein wirtschaftlicher. Seinen größten Erfolg feiert Wallraff aber erst mit seinem Band *Ganz unten*, seit 1985 millionenfach aufgelegt, der die Auftritte des Autors als Türke Ali ab 1983 in verschiedenen Großbetrieben thematisiert. Wallraffs Protest gegen die Diktatur in Griechenland, seine Aufdeckung eines Umsturzversuchs in Portugal, sein brillanter Coup als Hans Esser bei *Bild* haben Geschichte gemacht und Mediengeschichte geschrieben.

Migration – vom »Pimock« zum »Gastarbeiter«

Köln ist attraktiv. Das ist hier bei uns selbstbewusste Überzeugung, auch wenn dieser Einstellung seit dem 12. April 2007 mit der abends beleuchteten schriftlichen Mahnung »Liebe deine Stadt« über der Nord-Süd-Fahrt nachgeholfen wird. Die Attraktivität lässt sich sogar messen. Bei einer Umfrage liegen nur München, Hamburg und Berlin vor Köln, weit abgeschlagen folgen Stuttgart und natürlich Düsseldorf. Und Köln wächst. Seine Gesellschaft verändert sich dabei durch Wegzug und Zuwanderung und wächst dank eines positiven Wanderungssaldos. Köln wächst auch durch Geburtenüberschuss. Zwischen 2005 und 2012 sind z. B. insgesamt fast 4 000 mehr Babys geboren worden, als Verstorbene zu verzeichnen waren. Und im selben Zeitraum von nicht einmal zehn Jahren sind gut 400 000 Menschen aus Köln weggezogen oder zugezogen, allerdings bleibt unter dem Strich bei diesem bemerkenswerten Wechseln des Wohnortes und damit in der Stadtgesellschaft ein Zuwachs für Köln von fast 20 000 Einwohnern. Diese hohe Fluktuation erfasst dabei aber nur einen besonders mobilen Teil der Bevölkerung. Zwei wichtige Faktoren sind mit einem Drittel der Zuzug und Wegzug von Ausländern und natürlich der Zuzug von Studenten zum Studienbeginn und Wegzug von Studenten nach Abschluss oder Abbruch des Studiums. Allerdings bleiben viele von den jährlich etwa 11 000 Absolventen der Kölner Hochschulen in Köln oder in der Region. Daher die besonders positive Seite des Wanderungssaldos der letzten Jahre mit dem Zugewinn von jungen Erwachsenen zwischen 18 und 35 Jahren. Nur einmal, im Jahr 2008 auf dem Höhepunkt der Finanzkrise, überwiegt der Wegzug den Zuzug, insgesamt und auch bei den Ausländern.

Eine ständige neue Gestalt der Stadtgesellschaft ergibt sich durch Zuwanderung, durch »Heimatvertriebene«, durch Flüchtlinge, einst aus der DDR und bald ständig wie seit Jahrzehnten aus allen Krisengebieten dieser Welt, durch die Arbeitsmigration der »Gastarbeiter« und als neuer Höhepunkt die aktuelle Flüchtlingswelle. Nach dem Zweiten Weltkrieg kamen bis 1950 13 bis 14 Millionen Vertriebene und Flüchtlinge in die alte Bundesrepublik, danach zwischen 1950 und 1980 noch weitere 4,5 Millionen Aussiedler und Übersiedler, von denen 2011 3,2 Millionen in Deutschland geblieben waren. Bereits 1995 halten sich, lange vor der aktuellen Welle, 1,6 Millionen Flüchtlinge und Asylbewerber in der Bundesrepublik auf. Das Thema Migration wäre ein Museum wert, zumindest sicher ein Thema für das zu erneuernde Kölnische Stadtmuseum.

Aktuell hat Köln sich nun 2016 mit einem Flüchtlingskoordinator, mit Hans-Jürgen Oster, einem erfahrenen Verwaltungsmann, der direkt dem Amt der Oberbürgermeisterin zugeordnet ist, nach der ersten Überraschung des aktuellen Zustroms von etwa 14 000 Flüchtlingen angenommen.

Immigration hat in Köln eine zweitausendjährige Geschichte. Das war nie ein gleichmäßiger Zufluss. Migration kommt schubweise und löst immer wieder Diskussionen aus. In den allerersten Nachkriegsjahren war neben dem Zuzug von Vertriebenen und Flüchtlingen aus der sowjetischen Besatzungszone/DDR auch die Rückführung der Zwangsarbeiter, meist als Displaced Persons (DP) bezeichnet, und der Verlust von Einwohnern durch Auswanderung ein Thema. Im Herbst 1944 rechnete man mit noch etwa 30000 Zwangsarbeitern, fast die Hälfte aus der UDSSR stammend – der Kölner Anteil von den etwa acht Millionen, die zur Arbeit nach Deutschland verschleppt worden waren. In der UDSSR erwartete diese, als Kollaborateure verdächtigt, die nächste Lagerhaft. Im Mai 1945 gibt es drei Sammellager für DPs in Köln. Als viertes kommt die Flakkaserne in Delbrück dazu. Erst 1948 verlassen die letzten DPs die Stadt.

Nachdem Ende 1959 die Einwohnerzahl der Vorkriegszeit wieder erreicht worden war, wurde mit der Gebietsreform von 1975 erstmals die Million an Einwohnern überschritten, die allerdings mit dem Ausscheiden von Wesseling direkt wieder verloren ging. 1974 hatte Köln seit 1970 über 50000 deutsche Einwohner verloren. Das wurde durch über 30000 zugezogene Ausländer nicht ausgeglichen. Damit hatte sich die Zahl der in Köln lebendenden Ausländer binnen gut eines Jahrzehnts zwischen 1961 und 1971 auf über 80000 versechsfacht und damit einen Anteil von zehn Prozent der Kölner Einwohner erreicht. Bis 1981 steigt ihre Zahl auf fast 150000 und damit auch von etwa zehn auf fast 15 Prozent der Kölner Bevölkerung.

Bis Ende der 60er Jahre war die Zahl der Einwohner Kölns gewachsen, erreichte Ende 1969 über 860000, um dann bis 1975, bis zur Gebietsreform, auf gut 825000 zurückzugehen. Die Abwanderung aber der Kölner ins Umland setzt sich trotz der Eingemeindungen fort. Von über 980000 Ende 1976 geht die Bevölkerungszahl bis Mitte der 80er Jahre auf wenig über 900000 zurück. Köln hat also insgesamt zwischen 1970 und Mitte der 80er Jahre etwa zehn Prozent seiner Einwohner, zumeist Besserverdienende samt ihrer Einkommensteuer, neugegründete Familien und Familien mit kleinen Kindern, ans nähere Umland verloren. Seitdem aber wächst die Kölner Bevölkerung wieder. Die Zahl der Ausländer ist zwischen 1970 und 1980 von 72950 auf 137321 gestiegen. Aus der Türkei kamen zu Beginn gerade 30 Prozent der Ausländer, 1980 sind es über 43 Prozent. So wächst die Zahl der Kölner mit Migrationshintergrund stärker und wird dies nach allen Prognosen auch weiterhin für die nächsten Jahre tun.

Erst seit 1991 kann die Stadt Köln wieder Zahlen von über einer Million Einwohnern melden. Anna Lisa Memoli, geboren am 2. Dezember 1991, wird als das »Millionenbaby« gefeiert. Dabei werden allerdings auch die Einwohner mitgerechnet, die Köln als Zweitwohnsitz nutzen.

Zur »echten« Millionenstadt wird Köln dann durch den Zuzug der Familie Bruhn am 5. Mai 2010. Personen mit Zweitwohnsitz eingerechnet hat Köln im Jahre 2015 nun 1,069 Millionen Einwohner. Die jüngsten Prognosen, im Mai 2015 veröffentlicht, durch den bald danach einsetzenden großen Zustrom von Flüchtlingen längst schon wieder überholt, gehen von einem weiteren Wachstum der Kölner Einwohnerzahl auf über 1 100 000 Personen aus. Wichtig ist, dass das Durchschnittsalter der Kölner Bevölkerung bis 2025 bei 42 Jahren bleiben wird und damit als »jung« gilt. Neben den studienbedingten Zuzügen wird dieser Trend inzwischen durch ein starkes Ansteigen der Geburtenzahlen verstärkt. Mit über 11 000 Geburten in 2015 konnte man das höchste Ergebnis seit vierzig Jahren verzeichnen. Dem stehen keine 10 000 Sterbefälle gegenüber. Die Zahlen allein sind nur beschränkt aussagekräftig. Austausch und Wachstum durch Zuzug und Wegzug, Wachstum dazu durch Geburtenüberschuss, oft mit dem gerne genannten »Migrationshintergrund«, verändern die Stadtgesellschaft. Oder erneuern sie die Stadtgesellschaft nur?

Ursprünglich galt in Köln auch nach 1945 wie schon im 19. Jahrhundert: Um als richtiger Kölner zu gelten, muss man eigentlich hier geboren sein, möglichst auch auf einige Generationen Kölner Vorfahren zurückblicken können. Auch wer sich anpassen wollte, hatte es nicht einfach. In der Nachkriegszeit war der »Imi«, der imitierte Kölsche, eine kritisch beäugte Gestalt. Ganz übel angesehen war seit Ende des 19. Jahrhunderts und nun in der Nachkriegszeit wieder oft so genannte »Pimock«, der Zugewanderte. So ist Volker Gröbe, als Kind aus der DDR nach Köln gekommen, als Pimock beschimpft, direkt handgreiflich auf den Gedanken gebracht worden, doch lieber Kölsch zu lernen. Offensichtlich mit Erfolg: Von 1983 bis 1997 ist er der erste Leiter der Akademie för uns kölsche Sproch.

Beliebt oder gut angesehen waren die Flüchtlinge nicht. Die Studien zwischen 1946 und 1949 der Information Control Division des amerikanischen Office of Military Government in Germany, geläufig als OMGUS abgekürzt, zeigen ein schwieriges Bild. Natürlich fand man die Vertreibung nicht gerecht. Die meisten sahen keine Chance, die Vertriebenen dauerhaft mit Nahrung, Wohnung und Arbeit zu versorgen. Die Vertriebenen dagegen warteten auf ihre Chance zur Rückkehr. Nur die Hälfte der Kölner konnte sich mit den immerhin etwa 14 Millionen Vertriebenen und Flüchtlingen ein friedliches Zusammenleben auf Dauer vorstellen. Erst lange und langsam nach der Währungsreform und der Gründung der Bundesrepublik ändert sich dieses Bild.

Es dauert viele Jahre, bis man sich als Vertriebener oder Flüchtling in Köln zuhause fühlt. Da erstreitet sich ein Caféinhaber das Recht auf Alkoholausschank, weil seine Räume zur »Heimstatt der Schlesier in Köln« geworden seien. So gilt das »Schlesier-Eck« in der Gladbacher Straße Anfang der 50er Jahre als Treffpunkt der Schlesier, von denen es etwa 18000 in Köln gibt. Und das Restaurant Winkler in der Händelstraße wird von Ostpreußen als Treffpunkt genutzt.

Von der Gesamtzahl der Kölner Bevölkerung des Jahres 1950 von knapp 600000 Einwohnern machen Vertriebene und Flüchtlinge gerade erst gut 6 Prozent aus. Die Zahlen steigen in den kommenden Jahren. 1962, nach dem Bau der Mauer, werden über 130000 »Vertriebene und Deutsche aus der Sowjetischen Besatzungszone (SBZ)« gezählt, zwei Drittel davon evangelisch. Die Volkszählung des Jahres 1950 ermittelt noch 58 Prozent geborene Kölner und weitere 16 Prozent Rheinländer: »Das rheinische Element, mit einer Dreiviertel-Mehrheit in der Kölner Bevölkerung, dürfte genügend Anziehungskraft besitzen, um eine zugewanderte, nicht hier gebürtige Minderheit von dem Umfang einer Mittelstadtbevölkerung zu assimilieren.« Herr van Houten, der diese These als Mitarbeiter des Statistischen Amtes der Stadt Köln aufstellt, sollte Recht behalten. Das Bild der Bevölkerung allerdings ändert sich rasch. 1960 ist gerade noch die Hälfte der Kölner Einwohner in Köln geboren. Darunter werden schon viele Kinder der gut 40000 »Heimatvertriebenen« und »Flüchtlinge aus der Ostzone« sein, die man in der Volkszählung des Jahres 1950 erfasst hat und die sich trotz der schwierigen Wohnungsverhältnisse in Köln niedergelassen haben. Vergleichbare Großstädte hatten meist doppelt so viel Vertriebene und Flüchtlinge aufgenommen. Eine leichte Zunahme der geborenen Kölner, von denen viele nun aber von nicht in Köln geborenen Eltern stammen, kann im Jahre 1972 verzeichnet werden. Danach ist diese Frage offensichtlich nicht mehr von großem öffentlichem Interesse. Keine Statistik kommt mehr auf das Thema zurück. Integration gelingt in Köln soweit offensichtlich gut.

Während der »Schlesischen Heimatwoche Köln 1950 vom 8. bis zum 15. Oktober«, zugleich das erste Bundestreffen der Landsmannschaft Schlesien, begrüßt der Rat am 12. Oktober 1950 nach dem Vorbild anderer Städte die »Patenschaft für die Stadt Breslau«. Das Protokoll vermeldet ohne offizielle Abstimmung mit einem »Bravo« allgemeine Zustimmung. Die Fraktion der KPD hatte sich schon zuvor im Hauptausschuss der Stimme enthalten und vermeldet nun in der übernächsten Ratssitzung im Dezember: »Der Presse und der Öffentlichkeit geben

Festprogramm der »Schlesischen Heimatwoche«, Köln 1950

wir die Versicherung, daß die KPD-Fraktion schon allein wegen des Elends unserer eigenen stadtkölnischen Evakuierten und Ausgebombten gar nicht daran denkt, der Übernahme einer verpflichtenden Patenschaft für eine andere Stadt zuzustimmen. Dies wird umso weniger geschehen, wenn es sich um eine Stadt in einem fremden Staatsverbande handelt (Lebhafte Pfuirufe).« Damit war wohl zum Schluss der eigentliche Grund genannt, der wieder zu einer breiten politischen Diskussion im Rat über die deutschen Grenzen führt. Finanzielle Sorgen über die Kosten der Patenschaft, auf die Gerhard Wilczek gedrängt hatte, hätte sich die KPD nicht machen müssen. Das finanzielle Engagement bleibt bescheiden. Erst als Gerhard Wilczek (1923–2003) im Jahre 1956 für die SPD in den Rat einzieht und Theo Burauen (SPD) Oberbürgermeister wird, ändert sich das. Gleich 1956 findet ein erstes Patenschaftstreffen der Breslauer in Köln statt, ein zweites 1960. Der neu entstandene Platz hinter dem Hauptbahnhof erhält 1958 die Bezeichnung Breslauer Platz. Gerhard Wilczek aber, der sich als Breslauer engagiert, wird gleichzeitig ein engagierter Kölner Lokalpatriot. Er wird Mitglied im Festkomitee Kölner Karneval, bereitet dort den Grund für das spätere Karnevalsmuseum und forscht und schreibt immer wieder zu seinem Veedel Ehrenfeld. Als 1992 nach dem Tod von Willy Brandt ein Ort für einen Willy-Brandt-Platz gesucht wird, löst der Vorschlag, den Breslauer Platz umzubenennen, auch bei ihm heftige Emotionen aus. Willy Brandt muss mit der »Schäl Sick« vorliebnehmen, der nach ihm benannte Platz wird aber damit wenige Jahre später zur Adresse des Stadthauses. 1960 erscheint als Schulentlassgabe die Schrift *Bilder der Erinnerung: Köln – Breslau*. Seit 1959 stellt Köln wechselnde Räumlichkeiten für die »Breslau-Sammlung« und für das mit Unterstützung der Stadt angekaufte Karl-von-Holtei-Archiv zur Verfügung.

Die Situation der Vertriebenen war schwierig. Man war unerwünscht. Noch schwieriger war die Situation derer, die als lebender Vorwurf aus der Emigration, zumeist aus England, den USA oder Israel, nach Köln zurückkehrten. Sie waren wie die aus den Konzentrationslagern befreiten Häftlinge eine lebende Erinnerung an die politischen und rassistischen Verbrechen der nationalsozialistischen Diktatur, an Verbrechen, die nun ans Tageslicht kamen, an denen manche sich beteiligt hatten, zu deren Nutznießern andere geworden waren und angesichts derer viele weggesehen hatten.

Während man von den Vertriebenen möglichst nur qualifizierte Arbeitskräfte übernehmen möchte, bemühen sich Kölner Politik und Verwaltung sehr, den noch verbleibenden Evakuierten die Rückkehr nach

Köln zu ermöglichen. Anfang 1951 schätzt Oberbürgermeister Robert Görlinger ihre Zahl dramatisierend auf noch 177000. Das war wirksam, um andere Ansprüche abzulehnen, aber nicht zutreffend. Das Amt für Statistik der Stadt rechnete mit höchsten 40000 Evakuierten, die bereit waren, nach Köln zurückzukehren. Gerne hätte die Politik öffentlichkeitswirksam anstelle der zugewiesenen Flüchtlinge noch verbleibende Evakuierte aufgenommen und für sie die dafür zur Verfügung gestellten Mittel investiert. Die so abgeschobenen Flüchtlinge hätten ja die von den Evakuierten im Land freigegebenen Wohnungen übernehmen können. Der interessante Ansatz lässt sich aber kaum verwirklichen. Noch 1958 rechnet die Verwaltung mit fast 15000 Menschen, sowohl Familien wie Einzelpersonen, die eventuell aus der Evakuierung zurückkehren möchten. Erst 1962 kann der Verwaltungsbericht der Stadt Köln stolz vermelden: »Die Rückführung der Kölner Evakuierten neigt sich dem Ende zu.«

Zu diesem Zeitpunkt hatte mit der Ankunft der »Gastarbeiter« längst die nächste Welle der Veränderung der Kölner Bevölkerung begonnen. Ende der 50er Jahre beginnt besonders die Industrie auf ausländische Arbeitnehmer zurückzugreifen. Schon unsere Wortwahl zeigt, dass man beim Gewinn zusätzlicher Arbeitskräfte nicht daran gedacht hatte, die Stadt und das Land zu verändern. Man sprach von »Gastarbeitern« und erwartete nicht, dass sich viele von ihnen fürs Bleiben und nicht für die Rückkehr entscheiden würden. Aber sie blieben, durchaus auch auf Wunsch der Arbeitgeber, die nicht immer wieder aufs Neue anlernen wollten. 1955 war das erste Anwerbeabkommen mit Italien geschlossen worden. 1960 folgten nach langen und schwierigen Verhandlungen Verträge mit Griechenland und Spanien, 1961 kam die Türkei, 1963 Marokko, 1964 Portugal, 1965 Tunesien und 1968 Jugoslawien hinzu. Das Bild von Armando Rodrigues de Sá, der am 10. September 1964 als »Millionster Gastarbeiter« im Deutzer Bahnhof begrüßt wird, ist zur Ikone dieser Migration geworden. Willkürlich vom BDA ausgewählt, überrascht und mit einer Zündapp dekoriert, die heute im Haus der Geschichte in Bonn zu sehen ist, wird Rodrigues de Sá wie ein Objekt in Szene gesetzt. Die ersten »Gastarbeiter« aus der Türkei kamen am 26. Oktober 1961 in Köln an, vier Tage, bevor das Anwerbeabkommen mit der türkischen Regierung tatsächlich abgeschlossen wurde. Salih Güldiken, der 1962 als Elektriker zu Ford kommt, 1978 als Arbeitnehmervertreter in den Aufsichtsrat einzieht, fasst die Situation zu Beginn dieser Welle der Migration so zusammen: »Wir waren alle blind, blind gegenüber all den Problemen, die kommen würden, wenn man einfach Leute herholt, ohne sie darauf vorzubereiten. Und ohne selbst darauf vorbereitet zu sein.«

Statistisch greifbar sind Zahlen der Gastarbeiter für Köln ab 1961. In diesem Jahr befinden sich gut 20000 Arbeitnehmer, vorwiegend aus Italien (40 Prozent), Griechenland (10 Prozent) und Spanien (zehn Prozent), in Köln. Erstmals werden 1962 über 2000 Arbeitnehmer auch aus der Türkei notiert, deren Zahl bis 1972, dem Jahr vor der Ölkrise, auf über 20000 und damit auch mehr als ein Drittel der Gesamtzahl von fast 60000 ausländischen Arbeitnehmern wächst. Jetzt sind auch über 10000 Familienangehörige aus der Türkei dazugekommen. Daneben stehen weiterhin die Italiener vor Griechen, Spaniern, Portugiesen und Jugoslawen an der Spitze der ausländischen Arbeitskräfte. Über die Jahre hinweg sind 80 bis später 70 Prozent von ihnen im produzierenden Gewerbe tätig, während umgekehrt der Anteil an beschäftigten ausländischen Arbeitnehmern im Bereich der Dienstleistungen von 20 auf 30 Prozent steigt. Die Zahl ausländischer Arbeitnehmer bleibt rein statistisch, trotz Rückkehrern oder Einbürgerungen, durch entsprechende Zuwanderung bis heute fast unverändert bei gut 50000 Personen. Mit Familienangehörigen werden immer Zahlen von etwa 180000 Kölnern ausländischer Herkunft erreicht. Ein Drittel davon stammt aus der Türkei. Eine Studie der türkischen Regierung hält 1964 die schwierigen Startbedingungen türkischer »Gastarbeiter« fest. Darin wird notiert, dass drei Prozent der »Gastarbeiter« Analphabeten sind und 50 Prozent nur die Grundschule besucht haben. Sie werden meist für einfachste Tätigkeiten eingesetzt, sehen häufig keine Aufstiegschancen, nur 20 Prozent nehmen an Sprachkursen teil, 60 Prozent haben weder vor noch nach ihrer Einreise die ausgehändigten Informationsbroschüren gelesen, ein Drittel lebt wegen der fehlenden Schächtung bei der Schlachtung in Deutschland rein vegetarisch, drei Viertel wollen nach Ablauf ihres Vertrages weiter in Deutschland, aber nur fünf Prozent dauerhaft bleiben.

Die wirtschaftliche Bruchlinie des Jahres 1973, die uns mit Ölpreisschock und den Folgen der Freigabe der Wechselkurse wie »1968« immer wieder begegnet, wird bei den Ford-Werken durch einen wilden Streik markiert. Erste Türken waren 1958 in die Ford-Werke gekommen. Seit 1963 war ihre Zahl unter den Arbeitnehmern ausländischer Herkunft ständig gewachsen. In diesem Jahr kamen allein zu Ford 5000 neue Mitarbeiter aus der Türkei. Der wilde Streik markiert das Ende der Anwerbung von »Gastarbeitern« und den endgültigen Beginn der Erkenntnis, dass die Bundesrepublik statt kurzfristig angenehme Gäste zu begrüßen inzwischen vor den Problemen der Integration von Arbeitsmigranten steht. Am Ende des Jahres verkündet der Bundesminister für Arbeit und Sozialordnung den sogenannten Anwerbestopp.

In den Ford-Werken in Niehl und Merkenich arbeiten 1972/73 fast 35 000 Männer und Frauen. Man hatte es wie in vielen Unternehmen vorgezogen, auf billige Arbeitskräfte zurückzugreifen, statt andere Wege in der Modernisierung der Produktion, in besserer technischer Ausstattung und intelligenterer Arbeitsorganisation zu suchen. Noch unterscheidet man auch zwischen Arbeitern und Angestellten, zwischen Lohn- und Gehaltsempfängern. In Niehl sind von den damals noch mehr als 34 000 Mitarbeitern über 24 000 Lohnempfänger, zwei Drittel ausländischer Herkunft zumeist in den unteren Lohngruppen. Türken stehen mit 12 000 an der Spitze, es folgen fast 2 000 Italiener und fast 1 000 Jugoslawen. 90 Prozent der Türken, »die größte geschlossene Gastarbeitergruppe in Deutschland«, arbeiten unter hohem Zeitdruck an den Fließbändern. Das war für sie vollkommen ungewohnt und belastend: »Das Wasser hört irgendwann auf zu fließen, aber das Band bei Ford nicht.« Diese Erfahrung machte auch Günter Wallraff bei seiner ersten Industriereportage.

Gut 5 000 der türkischen »Gastarbeiter« und damit etwa 40 Prozent lebten in über 35 Wohnheimen des Unternehmens in Nippes, Mühlheim oder Mauenheim. Gerne traf man sich am Wochenende am Hauptbahnhof und tauschte sich aus. Der hohe Arbeitsdruck wird auch da ein Thema gewesen sein. Im September 1970 war es zu Auseinandersetzungen zwischen deutschen und türkischen Mitarbeitern gekommen, als die Forderung der Türken, Einfluss auf die Geschwindigkeit der Fließbänder zu nehmen, bei einem Warnstreik im Rahmen eines Tarifkonfliktes nicht berücksichtigt wurde. Der Streik vom 24. bis zum 30. August 1973 entwickelt sich aus der Entlassung von etwa 300 türkischen Mitarbeitern, die – wie aus früheren Jahren gewohnt – mit Verspätung aus dem vierwöchigen Jahresurlaub zurückgekommen waren. Offensichtlich nutzte das Unternehmen die Gelegenheit, angesichts der Krise und des sinkenden Absatzes von Fahrzeugen, die sowieso notwendige Kürzung des Personalbestandes in Angriff zu nehmen. Der Betriebsrat, dem es nicht gelungen war, die Führung des Streiks zu halten und ihn zu kontrollieren, konnte schließlich eine zusätzliche Zahlung von 280 D-Mark und eine geringe Anhebung des 13. Monatsgehaltes verkünden. Die Forderungen der türkischen Mitarbeiter waren dabei aber nicht berücksichtigt worden. So führten sie den Streik fort und es kam zu heftigen Auseinandersetzungen mit den meist deutschen Arbeitswilligen. Die Polizei griff ein und schließlich wurden einige hundert türkische Mitarbeiter gekündigt oder kündigten mehr oder weniger freiwillig.

Die Einschätzung des Streiks fällt nicht leicht. Deutlich ist aber, dass er sich heute in dieser Form in einem Unternehmen, das in jeder Hinsicht der *lean production* verpflichtet ist und sich auf die Motivation der Mitarbeiter und ihre Einsicht in wirtschaftliche Zusammenhänge verlässt, nicht mehr entwickeln kann. Und ein Streik bleibt wie beim Ford-Werk in Genk erfolglos, wenn in einem international tätigen Konzern die Schließung eines Standortes entschieden wird.

Im Jahr des Streiks türkischer Mitarbeiter bei Ford, im Jahr 1973, macht sich der Wandel von der vorübergehenden Beschäftigung ausländischer Arbeitnehmern zu langfristig geplanter und auf Dauer angelegter Migration auch in den Schulen bemerkbar. Erstmals nennt der Verwaltungsbericht in diesem Jahr Zahlen. Und in der Sprache spürt man noch die Überraschung: »Durch vermehrten Zuzug ausländischer Gastarbeiterfamilien stieg auch die Zahl der Ausländerkinder in den Grund-, Haupt- und Sonderschulen.« Das bleibt bei wachsenden Zahlen und bald eingeführten Vorbereitungsklassen für die nächste Zeit ein Thema der Verwaltungsberichte.

Anfang 1966 hatten 19 Gewaltverbrechen in Köln, an denen ausländische Arbeitnehmer beteiligt waren, öffentliche Aufmerksamkeit erregt. Eine detaillierte Untersuchung, von der Stadt Köln in Auftrag gegeben, zeigte für das gesamte Jahr 1965, dass nur die Zahl der von »Gastarbeitern« verübten Gewaltverbrechen auf ihre Personenzahl bezogen tatsächlich deutlich höher liegt als bei den Kölnern. Bei allen anderen Delikten, wie Straftaten gegen das Eigentum, Betrug und Verstoß gegen die Sittlichkeit, liegen sie unter dem Durchschnitt für NRW und weit unter dem Durchschnitt für Köln. »Auf 10000 Kölner entfallen 521 Delikte, auf 10000 Gastarbeiter in Köln entfallen 189 Delikte.« Der Landesdurchschnitt für NRW lag bei 277 Delikten pro 10000 Einwohner. Den heute romantisch verklärten Titel »Chicago am Rhein« trug Köln damals und noch für einige Jahre also zu Recht.

Trotz der eigentlich beruhigenden Zahlen war Integration damit zu einem öffentlichen Thema geworden. In den 70er Jahren gibt es bereits zahlreiche Initiativgruppen, »die sich zum Ziel gesetzt haben, die bildungsmäßige, gesellschaftliche und soziale Gleichberechtigung der ausländischen Kinder und Jugendlichen herbeizuführen.« Darunter auch die Christlich-Islamische Gesellschaft, seit 1989 mit Sitz in Köln, die 2007 ihr 25-jähriges Bestehen feiert.

»Die Einstellung der Kölner zu ihren ausländischen Mitbürgern« wird 1981 erstmals untersucht. Das Ergebnis ist deutlich: »Die Ausländer werden nicht nur wegen ihrer Sprachprobleme, sondern auch wegen ihrer Lebensweise als unzugänglich und zum Teil sogar als kulturell untergeordnet empfunden. Es handelt sich aber dabei nicht um die klassischen biologistischen Vorurteile. Das zeigt sich auch daran, daß die hier geborenen und aufgewachsenen Jugendlichen eher akzeptiert werden als die zugezogenen erwachsenen Ausländer. Im Allgemeinen erwartet die deutsche Bevölkerung ganz offensichtlich eine möglichst weitgehende Aufnahme der in der Bundesrepublik vorherrschenden Kulturmuster und Lebensweisen durch die Ausländer. [...] Nur rund zehn Prozent vertreten aus der politischen Vergangenheit überkommene radikale Vorstellungen von einer ausländerfreien Gesellschaft und einer biologischen Minderwertigkeit der Ausländer.«

Die Einstellungen ändern sich, wie eine erneute Umfrage 1987 zeigt, erstaunlich rasch. 1981 hatte nur ein Viertel der Kölner auch Ausländer unter ihren Freunden, so hat sich das auf fast ein Drittel gesteigert. 1981 meinte etwa jeder zehnte Kölner, dass man sehr gut miteinander auskommen würde. 1987 ist bereits jeder fünfte dieser Ansicht.

Die städtische Bildungsberatungsstelle richtet 1979, als Teil des städtischen »Maßnahmenprogramms zur Integration ausländischer Arbeitnehmer und ihrer Familien«, einen Bildungsberatungsdienst für ausländische Kinder und Erwachsene ein und gibt Informationen in neun verschiedenen Sprachen heraus. In der Stadtverwaltung wird wenig später das Ausländerreferat aktiv, das mit personeller Aufstockung seit 1997 die politisch korrektere Bezeichnung »Interkulturelles Referat« trägt. Seit 1984 vertritt ein (teils) gewählter »Ausländerbeirat«, der längst nun den Titel »Integrationsrat« innehat, die Interessen vieler Kölner mit Migrationshintergrund. 22 Mitglieder werden gewählt. Weitere elf Mitglieder werden proportional nach der Stärke der Fraktionen vom Rat entsandt. Die Wahlbeteiligung liegt allerdings über die Jahre hinweg bei wenig über 10 Prozent. Und die Finanzierung von Integrationsprojekten und damit die Wirksamkeit des Interkulturellen Referates der Stadtverwaltung ist angesichts der Sparzwänge des städtischen Haushalts immer wieder bedroht.

Im Stadtgebiet wird Migration besonders in ärmeren Stadtvierteln sichtbar. Hier zeigt sich der höhere Ausländeranteil auch im Straßenbild und als wirtschaftlicher Erfolg einer oft mühsamen Integration. War es lange allein die Weidengasse in der nördlichen Altstadt, die im Vordergrund des Interesses stand und früh von Candida Höfer dokumentiert wurde, so gilt diese jetzt zusammen mit der Keupstraße in Mülheim, die durch den ausländerfeindlichen Bombenanschlag der NSU besonders ins gesamtdeutsche Bewusstsein gehoben wurde, als exemplarisch und als

»Ethnic Theme Park«. Ute Diehl hat uns mit ihrer Dokumentarfilmserie 2007/2008 über die Bäckerei und Familie Özdag in der Keupstraße 84 eine Innenansicht der Integration geboten. Hier ist Migranten aus eigener Kraft der Aufstieg als erfolgreiche Geschäftsleute gelungen. Manches ist schon museumsreif. Das 30 Jahre lang weithin bekannte Feinschmeckerlokal »Bosporus« in der Weidengasse hat 2016 den Reklame-Schriftzug und charakteristische Objekte dem Stadtmuseum gestiftet.

Durch Geburten und Einbürgerungen hat die Zahl der Kölner mit Migrationshintergrund inzwischen über 370 000 erreicht, ein Drittel der gesamten Kölner Bevölkerung. Davon sind gut fünf Prozent Aussiedler, fast sieben Prozent eingebürgert und 17 Prozent Ausländer. Drei einfache Zahlen zeigen, welche religiöse Vielfalt inzwischen in Köln Heimat gefunden hat. Von 1 053 528 Einwohnern sind Ende 2014 ein gutes Drittel – 382 823 Personen – katholisch, 167 825 evangelisch und auf die restliche Hälfte mit 502 888 Menschen entfallen alle weiteren Überzeugungen. Zwanzig Jahre nach Kriegsende waren 1964 die Verhältnisse kontrastreicher gewesen. Ein Drittel aller Kölner war dank des Zuzugs in den Nachkriegsjahren evangelisch und standen einer katholischen Mehrheitsgesellschaft gestärkt gegenüber. Heute prägt das durch Migration erheblich buntere Bild der Kölner Bevölkerung das Straßenbild, weniger erst das Stadtbild. Der Islam ist gekommen, um zu bleiben. Schon Anfang der 60er Jahre hat die Stadt auf dem Westfriedhof spezielle Gräberfelder für Verstorbene islamischen Glaubens eingerichtet. Die Gräber sind nach Mekka ausgerichtet. Selbst sarglose Bestattungen sind möglich.

Im Stadtbild ist die große Moschee der DITIB in Ehrenfeld ein bis heute heftig diskutierter Ansatz. Nach langen Diskussionen und dem Scheitern des Gedankens einer Zentralmoschee für alle Muslime wurde wohl erstmals in Deutschland für den Neubau an der Venloer Straße ein Architektenwettbewerb ausgeschrieben, den Gottfried und Paul Böhm gewannen. Die Kuppel, die als Standardarchitektur islamischer Moscheen von der christlichen Architektur der Hagia Sophia des 6. Jahrhunderts in Konstantinopel übernommen wurde, öffnet sich mit schwingenden Betonschalen und verbindenden Glasflächen wie eine Blüte. Der rechtsradikalen Pro Köln, die in der Atmosphäre hitziger Diskussionen eine Chance zur Profilierung ahnt, gelang es nicht, genügend Stimmen für ein Bürgerbegehren gegen den Bau der Moschee zu sammeln. Eine »Ehrenfelder Anwohnerinitiative« sammelte 23 000 Unterschriften gegen den Bau, der inzwischen größer ausfallen soll, als zuerst vorgesehen. Für den Moscheebau wurde im Juni 2007 demonstriert. Und eine vom *Stadt-Anzeiger* in Auftrag gegebene repräsentative Befragung erbrachte 35,6

Prozent Befürworter des Baus, 27,1 Prozent wünschen ihn sich kleiner und 31,4 sind dagegen. Sorgen bereiteten die Räume für Geschäfte, die die DITIB wie andere Moscheevereine zur Finanzierung betreiben will, zu wenige Parkplätze, zu hohe Minarette. Schließlich verließ die CDU nach einem Parteitag im August 2007 den bisherigen politischen Konsens, forderte eine Überarbeitung des Entwurfs und stellte sich damit gegen Oberbürgermeister Fritz Schramma. Am 7. November 2009 konnte dann mit geänderten Plänen, mit neuen Entwürfen für mehr symbolische Minarette, gemeinsam mit Altoberbürgermeister Fritz Schramma und dem amtierenden Oberbürgermeister Jürgen Roters der Grundstein gelegt werden. Im Oktober 2011 öffnete sich die Bühne für den nächsten Akt des Dramas: Die DITIB kündigte Paul Böhm und der Baufirma die Zusammenarbeit auf. Die Eröffnung der Moschee und das Ende der Prozesse ließen auf sich warten. Aber auch auf Assimilation und Integration aller und besonders der türkischstämmigen Muslime werden wir noch warten müssen, wenn der türkische Politiker und heutige Präsident Erdogan bei einem Wahlauftritt in Köln 2008 rhetorisch brillant formuliert: »Ich verstehe die Empfindlichkeit, die Sie gegenüber der Assimilation zeigen, sehr gut. Niemand kann von Ihnen erwarten, Assimilation zu tolerieren. Niemand kann von Ihnen erwarten, dass Sie sich einer Assimilation unterwerfen. Denn Assimilation ist ein Verbrechen gegen die Menschlichkeit. Sie sollten sich dessen bewusst sein.« Dabei ist die Venloer Straße selbst, an der die von Paul Böhm entworfene Moschee auf ihre Fertigstellung wartet, allerdings gegen Erdogans Wünsche ein überzeugendes Beispiel für wachsende Integration und gleichzeitige Bewahrung eigener Identität.

Die türkische staatliche Religionsbehörde scheint mit der (noch unvollendeten) Zentralmoschee der DITIB, der 1984 in Köln gegründeten »Türkisch-Islamischen Union der Anstalt für Religion e. V.«, in Ehrenfeld den architektonischen Anspruch zu stellen, alle Kölner Muslime zu repräsentieren. Und man wünscht, dass alle Muslime mit türkischem Migrationshintergrund ihr neo-osmanisches Nationalbewusstsein ständig vor sich hertragen. Dabei werden als angebliche »Panne« Spitzeldienste für die türkische Regierung geleistet, was den von Fritz Schramma geführten Beirat empört. Als Zentralmoschee für alle Kölner Muslime, wie vom Rat gewünscht, war der Plan des Bau eine vielleicht gut gemeinte Illusion einer auch architektonisch vertretenen Integration. Es ist, als würde man für alle christlichen Konfessionen den Kölner Dom als gemeinsame Zentralkirche vorstellen. Allerdings ist die Zahl der verschiedenen christlichen Konfessionen, die in Köln vertreten sind, wohl noch höher als die der inhaltlich unterschiedlichen oder nationalen islamischen Richtungen.

So finden wir in Köln die Alt-Heilig-Katholische Kirche, die Alt-Katholische Kirche, die Anglikanisch Episkopale Kirche, das Apostelamt Jesu Christi, die Apostolische Gemeinschaft, die Armenisch-Apostolische Kirche, die Äthiopische-Orthodoxe Kirche, den Bund Evangelisch-Freikirchlicher Gemeinden, den Bund Freikirchlicher Pfingstgemeinden, die Christengemeinschaft, die Christliche Gemeinde, die Erste Kirche Christi, Wissenschaftler, die Evangelisch-Lutherische Kirche, die Evangelisch-Methodistische Kirche, die Evangelisch-Reformierte Kirche, die Evangelisch-Unierte Kirche, die Freien Evangelischen Gemeinden, die Freie Evangeliums-Christen-Gemeinde Köln, die Gemeinden Christi, die Griechisch-Orthodoxe Kirche Ökumenisches Patriarchat, die Griechisch-Orthodoxe Kirche von Antiochien, die Heilsarmee, Jehovas Zeugen, die Jesus Freaks, die Kirche Jesu Christi der Heiligen der Letzten Tage (Mormonen), die Mariaviten, die Metropolitan Community Church, die Neuapostolische Kirche, die Religiöse Gesellschaft der Freunde (Quäker), die Römisch-Katholische Kirche, die Rumänische Orthodoxe Kirche, die Russische Orthodoxe Kirche Moskauer Patriarchat, die selbständige Evangelisch-Lutherische Kirche, die Serbisch Orthodoxe Kirche, die Siebenten Tags Adventisten, die Stadtmission Köln, die Syrisch-Orthodoxe Kirche von Antiochien, The Redeemed Christian Church of God, die Ukrainisch Orthodoxe Eparchie Kiever Patriarchat und die Ukrainische Orthodoxe Eparchie Ökumenisches Patriarchat.

Dieses mehr Nebeneinander als Miteinander trägt auch Auseinandersetzungen aus den Heimatländern nach Köln. Kölner kurdischer und türkischer Herkunft vertreten in Köln weiterhin die aus der Heimat mitgebrachten Positionen. Und wenn die armenische Gemeinde Kölns in Brück auf dem Friedhof einen Gedenkstein für den Völkermord an ihrem Volk im Ersten Weltkrieg unter osmanischer Herrschaft aufstellen will, möchten Kölner türkischer Herkunft das verhindern. Nun muss sich der Rat mit dem Thema befassen.

Die religiöse Vielfalt, die in den Herzen der Kölner Raum findet, ist ein Spiegel der vielfältigen und globalen Migration, die der Kölner Gesellschaft seit der Mitte des zwanzigsten Jahrhunderts ein neues Gesicht gegeben hat. Wir können dem Hinduismus, dem Sikhismus, dem Buddhismus in verschiedenen Ausrichtungen, dem Zen, den Anhängern Hare Krishnas oder Oshos und vielen anderen in Köln begegnen. Wie tief allerdings jeweils die Glaubensüberzeugung das Leben des einzelnen Kölners prägten, dazu haben wir keine detaillierten Informationen. Der Kirchenbesuch hat bei vielen Protestanten und Katholiken im Laufe der Jahrzehnte bereits Ende der 1970er Jahre drastisch nachgelassen, im Erzbistum Köln kommt er bei den Katholiken in den letzten Jahren auf etwa zehn Prozent. Die beiden von Kirchensteuer getragenen Konfessionen stehen nach großen Erfolgen in der Nachkriegszeit – damals besonders die katholische Kirche als »Siegerin in Trümmern« – heute vor »nicht länger abweisbaren Pluralitätsbedingungen allgemeiner wie spezifischer Vergesellschaftung. [...] Noch ist nicht zu sehen, ob es zu einer trotzig-aversiven Selbstbehauptung in zunehmender öffentlicher Irrelevanz kommt oder zu einer adaptiven Neuverortung in der bundesrepublikanischen Kultur.«

Vor dem Hintergrund dieser schönen Formulierung könnten in den letzten Jahrzehnten in Köln die Gestalten von Joachim Kardinal Meisner, Erzbischof von Köln (1989–2014), und seinem Nachfolger seit 2014, Reiner Maria Kardinal Woelki, angesichts des erkennbaren Klimawandels als Muster für beide Positionen dienen. Die Amtskirche hat heute gegenüber dem Kirchenvolk keine einfache Position. Skandale in den eigenen Reihen schwächen sie zusätzlich und viele Christen vertreten ihren persönlichen Glauben intensiv, auch gegenüber der Amtskirche. In den 90er Jahren werden die divergierenden Vorstellungen im »Pastoralgespräch für das Erzbistum Köln« erkennbar. Viele der dort beschlossenen Schlußvoten und Meinungsbilder entsprechen bis heute nicht den Vorstellungen der Amtskirche, so etwa die zum Umgang mit Homosexualität, mit vorehelicher Liebe und mit den eigenen Mitarbeitern oder zur Beratung bei ungewollter Schwangerschaft. Zum Kommunionempfang wiederverheirateter Geschiedener hat sich die Deutsche Bischofskonferenz nach Jahrzehnten des Sträubens gegen die Gewissensentscheidung des Einzelnen erst 2017 überwinden können. Kritik wird laut, Gehorsam wird verweigert und führt z.B. 1999 zur Gründung ungewollter Organisationen wie »Donum Vitae« zur Fortführung von Schwangerschaftsberatung mit Beratungsschein. Interne Auseinandersetzungen, wie die abrupte Verweigerung weiterer finanzieller Unterstützung der Karl-Rahner-Akademie durch das Erzbistum für lange Jahre, zeugen von den die Schwierigkeiten, sich der Gegenwart zu stellen.

Heinrich Bölls Auseinandersetzung mit seiner Kirche über die Zahlung der Kirchensteuer steht für das problematisch staatstragende und staatsnutzende Verhältnis von Kirche und Staat, mit dem sich die Öffentlichkeit nach 1945 fast widerspruchslos abgefunden hat. Aus dem Erleben von nationalsozialistischer Diktatur und Krieg setzte Heinrich Böll (1917–1985) schon 1940/41 voll brennender Hoffnung auf den »großen, großen Kampf, den wir Christen nach diesem Krieg zu bestehen haben«. Er hoffte auf eine christliche Gesellschaft, wollte mit Freunden, mit vielen Kindern ein »neues Geschlecht« gründen. Dieses Bewusstsein, eine Aufgabe für eine neue Gesellschaft erfüllen zu müssen, macht Heinrich Böll inmitten der Nachkriegsgesellschaft, die das Vergessen und das angenehme Leben sucht, und in einer Kirche, die eine gewohnte bürgerliche Gesellschaft wieder etablieren will, zum unablässigen Mahner und Störenfried. So heißt es in der offiziösen, 1986, kurz nach Bölls Tod, erschienenen Biografie: »Böll lehnte es ab, den Kirchen ›eine Art Aktie auf das Sozialprodukt zuzugestehen‹.« Das Leistungsdenken der Bundesrepublik fand er mörderisch, eine Gesellschaft, die nur auf Profit und Erfolg beruhe, sei unmenschlich und zerstöre sich selbst. »Sie erinnern nicht daran, daß wir nur einmal leben und daß es so keinen Sinn hat, sich kaputt zu machen für materiellen Gewinn.« Einige Jahre hindurch wurde Bölls Kirchensteuer vom Gerichtsvollzieher bei seinem Verlag Kiepenheuer & Witsch eingezogen. Im Jahr 1976 ist der Schriftsteller aus der Kirche ausgetreten, aber weiter zur Messe und auch zur Kommunion gegangen und schließlich von seinem Freund Hubert Falken, Pfarrer und Künstler, dennoch kirchlich in Bornheim-Merten beerdigt worden.

Die Entwicklung zu einer weltlichen Lebensführung, in der religiöse Verpflichtungen weniger eine Rolle spielen als das fröhliche Feiern der Festtage, kann auch beim Islam beobachtet werden. Als Bundespräsident a. D. Christian Wulff auf Einladung der von der Türkei gesteuerten DITIB an der zentralen Festveranstaltung zur Geburtstagsfeier des Propheten Mohammed teilnimmt, sind bei 16 000 Teilnehmern in der Lanxess Arena immer noch Plätze frei. Und das trotz Anwesenheit des türkischen Botschafters in Deutschland und des Präsidenten des türkischen Amtes für Religionsangelegenheiten. Angesicht der vielleicht drei Millionen Menschen mit türkischem Migrationshintergrund bezeugt das kein großes Interesse. Die Integrationsabneigung des vom türkischen Staat 1984 in Köln als »Türkisch-Islamische Union der Anstalt für Religion e.V.« gegründeten, finanzierten und geführten Vereins zeigt sich schon darin, dass die von der DITIB nach Deutschland geholten und meist für vier Jahre bezahlten Imame anschließend in die Türkei zurückkehren und eine Imamausbildung in Deutschland abgelehnt wird. Allerdings bestehen die dahinter zu vermutenden türkischen Ängste um das Nationalbewusstsein und die Treue zum Islam der türkischen Migranten offensichtlich zu Recht. Zu den Freitagsgebeten und den Gebeten am Wochenende in den gut 40 Kölner Moscheen kommen schon

1994 durchschnittlich keine 5 000 der vielleicht 100 000 Kölner Muslime. Angesichts der Tatsache, dass es sich dabei wie im Islam üblich vorwiegend um Männer handelt, »praktiziert das Gros der Muslime seinen Glauben ähnlich lax wie Christen und Juden«.

Der erste, 1965 von Gastarbeitern ins Leben gerufene Moscheeverein, die Barbarossa-Moschee, ist Ende 2014 nach Kündigung des Mietvertrages geschlossen worden. Der Moscheeverein hat sich später Milli Görüş, der demokratiefeindlichen, 1972 gegründeten »Vereinigung der neuen Weltsicht in Europa e. V.«, ebenfalls mit Sitz in Köln, angeschlossen. Milli Görüş rechnet 2001 mit etwa 3 000 Mitgliedern in Köln. Auch der 1973 in Köln gegründete »Verband Islamischer Kulturzentren e.V.« (VIKZ) vertritt konservative türkische Vorstellungen. Die einzelnen Moscheen, die dann einem der drei Verbände angehören können, werden ebenfalls meist in Vereinsform organisiert und finanziert, wobei Verdienste von Geschäften, die mit der Moschee verbunden sind, manchmal zur Finanzierung beitragen. So hat z. B. die von den 200 Mitgliedern des »Vereins zum Schutz der Gesellschaft vor schlechten Gewohnheiten« in Mülheim gegründete Moschee einen Supermarkt im Obergeschoss, einen Friseur und eine Teestube.

Manchmal dauert es erstaunlich lange, bis eine Moschee gegründet wird. Oft werden neben der fast überall vorhandenen Teestube Angebote für Sport, Hausaufgabenhilfe, Computerkurse, Gesundheitsberatung und Erziehungsberatung gemacht. In Chorweiler ist die DITIB bereits 1988 für ein »Lokal für religiöse, soziale und kulturelle Dienste« an den Oberbürgermeister herangetreten. 1989 hat sich auch Konkurrenz mit dem »Türkisch-Islamischen Kulturverein Chorweiler« gegründet. Der Rat der Stadt Köln ist allerdings gut beraten und empfiehlt der Stadtverwaltung, »von einer Unterstützung einzelner Gruppierungen abzusehen«. So bleibt beiden nichts anderes übrig, als sich selbst zu finanzieren. Der VIKZ rechnet im Jahre 2001 mit etwa 1 000 zahlenden Mitgliedern. 2008 wird die DITIB-Zentralmoschee Chorweiler in Feldkassel eröffnet, 2010 die Yeni Camii des im Verband Islamischer Kulturzentren e.V. organisierten Integrations- und Bildungsvereins Chorweiler e.V. an der Elbeallee.

Neben den bei DITIB, Milli Görüs̨ oder dem Verband Islamischer Kulturzentren e. V. angeschlossenen sunnitischen Moscheen verbinden die Trägervereine anderer Moscheen wieder eigene politische oder nationale Vorstellungen mit dem von ihnen vertretenen sunnitischen oder schiitischen Islam. So gibt es z. B. eine iranisch-schiitische Moschee in der Olpener Straße, eine türkisch-schiitische und eine der Imamiten auf der Keupstraße. Die am Rande den Schiiten zugerechneten Aleviten, liberal ausgerichtet, lange in der Türkei unterdrückt und verfolgt, bauen keine Moscheen, sondern treffen sich, ohne dass dies im Straßenbild einen Unterschied ausmacht, in Kulturzentren. Im Jahr 2007 rechnet man bei der Eröffnung des neuen Kölner Hauses der 1991 gegründeten »Alevitischen Gemeinde Köln«, der größten von vier alevitischen Gemeinden in der Domstadt, mit 400 zahlenden Mitgliedern unter den etwa 20000 in Köln lebenden Aleviten. Viele von ihnen sind Kurden und so wundert es nicht, dass im Juni 2013 einige zehntausend Aleviten aus der gesamten Bundesrepublik an einer Demonstration gegen Erdogan in Köln teilgenommen haben. Hier hat auch die Föderation der Aleviten-Gemeinden in Europa seit 1993 ihren Sitz. Neben Muslimen mit türkischem oder kurdischem Hintergrund sind in Köln auch Muslime mit bosnischem, albanischem, arabischem oder iranischem Hintergrund vertreten.

Andere muslimische Gemeinschaften werden wie die Ahmadiyyia Muslim Jamaat der 1985 eröffneten Bait-un Nasr-Moschee in Niehl von den anderen Muslimen als Ketzer betrachtet. Auch Extremisten treten auf, wie Cemaleddin Kaplan (1926–1995), der 1984 nach dem Ausscheren aus Milli Görüs̨ seinen eigenen »Verband der islamischen Vereine und Gemeinden e.V.« gründet und als »Kalif von Köln« über Jahre hinweg Schlagzeilen macht. Was – damals belächelt – im Jahre 1994 von Cemaleddin Kaplan verkündet wird, ist heute hasserfüllte Realität: »Für uns sollte ein eigener Staat da sein, denn es ist eine religiöse Pflicht, einen solchen zu besitzen. Dieser Staat, dessen Existenz eine religiöse Pflicht ist, ist ein Staat des Kalifats, also ein Gottesstaat.« Sein Sohn und Nachfolger Metin Kaplan strebt ebenfalls nach einem »Kalifatsstaat« und wird im November 2000 wegen Aufrufs zum Mord an einem Konkurrenzkalifen, der tatsächlich ermordet wird, zu vier Jahren Haft verurteilt. Zuvor wurde dem Sozialhilfeempfänger von seinem Verband mit immerhin 1100 Anhängern ein Mercedes mit Chauffeur zur Verfügung gestellt. Bei einer Hausdurchsuchung wurden zudem fast zwei Millionen D-Mark in Plastiktüten gefunden. Schließlich erwartete der Kalifatsstaat Abgaben in Höhe eines Monatsgehalts von seinen Anhängern. Nach dem Verbot des Verbandes Anfang 2001 durch den Innenminister wird das Vermögen, darunter auch die Grundstücke der immerhin etwa 20 zum Verband gehörenden Moscheen, eingezogen. Das Kölner Gelände wird an Investoren verkauft. Bis zum 12. Oktober 2004 wehrt sich Metin Kaplan erfolgreich vor Gericht gegen seine Abschiebung in die Türkei. Dort wird er dann zu lebenslanger Haft verurteilt. Metin Kaplans Beschwerde gegen das Verbot des »Kalifatsstaates« wird 2006 vom Europäischen Gerichtshof für Menschenrechte für unzulässig erklärt. Viele seiner Anhänger sind inzwischen wieder zu Milli Görüş zurückgekehrt. Die *never ending story* des »Kalifen von Köln« hat für das öffentliche Bild des Islam in Deutschland und besonders in Köln manchen Schaden angerichtet und sein Auftreten wird eingestuft zwischen lächerlichem Gebaren und gefährlichem Fundamentalismus. Das gleiche gilt für Salafisten, die z. B. auf der Schildergasse Koranausgaben verteilen. Auch sie drängen sich in der öffentlichen Wahrnehmung in den Vordergrund. Dagegen wird dann leicht übersehen, welche Bedeutung die über 2 500 Unternehmer türkischer Herkunft inzwischen für die Wirtschaft Kölns haben.

Die Titelseite der Programmschrift von Cemaleddin Kaplan aus dem Jahr 1995

Mit dem seit 1997 regelmäßig am 3. Oktober durchgeführten »Tag der offenen Moschee«, auch mit Führungen und Gesprächen an anderen Tagen, versuchen die Gemeinschaften, ihre Offenheit in dieser Stadtgesellschaft deutlich zu machen, und sehen sich – so das Motto des Jahres 2009 – als »Ein fester Teil der Gesellschaft.« Die aus den Zahlen sprechende, wenig verbreitete Treue zu den Vorschriften ähnelt also der Entwicklung des Kirchenbesuches bei Protestanten und Katholiken. Die immer populärere Feier des Zuckerfestes am Ende des Ramadans entspricht wohl oft einem ebenso wenig tiefen religiösen Bedürfnis wie die konsumfröhliche christliche Feier von Ostern und Weihnachten. Die repräsentative Sinus-Milieu-Studie zu Menschen in Deutschland mit Migrationshintergrund des Jahres 2008 zeichnet ein tatsächlich religiös-verwurzeltes Milieu dagegen mit nur sieben Prozent ab, das sich mit dem traditionellen Arbeitermilieu von 16 Prozent etwas überschneidet. Mit jeweils gut 10 Prozent runden je ein statusorientiertes, ein entwurzeltes, ein multikulturelles, ein intellektuell-kosmopolitisches, ein adaptiv-bürgerliches und ein hedonistisch-subkulturelles Milieu das Bild ab. So integrieren sich die meisten in Deutschland lebenden Menschen mit Migrationshintergrund auf verschiedenen Ebenen in die entsprechenden Schichten der deutschen Gesellschaft und nur das entwurzelte Milieu mit neun Prozent ist besonders vom Verlust der Heimat geprägt. Die Kultur der Heimat wird nicht vergessen. »Kulturwelten« sind entstanden. Bildende Kunst, Musik, Tanz und Literatur wird an vielen Orten und von zahlreichen Vereinen und Institutionen gepflegt. Das Ergebnis von einem halben Jahrhundert Migrationsgeschichte ist »eine spannungsgeladene Vielfalt, die die gesamte Gesellschaft prägt, fordert und verändert.« Der Kölner »Rat der Religionen«, den Oberbürgermeister Fritz Schramma 2006 ins Leben rief, versuchte in den vergangenen Jahren mit seiner »Kölner Erklärung« des Jahres 2007, die jede Form von Diskriminierung, Terror und Gewalt ablehnt, gegenseitige Akzeptanz, Achtung und Toleranz zu fördern.

So wie in der Nachkriegszeit die Zahl der in Köln geborenen Kinder mit einem oder beiden Elternteilen, die nicht aus Köln stammten, schnell gewachsen war, so gilt das heute auch für Kinder mit Migrationshintergrund. Bei den bis 6-jährigen sind es inzwischen 52 Prozent mit Migrationshintergrund und bei den 6- bis 18-jährigen 48 Prozent. Aber das sagt noch nichts darüber aus, welchen Weg sie in unserer Stadtgesellschaft gehen werden. Denn gefährlich ist eine ganz andere Entwicklung, die sich seit den 1980er Jahren beobachten lässt. Damals verdienten Deutsche unwesentlich mehr als Ausländer. 20 Jahre später liegt das Pro-Kopf-Einkommen bei Deutschen in NRW 50 Prozent höher als bei Ausländern. Und 2008, noch inmitten der Finanzkrise, waren in NRW 8,5 Prozent der Deutschen, aber ganze 21,7 Prozent der Ausländer arbeitslos. Die Kölner Zahlen für dasselbe Jahr zeigen 11,9 Prozent Arbeitslose insgesamt, wie immer in Großstädten höher als im Landesdurchschnitt, aber sogar mehr als 26 Prozent bei den Ausländern. Keine angenehme Situation für den Einzelnen, für die Familie und die Allgemeinheit im Viertel und in der Stadt. Armut und Benachteiligung sind dazu ungleich in der Stadt verteilt. Stark davon betroffen sind bereits zur Jahrtausendwende die Stadtteile Bickendorf, Bocklemünd, Chorweiler, Godorf, Lindweiler, Meschenich, Ostheim, Seeberg und Vingst, in denen besonders hohe Anteile der Bevölkerung von Sozialhilfe leben, sich zahlreiche Sozialwohnungen befinden und viele Einwohner mit Migrationshintergrund und niedriger Schulbildung zu finden sind. Aktuell sind die Stadtteile Chorweiler, Seeberg, Kalk, Ostheim und Finkenberg von Armut bei Kindern, Arbeitslosen und Senioren geprägt. Benachteiligung ist ein guter Nährboden für Gewalt. Beispielhaft hat sich das in Kalk im Jahre 2008 gezeigt, als ein Jugendlicher mit Migrationshintergrund bei einem Überfall zu Tode kommt und die Tat als Notwehr eingestuft wird. Krisenstimmung macht sich breit. Rassistische Parolen werden laut. Fehlende Kommunikation und fehlende Kommunikationswege führen über mehrere Tage zu Protestaktionen. Mit EU-Fördermitteln versuchen Rat und Stadtverwaltung hier dem Abstieg gegenzusteuern.

Seit 1995 sammelt und verteilt die »Kölner Tafel« Lebensmittel – Hilfe in einer Stadtgesellschaft, in der sich arm und reich immer weiter von einander entfernen.

Es gibt zahlreiche große und kleine Initiativen, die sich vor Ort und persönlich einsetzen. Beispielhaft und vorbildlich für viele sind die Aktivitäten, die Kölns alternativer Ehrenbürger Pfarrer Franz Meurer im »HöVi-Land« in den benachbarten Stadtteilen Höhenberg und Vingst initiiert hat. Die Stadt selbst bringt sich mit dem 1984 eingeführten Köln-Pass ein, der auf Initiative der SPD aus dem Familienpass für kinderreiche Familien hervorgegangen ist.

Die Herausforderung der jüngsten Flüchtlingswelle hat neben einem breiten Spektrum von Hilfsbereitschaft auch zur Gründung von neuen Bürgerinitiativen geführt, die langfristiges Engagement organisieren. Das weckt allerdings auch deutliche Kritik am Stand der öffentlichen Aktivitäten. So stellt die Bürgerinitiative »Willkommen in Brück« fest: Zu hohe Verwaltungshürden verhindern den Umzug von Flüchtlingen in bessere Wohnungen sowie schnelleren Zugang zu Arbeitsmöglichkeiten, die zu geringe Zahl an offiziellen Betreuern verschärft die Situation.

Kölner Eigenlogik

Der tiefe Schock nicht nur für Köln, den das kriminelle Chaos der Silvesternacht 2015/2016 im Hauptbahnhof und am Dom, immer wieder ins Bewusstsein gerufen durch die nur schrittweise und zögerliche Aufklärung der Ereignisse, hat einen langen nachhaltigen Schatten auf das Bild geworfen, das Köln von sich selbst, von seiner Lebensweise, von seiner Eigenlogik hat. Das internationale Echo hat einen erkennbaren Rückgang des Tourismus und der Übernachtungszahlen ausgelöst. Städtischer Ordnungsdienst, Polizei und Bundespolizei waren wie beim Hogesa-Krawall am 26. Oktober 2014 nicht in der Lage, die Situation zu kontrollieren. Die Täter, meist nordafrikanischer Herkunft, haben mit ihren sexuellen Übergriffen eine grundlegende Übereinkunft zivilisierten europäischen Verhaltens attackiert. Und das empfinden wir als Schock, gerade auch noch in einem Köln, das auf seine angeblich zweitausendjährige Tradition friedlichen Zusammenlebens stolz ist. Hier wurde »Kölns berühmte, eigentlich aber passive Toleranz« hemmungslos ausgenutzt: eine zugleich offene und einladende Kommunikationsfähigkeit, ohne daraus für die eine oder andere Seite zu große Verpflichtungen zu folgern – »Drink doch ene met!« Dieses Lied war nicht zufällig der Durchbruch zum großen Erfolg für die Bläck Fööss.

Diese sympathische Haltung hat sich am Brüsseler Platz in der Neustadt zum Problem entwickelt. Hier werden die Anwohner seit Jahren durch die (fast) allnächtliche Party gestört, die sich nach der Neugestaltung des Platzraumes Anfang der 80er Jahre entwickelt hat. Der Gedanke von OB Harry Blum »Plätze werden zu Wohnzimmern« ist hier sehr wörtlich genommen worden. Der jüngste Versuch ist eine Ideenwerkstatt, in der alle Beteiligten – Anwohner, Kirchengemeinde, Kioskpächter und Nutzer – zu Worte kommen sollen. Anwohner wehren sich inzwischen mit stinkender Buttersäure. Entwürfe für eine Neugestaltung des Platzes finden keine Zustimmung. Vier Bürgerinitiativen schließen sich zur Mitbestimmung zusammen. Für den Rheinboulevard, der mit seinem wunderbaren Blick von den Stufen am Rheinufer zum Verweilen und Genießen einlädt, ist inzwischen ein Kiosk gewünscht und ein permanent anwesender Sicherheitsdienst beschlossen. Zumindest ist der Boulevard nun seit Dezember 2016 offiziell fertig und inzwischen zu einer neuen Problemzone geworden.

Als selbstbewusster Vertreter der Kölner Eigenlogik hat der Architekt Jupp Engels (1909–1991) an seinem Haus »Em Hane« am Alter Markt 1964 nicht ganz sachgerecht unterhalb der Regenrinne die von Ewald

Das erste deutsche Heft von Charlie Hebdo *2016 hatte den Silvesterschock zum Thema.*

Mataré entworfene Figur des Kallendressers anbringen lassen. Er sitzt zu tief, eigentlich entlädt er seine Notdurft in die Regenrinne (Kalle).

Damit zeigt er zugleich seine Einstellung gegenüber der Obrigkeit im Rathaus gegenüber. Dort antwortet der »Kölner Spiegel«, eine Skulpturenkonsole, ebenfalls blankgezogen, und spiegelt die Haltung der Obrigkeit gegenüber den Untertanen. Manche behaupten, das wäre auch heute noch aktueller Zustand der Stadtpolitik. Mit der Schmitzsäule, Denkmal der frühen Verbindung von Ubierinnen und Legionären, hinter seinem Haus und den Bronzeskulpturen von Tünnes und Schäl daneben, hat Jupp Engels sein Bild Kölscher Eigenlogik abgerundet und im Kallendresserorden Gleichgesinnte um sich gesammelt.

Die vier Forderungen der »Kölner Botschaft« vom März 2016, die von zahlreichen prominenten Kölnern unterzeichnet wurde, »Kein Tolerieren von sexueller Gewalt, Kampf gegen bandenmäßige Gewalt, Konsequenzen aus dem behördlichen Versagen, Schluss mit fremdenfeindlicher Hetze – Deutschland bleibt ein gastfreundliches Land«, sind eine passende Antwort auf die Ereignisse. Eine Wiederholung konnte an Silvester 2017 erfolgreich verhindert werden. Als Präambel ist der »Kölner Botschaft« eine Beschreibung der Kölner Eigenlogik vorangestellt, die ein guter Ausgangspunkt für dieses Kapitel ist: »Wir lieben Köln. Wir lieben die Vielfalt unserer Stadt, die Lebenslust, das immer etwas Chaotische, nicht ganz so Reglementierte, niemals Stubenreine, aber auch die Gastfreundschaft und Offenheit für Lebensformen, Kulturen und Sprachen, die erst seltsam anmuten und kurz darauf bereits zum Alltag gehören. Wir lieben die Kraft unserer Stadt, aus Zuwanderern innerhalb kürzester Zeit begeisterte Kölner zu machen. Zugleich spüren wir, dass Köln eine uralte Stadt ist, an einem großen Fluss, der jeden Tag auf die gleiche Weise an uns vorüberzieht, und das gibt uns vielleicht die Gelassenheit, nicht bei jeder schlechten Nachricht gleich eine Katastrophe zu befürchten und selbst beim Abstieg unseres Fußballvereins an die Qualifikation für die Champions League zu denken. Et hätt noch immer jot jejange, ist tatsächlich unser Lebensgefühl.«

Erfolgreich hatte sich gleich im Oktober 2014 eine breite Front gegen die rechtsradikalen Demonstrationen von Hogesa (Hooligans gegen Salafisten) und Kögida (Kölner gegen die Islamisierung des Abendlandes«) gebildet, geplante Marschwege mit deutlich größeren Teilnehmerzahlen gesperrt und zahlreiche Menschen für Gegenveranstaltungen gewonnen. Für die Demonstration von Kögida am 5. Januar 2015 wurden aus Protest die Lichter vieler Unternehmen, der Brücken und sogar die Dombeleuchtung ausgeschaltet. Mit 500 Teilnehmern gegenüber den mehr als 7000 Gegendemonstranten muss sich Kögida auf dem Otto-Platz in Deutz etwas kümmerlich vorgekommen sein. Die nächsten

Auftritte schrumpfen weiter zusammen. Eine Gegendemonstration nahe dem NS-Dokumentationszentrum auf dem Appellhofplatz Mitte Januar 2015 hat über 6000 Teilnehmer mit Navid Kermani als prominentem Redner. Ende des Monats werden dann weitere ursprünglich angemeldete Demonstrationen von Kögida abgesagt. Ein weiterer Versuch am 20. Mai 2015 brachte ein gutes Dutzend Teilnehmer und das Zwanzigfache an Gegendemonstranten auf den Bahnhofsvorplatz. Auch der bisher letzte Versuch am 25. Oktober 2015 in Deutz trifft auf deutliche Gegendemonstrationen. Gegen den Parteitag der AfD im April 2017 haben Karneval und Kommunalpolitik gemeinsam Front gemacht.

Das hat eine lange Tradition. In der stadtinternen Kölner Auseinandersetzung mit Rassismus, Fremdenfeindlichkeit und Neonazis ist die »Kölsche Sproch« als Teil der Eigenlogik der Stadt früh die tragende Grundmelodie. Gegen den sich ausbreitenden Neonazismus demonstriert Köln bereits am 29. März 1978 mit immerhin 15000 Teilnehmern. Der 1991 nach den Krawallen von Hoyerswerda gegründete »Runde Tisch für Integration« – bis 2002 noch »Runder Tisch für Ausländerfreundlichkeit« – stellt sich kontinuierlich mit öffentlich wirksamen Aktionen und als ideale Anlaufstelle gegen Rechtsradikalismus. So beteiligen sich am 19. März 1992 zahlreiche Kölner Prominente vom Regierungspräsidenten Franz-Josef Antwerpes bis zu Ranga Yogeshwar vom WDR an einer Flugblattaktion: »Gemeinsam sind wir Köln – R(h)einland statt Rausland«.

Das heißt nicht, dass es Fremdenfeindlichkeit in Köln nicht gibt. Individuelle schlechte Erfahrungen sind auch heute nicht selten. Ein Beispiel dafür ist der Kölner Umgang mit den Roma. Sie wurden als »Zigeuner« unter der nationalsozialistischen Diktatur verfolgt und im Holocaust ermordet; nun setzt sich in Köln seit 1988 der von Kurt Holl (1938–2015) gegründete Rom e. V. für sie ein. Noch Mitte der 70er Jahre ist »Die haben kein Recht, sich in Deutschland aufzuhalten« oder »Jeder Zigeuner ist zuviel in dieser Stadt« offizielle Verwaltungsmeinung in Köln. Die 1988 vom Rat nach heftigen Diskussionen gegen die Stimmen der CDU-Fraktion beschlossenen Durchreiseplätze auf beiden Seiten des Rheines mit entsprechenden sanitären Einrichtungen sind noch immer nicht eingerichtet. Zu den Vorurteilen gegenüber Ausländern gehört auch, dass über Jahre offiziell an der verletzenden Vorstellung festgehalten wurde, dass der Nagelbombenanschlag am 9. Juni 2004 in der Keupstraße auf interne Auseinandersetzungen unter den dort lebenden türkischen Geschäftsinhabern und nicht auf Fremdenfeindlichkeit zurückzuführen ist.

Lebensfreude lässt sich weder vorschreiben noch unterdrücken. Der Kölner und auch die Kölnerin auch lassen sich ihre Lebensfreude – wichtiger Bestandteil der Kölner Eigenlogik – nicht verbieten. Der Schock des Golfkrieges führte am 21. Januar 1991 zur offiziellen Absage des Straßenkarnevals und am Rosenmontag den Offiziellen ihre Bedeutungslosigkeit vor Augen: Die Straßen in der Innenstadt waren trotz Schneetreiben voller Narren und man begegnete improvisierten Zügen. Das aufgefrischte kölsche Selbstbewusstsein zeigte sich bald wieder.

Und nun erneut im Volksaufstand gegen Rassismus und Fremdenfeindlichkeit. Mit dem Erfolg der großen Veranstaltung vom 9. November 1992 auf dem Chlodwigplatz »Arsch huh, Zäng ussenander!« setzt sich »Kölsche Sproch« als Ausdruck des Selbstbewusstseins endgültig durch, das bei 100 000 Kölnern vor Ort Begeisterung und Zustimmung fand. Auf der Bühne kam die kölsche Prominenz zusammen: Jürgen Becker, Klaus Bednarz (1942–2015), Moderator der Sendung Monitor beim WDR, die Bläck Fööss, Viktor Böll, Rolly Brings, die Band Brings, Oberbürgermeister Norbert Burger, Elke Heidenreich, die Höhner mit Klaus dem Geiger, Samy Orfgen, L. S. E., Jean Jülich (1929–2011), Willy Millowitsch (1909–1999), Wolfgang Niedecken mit BAP, Nick Nikitakis, die 4 Reeves, Viva la Diva, The Piano Has Been Drinking, Triviatas, Kölns erster schwuler Männerchor und Jürgen Zeltinger. Daraus erwuchs die bis heute mit Hermann Rheindorf als ihrem Sprecher weiter aktive »AG Arsch huh, Zäng ussenander!«. Am 9. Januar 1993 nehmen über 40 000 Kölner an einer Lichterkette gegen Ausländerfeindlichkeit teil, zu deren Abschluss die Domglocken läuten. Am 30. Januar 1993 folgt ein Sternmarsch zur Kundgebung auf dem Altermarkt. Gemeinsam mit der AG »Arsch huh, Zäng ussenander!« wird für den 4. und 5. Dezember 1993 ein »Kölner Kongress zur gemeinsamen stadtbürgerlichen Verantwortung« im Bürgerhaus Stollwerck organisiert. In den Jahren danach folgt eine Vielzahl wirksamer kleiner Aktivitäten. Am 9. November 2012 wird 20 Jahre nach der legendären Kundgebung auf dem Chlodwigplatz erneut aufgerufen, nun gegen Ausgrenzung, Diskriminierung und soziale Spaltung der Stadt – wieder mit 80 000 Teilnehmern eine klare Demonstration. Die peinliche und schmerzhafte Entdeckung, dass das Nagelbombenattentat in der Keupstraße am 9. Juni 2004 nicht auf Auseinandersetzungen im Migrantenmilieu zurückging, sondern der NSU zuzuschreiben ist, löste Empörung aus. Nachlässige Ermittlungen hatten die Gesellschaft in Köln mit Misstrauen vergiftet. »Arsch huh« reagierte 2014 mit »Birlikte« – türkisch für »zusammen« –, das zum jährlich wiederholten Festival geworden ist.

Eigenlogik, Eigenbild, Selbstbild, und neudeutsch »Image« oder bei Firmen »CI« bzw. »Corporate Identity« sind das Bild, das wir von uns

Titelseite des von Willi Reiter und Eusebius Wirdeier zum abgesagten Rosenmontagszug 1991 herausgegebenen Bildbandes

machen, andere sich von uns machen sollen oder tatsächlich machen. Manchmal kommt ein Feindbild dazu, aber von Düsseldorf wollen wir hier nicht sprechen. Die Eigenlogik, eine merkwürdige, wenig logische Wortschöpfung der soziologischen Stadtforschung, finden wir ähnlich gedacht als zu pflegende Eigenart z. B. im Programm des Heimatvereins Alt-Köln als Vereinsziel und ebenso bei mancher Karnevalsgesellschaft erwähnt. Definiert wird die Eigenart nie, sie ist selbstverständlich für jeden. Umschreiben lässt sie sich gut. Das ist den Höhnern 2003 mit »Viva Colonia« perfekt gelungen: »Met ner Pappnas jeboore, dr Dom en der Täsch, hammer uns jeschwoore: Mir jonn unsre Wääch. Alles wat mer krieje künne, nemme mir och met, weil et jede Aureblick nur einmol jitt ...« Von der Pappnas ist der Weg zu Roncalli nicht weit. Bernhard Pauls Zirkusphilosophie ist nicht in Köln entstanden, hat aber hier ihre Heimat gefunden.

Versuchen wir dennoch, der Kölner Eigenlogik etwas näherzutreten. Tragender Wesenskern und zugleich Ausdrucksform der Kölner Eigenart ist die »kölsche Sproch«. Zentrale Elemente der Kölner Lebensweise oder der Lebensphilosophie werden in der eigenen Sprache formuliert und so auch im alltäglichen Gespräch in die normale deutsche Umgangssprache eingebettet. Ein gutes Bespiel dafür sind die Formeln des Kölschen Grundgesetzes. Sie sind von einem zivilisationserfahrenen Fatalismus geprägt: »Et es, wie et es« oder »Et kütt, wie et kütt«. Die Gesetze dürfen sich – das passt zur fatalistischen Grundstimmung – auch widersprechen: Dem hoffnungsvollen »Et hät noch immer jot jejange« tritt das fatalistische »Wat fott es, es fott« gegenüber. Das jeweils zutreffende Gesetz wird angewendet. Hier werden Lebensgefühle und Lebensweisheiten weitergegeben und eingeübt, die manches historische und gegenwärtige Elend ertragen lassen. In der Kunst ist diese Lebenshaltung von Toni May (1914–2004) und Raffael Becker (1922–2013) vertreten und dargestellt worden und wurde, wie die Preise der Bilder zeigen, vom Kölner Publikum geliebt. Mit Charme und Humor hat Gerda Laufenberg die Facetten Kölner Lebensart und Lebenslust in ihren Grafiken festgehalten.

Der Umgang der Fans mit den Erfolgen und Misserfolgen des 1. FC, der dann schon einmal zum Karnevalsverein erklärt wird und tatsächlich seit 2015 förderndes Mitglied im Festkomitee ist, ist ein stolzes Zeichen der Kölner Eigenlogik. Die abwechslungsreiche Geschichte des Vereins, der mehrfach Deutscher Meister, 1978 Gewinner des Doubles und fünf Mal bisher aus der Bundesliga abgestiegen und wieder aufgestiegen ist, hat die Liebe nur gesteigert. Die Begeisterung der Stadt für ihren »Prinz Poldi«, für Lukas Podolski – mit Migrationshintergrund – spricht auch davon, dass man sich mit seinem fröhlichen, hilfsbereiten Auftritt identifiziert. Eigensinn, Bockigkeit, gehört auch zur Kölner Eigenlogik. Dafür steht Hennes, das Maskottchen des 1. FC, das als Geschenk von Carola Williams an Franz Kremer, den ersten Präsidenten, in die Vereinsgeschichte trat. Der noch junge Bock soll Hennes Weisweiler, damals Spieler des gerade gegründeten 1. FC ans Bein gepinkelt haben. Auch eine Kölner Eigenart?

Die Versuche, sich der Mentalität des Kölners – noch eine Alternative für die Wortschöpfung »Eigenlogik« – über seinen Humor zu nähern, beginnen nach 1945 mit Heinrich Lützeler (1902–1988), dessen *Philosophie des Kölner Humors* seit 1954 immer wieder neu aufgelegt worden ist. Intensiv hat man sich in den letzten Jahren von verschiedenen Seiten damit beschäftigt. Die Begeisterung der Kölner für diese ihre Eigenlogik wird darin gerne auch kritisiert. Dann wird die wiederaufgebaute Altstadt als »Potemkinsches Dorf« bezeichnet. Aber das führt nicht weit. Den vielfältigen Kölner Mythen, wie sie schon Martin Stankowski und Jürgen Becker vergnüglich im »Biotop für Bekloppte« beschrieben haben und Carl Dietmar sie sich seriös vorgenommen hat, verfolgen nicht nur das Ziel, die Vergangenheit erträglicher zu machen. Sie haben eine Wirkung, die man mit den schönen neudeutschen Begriffen des »Biofeedback« oder der »self-fulfilling prophecy« kennzeichnen kann. Einfach gesagt, das oft nur angeblich tolle Verhalten der Kölner in der Vergangenheit soll das zukünftige Verhalten der Kölner programmieren. Das sollte man keinesfalls geringschätzen.

Einen spannenden Einblick in die Kölner Eigenlogik – wenn man die alltägliche Kölner Lebenshaltung so bezeichnen will – gab zwischen 1979 und 2004 die Familie Fussbroich. Die Doku-Fernsehserie über eine Kölner Familie aus einfachen Verhältnissen brachte der Filmemacherin Ute Diehl 1992 den Adolf-Grimme-Preis. Kommunikationsfreude und Toleranz inklusive klarem Unverständnis für fehlende Integration zeigen sich, als zwei türkische Arbeitskollegen von Vater Frank den ausgemusterten Wohnzimmertisch abholen. Mutter Annemie fragt einen der »Mustafas« nach den wirtschaftlichen Verhältnissen in der Türkei aus. Sie staunt, dass dieser nach 17 Jahren in Deutschland kaum Deutsch spricht, während sie selbst im und für den Urlaub in der Türkei versucht, Türkisch zu lernen. Annemie und Frank nehmen das gelassen zur Kenntnis. Diese kölsche Gelassenheit, diese »passive Toleranz«, die Georg Jappe so kritisch sieht, ist aus meiner Sicht eine Grundlage der Kölner Eigenlogik und auch die Basis des bestaunten Erfolgs der Serie.

Diese Gelassenheit verbindet sich bei den Fussbroichs mit einer ungebrochenen Freude am konsumbetonten eigenen Leben. Ungebremst begegnen wir dieser Lebensfreude im Alltag der Stadt im Karneval und auf der Bühne: in einer für ein Stammpublikum angepassten Form im Millowitsch-Theater, dessen Erfolge den bisher populärsten Vertreter der Dynastie, Willy Millowitsch (1909–1999), im Jahre 1989 die Anerkennung als Ehrenbürger brachte. 1992 setzte ihm Theaterkollege Harry Owens zu Lebzeiten ein Denkmal, das nun seit 2014 auf dem Willy-Millowitsch-Platz im Herzen des Shopping-Trubels steht. Ohne die Einnahmen aus den Übertragungen im WDR und ohne Nachfolger aus der Familie als Theaterleiter ist heute die Zukunft des Theaters unsicher.

In weniger disziplinierter, eher explosiver Form haben Trude Herr oder Walter Bockmayer mit ihrer Lebenslust nicht nur der Kölner Gesellschaft einen Spiegel vorgehalten. Diese anarchistischen Angriffe gegen sogenannten »guten Geschmack und gute Sitten« und gegen die Heuchelei der bürgerlichen Gesellschaft auf der Bühne oder auf der Leinwand gefallen dem Publikum. Sie machen die traurige Realität, der nur wenige auf Zeit entfliehen können, ertragbarer. Und man hörte gerne vom Leben jenseits der üblichen Regeln. Das war die Rolle, die Horst Muys (1925–1970) als »ene Jung us em Leve« und charmanter Entertainer mit seinen Witzen oft unterhalb der Gürtellinie und jenseits des guten Geschmacks, *enfant terrible* des Karnevals, geschult im Millowitsch-Theater, mit Vergnügen lebte. Der Regelbruch hat auch Boxer Peter Müller – »Müllers Aap« – zur Kölner Legende werden lassen. Am 8. Juni 1952 schlägt Müller (1927–1992) statt seines Gegners den Ringrichter Max Pippow nieder. Die anschließende lebenslange Sperre dauert zehn Monate. Das Gegenbild zu Müller vertritt, als Grandseigneur verehrt, heute Ludwig Sebus.

Auch Trude Herr (1927–1991) spielt wie Horst Muys früh Nebenrollen im Millowitsch-Theater. Nach einem Zwischenspiel als Bardame im »Barberina«, einem ruhmreichen Homosexuellentreff an der Hohe Pforte, fand sie im Karneval früh eine Chance mit Büttenreden, hatte ab Ende der 50er Jahre Erfolge als »Ulknudel der Nation« in etwa 40 Filmen und 1959 mit dem Schlager »Ich will keine Schokolade, ich will lieber einen Mann« einen grandiosen Hit als »Urschrei der Selbstverwirklichung in der jungen Bundesrepublik«. Und Trude Herr lebte das aus. Und konnte nun ihre anarchistische Lust in den Karneval einbringen. Ihre »Jängsterbraut vom Eigelstein« begeistert das Publikum, aber nicht die Offiziellen. Hier missbilligt man, was man wenig später in den 60er Jahren bei Horst Muys fast bewundert. Als Revanche und Provoka-

KÖLN, 6. FEBR. 1948 **NEUE JLLUSTRIERTE** 3. JAHR Nr. 3 / 30 Pfg.

Trotz Streik und Speisekammergesetz: Karneval in Köln!

Was Claire Waldoff für Berlin und die Mistinguett für Paris war: das ist — mit Licht und Schatten — Grete Fluss für die alte Stadt am Rhein. Zur Karnevalszeit 1948 steht, tanzt und singt „et Flusse Griet", 60 Jahre alt und unverwüstlich, als Urwaldmädchen auf der Bühne des Mil.-Gov.-Theaters, Lachstürme säend, Beifallsstürme erntend. Ihr größter Schmerz: Es gibt kein Negerschwarz mehr. So muß sie Abend für Abend Ersatzschwärze nehmen ... (Zu unserem Bericht „Einmal im Jahr ist Karneval"). Aufnahmen: Peter Fischer.

Heute politisch unkorrekt – so wild war Grete Fluss (1892–1964) bereits im Karneval von 1948. Titelseite der Neuen Illustrierten. *Köln 6. Februar 1948,* tion kündigt Trude Herr 1959 für die nächste Session als Büttenrede »Die Karnevalspräsidentengattin« an und bleibt, da das erwartungsgemäß abgelehnt wird, den Sälen fern, dem Karneval aber auf anderen Bühnen treu. Und sie kehrt Anfang der 70er Jahre auch ins Theater zurück. Zuerst mit dem großen Kölner Impresario Otto Hofner als Produzent im Millowitsch-Theater, dann mit eigenen Stücken im eigenen »Theater im Vringsveedel«. Ihre Stücke schreibt sie sich auf den Leib, sie kreisen um ihre eigene Person, verbinden Gesellschaftskritik nahtlos mit überwältigender Komik und machen das Unternehmen zum Erfolg und zur Kräfte verzehrenden Belastung. Sie sucht Entspannung in der Wüste, schließt schließlich das nicht subventionierte Theater, lässt sich auf einer Fidschi-Insel nieder, schreibt, kehrt zurück und stirbt, körperlich verbraucht, dann doch überraschend 1991.

Der zwei Jahrzehnte jüngere Walter Bockmayer (1948–2014) geht einen ähnlichen Weg, aber in einer durch »1968« veränderten Gesellschaft. Genau in diesem Jahr kommt er nach Köln, arbeitet als Garderobier fürs Ballettensemble im Opernhaus, filmt begeistert mit einer Super-8-Kamera, eröffnet mit einem Freund 1975 die »Filmdose« Ecke Zülpicher/Kyffhäuser Straße als Kneipe, die zu seinem Kino und auch zur Bühne für erste Inszenierungen wird. Bundesfilmpreise und andere Erfolge würdigen seine Arbeit. Er eröffnet das Kaiserhof-Theater am Klapperhof, dem 2003 sein neues kölsches Volkstheater im alten Kino Scala am Hohenzollernring folgt, das nun Ralf Borgartz und Arne Hoffmann weiterführen. Der Kölner Metzgerssohn Stefan Raab hat bis Ende 2015 in seiner TV-Karriere diese kölsche und oft rüde Form von Unterhaltung, Satire und Provokation höchst intelligent und kaum schlagbar umgesetzt. Typisch kölsch nahm er als »Schächter des guten Geschmacks« nichts und niemand ernst, auch sich selbst nicht.

Die Bedeutung von Kölsch als Sprache und Ausdruck des Kölner Lebensgefühls wird nach Kriegsende bewusst etabliert. Oft wird es als Sprache prekärer Bevölkerungsteile aber auch ausgegrenzt. Mehrfach vertritt Konrad Adenauer während dieser Zeit als Kölner Oberbürgermeister die Vorstellung, dass die Kölner Schulkinder, die noch in der Evakuierung sind, Unterricht in Kölsch erhalten sollten. Gezielt fördert er das Millowitsch-Theater: »Jehn'se, Herr Millowitsch! Jehn'se auf de Ämter, se kriejen alles was se brauchen – ich habe Avis gegebe. Und bauen'se so schnell wie möglich, daß die Leute wieder was zu lachen haben. Und für de Premiere hätt' ich jern zwei Karten, aber Freikarten bitte.« Der Wunsch Konrad Adenauers, dass das Volkstheater Millowitsch, die Heimatbühne an der Aachener Straße, möglichst rasch wiedereröffnet werde, erfüllt sich erst am 16. Oktober 1945, zehn Tage nach Adenauers Entlassung als Oberbürgermeister. Mit Stücken wie »Im Nachtjackenviertel« oder »Et fussig Julche« wird die heimatliche Atmosphäre der vergangenen unzerstörten Stadt zurückgerufen. Das Gürzenich-Orchester (13. August 1945) und das städtische Schauspiel (17. August 1945 mit Shakespeares »Ein Sommernachtstraum«) hatten zwar zu diesem Zeitpunkt in der Aula der Universität ihren Nachkriegsbetrieb aufgenommen. Doch erst mit Eduard Künnekes am 25. Oktober 1945 aufgeführten Operette »Der Vetter aus Dingsda« kommt etwas später auch hier Heiterkeit auf die Bühne. Aber da hatten die Kölner nicht lange zu lachen. Robert Görlinger, Fraktionsvorsitzender der SPD, kritisiert in der Sitzung des Rates am 5. Dezember 1945 die Bühnen heftig: »Wir verkennen nicht, daß sie mit fast nichts beginnen mussten. Trotzdem hätten wir begrüßt, wenn sie etwas lebensnäher gewesen wären. Das alte Amüsiertheater für Gesellschaftsschichten, die gar nicht mehr existieren, hat seine Existenzberechtigung verloren.« Die nicht mehr existierenden Gesellschaftsschichten sahen das anders und füllten bis kurz nach der Währungsreform erfolgreich die Theaterkasse des Volkstheaters, dessen Theatersaal zusätzlich auch als Kino genutzt wurde.

Als Robert Görlinger seiner Empörung freien Lauf ließ, war »Die Kölnische von 1945« als frisch gegründete Karnevalsgesellschaft bereits angetreten: »Mer gründe en Karnevalsgesellschaff, et muß widder jet ze laache gevve!« Auch wenn Thomas Liessem das mit Skepsis zur Kenntnis nahm: »Un söns hatt ehr kein Sorge?«

Dieser Wildwuchs kölscher Aktivitäten erregt die Aufmerksamkeit des Rates und Peter Josef Schaeven, Fraktionsvorsitzender der CDU, ergreift am 13. Juni 1946 das Wort im Rat: »Und es wächst die Liebe zu unserer kölnischen Muttersprache. Es wächst die Liebe zum Volkstum, es wächst das Verständnis für die bodenständige Eigenart. [...] Wenn aber diese Dinge wild wachsen, wenn der Millowitsch spielt, was er will – die Bühne macht meines Erachtens in ihren kölschen Stücken etwas viel Spektakel, etwas weniger wäre besser –, wenn die Puppenspiele tun, was sie mögen, wenn etwa sogar präsumtive Karnevalspräsidenten daran denken, beim ersten Sonnenstrahl mal wieder so etwas wie ein ›vaterstädtisches Fest‹ einzurichten, [...] dann meine ich, und ich bitte Herrn Beigeordneten Steinforth zuzuhören, ob es nicht seines Amtes wäre, diese wildwachsenden heimatlichen kulturellen Dinge irgendwie zu einem Strauß zusammenzubinden ...« Offiziell und haushaltsplanmäßig tritt das so geforderte Amt für kölnisches Volkstum mit dem 1. April 1947 ins Leben. Josef Haubrich (SPD) hatte noch einmal

Bedenken erhoben: »Wir sind für alles Kölsche, aber nit för der Blubo.« Aber Peter Josef Schaeven und Josef Haubrich, der sich gegen »Blut und Boden«-Brauchtumsideologie sträubte, hatten sich bald geeinigt. Und als Theo Burauen sein Amt als Bürgermeister, als erster Stellvertreter von Oberbürgermeister Robert Görlinger, antritt, formuliert er den zentralen Satz seiner Rede auf Kölsch.

Die ordnende Hand des Amtsleiters Joseph Klersch (1893–1969), der das Amt für kölnisches Volkstum bis 1962 führt, gibt dem Karneval 1948 mit seinem *Kölner Fastnachtsspiegel* den Rahmen für den Neustart vor, auch wenn er sich in der unbezwingbaren Lust der Kölner, Karneval zu feiern, täuscht: »Es wird noch viel Wasser den Rhein hinabfließen, bis der Held Karneval wieder in fröhlichem Zuge die Straßen seiner allzeit getreuen Stadt Köln durchziehen wird.« Nachdem ein inoffizieller Rosenmontagszug auf Initiative der Roten Funken schon 1948 Joseph Klersch widerlegt hatte, folgte 1949 offiziell unter Verantwortung eines Festausschusses der Gesellschaften eine »erweiterte Kappenfahrt« aller Karnevalsvereine am Rosenmontag.

Kernthemen des Amtes für die nächsten Jahre sind das Hänneschen-Theater und das Laien-Puppenspiel in Kirchengemeinden und Schulen. Mit Karl Funck (1915–1980) als Spielleiter bis 1975 kann das Hänneschen-Theater am 15. August 1948 im Hörsaal I der Universität seinen Spielbetrieb wiederaufnehmen. Später ist man u.a. im Bruno-Saal in Klettenberg zu Gast. Der Wiederaufbau am Eisenmarkt wird am Aschermittwoch, dem 23. Februar 1950, dem gewichtigen Kölner Thema entsprechend einstimmig ohne weitere Diskussion beschlossen. Diskussionen löst das Theater selbst allerdings durch Witze über die NS-Zeit aus, die wenig später im September 1950 das Missfallen von Peter Joseph Schaeven (CDU) finden. Am 1. August 1951 kann das Hänneschen-Theater am Eisenmarkt wiedereröffnet werden. Nach manchem Streit über Spielleiter und Intendanten, über Preise und Ausrichtung ist das Theater meist auf Erfolgskurs und eine unverzichtbare kölsche Institution, gefördert von der Kreissparkasse und einem eigenen Förderverein. 2002 wird begeistert das 200-jährige Jubiläum mit einer Ausstellung in der Josef-Haubrich-Kunsthalle gefeiert, ein Fels »kölscher Sproch« in der wilden Brandung neudeutscher Fernsehsprache.

Die seit 1949 regelmäßig gemeinsam mit dem Schulamt an die Schulen verteilte Zeitschrift *Jung-Köln* erscheint noch bis 1969, teils mit umfangreichen Sonderheften, und bringt den Schülern Kölner Themen nahe. In der städtischen Verwaltungs- und Sparkassenschule wird »Kölnische Geschichte« mit Beginn des Jahres 1950 zum Prüfungsfach. Am

4. Februar 1951 zieht auch erstmals ein »Schullzog« mit Unterstützung der »Lyskircher Junge« von der Schule Frankstraße aus durch die Stadt. Damit beginnt im Jahr darauf die Geschichte der »Schull- un Veedelszög«, die nun regelmäßig am Karnevalssonntag auf dem gleichen Weg ziehen wie der Rosenmontagszug.

Zur gleichen Zeit beginnt auch der Siegeszug des trinkbaren Kölsch, amtlich gefordert und gefördert. Sein Weg zur thekenbeherrschenden, bevorzugten Biersorte in Köln war allerdings lang. Die Entscheidung für das identitätsstiftende Getränk trägt seit Ende des Zweiten Weltkrieges zur lokalpatriotischen Inszenierung des Biertrinkens bei. Vor 1939 war das noch ungefilterte obergärige Kölsch zum »Armeleute-Bier« geworden. Die Kölner Brauer produzierten längst, um mit der Qualität der auswärtigen Konkurrenz der Brauindustrie mithalten zu können, wie diese eine möglichst breite Palette vorrangig untergäriger Biere wie Privat, Pils, Malzbier und Export und nur am Rande das obergärige Kölsch. Ihm sollte als Nationalgetränk der Kölner aber die Zukunft gehören.

Die Initiative ergreift der Rat der Stadt Köln anlässlich der Stadthistorischen Ausstellung zum Stadtjubiläum 1950. Im Rahmen der Feststraße am Deutzer Ufer zum Staatenhaus der Messe sollte auf Wunsch des Rates auch eine Kölsche Kneipe entstehen: »Der zuständige Ausschuß der Stadtvertretung hatte der Verwaltung den klaren, mehrfach erläuterten Auftrag gegeben, in einem der Jubiläumsausstellung benachbarten Sonderbau das Obergärige Kölsche Bier (im Original gesperrt) zur Darstellung zu bringen, und zwar verbunden mit Schankbetrieb in einer Form, die der geschichtlichen, wirtschaftlichen und volkstümlichen Bedeutung dieses beliebten Produktes des heimischen Braugewerbes würdig ist.« Das habe nicht ganz so geklappt, wie man es sich gewünscht hat, klagt die SPD-Fraktion am 5. Juni 1950 im Rat und Helmut Braubach (SPD) muss die Klage am 13. Juli 1950 sogar noch wiederholen: »Und Sie werden mir auch zugeben, daß diese 1 900-Jahr-Feier mit einer Stadtgeschichtlichen Ausstellung geradezu danach schreit, wenigstens die schönsten Dinge aus unserem Volkstum dort wirkungsvoll darzustellen. [...] Wenn Kölsch nicht frisch vom Faß (im Original gesperrt) verzapft wird, ist es nur bedingt als echtes Kölsch anzuerkennen.« Der Vorgang soll nun aber zu den Akten gelegt werden – im noch jungen Amt für Kölnisches Volkstum.

Die treibende Kraft für diesen hier begonnenen Siegeszug des alten Brauerspruches »Bier braucht Heimat« ist in den nächsten Jahren Hans Sion (1911–1998). 1936 hatte er die Brauerei der Eltern in der Straße Unter Taschenmacher übernommen und wurde gleichzeitig Obermeister der inzwischen bedeutungslosen Kölner Brauer- und Mälzer-Innung. Am 30. Juni 1946 wählt ihn der Kölner Brauerei-Verband mit seinen damals 44 Mitgliedern zum Vorsitzenden. Sion bleibt bis 1983 in diesem Amt. Er formuliert seine Vorstellungen wie folgt: »... kein Bier mehr wie alle anderen zu brauen, sondern unsere eigene Biersorte, die hatte ja zudem eine lange Tradition und einen reichen brauhistorischen Hintergrund. Allein schon unsere jahrhundertalte St. Petrus von Mailand-Bruderschaft gab hierfür die Garantie. Wir brauchten nichts Künstliches zu erfinden, wir brauchten nur das Vorhandene zu nutzen.« Es gelingt den Kölner Brauern damit, nach vielfältigen Diskussionen den Weg zu einer »Bier-Enklave« zu beschreiten. Die Anfänge sind schwierig. Anfang der 50er Jahre rühmen sich die Brauereien noch der Qualität ihrer untergärigen Produktion. Die Brauhäuser dagegen beginnen, auf das obergärige Kölsch zu setzen. 1960 war für Kölsch dann ein Marktanteil von 35 Prozent gewonnen. Mitte der 80er Jahre hat Kölsch einen Anteil von 65 Prozent am Kölner Biermarkt erreicht und die Kölner Brauereien bedienen damit darüber hinaus auch einen weiten Bereich des Rheinlandes. Ende des 20. Jahrhunderts rechnet man im Kölner Stadtgebiet mit 90 Prozent Anteil für Kölsch beim Bierverbrauch.

Heinrich Becker (1946–2017), als Vertreter der Gaffel-Brauerei zum Nachfolger von Hans Sion 1983 gewählt, bleibt bis 2013 im Amt. In seine Wirkungszeit fällt mit der Unterzeichnung der »Kölsch-Konvention« des Jahres 1985 der Abschluss der Entwicklung, die Hans Sion angestoßen hatte. Genehmigt vom Kartellamt und publiziert im *Bundesanzeiger* werden darin die gemeinsamen Regeln zu Produktion, Namensführung, Behältnissen, Verpackungen und Werbung festgelegt, bis hin zur Verpflichtung, sich für den Ausschank des Kölsch in der üblichen Stange einzusetzen. Seit 2009 ist Kölsch auch auf der entsprechenden Liste der geschützten geografischen Angaben (ggA) eingetragen. Mit Melanie Schwartz (Malzmühle), Alexander Rolff (Früh) und Astrid Schmitz-DuMont (Sünner) als gleichberechtigte Vorstandsmitglieder haben nun drei »geborene« Brauer aus traditionsreichen Familienunternehmen die Führung des Verbandes übernommen.

Dem Amt für Kölnisches Volkstum war das Schicksal nicht so hold wie den Kölner Brauern. Ein knapper Satz im Verwaltungsbericht 1958/59 berichtet davon, wie sich Kulturdezernent Kurt Hackenberg zu Beginn seiner Amtszeit von 1955 bis 1979 des von ihm ungeliebten Amtes entledigt: »Am 1. April 1958 ging der Aufgabenbereich der bisher selbständigen Abteilung ›Kölnisches Volkstum‹ auf das Museum über.« Das eigenständige Amt war seit 1953 eine Abteilung seines Dezernats gewesen. Ihr waren damit jetzt der eigene Haushaltsansatz und der individuelle Auftritt im Verwaltungsbericht entzogen, die Selbständigkeit genommen. Hackenberg entledigte sich der Reste der Abteilung, indem er sie auf das Kölnische Stadtmuseum übertrug. Max-Leo Schwering (1924–2016) bis 1988 und Michael Euler-Schmidt haben als Abteilungsleiter des Museums die Ziele dennoch bis heute erfolgreich weiter vertreten.

Die amtliche, städtische Bestätigung der eigenständigen, aus der Bevölkerung gewachsenen Freude an kölscher Mundart, an Karneval, an Kölner Geschichte in der Kölner Gesellschaft hat gegen Versuche, den Gebrauch von Mundart als ein Merkmal prekärer Unterschichten zu definieren, standgehalten. Die Zahl der Gruppen der »Veedelsvereine« und der Schulen, die an den »Schull- un Veedelszög« am Karnevalssonntag teilnehmen, ist regelmäßig weitergewachsen. Für die »Veedelsvereine« kommt seit 1998 auf Initiative des damaligen Vorsitzenden Bernd Assenmacher der Sternmarsch am Karnevalsfreitag auf den Altermarkt hinzu. Die »Freunde und Förderer des Kölnischen Brauchtums« als Träger des Sternmarschs und der »Schull- un Veedelszög« am Karnevalssonntag haben sich darüber hinaus für die Martinszüge engagiert, und unter dem Vorsitz von Bernd Assenmacher dazu gemeinsam mit Schulrätin Marianne Trompeter eine »Schullsitzung« eingeführt, in die Beiträge aus verschiedenen Kölner Schulsitzungen eingeladen werden. Mit kostenlos herausgegebenen Schülerarbeitsheften zu Kölner Themen werden die Kenntnisse der Schülerinnen und Schüler vertieft. Die so auf neue Gleise gesetzte Arbeit führt Bernhard Conin mit seinem Vorstand erfolgreich fort.

Mit der »tärää«-Sitzung hat Bernd Assenmacher gemeinsam mit der Kölner Bank schon 1984 als Präsident des Festkomitees dort ähnliche Jugendarbeit angestoßen. Längst ist auch die Zahl der »Veedelszög«, die sich auf ihr »Veedel« beschränken, auf über hundert gewachsen. Und neben dem Kinderdreigestirn, in dem die Jugend der karnevalistischen Prominenz erste Schritte auf die Bühne wagt, ist auch die Zahl der »Veedel«, die sich ein eigenes Dreigestirn gönnen, gestiegen. Außerdem ist Karneval längst, einmal abgesehen von der jährlich wiederholten Selbstbestätigung der Kölner Eigenlogik, zu einem Wirtschaftsfaktor geworden, der sich selbstbewusst präsentiert. Mit der Gründung der Gemeinnützigen Gesellschaft des Kölner Karnevals mbH unter Festkomiteepräsident Bernd Assenmacher gemeinsam mit Heinz Werner Bonjean ist diesem Aspekt Rechnung getragen worden. Die professionelle Arbeit unter prinzipiell ehrenamtlicher Leitung hat Markus Ritterbach in seiner Amtszeit von

2005 bis 2017 erfolgreich fortgeführt. Die Untersuchung der Boston Consulting Group ergab für 2009 einen Umsatz von rund einer halben Milliarde Euro und etwa 5 000 Arbeitsplätze, die in Köln dem Karneval zu verdanken seien. Die Studie, die Festkomitee und Großer Senat in Auftrag gegeben hatten, hat zuerst die wirtschaftliche und touristische Bedeutung reflektiert. Über hundert der etwa 160 Kölner Karnevalsgesellschaften gehören dem Festkomitee als ordentliche, hospitierende oder fördernde Gesellschaft an. Über 500 Sitzungen finden dort pro Session statt, darunter die von Impresario Otto Hofner als »Die Lachende Kölner Sporthalle«, heute »Lachende Kölnarena«, mit bis 2016 insgesamt über vier Millionen Besuchern seit den Anfängen im Jahre 1965. Begonnen hatte es 1964 mit dem »Närrischen Parlament«. Mit über 100 Umzügen, darunter Rosenmontagszug und »Schull- un Veedelszög« am Karnevalssonntag, werden zwei Millionen Zuschauer angezogen und dazu bringt auch der saisonal angepasste Kneipenkarneval Leben in die Stadt und Geld in Umlauf. Die Untersuchung hat neben der wirtschaftlichen Frage dann auch die Bedeutung des Karnevals für das Image der Stadt betrachtet. Er steht für Brauchtum und damit für historisches Bewusstsein, für Kommunikationsfreude, für Selbstironie, für Leichtigkeit und Beschwingtheit. Die saisonalen Grenzen aus dem katholischen Ursprung des Brauchtums versucht man seit 2015 mit »Jeck im Sunnesching« – einem karnevalistischen Festival im Sommer – zu meinem und anderer Missfallen aufzubrechen. Auch das Münchener Oktoberfest ist ja inzwischen in Köln angekommen.

Das soziale Engagement für benachteiligte Gruppen ist ein weiterer Aspekt, den Karnevalsgesellschaften pflegen, daneben sind die Stiftungen für die Restaurierung von Fenstern des Kölner Domes oder für Teile der Stadtmauer bemerkenswert. Dabei spielt die Freude an bunten Uniformen oder gar am Ornat des Dreigestirns eine wichtige Rolle. Das kindliche Staunen über den möglichst regelmäßig im Rang beförderten Vater in Uniform oder die zufällige Begegnung mit Prinz Karneval als »König von Kölle« im Kindergarten rührt an das Gemüt der Stadt. Innerhalb der Karnevalsgesellschaften ergibt sich die »Netzwerkfunktion« oder die Gelegenheit zum »Klüngeln«. Im Unterschied zu anderen Städten kann man in Köln darüber reden.

Wenn wir den uns geläufigen neudeutschen Begriff »Image« als Spiegelbild des soziologischen Terminus »Eigenlogik« verstehen, sind »Schull- un Veedelszög«, die karnevalistischen »Schullsitzungen«, die an die Session gebundene Puppensitzung des Hänneschen-Theaters als Initiationsveranstaltungen für den jugendlichen Kölner Nachwuchs, oft ja mit Migrationshintergrund, zu verstehen.

Für die nicht mehr so jugendlichen Kölner dient das »Divertissementchen« des Kölner Männer-Gesang-Vereins weniger zur Zerstreuung als zur Stärkung der Eigenlogik. Das wird mit umfangreichem Personal aus Kölner Märchen, Sagen und Legenden gleich nach Kriegsende 1946 mit Otto Thissens »D'r Jan kütt heim!« demonstriert. Das »Divertissementchen« wird während der Karnevalssession üblicherweise im Opernhaus aufgeführt und verwandelt diese Weihestätte der Hochkultur in eine Volksbühne, ohne dass dabei das Publikum ausgewechselt würde. Der Reiz des traditionsreichen »Divertissementchens«, des jährlichen Auftritts der Spielgemeinschaft »Caecilia Wolkenburg« im Kölner Männer-Gesang-Verein, wächst für das Kölner Publikum nicht nur aus den Kölner Themen und den kölschen Texten, die historische Themen bis fast zur Gegenwart aufgreifen, sondern auch aus der Verkörperung aller Rollen durch Männer.

Kölsch bringt auch die »Kumede«, noch heute das Theater des Heimatvereins Alt Köln, bereits 1947 auf die Bühne. Aus ihr heraus gründet Franz Goebels den noch immer aktiven Altermarktspielkreis, um mit ihm das Festspiel zum Stadtjubiläum von 1950 aufzuführen. Er und seine Mitstreiter sind nicht die Einzigen. An Schulen, in Pfarreien, wie beim Spielkreis Fritz Monreal in St. Bruno in Klettenberg, lebt immer wieder kölsches Theaterspiel. Ruth Bachem hat hier lange Zeit die Stücke verfasst, oft mit Blick aufs Leben der Stadt.

Der kölschen Sproch gibt die Gründung der »Akademie för uns kölsche Sproch« durch die Stadtsparkasse Köln (heute Sparkasse KölnBonn) im Jahre 1983 festen Halt. Sie ist Teil der vielfältigen Aktivitäten der 1975 gegründeten »SK Stiftung Kultur der Sparkasse KölnBonn«. Heute bietet die Sparkasse KölnBonn in betonter Regionalisierung nach krisenreichen Jahren sogar das neudeutsche Online-Banking auf Kölsch und Bönnsch an. Gerne wird inzwischen auch Werbung mit kölschem Heimatgefühl betrieben.

Literatur auf Kölsch hat in der Domstadt seit dem 19. Jahrhundert Tradition. Alteingesessene Verlage wie J. P. Bachem, der 2018 sein 200jähriges Jubiläum ansteuert, oder Greven bleiben damit nach 1945 im Rahmen ihres gewohnten Marktes. Es ist kein einfacher Markt. Albert Vogt (1922–1998) z.B. hat seine fünf Bände der Geschichte einer Kölner Familie durch zwei Jahrtausende unter dem Pseudonym B. Gravelott, ein Anagramm, im eigenen Verlag publiziert.

Die vielfältigen kölschen Aktivitäten haben dazu geführt, dass die Metropole Köln deutlich weniger »Dialektverlust« verzeichnet als das ländliche Umland oder als Düsseldorf. Jeder vierte, meist ältere Kölner versteht noch Kölsch. Dennoch ist Kölsch nur noch selten Alltags- oder

Familiensprache. Aber gerne nutzt man bei passender Gelegenheit eine regionale Einfärbung der Sprache, als Regiolekt wissenschaftlich akkreditiert.

Abgesehen von der Karnevalszeit und ihren Veranstaltungen sowie den zahlreichen Bühnen, die Kölsch außerhalb der Session vors Publikum bringen, hat sich unsere »Sproch« besonders bei den Kölschen Bands etabliert. Die Bläck Fööss haben seit 1970 den Wandel durchgesetzt. Das Leben im »Veedel«, das Leben an sich, das Leben im Laufe des Jahres, auch Kölner Geschichte mit »Was habst du in die Sack?«, anlässlich des Rückblicks auf die Schlacht bei Worringen 1988, sind ihre Themen. Mit »Usjebomb & Opjebaut« kam 2015 die Erinnerung ans Kriegsende vor 70 Jahren hinzu. Viele Gruppen und Sänger haben sich im Laufe der Jahre ebenfalls auf Kölsch eingestellt. Das reicht von BAP seit 1976 über Brings oder die Höhner seit 1972 bis Jürgen Zeltinger. Lieder waren auch der Weg, mit AGs Kölsch wieder in den Schulen zu etablieren. 1981 fand die erste Woche »Kölle op Kölsch« statt, initiiert von Schulamtsdirektorin Marianne Trompeter und Winfried Gellner im Kulturamt, und wurde zur Keimzelle der Aktion »Kölsch en d'r Schull«. Monika Kampmann hat sich dabei mit Begeisterung beteiligt. In der Festrede zur fünften Woche »Kölle op Kölsch« formulierte Oberbürgermeister Norbert Burger das Ziel der Veranstaltung op Kölsch: »... die Lück vun der Meinung avbringe, dat uns Muttersproch en Fastelovendssproch wör, et sollt ens jezeich wäde, dat die Sproch bei allem, wat sich in der Stadt esu deit, en Roll spillt ...«

Das Stammbaum-Lied von Hans Knipp (1946–2011) aus dem Jahr 2000 für die Bläck Fööss mit dem Refrain »Su simmer all he hinjekumme, mir sprechen hück all de selve Sproch« steht für die Erkenntnis, dass wir selbst oder unsere Vorfahren, dass alle irgendwann als Migranten in Köln angekommen sind, von Ubiern und Römern angefangen bis heute. Der gemütvolle, anrührende Text, historisch einigermaßen tragfähig, eignet sich gut für die Grundschule als Basistoleranzmotivation. Die historische Realität hat aber über Jahrhunderte hinweg gegenüber Juden, Protestanten oder fahrendem Volk anders ausgesehen.

Ein Spiegel des oberflächlichen Teils der Eigenlogik ist das Image, manchmal vielleicht nur ein Zerrspiegel. Oder zumindest gibt das Image ein undeutliches Bild. Aber es wird eifrig untersucht, da es für Tourismus und Wirtschaft von Bedeutung ist. Gerne sieht man Köln im Jahre 1990 und unverändert 2002 – und die Sicht von außen unterscheidet sich nicht wesentlich von der Sicht der Kölner selbst – als attraktive Einkaufsstadt, als bedeutenden Medienstandort, versehen mit hervorragenden Unterhaltungs- und Freizeitangeboten, als Bühne einer lebendigen Kunst- und Kulturszene. Man sieht sich als anregend, lebenslustig, international und weltoffen, aktiv und gastlich. Erst bei der Frage nach hohem Freizeitwert sinkt die Zustimmung unter 50 Prozent. Einige Punkte sehen die Kölner durchaus selbstkritisch. Die Aussagen, Köln sei fleißig und arbeitsam, sicher und sauber, gelten für keine 20 Prozent als voll zutreffend. Aus der Außensicht sieht Köln noch besser aus. Über 75 Prozent betrachten die Stadt als lebenslustig, gastlich, weltoffen und international, mit guten Verkehrsverbindungen und reizvollem Stadtbild. Und 1990, gut ein Jahrzehnt zuvor, war das auch schon so. Kein Wunder, dass nur München, Hamburg und Berlin als etwas attraktiver gelten und weit abgeschlagen dahinter Stuttgart und natürlich Düsseldorf genannt werden.

Stadtplanung – Traum und Realität

Der langsame Puls des städtischen Wandels wird von uns oft mit Ungeduld betrachtet. Er ist viel langsamer als unsere aus aktuellem Wünschen entstehenden Pläne. Ein ganz persönliches Beispiel: Auf eine grundlegende technische Modernisierung des Zeughauses wurde schon gewartet, als ich dort Anfang der 70er Jahre mit der Arbeit im Museum begann. Sie ist bis heute nicht gekommen. Auf einen Erweiterungsbau für das Kölnische Stadtmuseum oder nun auf einen Neubau wird seit über 20 Jahren gehofft und dafür geplant.

Der langsame Puls lässt sich messen. Die ersten Überlegungen, Hohe Straße und Schildergasse zeitweise für den Autoverkehr zu sperren, wurden vor dem Zweiten Weltkrieg umgesetzt. Der Traum vom Einkaufsbummel durch die Fußgängerzone, Vorbild für die überdachte Shopping-Mall, beginnt in Köln kurz nach der Währungsreform. Seit 1948 darf die Hohe Straße ab 10 Uhr nur von Fußgängern genutzt werden, die allerdings auf den Querverkehr aus den Seitenstraßen Rücksicht nehmen mussten. 1949 darf die Schildergasse erstmals zu bestimmten Tageszeiten nicht

Die Hohe Straße 1951.

mehr befahren werden. Seit 1955/56 ist sie von 13 bis 19 Uhr ganz für den Autoverkehr gesperrt; im Herbst 1965 waren die Arbeiten für den einheitlichen ebenerdigen Plattenbelag abgeschlossen, an der Finanzierung sich die IG (Interessengemeinschaft) Schildergasse beteiligt. Das weckte die Konkurrenz der IG Hohe Straße und am 29. September 1967 eröffnete man die nun ebenfalls ebenerdig plattierte Hohe Straße mit einer Festwoche. 1970 umfasst die Fußgängerzone nun den Dom und erreicht den Bahnhofsvorplatz und die Gürzenichstraße als Fortsetzung der Schildergasse nach Osten. Weitere Fußgängerzonen sind geplant, inzwischen zum Teil realisiert und werden in der Altstadt zwischen Dom und Heumarkt sowie in Richtung Ringe weiter ausgebaut.

Gegen den langsamen Pulsschlag lässt sich etwas unternehmen. Allerdings nicht viel. Die Regionale 2010 zeigt dies. 1999 hat sich die Region Köln/Bonn um die Ausrichtung einer Regionale beworben. 2004 wird die gemeinsame Agentur zur Durchführung gegründet, Ende 2006 die Projektliste beschlossen. Für Köln ergaben sich dabei das Nachdenken über rechtsrheinische Perspektiven, die Neugestaltung des Otto-Platzes in Deutz, der nun vollendete Rheinboulevard mit seiner Treppenanlage, die Entwicklung der Archäologischen Zone zum Museumsbauplatz, die Entwicklungen am Butzweilerhof und das 2013 eröffnete Forschungsvorhaben Envihab des DLR. Regionale Zusammenarbeit entwickelte sich bei den Themen Römerstraße und der Erschließung der Wahner Heide. Als Zeitungsleser hat man den »regionalen« Charakter der Projekte in Köln kaum erkennen können. Und den Eindruck besonders rascher Realisierung haben sie auch nicht hinterlassen. Und wer hat erkannt, dass die 50 Meter hohen roten Stangen an den Verteilerkreisen der BAB 555 in Köln und Bonn als Skulptur »Standortmitte« von Lutz Fritsch seit 2008 die Region als »eigenständigen Kulturraum« abstecken? Es bleibt beim langsamen Pulsschlag. Dennoch zeichnen sich darauf aufbauende Neuansiedlungen gewinnträchtiger Unternehmen ab, die auch die touristische Attraktivität Kölns steigern. Jedenfalls kann man das so sehen: Kölns Spielbank, das schon lange geplante Casino, wird am Otto-Platz stehen. Und ohne die Neugestaltung des Otto-Platzes wäre dieser Standort kaum in Betracht gezogen worden. Und am 20. Februar 2017 wird die Metropolregion Rheinland gegründet, die dieses unterentwickelte Bewusstsein zur Marke wie bei der Metropolregion Ruhrgebiet formen soll.

Stadtplanung beginnt in Köln täglich aufs Neue. Kaum gibt es einen Plan, so ändern sich die Verhältnisse, ändern sich die Wünsche der Mieter, ändern sich die Interessen der Immobilienbesitzer, ändern sich die wirtschaftlichen Rahmenbedingungen, stellt die UNESCO unerwartete

Forderungen, ändern sich die Gewohnheiten der Autofahrer, der Radfahrer oder der Fußgänger und das Planen beginnt aufs Neue. Detaillierte Wünsche im Kleinen und große Konzepte stoßen im Flächennutzungsplan hart aufeinander. In Köln hat man gerne einen Masterplan, über den man lange diskutieren kann. Aber man will keinesfalls einen Master, der alles regelt. Gerne betrachtet man wie Carl Oskar Jatho (1884–1971) den Wiederaufbau, mehr Neubau der Stadt, nachdenklich aus kritischer Distanz. Jatho sieht Mitte der 50er Jahre die Entwicklung der Innenstadt zum Shoppingcenter kommen: »So ist denn zu befürchten, daß eine bereits mit Wirtschaft sinnwidrig vollgestopfte Altstadt nach vollzogener Erweiterung und Vermehrung ihres Fahrstraßenraums unaufhaltsam neue Wirtschaft ansaugt und eine grundsätzlich vorgesehene ›Hochstadt‹ von einer Dutzend-Krämer-Stadt erledigt wird.« Nicht immer flexibel und nicht immer klug reagiert man auf sich verändernde Herausforderungen. Aber wer kann schon die Zukunft vorhersehen? So sieht es auch Rudolf Schwarz im Jahre 1950, als er seine Planungen vorstellt: Es »ist die Hoffnung jedes Planers, daß das Leben über seine Pläne hinweggehen wird. Nach Jahren mag man dann nachsehen, was sich als zukunftsträchtig erwies und was das Leben aus seinen unkontrollierbaren Absichten heraus daran änderte.«

So schnell sich die städtische Gesellschaft wandelt und auch ihre Wünsche an Stadtbild und Stadtplanung ändert, so lange kann es dauern, bis diese realisiert werden. Als Diskussionsgrundlage für Planungen ist seit 1992 ein Stadtmodell im Maßstab 1: 500 auf Initiative von Dörte Gatermann und Kaspar Kraemer (BDA) entstanden. Nicht immer sind alle mit den Ergebnissen zufrieden. Es gibt viele Bespiele dafür. Die großen Projekte stehen oft für Jahre und manchmal Jahrzehnte auf der Tagesordnung der öffentlichen Diskussion, der gesellschaftlichen Auseinandersetzung. Einige Beispiele, die wichtigsten aus meiner Sicht, müssen genügen, um das schwierige Feld der Stadtplanung zwischen vielfältigen Wünschen, aktuellem Planungsstand und zukünftiger Realisierung sichtbar zu machen.

Ein gutes Beispiel ist der MediaPark. Die absehbar kommende und rasante Entwicklung der kreativen Arbeitsplätze in den Medien hatte in den 80er Jahren das Interesse der Politik geweckt. Der Rat beschließt am 28. April 1988 gegen die Stimmen der Grünen und die Regenbogenfraktion, die seit Sommer 1985 diskutierten Planungen zum MediaPark auf dem Gelände des ehemaligen Güterbahnhofs Gereon nach den preisgekrönten Entwürfen des kanadischen Architekten Eberhard H. Zeidler umsetzen zu lassen. Die sich über gut zwei Jahr-

Im Glanz der Neonreklamen: die Hohe Straße etwa 1965

zehnte hinziehende Realisierung der Planung hat zwar nur zu einem kleinen Teil die Erwartung erfüllt, dass sich Medienunternehmen hier konzentriert ansiedeln, aber das Ensemble ist als Stadtlandschaft gelungen. Im Jahre 2003 wird der MediaPark nur knapp zur Hälfte von Medien und IT-Unternehmen genutzt. Im Gegensatz zu vielen der Gewerbeparks oder Technologiezentren, die für die Wirtschaft Kölns Wachstumsräume öffnen, wird hier aber mit Cinedom und der Photographischen Sammlung der SK-Stiftung der Sparkasse KölnBonn sowie mit dem Deutschen Tanzarchiv und mit gastronomischen Angeboten die Stadtgesellschaft einbezogen. Und – nicht zu unterschätzen – es ist ein gelungenes Architekturensemble entstanden, dessen Name zugleich, wenn auch kaum durch reale Nutzung, aber überzeugend, Kölns Anspruch als Medienstadt vertritt.

Ständig auf der Tagesordnung ist die Umgebung des Domes im Spannungsfeld zwischen Hauptbahnhof, Straßenverkehr, Rheinufer, Philharmonie und Museen, Altstadt und Shoppingmeile. Sie steht immer wieder im Blickpunkt, weckt ständig öffentliche Unzufriedenheit. Für mehr als ein Jahrzehnt beschäftigten um die Jahrtausendwende das Höhenkonzept für die Innenstadt, das dann 2007 beschlossen wurde, und die Diskussion um Hochhausplanungen die Öffentlichkeit. Mehr als ein halbes Jahrhundert ging bis zum Abschluss der neuen Nutzung des Rheinauhafens ins Land. Man streitet über die Jahre hinweg um die Nutzung des Bereiches zwischen Rathausplatz und Neubau des Wallraf-Richartz-Museums, um das Für und Wider eines Jüdischen Museums. Oft stehen die Gesellschaftsbilder der Stadtplaner hier und der gewohnte Alltag und erst recht die persönlichen Lebensentwürfe und Vorstellungen vieler Kölner oder der Bewohner des betroffenen Stadtteils dort in heftigem Kontrast zueinander. Das Beharren auf preiswertem Wohnraum einerseits und preistreibende Gentrifizierung in Mode gekommener Stadtteile andererseits prallen immer wieder aufeinander. Für diese Entwicklungen ist die Sanierung des Severinsviertels ebenso ein Beispiel wie die Dauerkrise der »Neuen Stadt« Chorweiler. Von den tiefen Einschnitten,die die Wiederaufbauzeit im Kölner Stadtbild hinterlassen hat, von den Verlusten von Lebenswelten durch Stadtplanung erzählte schon 1958 Chargesheimers Bildband *Unter Krahnenbäumen*. Hier steht das Griechenmarktviertel dafür als Beispiel. »Die Unwirtlichkeit der Städte«, die Alexander Mitscherlich 1965 anklagt, die Gerhard Zwerenz 1972 in seinem *Bericht aus dem Landesinneren* dokumentiert, hat den Fotografen Chargesheimer in Köln zu der Verzweiflung getrieben, von der sein Bildband *Köln 5 Uhr 30* spricht.

Stadtplanung: 15 Millionen Kubikmeter Schutt und Trümmer

Ans Trümmerräumen hatte man sich in Köln schon seit Jahren gewöhnen können. Im Herbst 1943 ist das Bild, das wir aus der Nachkriegszeit gewohnt sind, endgültig Alltag geworden: »In dem zerstörten Köln wird nach Kräften gearbeitet. Über die Schildergasse und Hohe Straße ist bis zur Stadt hinaus eine Feldbahn gelegt, die fortlaufend Schutt abfährt, um die Strassen, die zum Teil nur noch schmale Fußwege hatten, wieder frei zu machen. Die obere Hohe Straße ist überhaupt noch völlig von Schutt und ›Einsturzgefahr‹ versperrt.« Noch bis zu den Angriffen im Oktober 1944 bemüht man sich, wenigstens notdürftig die Trümmer zu beseitigen. Durch die seit Sommer 1940 einsetzenden Evakuierungen leben jetzt nur noch etwas über 450 000 Menschen, meist offiziell mit Lebensmittelkarten versorgt, andere versteckt, verborgen und ohne Lebensmittelkarten, in Köln. Ende des Jahres 1944 werden weniger als 200 000 Lebensmittelkarten ausgegeben. Damit schwinden auch die Kräfte, die man noch für Trümmerräumung und Reparaturen hätte einsetzen können.

Ein paar belastbare Zahlen, von den städtischen Verwaltungsberichten angeboten, lassen sich in vorstellbare Bilder umsetzen. Sie lassen die unglaublichen realen Trümmermengen, die zu bewältigen waren, erahnen: Die Ziegelstei-

Jeden Morgen kommen sie angetrabt: In der Hand das Eßgeschirr für die Schulspeisung, unterm Arm den Ziegelstein für den Aufbau der Schule. Tornister gibt es nicht, Schulbücher gibt es nicht, 500 Tafeln schmuggelten ihre Lehrer aus dem Russischen herüber — aber lachende Gesichter gibt es bei den Schülern von Kölns ärmster Volksschule! Die Jungen mauern, die Mädchen kehren den Staub und putzen mit winzigen Tüchern den Boden der neu entstandenen Klassenräume. Hier traf sie der englische Zeitungsmann und berichtete darüber in der „Yorkshire Post".

Neue Illustrierte. *Köln 18. April 1947, Seite 8*

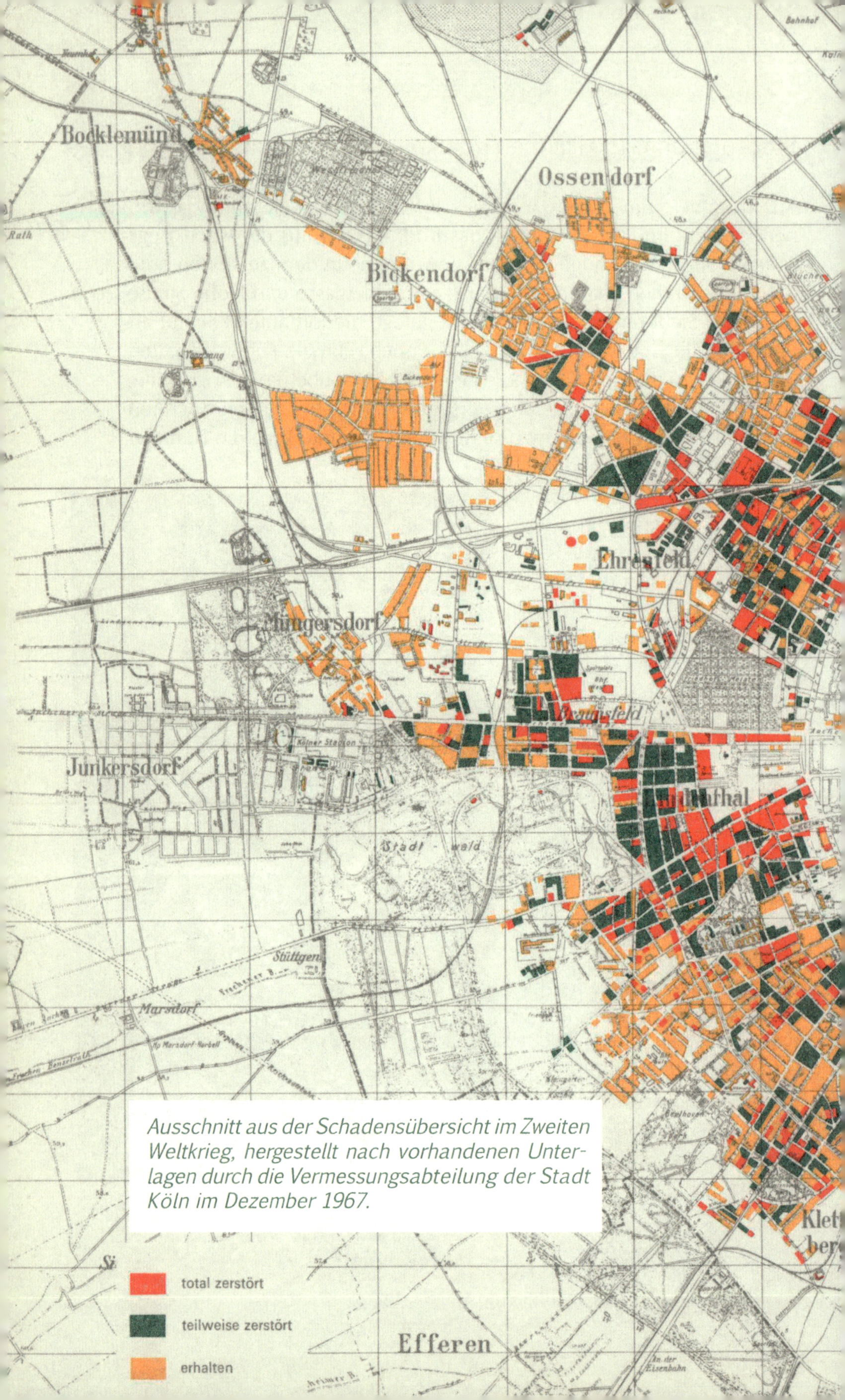

Ausschnitt aus der Schadensübersicht im Zweiten Weltkrieg, hergestellt nach vorhandenen Unterlagen durch die Vermessungsabteilung der Stadt Köln im Dezember 1967.

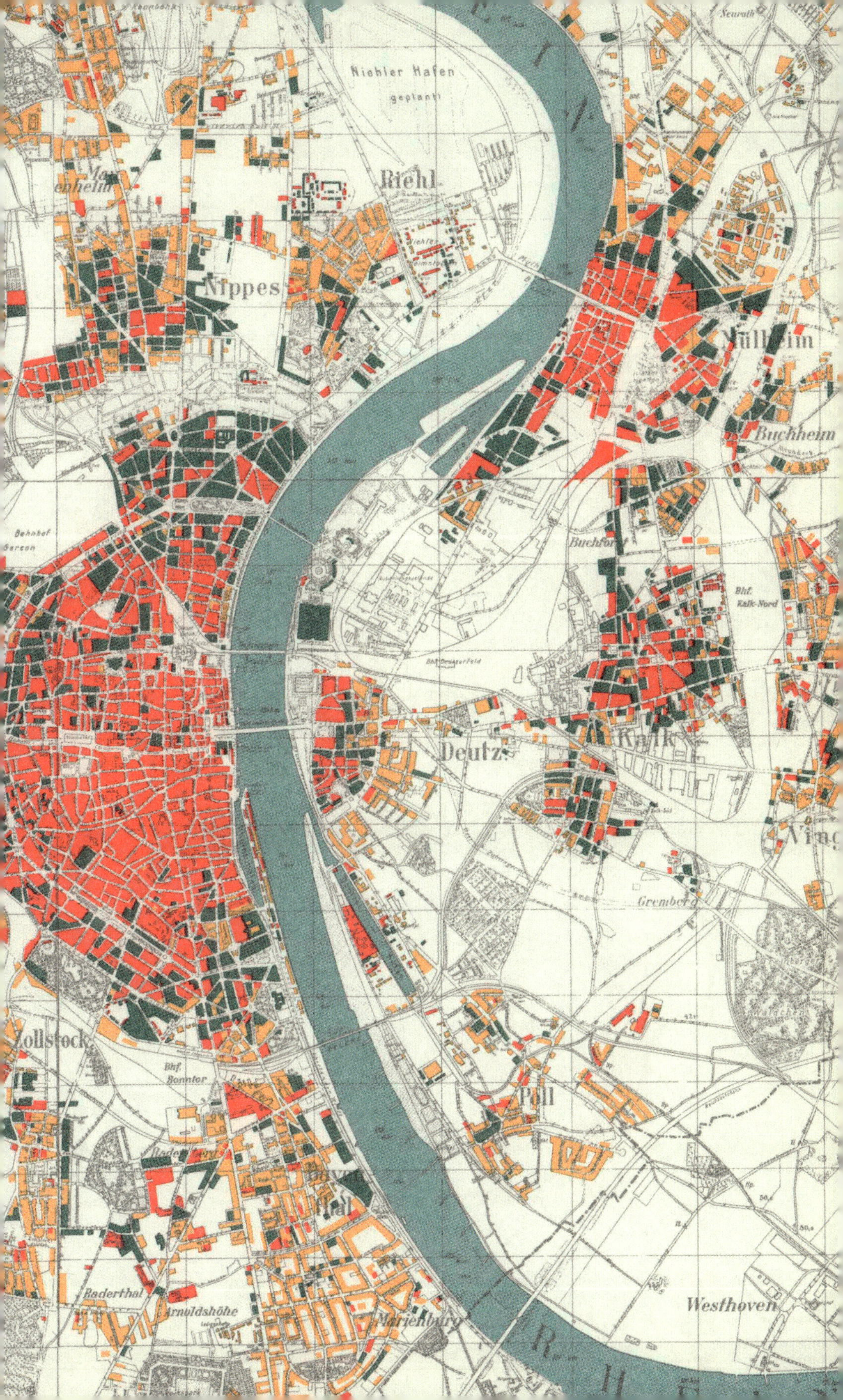

Niehler Hafen
geplant
Riehl
Nippes
Buchheim
Buchforst
Bhf. Kalk-Nord
Deutz
Gremberg
Zollstock
Bhf. Bonntor
Poll
Raderthal
Arnoldshöhe
Marienburg
Westhoven

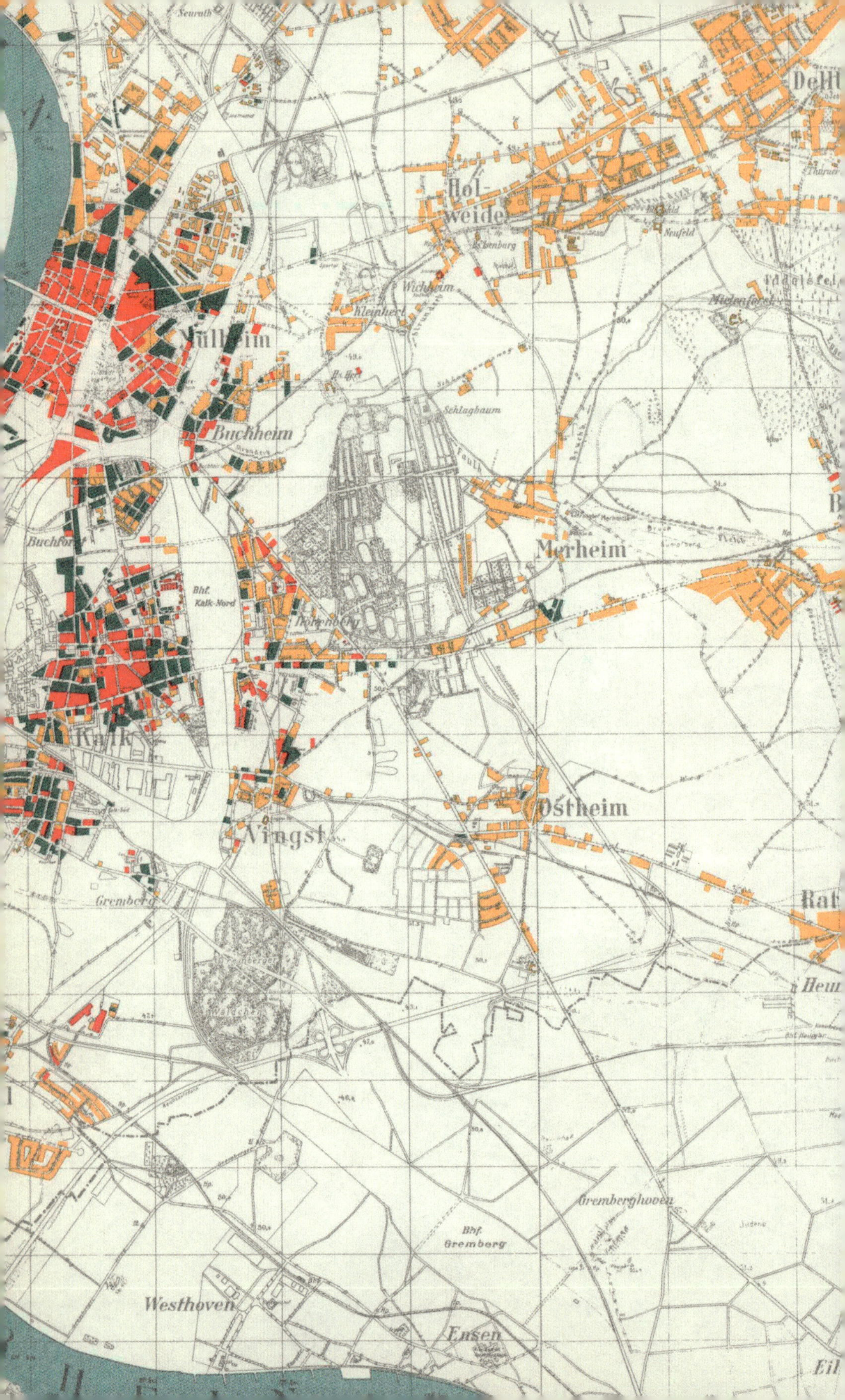

Hol-
weide
Wichheim
Schlagbaum
Buchheim
Buchforst
Bhf.
Kalk-Nord
Merheim
Kalk
Vingst
Ostheim
Gremberg
Gremberghoven
Bhf.
Gremberg
Westhoven
Ensen

ne, die zwischen 1945 und 1960 für Neubauten aus den Kölner Trümmern offiziell gewonnen wurden – insgesamt etwa 160 Millionen – ergeben sauber als Pflaster verlegt eine Fläche, mit der man mehr als das heutige Stadtgebiet bedecken könnte. Der aus anderen Trümmerteilen zwischen 1949 und 1967 gewonnene Ziegelsplitt, z. B. für Kaminsteine (Schamotte) verwendet, ergibt Material für einen Turm von 40 x 40 Meter Grundfläche mit einer Höhe von über 400 Metern. Etwa 20 000 Tonnen Eisen und anderer Schrott, bis 1959 aus den Trümmern gewonnen, hätten für einen weiteren Bau in Stahl von ähnlichen Dimensionen ausgereicht.

Die Trümmermenge musste endgültig 1947/48 durch Aufmessung, teils unterstützt durch fotogrammetrische Aufnahmen, erfasst werden. Schließlich legte man sich auf 30 Millionen Kubikmeter unverdichtete Trümmer fest, die ohne Hohlräume, verdichtet, alternativ dann meist mit 24 Millionen Kubikmeter in allen Statistiken auftauchen. Zahlen, die man aber mit Skepsis betrachten sollte.

Nicht nur, dass »die Trümmermassen sehr eigenwillig in jeder Stadt berechnet worden sind«, für Köln lässt sich ein klares politisches Ziel dabei erkennen. Konrad Adenauer geht in einer ersten Schätzung für die Säuberung nur der Straßen von 4,5 Millionen Kubikmeter aus. Insgesamt werden zuerst 13 Millionen Kubikmeter geschätzt, das Wiederaufbauministerium nennt 15 Millionen Kubikmeter und Köln selbst spricht noch Mitte 1946 von 15 Millionen Kubikmeter. Tatsächlich ergeben sich, wenn man die in den Verwaltungsberichten von 1945 bis 1979 genannten verarbeiteten und abtransportierten Trümmermengen addiert, nur etwa 16 Millionen Kubikmeter. Vermutlich hat das Konkurrenzdenken: »Welche Stadt ist die zerstörteste?« bei der Höhe der geschätzten Trümmermenge eine Rolle gespielt. Mit dieser eigenen Angabe hatte man nun nach Berlin mit 55 Millionen Kubikmeter und Hamburg mit 35,8 Millionen Kubikmeter den dritten Platz in der Statistik gewonnen und Dortmund und Essen mit 16,777 und 14,947 Millionen Kubikmeter hinter sich gelassen. Die erwähnten oben 30 bzw. 24 Millionen Kubikmeter sind also eine bewusste Fehlmeldung und sollen die Behauptung stützen: »Köln ist diejenige große Stadt Deutschlands, die am meisten zerstört worden ist.« Das legte Konrad Adenauer am 1. Oktober 1945, wenige Tage vor seiner Entlassung als Oberbürgermeister, in der ersten Ratssitzung fest. Und wer würde sich mit einer solchen Feststellung, die als Grundlage für vielfältige Forderungen genutzt werden kann, nicht gerne auf Adenauers Autorität berufen?

Ab April 1945 ist die »neue« Stadtverwaltung wieder bei der Beseitigung der Trümmer aktiv. Mitte April fordern gedruckte Anschläge alle, die keine Arbeit haben, auf, sich für das Trümmerräumen zu melden. In den ersten Monaten werden die Trümmer nur zur Seite geräumt, um die wichtigsten Straßen für den Verkehr frei zu machen: die Ringe, den Militärring, die neue Ostwestachse, Eigelstein und Severinstraße, Bonner, Neusser, Aachener, Venloer, Brühler, Dürener und Luxemburger Straße. Im Juni fängt man an, die Trümmer vor dem Abtransport auf wiederverwendbares Baumaterial zu sichten. Im September 1945 beginnt man in Sülz die Trümmerräumung mit dem Einsatz von Feldbahnen und Baggern in großem Stil. Erste Versuche, aus den Trümmern neue Baustoffe zu fertigen, werden bald wieder aufgegeben. Man konzentriert sich auf die Gewinnung von Ziegelsteinen, Eisen, Bauholz und die Produktion von Ziegelsplitt. Oft und in kaum zu überprüfenden Mengen werden die Materialien für private Nutzung abgezweigt. So sammelt z. B. im Jahre 1946 die katholische Gemeinde St. Engelbert in Riehl 60 000 Ziegelsteine, die Gemeinde St. Joseph in Nippes binnen fünf Wochen etwa 50 000 Ziegelsteine und die Gemeinde St. Anna in Ehrenfeld rühmt sich, im Jahre 1946 über 20 000 Ziegelsteine für den Wiederaufbau ihrer Pfarrkirche gereinigt zu haben. Selbst von außerhalb, aus ländlichen Gemeinden, holt man sich aus Kölns Trümmern Baumaterial.

Sind im April 1945 erst 400 Personen mit der Beseitigung der Trümmer beschäftigt, so sind es im Oktober 1945 dann 2 600 Mann. Auch Frauen und Mädchen werden für die Schutträumung zur Arbeit verpflichtet. Ende 1945 sind etwa 900 Männer, 70 Frauen und 60 Jugendliche bei der Befreiung der Hauptverkehrsstraßen von Schutt im Einsatz. Erst nach dem Freiräumen der Straßen können auch die Schäden im Kanalnetz für Gas, Wasser und Abwasser repariert werden.

Mit Ratsbeschluss vom 13. Juni 1946 werden sämtliche Trümmer beschlagnahmt und zu städtischem Eigentum erklärt. Zwei Monate muss man auf die Genehmigung des Beschlusses durch die Militärregierung warten, bevor er veröffentlicht wird. Die Trümmer waren wertvoll, aber auch gefährlich. Heftige Stürme führten Ende des Jahres 1945 auch 1947 und wieder 1948, zum Einsturz von Ruinen. Zehn Personen konnten nur noch tot geborgen werden, 20 wurden verletzt. Weit über 1 000 Abbrüche von Ruinen wurden nach der Genehmigung des Ratsbeschlusses zusätzlich zu den schon bis März 1948 über 5 000 abgebrochenen Bauten aus Sicherheitsgründen durchgeführt.

Das durch einen Erlass des Oberpräsidenten der Nordrhein-Provinz vom 13. Dezember 1945 für »Großstädte mit besonderem Zerstörungsgrad« geforderte Trümmeramt wurde für Köln am 1. September 1946 eingerichtet. Mangel an Arbeitskräften und Treibstoff lassen die Arbeiten, mit denen drei Firmen beauftragt sind, nur langsam vorangehen. Mit städtischen Kräften und in Unternehmen sind 1946 monatlich etwa 1 000 Personen dabei eingesetzt.

Das erfolgreiche Projekt des »freiwilligen« Ehrendienstes für alle Kölner in den Jahren 1946 bis 1948 hat eine frühe Vorgeschichte und zumindest zwei Väter. Freiwillige Schutträumung haben zuerst im September 1945 »300 Gewerbetreibende« in einer öffentlichen Versammlung des Ortsausschusses Sülz-Klettenberg beschlossen.

Schon zuvor, im Frühjahr 1945, hatte Willi Suth, damals Ersatzoberbürgermeister für seinen Schwager Konrad Adenauer, inzwischen Oberstadtdirektor, an freiwillige und unentgeltliche Mitarbeit der Kölner Bevölkerung unter allgemeiner Zustimmung gedacht – so schlägt er in der Ratssitzung am 25. Februar 1948 vor. Peter Josef Schaeven, zu diesem Zeitpunkt sein Mitarbeiter als Leiter des Nachrichtenamtes, formulierte begeisterte und begeisternde Aufrufe, die aber wegen fehlender Geräte und ohne Transportmittel kaum umgesetzt werden konnten. Einmal notiert der *Kölnische Kurier* am 23. November 1945, dass 250 Frauen und Mädchen ihre Pflichtarbeit bei der Straßenräumung beendet haben. Willi Suth gesteht dem anwesenden Oberbürgermeister Dr. Hermann Pünder zu, den Gedanken 1945/46 wieder aufgegriffen und nun erfolgreich umgesetzt zu haben. Hier dürfen die Ortsausschüsse organisatorisch eine entscheidende Rolle übernehmen. Von ihnen werden die Listen der Beteiligten aufgestellt und die Einsätze geplant. So stehen z. B. für den Ehrendienst im Frühjahr 1946 1 350 Schaufeln, 900 Kreuzhacken, 30 Steingabeln und 2 000 Reiserbesen zur Verfügung. 600 Loren gibt es für die Feldbahnen.115 LKW und 15 Pferdefuhrwerke für den Abtransport auf der Straße und auf den Gleisen der Straßenbahn stehen über 40 Transportfahrzeuge für Schutt zur Verfügung.

Die Bescheinigungen für pflichtgemäße Teilnahme am »Ehrendienst«, die bei vielen Amtsgängen vorzulegen waren, gab es für den, der davor zurückscheute, gleich im Frühjahr 1946 auch auf dem Schwarzen Markt. Der Preis lag bei 100 Mark. Im Frühjahr 1947 konnte man ihn für etwa 80 Mark erwerben. Im Detail beschließt der Hauptausschuss des Rates am 10. Mai 1947, dass die Bescheinigung über abgeleisteten Ehrendienst, oder wenn er aus anerkannten Gründen nicht geleistet werden musste, vorzulegen ist: bei Anträgen auf Bezugsscheine aller Art, auf Wohnungszuteilung, auf Zulassung eines Kfz, auf Baugenehmigungen und Zuteilung von Baumaterial, auf Zuteilung von Zie-

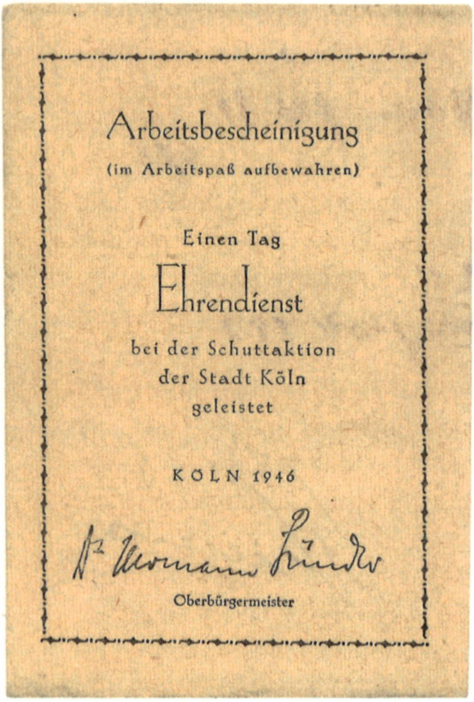
Arbeitsbescheinigung
(im Arbeitspaß aufbewahren)
Einen Tag
Ehrendienst
bei der Schuttaktion
der Stadt Köln
geleistet
KÖLN 1946
Oberbürgermeister

Bescheinigung für »Einen Tag Ehrendienst«

gelsteinen etc. aus Trümmern, auf Betriebsgenehmigungen, auf Entnazisierung, bei Überprüfungen der Unterbelegung von Wohnungen, Einstellungsanträgen bei der Stadtverwaltung, geplanten Beförderungen in der Stadtverwaltung, Vergabe öffentlicher Arbeiten und bei Anträgen auf Hilfeleistungen bei den Ortsausschüssen.

Männer im Alter zwischen 18 und 65 Jahren und Frauen zwischen 18 und 45 Jahren sollen sich beteiligen. Im November 1945 werden »250 Frauen und Mädchen« für drei Wochen zum Schutträumen eingesetzt. Eine neue Anweisung von Oberbürgermeister Pünder vom 13. April 1946 legt fest: »Es ist vorgesehen, daß die weiblichen Arbeitskräfte nur zu leichten, fraulichen Arbeiten herangezogen werden. Eine Arbeitskraft wird grundsätzlich nur in ihrem eigenen Wohnbereich eingesetzt.« Bei den Bezirksstellen meldeten sich 129060 Männer, 112071 Frauen und 10326 Jugendliche. Davon waren 101006 Männer und 72307 Frauen arbeits- und einsatzfähig. Die im Rückblick zum Mythos und Erinnerungssymbol der Nachkriegszeit gewordene »Trümmerfrau« ist also in Köln recht aktiv gewesen, aber eben nicht allein. Mit dem 29. April 1946 beginnt die Bevölkerung mit der Schutträumung als Ehrendienst oder dezent als »Sonderdienst« bezeichnet für ehemalige Parteimitglieder. Für diesen »Sonderdienst« werden sechs Tage angesetzt, die in zwei Raten à drei Tagen abzuleisten sind. Am 16. September 1946 beginnt dieser »Sühnedienst«, mit dem ehemalige Mitglieder der NSDAP für sechs Tage zum Schutträumen verpflichtet wurden. Wie beim Ehrendienst wird auch hier ein warmes Mittagessen ausgegeben.

Das Engagement der Kölner Männer und Frauen begeistert den Oberbürgermeister in der Ratssitzung am 13. Juni 1946: »Hier einige Zahlen, die für die ersten sechs Wochen unseres Ehrendienstes vorliegen. Bisher sind in diesen sechs Wochen 51800 Kölner Frauen und

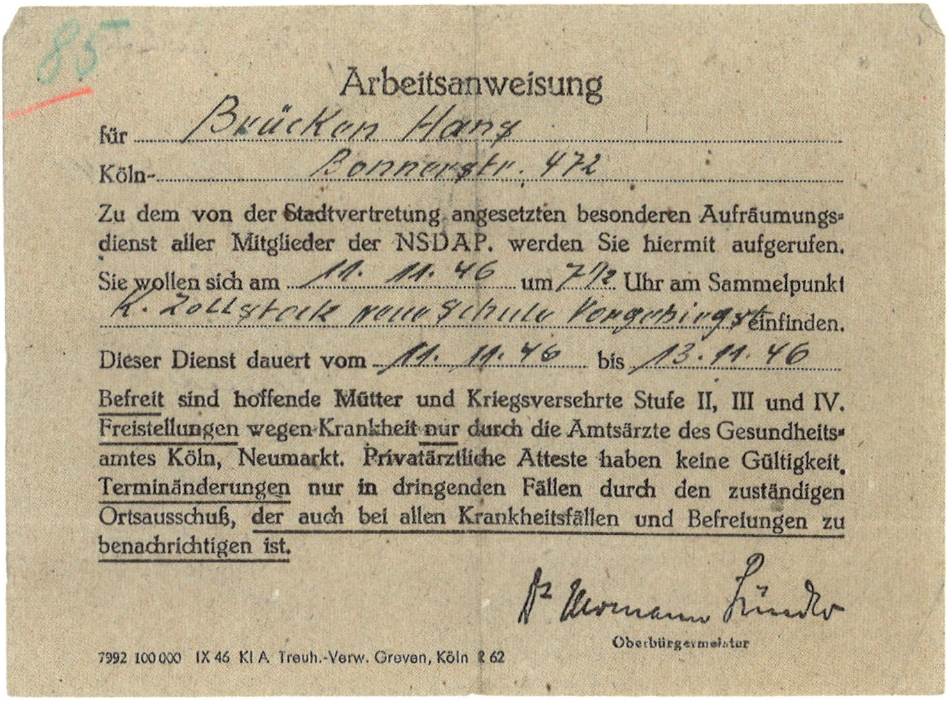

85

Arbeitsanweisung

für Brücken Hans

Köln- Bonnerstr. 472

Zu dem von der Stadtvertretung angesetzten besonderen Aufräumungsdienst aller Mitglieder der NSDAP. werden Sie hiermit aufgerufen.

Sie wollen sich am 11. 11. 46 um 7 1/2 Uhr am Sammelpunkt K. Zollstock neue Schule Vorgebirgstr. einfinden.

Dieser Dienst dauert vom 11. 11. 46 bis 13. 11. 46

Befreit sind hoffende Mütter und Kriegsversehrte Stufe II, III und IV. Freistellungen wegen Krankheit nur durch die Amtsärzte des Gesundheitsamtes Köln, Neumarkt. Privatärztliche Atteste haben keine Gültigkeit. Terminänderungen nur in dringenden Fällen durch den zuständigen Ortsausschuß, der auch bei allen Krankheitsfällen und Befreiungen zu benachrichtigen ist.

Oberbürgermeister

7992 100000 IX 46 Kl A Treuh.-Verw. Greven, Köln R 62

Arbeitsanweisung für ehemalige PGs

Männer dem Ruf zu einem eintägigen Ehrendienst gefolgt. Der Prozentsatz der Erschienenen ist fortgesetzt gestiegen und beträgt gegenwärtig mindestens 86 Prozent. Da die nicht einsatzfähigen Kranken, Abwesenden und Berufsverhinderten nicht im Voraus ermittelt werden konnten, ist dieser Prozentsatz sehr hoch. Selbstredend wird dank der ehrenamtlichen Mithilfe der Ortsausschüsse und der engen Zusammenarbeit mit unseren Bezirksstellen sichergestellt, daß niemand auf Dauer unserem Ruf entgehen wird. An 52 Einsatzstellen wird geschippt unter Einsatz von 13 Schuttbahnen, Sonderwagen unserer Straßenbahn und kleineren Kolonnen von LKW und Pferdefuhrwerken. U.a. stehen 28 km Feldbahngleis, 23 Lokomotiven, 620 Feldbahnwagen und 85 LKW augenblicklich im Dienst unserer Schuttaktion. [...] Die durchschnittliche Tagesleistung beträgt 2,5 cbm je Person, für Männer allein etwa 3,5 bis 4 cbm.«

Anfang des Jahres 1947 mussten wegen starken Frostes die Arbeiten weitgehend eingestellt werden. Zu diesem Zeitpunkt waren schon 240 000 Portionen Suppe ausgegeben worden. Dafür wurden 24 000 Büchsen Fleisch-Gemüsekonserven, 450 Zentner Nährmittel, 400 Zent-

Trude L., 26 Jahre alt, Hausfrau: „Die Schipperei ist ganz schön. Aber daß ich gerade schippen muß, wo ich doch amnestiert bin, ist nicht schön. Aber wenn ich schon mal eine Parteigenossin war, dann will ich eben auch meinen Schippdienst ableisten. So wie Sie mich hier sehen, bin ich gerade dabei, den Stein des Anstoßes zu entfernen . . ."

Neue Illustrierte. *Köln 24. Januar 1947, Seite 14*

ner Kartoffeln und 37 Zentner Fett verbraucht. Im Laufe des Jahres 1947 wird die Aktion wiederholt. Die Teilnehmerzahl sinkt von 90 Prozent der aufgerufenen Kölnerinnen und Kölner in 1946 auf 75 Prozent und bringt angesichts des immer schlechter werdenden Gesundheitszustandes aller auch schlechtere Ergebnisse. Hatte der Ehrendienst 1946 noch 458 393 Kubikmeter erbracht, waren es 1947 nur noch 268 977 Kubikmeter. Aber bei einer Gesamtmenge an beseitigten Trümmern in 1946 von 998 654 Kubikmetern und von 710 589 Kubikmetern in 1947 ist erkennbar, welchen unmittelbaren und beachtlichen Erfolg der Ehrendienst hatte. Alle städtischen Bediensteten legten zwei Tage Schutträumen zusätzlich ein. Zu einem letzten »freiwilligen Notdienst« ruft Oberbürgermeister Pünder dann in der Ratssitzung am 19. April 1948 auf, diesmal nur für Männer, jeweils durchzuführen von 7 bis 13.30 Uhr. Man rechnet mit einem Einsatz von 600 Mann pro Tag ab dem 3. Mai 1948 für drei bis vier Monate, um die Hauptabladeplätze wie den Neumarkt vom dort zwischengelagerten Schutt zu räumen.

Das Netz der Feldbahnen erreicht im Spätsommer 1946 eine Länge von 50 Kilometern und auf diesen Schienen laufen inzwischen 940 Kipploren, mit denen der Schutt transportiert wird. So bekommt man zwar langsam freie Straßen, aber kaum sind sie entschuttet, werden nun die Trümmer der angrenzenden Häuser am Straßenrand aufgehäuft. Manche geschickten Grundbesitzer oder Unternehmen erreichen es sogar, dass die Gleise bis in ihre Hinterhöfe oder Werksgelände verlegt und diese im Rahmen des Ehrendienstes entschuttet werden. 1950 wird der Gleisbetrieb ein- und ausschließlich auf LKW umgestellt.

Am anderen Ende der Gleisanlagen standen in den ersten Jahren kleine transportable Trümmermühlen, die begehrten Ziegelsplitt als

Beimischung für Beton lieferten, soweit die Ziegelsteine nicht weiterverwendbar waren. 1949 gibt es in Köln fünf privat betriebene Trümmerverwertungsanlagen, drei davon beweglich. Eine leistungsfähigere, ortsfeste Trümmermühle der Firma Friedrich Wassermann geht 1950 am Perlengraben in Betrieb. Neben Friedrich Wassermann linksrheinisch war das Unternehmen Artur Simon rechtsrheinisch in dieser Form tätig. 1954 wird die lärmende Trümmermühle der Firma Friedrich Wassermann vom Perlengraben aufs Firmengelände am Girlitzweg in Müngersdorf verlegt. Bis Anfang der 60er Jahre wird weiter Splitt produziert.

Schutt wurde nicht nur der Wiederverwendung zugeführt. Er diente auch zur Landschaftsveränderung. Durch Aufschüttung von Deichen wurde Hochwasserschutz betrieben. Früh hatte man noch eine andere Lösung gefunden. Im städtischen Gesamtkonzept »Das neue Köln« des Jahres 1950, in dem die Stadtplanung für die kommenden Jahre vorgestellt wurde, plante man das Aufschütten von Schuttbergen, wie es auch in anderen Städten praktiziert wurde. Zuerst hatte man Schutt der Innenstadt auf dem Neumarkt zu einem »Adolf-Hitler-Gebirge« aufgetürmt, das dann mit Ausbau des Feldbahnnetzes Ende 1947 wieder abgetragen wurde. Die elf größeren bis heute bleibenden Schuttablagerungen im Stadtgebiet ergaben Schuttberge im Beethovenpark und an der Universitätsstraße, den Efferer Berg nördlich der Autobahn zwischen Berrenrather und Luxemburger Straße, den Trümmerberg Äußerer Grüngürtel an der Kreuzung Militärring und Neusser Landstraße, den Dreihügelpark in Neu-Vogelsang, den Vingster Berg, die Gestaltung des Deutzer Rheinparks, die Auffüllung des ehemaligen Nippeser Tälchens an der Escher Straße, das Takufeld in Ehrenfeld und eine Aufschüttung in der Riehler Aue zwischen Rheindeich und Niederländer Ufer. Der höchste der Kölner Schuttberge ist der Herkulesberg zwischen den Bahngleisen und der Inneren Kanalstraße nördlich der namengebenden Herkulesstraße mit einer Aufschüttung von gut 25 Metern über seine Umgebung. Erst mit den beiden Bundesgartenschauen von 1957 und 1971, die sich auf Rheinpark und Riehler Aue konzentrieren, beginnt eine intensivere Pflege der Grünflächen Kölns.

Bauarbeiten sind in dieser ersten Zeit Reparaturarbeiten. Selbst den Herren des Schwarzen Marktes gelingen nur »Buden«. So bezeichnet Bernhard Günther im November 1946 im Rat die neueröffneten Geschäfte in der Ehrenstraße, die offensichtlich Baumaterial, Glas und Arbeitskräfte auf nicht offiziellen Wegen organisiert haben.

»In der Luftkutsche über den Rhein.« Zur Bundesgartenschau bekommt Köln eine neue Attraktion. Titelseite der Neuen Illustrierten. *Köln, Nr. 18 , 4. Mai 1957*

Stadtplanung – von Rudolf Schwarz zum Masterplan

Träume in Trümmern – dieser Titel einer bedeutenden Publikation zur deutschen Stadtplanung der Nachkriegsjahre ist doppeldeutig. Architekten, Stadtplaner und Politiker träumten inmitten der Trümmerlandschaften von grundlegenden Neuerungen. Und erlebten anschließend, dass ihre Träume angesichts der harten Fakten der Realität von Wohnungsnot und Materialmangel, angesichts der dauerhaften provisorischen Lösungen, des Eigensinns der Immobilienbesitzer und der kostbaren Infrastruktur an Kanälen, Gasrohren und Leitungen unter der Erde oft wieder zu Trümmern wurden. Köln bestätigt diese Regel.

Vielen muss angesichts der scheinbar hoffnungslos zertrümmerten Stadt der Gedanke gekommen sein, die Trümmer sich selbst zu überlassen und Köln an anderer Stelle neu aufzubauen. Ein Gedanke, aus Verzweiflung und Zweifel am Machbaren geboren, der die wertvolle, wenn auch damals sehr reparaturbedürftige Infrastruktur außer Betracht lässt. Der Vorschlag, Köln an anderer Stelle neu zu erbauen, ist ernsthaft diskutiert worden. Leopold Reidemeister, von 1945 bis 1957 Generaldirektor der Kölner Museen, berichtet anlässlich seines 80. Geburtstages 1980 bei einem Empfang zu seinen Ehren auch von seinen Kölner Anfängen: »Wenn es irgendwo die oft zitierte Stunde Null gab, dann in dem völlig zerstörten Köln im Herbst 1945, als ich dort meinen Dienst antrat. In meinem Büro im Eigelsteintor wurde mit dem Bürgermeister [sic] Pünder, dem Stadtplaner Rudolf Schwarz und dem Dombaumeister Weyres ernsthaft darüber diskutiert, ob man Köln nicht an anderer Stelle wieder aufbauen solle.« Auch Hans Schmitt-Rost, der 1944 ein Manuskript *Der Neuaufbau der Stadt Köln* abgeschlossen hat, das dann 1946 gedruckt als Buch vorliegt, ist ein zuverlässiger Zeuge. Er ist seit dem 17. Oktober 1945 Leiter des Nachrichtenamtes der Stadt Köln. 1955 erinnert er sich: »Man muß heute lachen, wenn man sich erinnert, daß die Amerikaner 1945 den Rat gaben, die verbrannte Erde zu lassen und die Stadt ein Stück weiter auf jungfräulichem Boden ganz neu zu erbauen.« Man spürt noch heute das ungläubige Erschrecken der ersten Besatzungsoffiziere über die Trümmerlandschaft, die man nun zusammen mit ihren Bewohnern zu verwalten hatte. Im Kopf von John Barraclough, damals Brigadegeneral und Chef der britischen Militärregierung der Nordrheinprovinz in Düsseldorf, der die vieldiskutierte Entlassung Konrad Adenauers aus dem Amt des Kölner Oberbürgermeisters am Samstag, dem 6. Oktober 1945, verfügte, hatte sich ebenfalls die Vorstellung festgesetzt, Adenauer habe Köln verlegen wollen. In einem Interview im *Daily Express* vom 15. Oktober

1963 erinnert er sich so: »*Apparently he thought it impracticable to rebuild the city on the existing site. His plan was to build a new Cologne outside the boundaries of the old city.*« (Offensichtlich hielt er den Wiederaufbau der Stadt an der gleichen Stelle für undurchführbar. Sein Plan war ein neues Köln außerhalb der Grenzen der alten Stadt zu errichten.) Vermutlich hatte er dabei zwar die Denkschrift zu den Eingemeindungsplänen der Stadt Köln vor Augen, aber ebenso offensichtlich war auch ihm der Gedanke, Köln zu verlegen, aus seiner Zeit im besetzten Rheinland nicht fremd. Auch Josef Kardinal Frings hat sich öfter die Empfehlung anhören müssen, Köln nicht wieder als seinen Sitz zu wählen.

Die großen Pläne für Eingemeindungen oder grundlegende Verkehrsfragen wie der Verlegung des Hauptbahnhofs und den Verzicht auf die Hohenzollernbrücke in den ersten Nachkriegsmonaten, um den Dom vom Verkehr zu befreien, sind ein Zeichen der Erleichterung, der Erwartungen und der Hoffnungen auf eine neue Zeit. Im Hintergrund der Vorstellung von der aufgelockerten und gegliederten Stadt stand damals – selten allerdings, dass sich Architekten und Stadtplaner dazu bekannten – aber auch die Erinnerung an die Schreckensszenen von Bombenkrieg und Feuersturm in den dicht gedrängten alten Stadtzentren. »Die hierdurch erforderlich werdenden Eingemeindungsfragen können voraussichtlich heute im Rahmen der politischen und wirtschaftlichen Neugestaltung leichter denn je gelöst werden.« Konrad Adenauer hatte diesen in der Kölner Stadtplanung und bei Kölner Architekten weit verbreiteten Gedanken zumindest seit Beginn seiner Tätigkeit als Oberbürgermeister verfolgt. Sein Schwager Willi Suth, der seit dem 16. März 1945 die Leitung der neuaufzubauenden Stadtverwaltung übernommen hatte, hatte bereits vor dem offiziellen Amtsantritt Konrad Adenauers am 4. Mai 1945 Gespräche über Eingemeindungen mit Captain Albert C. Schweizer geführt, der im zivilen Leben als Architekt und Stadtplaner tätig und in der amerikanischen Militärregierung für den Wiederaufbau Kölns zuständig war.

Am 31. Mai 1945 war die Denkschrift mit dem Plan der Eingemeindung linksrheinisch des Landkreises Köln-Land und rechtsrheinisch von Bergisch-Gladbach und Bensberg vollendet. Umgesetzt hätte sie das Stadtgebiet Kölns von damals gut 250 Quadratkilometern seit 1922 auf weit über 600 Quadratkilometer – heute sind es gut 400 Quadratkilometer – vergrößert. Am 2. Juni 1945 wurde die Denkschrift der amerikanischen Militärregierung überreicht. Um die Entscheidung zu erleichtern und zu beschleunigen, lässt Konrad Adenauer einen Entwurf der erhofften Anordnung der Militärregierung auf Englisch und Deutsch beifügen. Er bittet gleichzeitig Regierungspräsident Clemens Busch, den Antrag zu unterstützen, und drängt bei der Militärregierung auf rasche Entscheidung. Captain Albert C. Schweizer legt am 9. Juni 1945 dem stellvertretenden Stadtkommandanten Lt. Col. R. L. Hiles einen Bericht vor und am 11. Juni 1945 antwortet die Kölner Stadtverwaltung auf Nachfragen. Alles endet dann mit der Entscheidung über den endgültigen Zuschnitt der Besatzungszonen, der ab dem 15. Juni 1945 Köln unter britische Besatzung stellt. So will die amerikanische Militärregierung hier einer englischen Entscheidung nicht mehr vorgreifen.

Oberbürgermeister Konrad Adenauer vertritt seine Vorstellungen noch einmal deutlich in einem Interview im *Kölnischen Kurier* Nr. 16 vom 10. Juli 1945, ohne allerdings ausdrücklich von Eingemeindungen zu sprechen: »Die Großstadt Köln muß in Siedlungen aufgelöst werden, außerhalb der eigentlichen Stadt und mit etwa 15 000 Menschen in jeder Siedlung. Dazwischen kommen landwirtschaftliche Anbauflächen. Wir haben dafür genügend Raum und die Anlage des Systems der Kölner Ausfallstraßen begünstigt die Verwirklichung dieses Planes. Später erst kommt der Wiederaufbau der alten Stadt, der ihr sein [sic] bekanntes kulturelles und geistiges Gepräge wiedergeben soll. Wir arbeiten also gewissermaßen von außen nach innen.« So schildert Konrad Adenauer seine Vorstellungen in diesen Tagen auch gegenüber dem Journalisten und Dichter Stephen Spender.

Ein Gespräch am 18. Juli 1945, das den Problemen gewidmet sein sollte, die die tägliche Rückkehr von ca. 2 000 Personen in die zerstörte Stadt bereiteten, brachte erneut Bewegung in die Eingemeindungspläne. Am 9. August 1945 stellt Oberbürgermeister Konrad Adenauer den Antrag erneut, nun bei der englischen Militärregierung. Der Widerstand der Verteidiger der Selbständigkeit des Landkreises Köln-Land und der kleinen Städte rechtsrheinisch war rasch geweckt worden. Sie legen nun eigene Denkschriften vor, die sich gegen die Eingemeindungen aussprechen.

Eugen Blanck, Wilhelm Riphahn und Karl Band vertreten in ihrer Denkschrift vom 18. August 1946 als Architekten der Planungskommission der Wiederaufbau GmbH nur noch den Gedanken eines die bisherigen Stadtgrenzen übergreifenden »Raumordnungsplanes«, sprechen nicht mehr offen von Eingemeindung. Und Oberbürgermeister Hermann Pünder, seit dem 20. November 1945 im Amt, versichert zwar im März 1946, die Eingemeindungspläne vorerst nicht weiterzuverfolgen, aber die Wiederaufbaugesellschaft legt im Juni 1946 ihre Vorstellungen über ein vergrößertes Köln vor. Und im November 1946 werden die Eingemeindungsforderungen im Rat von Robert Görlinger wieder öffentlich vertreten. Willi Suth, inzwischen Oberstadtdirektor, lässt gleichzeitig die

Eingemeindungspläne stadtintern aktualisieren. Erst mit der Feststellung von Innenminister Walter Menzel im Januar 1947, dass kommunale Gebietsveränderungen Landessache sind, kehrt Ruhe ein. Mit der Verleihung der Stadtrechte an Bensberg im selben Jahr und 1951 an Porz, die erst mit der kommunalen Gebietsreform zum 1. Januar 1974 wieder aufgehoben werden, ist die Hürde für dieses Thema deutlich höher gelegt worden. Die Realität der kleinen und kleinsten Schritte des Wiederaufbaus und des Siedlungsbaus, die die nächsten Jahre prägen, lenkte die Aufmerksamkeit auf alltägliche Probleme. Die Pläne verschwanden in den Schubladen, ohne vergessen zu werden, um eine Generation später in der kommunalen Gebietsreform wieder zurückzukehren.

Planungen für eine Neugestaltung und Stadterweiterung Kölns haben bei Kriegsende eine mehr als hundertjährige Geschichte. Seit Mitte des 19. Jahrhunderts, seit der Gedanke diskutiert wird, die Stadtmauer abzureißen und die Stadt zu erweitern, wird in Köln und für Köln geplant. Militärische Sicherheit für Preußens größte Festung am Rhein, dennoch Öffnung für den Verkehr – für Eisenbahn, Schifffahrt und Straßenverkehr –, Sicherung der aktuellen Immobilienpreise, Stadtgestaltung mit Grünflächen, Raum für neue Industrien, für Villen der Wohlhabenden und billige Wohnungsmöglichkeiten für Arme – das ist der gefährliche Cocktail von Interessen, der die Kölner Stadtplanung begleitet. Hinzukommen als Rezepte die unterschiedlichen Vorstellungen von Gemeinwohl, von der Verbesserung der Welt, die Politiker und Planer bei ihrer Arbeit bewegen. Und nicht zuletzt fungiert als Antrieb der Ehrgeiz aller, sich dabei ein Denkmal zu setzen, wie es Josef Stübben mit der Neustadt und dem neuen Rheinufer Ende des 19. Jahrhunderts und Konrad Adenauer mit dem Stadtplaner Fritz Schumacher und dem von diesem konzipierten Grüngürtel in den 20er Jahren des 20. Jahrhunderts gelungen ist.

Die Nationalsozialisten hatten eine Umgestaltung Kölns geplant mit großen Ost-West- und Nord-Süd-Schneisen durch die Stadt und einem überdimensionalen Gauforum am rechten Rheinufer, dessen pompöse Haupthalle – etwa dort, wo sich heute die Lanxess Arena befindet – den Dom übertreffen sollte. Zwischen Hahnentor und Neumarkt wurde historische Substanz in Vorbereitung der Ausführung der Pläne schon vor Kriegsbeginn geopfert. Dafür war eine »Planungsstelle der Stadt Köln«, von 1937 bis 1939 unter der Leitung des Architekten Michael Fleischer, eingerichtet gewesen. 1941 werden deren Aufgaben von einer Planungs GmbH unter städtischer Kontrolle, aber außerhalb der Stadtverwaltung übernommen. Bereits im November 1945 hatte Baudezernent Carl Schweyer den aus Danzig nach Köln zurückgekehrten, allerdings als ehemaligen Parteianwärter der NSDAP noch nicht entnazifizierten Michael Fleischer mit der Leitung der GmbH beauftragt, die in fließendem Übergang über den Zusammenbruch hinweg am 1. Dezember 1945 nun in Wiederaufbau GmbH umbenannt wird. Bis zur Berufung von Rudolf Schwarz als Generalplaner an deren Spitze kommt dennoch keine Kontinuität in die Planungsarbeit. Den Verwaltungsrat der Wiederaufbau Gesellschaft leitet Oberbürgermeister Pünder mit Baudezernent Carl Schweyer als Geschäftsführer. Ehrenvorsitzender wird Oberbürgermeister a. D. Konrad Adenauer. Als Sitz der Gesellschaft werden die Räume der GAG am Heumarkt in Anspruch genommen. Nun beginnt dennoch kein ruhiges Arbeiten und Planen – zu viele wollen mitreden, mitdenken und mitverdienen.

Die Kölner Architekten, darunter ganz besonders Karl Band, verlangen Beteiligung. Die mit ihnen zusammen am 7. Dezember 1945 gegründete »Gesellschaft der Freunde des Wiederaufbaus der Stadt Köln« bemüht sich in den nächsten Jahren vehement, Öffentlichkeit für die Planungen herzustellen und ihre eigenen Vorstellungen einzubringen. Der engere Vorstand besteht aus Oberbürgermeister a. D. Konrad Adenauer und dem Architekten Franz Borgard, ergänzt um die Beisitzer Joseph Klersch, für den der Rat 1947 ein Amt für Volkstum schafft, und die Architekten Hans Hansen und Theodor Kelter. Man bildet einen »Studienausschuss, dem in enger Fühlungnahme mit der Stadtverwaltung die Bearbeitung aller mit dem Wiederaufbau zusammenhängenden Fragen obliegen sollte«. Der Studienausschuss wiederum sollte erstens Arbeitskreise für Einzelfragen zusammenstellen und zweitens »den Wiederaufbau der Stadt Köln so vorbereiten, daß er der zweitausendjährigen Geschichte der Stadt und dem Wesen des kölnischen Volkstums gerecht wird und die Seele und Eigenart des alten Köln auch im neuen Stadtbild zu Geltung kommen«. Die *Rheinische Zeitung* zieht am 28. April 1948 einen Schlussstrich unter die Bemühungen der Gesellschaft: »Wenn es nicht gelingt, die Türen zu den Stadtplanungsstellen zu öffnen, haben die Bemühungen der Gesellschaft keinen Zweck mehr.«

Etwas erfolgreicher war der in Briefen und Leserbriefen geäußerte Protest der Kölner Architekten, die sich von Planung und Diskussion ausgeschlossen fühlen. Ab Mitte 1946 werden Eugen Blanck und Wilhelm Riphahn mit monatlich 1 500 RM sowie Karl Band mit 750 RM als Beirat eingestellt und fungieren als Planungskommission. Einig ist man sich nicht. Karl Band kritisiert im Sommer 1946 intern im Rahmen der CDU-Fraktion Eugen Blanck und Wilhelm Riphahn heftig als zu wenig einfühlsam. Eugen Blanck und Karl Band sind 1946 Mitglieder des Rates. Letzterer bleibt dies bis 1961 mit Sitz im Planungs-, im Hochbau- und im

Kulturausschuss. Michael Fleischer kündigt wenige Tage, bevor die Militärregierung im Rahmen der Entnazifizierung der Stadtverwaltung seine Entlassung fordert. Seine frustrierten Architektenkollegen Lohmeyer und Lohmer weigern sich mit dem Beirat, besonders mit Eugen Blanck, zusammenzuarbeiten.

Eugen Blanck war ursprünglich der gemeinsame Wunschkandidat von SPD und CDU für die Position des gesamtverantwortlichen Stadtplaners. Aber ein Rückzieher der CDU, wohl unter dem Einfluss Karl Bands, und die Berufung Blancks als Stadtbaurat nach Frankfurt ändern die Situation. Am 11. November 1946 hat Blanck zum Abschied seine »Ausführungen über die städtebauliche Planung« in Gegenwart von Oberbürgermeister Hermann Pünder und Stadtkommandant Oberstleutnant John M. White als Ergebnis der gemeinsamen Arbeit mit Wilhelm Riphahn und Karl Band vortragen können. Und als Architekt des Polizeipräsidiums am Waidmarkt kehrt er später mit einer interessanten Bauaufgabe nach Köln zurück.

Noch in der Ratssitzung am 21. November 1946, in der Oberbürgermeister Hermann Pünder seine Vorstellungen von den Rahmenbedingungen des Wiederaufbaus der Stadt in einer langen Rede erläutert, spricht Robert Görlinger öffentlich sein Bedauern darüber aus, dass man Eugen Blanck als Stadtbaurat nach Frankfurt gehen ließ: »Wir Sozialdemokraten bedauern, daß die geringen Ansätze einer Stadtplanung, die in Köln vorhanden waren, so jäh unterbrochen worden sind, indem man einen Mann hat gehen lassen, dessen Qualifikation, die Planungsarbeiten vorwärtszutreiben, nach unserer Auffassung eindeutig gegeben war.« Die CDU widerspricht ihm heftig.

Erst am 27. Januar 1947 wird der Vertrag mit Rudolf Schwarz, der zwei Monate zuvor mit seiner Arbeit begonnen hat, zu einem monatlichen Honorar von 1 800 RM als »Generalplaner« rückwirkend zum 1. November 1946 unterzeichnet. Erste Planungen liegen zu diesem Zeitpunkt bereits vor. Für die »Aussenstadt am Fühlinger See«, die uns als Chorweiler wiederbegegnen wird, wird der Plan am 10. Januar 1947 abgezeichnet. Die Pläne für die »Raumordnung Ehrenfeld« als Teil der »Wiederaufbauplanung der Stadt Köln« werden am 1. Juni 1947 von Rudolf Schwarz und seinen Mitarbeitern fertiggestellt. Die »Raumordnung Ehrenfeld« zeigt exemplarisch die Umsetzung der zeitgenössischen Vorstellung der aufgelockerten Bauweise einer Stadt.

Der Vertrag lässt Rudolf Schwarz »in beschränktem Umfang«, soweit es mit seiner Arbeit als Stadtplaner zu vereinbaren sei, Freiraum für seine Tätigkeit als Architekt. Das Werkverzeichnis nennt nach Kriegsende 41 Bauten, an denen er bis zum Ende des verlängerten Vertrages am 31. März 1952 federführend wirkt. Dazu gehören in Köln die bedeutenden Arbeiten am Wiederaufbau des Gürzenichs und der Neubau des Wallraf-Richartz-Museums.

Rudolf Schwarz (1897–1962) hatte an der TH Berlin studiert und promoviert, seine Ausbildung zum Regierungsbaumeister in Köln absolviert und von 1927 bis 1934 die Kunstgewerbeschule in Aachen geleitet. Aufgrund des nationalsozialistischen Gesetzes zur Wiederherstellung des Berufsbeamtentums wurde er dort am 1. Februar 1934 entlassen und die Kunstgewerbeschule zwei Monate später geschlossen. Rudolf Schwarz lässt sich als freier Architekt in Frankfurt nieder und ist von 1941 bis 1944 in der Landesplanung des besetzten Lothringen tätig. Die letzten Monate vor der Kapitulation führen ihn mit einer Pionierkompanie in den Krieg und in französische Kriegsgefangenschaft. Wieder zurück lässt er sich in Frankfurt als freier Architekt nieder. Dort erreicht ihn der Ruf der CDU nach Köln, dem schließlich auch die SPD zustimmt. Rudolf Schwarz, dem als nicht nationalsozialistisch belastet alle Wege offenstehen, entscheidet sich für Köln.

Vom Streit um Posten und Positionen zur Realität: Gebaut wird längst ohne Planung. »Jeder, der durch Köln geht, sieht, daß Köln sich aufbaut, dank erheblicher Privatinitiative. Nicht, daß wir eines Tages eine herrliche Planung gemacht haben, und Köln hat sich währenddessen schon anders aufgebaut.« Das sind der Eindruck und die daraus gefolgerte Mahnung, die Oberbürgermeister Hermann Pünder im Juli 1947 vor dem Stadtplanungsausschuss formuliert. Nicht ganz so, aber fast so ist es gekommen. Keller wurden wieder nutzbar gemacht und jeder Raum, der irgendwie notdürftig wiederhergestellt werden konnte, wurde gesichert. Geschäfte wurden in kleinen Buden am alten Standort auf dem Trümmergrundstück wiedereröffnet. Im Oktober 1947 hat dazu die *Kölnische Rundschau* recherchiert: »Und Kaufleute versuchen noch vor der Währungsreform ihr Geld im Aufbau der geschädigten Geschäftshäuser anzulegen. [...] Die übrige Bautätigkeit geht fast ausschließlich auf private Initiative zurück. Dafür sind die Überstunden ebenso ein Beweis wie das reichlich vorhandene Baumaterial. Loren rollen und Bagger arbeiten bis weit über Einbruch der Dunkelheit hinaus. [...] In der Altstadt bilden reale Werte den Grundstock für eine kommende Wiedergesundung. 2998 Baugenehmigungen wurden nach Angaben des Baulenkungsamtes bis zum 31. Oktober im Wohnungsnotprogramm und 1 223 Genehmigungen für gewerbliche Bauten erteilt.«

Die Materialbeschaffung war und blieb beim Bauen bis zur Währungsreform ein Problem. Für den halbfesten Winterbau des Circus

Der Williams-Bau in Köln. In einem für Köln ungewöhnlichen Tempo entstand in wenigen Monaten an der Ausfallstraße nach Aachen der feste Bau des großen Zirkusuntern Williams, der 2500 Personen aufnehmen kann und für Operette, Revue, Sport, Zirkus und gesellschaftliche Veranstaltungen gedacht ist. Steine, Holz und anderes Baumaterial wurd Teil aus der französischen Zone gegen Pferdemist getauscht, der dort für die Champignonzucht gebraucht wird. Der Bau wurde mit der Operette „Die Csardasfürstin" festlich e

Neue Illustrierte. *Köln 2. August 1947, S. 5*

Williams an der Aachener Straße, 1947 mit dem wiederauflebenden Karneval eröffnet, soll der Kot der Elefanten als kostbarer Dünger im Tausch die materielle Grundlage für die Beschaffung des Baumaterials gewesen sein. Auch hier wird man für die tragende Konstruktion des Baus, wie bei den 1947/48 errichteten Sartory-Sälen oder bei den gleichzeitig erbauten Hahnentor-Lichtspielen, demontierte alte Hallenkonstruktionen wiederverwendet haben. Die anschließenden Ladenzeilen der Hahnenstraße waren seit 1946 in Planung, zuerst als provisorische Bauten, dann wurde auf Einspruch Wilhelm Riphahns »von Provisorien als wirtschaftlich unsinnig abgesehen und an deren Stelle eingeschossige Ladenbauten gewählt«. Auch die Stadt selbst greift für die Beschaffung von Baumaterialien auf Kompensationsgeschäfte zurück. Zuteilungen von Brikettabrieb aus der Braunkohleindustrie wurden z. B. 1946/47 gegen Zement von den Dyckerhoff Portland-Zementwerken in Amöneburg eingetauscht. Das beschaffte Material wurde teilweise wieder für andere Zwecke eingesetzt: Holz, das die städtische GAG erworben hatte, wurde gegen Büromöbel für die Stadtverwaltung »kompensiert«.

Zur Überprüfung bereits erteilter Baugenehmigungen erhebt Bernhard Günther (CDU) im Dezember 1946 lautstark seine Stimme im Rat: »Aber ich möchte wünschen, daß jeder Fall herausfordernder Aufmachung, z. B. mit den wunderbaren Schaufenstern in der Ehrenstraße und anderswo, untersucht wird, wo mehr als friedensmäßig am Aufbau gewirkt worden ist, weil die Leute wahrscheinlich Schnaps, Zigarren und anderes zum Tausch anzubieten hatten. Wenn der Inhaber nicht nachweisen kann, ob er Material und Arbeitskräfte auf ordnungsgemäßem Wege eingesetzt hat, müßte man ihn nicht nur bestrafen, sondern müßte, soweit möglich, diese Baustoffe, wo sie noch zu ermitteln sind, beschlagnahmen und z.B. dem Schulamt zur Verfügung stellen, damit die Berufsschulen wieder in Ordnung gebracht werden. [...] Diese Buden sind die Zentralen des Schwarzen Marktes und müssen so schnell wie möglich zugemacht werden. (Zustimmung. – Zuruf Burauen-S: Opiumhöhle!)«

Für Baumaterial war der Schwarze Markt ein zuverlässiger Lieferant. Besonders Glas war gesucht. Die kärglichen Reste an Fensterglas einer Glashandlung nähe Neumarkt werden im Mai 1945, da ständig durch Diebstähle gefährdet, schnell verkauft. »Auf die Frage, wie es kommt, daß Luxusgeschäfte, Bars usw. mit Glas und Baustoffen versehen werden, aber Menschen, die ihre Wohnung instand setzen wollen, nicht oder nur in Ausnahmefällen mit Material beliefert werden, sagte Herr Dr. Schweyer, alle derartigen Geschäfte hätten das Baumaterial auf dem Schwarzen Markt bezogen.« Bauarbeiter aller Art wurden gesucht und waren oft nur gegen Zusatzangebote zu bekommen. So ködern die Ursulinen ihre Bauarbeiter mit einem Mittagessen im Marienhospital. Ein Jahr später, Ende des Jahres 1947, hat sich das System stabilisiert und ist selbstverständlich geworden. Paul Haentjes schildert die ihm geläufige Lindenthaler Szene in einem Brief an seinen Freund, der sich noch in französischer Kriegsgefangenschaft befindet: »Die Häuser und Geschäftslokale entstehen meist für Lebensmittelgeschäfte, Restaurants, Tabakwaren, Metzgereien, Bäckereien und so weiter. [...] Die Stundenlöhne der Arbeiter betragen um die 5 Reichsmark, dazu kommt noch die Verpflegung. Manche Arbeiter machen es so, dass sie tagsüber bei einer Firma beschäftigt sind – für das Arbeitsamt – und nach Feierabend schwarz arbeiten.« Baugenehmigungen werden, so erzählt er weiter, nur erteilt, wenn man die notwendigen Baumaterialien nachweisen kann, und von der Zementproduktion der vergangenen Jahre seien nur 15 Prozent offiziell verbaut worden. 85 Prozent seien auf dem Schwarzen Markt verschoben worden.

Kölns Beigeordneter Rolf Kattanek greift schließlich zum gleichen Mittel, um die Hohenzollernbrücke schneller fertigzustellen, bevor sich Mainz die erste internationale Verbindung über den Rhein hinweg sichern kann, und versorgt sich dafür auf dem Schwarzen Markt: Mit einem halben Pfund Butter und einer ganzen Flasche Schnaps pro Kopf als Prämie wurden längere Arbeitszeiten akzeptiert. Heinrich Lübke, damals Ernährungsminister für Nordrhein-Westfalen, schrieb Kölns Beigeordneten Rolf Kattanek den erforderlichen Bezugschein aus. Und Kattanek setzte sich, zur Sicherheit mit einem Kollegen als Zeugen, mit dem Kneipenwirt Hugo Wallbeck auf der Friesenstraße in Verbindung, dessen gute

Kontakte zum Schwarzen Markt schon mehrfach aktenkundig geworden waren. Unser Wirt freute sich über hochrangige städtische Kundschaft, wurde aber enttäuscht. Er sollte zum offiziellen Marktpreis von 12,50 RM liefern. Aber nun war der Lokalpatriot gefordert. Wallbeck lieferte die erforderlichen 2700 Flaschen binnen 24 Stunden. Die Arbeit lief. Und am 9. Mai 1948, noch vor der Währungsreform, konnte die Hohenzollernbrücke eingeweiht werden (siehe nächste Doppelseite).

Erst nach der Währungsreform werden in größerer Zahl Neubauten errichtet. Stolz vermeldet die Deutsche Westbodenkreditanstalt, dass man am 6. September 1949 das erste neue Bankverwaltungsgebäude nach dem Krieg in Köln habe einweihen können. Eine Karte zeigt die nur langsam zu neuem Leben erwachende City zwischen Hohenzollernring/Kaiser-Wilhelm-Ring und dem entsprechenden Abschnitt der Schildergasse im Jahre 1951. 1948 war das Stadtzentrum innerhalb der Ringe noch menschenleer. Das ändert sich binnen weniger Jahre.

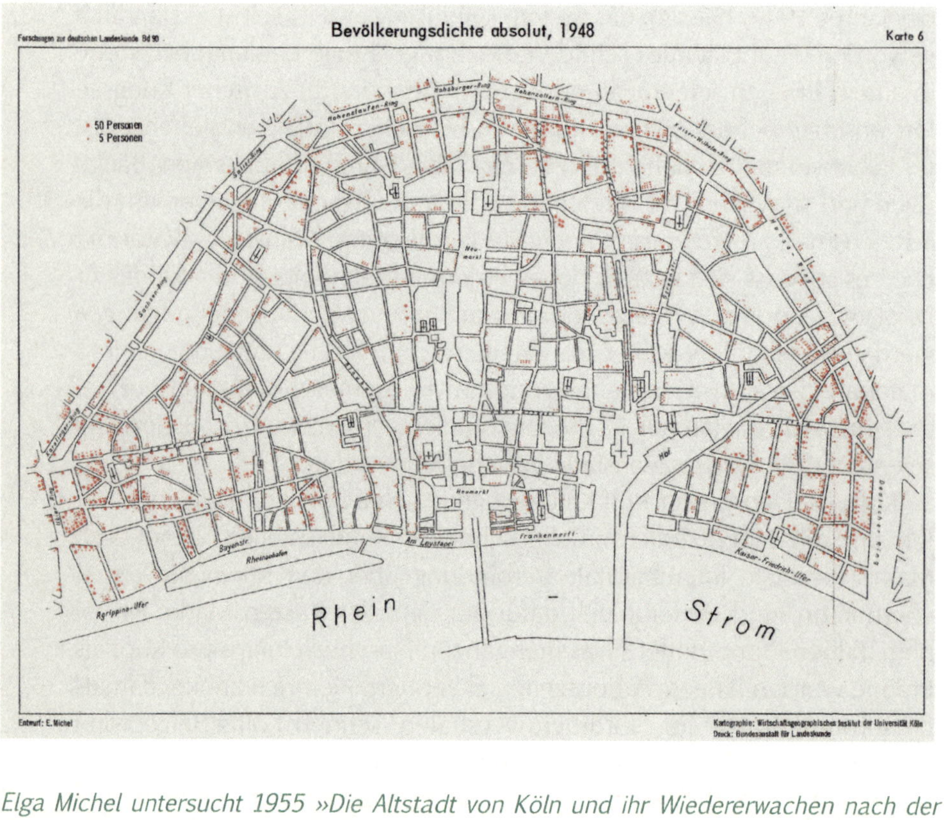

Elga Michel untersucht 1955 »Die Altstadt von Köln und ihr Wiedererwachen nach der Zerstörung« im gleichnamigen Werk. Hier Karte 6 für 1948

Eine Bausperre als »Erlaß zur Einschränkung der Bautätigkeit« war seit dem 21. April 1945 in Kraft, wurde als Verordnung mit Wirkung vom 10. August 1945 erneuert. Mit der seit Anfang des Jahres diskutierten Bauordnung wird am 18. Juli 1946 erneut eine Bausperre beschlossen, die Oberstadtdirektor Suth erläutert: »Wer bauen will, muß über die allgemeine baupolizeiliche Erlaubnis hinaus erst noch auf Grund einer Verhandlung mit dem Planungsamt feststellen lassen, daß sein Bauvorhaben die Planung nicht gefährdet oder gar unmöglich macht.« Nur wird kaum gebaut, von privaten Schwarzbauten einmal abgesehen. Auf dem linken Rheinufer ist die Stadtfläche bis zum Militärring und zu einem hundert Meter breiten Streifen darüber hinaus gesperrt, auf dem rechten Rheinufer fast das gesamte Stadtgebiet. In diesem gesamten Areal ist »Neubebauung von Grundstücken, die Veränderung baulicher Anlagen sowie die Errichtung von Behelfsheimen jeder Art nur dann gestattet, wenn die Baupolizei feststellt, daß das Bauvorhaben die Durchführung der baulichen Neugestaltung Kölns nicht gefährdet oder verhindert«. Die Bausperre wird 1948 noch einmal um ein Jahr bis zum 8. August 1949 und 1949 erneut zum letzten Mal verlängert. Gerade in der Innenstadt werden noch neue Straßen geplant und dazu die Fluchtlinien festgelegt.

Aber dennoch regt sich schon im Jahre 1947 der Schwarzbau an vielen Stellen in Köln, und wenn sich der Volkszorn in der kommunistischen *Volksstimme* darüber erregt, ist es offensichtlich den Betroffenen gelungen, sich die Genehmigungen für ihren Bau in Düsseldorf zu beschaffen: »Nach diesen Plänen wird das Bauvorhaben kein einfaches Doppelbehelfsheim mit geringer Unterkellerung, sondern ein Einfamilienwohnhaus im Stil einer modernen Villa mit doppelter Unterkellerung und Garage.« Auch im Rat sind die offensichtlich zahlreichen Schwarzbaustellen ein Thema. »Es verbinden sich unwillkürlich damit die lebhaftesten peinlichen Vorstellungen von ›vitaminreichen‹ Betrieben oder Schlemmerlokalen und ähnlichen unerfreulichen Erscheinungen.« Alle grauen bis schwarzen individuellen Bauinitiativen lassen noch keine vorzeigbare Architektur entstehen. Als 1963 die Publikation des BDA *Bauten Kölner Architekten 1948–1963* erscheint, steht nur die Deutzer Brücke für das Jahr 1948. Alle weiteren abgebildeten Bauten sind ab 1951 entstanden. Und erst im August 1953 kann die Stadt selbst, mit Hans Schmitt-Rost als Verantwortlichem, einen schmalen Bildband, *Köln 1953: Bilddokumente*, veröffentlichen, der die anlaufende Baukonjunktur ins Bild setzt (siehe nächste Doppelseite).

Rudolf Schwarz stellt seine Gedanken als Generalplaner für den Wiederaufbau Kölns im April 1947, wenige Monate nach Amtsantritt,

Seit dem 9. Mai 1948 kann die Hohenzollernbrücke wieder genutzt werden.

öffentlich auf der Kölner Tagung des Deutschen Verbandes für Wohnungswesen, Städtebau und Raumplanung als erstes großes Referat des Tages vor. Die Grundgedanken seiner abschließend 1950 im Band *Das neue Köln* veröffentlichten Überlegungen werden hier zuerst formuliert. Er sieht das Stadtzentrum als »Hochstadt«, in der die zentralen Funktionen Wirtschaft, Bildung, Hoheit und Anbetung ihren Raum finden. »Sie sind in ihrer Art ewig und müssen heimlich alle vier immer da sein. [...] Da sind die eigentlichen abendländischen Städte, und das ist auch die Aufgabe und Leistung von Köln. [...] Es scheint mir seine unvergleichliche Verpflichtung zu sein, die große Geschichte des Abendlandes, seine ganze Gemeintheit am Leben zu erhalten. Das heißt auch, daß wir nicht daran denken können, Köln neu zu erbauen, denn diese Stadt muß bleiben, und was an ihr wiederherzustellen ist, darf nicht das Werk eines Zeitalters sein, auch nicht des unsern. Ihre Seele lebt jederzeit über den Zeiten. Das macht unsern Wiederaufbau zu einer großen abendländischen Tat und verpflichtet auch das Abendland, uns dabei zu helfen.« Auch Schwarz fordert abschließend eine Planung über die aktuellen Stadtgrenzen hinaus, spricht aber nicht offen von Eingemeindungen: »Städtebau ist nicht möglich, ohne gleichzeitige Planung des Großraums, unbekümmert um den zufälligen Verlauf der jeweiligen Stadtgrenzen. [...] Wieder bestätigt sich, daß Stadtplanung nicht gelingen kann, wenn sie nicht in eine umfassendere Landesplanung eingebracht ist. Die Stadt ist die andere Landschaft, macht aus der Landschaft die andere Stadt, daß der Wiederaufbau von Köln als eine der ganz großen abendländischen Taten gelingt. (Stürmischer, anhaltender Beifall.)« Schon hier zeigt sich die eigentliche Bedeutung des Stadtplaners Rudolf Schwarz für Köln. Er versteht Kölner und Nichtkölner, Politiker und Bürger für seine, für ihre Stadt zu begeistern.

Einen ganzen Tag verwendet der Rat der Stadt in seiner nichtöffentlichen Sitzung am 24. Juni 1948, kurz nach der Währungsreform, auf die von Rudolf Schwarz vorgetragene Stadtplanung. Zu Beginn stellt der Generalplaner, nach einer begeisterten Einführung durch den zuständigen Dezernenten Carl Schweyer, sechs Punkte vor, die sein hochfliegendes und manchmal realitätsfernes Denken und Planen bestimmen. Er möchte die neue, technische Stadt von der alten, gewachsenen, beseelten Stadt trennen. Dieser neuen Bandstadt rings um die Altstadt will er mit den Ringen eine neue Hauptstraße geben. In die Altstadt dahinter will er Stille bringen, z. B. das Priesterseminar aus Bensberg wieder an den Dom holen und »aus unserer Stadt eine Stätte der hohen Dinge, eine Hochstadt machen«. Auch der »Markt der kostbaren und seltenen

Waren« gehört hierher. Schließlich soll im Norden Kölns eine »Neue Stadt« entstehen: »... daß Leverkusen nicht nur nicht in Köln liegt, sondern sogar in einem fremden Regierungsbezirk, was aber den Raumplaner keinen Augenblick beirren darf, den Raum im Ganzen zu betrachten. Hier im Norden Kölns bildet sich eine neue vorwiegend wirtschaftlich bestimmte Stadt, die einen Ring von Einflußgebieten, von Siedlungen um sich herum breiten wird. [...] Wir müssen uns langsam mit dem Gedanken vertraut machen, daß Köln eine Doppelstadt sein wird, eine edelhochgestimmte Südstadt und eine von der schweren Arbeit bestimmte Nordstadt. Eine Stadt der Bildner und Händler im Süden, eine Stadt der Arbeiter im Norden, die beide zu einer großen Einheit zu bringen sind.« Und als sechsten Punkt bringt Rudolf Schwarz auch hier wieder ausgedehnte Eingemeindungswünsche ein. Um diese Vorstellungen zu verwirklichen, sieht er eine große Umsiedlung der Bevölkerung vor, um Wohnen und Arbeiten im Norden zu vereinen.

Wenig davon hat sich auf Dauer erfüllt. Keine Umsiedlung von Menschen wurde durchgeführt, man war für Jahrzehnte in Köln froh, überhaupt Wohnraum zu finden. Gebaut wird auch im Widerspruch zur Stadtplanung. Die Innenstadt ist keine Einfamilienhaussiedlung geworden, wie sie nur im Griechenmarktviertel im Ansatz mit Reihenhäusern realisiert wurde. Und der Bau des Funkhauses für den – bis 1955 noch – NWDR Köln am Wallrafplatz, dessen Richtfest am 1. Februar 1949 gefeiert wurde, brachte für Kölns Stadtplanung und ihren Planer Rudolf Schwarz das Ende für den »Gedanken, den Dom gleichsam in die Stadt hinaus auszuweiten und hierzu gehört auch die Absicht, ihn mit einem Kranz von Gebäuden zu umgeben, die an dem heiligen Dienst teilnehmen. Das sind vorab die Kurien der Domherren und, wie man hofft, später das Wohnhaus des Erzbischofs und das Priesterseminar.« Offensichtlich hatte die Überlegung des NWDR, man könne ja auch in die junge Landeshauptstadt wechseln, bei der Entscheidung für die Wahl der Bauruine des Hotel Metropol als Keimzelle des Funkhauses überzeugend gewirkt und die Planungen über den Haufen geworfen. Im noch NWDR ist man stolz auf den Sieg über die Stadtplaner.

Hohe Straße und Schildergasse waren im Stadtplanungsamt Kerngebiet des »ungeheuren Marktes«, den Rudolf Schwarz als Teil seiner elitären »Hochstadt« mit Handel und allen zentralen Funktionen der Kultur im Gegensatz zu einer zweiten Stadt im Norden für Industrie und Arbeiterschaft sieht. Schon seit 1949 werden beide Straßen – wie auch schon vor dem Zweiten Weltkrieg – zeitweise für den Verkehr gesperrt. Hans Schmitt-Rost, Chef des städtischen Presseamtes, bestaunt das

Oben: Hauptverwaltung der Städtischen Sparkasse am Habsburgerring von Theo Kelter und Toni Schunk.
Die Städtische Sparkasse ist die größte des Landes Nordrhein-Westfalen und eine der bedeutendsten im Bundesgebiet

Unten: Größte Zweigstelle der Städtischen Sparkasse am Ebertplatz von Theo Kelter

Claasen

Doppelseite aus Stadt Köln (Hg.):
Köln 1953: Bilddokumente, *S. 28/29*

Claasen

)ben: Köln,
eutsches Versicherungszentrum.
'ünf Groß-Versicherungen neben-
inander am Kaiser Wilhelm-Ring

Unten: Die »Allianz«. Seit 1945 steht über dem Eingang »Rathaus«.
Anfang 1955 werden Stadtvertretung und Stadtverwaltung
wieder am Rathausplatz in der Altstadt ihr eigenes Haus besitzen,
den Spanischen Bau

1955 ironisch als »Anachronismus« im Zeitalter der autogerechten Stadt. Damit war man für andere Städte beispielhaft, wie von Friedrich Jacobs (FDP) am 13. Oktober 1959 betont wird.

In der zur Eröffnung des Funkhauses 1955 erschienenen Festschrift rühmt man sich: »Und diese Wahl, die mit den damaligen städtebaulichen Tendenzen nicht in Einklang stand, enthüllte sofort und, man darf sagen zu unserem Glück, die ganze Problematik der Kölner Stadtplanung und wurde zunächst einmal zum Anlaß eines heftigen Meinungsstreites.« Streiten konnte man bei jeder Gelegenheit. Und wenn eine fehlte, nahm man sich die Platane auf dem Wallrafplatz zum Anlass. War es angebracht, dort einen Baum zu pflanzen?

Für wenige Jahre blühten tatsächlich die Ringe vom Rudolfplatz nach Norden als Geschäftsstraße auf. Der Rat hatte sich hier schon im Sommer 1946 mit einem repräsentativen Springbrunnen vor dem als Rathaus genutzten Allianzgebäude festlich inszeniert. Heute ziehen längst erneut Schildergasse und Hohe Straße als Einkaufsmeilen die Massen an, und nur langsam belebt sich das Geschäftsleben wieder an den Ringen. Statt Leverkusen im Rahmen einer kommunalen Gebietsreform einzugemeinden, ist im Norden Chorweiler mit allen Problemen einer Neustadt entstanden. Sie bildet sich nahe Worringen, wie es sich bereits Fritz Schumacher Anfang der 20er Jahre vorgestellt hatte: »Kurz Worringen hat die Eigenschaften, um das zu werden, was man mit dem Begriff ›Nebenzentrum der Großstadt‹ zu bezeichnen pflegt.« Das waren die Kerngedanken des Vormittags der Ratssitzung am 24. Juni 1948, die durch einen Überblick über die Bevölkerungsstruktur Kölns von Prof. Dr. Ludwig Neundörfer, Mitarbeiter der Wiederaufbau GmbH, ergänzt wurden. Die morgens zu Sitzungsbeginn vorgetragenen Erwartungen an die zur Mittagspause gereichte Erbsensuppe wurden enttäuscht.

Die am Vormittag formulierten elitären Vorstellungen haben wenig Glück für Köln gebracht. Die am Nachmittag von Rudolf Schwarz präsentierten Details zur Verkehrsplanung »für den schnellen und großen Verkehr« bestimmen dagegen bis heute das Stadtbild. Schwarz schildert die Nord-Süd-Straße, aus der, breiter und störender als von ihm gedacht, in den 60er Jahren die Nord-Süd-Fahrt wird. Die Bäche werden als Verbindung zwischen Barbarossaplatz und Heumarkt vorgestellt, mit der Schwarz zugleich die römische Stadt mit ihrem höheren Niveau abgrenzt. Nördlich und südlich der vom Hauptbahnhof ausgehenden Bahnanlagen stellt er den Verlauf der zukünftigen Turiner Straße, Ursula-, Viktoria- und Kyotostraße vor. Endgültig werden diese Straßen im

Generalverkehrsplan von 1956 festgelegt (siehe nächste Doppelseite). Mit der zukünftigen Magnusstraße wird die Friesenstraße entlastet, wie Schwarz überhaupt der Erhalt der großen alten Straßen wie Eigelstein oder Severinstraße wichtig ist. Da gelten historische Gründe wie finanzielle Argumente, denn hier würde der Erwerb der Grundstücke viel zu teuer, um die eigentlich bescheidene Straßenverbreiterung auf maximale 18 Meter für diese »baufreien Verkehrsstraßen«, die er vorschlägt, umzusetzen.

Anfang der 50er Jahre hat die Stadt für die Verbreiterung des Hohenzollernringes zwischen Rudolfplatz und Bismarckstraße 4,5 Millionen D-Mark ausgegeben. Für die Nord-Süd-Fahrt werden 15,5 Millionen D-Mark fällig, für die Verbreiterung der Rheinuferstraße wird mit 2,5 Millionen D-Mark gerechnet und für die Straßenverbreiterung der Komödienstraße, für den nördlichen Bahnhofsvorplatz, den zukünftigen Breslauer Platz, für Grünanlagen, Parkplätze, die Zufahrten zur zukünftigen Severinsbrücke, für das Opernhaus und neue Schulbauten mit zusätzlich fast 50 Millionen D-Mark.

Der weitere Nachmittag besagter Sitzung ist den Vororten gewidmet. Aus der CDU wird am Ende die Feststellung zum Beschluss vorgeschlagen, »daß die bisherigen außerordentlich umfangreichen Arbeiten des städtischen Planungsamtes unter Berücksichtigung

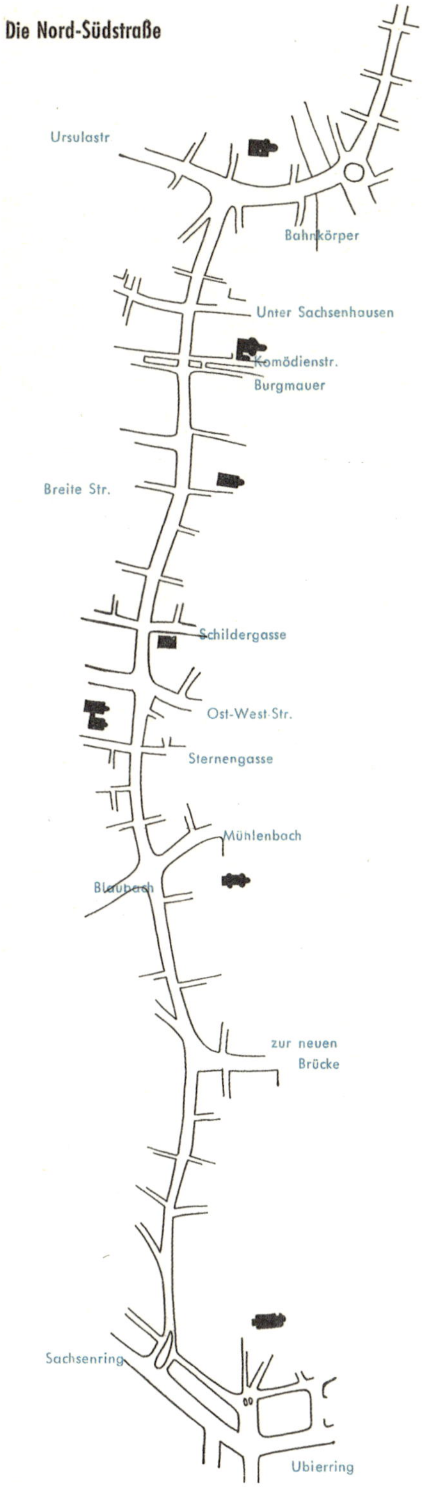

Stadt Köln (Hg.): Das neue Köln. Ein Vorentwurf. *Köln 1950, S. 36*

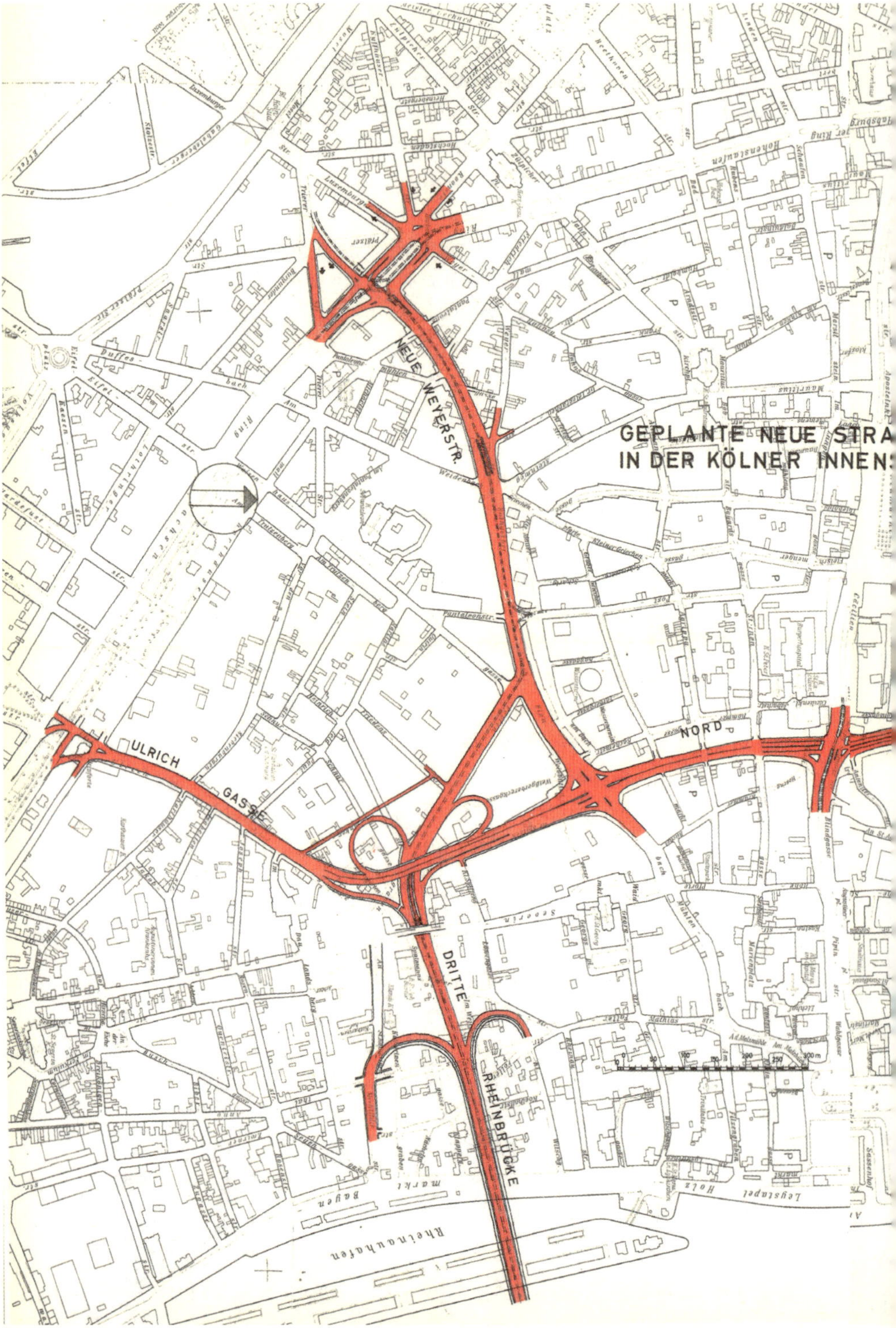
GEPLANTE NEUE STRA
IN DER KÖLNER INNEN
NEUE WEYERSTR.
ULRICH
GASSE
NORD
DRITTE
RHEINBRÜCKE
Rheinauhafen

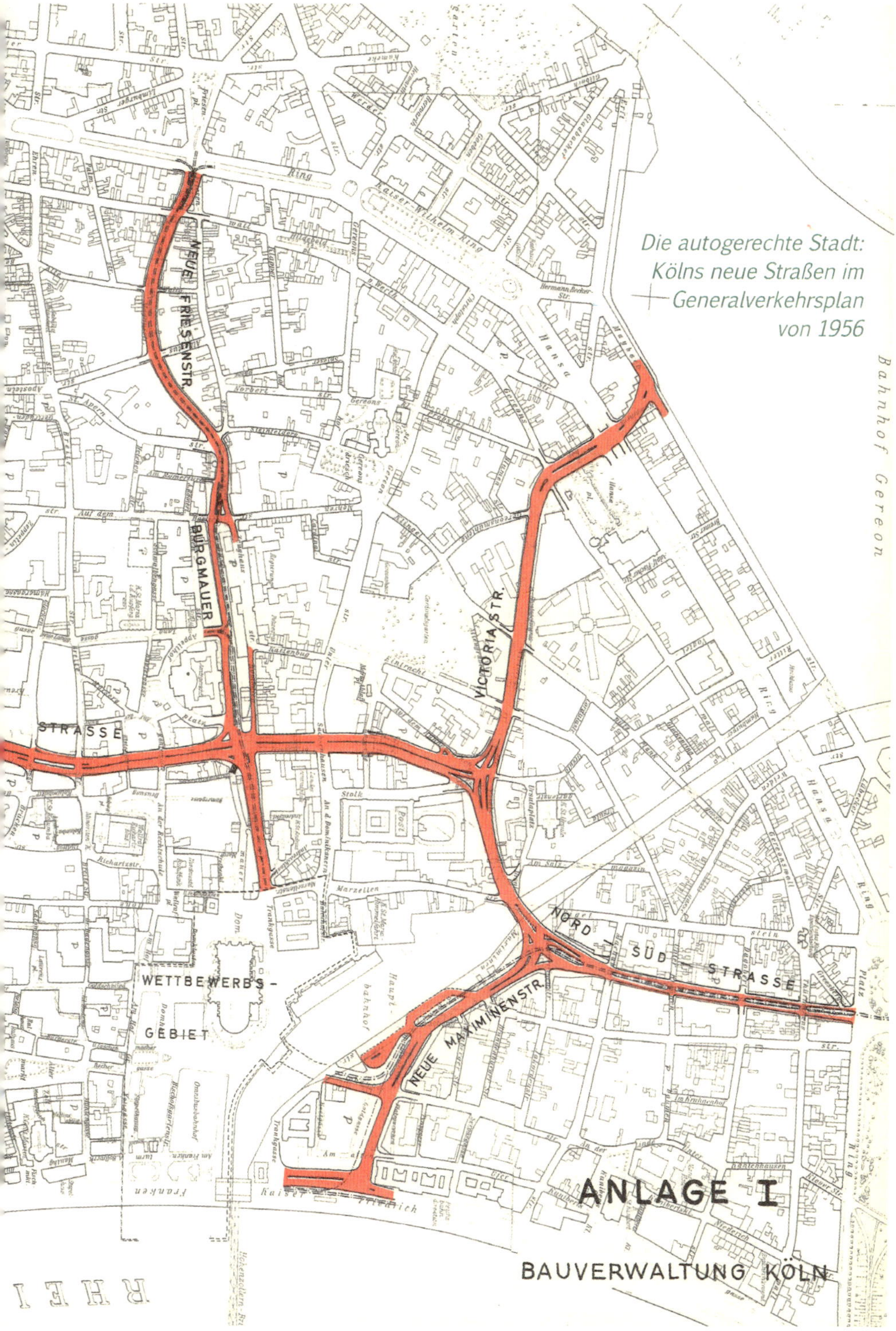

Die autogerechte Stadt: Kölns neue Straßen im Generalverkehrsplan von 1956

der historischen Bedeutung und Werte sowie der Zukunftsberufung Kölns als eine der europäischen Metropolen befriedigende und weitsichtige Ergebnisse gebracht hat«. Das findet allgemeine Zustimmung. Rudolf Schwarz ist sich aber des Schicksals seiner Pläne bewusst: »Man fragt sich oft: Was hat es überhaupt für einen Zweck, noch Bebauungspläne zu zeichnen? Es wird kein einziger wirklich ausgeführt. Es kommt immer ganz anders. Man kann auch sagen: Gott sei Dank kommt's anders. Es wäre nämlich fürchterlich, wenn ein Bebauungsplan nach 30 Jahren noch so realisiert würde.« Manche Umsetzung seiner Planungen hätte man sich dennoch gewünscht. Die Verlegung des Hauptbahnhofs ist noch 1949 Gegenstand von Verhandlungen mit dem »Entwicklungsbüro der Reichsbahn« und 1950 hat man sogar Einvernehmen darüber erzielt, den Hauptbahnhof »nach dem Gelände des Güterbahnhofs Gereon« zu verlegen. Erst 1953 wird man sich bei den Beratungen über die Gestaltung des Nordeingangsbereichs des Hauptbahnhofs endgültig darüber klar, dass an eine Verlegung nicht mehr zu denken ist.

Im Herbst 1948 empfindet Rudolf Schwarz seine Generalplanung als abgeschlossen. Am 6. Oktober hatte er sie nach seinem Vortrag im Rat auch der Öffentlichkeit in einer großen Veranstaltung vorgestellt. Wenige Tage später schreibt er an Ludwig Mies van der Rohe: »Wir haben die Generalplanung für Köln fertiggestellt, aber sie ist so, daß sie vermutlich von den Vertretern einer entschlossenen Modernität verabscheut werden wird. [...] In Köln kann man nicht, wie die Idealisten des neuen Bauens meinen, alles durcheinander werfen und nach irgend einem abstrakten neuen Plan aufbauen. So ist meine Planung ultra-konservativ geworden, was dann auch den stürmischen Beifall unserer Bevölkerung hervorruft.« Rudolf Schwarz selbst hatte sich längst auch Feinde gemacht. Sogar der für die Wiederaufbau-Gesellschaft als Geschäftsführer zuständige Dezernent Carl Schweyer beklagt sich über seine »ungeheure geistige Arroganz«. Die Wiederaufbau-Gesellschaft wird wohl auch wegen dieser öffentlichen Kritik im Oktober 1949 ins städtische Planungsamt als Abteilung des Städtebauamtes eingegliedert, wie Oberbürgermeister Robert Görlinger am 11. Juli 1949 Konrad Adenauer als dem Präsidenten der Gesellschaft mitteilt. Und Rudolf Schwarz lässt seinen Vertrag zwar noch einmal verlängern, gibt dann aber mit dessen Ablauf am 31. März 1952 sein Amt auf, um nun an der Kunstakademie in Düsseldorf bis zu seinem Tode 1961 eine Professur zu übernehmen. Schon im September 1950 hatte er geklagt: »Im Übrigen ist unsere Planung sehr schön und die Wirklichkeit sehr häßlich.«

Damit war die Stadtplanung nun eine Abteilung des Städtebauamtes der Kölner Stadtverwaltung, geleitet von Eduard Pecks. Dieser klagt 1957, als man anlässlich der Bundesgartenschau einen Rückblick auf das seit Kriegsende vergangene Jahrzehnt wagt: »Daß der Kriegsbürde, die den Gemeinden auferlegt ist, im Finanzausgleich zwischen Bund, Ländern und Gemeinden nicht genügend Rechnung getragen wird, ist eine bedauerliche Ursache für manche verpasste Aufbauchance.«

Zu den seit der Währungsreform regelmäßig in der Tagesordnung des Rates erscheinenden Beschlüssen gehören Bebauungspläne, Fluchtlinienpläne, Pläne für Sanierungsgebiete, Landschafts-, Grün-, Entwicklungs- und Standortpläne sowie, seltener, gewichtiger, Konzepte für die Stadtentwicklungsplanung. Diese Pläne können sich auf die gesamte Stadtfläche beziehen, auf einzelne Stadtbereiche oder nur auf die Innenstadt. Grundlage ist der jeweilige Flächennutzungsplan für das Kölner Stadtgebiet, der wie der entsprechende Landschaftsplan regelmäßig überarbeitet und über den, in längeren Abständen, zuletzt 1982, neu entschieden wird. Fast immer werden solche Planungen einstimmig verabschiedet, da die eigentlichen Diskussionen längst zuvor in der Verwaltung, in Arbeitskreisen der Parteien und im zuständigen Ausschuss geführt worden sind und die Entscheidungen im Ratsbeschluss nur noch veröffentlicht werden. Bevor Planungen beschlossen werden, werden sie offengelegt und die betroffenen Bürger können Einsicht nehmen und Einspruch einlegen oder Wünsche anmelden.

Damit zwingt sich ein neuer Denkansatz auf: Stadterneuerung. Für die Aufstellung von Sanierungsgebieten nach dem Städtebauförderungsgesetz von 1971 hat man die Daten der Gebäude- und Wohnungszählung des Jahres 1968 genutzt, um aus den Angaben, z. B. dem Alter der Gebäude, der sanitären Ausstattung der Wohnungen, der Grundstücksgröße, den Abstandsflächen und den Belichtungsverhältnissen, Gebiete mit deutlichem Sanierungsbedarf zu ermitteln. Dabei kristallisieren sich das Severinsviertel, die westliche Neustadt, Ehrenfeld, das Agnesviertel, Kalk und Mülheim-Nord als besonders sanierungsbedürftige Gebiete heraus. Auch im Innenstadtkonzept von 1973 werden diese als Stadtbereiche mit überalterter Bausubstanz und die bauliche Situation dort als besonders gravierend hervorgehoben. Allein im Rahmen des 3. Städtebauförderungsprogramms 1989–1996 wird mit Kosten von mehr als einer halben Milliarde D-Mark für die in Köln geplanten Maßnahmen gerechnet, für welche Zuschüsse von über 300 Millionen D-Mark erwartet werden.

Die kommunale Gebietsreform zum 1. Januar 1975, aus den Argumenten der Stadtplanung gewachsen und politisch umgesetzt, stellt diese vor neue Herausforderungen. 1978 wird das Gesamtkonzept der Stadtentwicklungsplanung veröffentlicht, das für die nächsten Jahrzehnte eine Grundlage bieten soll. Die durch die kommunale Gebietsreform vergrößerte Stadt erhält durch die neue Aufteilung in Bezirke ein polyzentrisches Gesamtbild mit Bezirkszentren, Mittelbereichszentren und Nahbereichszentren. Ausführlich werden im Gesamtkonzept neben der räumlich funktionalen Ordnung die Themen Stadterneuerung, Umweltschutz, Stadtgestaltung, Verkehr und Freiraumplanung für Grünflächen und Freizeitnutzung behandelt. Mit drei Wohnumfeldverbesserungsprogrammen ab 1981 wird für die Neugestaltung von Straßen, Plätzen und Innenhöfen bis 1995 mehr als eine Viertelmilliarde D-Mark investiert. Der aufwändige Sonderfall der Neugestaltung der westlichen Ringstraße löst durch die für den Bau der U-Bahn erforderlichen Baumfällungen heftige Proteste aus. Ein Widerstandsdorf entsteht, große Transparente begegnen vielen Kölnern dort auf dem Weg von und zur Arbeit, BAP und Bläck Fööss geben Konzerte vor Ort. Es bedarf schließlich eines großen Polizeiaufgebots und rascher Baumfällungen, um der romantischen »Republik Platania« ein Ende zu bereiten. Klaus der Geiger bricht in Tränen aus.

Für die Kölner Innenstadt gibt der aus der IHK Köln hervorgegangene Verein Unternehmer für die Region Köln e.V. beim Büro Albert Speer & Partner einen Masterplan in Auftrag, der im November 2008 nach Abstimmung mit Politik, Stadtverwaltung und verschiedenen Interessentengruppen veröffentlicht wird. Am 5. Mai 2009 beschließt der Rat »den städtebaulichen Masterplan Innenstadt als grundsätzliche Handlungsempfehlung und strategische Zielausrichtung für die zukünftige Entwicklung der Innenstadt«. Die Aufmerksamkeit von Politik und Öffentlichkeit hatte man bekommen und einige im Ratsbeschluss 2009 vorrangig angesprochene Projekte sind, wie der Ottoplatz und das Umfeld des Domchores, inzwischen vollendet. Das Rasengleis für die KVB auf der Caecilienstraße ist 2014 angelegt worden. Inzwischen wird Schritt für Schritt das Projekt der »Via Culturalis« realisiert. Vom Johannisstraßentunnel nördlich des Domes bis hin zu St. Maria im Kapitol im Süden wird ein breites Band der Innenstadt in seinen historischen Bauten aus allen Epochen hervorgehoben.

Ergänzend zum Konzept des Masterplans Albert Speers hat die Kölner Grün Stiftung den Grüngürtel Impuls 2012 erarbeiten lassen, den der Rat der Stadt am 30. April 2013 als Schenkung angenommen und als »grundsätzliche Handlungsempfehlung und strategischen Orientierungsrahmen für die zukünftige Entwicklung des Äußeren Grüngürtels« beschlossen hat. Damit wird das Konzept zum Äußeren Grüngürtel bei Bauleitplanungen zukünftig planerisch berücksichtigt. Gerne würden heute engagierte Vereine das Kölner Grünsystem als Weltkulturerbe unter Schutz gestellt sehen. So wird »Leben im grünen Bereich« zu einem wichtigen Kölner Thema.

Stadtplanung – Wohnen

Mit vier Quadratmetern pro Kopf sollte man, so das Ergebnis einer Pressekonferenz der Militärregierung Anfang August 1946, nun in Zukunft auskommen: »Von Wichtigkeit ist eine Mitteilung des Stadtkommandanten, wonach mit Rücksicht auf die herrschende Wohnungsnot nicht mehr jeder Person ein Raum zugesprochen werden könne, sondern nur noch 4 m^2 Wohnraum je Person.« Das sollte sich nur langsam ändern. Im Jahre 2012 steht den Kölnern im Schnitt mit 37,6 Quadratmetern fast das Zehnfache zur Verfügung. Mit viel Zuwachs können wir nicht mehr rechnen. 2014 ist nur eine minimale Steigerung auf 37,88 Quadratmeter zu verzeichnen.

Ausreichend Wohnraum war, ist und bleibt bis heute ein Grundthema für Rat, Stadtverwaltung, Haus- und Grundbesitzer sowie Mieter in Köln. Von den gut 250000 Wohnungen des Jahres 1939 waren 1945 mehr als die Hälfte stark beschädigt oder völlig zerstört. Noch 1950 rechnet das Statistische Amt mit einer Minderung des Wohnungsbestandes in Köln von 51,3 Prozent gegenüber 1939. Nur 20000 Wohnungen galten 1945 als nicht oder kaum beschädigt, Schäden zwischen fünf und 15 Prozent wiesen fast 50000 Wohnungen auf und 63000 Wohnungen hatten einen Schaden bis zu 20 Prozent.

Nicht große Pläne, mögen sie auch noch so sinnvoll sein, sondern hauptsächlich Wohnraum, und sei es in schlichtester, eigentlich menschenunwürdiger Form, war angesichts des unstillbaren Drangs der Kölner, in ihre Stadt zurückzukehren, das dringendste Bedürfnis. Bei äußerster Anspruchslosigkeit waren Ende des Jahres 1945 fast 80000 Wohnungen wieder bewohnbar. Rückkehrern wurde gestattet, sich eine unbewohnte oder noch einigermaßen wieder nutzbar zu machende Wohnung zu suchen. In Vertretung der Hausbesitzer machte die Stadtverwaltung einen Mietvertrag. Die Auseinandersetzungen mit den eigentlichen Mietern bei deren Rückkehr wurden meist friedlich mit Teilung der Wohnung oder Untermietverhältnissen gelöst.

Als im Sommer die Militärregierung bei der Stadtverwaltung abfragte, wie viel Menschen unter den aktuellen Verhältnissen in der Stadt untergebracht werden könnten, schätzte man, dass es höchstens 410 000 sein dürften. Ende des Jahres 1945 sind über 450 000 Einwohner in Köln gemeldet. Die Militärregierung lässt ab September 1945 rund 5 000 Personen erneut, nun in den Bezirk Detmold, umquartieren. Das reicht bei Weitem nicht. So wird vom Wohlfahrtsamt, sicher erst nach Genehmigung durch die Militärregierung, Ende 1945 eine Zuzugssperre nach Köln ausgesprochen: »Für die Regelung des Zuzugs nach Köln wurde im Benehmen mit dem Wohnungsamt die nachstehende Regelung getroffen: Zuzugsgenehmigungen werden grundsätzlich nur unter der Voraussetzung erteilt, daß für die Zuziehenden nur der Wohnraum in Anspruch genommen wird, der den aufnehmenden Angehörigen nach der Wohnraumlenkungsverordnung aktuell zusteht. Unter diesen Vorrausetzungen wird die Zuzugsgenehmigung erteilt: für den Zuzug von Ehegatten, für den Zuzug von Verwandten der auf- und absteigenden Linie (und entsprechend Verschwägerte), für den Zuzug von Geschwistern. Ferner soll eine Zuzugsgenehmigung erteilt werden, wenn Bekannte und Freunde zuziehen, sofern früher Lebens- oder Haushaltsgemeinschaft bestanden hat. Abgesehen von vorstehenden Personengruppen erhalten weiterhin die Personen eine Zuzugsgenehmigung, die für wichtigen Arbeitseinsatz für den Aufbau benötigt werden.« Ebenso mussten Umzüge genehmigt werden. Trotzdem sind Ende Juli 1945 über 480 000 Einwohner in Köln gemeldet.

Das wird zum Kernthema der erwähnten Pressekonferenz am Samstag, dem 3. August 1946. Stadtkommandant Oberstleutnant John M. White zieht Bilanz des ersten Nachkriegsjahres. Das Fraternisierungsverbot wird aufgehoben, sogar Eheschließungen deutscher Frauen mit Engländern sind nun erlaubt. Bei Wohnungsbeschlagnahmungen für nachziehende englische und belgische Familien sollen vorrangig Wohnungen von NSDAP-Mitgliedern genutzt werden. Aber die Zukunftsaussichten der Bevölkerung sieht White mit den erwähnten vier Quadratmetern pro Kopf düster. Ganz so schlimm wird es auf Dauer zwar nicht, aber fast. Es wird gründlich kontrolliert und gezählt. Ende des Jahres 1946 wird ein Pro-Kopf-Durchschnitt vom acht Quadratmetern pro Person erreicht. Eine Untersuchung im Februar 1947 zeigt, dass in Köln sogar noch rund 81 000 Personen auf weniger als vier Quadratmetern leben.

Die Verwaltungskonferenz hatte schon Mitte August 1945 das Wohnraumproblem aufgenommen und kurz darauf konzentrierte die Militärregierung mit einer Verordnung vom 10. September 1945 alle Bautä-

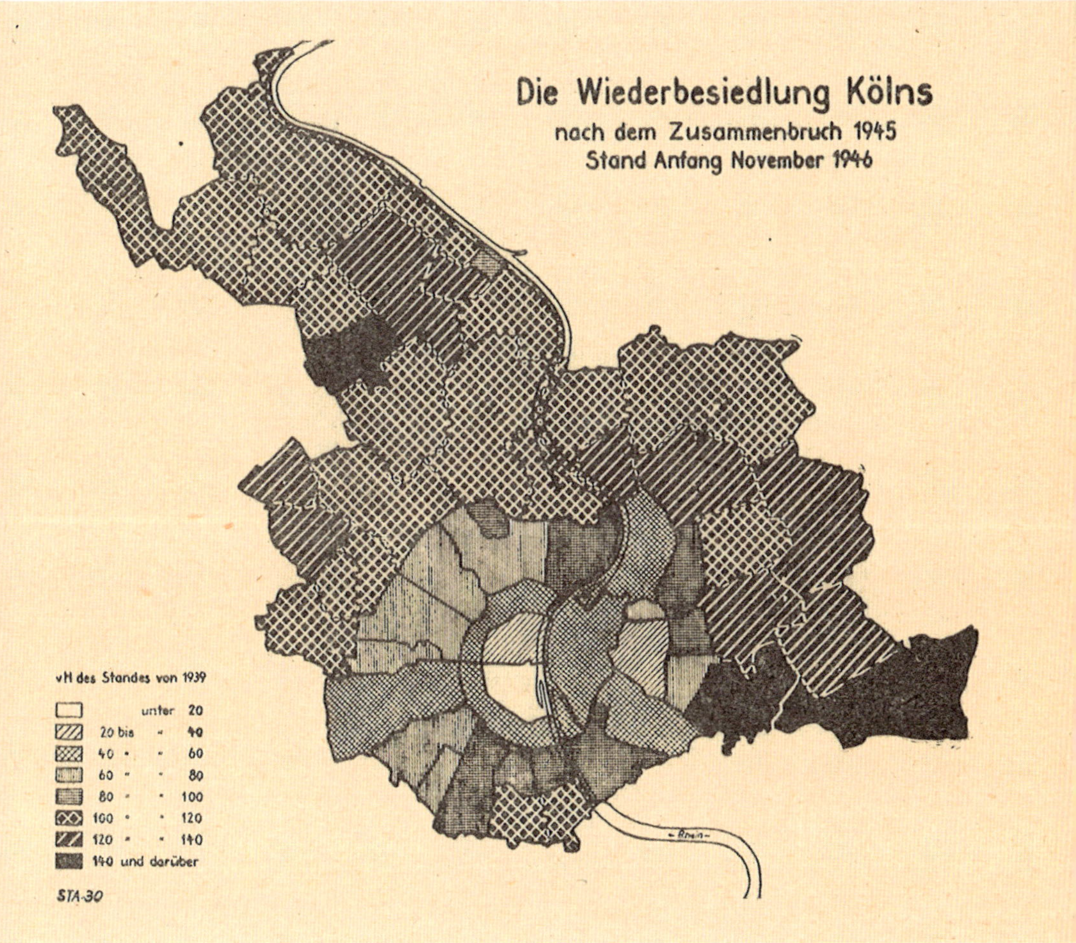

»Die Wiederbesiedlung der Stadt Köln«, Statistisches Jahrbuch der Stadt Köln. *1946, S. 15*

tigkeiten bis zum 1. Dezember 1945 auf das Winterfestmachen von Wohnraum. Die Baustofflager waren längst geplündert, die Produktionsstätten zerstört. Die Produktion lief nur langsam wieder an. Dann musste der Transport organisiert werden, den auch die Bahn nur schleppend wieder bewältigen konnte. Schiffstransport war unmöglich. LKW fehlten, Reifen fehlten, Benzin fehlte. Die am Niederrhein produzierten Dachziegel erreichten Köln nicht. Als Ersatz nahm man Blech, bis auch dafür die Vorräte fehlten. Inzwischen wird die Fertigung aus Beton vorbereitet. Angesichts von Baustoffmangel und Schwarzem Markt ist Carl Schweyer im Herbst 1945 stolz, dass er 36000 Sack Zement, 38500

Sack Kalk, 12 000 Sack Gips, 680 Kubikmeter Holz und 37 200 Quadratmeter Glas zur Verteilung bringen konnte.

Fritz Hauenstein, langjähriger Wirtschaftsredakteur der *Kölnischen Zeitung*, beschreibt als Zeitzeuge im August 1946, was geschehen ist: »In einer Aktion ›Winterfestmachung‹, die von der englischen Militärregierung angeordnet wurde, sind 29 721 Wohnungen von November bis März 1946 ›winterfest‹ gemacht worden. Man verbot gleichzeitig jede nicht auf Wohnraum gerichtete Bautätigkeit. Man hielt diese Aktion für dringend nötig, weil Tausende von Rückkehrern noch obdachlos waren oder in die Gesundheit aller bedrohenden Enge ohne genügenden Schutz vor den Einflüssen der Witterung hausten. Eine Wohnung winterfest zu machen, hieß zu jener Zeit, sie nach außen abzuschließen, sie mit Dach und Fenstern und im äußersten Fall mit Türen versehen. Für diese Aktion wurde das Material vom Oberpräsidium der Provinz bereitgestellt und von der Besatzung herangeschafft, während die Arbeiten selbst unter städtischer Regie durchgeführt wurden. Die größere Leistung wurde in Selbsthilfe vollbracht. Sie stellte 43 909 Wohnungen wieder her, die Statistik genau bei der Zahl genommen.« Kein Wunder, dass ein Jahr später, am 21. August 1947, Köln zum »Brennpunkt des Wohnraumbedarfs« erklärt und ein allgemeines Zuzugsverbot ausgesprochen wurde. Zuzugsgenehmigungen gab es nur mit Nachweis einer Arbeitsstelle und auch Umzüge innerhalb der Stadt mussten genehmigt werden. Baumaterialien blieben knapp. Beigeordneter Carl Schweyer nennt für das letzte Vierteljahr 1947 einmal Zahlen: 91 Tonnen Zement, 6,5 Tonnen Gips, 25 000 Betondachziegel und über 10 000 Tondachziegel. Insgesamt hätte, so verkündet Oberbürgermeister Hermann Pünder am 25. Februar 1948 im Rat, das im Jahr 1947 erhaltene Baumaterial für 114 Kleinwohnungen gereicht.

Ende 1946, mit Stand vom 14. Dezember 1946, sind Zahlen von 486 575 Personen »ortsanwesender Wohnbevölkerung« mit 124 322 Wohnungen und 181 397 Haushaltungen das offizielle Ergebnis. Die Wohnfläche je Bewohner schwankt zwischen 4,9 Quadratmeter in Bickendorf und 12,5 Quadratmeter in Marienburg. Im gesamtstädtischen Durchschnitt werden immerhin acht Quadratmeter erreicht, das Doppelte dessen, was Stadtkommandant John M. White prognostiziert hatte. Die Anstrengungen aller hatten sich gelohnt. Erst ab Sommer 1948 kann man mit einem statistisch überhaupt bemerkbaren Zugang an Neubauwohnungen rechnen. Im Jahre 1949 sind es etwa 900 und im Jahre 1950 etwa 2 500 Wohnungen. Rechnete man 1939 eine Person pro Wohnraum, sind es 1950 noch immer zwei.

Die Zwangsbewirtschaftung war seit dem 8. März 1946 durch das Alliierte Kontrollratsgesetz Nr. 18 geregelt und wurde durch das Landeswohnungsgesetz vom 23. Januar 1950 fortgeführt. Die Ausführung war den Kommunen übertragen und so war dem Wohnungsamt für Jahrzehnte aufmerksame Beobachtung der Öffentlichkeit sicher. Nach der Währungsreform wuchs das Interesse der Hausbesitzer an den Einkünften aus Mieten deutlich, während die Zahlungsfähigkeit der Mieter erst einmal schwand. Oft wurde die städtische Preisbehörde im EL-DE-Haus bei Streitigkeiten eingeschaltet. Im Vorlauf zur Währungsreform war das Preisgesetz im April 1948 veröffentlicht worden. Nach einem ersten Anstieg auf über 1 000 Fälle im Mai 1948 musste die Preisbehörde in etwa 400 Fällen pro Monat entscheiden. 1950 lebten in Köln noch fast 50 000 Personen in Notwohnungen und Notunterkünften. Und 31 Prozent der Kölner, das fast Siebenfache des Landesdurchschnitts, lebten, wie Oberbürgermeister Robert Görlinger Anfang 1951 im Rat hervorhebt, in Bunkern oder Kellern. »In Köln gab es inzwischen Bunker, die speziell mit Familien mit Kindern, mit alleinstehenden alten Leuten oder Männern belegt waren. So befand sich z. B. auf dem Beethovenplatz ein Bunker für alte Frauen und Männer aller sozialen Schichten, die gesund, pflegebedürftig oder krank unter der Erde im Dunkeln lebten – oder auch dort starben.« Ihre Versorgung stand im sogenannten »Entbunkerungsprogramm« an erster Stelle. Erst 1957 endet die Nutzung von Bunkern als Notunterkünfte und noch bis 1968 werden ehemalige Kasernen als Obdachlosenunterkunft genutzt.

Anfang der 50er Jahre beginnt man mit dem Bau von Übergangshäusern und Obdachlosensiedlungen. In solchen städtischen Obdachlosenunterkünften leben noch in den 60er Jahren fast 20 000 Menschen. 2 000 davon waren in der »Hacketäuer Kaserne« untergebracht und von diesen sind viele auch nach Abbruch und Neubebauung des Geländes Bewohner eines sozialen Brennpunktes geblieben. In den 70er Jahren rechnet man mit 8 000 Obdachlosen in Köln; als »obdachlos« wird definiert, »wer ohne Unterkunft ist oder dem der Verlust einer ständigen oder vorübergehenden Unterkunft unmittelbar bevorsteht, oder wessen Unterkunft nach objektiven Anforderungen derart unzureichend ist, daß sie keinen menschenwürdigen Schutz vor den Unbilden der Witterung bietet.« Man legt ein großes Bauprogramm auf, ist sich aber durchaus bewusst, dass das allein keine Lösung ist.

Die Trümmerlandschaft des Kölner Stadtzentrums lässt sich nur langsam wieder besiedeln. Im Vergleich zur Einwohnerdichte im Jahre 1939 hat die südliche Altstadt Ende 1949 gerade wieder 20 Prozent des

Vorkriegsstandes erreicht. Die nördliche Altstadt erlangt immerhin schon etwa 30 Prozent und Neustadt Nord und Süd liegen zumindest bei gut 60 Prozent der Zahlen der Vorkriegszeit. Jenseits der weiteren Innenstadt sieht das Bild in den Vororten ganz anders aus. Hier werden mehr als 100 Prozent im Vergleich zu 1939 und teilweise weit über 150 Prozent der Vorkriegseinwohnerdichte ermittelt, so in Zollstock, Mauenheim, Ossendorf, Bayenthal mit Raderberg und Raderthal, Merkenich, Worringen mit Thenhoven und Roggendorf, Bickendorf mit Vogelsang, Riehl, Longerich, Weiler, Holweide, Dünnwald, Merheim linksrheinisch, Flittard, Fühlingen mit Feldkassel, Kasselberg, Rheinkassel und Langel, Niehl, Dellbrück, Bocklemünd mit Mengenich, Höhenhaus, Müngersdorf, Brück, Ostheim, Merheim rechtsrheinisch, Stammheim, Rath und Volkhoven. Zu diesem Zeitpunkt hat Köln insgesamt erst 570246 Einwohner zu verzeichnen, noch keine 75 Prozent der Vorkriegseinwohnerzahl.

Sicher ist man enger zusammengerückt, aber hier hat zugleich ein Trend zur Stadtflucht begonnen, der sich erst gegen Ende des Jahrtausends deutlich umkehrt. Rings um die Innenstadt entstehen Siedlungen, die in den Anfängen klein, mehr zufällig platziert und sehr notdürftig ausgestattet sind, bald aber auf Dauer geplant und gebaut werden. Der Wunsch nach einer Wohnung, einem Reihenhaus oder – Höhepunkt vieler Träume – einem freistehenden Einfamilienhaus im Grünen mit Garage und Garten lässt sich am Stadtrand rasch, erfolgreich und öffentlich oder kirchlich gefördert verwirklichen.

Das ist politisch gewünscht und allerdings auch kriegstechnisch im Sinne des Luftschutzes sinnvoll, seit Ende 1952 durch das Bundesministerium für Wohnungsbau sogar vorgeschrieben. Die allgemeinen Grundsätze sind deutlich formuliert: »Die Luftempfindlichkeit und Luftgefährdung von Gemeinden kann durch städtebauliche Maßnahmen herabgesetzt werden, indem selbständige, soweit wie möglich voneinander unabhängige Einheiten bei allen wichtigen Elementen des Stadtaufbaus (wie Baugebieten, Verkehrs- und Versorgungsanlagen, öffentlichen Einrichtungen) ausgebildet werden. Sie sollen nur so groß bemessen werden, wie es aus wirtschaftlichen Gründen erforderlich ist, und müssen sich gegenseitig ergänzen oder ersetzen können; luftgefährdete Anlagen sollen von Wohnstätten getrennt, alle Baugebiete weiträumig und aufgelockert bebaut und die Wohn- und Verkehrsdichten herabgesetzt werden.« Die Erfahrungen des vergangenen Krieges und die lebendige Furcht vor dem nächsten Krieg prägen das Leben noch für Jahrzehnte.

Die gesetzlich geregelte Zwangsbewirtschaftung des Altwohnungsbestandes blieb bis 1960 in Kraft, als eine schrittweise Liberalisierung durch das »Gesetz über den Abbau der Wohnungszwangswirtschaft und über ein soziales Miet- und Wohnrecht« langsam die öffentliche Bewirtschaftung reduzierte. Erst zum 1. Januar 1963 wird für Köln die Mietpreisbindung aufgehoben. Köln wird »Weißer Kreis«. Sozialer Wohnungsbau mit öffentlicher finanzieller Unterstützung, steuerbegünstigter Wohnungsbau mit sozialen Bindungen und freifinanzierter Wohnungsbau lassen langsam den zur Verfügung stehenden Wohnraum wachsen. Ein Thema, das in Köln bis heute wichtig geblieben und durch die Flüchtlingskrise im Jahre 2016 sowie rückläufiger Bestandszahlen erneut ganz oben auf der Tagesordnung gelandet ist. Das »Kooperative Baulandmodell« verpflichtet den Bauherren seit 2013, ab 25 zu bauenden Wohnungen 30 Prozent davon öffentlich gefördert zu planen. Die 2014 erneuerte »Wohnraumschutzsatzung« soll die Nutzung als Ferienwohnungen verhindern.

Ende 1957 hat Köln mit 57 000 Wohngebäuden, gerechnet ohne Not-, Klein- und Behelfsbauten, fast den Stand von 59 000 Wohngebäuden des Jahres 1939 wieder erreicht. In der Zahl der Wohnungen liegt man noch weit zurück. Gut 250 000 Wohnungen im Jahr 1939 stehen erst etwa 200 000 Wohnungen Ende 1956 gegenüber. Aber das täuscht: In der Zahl der Räume liegt man 1958 mit 759 000 Räumen noch weit gegenüber 980 000 Räumen im Jahre 1939 zurück. Aus Sicht der Wohnparteien gesehen: Im Durchschnitt stehen 127 Wohnparteien nur 100 Wohnungen gegenüber.

Bis Herbst 1959 sind seit der Währungsreform etwa 118 000 Wohnungen im sozialen Wohnungsbau entstanden, etwas mehr als Neubauten, etwas weniger als wiederaufgebaute, insgesamt fast das Doppelte der Bauleistung im Bundesdurchschnitt in diesen Jahren. Etwa 30 Prozent davon hatten gemeinnützige Wohnungsbaugesellschaften als Bauherren, etwa drei Prozent öffentliche Bauträger und etwa 67 Prozent private Bauherren oder freie Wohnungsbauunternehmen als Auftraggeber. Seit 1949 sind bis Herbst 1959 12 500 Eigenheime gebaut worden, zwei Drittel davon gefördert mit öffentlichen Mitteln, ein Drittel frei finanziert. Wenn die öffentlichen Kredite zurückgezahlt sind und nach entsprechendem Abstand die Sozialbindung fällt, steigt die Miete. Und die Zahl der Sozialwohnungen schwindet dahin.

Bis Ende der 60er Jahre wächst die Zahl der Einwohner Kölns, erreicht Ende 1969 über 860 000, um dann bis 1974, bis zur Gebietsreform, auf gut 825 000 zurückzugehen. Die Abwanderung der Kölner ins Umland setzt sich aber trotz der Eingemeindungen fort. Von über 980000 Ende 1976 geht die Bevölkerungszahl bis Mitte der 80er Jahre auf wenig über 900000 zurück. Köln hat also zwischen 1970 und Mitte der 80er Jahre insgesamt etwa zehn Prozent seiner Einwohner, zumeist Besserverdienende samt ihrer Einkommensteuer, neugegründete Familien und Familien mit kleinen Kindern, ans nähere Umland verloren. So wuchs z. B zwischen 1975 und 1978 der Wohnungsbestand im Kölner Umland im Umkreis von ca. 30 Kilometern um 6,6 Prozent und in Köln selbst nur um 3,6 Prozent. Diesen Trend zu größeren Wohnungen in den Außenbezirken der Stadt für wachsende Familien beobachtet man noch Mitte der 70er Jahre. Seitdem aber nimmt die Kölner Bevölkerung innerhalb der neuen Stadtgrenzen nach der Gebietsreform von 1975 wieder zu und wird dies nach allen Prognosen auch weiterhin in den nächsten Jahren tun.

Der Wohnungsgesamtplan des Jahres 1990 berücksichtigt erstmals diese Trendwende, auch wenn das Ziel von jährlich 5000 neuzubauenden Wohnungen kaum einmal erreicht wird. Und das Ziel des Wohnungsgesamtplans von 2004 mit 3800 Wohnungen pro Jahr wird in den Jahren danach ebenfalls verfehlt. Die Situation wird durch die Tatsache, dass der Bestand an preiswert zu vermietenden, mit öffentlichen Mitteln geförderten Wohnungen ständig zurückgeht, zudem nicht besser. Waren es im Jahr 2000 noch über 60000, sind es im Jahr 2010 nur noch gut 40000. Weiterhin wandern Kölner ins Umland ab, um sich dort größere Wohnungen mieten oder Eigentum bezahlbar erwerben zu können.

Der Bedarf an Wohnungen ist auch durch die ansteigende Zahl der Single-Haushalte gewachsen. Im Jahre 2010 sind es 50,3 Prozent. Ganz anders sah die Lage noch 1950 aus. Da rechnete man pro Wohnung 1,76 Haushalte und 4,78 Personen und je Wohnraum 1,91 Personen. Bis 1970 werden die Verhältnisse deutlich günstiger. Pro Wohnung rechnet man 2,77 Personen und pro Wohnraum nun die Hälfte, 0,79 Personen.

Ein weiterer Trend verschärft die Situation. Meist innenstadtnahe Straßen und Viertel, zuerst noch mit billigen Mieten in Altbauten, werden von Studenten und Kreativen »entdeckt«, entsprechend dem Zuzug wandeln sich langsam die Kneipen und die Geschäfte. Diese Pioniere werden älter, verdienen besser, renovieren, kaufen, bleiben mit größeren Wohnungen und größeren Ansprüchen im Quartier, andere mit gehobenen Einkommen kommen hinzu und die alteingesessenen Bewohner des Quartiers werden verdrängt.

Dieser Prozess, den Geografen und Soziologen als »Gentrifizierung« kennen, was als Begriff aus dem Englischen *(gentrification)* übernommen wurde und vielleicht einfach als »Vervornehmung« zu verstehen ist, benötigt meist den Zeitraum einer Generation. In Köln hat er seit den 70er Jahren in der Innenstadt die Südstadt verwandelt, das Agnesviertel, das Belgische Viertel, die Friesenstraße, die Zülpicher Straße und ihre Nebenstraßen, Sülz, Klettenberg, Ehrenfeld sowie Nippes und hat rechtsrheinisch längst in Deutz, Mülheim und Kalk begonnen. Für das Severinsviertel hat der Rat 2016 eine Milieuschutzsatzung beschlossen, die Luxussanierungen, Zusammenlegungen und Verwandlung von Mietwohnungen in Eigentumswohnungen verhindern soll.

Diese Veränderungen bieten Anreiz zu Immobilienspekulationen und führen zu Protesten. Berühmt und berüchtigt als »Immobilienhai« oder »Miethai« war in den 70er und frühen 80er Jahren Günter Kaußen (1928–1985). Sein Rezept war einfach: Altbauten günstig aufkaufen, kaum sanieren, hohe Hypotheken darauf aufnehmen, Mieten erhöhen, Mieter einschüchtern. Anschließend Kredite für weitere Käufe aufnehmen, manche Häuser auch in Eigentumswohnungen verwandeln, das war in etwa die Idee. Sie baute auf der Angst der mitgekauften Mieter auf, ihre Wohnung bei Protesten gegen Mieterhöhungen durch eine Kündigung zu verlieren. Um seine mehrere tausend Mieter zu verwalten, ihnen Mieterhöhungen und schließlich Mahnungen zu schicken, verwendete Kaußen im Vorfeld der EDV-Nutzung einen UNIVAC 9200 und hielt seine Personalkosten extrem niedrig. Die gleiche Angst bringt heute die »Mietpreisbremse« zum Scheitern. Die Klage der Kölner Staatsanwaltschaft, Günter Kaußens System als Betrug zu werten, scheitert. Aber der Versuch Kaußens, das gleiche Schema in den USA anzuwenden, misslingt, als die Immobilienpreise dort einbrechen und seine Kreditwürdigkeit schwindet. Und Kaußens Aktivitäten in Deutschland werden schließlich doch 1981 nach einem seit 1972 andauernden Streit mit dem Finanzamt vor dem Bundesfinanzhof als Gewerbe mit Steuern belastet und nicht mehr als private steuerfreie Vermögensverwaltung angesehen. Das treibt den Immobilienhai in den Konkurs. Schließlich begeht er 1985 angesichts des Konkurses seines Immobilienimperiums mit einem Verlust von etwa 75 Millionen D-Mark unter dem Strich Selbstmord.

War Günter Kaußen bekannt als pressescheuer Immobilienhai, so war Jochem Erlemann (1938–2009) ein geschickter Selbstdarsteller auf dem Immobilienmarkt. Als erfolgreichster Vermarkter des von Jürgen Amann und ihm perfektionierten Bauherrenmodells verdiente er seit Anfang der 70er Jahre mit der Hoffnung von gutverdienenden Mitbürgern auf Steuerersparnisse Millionen D-Mark, war von 1976 bis 1979

Der Spiegel *Nr. 29, 11. Juli 1977*

Präsident der Kölner Haie, erlitt die Entführung seines Sohnes, landete für sieben Jahre wegen Betruges im Gefängnis und arbeitete nach der Haftentlassung erfolgreich als Unternehmensberater.

Besatzungsbauten

In Absprache mit dem Ministerium für Wiederaufbau des Landes Nordrhein-Westfalen entstanden seit 1949 eine Vielzahl von Bauten und ganze Siedlungen zur Unterbringung der Familien der britischen und belgischen Besatzungskräfte, die 1945 Köln von den amerikanischen Truppen übernommen hatten. Damit wird ein erheblicher Teil der Kölner Baukapazität für gehobene und höhere Wohnansprüche der Besatzung eingesetzt. Rings um den Volkspark – seit 2002 nach seinem Entwerfer, dem damaligen Gartenbaudirektor, Fritz-Encke-Volkspark, genannt – wurden für eine Wohneinheit 100000 D-Mark veranschlagt, das Zehnfache einer Wohneinheit des sozialen Wohnungsbaus. Andererseits wurden damit beschlagnahmte Wohnungen und Villen – z.B. in Marienburg und Junkersdorf – wieder frei. Heute sind viele der Villen, Häuser und Siedlungen für den Wohnungsmarkt frei geworden, verkauft und renoviert worden. Weitere Besatzungsgebäude entstanden als Hochbauten in Bickendorf an der Äußeren Kanalstraße, als Einfamilienhäuser in Ossendorf an der Ossendorfer Straße. Mehrfamilienhäuser für einfachere Dienstgrade wurden in Ehrenfeld mit 135 Wohneinheiten zwischen Äußerer Kanalstraße, Ossendorfer Straße, Nußbaumer Straße und Parkgürtel gebaut.

In Dellbrück wurde in kürzester Zeit, vom 1. September 1949 bis zum 15. Februar 1950, zwischen Immekeppeler, Untereschbacher, Steinenbrücker und Heiligenhauser Straße eine Einfamilienhaussiedlung für die Offiziere der belgischen Besatzungstruppen errichtet, die als Begleitung der englischen Truppen nach Köln gekommen waren. Ebenfalls für die belgische Besatzung entsteht in Nähe der damals eben von den Belgiern genutzten Kaserne, dem heutigen »Kwartier Haelen« an der Dürener Straße, eine Einfamilienhaussiedlung in Junkersdorf zwischen Waldstraße, Tannenstraße, Eichenstraße und Salzburger Weg. Den Ansprüchen der Familien von neun höheren belgischen Offizieren, vom Oberst an aufwärts, entsprechen die dort errichteten Häuser allerdings nicht. Diesen ranghohen Militärs stehen Sondertypen zu, für die das Wiederaufbauministerium des Landes zusätzliche Gelder zur Verfügung stellen muss.

Angesichts der eigenen Notlage erwecken die Ansprüche der Besatzungsmächte, deren finanzielle Folgen sich beim Finanzminister des Landes Nordrhein-Westfalen über lokale Feststellungsämter sammeln, Unmut. Ende 1948 trägt Finanzminister Heinrich Weitz in seiner Denkschrift, die bei der Militärregierung Empörung auslöst, die Gesamtkosten der vergangenen Jahre zusammen. Für 1947 wurden durch die Besatzungskosten 32 Prozent des gesamten Steueraufkommens des Landes

Nordrhein-Westfalen beansprucht. In den Monaten September bis November 1948 beanspruchen die Besatzungskosten immer noch mehr als 20 Prozent des inzwischen angestiegenen Steueraufkommens des Landes. Das Gefühl, über Gebühr ausgenutzt zu werden, spürt man in den Details, die Heinrich Weitz, welcher schon nach dem Ersten Weltkrieg der für die Besatzungskosten zuständige Dezernent in Duisburg gewesen war, genüsslich ausbreitet: Neben beispielsweise über eine Million Möbelstücken, darunter gut 100 000 Sesseln verschiedener Ausstattungen und über 300 000 Polsterstühlen, hat man mehr als 200 Kilometer (!) Badeteppiche und über vier Millionen Glühbirnen geliefert. Fast 1,2 Millionen Meter, also fast 1 200 Kilometer Gardinenstoff und 12 000 Kindermäntel werden durch 20 000 Damenschlüpfer, 30 000 Damenhemden und 75000 Damenpullover ergänzt. Da man sich auch über 200 000 nicht für Demontagezwecke bestimmte Verpackungskisten liefern lässt, wird manche Beute wohl den Weg über den Kanal angetreten haben. Und die 3,5 Millionen Flaschen Steinhäger und fast eine Million Flaschen Gin wurden in den englischen Kantinen gewinnbringend an die eigenen Truppen verkauft oder sogar über Hamburg an britische Kantinen im Ausland verschifft. Manches wird auf dem Weg über den Schwarzen Markt auch wieder in deutsche Hände gelangt sein.

Neue Siedlungen

Neue Siedlungen als konzentrierte Verdichtung der Stadtlandschaft entstehen vorwiegend nach der Währungsreform. Gehofft und geplant hat man bereits zuvor. Siedlungen entstehen bis Ende der 50er Jahre z. B. in Bilderstöckchen, am Lehmbacher Weg in Brück, an der Decksteiner Straße in Lindenthal, an der Ludwig-Aschoff-Straße in Stammheim, am Kräuterweg und mit der Siedlung Mielenforst in Delbrück, an der Schlenderhaner Straße, Gelsenkirchener Straße und Florastraße in Niehl, in Rath am Mauspfad, mit der Gartenstadt Nord in Longerich, mit Neu-Flittard, an der Rehmstraße in Riehl, am Buchheimer Weg in Ostheim sowie am Schlagbaumsweg in Holweide.

Die ersten für die Nutzung durch Kölner Bürger bestimmten Wohnungsbaumaßnahmen in etwas größerem Umfang beginnen nach Aufhebung der Bausperre für die Außenbezirke der Stadt in der zweiten Hälfte des Jahres 1949 – fünf Jahre nach Kriegsende mit »Übergangshäusern«, »Laubenganghäusern« und »Volkswohnungen. »Übergangshäuser«, finanziert mit städtischen Darlehen, waren, wie der Name besagt, für den Übergang in bessere Wohnungen und Wohnlagen gedacht. Ein einziger Flur in der Mitte der Etage erschließt bis zu sechzehn Wohnungen und ein einziges Treppenhaus den ganzen langgestreckten Bau. Noch heute dienen die »Übergangshäuser« oft demselben Ziel, nämlich ihre wechselnden Bewohner in bessere Verhältnisse zu bringen.

Gefördert wurde im Rahmen des Entbunkerungsprogrammes auch der Bau von »Laubenganghäusern«. Bei diesem Bautyp wird eine größere Zahl Wohnungen auf einer Etage über einen außenliegenden Gang erschlossen, der vom gemeinsamen Treppenhaus aus zugänglich ist. Finanziert wurden diese Gebäude ebenfalls oft mit städtischen Darlehen, mit denen sich die Stadt Belegungsrechte für das Amt für Wohnungswesen sicherte. Laubenganghäuser entstanden z. B. in Vingst an der Würzburger Straße und an der Burgstraße, an der Loestraße in Kalk, an der Frohnhofstraße und der Margaretastraße in Ossendorf, im heutigen Stadtteil Bilderstöckchen an der Straße Am Bilderstöckchen, in Mülheim an der Amsbergstraße, in Nippes an der Xantener Straße sowie in Ehrenfeld an der Simrockstraße und an der Segmüllerstraße.

Dagegen als dauerhaft geplant entstanden als »Volkswohnungen« kleine, einfache Einraumwohnungen mit 29 Quadratmetern, Zweiraumwohnungen mit 36 Quadratmetern und Dreiraumwohnungen mit 48 Quadratmetern. Einraumwohnungen wurden gern provisorisch durch Sperrholzwände aufgeteilt und dann von zwei Mietparteien bewohnt. Dreiraumwohnungen wurden so mit bis zu acht Personen belegt. Am Bau solcher Häuser, mit denen Baulücken in Vorkriegssiedlungen geschlossen wurden, waren überwiegend private Grundbesitzer mit entsprechender öffentlicher Unterstützung beteiligt, etwas weniger gemeinnützige Wohnungsbauunternehmen. 26 Häuser baute die GAG in Müngersdorf am Dansweiler und Manstedter Weg. Beispiele bieten z. B. die Saalfelder Straße 18–24 in Höhenberg, die Bergiusstraße, die Robert-Mayer-Straße, die Hoffmannstraße, die Wildunger Straße und die Guerickestraße in Buchforst. In Mülheim finden wir Volkswohnungen an der Münsterer und der Dünnwalder Straße, in Klettenberg an der Drachenfelsstraße, in Vingst an der Würzburger Straße, in Raderberg an Rheinstraße, Stahleckstraße und Sooneckstraße, errichtet von der GAG.

Diese ersten Baumaßnahmen sah Rudolf Schwarz kritisch. Er schreibt am 24. Februar 1950 seinem zuständigen Beigeordneten, dass »eine beträchtliche Masse von Neubauten auf zufällig vorhandene oder greifbare Grundstücke gelenkt und auf diese Weise wieder einmal Siedlungen gebaut worden [sind], wo sie weder städtebaulich noch sozial hingehören«. Neben den Wohnungsbauunternehmen in städtischem Besitz

Neue Wohngebiete 1949–1969
Ausschnitt aus Stadt Köln (Hg.):
Köln Leitplan Grundlagen. *Köln 1971*

87 – 1
89 – 1
87 – 3
87 – 2
54 – 1
88 – 1
86 – 1
81 – 2
86 – 3
85 – 3
88 – 2
54 – 3
85 – 2
86 – 2
84 – 1
55 – 2
81 – 3
54 – 2
53 – 2
85 – 1
84 – 2
83 – 1
51 – 2
53 – 1
84 – 3
83 – 2
81 – 1
78 – 2
78 – 1
78 – 4
74 – 3
76 – 2
74 – 1
78 – 3
79
72 – 1
74 – 2
76 – 1
71 – 2
71 – 3
71 – 1
24 – 1

wie der GAG und der GRUBO, die seit 2002 mit der GAG verbunden ist, engagieren sich auch Wohnungsbaugenossenschaften und Versicherungen, die hier Kapital anlegen, im Wohnungsbau.

An den Bau von neuen Siedlungen für die eigene Nutzung hatten die Kölner sicher schon während der Kriegsjahre gedacht. Manche der Behelfsheimsiedlungen mit Hunderten von aus Holz errichteten Baracken, die nach den ersten großen Bombenangriffen auf Köln für ausgebombte Beschäftigte der Rüstungsindustrie weit verstreut über das Kölner Stadtgebiet entstanden, wurden nach Kriegsende zu neuen Siedlungen ausgebaut. Andere, wie die »Neue Heimat« in Brück, mussten z. B. dem Bau der Autobahn A 4 Anfang der 1970er Jahre weichen. Neuen Wohnraum auf diesem Wege zu schaffen hat in Köln seit Ende des 19. Jahrhunderts Tradition.

Betrachtet man Luftbilder, nutzt man Stadtpläne, Google Maps oder Google Earth, um sich einen Überblick über die Kölner Stadtlandschaft zu verschaffen, entdeckt man außerhalb des Stadtzentrums ein Zellengewebe von Siedlungen, die als in sich geschlossene Baugruppen konzipiert und mit einem Geflecht von Straßen und Bahnlinien an das Stadtzentrum angebunden sind (siehe vorherige Doppelseite). Mit bescheidenen Anfängen nach der Währungsreform und der Aufhebung der Bausperre beginnt der Boom der Siedlungen Mitte der 50er Jahre und wird in den 70er Jahren von der Stadtflucht der Kölner ins Grüne, ins ländliche Umland, überlagert. Die wohnortgebundenen Einkommensteuererträge fliehen dabei mit, was Gedanken an eine Gebietsreform aufkommen lässt. Inzwischen ist längst das Leben in der Stadt wieder attraktiv und die Gentrifizierung, die schrittweise Aufwertung von innenstadtnahen Wohnvierteln, immer noch aktuell. Ersetzen von kleinen Gewerbebetrieben und Verwandlung von Industriebrachen durch Wohnbauten sind überall zwischen Militärring, Gürtel und Ringen zu beobachten und längst auch rechtsrheinisch ein Thema.

Vielleicht waren acht ehemalige katholische Pfadfinder die ersten, die am 4. Dezember 1946 nach dem Krieg dafür mit der »Siedlergemeinschaft Aufbau e. V.« einen Verein als rechtliche Grundlage gründeten. Sie nahmen das Mauerwerk der ehemaligen Schweinemästerei der Nationalsozialistischen Volkswohlfahrt (NSV) neben dem Gräfenhof in Brück als Starthilfe, nutzten Mauern und Trümmer für den Bau der Siedlung »Am Gräfenhof«. Weiteres Baumaterial wurde in der Innenstadt geborgen und mühsam zur Baustelle transportiert. Die schriftliche städtische Baugenehmigung gab es erst, als 1950 die ersten Bewohner dort einzogen. Heute lebt in der Siedlung oft schon die zweite oder dritte Generation. »Am

Gräfenhof« ist ein Beispiel für fast spontanes Wachstum und Verdichtung der Stadtlandschaft. Noch vor der Währungsreform wird in Longerich am 3. März 1948 die Katholische Siedlungsgemeinschaft »Eigenheim« gegründet. Kardinal Frings kann am 13. August 1948, am Vorabend des 700-jährigen Domjubiläums, den Grundstein dafür legen.

Mit der Währungsreform nimmt der Wille, ein Eigenheim zu bauen, Fahrt auf. Am 12. September 1948 gründen 270 Unterzeichner die Gemeinnützige Siedlungsgenossenschaft »Fühlinger See«, die allerdings Gelände im Anschluss an die »Alte Siedlung« in Volkhoven und nicht am Fühlinger See erhielt. Im Wohnungsbauamt der Stadt wird 1949/50 eine »Beratungsstelle für Siedlungswillige«, die im Rahmen des 1. Wohnungsbaugesetzes von 1950 gefördert werden sollten, eingerichtet, aber bis 1953 werden nur gut 200 Siedlerstellen genehmigt. Die Initiativen gehen nicht vom Amt aus. Der Bau von Einfamilienhäusern wird im Wohnungsbaugesetz von 1950, aber noch mehr durch das 2. Wohnungsbaugesetz von 1959, gefordert und gefördert. Man wollte »weite Kreise des Volkes durch Bildung von Einzeleigentum, besonders in der Form von Familienheimen, mit dem Grund und Boden [...] verbinden. Sparwille und Tatkraft aller Schichten des Volkes sollen hierzu angeregt werden. In ausreichendem Maße sind solche Wohnungen zu fördern, die die Entfaltung eines gesunden Familienlebens, namentlich kinderreicher Familien, gewährleisten.« Einfamilienhaussiedlungen entstanden besonders rechtsrheinisch in Poll, Höhenhaus, Dellbrück, Holweide, Mülheim und Ostheim. Linksrheinisch gehört hierzu die »Katholikentagssiedlung« in Longerich, die vorwiegend für kinderreiche Familien errichtet wurde. Sie trägt ihren Namen nach dem 77. Deutschen Katholikentag 1956 in Köln.

Über den Start der Bauarbeiten für eine erste größere Siedlung, bestimmt für die Mitarbeiter des städtischen Gartenamtes, mit geplanten 180 Siedlungshäusern wird kurz vor der Währungsreform berichtet. Mit dieser kommen die Arbeiten zum Erliegen. Und erst nach langen Auseinandersetzungen mit dem Bauunternehmen, das im Vertrauen auf städtische Zusagen noch gebaut hatte, werden die Häuser 1954 vollendet. Ein ähnliches Bauvorhaben realisiert die Post 1949/50 an der Dürener Straße mit den Häusern 361–385. Eine weitere Siedlung für Mitarbeiter der Post wird 1950/51 an der Krefelder Straße gebaut. Anlässlich des 25-jährigen Bestehens der Ford-Werke wird von Henry Ford eine Stiftung zum Bau von Wohnraum für Mitarbeiter ins Leben gerufen. So entsteht 1950/51 die »Ford-Siedlung« an der Amsterdamer Straße. Die »Gemeinnützige Eisenbahner-Wohnungsgesellschaft« baut Anfang der 50er Jahre eine Siedlung mit Mehrfamilienhäusern in Kalk.

Seit den 50er Jahren werden die großen Siedlungen verwirklicht, wie sie sich Rudolf Schwarz vorstellte und in der Nähe der Arbeitsplätze sehen wollte, deren geplante und, wie der Luftschutz im Vorausblick auf den nächsten Kriegs forderte, aufgelockerte Strukturen bis heute im Stadtplan erkennbar sind. Sie wurden oft seit 1946 mit langem Vorlauf konzipiert und von großen Organisationen getragen. Bis heute prägen sie weite Bereiche der Kölner Stadtlandschaft. Ein Gedanke, dessen reale Folgen nicht den damit verbundenen Hoffnungen entsprechen, den Ludwig Neundörfer als Mitarbeiter von Rudolf Schwarz schon 1947 überregional propagierte: »... Auflösung der aufgeschwemmten Großstädte in überschaubare, klar abgegrenzte, selbständige Stadtteile, gruppiert nach den realen Gegebenheiten jeder Stadt um die Hochstadt, die ihrerseits schönster Ausdruck einer neuen Volksordnung ist.«

Die »Bruder-Klaus-Siedlung« in Mülheim geht wie »Am Gräfenhof« auf eine kleine Gruppe Siedlungswilliger zurück, mit denen Pfarrer Karl Müller, St. Franziskus in Bilderstöckchen, am 18. März 1947 den Verein »Siedlergemeinschaft Neuland e.V.« gründet. Im Rahmen des Domjubiläums legt Kardinal Josef Frings am 14. August 1948 den Grundstein. Im Zentrum der Siedlung liegt das in den 20er Jahren in eine Grünanlage verwandelte Zwischenwerk XIIA der preußischen Festungsanlagen, dessen Räume vor dem Abbruch Anfang der 60er Jahre als erste Anlaufstelle, Wohnung und Lager für die Siedler dienten. Die ersten Siedlerstellen mit etwa 2000 Quadratmeter großen Grundstücken, auf denen Selbstversorgung betrieben werden sollte, lagen am Treffpunkt von Höhenhauser Ring und Schönrather Straße. Das Bauen als Siedlergemeinschaft in Selbsthilfe mit 2000 Pflichtstunden, langen Anfahrten und eigenhändigem Materialtransport erwies sich als langwierig und schwerfällig. Die am 4. Januar 1949 von den fünf katholischen Bistümern Nordrhein-Westfalens in Aachen gegründete »Aachener gemeinnützige Wohnungsgesellschaft« verlegte bald ihren Sitz nach Köln und übernahm die Bautätigkeit in der »Bruder-Klaus-Siedlung« gemeinsam mit der DEWOG (Deutsche Wohnungsgesellschaft m.b.H.), Diese wurde auf Initiative von Prälat Alois Stegerwald am 1. Dezember 1950 in Köln gegründet und entwickelte sich neben der unter städtischer Kontrolle stehenden GAG zum großen gemeinnützigen katholisch geprägten Wohnungsbauträger in Köln. Alois Stegerwald (1904–1963) emigrierte aus politischen Gründen 1934 in die Schweiz, studierte Theologie und wurde 1941 zum Priester geweiht. In der Schweiz hatte er nach dem Vorbild von CARE die »Internationale Christliche Nothilfe« organisiert. In Köln traf er auf Kurt Ebertz, der im Mai 1946 eine Blinden- und Versehrtenwerkstatt gegründet hatte. Kurt Ebertz wurde erster Generaldirektor der DEWOG, die bis 1960 in Köln 5 900 Wohnungen, davon 1 100 in Eigenheimen, gebaut hat. Mit einer von Fritz Schaller entworfenen Kirche und einem kleinen, inzwischen aufgegebenen Einkaufszentrum war der Grundgedanke eines kleinen Dorfes verwirklicht worden.

Das erste große, eigenständige Bauvorhaben der DEWOG wird die nach Adam Stegerwald (1874–1945), dem Politiker und Vater des Gründers, benannte »Stegerwaldsiedlung« in Mülheim, mit der von Fritz Schaller entworfenen Kirche St. Urban als Mittelpunkt der viergeschossigen Mehrfamilienhäuser. Zwischen Bahndamm, Pfälzischem Ring, Deutz-Mülheimer Straße und Ferdinandstraße entstehen auf dem Gelände der früheren Waggonfabrik van der Zypen bis 1956 fast 150 Mehrfamilien- und vier hohe Punkthäuser mit insgesamt 1 677 Wohneinheiten für etwa 6 000 Menschen. Der Anteil der Katholiken unter den Bewohnern ist zu Beginn hoch gewesen. Aber schon für die Wohnungen, für die die Stadt Köln auf Grund ihrer Fördermittel Belegungsrechte hatte, werden wohl nicht nur Katholiken zugewiesen worden sein. 1965 baut man sogar eine evangelische Kirche, die aber 1998 verkauft und heute als Kindergarten genutzt wird. Weitere fast 600 Wohnungen baut die DEWOG 1955/56 im Rahmen des Entbunkerungsprogramms an der Honschaftstraße in Holweide für etwa 2 000 Menschen. Inzwischen sind die Stegerwaldsiedlung und Mülheim Teil eines europäischen Programms für nachhaltige Stadtentwicklung, gemeinsam mit Barcelona und Stockholm bei der EU beantragt, das mit 25 Millionen Euro für die energetische Sanierung ausgestattet ist. Das ist zugleich ein Teil des städtischen Gesamtkonzeptes »Starke Veedel – Starkes Köln« mit dem auch in anderen Sozialräumen wie Bickendorf, Bilderstöckchen, Blumenberg, Bocklemünd/Mengenich, Buchheim, Buchforst, Chorweiler, Eil, Finkenberg, Höhenberg, Humboldt/Gremberg, Kalk, Mühlheim-Nord, Neubrück, Ossendorf, Ostheim, Porz-Ost, Rondorf oder Vingst die Lebensbedingungen verbessert werden sollen.

Die »Katholikentagssiedlung« südlich des Militärrings in Longerich zwischen Bahntrasse und der Gartenstadt-Nord geht auf die soziale Zielsetzung des 77. Deutschen Katholikentages im Jahr 1956 in Köln zurück. Erstmals 1949 auf dem Katholikentag in Bochum diskutiert und 1954 in Fulda wieder aufgegriffen, wurde der Gedanke nun verwirklicht. Mit nur sechs Prozent Eigenkapital konnten junge und kinderreiche Familien hier mit erheblichen Zuschüssen ein Eigenheim mit 94 Quadratmetern Wohnfläche beziehen. Bis Ende 1959 entstanden fast 300 Einfamilienhäuser, teils mit Einliegerwohnungen für ältere

Kölner Ehepaare, die so aus der Evakuierung zurückkehren konnten. Architektonische Akzente setzen die Ladenzeilen, die evangelische Immanuel-Kirche und die katholische Kirche St. Bernhard von Clairvaux. Dieses Prestigeobjekt der katholischen Kirche und der Wohnungspolitik der CDU konnte allerdings nur mit an vielen Stellen eingeworbenen Zuschüssen realisiert werden. Am Ende werden 1988 über 400 Häuser mit 600 Wohneinheiten gezählt.

Für die 1913 gegründete GAG begann die Nachkriegszeit mit einem Bestand von über 11 000 Wohnungen, von denen ein Drittel völlig zerstört und weitere 600 unbewohnbar waren. Sie ist heute nach dem 2003 im Rat gescheiterten Versuch, den städtischen Besitzanteil an der Aktiengesellschaft zu verkaufen, mit gut 42 000 Wohnungen das mit Abstand größte Wohnungsunternehmen in der Stadt. So mussten zunächst über 3 000 Wohnungen »zum zweiten Mal« gebaut werden. Nach 1949 wird viel Personalkapazität des Wohnungsbauunternehmens durch den Bau der Besatzungssiedlung am Fritz-Encke-Volkspark gebunden.

Daher beginnen die Bauarbeiten in den großen neuen Siedlungen der GAG erst Mitte der 50er Jahre mit 99 Mehrfamilienhäusern, 36 Einfamilienhäusern in Ostheim und einem achtgeschossigen Wohnhochhaus für Mitarbeiter der KHD als Akzent. Ähnlich entstehen ab 1954 vier neungeschossige Wohnhochhäuser in Mülheim an der Gronauer Straße als Arbeiterwohnheime für die Ford-Werke und für Bayer-Leverkusen, ergänzt mit acht langgestreckten Mehrfamilienhäusern. Ebenfalls in Mülheim an der Eulenbergstraße nahe dem Wiener Platz wird ein weiteres Wohnheim für Bayer-Mitarbeiter errichtet und dazu werden auch Mehrfamilienhäuser für Angestellte der Nordsternversicherung gebaut. In Longerich werden in der schrittweisen Entwicklung der Gartenstadt Nord mit rund 1 000 Wohneinheiten ab 1957 auch vier Wohnhochhäuser als Wohnheime für Mitarbeiter der Ford-Werke sowie Ein- und Zweifamilienhäuser für die Beschäftigten der damals nahegelegenen Esso-Raffinerie errichtet. Eine ähnlich gemischte Siedlung entsteht gleichzeitig in Niehl und wird von der Gelsenkirchener Straße aus erschlossen. Auf der rechten Rheinseite werden Ende der 50er Jahre große Siedlungen der GAG in Vingst gebaut, die inzwischen wieder saniert worden sind. Sie sind, wie die großen Projekte Chorweiler oder Bocklemünd-Mengenich, die seit den 60er Jahren verwirklicht werden, und andere, wie die Siedlungen der GAG Stammheim-Nord und Stammheim-Süd, soziale Brennpunkte geblieben.

Schwieriges Pflaster: nicht nur Chorweiler

Zu sozialen Brennpunkten haben sich links- wie rechtsrheinisch besonders die Hochhaussiedlungen entwickelt. Hochhäuser sind offensichtlich eine gute Kapitalanlage, wenn man sie preiswert errichtet, wenig Geld in die Unterhaltung steckt oder heruntergewirtschaftet preiswert erwirbt und so oder so bei sozial schwachen Mietern sich die Miete von der öffentlichen Hand auszahlen lässt. Hochhäuser können auch funktionieren, wenn sie, wie z. B. das Uni-Center an der Luxemburger Straße, weitgehend aus selbst oder von Studenten genutzten Eigentumswohnungen bestehen, gut verwaltet werden und der Zugang mit einem Pförtner besetzt ist, was heutzutage vornehm wieder als »Conciergedienst« bezeichnet wird.

Kölns berühmtestes Beispiel für einen sozialen Brennpunkt ist der »Kölnberg« im Stadtteil Meschenich, der allerdings keine Sünde der Stadtplanung ist. Hier hat sich kurz vor der Gebietsreform von 1975 die Gemeinde Rodenkirchen ebenso täuschen lassen, wie sich auch der Investor getäuscht hat, der hoffte, dort mit einer aufwändig ausgestatteten Wohnanlage für Besserverdiener Gewinn zu machen. Der »Kölnberg« mit Fernblick auf den Kölner Dom wurde als erstes Bauherrenmodell im Erbbaurecht erstellt, das es ermöglicht, die Finanzierung von Krediten und Notargebühren von der Steuer abzusetzen. In die neun Hochhausblöcke mit insgesamt 1 322 Wohnungen investierten etwa 600 Investoren in mindestens je zwei Wohnungen, viele davon Ärzte oder Rechtsanwälte. Das ursprüngliche Angebot des Unternehmers, nach einigen Jahren eine der beiden Wohnungen zurückzukaufen, entfiel allerdings bald durch dessen Insolvenz. Der abgelegene Standort und steigende Mieten führten zu Leerständen. Die Eigentümer der Wohnungen wechselten so rasch wie die Verwalter, Wohnungen wurden zwangsversteigert, die Anlage verwahrloste. 1988 standen etwa 400 Wohnungen leer und 80 waren ohne Eigentümer, die Kriminalitätsrate war auf das Vierfache des städtischen Durchschnitts gestiegen. Gegen Belegungsrechte investierte nun die Stadt Köln in die Renovierung von Wohnungen, die an Aussiedler aus Osteuropa vergeben wurden und mit der Ausnahme eines Hauses wurde eine neue gemeinsame Hausverwaltung eingerichtet, alles ohne viel Erfolg. So sieht im Jahr 2006 Stadtentwicklungsdezernent Bernd Streitberger die Lage eindeutig: »Langfristig gibt's nur die Lösung, den ›Kölnberg‹ abzureißen.«

Der mehrfach initiierte, vorübergehend wirksame Einsatz eines Streetworkers, finanziert von der Aktion »wir helfen« des *Kölner Stadt-*

Anzeigers, konnte nicht mit städtischen Mitteln fortgesetzt werden. Es bleiben zahlreiche Beratungs- und Hilfsangebote vor Ort in Meschenich, die gegen zwei zerstrittene Hausverwaltungen und ohne eine sinnvolle Verkehrsanbindung und damit ohne Zugang zum Arbeitsmarkt für den »Kölnberg« keine Lösung bieten. Die Hochhäuser bleiben meist soziale Endstation, werden zum Sitz einer Drogenbande und immer wieder Ziel aufwändiger Polizeieinsätze.

Es geht auch anders: Ein Gegenbeispiel ist z. B. das seit 1961 entstehende »Malerviertel«, ebenfalls in der damals noch selbstständigen Gemeinde Rodenkirchen mit ganz ähnlichen Zielvorstellungen wie denen beim »Kölnberg« als »Wohngebiet für eine gehobene Bevölkerungsschicht« gedacht. Hier allerdings nicht zwecks Steuerersparnis als Bauherrenmodell errichtet, sondern zu Eigennutzung meist mit Einfamilienhäusern und wenigen Mehrfamilienhäusern erbaut, die heute begehrte Immobilien sind.

Ein entsprechendes Konzept liegt auch der aktuellen Entwicklung in Widdersdorf-Süd zugrunde. Hier entstehen seit 2007 auf heute über 130 Hektar etwa 850 Ein- und Zweifamilienhäuser sowie 250 Mehrfamilienhäuser mit einer Grundschule, zwei Kitas und der Friedensschule – einer internationalen Privatschule –, einem Plus-Markt anfangs und einem Edeka-Einkaufszentrum. Ein Golfplatz und ein hoher Lärmschutzwall entlang der A1 schützen das Neubaugebiet vor dem Lärm der Autobahn. Die Planungen begannen im Jahre 1999, als die Umgehungsstraße zwischen Widdersdorf und Lövenich gebaut werden sollte. »Prima Colonia« ist der Name dieses größten privaten Wohnungsbauvorhabens Deutschlands mit insgesamt 1 400 Wohneinheiten. Das von Norbert Amand geführte Unternehmen hat 2009 die ersten 400 davon gebaut oder mit deren Bau begonnen. 2012 wurde die erste Ausbaustufe abgeschlossen. Inzwischen ist ein zweiter Teil entstanden. Die Einwohnerzahl Widdersdorfs verdoppelt sich dabei am Ende auf etwa 10 000 nach Abschluss der Bauarbeiten. Im Süden Kölns plant das Unternehmen inzwischen 1 000 Wohnungen in »Rondorf Nordwest«. Ein ähnliches Konzept wird im Rechtsrheinischen für Zündorf-Süd mit zukünftig über 2 000 Wohneinheiten vorbereitet.

Die soziale Problemzone im Stadtbezirk Chorweiler – mit Chorweiler selbst, Heimersdorf, Seeberg und Blumenberg – entsteht aus einem elitären Gesellschaftsbild der Stadtplaner, das bis zum Scheitern der Flächennutzungsplanänderung 218 im Jahre 1973 auch die Vorstellungen des Rates bestimmt hatte. Das große Projekt der »Neuen Stadt« Chorweiler, das nach wenigen Jahren der Euphorie bald als soziales Problem erkannt wurde, erscheint erstmals 1947 in den Überlegungen von Rudolf Schwarz, die er bei der Tagung »Grundfragen des Aufbaus in Stadt und Land« in Köln vorträgt: »Wir haben uns auch eine ganz neue Außenstadt vorgenommen, die im Norden des neuen Industriebezirks liegen wird.« Er rechnet mit etwa 40 000 Einwohnern, das sind dann die »Maschinenmenschen«, die er zu Beginn seines Vortrages dem »musealen Menschen« gegenübergestellt hat. Diesem »verdoppel-

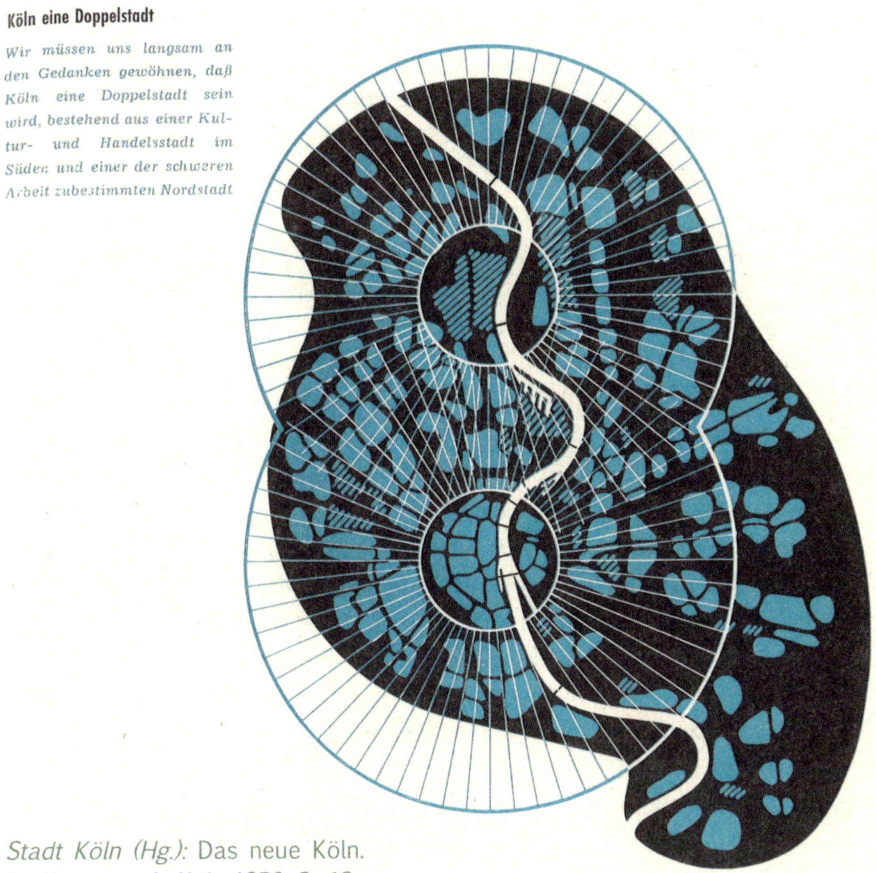
Köln eine Doppelstadt
Wir müssen uns langsam an den Gedanken gewöhnen, daß Köln eine Doppelstadt sein wird, bestehend aus einer Kultur- und Handelsstadt im Süden und einer der schweren Arbeit zubestimmten Nordstadt

Stadt Köln (Hg.): Das neue Köln. Ein Vorentwurf. *Köln 1950, S. 19*

ten Menschen zulieb [muß man] die Stadt verdoppeln«. »Wirtschaft, Bildung, Hoheit und Anbetung« sieht er als die Ursachen des Entstehens von Stadt. Wobei er die neue Wirtschaftsmitte in »hohen Kontorhäusern, Warenhäusern, Kinos, Gasthöfen und dem neuen Bahnhof«

zwischen Barbarossaplatz und Hansaplatz ansiedelt und dabei nicht an Industrie denkt. Die sieht Rudolf Schwarz im Norden Kölns. In seinem Beitrag *Das neue Köln – ein Vorentwurf*, der 1950 veröffentlicht wird, geht er ins Detail: Um einen Kern von Industrieunternehmen wird sich »im Norden ein Ring von Siedlungen ziehen müssen. 300000 bis 350000 Menschen werden sie einmal bewohnen, aber in kleinen Siedlungen, überschaubar und erlebbar, durch grüne Zwischenräume voneinander getrennt.«

Die Begriffe »Industriestadt«, und bald nur noch »Neue Stadt«, die damit für unser heutiges Chorweiler in die Öffentlichkeit gebracht werden, erweisen sich als Trugbilder. Ein Vorbild waren die seit Ende der 40er Jahre rings um London entstehenden New Towns wie Stevenage, Crawley oder Harlow. Ähnliche Gedanken zur Stadtplanung hat Hans Bernhard Reichow, dessen einflussreiche Bände *Organische Stadtbaukunst* und *Organische Baukunst* 1948/49 erschienen. Seine Vorstellungen zur gegliederten und aufgelockerten Stadt kulminieren 1959 mit seinem Band »Die autogerechte Stadt«. Mit der von ihm geplanten Sennestadt, inzwischen Stadtteil von Bielefeld, hat er sie realisiert.

Die dann 1958 veröffentlichten Planungen für Chorweiler scheitern an enttäuschten Hoffnungen auf neue Industrieansiedlungen: »Dies soll das Leitbild sein: Die Neue Stadt soll für Wohn- und Arbeitsplätze in Umfang, Lage und Erschließung eine städtebauliche Einheit und Ordnung aufweisen.« Für die Industrie sieht man hier eine günstige Verkehrsanbindung. Die Wohngebiete sollen in sich lebensfähige Einheiten sein. Für Verkehr soll es angemessenen Raum und größtmögliche Sicherheit geben. Das Zentrum von Chorweiler soll, so beschließt der Rat im Jahre 1968 einstimmig, so ausgebaut werden, dass »man nicht mehr von einem Satelliten Neue Stadt sprechen kann, sondern diese Neue Stadt wird eine Parallelstadt zu Köln«. Dieses Zentrum will man durch Flächen für Industrie, Gewerbe und Dienstleistungsunternehmen ergänzen. Dabei war ein bedeutender Teil der möglichen Industrieflächen 1959 durch den Verkauf für den Bau der Esso-Raffinerie, die nur etwa 500 Arbeitsplätze, aber bedeutende Gewerbesteuereinnahmen brachte, blockiert worden. Noch 1960 rechnet man mit zukünftig 20000 Arbeitsplätzen in der Industrie. Großzügig wird Ende der 60er Jahre im Rahmen der Flächennutzungsplanänderung 218 weitflächig weitere Industrieansiedlung im Norden Kölns geplant, für die die kleinen Rheinuferdörfer weichen sollen. Die Einwohner der Rheindörfer protestieren gegen die Pläne, diese werden aber im Rat mit den Stimmen der SPD und einigen CDU-Stimmen beschlossen. Anhaltender Protest mit einem Protestmarsch von etwa 2500

Bürgern aus dem Kölner Norden zum Rathaus am 2. September 1971 und wohl auch die Erkenntnis, dass die ungewollte Umsiedlung erhebliche Kosten verlangen wird, führen 1973 zu einer Änderung des Flächennutzungsplanes, die den Bestand der Rheindörfer sichert.

Zur Energieversorgung der Industrievisionen samt einem weiteren Hafen bei Worringen stehen 1971 bei den Planern, vertreten durch den Beigeordneten Werner Baecker, Atomreaktoren auf dem Wunschzettel, zumindest einer im Kölner Norden: »Erst die nächste Entwicklung der Reaktortechnik und die diesbezügliche Fassung der Schutzzonenbestimmungen werden erkennen lassen, in welchen Bereichen der Stadt Atomreaktoren – auch nach ihren verschiedenen Typen – gebaut werden können. Die Anlage eines Atomreaktors im Kölner Norden wäre jedoch auf jeden Fall anzustreben.« Die Industrievision für den Kölner Norden ist gescheitert. Die Planung des Hafens Worringen wurde eingestellt. Über ein Kernkraftwerk wird Ende der 70er Jahre erneut nachgedacht, als die Stadtwerke von Köln, Düsseldorf und Duisburg einen Zusammenschluss planen, um sich von der RWE unabhängig zu machen. Auch diesmal sieht man für einen Hochtemperaturreaktor einen Standort bei Langel, aber schließlich bleibt alles, wie es war und ist.

1970 wird als Alternative und Ergänzung zur gewünschten Industrieansiedlung mit einer aufwändigen Broschüre das »Bürozentrum Chorweiler in Köln« im Herzen der Neuen Stadt vorgestellt. Eine weitere Vision, die scheitert. Man hofft, bis zu 25 000 Arbeitsplätze des tertiären Sektors der Dienstleistungen nach Chorweiler locken zu können. Das Ziel ist klar: »Die soziologische Struktur der Neuen Stadt soll einen gesunden Querschnitt aller Bevölkerungsschichten aufweisen.« Nur wird es verfehlt. Krass, aber symptomatisch ist eine Einschätzung aus dem Jahre 1978: »Aber das hier ist kein neues Köln. Es ist ein Klein-Chicago am Rande der Stadt.«

Mitte der 70er Jahre beginnt man die Zukunft mit Vorsicht zu sehen. Im Gesamtkonzept der Stadtentwicklungsplanung von Rat und Verwaltung desselben Jahres 1978 hat man das Scheitern des Gedankens einer »Neuen Stadt« zwar nicht kommentiert, aber dargestellt. Chorweiler erhält auf der Karte der räumlich funktionalen Ordnung nur noch die Kennzeichnung als ausbaufähiges Bezirkszentrum.

Gerhart Baum, langjähriger Fraktionsvorsitzender der FDP im Rat, dann Staatssekretär und von 1978 bis 1982 Bundesinnenminister, hat diese Diskussionen offensichtlich noch im Gedächtnis, als er 1978 dafür sorgt, dass der Neubau für das Bundesamt für Verfassungsschutz mit »rund 3 000 Arbeitsplätzen im Endausbau« nach Chorweiler kommt. Im

Rat wird 1980 die Baugenehmigung für den neuen Sitz an der Merianstraße in Chorweiler erteilt. Im Antrag der FDP, der mit Stolz auf dieses Engagement ihres Ministers verweist und den Bau eines städtischen Verwaltungsgebäudes in Chorweiler fordert, ist damit die »Diskriminierung des Standortes endgültig beendet«. Das Stadthaus mit gut 600 Arbeitsplätzen in Chorweiler wird 1988 eröffnet und heute von der Stadtverwaltung mit Rechenzentrum, Kassen- und Steueramt genutzt. Die Euphorie aber, mit der Chorweiler noch mehr als ein Jahrzehnt zuvor betrachtet wurde, ist verschwunden.

Längst hat sich die Erkenntnis, dass die Bebauung im Zentrum Chorweilers überdimensioniert ist, verbreitet und verfestigt. Unterhalt und Instandsetzung der zentralen Hochhäuser am Pariser Platz zwischen Athener Ring, Merianstraße und Willi-Suth-Allee, meist in den 70er Jahren errichtet, sind anspruchsvoll. Aber Umbau oder Rückbau sind kaum finanzierbar. Mit einer Neugestaltung von Pariser, Liverpooler und Lyoner Platz, gefördert mit Bundesmitteln, versucht man »eine städtebauliche Fassung des Gesamtraumes« zu erreichen. Mit inzwischen zwölf Streetworkern für ganz Köln und Jugendpflegern versucht die Stadtverwaltung seit Jahren die Situation auch in anderen Stadtteilen, die geprägt sind von hoher Jugendarbeitslosigkeit bei über 75 Prozent Migrationshintergrund, zu stabilisieren.

Das 1976 vom Rat beschlossene und 1981 eröffnete sozialkulturelle Zentrum für Chorweiler feiert 2006 als Bürgerhaus sein 25-jähriges Bestehen. Beigeordneter Gerhard Lohmann, zuständig für Hochbau und Stadterneuerung, kann 1987 nur feststellen, dass der Anteil der Sozialwohnungen bei 95 Prozent liegt, die Fluktuation hoch ist und 50 Prozent der Einwohner ein unter dem Durchschnitt liegendes Einkommen haben. Der Anteil an Arbeitslosen liegt bei 16 Prozent, bei Sozialhilfeempfängern bei 18 Prozent und die Bewohner empfinden die Entwicklung von Chorweiler als unaufhaltsamen Abstieg. Es besteht Handlungsbedarf.

1987 beginnt das zweistufige »Ergänzungsprogramm Chorweiler«. Statt der vierspurigen Elbeallee entsteht der Olof-Palme-Park. Überdimensionierte Straßen, wie der Athener Ring und die Willi-Suth-Allee, werden reduziert und verkehrsberuhigt, der U-Bahnhof und der Pariser Platz neu gestaltet. »Café Piano« und »Kulturbrücke« entstehen als selbstverwaltete Treffs. Der Handwerkerhof bietet Beschäftigungsinitiativen. Der Busbahnhof und das City-Center werden umgebaut. Mit dem Programm »Soziale Stadt NRW« werden seit den 90er Jahren Mittel für Projekte – meist 80 Prozent vom Land und 20 Prozent von der Stadt –

eingebracht und die Stadtverwaltung unterstützt die Vernetzung der Fülle der Selbsthilfeprojekte, der anderen Projekte und ihrer Träger, die Straßenarbeit, Drogenberatung und Suchtprävention betreiben, sich für soziale Stabilisierung und Qualifizierung engagieren, sich um Lebens- und Entwicklungsperspektiven für Kinder bemühen wie »Kindernöte e.V.« und andere Initiativen. Das Programm wirkt, aber es bleibt eine dauerhafte Notwendigkeit.

Eine Befragung der Bewohner in Chorweiler-Mitte und Seeberg-Nord ergibt 1991, »daß eine Verbesserung der Lebensverhältnisse in Chorweiler dringend erforderlich erscheint. So wird in der Befragung überdurchschnittlich häufig die Unterversorgung mit infrastrukturellen Angeboten angeführt sowie Kritik am äußeren Erscheinungsbild des Wohngebietes geübt.« Die Kritik erstreckt sich sogar auf das inzwischen erneuerte Einkaufszentrum City Center Chorweiler. Heute ist der Stadtteil in einigen Bereichen ein sozial schwieriges Sanierungsgebiet geblieben, das allerdings bei einkunftsschwachen Mietern, deren Mietzahlungen von der Stadt übernommen werden, für »Heuschrecken« sichere Einnahmen erwirtschaften lässt, ohne in die Erhaltung der Bauten zu investieren. Interessiert zeigte sich ein Unternehmen, geführt von Erez Adani, das zuvor bei den in Finkenberg erworbenen Hochhäusern seine Zusagen nicht eingehalten hatte. Dass sich dann politische Prominenz wie Jürgen Wilhelm, Vorsitzender der Landschaftsversammlung des LVR, von einem solchen Unternehmen als Rechtsanwalt engagieren ließ, fanden seine SPD-Parteigenossen »beschämend« und waren »menschlich enttäuscht«. Inzwischen sind die weit über 1 000 Wohnungen an der Stockholmer Allee und der Osloer Straße, die 2012 zur Zwangsversteigerung anstanden, im Jahre 2016 in Besitz und Pflege der GAG übergegangen.

Zwei parteipolitische Konkurrenzprojekte, die Adenauer-Siedlung – der heutige Stadtteil Neubrück, betrieben von der CDU – und das Projekt Bocklemünd-Mengenich – betrieben von der SPD –, hatten Mitte der 60er Jahre Aufmerksamkeit und Mittel von der Förderung der Neuen Stadt abgezogen. Die SPD war mit dem Programm »Familienwohnheime durch Selbsthilfe« in den Wahlkampf der Kommunalwahl des Jahres 1964 gegangen. Die Siedlung Bocklemünd-Mengenich entstand im Auftrag der SPD-Fraktion konzipiert von Hendrik Busch, Mitglied des Rates für die SPD für die Wahlperiode 1964–1969. Sein Bebauungsplan wird dennoch in guter Tradition der »Kölnischen Fraktion« in der Ratssitzung am 23. Februar 1965 einstimmig bei einer Enthaltung beschlossen. Der CDU war es zuvor gelungen, unter Einschaltung von Bundeskanzler Konrad Adenauer die Freigabe des Rollfelds des ehemaligen Flugplatzes

Ostheim für den Verkauf an die DEWOG für den Bau einer Siedlung zu erreichen. Am 19. Dezember 1963 war der Bebauungsplan beschlossen worden. Im Bundestagswahlkampf des Jahres 1965 legte Konrad Adenauer den Grundstein: »Man kann mir kein schöneres Geschenk machen, als diese Siedlung nach mir zu benennen.« Im Rat löste der Antrag der CDU-Fraktion, die entstehende Siedlung »Köln-Konrad-Adenauer-Stadt« zu benennen, am 10. September 1965, kurz vor der Bundestagswahl am 19. September 1965, heftigen Widerspruch der SPD aus. Als Höhepunkt kann man die Kritik des Fraktionsvorsitzenden der SPD, John van Nes Ziegler, betrachten: »Zum dritten wollen wir nicht in östliche Gepflogenheiten der Städtebenennungen nach Personen, auch nicht nach Toten, übernehmen. Ich erinnere Sie daran, daß deutsche Städte wie Chemnitz heute Karl-Marx-Stadt heißen oder Königsberg Kaliningrad.« Mit Antrag auf Ende der Debatte wurde die Diskussion ohne eine Entscheidung beendet. Im Kommunalwahlkampf des Jahres 1969 ließ dann allerdings Dezernent Franz Braun Schilder mit dem Text »Konrad-Adenauer-Siedlung« aufstellen und begründete das damit, dass die Siedlung inzwischen im Volksmund längst so genannt werde. Das war zwar richtig, aber nicht wahlkampfentscheidend. Seit 1992 heißt die Siedlung Neubrück und ist vom Stadtteil Brück, zu dem sich keine engeren Verbindungen aufgebaut hatten, wieder gelöst.

Verdichtung der Stadtlandschaft

Geringer dimensionierte Wohnanlagen integrieren sich erfolgreich in ihr jeweiliges Stadtviertel, im Gegensatz zum Anschluss neuer Siedlungen wie z. B. in Chorweiler an andere erst jüngst entstandene. Das ist seit Beginn der 70er Jahre das bis heute wirksame Prinzip der zunehmenden Verdichtung der Stadtlandschaft. Dazu gehören z. B. die Wohnanlage »Am Kapuziner« in Weidenpesch, der Wohnpark Bayenthal, das Wohnzentrum Westhoven in Porz, die Siedlung Rheinkassel und die Siedlung Gütergasse in Zündorf. Linksrheinisch kann man diese Entwicklung aktuell z. B. auf dem Gelände des ehemaligen Flughafens Butzweilerhof beobachten. Planungen für die »Parkstadt Süd« zwischen der Luxemburger Straße und dem Rhein entlang der Eisenbahntrasse haben auf dem Gelände begonnen, das sich an den Neubau des Historischen Archivs anschließt. Der Bereich des Großmarktes und des ehemaligen Güterbahnhofs Bonntor sowie der Küppers-Brauerei soll eine Verlängerung des inneren Grüngürtels und über 3 000 Wohnungen aufnehmen. Auf dem Gelände der ehemaligen belgischen Siedlung und der Kaserne Haelen an der Dürener Straße in Junkersdorf entstand das Stadtwaldviertel. Auf dem Grundstück Aachener Straße 1040, immerhin vier Hektar groß, das lange als Sitz von RTL genutzt wurde, entsteht eine Siedlung mit etwa 500 Wohnungen. Das mit 4,12 Hektar fast gleich große Grundstück des Kinderheims Sülz am Sülzgürtel wird unter Erhaltung des Kirchenbaus und denkmalgeschützter Kinderheimhäuser seit 2006 mit verschiedenen Konzepten bebaut. Das elegante Bürogebäude am Bayenthaler Rheinufer des BDI, der 1999 seinen Sitz nach Berlin verlegt hat, wird seit 2014 in ein Wohngebäude verwandelt, den eine vorgelagerte Mantelbebauung vor Straßenlärm schützen soll. Rund 300 »hochwertige« Miet- und Eigentumswohnungen entstehen. Unter Nutzung des oberen Stockwerks und zusätzlicher Aufstockung entstehen auf dem Parkhaus an der Magnusstraße sechs mehrstöckige Wohnungen. Und für ältere Bauten in der Innenstadt gibt es den schönen Begriff der »Altbauveredelung«, der das Kölner Unternehmen InCity Immobilien AG zu Erfolg geführt hat. Diesen finanziell einträglichen Strategien steht ein »dramatischer Mangel an Sozialwohnungen« gegenüber.

Oft werden seit den 90er Jahren Industriebrachen, ehemalige Fabrikgelände, für verdichtenden Wohnungsbau genutzt, soweit diese nicht erneut für Gewerbeansiedlungen eingeplant werden. Ein frühes Beispiel vom Anfang der 80er Jahre, das nicht solche Auseinandersetzungen wie kurz vorher das Stollwerckgelände auslöste, ist die Bebauung des Böcking-Geländes im Rahmen des Sanierungsgebietes Mülheim-Nord. Das Gelände des ehemaligen Drahtwalzwerks, 1977 vom neuen Eigentümer der luxemburgischen ARBED geschlossen, wurde für sozialen Wohnungsbau sowie die Anlage von Büroräumen und eines kleinen Parks genutzt. In allen Stadtbezirken verzeichnet schon der Wohnungsgesamtplan des Jahres 2004 entsprechende Flächen. Einigen der Firmen, deren Gelände recycelt wurde oder wird, begegnen wir als ehemals großen Unternehmen der Kölner Industriegeschichte. Aber nicht allen: Kolb, Mauser, Ochs, Quester, Pohlig, BAMAG, Radium, KHD, Humboldt, Lindgens, CFK, Hagen, Sidol, Clouth, Helios – alles Vertreter klassischer Industrie, die ihre Gelände aufgegeben und für Büro- oder Wohnbauten freigegeben haben. Besonders im Rechtsrheinischen, in Kalk, Deutz und Mülheim, sind in der Nutzung alter Bauten und mancher Industriebrache für neue Gewerbe seit den 80er Jahren einschneidende Entwicklungen sichtbar geworden.

Die CFK, die Chemische Fabrik Kalk, deren Gelände seit dem Ende des 20. Jahrhunderts saniert und neu bebaut worden ist, rühmt sich anlässlich des 100-jährigen Jubiläums im Jahre 1958 noch ihrer Wiederaufbauleistungen. Im Juni 1945 zählte man 220 Mitarbeiter, Ende des Jahres sind es 580. Beim Entschutten gewinnt man Material für Reparaturen und entdeckt Bestände an Chemikalien, Koks und Rohbraunkohle. Im November 1945 erhält man nachträglich die Genehmigung für den Wiederaufbau und für die Zukunft das Permit für die Produktion von 3 000 Tonnen Dünger pro Monat. Im März 1946 laufen die ersten Produktionsbereiche wieder an. 1948 beginnt man mit der Großproduktion von Dünger. 1949 werden bereits 150 000 Tonnen erreicht und bis 1957 wird der Ausstoß bei über 2 000 Mitarbeitern verdoppelt. 1958 kauft sich die BASF im Rahmen einer Kapitalerhöhung bei der CFK ein. Das Unternehmen CFK wird damit zu einer abhängigen Tochtergesellschaft, deren Lebensfähigkeit seit den 80er Jahren zur Diskussion steht. Von noch fast 1 400 Mitarbeitern im Jahre 1983 sinkt die Zahl auf weniger als die Hälfte ein Jahrzehnt später. Ende 1993 läuft die Soda- und Calciumchlorid-Produktion aus und mit einem großzügigen Sozialplan, abgestimmt mit dem Betriebsrat, wird die Schließung des Unternehmens vorbereitet. Im März 1994 wird auch die Herstellung von Tierfutterphosphaten eingestellt. 1995 beginnt der Abbau der Produktionsanlagen. Die am 25. Oktober 1996 erfolgte Sprengung des Schornsteins, der lange das Stadtbild geprägt hatte, setzt einen Schlusspunkt.

Das ehemalige Fabrikgelände wird nun das »Deutzer Feld«, damit nicht zu direkt an eine verlustreiche Industriegeschichte erinnert wird. Inzwischen haben hier die permanente Naturwissenschaftsshow »Odysseum« als Jubiläumsstiftung der Stadtsparkasse, das Polizeipräsidium, das 2005 eröffnete Einkaufszentrum der Köln Arcaden mit 130 Geschäften und 1 800 Parkplätzen und der großzügige Neubau des vorher in der Kölner Innenstadt auf verschiedene Gebäude verteilten Musikinstrumente-Imperiums »Music Store«, des zweitgrößten Musikalienhändlers Deutschlands, Platz gefunden. Anfang 2017 hat die GAG, Kölns größter Vermieter, dort den Grundstein für neue Wohnungen und ihre neue Hauptverwaltung gelegt. Probleme gibt es seit Jahren mit dem Bau einer Hubschrauberlandeplattform auf dem »Kalkberg«, der Altlastenhalde der CFK.

Neue Nutzung findet sich auch für das Gelände des Güterbahnhofs Mülheim. Insgesamt rechnet man für den Süden Mülheims mit 10 000 Menschen, die hier in Zukunft leben und arbeiten können. Mit Europaförderung hat das Programm Mülheim 2020 insgesamt 40 Projekte zur Förderung von Wirtschaft, Bildung, Städtebau und Infrastruktur in Angriff genommen. Für Blumenberg, Chorweiler und Seeberg-Nord setzen neue Fördermaßnahmen ein. Sie sind wie andere Teil des Handlungskonzepts »Starke Veedel – Starkes Köln«.

Um die neue Nutzung, wie z. B. für das Heliosgelände, entbrennt oft heftiger, langanhaltender Streit. Das Gelände der Firma Clouth in Nippes ist dafür ein gutes Beispiel. Erste Planungen im Jahre 2001 für einen Technologie-Park mit dem der Tradition des Standortes entsprechenden Thematik Gummi und Kautschuk werden nicht weitergeführt. Im Jahre 2003 treten Projektentwickler auf, die eine gewerbliche Nutzung favorisieren. Dann erwirbt die Stadt Köln das Grundstück von 145 000 Quadratmetern mit einem Ratsbeschluss, der den 58 Künstlern, die hier Raum für Ateliers gefunden hatten, zusichert, dass sie bei den Planungen durch die kommunale Entwicklungsgesellschaft »Moderne Stadt« in Zukunft »adäquat« berücksichtigt würden. Sie gründen einen Verein »Cap Cologne«, der für die Halle 10 einen Erbbauvertrag erhält. Wenige Monate später wird die Halle 10 direkt für eine Ausstellung der Künstler genutzt. 1 000 neue Wohnungen sollen entstehen, zwei Dutzend Stadthäuser und 25 000 Quadratmeter Gewerbefläche. Einige markante Bauten wie die Halle 17 – mit einer Länge von 135 Metern, 35 Meter breit und 16 Meter hoch – sollen erhalten bleiben. Mit den Künstlern von »Cap Cologne« einigt man sich schließlich auf die Halle 29 statt der ursprünglich vorgesehenen Halle 10, aber noch nicht über die erforderlichen Kosten. Einzelhandel wird nicht eingeplant, um den Geschäften auf der Neusser Straße keine Konkurrenz zu machen. Die Sanierung der Altlasten des Geländes erfordert teilweise Abgrabungen von Erdreich bis in eine Tiefe von zwölf Metern. Die RheinEnergie legt Fernwärmeleitungen und Breitbandverkabelung.

Linksrheinisch werden entsprechende Planungen umgesetzt. 4711 hat das alte Produktionsgelände in Ehrenfeld für das Barthonia-Forum freigemacht, Amtsgericht, Landgericht und Agentur für Arbeit haben den ehemaligen KBE-Güterbahnhof an der Luxemburger Straße übernommen, ebenso wie der Media-Park den ehemaligen Güterbahnhof Gereon. Die aufwändig inszenierten Bürobauten des Gerling-Quartiers, Spiegel eines interessanten Kapitels der Kölner Geschichte der Versicherungswirtschaft, finden, um Neubauten ergänzt, neue Nutzung mit Wohnungen, Hotel und Büros. Völlig verwandelt hat sich der Bereich des ehemaligen Polizeipräsidiums am Waidmarkt. Statt Zellen und Hochhaus stehen hier jetzt ein Hotel, Büros und Wohnungen. Andere Gewerbeflächen sind für neue Unternehmen freigegeben worden. So hat der Technologiepark Köln in Braunsfeld Areale der Arzneifirma Nattermann übernommen.

Hoch hinaus: der Dom, die Stadt und die Welt

Die Domumgebung mit Breslauer Platz, Hauptbahnhof, Hohenzollernbrücke, Rheinufer, den Museen und der nördlichen Altstadt kommt nicht zur Ruhe. Der Dom stand einst auf einem Hügel in seiner Domimmunität, im Reich des Domkapitels. Heute schwebt er inmitten heftigen Verkehrs über einer Tiefgarage und seine ungepflegte Umgebung wird zur »Expedition ins Ärgernis«. Den Hügel hat man Mitte des 19. Jahrhunderts, wie schon Rudolf Schwarz 1950 beklagt, abgestochen und damals aus dem Rest mit einer Mauer darum eine Terrasse gemacht. Auch die ist inzwischen verschwunden. Soviel zur Stadt, in welcher der Dom als Alleinstellungsmerkmal und meistbesuchtes Baudenkmal der Bundesrepublik den Maßstab setzt. Die Welt hat, seitdem der Dom 1996 auf die Welterbeliste gesetzt wurde, nun mitzureden und inzwischen stellt der Bund sogar Geld dafür bereit, das Welterbe angemessen zu präsentieren.

Der Dom ist mit Kriegsende zum Zeichen des Wiederaufbauwillens geworden. Oft war die Frage »Steht der Dom noch?« Gesprächsthema nach Bombenangriffen oder in der Evakuierung gewesen. Erhebliche Schäden an ihm brachten noch nach Kriegsende die Sprengungen der Brückentrümmer im Rhein. Und voll allgemeiner Begeisterung begannen danach die Restaurierungsarbeiten.

Was am oder im Dom geschieht, zieht öffentliche Aufmerksamkeit auf sich und ist Geschichte. Die Bedeutung des Domes für das Kölner Gemüt wird schon in den Zahlungen des Zentral-Dombau-Vereins für den Erhalt der Kathedrale deutlich. Von 1949 bis heute hat der Zentral-Dombau-Verein mit seinen weit über 10000 Mitgliedern (nicht nur in Köln) über 50 Prozent des Erhaltungsaufwandes getragen. Das Domkapitel hat ergänzend 2011 eine Kulturstiftung gegründet, die Aktivitäten fördert, die von der Satzung des Zentral-Dombau-Vereins nicht getragen werden können.

Öffentliches Interesse galt der »Domplombe«, deren Spuren heute hinter hellem Stein im nordwestlichen Eckpfeiler des Nordturmes verborgen liegen. Sie füllte das etwa zehn Meter hohe und 82,3 Kubikmeter umfassende Loch, das ein Bombenangriff auf den Hauptbahnhof am 3. November 1943 gerissen hatte. Es hätte zum Einsturz des Turmes führen können. Zwei Tage nach Entstehen der Lücke wurde ganz offiziell damit begonnen, diese mit schließlich 27500 Ziegelsteinen bis ins Frühjahr 1944 zu füllen und so die Statik zu sichern. Öffentlich wurden immer wieder die Wünsche, die ursprüngliche Gestalt der Fassade wiederherzustellen oder die »Domplombe« als Denkmal zu bewahren, diskutiert. Die Dombaukommission entschied sich für die Wiederherstellung. 2004/2005 wurde die äußere Schicht Ziegelsteine abgetragen und die Fassade mit 823 Steinen aus Oberkirchener Sandstein restauriert. Wer die »Domplombe« als Denkmal vermisst, könnte sich damit trösten, dass sicher mindestens ein halbes Jahrhundert vergehen wird, bis die Luftverschmutzung die neue Oberfläche an den allgemein zu sehenden Grauton angeglichen hat.

Öffentliches Interesse gilt ebenfalls dem Domfenster Gerhard Richters in der Front des Südquerhauses, das dort, im südlichen Querhaus, ein viel bewundertes neues Leuchten bringt. Es ersetzt seit 2007 die eilige Nachkriegsreparatur eines Kriegsschadens zum Domjubiläum durch eine Ornamentverglasung im Jahre 1948. Die Entscheidung des Domkapitels im Jahre 2002, Richter mit dem Entwurf für das neue Fenster zu beauftragen, brachte nicht das ursprünglich gewünschte figürliche Ergebnis. Sechs Märtyrer des 20. Jahrhunderts waren vorgesehen. Gerhard Richter griff schließlich auf sein Gemälde »4096 Farben« des Jahres 1974 zurück. Das Domkapitel als Hausherr des Domes hatte sich die Entscheidung, die 2006 fiel, nicht einfach gemacht. Gerhard Richter hat die vom Zufallsprogramm – welch wunderbarer Widerspruch in sich – gesteuerte Verteilung der Farbflächen von Hand noch verändert und Flächen teils gespiegelt verdoppelt. Seinen Entwurf hat Richter gestiftet, die Kosten für das Fenster kamen durch Spenden zusammen. Am 25. August 2007 wurde das Fenster eingeweiht. Joachim Kardinal Meisner, Erzbischof von Köln, aber eben nicht Hausherr des Domes, nahm nicht daran teil und stellte kurz darauf gegenüber dem Express fest, das Fenster passe nicht in den Dom, eher in eine Moschee oder ein Gebetshaus. Gerhard Richter hat das durchaus persönlich genommen. Sein autorisierter Biograf schreibt: »Zugleich ist das Domfenster aber auch ein Gegenentwurf. In seiner nicht-hierarchischen zufälligen Ordnung, die weder eine herausgehobene Mitte noch untergeordnete Randzonen kennt, wird das Farbfeld zu einem zeitgenössischen, egalitären und demokratischen Gegenmodell zu den hierarchischen Strukturen der katholischen Kirche, an deren Spitze das Dogma der Unfehlbarkeit des Vertreters Christi steht.« Seine eigene Rolle formuliert Gerhard Richter, seit dem 17. April 2007 Ehrenbürger der Stadt Köln, exponiert auf dem Schutzumschlag seiner Biografie: »Nachdem es keine Priester und Philosophen mehr gibt, sind die Künstler die wichtigsten Leute auf der Welt.«

Auch aktuell kommt die Domumgebung mit der Neugestaltung der Umgebung des Domchores, den Planungen am Breslauer Platz und den Planungen im Süden des Roncalli-Platzes für die »Historische Mitte«

Hoch über der Mondlandschaft der zerbombten alten Stadt am Rhein ragt der Dom, das Wahrzeichen Kölns. Köln besaß im Jahre 1939 rund 56 000 Bauten aller Art. Hiervon blieben nur 11 000 vom Kriege unberührt. Rund 80 v. H. aller Gebäude der Stadt sind als beschädigt oder zerstört anzusehen. Rund 20 000 Bauten sind total zerstört. Rund 25 000 Bauten sind leichter, schwer oder sehr schwer beschädigt. Die Altstadt, die sich, von den Ringen eingefaßt, rund um den Dom zieht, weist nur 120 unbeschädigte Häuser auf. Heute ist der Wohnraum Kölns erschöpft, aber jeder Tag bringt neuen Zuzug. In den letzten zweieinhalb Monaten zogen rund 14 000 Menschen zurück in ihre schwer geschlagene Stadt. Die Stadtväter rechnen bis Ende 1947 mit einer Bevölkerungsgesamtzahl von 700 000. Bis dahin müssen 30 000 neue Wohnungen gebaut werden. Heute gibt es aber im Kölner Baugewerbe nur 6000 Facharbeiter und 8000 Hilfsarbeiter, von denen viele lieber in ländlichen Bezirken arbeiten, weil sie dort besser verpflegt werden. Von 250 000 Wohnungen vor dem Kriege sind heute 120 000 wieder bewohnbar.

In der Neuen Illustrierten *erscheint dieses oft reproduzierte Luftbild des Domes zum ersten Mal. Köln 13. Dezember 1946, S. 7* nicht zur Ruhe. Das 1961 errichtete Kurienhaus, Denkmal der Wiederaufbauzeit, lange Sitz des Diözesanmuseums, der Köselschen Buchhandlung und der Dombauverwaltung, wird abgeräumt werden. Seit Köln preußisch wurde, wird in regelmäßigem Rhythmus von jeder Generation der Stadtplaner die Domumgebung neu gedacht. Für den Verkehr – für Straßenverkehr mit Öffentlichem Nah- und Fernverkehr, mit PKW, LKW, Fahrrädern und Fußgängern – werden immer wieder neue Lösungen gesucht. Die Freilegung des Domes, von der schon zur Zeit der französischen Besetzung Kölns geträumt wird, ist die große, aber fragwürdige Leistung des Zentral-Dombau-Vereins. Fritz Schumacher, Konrad Adenauers bedeutender Stadtplaner, feiert 1923 die Freilegung noch als »eine Tat von außerordentlichem Idealismus«. Es fehlen nach der Freilegung eigentlich bis heute Bauten, an denen sich die Größe des Domes messen lässt.

Erste Planungen für die Domumgebung stellen Generalplaner Rudolf Schwarz und Dombaumeister Willy Weyres 1950 vor: »Die Vorschläge für die Neugestaltung der Domumgebung, welche vom Dombaumeister und der Stadtplanung ausgearbeitet wurden, sehen nur in verhältnismäßig bescheidenem Maße vor, den Dom wieder einzubauen, aber sie wollen seinen Berg wieder herstellen, und man soll wieder ebenen Fußes in die Kirche hineingehen können.«

Gleichzeitig entstehen die ersten Bauten. Während das Dom-Hotel mit veränderter Ostfassade und ohne seine prunkende Dachlandschaft wieder in Gebrauch genommen wird, ersetzt Wilhelm Koeps Blau-Gold-Haus seit 1952 das zerstörte Hotel Savoy. Die Bank für Gemeinwirtschaft, entworfen von Fritz Schaller, aktuell seit 1995 als Domforum genutzt, wird ebenso wie der davor errichtete Taubenbrunnen Ewald Matarés 1953 vollendet. Die Ostfassade der Bank für Gemeinwirtschaft nimmt bereits Bezug auf das neue Niveau des Platzes. Seit Anfang 1956 hat das städtische Verkehrsamt, heute Köln Tourismus GmbH, gegenüber der Westfassade des Domes im eleganten Bau, der von Hans Joachim Lohmeyer entworfen wurde, seinen Sitz.

Im Februar 1955 ist der »Wettbewerb für die Gestaltung der Domumgebung« beschlossene Sache. Der im Januar 1956 international ausgeschriebene Wettbewerb soll Lösungen bringen, die erstens den Verkehr um den Dom herum so regeln, dass an der Südseite Raum für einen großen Platz bleibt, zweitens endgültig entscheiden, ob die Straßenbrücke der Hohenzollernbrücke erneuert werden soll, drittens eine östliche Randbebauung für Museen vorsehen und viertens Parkraum für etwa 1 000 PKW und 100 Busse schaffen. Im Wettbewerb um

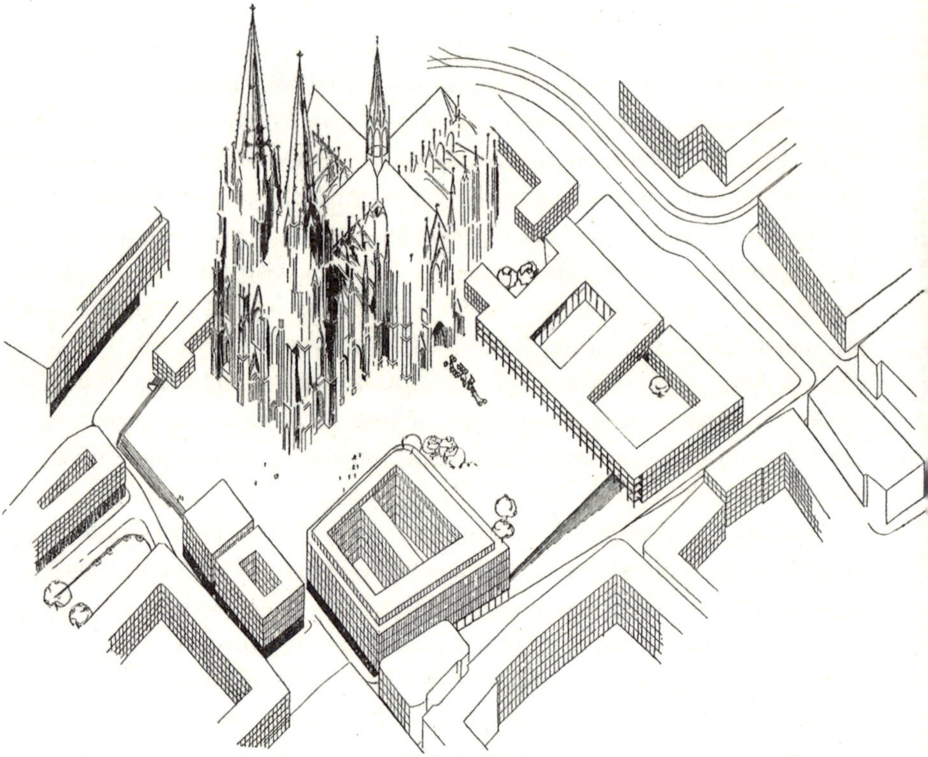

Stadt Köln (Hg.): Das neue Köln. Ein Vorentwurf. *Köln 1950, S. 46*

die Gestaltung der Domumgebung liegen am Ende 122 Entwürfe aus dem In- und Ausland vor. Und das hochrangig besetzte Preisgericht verteilt zwar Preise und empfiehlt Ankäufe, kommt aber zu dem Schluss, »das Projekt durch die Stadtplanung weiterbearbeiten zu lassen«. 1960 kann der erste Vorschlag des Stadtplanungsamtes im Rat und in der Öffentlichkeit diskutiert werden.

Begeistert wird 1957 das neue Empfangsgebäude des Hauptbahnhofs von Theo Burauen gefeiert: »Der Bahnhof hat sich seinem erhabenen Gegenüber voll geöffnet, er erweist ihm mit elegantem Schwung eine großartige Reverenz.« Das 1894 vollendete Empfangsgebäude von Georg Frentzen im Stil der Neorenaissance hatte den Krieg erstaunlich gut überstanden. Diese »Kaiserpfalz« mit preußischer Königskrone als Abschluss des Uhrenturmes über dem Fürstenzimmer wurde nur provisorisch wiederhergestellt, war aber von den Zeitgenossen in gemeinsamer Ablehnung des Historismus und preußischer Herrschaft seit 1951 zum Untergang bestimmt gewesen.

1961 beginnt das Domkapitel mit dem Bau des Kuriengebäudes, das später den Planungen für die »Historische Mitte« weichen soll. Der Wettbewerb für den Bau des Römisch-Germanischen Museums endet mit drei Preisträgern, von denen Heinz Röcke, Braunschweig 1963, den Auftrag erhält. 1966 folgt ein engerer Wettbewerb für die Räume im Westen, Norden und Osten des Domes. Die zweigeschossige Tiefgarage, deren Erbauung großflächige archäologische Grabungen vorhergehen, wird seit 1966 geplant. Noch weiter darunter entstehen zur gleichen Zeit die U-Bahn-Anlagen. 1967 beginnen die Bauarbeiten für das Römisch-Germanische Museum, dessen Standort durch das Dionysos-Mosaik vorgegeben war. 1966 erhält Fritz Schaller den Auftrag für die Gestaltung der Domterrasse. Pilze, schmale Treppen und kleine Shops, alles in »ehrlichem Beton« gegossen, entstehen an der Nordseite des Domes. Der Hauptbahnhof wird damit autofrei mit dem Dom, vor dessen Toren im Norden und Westen sich nun keine direkten Treppen mehr befinden, verbunden. Seit 1996 debattiert man öffentlich, 1998 mit einem Kolloquium über den Bahnhofsvorplatz. Rechtzeitig zum Weltjugendtag des Jahres 2005 wird dessen Verwandlung abgeschlossen. Der Bahnhofsvorplatz wird zwischen Deichmannhaus und Bahnhof nicht mehr durch eine Straße unterbrochen. Die kleinen Treppen sind durch eine 70 Meter breite Freitreppe ersetzt. Eine Reihe von leuchtenden Stelen strukturiert die Fläche. Eine Aufzuganlage verbindet U-Bahn, Bahnhofsvorplatz und Domplatte. Die Freitreppe entwickelt sich beim Weltjugendtag zum Treffpunkt. Ende des Jahres 2013 werden die hier nach Westen anschließenden Betonpilze abgebaut. Im Süden deckt ebenfalls die »Domplatte«, seit 1964 Roncalliplatz, durchbrochen von den Zugängen zur Tiefgarages den einstigen Domhof ab.

Lange ist die Domplatte Treffpunkt der Kölner Skateboarder gewesen. Im Einvernehmen mit der Skaterszene, die sich im Verein »Dom Skateboarding« zusammengeschlossen hatten, ist eine neue Anlage am Rheinufer zwischen Rheinauhafen und Südbrücke entstanden. Diese ist so attraktiv geworden, dass seit 2011 die Skateboarder vom Roncalliplatz verschwunden sind.

1974 wird im Osten des Platzes das Römisch-Germanische Museum mit der spektakulär erfolgreichen Inszenierung der Kölner Archäologie durch Hugo Borger eröffnet. Im Westen des Platzes, nahe dem Südturm, bildet die minimalistische Architektur Kaspar Kraemers mit Fahrstuhl, Treppe und Domsouvenirshop seit 2009 einen eleganten Zugang zur Besteigung des südlichen Domturmes, zur Domgrabung und natürlich zur Tiefgarage und zu den Toiletten. Dahinter, wo am Dom im Jahre

2009 das von Bert Gerresheim entworfene Denkmal für den Weltjugendtag angebracht wurde, hat seit 2010 der Petrus-Brunnen auf der »Papstterrasse« wieder einen angemessenen Platz gefunden. Bevor er 1999 abgebaut worden war, stand er am Chor des Domes, wo nun die Domplatte reduziert und der Blick auf das Baptisterium neu gestaltet worden ist. Dieses frühmittelalterliche Taufbecken unterhalb des Domchores hat schließlich 2016 einen angemessen gestalteten Raum erhalten.

Ab Sommer 1969 werden die ersten offiziellen Gespräche über den Bau eines weiteren Museums geführt, das die Ödnis des Busbahnhofs südöstlich des Domchores füllen soll. Eine Sachverständigenkommission wird eingesetzt, im Sommer 1971 die Standortplanung in Auftrag gegeben. Am 9. Juli 1975 hatte Peter Ludwig seinen 50. Geburtstag gefeiert und angeboten, seine Dauerleihgabe moderner Kunst in eine Schenkung zu verwandeln – wenn dafür ein neues Museum gebaut würde. Und das solle spätestens am 9. Juli 1985, an seinem 60. Geburtstag, eröffnet werden. Es wurde dann doch September 1986 und der Weg war nicht einfach. Im Oktober 1975 wurde der Architektenwettbewerb für das Museum ausgeschrieben und im Sommer darauf entschied sich der Rat, den Auftrag an die ersten Preisträger, die Architekten Peter Busmann und Godfrid Haberer, zu vergeben.

25 Jahre nach der Eröffnung von Philharmonie und Museum haben die beiden Architekten uns mit ihrem 2011 erschienenen autobiografischen Band *Im Herzen von Köln* einen intensiven und intimen Einblick in die künstlerische, politische und administrative Entstehungsgeschichte dieses zentralen Bauereignisses der Kölner Innenstadt nach 1945 gegeben. Ein seltenes Dokument von hohem Wert. Sie beginnen mit ihrer persönlichen Vorgeschichte des Wettbewerbs, mit der Abgabe der Unterlagen in buchstäblich letzter Sekunde beim Flughafenpostamt. Die Tür sollte gerade abgeschlossen werden.

Wir allerdings müssen früher beginnen. Der Anlass dafür, hier zu bauen, liegt weiter zurück. Vielleicht im Herbst 1968, als sich Wolfgang Hahn, Leiter der Restaurierungswerkstatt des Wallraf-Richartz-Museums, und Peter Ludwig (1925–1996), der gemeinsam mit seiner Frau Irene begonnen hatte, eine bedeutende Pop-Art-Sammlung aufzubauen, zufällig im Hilton in New York trafen. Das Ehepaar Ludwig hatte gerade seine erste Ausstellung seiner Sammlung Pop-Art in Aachen gezeigt. Wolfgang Hahn (1924–1987) hatte wenige Monate zuvor seine Sammlung von Gegenwartskunst im Wallraf-Richartz-Museum ausstellen können. Während Aachen Peter Ludwig auf diesem Weg nicht weiter folgen wollte, hatte Köln sich dagegen mit Kulturdezernent Kurt Hackenberg,

Precision-Bombing Spared Cologne's Cathedral

MORE REMNANTS OF HITLER'S WEHRMACHT SURRENDERED, outside the world-famous cathedral in shattered Cologne, when Germany's third largest city (peacetime population over 700,000) fell on March 6, 1945, after two days' attack by the 3rd Armoured Spearhead Division and the 104th (Timber Wolf) Infantry Division of Gen. Hodges' 1st U.S. Army. Though Cologne had been laid flat by over 40,000 tons of bombs, the main structure of the Cathedral (founded in 1248) was almost unscathed. See also illus. page 706, and story in page 729. PAGE 713 *Photo: British Official*

The War Illustrated *Nr. 203 März 1945, S. 713. Gerne wird behauptet, man habe den Dom verschont.*

Generaldirektor Gert von der Osten und Direktor Horst Keller der Kunst der Gegenwart geöffnet. Das Ergebnis war das Fanal der Kölner Ausstellung »Kunst der sechziger Jahre« des Jahres 1969 im Wallraf-Richartz-Museum. Im Detail und mit seinen weiteren Konsequenzen werden wir in anderem Zusammenhang darauf zurückkommen. 1976 wird die Entstehung des Museums Ludwig in nichtöffentlicher Sitzung des Rates mit der einstimmigen Annahme des mit dem Ehepaar Ludwig vereinbarten Schenkungsvertrages beschlossen. An dessen letzter Ausarbeitung hatte Kurt Hackenberg, der sich gerne seine Wünsche an die Zukunft als Bedingungen hineingeschrieben hätte, nicht mehr teilnehmen dürfen.

Die Entscheidung, sich am Ideenwettbewerb zu beteiligen, war für Peter Busmann und Godfrid Haberer erst zehn Tage vor Abgabeschluss gefallen. Der Gedanke, den Blick auf den Chor des Domes vom Rheingarten aus freizuhalten, die Bauten an den Rand des Grundstücks zu rücken und dicht an das Römisch-Germanische Museum heranzugehen, stand für beide schon vorher fest. Die Entscheidung des Preisgerichts fiel am 17. Januar 1976. Noch Jahre später wird heftig von der Denkmalpflege, die nicht in die Gespräche eingebunden worden war, gegen den Wettbewerb, gegen sein Ergebnis und das angestrebte Bauvolumen protestiert.

Kurt Hackenberg brachte zur Überraschung von Günter Herterich (1939–2014) zusätzlich den Wunsch nach dem Bau eines Konzertsaals ins Spiel. Ob er das Ergebnis vorausgesehen hat? Vermutlich. Und Günter Herterich gelang es als Fraktionsvorsitzendem der SPD, das Projekt in seiner Partei und mit Unterstützung der FDP schließlich auch im Rat durchzusetzen. Der im Raumprogramm bereits vorgesehene Mehrzwecksaal für Museum Ludwig und Wallraf-Richartz-Museum, der auch für Musik geeignet sein sollte, verwandelte sich rasch in einen Konzertsaal und fand das Interesse und damit auch die finanzielle Unterstützung des WDR. Der Bau des tief ins Grundwasser am Rheinufer abgesenkte Konzertsaal stellte eine große technische Herausforderung dar. Doch mit ihm war die Kölner Philharmonie geboren und die Bedeutung der Tatsache, dass der WDR seinen Sitz in Köln hat, für die Domstadt wieder einmal deutlich geworden.

1969 setzt der Rat eine Sachverständigenkommission ein. 1975 wird der Ideenwettbewerb ausgeschrieben. Das Sanierungskonzept für das Gebiet Altstadt/Dom – Rhein, dessen Eckpfeiler der Rheinufertunnel und das Museum mit Philharmonie sowie der Rheingarten sind, wird am 25. April 1978 einstimmig beschlossen.

Damit beginnt die Umgestaltung der Umgebung des Domes mit dem Bau des Rheinufertunnels. Darüber entsteht der Rheingarten und das süd-

Das Rheinufer im Umbruch: das Titelbild des Informationsprospekts der Stadt Köln

lich an Museumsbau und Philharmonie anschließende Martinsviertel wird in die Planungen einbezogen. Erneut einstimmig wird am 27. März 1979 der Vorentwurf für den Bau und die Planung der Landschaftsgestaltung akzeptiert, nachde m der SPD-Parteitag am 11. März 1979 – nach heftigen Zweifeln und Protesten des linken Flügels – das Projekt mit klarer Mehrheit bewilligt hat. Am 23. Oktober 1980 erteilt der Rat wieder mit Mehrheit gegen eine Stimme bei einer Stimmenthaltung seine Zustimmung zum Museumsbau. Zuvor hatte er am 6. März 1980 einstimmig mehr als 20 Millionen D-Mark für die Baugrubensicherung freigegeben. Und am 26. Januar 1982 wird der Grundstein gelegt.

Am 5. November 1982 wird der Rheinufertunnel eröffnet, der so unter Zeitdruck gebaut wurde, dass vorher keine archäologischen Grabungen durchgeführt worden waren. Die Spuren eines mittelalterlichen Handwerkerviertels landeten auf der Kippe und nur weniges davon später auf Umwegen und ohne eine wissenschaftliche Dokumentation der Fundsituation im Stadtmuseum. Die Rheinpromenade zwischen Hohenzollernbrücke und Deutzer Brücke wird Teil des neuangelegten Rheingartens. 1986 werden der Museumsbau, noch für Wallraf-Richartz-Museum und Museum Ludwig gemeinsam angelegt, und die Kölner Philharmonie eröffnet.

Beide werden ein Erfolg. Siegfried Gohr gelingt es in seinen sechs Jahren als Direktor des Museums Ludwig von 1985 bis 1991, die großzügigen Geschenke des Mäzens in die Sammlung und Schauräume des nach dem Stifter benannten Museum, zu integrieren. Das hat besonders gegenüber dem Anspruch Peter Ludwigs, die »Ostkunst« aus Ländern zu präsentieren, in denen auch die Kunst dem Diktat der herrschenden Partei zu folgen hatte, zu Auseinandersetzungen geführt. 180 000 Besucher in der ersten Woche, Begeisterung lokal, regional, national und international brachten in den folgenden Jahren große Ausstellungen und Besuchererfolge. Die Kölner Philharmonie bietet bis 1999 unter Gründungsintendant Franz Xaver Ohnesorg bei 400 Veranstaltungen und 650 000 Besuchern jährlich ein vielfältiges Angebot von internationalem Glanz bis zu kölschen Tönen. Ohnsorg folgte Albin Hänseroth bis 2004 und nun schreibt Louwrens Langevoort die Erfolgsgeschichte weiter.

Markant für das Stadtbild sind die Entscheidungen der beiden Architekten für die faszinierende Sichtschneise auf den Domchor, für die Silhouette der Sheddächer mit der Schrägstellung der Verglasung auf der Nordseite für den Einfall des Tageslichts, für das streng gefalzte Titanzinkblech der Dächer, für die Ziegelsteine der Wände, der Stufen und der Platzfläche. Dem Naturstein des Domes wird keine Konkurrenz gemacht, der Domchor wird für den, der die Treppen emporkommt und den Platz betritt, gerahmt. Dagegen sind die mangelhafte Pflege des Heinrich-Böll-Platzes – seit 1986 so benannt – und seine Gestaltung als »Ma'alot« durch Dani Karavan ein ständiges Ärgernis. Das hebräische »Ma'alot« ist vieldeutig: »Stufe, Stiege, Terrasse oder Podium, es beschreibt menschliche Vorzüge, Tugenden, einen guten Charakter. In neuerer Zeit bezeichnet es auch Steigung, Winkel, Kreisteilung, Längen- und Breitengrade.« Der Mittelpunkt des Platzes gibt den Mittelpunkt des Saales der Philharmonie wieder, darf allerdings wegen mangelhaften Schallschutzes während Konzerten nicht betreten werden. Der leicht zum Domchor abfallende Platz gibt nach Osten erst im letzten Moment den Blick auf den Rhein frei und beim Weg nach Westen lässt dieser Effekt den Domchor noch zusätzlich in die Höhe wachsen.

Und damit sind wir beim Höhenthema, das Kölns Politiker, Stadtplaner, Architekten, Denkmalpfleger und Immobilienbesitzer immer wieder erregen kann. Die Auseinandersetzung mit dem Welterbe-Komitee der UNESCO ist ein Beispiel dafür. 1996 war der Kölner Dom auf die Liste des Weltkulturerbes gesetzt worden. Das hatten manche in Köln nicht sehr ernst, sondern als selbstverständlich hingenommen. Voller Begeisterung feiern Kirche und Stadt 1998 die Erinnerung an die Grundsteinlegung für den gotischen Dom vor 750 Jahren mit Wallfahrt und Festakt im Gürzenich. Nun greift die Welt nach dem Dom. Als 2002 Hochhausplanungen für Deutz bekannt werden, setzt das international besetzte Komitee, das sich mit Kulturerbe, aber auch mit immateriellen Gütern wie Karneval, Naturerbe und Dokumentenerbe beschäftigt, den Kölner Dom im Jahr 2004 auf seine Rote Liste als bedrohtes Denkmal. Denn Planungen, die in die »Sichtbezüge« eingreifen, sollen vor Genehmigung eingereicht werden. Und am Deutzer Ufer werden rings um den Deutzer Bahnhof im Jahre 2002 ganz euphorisch fünf Hochhäuser geplant. Man kann durchaus von einem zweiten »Kölner Hochhaus-Carneval« sprechen, für den der Rat der Stadt Köln am 12. Dezember 2003 den Weg freigemacht hat. Ein erster hatte sich 1924 bis 1926 um die geplante Hochhausbebauung rings um den Aachener Weiher und über dem linksrheinischen Brückenkopf der Deutzer Brücke abgespielt. Beide Projekte scheiterten. Köln war tatsächlich einmal mit dem Hansahochhaus des Architekten Jakob Koerfer, das mit seinen 65 Metern Höhe 1924/25 binnen eines Jahres errichtet wurde, an vorderster Front des Fortschritts im europäischen Hochhausbau gewesen.

Nach Kriegsende entstand zuerst 1959 mit 51 Metern Höhe am Waidmarkt das 2012 abgerissene Polizeipräsidium Eugen Blancks. In den zwei Jahrzehnten der Tätigkeit des Beigeordneten Werner Baecker von 1968 bis 1988 galt dann: »Für die Höhe der Bauten gilt das ›Schüsselprinzip‹. Im Gegensatz zu den historischen Bauten, die in der Mitte der Stadt im Dom kulminieren, soll die Höhe der modernen Bauten im Kern beschränkt sein und nach außen anwachsen: so die Wohnhochhäuser am Konrad-Adenauer-Ufer bis hin zum Colonia-Hochhaus, die Wohnhochhausgruppen in Poll, in Bayenthal, in die Stadt hineingreifend in Citynähe das Gerlinghaus am Theodor-Heuss-Ring, das Hochhaus an der Herkulesstraße, das Studentenhaus an der Aachener Straße, das Unicenter an der Luxemburger Straße, die Wohnhochhäuser am Bayenthalgürtel. Diese die Stadt ergreifenden Spannungspunkte werden komplettiert durch Verwaltungshochhäuser wie Deutschlandfunk und Deutsche Welle am Raderberggürtel ...« Eine tatsächlich strategisch überlegte Stadtplanung lässt sich aus diesen eher zufällig am Rheinufer oder an radial verlaufenden Ausfallstraßen verstreuten Hochhausbauten nicht erkennen. Rüdiger Göb, von 1975 bis 1987 Beigeordneter für Stadtentwicklung und Statistik, kritisiert seinen Kollegen Werner Baecker, der von 1968 bis 1988 für den Hochbau zuständig war, schon 1981 deutlich für »die teilweise katastrophale Placierung von Hochhäusern!« In den 90er Jahren nimmt die Heftigkeit der Diskussion zu.

Kristallisationspunkt der bereits angesprochenen auch stadtinternen Auseinandersetzungen wird 2003 der KölnTriangle, finanziert vom Landschaftsverband Rheinland, dem schließlich 103 Meter Höhe zugestanden werden. Nach heftigen Diskussionen in Öffentlichkeit und Rat wird der KölnTriangle neben der Hohenzollernbrücke gebaut und bietet seit Mai 2006 eine wunderbare Sicht auf den Dom und die Kölner Stadtlandschaft, aber weitere Hochhausplanungen werden eingestellt – wohl mangels interessierter Mieter. Ein Sonderparteitag der CDU hält im Herbst 2005 fest: »Mit seiner Stadtplanung hat Köln den Erwartungen der UNESCO zu entsprechen.« Am 15. Dezember 2005 beschließt der Rat, den Bebauungsplan wieder zu ändern und auch linksrheinisch eine Pufferzone zum Schutz des Domes einzurichten. Köln legt Anfang 2006 der UNESCO noch keine endgültige Planung vor, aber das Komitee, das sich nun als Instanz ernstgenommen fühlt, nimmt den Dom im Sommer 2006 von der Roten Liste. Rücksicht zeigt auch der Landschaftsverband. Das einst als Firmensitz von Ford errichtete 54 Meter hohe Verwaltungsgebäude gegenüber dem Deutzer Bahnhof soll nun durch einen Neubau ersetzt werden. Hierfür hat man sich vorausschauend eine Höhe von bis zu 73 Meter von der UNESCO erlauben lassen.

Lange Monate wird danach über den Vorschlag der Stadtverwaltung zu einem Höhenkonzept für die Innenstadt debattiert, das im Stadtentwicklungsausschuss und anschließend am 15. Mai 2007 vom Rat mit einer Höhe von 22,50 Meter für die Innenstadt innerhalb der Ringe beschlossen wird. Die 22,50 Meter gelten für die Traufhöhe, ein etwas zurückgesetztes Staffelgeschoss darf drei Meter mehr bringen. Das begrenzt Flachdächer bei 25,50 Metern. Satteldächer dürfen diese Höhe überschreiten. Sichtbare Technikaufbauten auf dem Dach sind untersagt. Höhere Bauten können durch Ratsbeschluss genehmigt werden und besondere Schutzzonen gelten für historische Bauten.

Dennoch entstehen in diesen Jahren der Diskussionen Bauten, die diese Grenzen überschreiten. Begeisterndes ist darunter, wie das 2005 eröffnete Weltstadthaus über der Nord-Süd-Fahrt von Renzo Piano, oder Kolumba von Peter Zumthor, eingeweiht am 15. September 2007, aber auch Banalitäten wie das 2001 eröffnete Ring-Karree von Sir Norman Foster oder die Attrappenarchitektur von Hans Koldehoff mit dem 2011 vollendeten Dominium an der Nord-Süd-Fahrt, das Generali für wenige Jahre als deutschen Hauptsitz genutzt hat. Bei jüngeren Auseinandersetzungen hat das Höhenkonzept des Rates wenig Gewicht. Der Sprecher des Oberverwaltungsgerichtes in Münster wird im März 2010 mit der Meinung zitiert: »Es sei lediglich eine Willenserklärung des Rates und ›keine Rechtsnorm‹«.

Das Griechenmarktviertel

Das Griechenmarktviertel steht hier exemplarisch für Wiederaufbaubemühungen und einschneidende Veränderungen im Stadtbild, die sich in diesem auch an anderen Stellen zeigen. Besonders deutlich wird das im Bereich der neuangelegten Straßenzüge, die uns heute selbstverständlich erscheinen. Nicht nur im Norden der Stadt hat dieser Straßenbau eine kleine Kölner Welt untergehen lassen. Chargesheimer hat sie dort in seinem Bildband *Unter Krahnenbäumen* ebenso festgehalten wie Hermann Claasen.

Im Griechenmarktviertel südlich des Neumarktes und der Caecilienstraße waren dagegen zu dieser Zeit trotz Planungen und Diskussionen in den vorhergehenden Jahren nur weite Trümmerflächen zu sehen. So heißt es amtlich 1951: »Mitten im Herzen der Kölner Altstadt liegt das Griechenmarktviertel, ein Sorgenkind des Wiederaufbaus der Stadt Köln. Bei den schweren Luftangriffen auf die Innenstadt Kölns hat es von allen Wohnquartieren die größten Zerstörungen erfahren und brachte bis heute im Gegensatz zu manchen anderen Stadtteilen aus sich heraus nicht die Kraft zu einem Wiederaufbau größeren Stiles auf.«

Das Griechenmarktviertel, begrenzt von Hohe Pforte/Hohe Straße im Osten, Mauritiussteinweg im Westen, Blaubach im Süden und Caecilienstraße im Norden, war vor seiner Zerstörung gekennzeichnet durch enge Straßen und dichte Bebauung auf zum Teil extrem kleinen Grundstücken.

Die Bevölkerung setzte sich neben Tagelöhnern, die an vielen Stellen in der Stadt zum Einsatz kamen, aus den Mitarbeitern von etwa 750 kleinen Gewerbebetrieben, darunter allein 40 Gaststätten, Altwarenhändlern, Bäckern, Metzgern, Schneidereien und deren Eigentümerfamilien zusammen. Nur wenige davon waren zurückgekehrt und hatten mit dem Wiederaufbau begonnen. 1948 zählt man etwa 200 Haushalte statt 6000 im Jahre 1925 und statt über 20000 Bewohner keine 500 und nur 86 Betriebe mit 628 Beschäftigten. Es geht nicht richtig voran. Die Vielzahl kleiner und kleinster Grundst ücke im Besitz wenig vermögender Eigentümer oder Erbengemeinschaften erschwert jegliche Planungen. Das Problem hatte Rudolf Schwarz schon aufgewiesen. Zählt man 1949 noch 903 Grundstücke, sind es nach der Arbeit des Umlegungsausschusses nur noch 456, wobei sich die Zahl der Grundstücke im Besitz von Firmen oder Wohnungsbaugesellschaften auf über 20 Prozent verfünffacht hat.

Im Jahr 1953 werden nach einem Wettbewerb die ersten Fluchtlinienpläne vom Rat beschlossen, die die Straßen optisch durch das Festlegen von Vorgärten verbreitern. Zuvor hatte man auf städtischen Grundstücken einen Versuch dazu gemacht, »eine Straße zu ziehen, die es ermöglicht, Häuser mit Licht und Luft zu bauen«. Das hat man auch verwirklicht, aber nur in einem kleinen Bereich der westlichen Hälfte des Viertels, das einst von der Peterstraße im Osten bis zum Mauritiussteinweg reichte. Die gesamte Fläche des Viertels wird rücksichtslos zerschnitten von der erstmals am 31. August 1962 zwischen Komödienstraße und Severinsbrücke befahrbaren Nord-Süd-Fahrt. Die östlich anschließende Hälfte des ehemaligen Griechenmarktviertels dient nicht nur mit dem Grundstück des zerstörten Bürgerhospitals bald für die Zentralverwaltung des Kaufhofs von 1954 an der Leonhard Tietz-Straße, als Bauplatz. Es folgen das Agrippabad von 1958, das Fernmeldehochhaus der Post für das Fernmeldeamt 2, für das am 23. Oktober 1958 der Grundstein gelegt wurde, benachbart die Feuerwache 1, an der Caecilienstraße der Bau von Volkshochschule 1964 und von Kunsthalle und Kunstverein 1967. Am Ende steht die Zentralbibliothek von 1979. Vor dieser parkte lange, sehr symbolisch, Wolf Vostells einbetoniertes Auto von 1969, dort, wo heute die peinliche Architektur des Ärztehauses am Neumarkt steht.

Die erhaltene westliche Teilfläche des Griechenmarktviertels wird angesichts der Vielzahl von Eigentümern zum Teil winziger Parzellen ohne Mittel für Investitionen zum Wiederaufbauproblem, das politisch mit dem städtischen Ankauf vieler Grundstücke und einem Umlegungsausschuss für diese gelöst wird. Sie werden dann an die Wohnungsbauunternehmen weiterverkauft. Die im Fluchtlinienplan geforderten Vorgartenflächen werden dabei unentgeltlich übertragen. Robert Görlinger sichert zehn Millionen D-Mark der Kölner Versicherungsgesellschaften, die so ihre eingenommenen Prämien anlegen, mit Genehmigung des Wiederaufbauministers für das Projekt und droht verkaufsunwilligen oder zu gierigen Grundstückseigentümern mit Enteignung. Er bringt auch als neuen Gedanken der Wohnungspolitik hier das Thema Eigentumswohnung ins Spiel. Der Haus- und Grundbesitzerverein setzt gegen die Wettbewerbsergebnisse, die eine Zeilenbebauung vorsahen, die dem Vorkriegsbild entsprechende Blockrandbebauung durch. Die »Altstadtwiederaufbaugesellschaft«, an der sich fünf gemeinnützige Kölner Wohnungsunternehmen beteiligen, wird 1953 von der Stadt gegründet, um die zentrale Planung in Angriff zu nehmen. Später beteiligen sich neben dem Haus- und Grundbesitzerverein noch weitere Wohnungsbaugesellschaften und private Unternehmen am Projekt. 1968 wird die »Altstadtwiederaufbaugesellschaft« aufgelöst. Das Bild des westlichen Griechenmarktviertels prägt bis heute die Architektur dieser Wiederaufbauphase der Nachkriegszeit.

1968 war gut die Hälfte des gesamten Wohngebäudebestandes Kölns wiederaufgebaut oder in neuen Siedlungen entstanden. In der stark zerstörten Südstadt galt das für zwei Drittel der Wohngebäude, im Griechenmarktviertel waren dagegen sogar 95 Prozent neu entstanden. Die Wohnbevölkerung war dort von mehr als 20000 vor dem Kriege auf nun etwa 5000 gesunken.

Das Severinsviertel

Stadtplanung ist Politik, selten so deutlich wie hier. Hier hat die Stadtgesellschaft in heftiger Auseinandersetzung zwischen Rat und Bürgern Stadterneuerung erprobt und aus Fehlern viel für kommende und heutige Projekte gelernt. Das gilt für alle Beteiligten. Das Stadtviertel, Herz der attraktiven Südstadt, präsentiert auch nach dem jüngsten Facelifting der Severinstraße und des Chlodwigplatzes nach dem U-Bahnbau Spuren seiner Industriegeschichte. Wenig erinnert im Severinsviertel an Stollwerck, an eine ruhmreiche Kölner Industriegeschichte. Das Schokoladenmädchen von Sepp Hürten ist seit 1990 vor St. Severin aufgestellt. Ein paar Maschinenteile verrotten im Innenhof des Gebäudeblocks mit dem Annoriegel zwischen Annostraße und Karl Korn-Straße zusammen mit dem ungepflegten Stumpf des Schornsteins im leuchtenden Schmuck seiner Backsteindekoration. Ein Besuch im Imhoff-Schokoladenmuseum lohnt, um dies zu verstehen.

Wenig andere Namen und wenig andere Unternehmen sind so eng wie Stollwerck mit Kölns Geschichte und Wirtschaft vom 19. bis ins 21. Jahrhundert verbunden. Und an wenig anderen Unternehmensgeschichten lassen sich so viele Aspekte wirtschaftlichen und politischen Handelns zeigen wie an diesem Unternehmen, dem Köln sein seit Jahrzehnten am besten besuchtes Museum verdankt. Ein Geschenk, das der Stadt tatsächlich einmal keine Kosten gebracht und keine Folgekosten verursacht hat.

Das Unternehmen im Herzen der Südstadt liegt nach Kriegsende in Trümmern. Man beginnt mit der Herstellung von Zuckerwaren. Anfang 1949 – die Währungsreform macht es möglich – werden täglich bis zu 50 Tonnen Zuckerwaren hergestellt, nachdem man mit neun Eisenbahnwaggons die Maschinen aus der Auslagerung zurückgeholt hat. Erst im Mai 1949 kann erstmals wieder Kakao importiert werden. Der Nachkriegshunger auf Schokolade ist kaum zu befriedigen. Aus etwa 1 000 Arbeitskräften – zumeist Frauen – im Jahre 1949 werden 3 000 im Jahre 1953. Umsatz, Gewinn, Aktienkurs und Dividende steigen bis zu Beginn der 60er Jahre. Aber Überkapazitäten in der Produktion, der Preiskampf auf dem Markt nach Aufhebung der Preisbindung und eine verfehlte Markenpolitik, die den Geschmack des Publikums nicht trifft, bringen das Unternehmen immer mehr in Schwierigkeiten. Konzentration im Einzelhandel und zunehmender Einfluss des Großhandels verstärken diese Effekte. Der Umsatz bricht ein. 1970 wird Alfred Herrhausen, bereits stellvertretendes Vorstandsmitglied der Deutschen Bank, Vorsitzender des Aufsichtsrates der Stollwerck AG. Er findet mit Hans Imhoff (1922–2007) einen Mann vom Fach, der den Mut und die Fähigkeiten hat, das Unternehmen zu sanieren und nicht, wie es von anderen Übernahmeinteressenten geplant wurde, stillzulegen, auszuschlachten und nur noch die Markenrechte zu nutzen. Hans Imhoff übernimmt die 46,5 Prozent des Aktienpakets aus dem Besitz der Deutschen Bank und wird 1972 Aufsichtsratsvorsitzender. Sein Gegenspieler ist vorerst Dr. Detlev Renatus Rüger, der mit seinem Aktienbesitz auf die Übernahme des Grundstücks des Unternehmens in der Südstadt hofft. Das gelingt ihm auch 1975 nach einem eleganten Schachzug von Hans Imhoff, sobald der Neubau einer Schokoladenfabrik im neuen Kölner Stadtteil Porz beschlossene Sache ist. Hans Imhoff erhält im Rahmen der Kaufabwicklung den Besitz der zusätzlichen 36,26 Prozent der Aktien von Stollwerck aus dem Besitz seines Gegners. Da die Stadt Köln, die immer schon an diesem Grundstück interessiert gewesen war, dieses nun zum Sanierungsgebiet erklärt hat, verkauft Rüger es nach

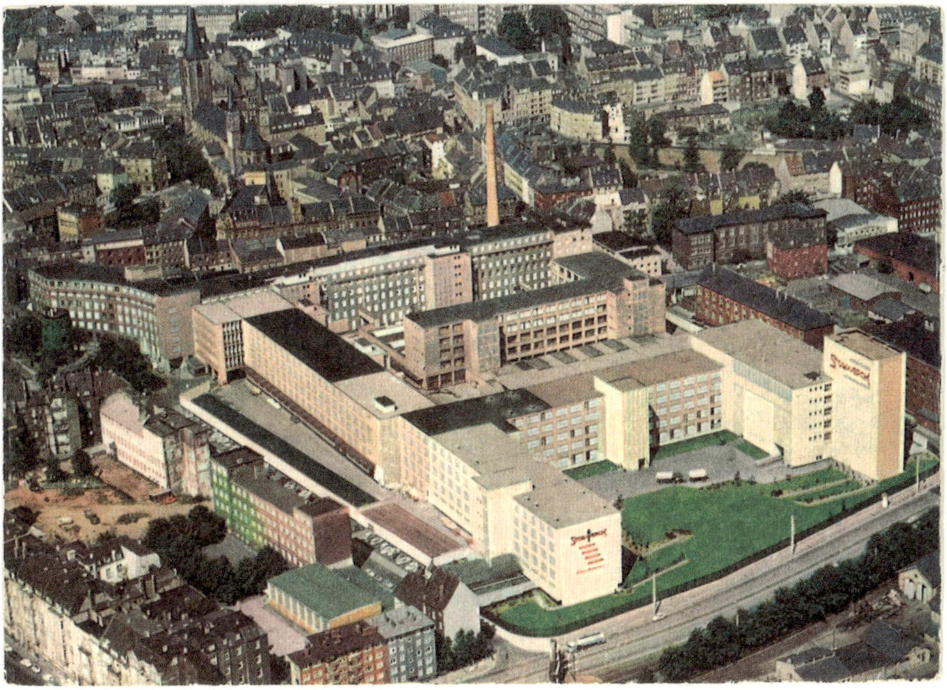

Das Fabrikgelände der Stollwerck AG um 1970

juristischen Tricks und gerichtlichen Auseinandersetzungen 1978 mit Verlust an die Stadt. Der anschließende öffentliche Streit und die Diskussionen um die Zukunft der Fabrikbauten, die Besetzung der Gebäude und die vorübergehende Nutzung von Annosaal und Maschinenhalle für Kunst und Kultur sind bis heute im Kölner Gedächtnis geblieben.

Hans Imhoff hat so die Schulden des Unternehmens getilgt. Er geht mit Personalreduktion, halbierter Produktpalette und einer günstigen Finanzierung nach Porz. Der Neubau gelingt mit einem durch einen von Renatus Rüger aufgelegten Fonds, einer Investitionszulage des Bundes, mit Landeszuschüssen, einer Umzugskostenerstattung in Höhe von 9,6 Millionen D-Mark und einem zinslosen städtischen Darlehen. Am 18. April 1975 – Porz ist gerade seit gut drei Monaten Kölner Stadtteil – wird der Grundstein für die neue Fabrik gelegt. Acht Monate später laufen die ersten Pralinen vom Band. Mit Bernd Assenmacher als Geschäftsführer gründet Imhoff 1976 zur Absicherung des angesichts schwankender Kakaopreise immer unsicherer werdenden Schokoladengeschäftes das erfolgreiche Wäsche-Leasing-Unternehmen Larosé, das noch heute im Besitz der Familie ist. Auch auf dem Schokoladenmarkt baut Hans Imhoff sein Unternehmen durch Zukäufe von Markenunternehmen weiter aus.

Mit dem Umzug nach Porz waren zudem die reichen Bestände des Unternehmensarchivs wieder sichtbar geworden. Die erfolgreiche Ausstellung im Jahre 1989 zur Firma und zum Thema Schokolade im Gürzenich anlässlich des 150-jährigen Jubiläums des Unternehmens ließ rasch den Gedanken an ein eigenes Museum entstehen. Der Bau an der Spitze des Rheinauhafens nach den Entwürfen des Düsseldorfer Architekten Fritz Eller konnte 1993 zur Anuga eröffnet werden. Das Schokoladenmuseum ist inzwischen seit zwei Jahrzehnten mit über 600 000 Besuchern im Jahr das erfolgreichste Kölner Museum.

Im Jahre 2002 verkaufte Hans Imhoff (1922–2007) die 96 Prozent Aktienmehrheit seines Unternehmens, das inzwischen wieder 2 500 Beschäftigte hatte und 750 Millionen Euro Umsatz machte, an einen Schweizer Konzern, der im Jahre 2005 die Produktion in Porz schloss. 2001 hatte er die Imhoff-Stiftung gegründet, die Kölner Projekte in den Bereichen Kunst, Kultur und Wissenschaft fördert. Damit bleibt wie auch mit dem »Schokoladenmuseum« der traditionsreiche Name in Köln präsent, auch wenn der heute belgische Mutterkonzern Baronie am 31. März 2016 die letzten der 130 Mitarbeiter der Unternehmenszentrale aus Köln abzog.

Zurück ins Vringsveedel: 1974 wird die förmliche Festlegung des ersten Abschnitts des Sanierungsgebietes Severinsviertel (Stollwerckgelände) im Rat beschlossen. 1977 richtet dieser zur Betreuung solcher Planungen das Amt für Stadterneuerung ein und der zweite Abschnitt des Sanierungsgebietes Severinsviertel wird festgelegt. Erst danach gelingt es der Stadt 1978, das Firmengelände, das Hans Imhoff (1922–2007) inzwischen an Detlev Renatus Rüger verkauft hat, der sich dabei, wie bereits erwähnt, von seinen angesammelten Stollwerck-Aktien trennt, zu erwerben. Rüger kann seine Hoffnungen, im Gegenzug gegen den für sein Empfinden ungünstigen Preis, ein Einkaufszentrum in der Südstadt zu platzieren, gegen den Willen der ansässigen Geschäftsleute und den Rat nicht realisieren. Die Zeit drängt nun: »Es ist festzustellen, daß dieses Wohngebiet mit seiner Mischstruktur und seinem ausgeprägten Einkaufszentrum seine gesamtstädtischen wie teilräumlichen Funktionen zu verlieren droht.« Späte Folgen des Ausbaus von Blaubach und Mühlenbach zu Hauptverkehrsstraßen und der Schneise für die Zufahrt zur Severinsbrücke, die das Severinsviertel vom Stadtzentrum abtrennen.

Um die zukünftige Gestaltung des ehemaligen Fabrikgeländes mit seinen nach dem Krieg erneuerten Bauten entbrennt ein heftiger Streit.

Die Zufahrten zur Severinsbrücke von Deutz aus gesehen.

Die städtischen Planungen gehen vom vollständigen Abriss der Fabrikbauten aus. Die BISA (Bürgerinitiative Südliche Altstadt) und der Architekt Stephan Goerner mit der Initiative »Wohnen im Stollwerck« dagegen sehen seit 1975 in der soliden Baustruktur Chancen für deren Nutzung für preiswertes, selbstbestimmtes Wohnen. Der von der Bezirksvertretung vorgeschlagene und am 11. März 1976 vom Rat berufene Sanierungsbeirat sollte kurzfristig sowohl seine Kritik wie seine Zustimmung zu den Ergebnissen und anderslautenden Zielvorstellungen der vorbereitenden Untersuchung aussprechen. Die BISA, seit 1970 und bis heute im Viertel aktiv, gibt nach einem Jahr frustriert die Beteiligung am Sanierungsbeirat auf. Die SSK, der zu Beginn vom Jugendamt geförderte, ebenfalls 1970 gegründete Sozialpädagogische Sondermaßnahmen Köln e. V., später und nach der Trennung vom Jugendamt bis heute als Bürgerinitiative Sozialistische Selbsthilfe Köln aktiv, hatte ähnliche Gedanken zu Modernisierung. Beide vertreten die Vorstellung, möglichst viel zu erhalten, insbesondere die Bauten der Fabrik, und möglichst viel Renovierungsarbeiten in Eigenleistung der jetzigen oder zukünftigen Bewohner durchzuführen. Das stieß auf städtischer Seite

Stollwerk

Kölsche Draculas

Das Mülheimer Dreikönigen-Hospital konnten die beiden Obersanierer Rossa und Herterich noch wegputzen. Beim Stollwerck werden sie sich die Zähne ausbeißen.

Die Stadt Köln hat eine „Kosten-Nutzen-Analyse über die Möglichkeiten und den Umfang der Weiterverwendung der Gebäude der ehemaligen Stollwerckfabrik im Severinsviertel" anfertigen lassen.

Dieses Gutachten soll den von der Stadt gewollten Abriß des Stollwercks finanziell kalkulierbar machen.

Es stellt aber immerhin fest, daß sich die Stadt den Abbruch und Neubau 20 % mehr kosten lassen muß als einen möglichen Umbau.

Seit Oktober 79 ist das Bauverwaltungsamt im Besitz des Gutachtens. Im Dezember 79 hat die Verwaltung auf das Gutachten aufbauend eine eigene „Empfehlung zur Aufstellung eines städtebaulichen Konzeptes und zur Realisierung von Sanierungsmaßnahmen" ausgearbeitet.

Beide Papiere hält die Stadt bis heute geheim. Kein Wunder: Die auf das Gutachten aufbauende Verwaltungsempfehlung sieht den weitestgehenden Abriß der Stollwerckfabrik vor. Nur wenige Teile sollen erhalten bleiben. Die Verwaltung empfiehlt als unverzügliche Maßnahme für den gesamten Nord-Süd-Trakt und einige andere Teile – als die angeblich wertlosesten – im Rahmen einer ‚Ordnungsmaßnahme' den ‚sofortigen Abbruch'.

Außerdem verfallen dieses Jahr die vom Land bereitgestellten Abbruchgelder, wenn nicht mit dem Abbruch begonnen wird.

So verdichtet sich ein Verdacht zur Gewißheit: Noch dieses Jahr, wahrscheinlich in der ruhigen Sommerpause, wenn die, die den Abbruch verhindern könnten, im Urlaub sind, wird die Stadt versuchen, den Abbruch des Stollwercks durchzuziehen.

Ausführliches und was wir tun können lesen Sie auf Seite 3.

□ Am 14. 4. 80 um 20.00 Uhr: großes Treffen der „Bürgerinitiative Südliche Altstadt" (BISA) im Stollwerck, Annosaal.

Kölnisches Volksblatt. *Köln 4. April 1980*

auf wenig Vertrauen oder Gegenliebe. Andere im Sanierungsbeirat hielten durch. Die 137. und letzte Sitzung fand am 4. September 1989 statt. Die Stadtverwaltung sprach 1998 vorsichtig von »insgesamt positiven Erfahrungen mit der Arbeit des Beirats«.

Von Beginn an trafen nicht nur im Beirat die beiden Nutzungsvorstellungen konträr aufeinander. Dezernent Werner Baecker vertrat die städtischen Vorstellungen offensiv: »Vorstellungen wie denen des ›Wohnens im Stollwerck‹, die die Großstruktur im Wesentlichen erhielten, [muss] deshalb eine Absage erteilt werden.«

Am 1978 ausgeschriebenen Ideenwettbewerb beteiligen sich u. a. »Wohnen im Stollwerck« mit einem Entwurf des Architekten Stephan Goerner und das Planungsbüro dt8 mit Christian Schaller – beide hatten ursprünglich zusammengearbeitet. Dt8 erhielt mit seinem Entwurf, der einen Abriss von 60 Prozent der Fabrikanlagen und keine direkte Beteiligung von »Betroffenen« vorsah, den ersten Preis der Jury. Ein Ergebnis, dass die BISA nicht akzeptiert.

Nach Erwerb des Fabrikgeländes durch die Stadt Köln ist die Erleichterung in der Stadtverwaltung so groß, dass neben den sowieso an verschiedene Gewerbebetriebe vermieteten Räumen Zwischennutzungen gestattet werden. Jetzt geht es Schlag auf Schlag weiter: Der BISA stellt man im Verwaltungstrakt im September 1979 sogar Büroräume zur Verfügung. Andere Gruppen ziehen ebenfalls in das als vorübergehend konzipierte »sozial-kulturelle Zentrum« ein. Insgesamt 38 Gruppen erhalten einen Nutzungsvertrag, der jedoch keinen Rechtsanspruch begründet. Das bunte Leben entspricht allerdings genau den für die Sanierung städtischerseits unerwünschten Vorstellungen der BISA wie auch der Initiative »Wohnen im Stollwerck« und erhält den schönen Namen »Palazzo Schoko«. Bald hat im Stollwerck das reale Geschehen der verschiedenen Gruppen mehr Gewicht als die fehlenden Rechtsansprüche. Am 14. April 1980 tagt im Anschluss an eine Sitzung des Sanierungsbeirates eine Bürgerversammlung im Stollwerck mit rund 600 Teilnehmern aus dem links-alternativen Milieu. Die BISA denkt für die Propagierung ihrer Ziele nun an die Realisierung einer Musterwohnung. Das wird im April 1980 genehmigt, allerdings wohl eher, um die erkennbar drohende Besetzung in einer Epoche, in der Köln zu den Zentren der Hausbesetzerszene gehört, noch zu verhindern. Im Rahmen eines Festes am 26. und 27. April 1980 im Stollwerck beginnt die BISA mit vielfältiger Unterstützung den Bau der Musterwohnung. Beim Fest verunglückt ein Kind. Der 13-jährige Olgun Osman stirbt beim Sturz in einen Fahrstuhlschacht. Der Weiterbau der Musterwohnung wird erst verboten, dann wieder erlaubt, um die Auseinandersetzung aus dem Wahlkampf für die Landtagswahl am 11. Mai 1980 herauszuhalten. Die Öffentlichkeit soll aber aus Sicherheitsgründen von einer Besichtigung ausgeschlossen bleiben. Ein anonymes Flugblatt lädt jedoch für den 13. Mai 1980 zur Besichtigung der Musterwohnung der BISA ein. Am 20. Mai 1980 unterzeichnen der Oberbürgermeister John van Nes Ziegler und das CDU-Ratsmitglied Helmut Haumann eine Dringlichkeitsentscheidung, die einen Ratsbeschluss ersetzt, aber später vom Rat bestätigt werden muss. Sie geben den Teilabriss der Stollwerckbauten frei, sollte der Stadtentwicklungsausschuss entsprechend beschließen. Und das geschieht wenig später in dessen von Tumulten unterbrochenen Sitzung am selben 20. Mai 1980, in der nach einer im Februar formulierten Vorlage der Verwaltung der Abriss von 60 Prozent der Gebäude beschlossen wird.

Von den gut 100 Demonstranten gegen einen Abbruch, die die Sitzung gestört hatten, wird abends zusammen mit weiteren Sympathisanten das Gelände besetzt, ohne dass die Wach- und Schließgesellschaft oder die Polizei vor Ort dies verhindern könnten. An der Spitze des Demonstrationszuges zum Stollwerck marschiert Klaus der Geiger. Er entdeckt Wolfgang Niedecken durchs Fenster des »Chlodwig Ecks« und fordert ihn auf mitzugehen. Niedeggen beendet so vorzeitig seinen ersten Versuch einer Liebeserklärung an Carmen. Aber auch diese Eroberung sollte ihm bald gelingen. Der städtische Bericht formuliert das Ergebnis: »Der für 5.00 Uhr [des nächsten Tages] vorgesehene Einsatz der Abbruchfirmen wurde gestoppt.« Ein gewaltsames Vorgehen wurde, sicher zu Recht, als zu gefährlich eingeschätzt. Ein erstes Flugblatt der Besetzer verkündet: »Die Stadt hat zugeschlagen! Wir auch! Stollwerck ist besetzt! Macht Stollwerck zum Bollwerk!« An der Fraktionsvorsitzendenbesprechung der SPD am nächsten Morgen nimmt auch Polizeipräsident Hosse teil. Es wird beschlossen, alle Verträge mit BISA und den Palazzo-Schoko-Gruppen zu kündigen. Auch den Gewerbebetrieben wird gekündigt, man bietet ihnen aber Ersatzflächen an. Unter anderem lagern im Silo auf dem Stollwerckgelände noch 4000 Tonnen Getreide im Wert von 3 Millionen D-Mark. Nach dem Auszug der Gewerbebetriebe sollen Strom und Wasserversorgung des Geländes stillgelegt werden. Das geschieht dann schon vorher und bedroht die im Kühlhaus gelagerten italienischen Lebensmittel eines Importunternehmens von Piero Massi.

Inmitten dieses Chaos beginnt das, was Rudolf Stegers später in seiner Schrift »Kraftwerk. Lustwerk. Stollwerck. Eine kölnische Geschichte 1980–1987« beschreiben und was sieben Jahre andauern sollte. Pfingsten 1980, wenige Tage nach Beginn der Besetzung, wird zum Besucherfest im besetzten Stollwerckgelände geladen: »Tausende kamen am 25. und 26. Mai, aßen Wurst und Kuchen, tranken Bier und Kaffee. Familien schlenderten durch das Interieur im Nord-Süd-Trakt. Kinder ließen Ballons in den Himmel steigen. Ein Pfarrer feierte Gottesdienst. [...] Stollwerck schäumte, war heller Freude und guten Mutes. Und lachte nur, als die Polizei Flugblätter aus der Höhe warf, die jedem mit Strafe drohten, der das Terrain nicht umgehend verlasse.« Die Besetzung mit »Volksküche« und einer täglichen Vollversammlung um 17 Uhr hält bis zum Sonntag, dem

6. Juli 1980, für 47 Tage. Die Besetzung hält, aber nicht die gute Stimmung. Nach drei Wochen hat sich Gewalt ausgebreitet. Es kommt zu einer Vergewaltigung, zu Diebstählen, zu Einbrüchen in den Lagerhäusern.

Stadtverwaltung und Polizei bleiben nicht untätig. Acht Besetzer werden nach zehn Tagen bei der Abfahrt aus dem Stollwerck beobachtet, verfolgt und später festgenommen, erkennungsdienstlich behandelt und wieder freigelassen. Aber nun gibt es namentlich bekannte Personen, gegen die die Stadt wegen Haus- und Landfriedensbruch, Sachbeschädigung und Nötigung Strafanzeige erstattet. Die Forderung von Schadenersatz steht im Raum.

Nach heftigem internem Streit in der SPD zwischen Partei und Fraktion muss deren Vorsitzender, Günter Herterich, mit den Besetzern über den Abzug verhandeln. Am 5. Juli wird ein Vertrag von den Vertretern der Besetzer und von Günter Herterich unterzeichnet. Klaus Bremen und Lothar Evers aus der fünfköpfigen, von der Vollversammlung beauftragten Verhandlungsgruppe hatten schon vorab geheime Gespräche mit Günter Herterich über das Ende der Besetzung geführt – in einer Kneipe namens »Plenum«. Der Vertrag erfüllt fast alle Wünsche der Besetzer, deren Zahl und Rückhalt sich inzwischen immer weiter vermindert hat. Die Polizei hält nun eine Räumung für möglich. Zugestanden wird den Besetzern Einfluss auf das Bebauungsplanverfahren und die Gründung eines Kulturzentrums in einem der alten Bauten der Fabrik; außerdem wird die Musterwohnung fertiggestellt und vier Wochen lang der Öffentlichkeit zugänglich gemacht, für die obdachlosen Jugendlichen werden Häuser zur Verfügung gestellt, alle Anzeigen werden zurückgezogen. Gegen 15 Uhr am 6. Juli ist, früher sogar als vereinbart, die Fabrik geräumt. Trotzdem steht um 17 Uhr die Polizei massiv ausgerüstet mit Blaulicht vor dem Tor und es kommt zur Konfrontation mit den enttäuschten Besetzern, aber nicht zur Straßenschlacht. Bei der Durchsuchung der Bauten wird ein Sprengsatz in einem Feuerlöscher entdeckt. In der Nacht herrschten Randale in den Straßen ringsum.

Nach Abschluss der Besetzung wird im Rat am 23. Oktober 1980 heftig über die Kosten der Wiederherstellung der Anlagen des L-Traktes, die »lustvoll zerstört worden« sind, für die nun vorgesehene Zwischennutzung durch die Palazzo-Schoko-Gruppen diskutiert. Für Strafanzeigen wegen Hausfriedensbruch und Sachbeschädigung gibt es keine belastbaren Ermittlungsergebnisse.

Knapp ein Jahr später, am 26. und 27. September 1981, wird in den ältesten Räumen der Fabrik – in Maschinenhalle, Räderraum, Kachelsaal und Annosaal – mit dem Fest »Peng. Der Knoten ist geplatzt« das versprochene Autonome Kulturzentrum eröffnet. Die Trägervereine Palazzo Schoko und Regenbogenhaus lösen sich nach internen Querelen nach zwei Jahren auf. Die LEG NRW, Träger der Sanierungsarbeiten, lässt am 2. November 1983 Fenster und Türen des Zentrums vermauern. Annosaal und Maschinenhalle werden nun von den Künstlern genutzt. Ingo Kümmel, begabter und begeisternder Galerist und Ausstellungsorganisator bringt 1983 zwei Ausstellungen in die Räume. 1984 werden mit »Davul Deformance« alle Wände der Räume, die Heizungsrohre und Fensterrahmen von Hingstmartin, Marcus Krips, Heribert C. Ottersbach, Klaus Winterfeld und Adem Yilmaz bemalt, besprüht, lebendig gestaltet. Zwei Jahre später bringt Ingo Kümmel die »Stollwerckumenta« in die Räume, für deren Wandmalereien sich inzwischen der Kunstmarkt interessiert. Plötzlich galten die Räume als die »Capella Sixtina« Kölns und Die Grünen rufen nach Denkmalschutz. Voller Zorn über das Interesse des Marktes überrollen die Künstler Mitte März 1987 alle Wandmalereien mit weißer Farbe. Am 8. April beginnt der Abriss und am 24. und 25. April wird inmitten der Trümmer noch ein »Finale Fanale« gefeiert. Das Bürgerhaus Stollwerck im 1906 errichteten Proviantamt und Zeughaus aus preußischen Zeiten, lange von der Post genutzt, wird feierlich am 5. Juni 1987 als städtische Einrichtung von Oberbürgermeister Norbert Burger eröffnet. Es übernimmt die Rolle eines Kulturzentrums für die südliche Innenstadt und für Kunst und Künstler bietet heute auch das Kunsthaus Rhenania am Rheinauhafen Räume und Chancen.

Die Finanzierung der Sanierung des Severinsviertels – wobei das ehemalige Fabrikgelände nur zwei der insgesamt 29 Blöcke des Sanierungsgebietes, aber etwa ein Fünftel der Gesamtfläche umfasst – hat über 500 Millionen D-Mark gekostet. 75 Prozent der anerkannten Ausgaben von 180 Millionen kamen aus Städtebauförderungsmitteln des Landes. Ähnlich hoch lagen die privaten Investitionen und die aus anderen Förderprogrammen wie dem öffentlich geförderten Wohnungsbau, der Förderung von Fassadenbegrünung, für Lärmschutz, Denkmalschutz und Energiesparmaßnahmen.

Kernprogramm der Sanierung des Severinsviertels war das Entkernen der Blöcke. Neben Hinterhäusern war hier vor allem Gewerbe ansässig. Andere größere Unternehmen wurden umgesiedelt, oft traditionsreiche wie die Brauerei Reissdorf am Kartäuserwall 18, heute in Rodenkirchen, deren leerstehende Bauten am Kartäuserwall nach der Räumung des Stollwercks von einer Gruppe obdachloser Jugendlicher besetzt wurden. Hier sind mit dem Verein Kartäuserwall 18 und seinem Projekt »Wohnen und Leben unter einem Dach« Wohnungen, Werkstätten und Veranstaltungsräume entstanden. Das dort etablierte Informationszentrum für Schwule und Lesben »SCHULZ Bildungswerk-Emanzipation e.V.« hat immer wieder mit organisatorischen und wirtschaftlichen Schwierigkeiten zu kämpfen.

Das Sanierungsgebiet verlassen hat auch die Verwaltung der GEW, die noch bis 1980 Bauten in der Rosenstraße genutzt hatte. Die Bundespost war neben dem Gebäude des Bürgerhauses Stollwerck auch Eigentümer der restlichen Fläche des Baublocks, die 1990 an die Stadt bzw. an die LEG übergeben wurde. So konnte der einfallslos gestaltete Park angelegt werden. Er wurde 1993 eröffnet und 1995 offiziell als Trude-Herr-Park benannt. Die historische Wagenhalle auf dem ehemaligen Postgelände wird seit 1995 als Kindertagesstätte genutzt. Das Bild des Severinsviertels hat sich einschneidend verwandelt. Verkehrsführung, Begleitgrün, Erneuerung der Altbauten und zahlreiche Neubauten haben einigermaßen sanft, aber nachdrücklich das Viertel in die Gegenwart geführt. Viel Atmosphäre ist verloren gegangen, viel Lebensqualität gewonnen worden. Die Bauarbeiten an der U-Bahn haben inzwischen auch das Bild der Severinstraße neugestaltet. Der benachbarte Rheinauhafen, einst sicherer Arbeitsplatz für manchen Bewohner des Severinsviertels, ist heute ein architektonisches und soziales Kontrastprogramm.

Der Rheinauhafen

Der Rheinauhafen steht erstmals direkt nach Kriegsende zur Disposition. Im Rahmen der Schifffahrtstagung der Kölner Häfen am 27. September 1946 berichtet der zuständige Kölner Beigeordnete Gustav Adolphs, dass man überlegt hatte, das Hafenbecken des Rheinauhafens mit dem Schutt der Kölner Trümmerlandschaft zu verfüllen. Dann habe man aber doch gesehen, dass man auf den Rheinauhafen erst nach Ausbau des Niehler Hafens verzichten könne.

John van Nes Ziegler, damals Vorsitzender der stärksten Fraktion im Rat und auf keinen Partner angewiesen, bringt am 10. Oktober 1968 das Thema Rheinauhafen wieder ins Spiel. Ein Gutachten empfiehlt dessen schrittweise Stilllegung. Wieder kommt der Gedanke auf, das Hafenbecken zumindest teilweise zu verfüllen. John van Nes Ziegler formuliert eine Vision, deren vollendete Realisierung fast ein halbes Jahrhundert später er nicht mehr erleben wird: »Dieses neue moderne Köln am Strom, beginnend im Bereich der Deutzer Brücke, wird einen überaus reizvollen Kontrast zum unmittelbar angrenzenden historischen Köln bis zur Hohenzollernbrücke bilden.«

1972 legt das Hochbaudezernat einen Entwurf vor. Das »Projekt Rheinauhafen-Gelände« sieht die Verlegung der Rheinuferstraße auf die Hafenhalbinsel vor, durch einen Tunnel, der eine lebendige Silhouette von Wohnbauten mit bis zu 23 Stockwerken tragen soll. Das klingt spannend, es ist aber noch viel zu früh für Gedanken an eine Realisierung. Der Rat lehnt in seiner Sitzung am 13. Juli 1976 diese Planungsgedanken ausdrücklich und einstimmig ab: »Im Gegensatz hierzu ist dieses Gelände weitgehend als Erholungs- und Sportzentrum zu beplanen und nach Ablauf der Nutzungsverträge zu beplanen.«

1977 – die SPD hat inzwischen die absolute Mehrheit im Rat wieder verloren – beschließt der Ausschuss für Wirtschaft und Häfen das Ende der Nutzung des nördlichen Teils des Rheinauhafens für 1992 und für den südlichen Teil für 2002. Nun beginnen die Diskussionen über die zukünftige Nutzung. Im Entwicklungskonzept Innenstadt, das der Rat am 19. Dezember 1989 verabschiedet, wird der Rheinauhafen mit sozialer Infrastruktur, Bildung, Kultur und öffentlich zugänglicher oder zweckgebundener Grünfläche ausgewiesen. Aber andere Vorstellungen künden sich an: »Über neuere Vorstellungen, die auch Wohn- und Gewerbenutzung miteinschließen, soll im Rahmen eines Wettbewerbs entschieden werden.«

Der Wettbewerb des Jahres 1992 bringt zwei erste Preisträger: Hadi Teherani aus Hamburg und Alfons Linster aus Trier. 1993 wird ein Workshop mit beiden Preisträgern durchgeführt. Besonders die Vorläufer der heutigen Kranhäuser, damals in Brückenform gestaltet, lösen heftige öffentliche Diskussionen aus. 1998 beauftragt die Häfen und Güterverkehr AG, teils als Teil der Stadtwerke AG teils auch direkt im Besitz der Stadt Köln, die »modernes köln GmbH« mit der Realisierung und Vermarktung. Die modernes köln GmbH gehört ebenfalls mit 25 Prozent der Stadtwerke AG, an ihr ist auch die städtische GRUBO, angeschlossen an die GAG, mit 25 Prozent beteiligt, wie auch die städtisch beeinflusste Sparkasse KölnBonn. Die fehlenden 25 Prozent gehören der Deutschen Bank, dem Bankhaus Oppenheim und der AXA. Diese sehr auf Köln bezogene Konstellation der finanziell und politisch Beteiligten ist erfolgreich. Vor der Vermarktung der einzelnen Baufelder werden die fast 1500 Meter lange Tiefgarage und der Hochwasserschutz fertiggestellt. Mit dem Bau des Schokoladenmuseums, eröffnet am 3. November 1993, und mit der Einweihung des Deutschen Sport- & Olympia Museums in der ehemaligen Zollhalle 10 am 23. November 1999 wurden erste Akzente gesetzt. Im Sommer 2014 feierte man den Abschluss der Arbeit an Kölns »jüngstem Viertel« mit einem Familienfest.

Der Stadtumbau hat neuen Schwung aufgenommen. Linksrheinisch mit der Parkstadt Süd, und rechtsrheinisch in Deutz und Mülheim hat mit dem Ende der Industrie und der Neubesiedlung der Industriebrachen längst die Diskussion über das Großmarktgelände und die Häfen begonnen, über die heute weder Rohmaterialien geliefert noch Produkte ausgeführt werden. Die Planungen für den Mülheimer Hafen, die Hochwasserschutz und die fortdauernde bleibende Hafennutzung berücksichtigen müssen, haben 2013 begonnen, die Bauleitplanung für den Deutzer Hafen inzwischen ebenfalls. Der Verkauf der Gebäude der Ellmühle (Aurora Mehl), die vielleicht an den Duisburger Hafen wechseln wird, an die städtische Gesellschaft »Moderne Stadt« gibt den Planungen Freiräume.

Stadtplanung – Denkmal Köln

Das Stadtbild ist ständigem Wandel unterworfen. Bauten sind für Jahrzehnte gedachte Konstanten, manche überdauern Jahrhunderte, werden unter Denkmalschutz gestellt. Andere werden oft nach wenigen Jahrzehnten durch Neubauten ersetzt. Ähnlichem Wandel ist auch die Denkmälerlandschaft auf Straßen und Plätzen unterworfen. Denkmäler und Kunstwerke werden ins Stadtbild eingebracht, verlegen sucht man einen Standort, oft werden sie dann vergessen und vernachlässigt. Andere sind wie die »Kreuzblume« vor dem Dom oder HA Schults »Goldener Vogel« auf dem Treppenturm des Zeughauses temporär gedacht, haben aber Wurzeln im Kölner Herz geschlagen und sind zu Attraktionen für Touristen geworden.

Im Blick auf die Nachkriegszeit fällt auf, dass man auf die Denkmäler aus preußischer Zeit für Kaiser Friedrich III. oder Kaiserin Augusta gerne endgültig verzichtet hat. Bis heute tut sich der Rat schwer mit dem Denkmal für Friedrich Wilhelm III. auf dem Heumarkt. Die Reste des Reiters und seines Pferdes hat Robert Herr, Vater der unvergesslichen Trude Herr, zerlegt und gegen Nahrungsmittel eingetauscht – eine kleine Entschädigung für die KZ-Haft des überzeugten Kommunisten. 1950 lässt der Rat auch den Sockel beseitigen, Reliefs und Einzelfiguren werden in der Stadt verteilt oder eingelagert. Mit Daniel Spoerris »Musée sentimental de Cologne« rückt das Hinterteil des Pferdes und damit das Denkmal in den Blick der Öffentlichkeit. 1984 brachte das Engagement Hiltrud Kiers die Betonrekonstruktion des Sockels als ersten Erfolg. Im Jahr darauf setzte Herbert Labusga eine Kopie in Styropor auf den Sockel, 1990 kam dann ein Neuguss von Pferd und Reiter aus Düsseldorf. Er erwies sich wie die Herrschaft Preußens als nicht haltbar und musste gesichert werden. Für eine vollständige Rekonstruktion, für die sich der Kölner Verkehrsverein einsetzte, kamen nicht genug Spenden zusammen. Der Rat gab immerhin Mittel für kosmetische Pflege.

Deutliche Bildzeichen ins Stadtbild hat HA Schult platziert. Seit 1991 nistet der »Goldene Vogel«, ein geflügeltes goldfarbenes frühes Fiesta-Modell, auf dem Treppenturm des Zeughauses. Oft ist seitdem um seinen Verbleib auf dem Turm gestritten worden. Die »Weltkugel«, ursprünglich 1998 auf den Pylon der Severinsbrücke gesetzt, hat nun auf dem Gebäude der DEVK an der Zoobrücke Ruhe gefunden. Mit dem »Stadt-Labor für Kunst im öffentlichen Raum« ist seit 2012 die Diskussion lebendig geworden.

Schneller noch wandeln sich Beschriftung, Beleuchtung und Bebilderung der Stadt. Werbeanlagen und ihre Technik wechseln der Mode entsprechend. Gerade erleben wir den Wandel von gedruckter Werbung zur digitalen Werbeanlage. Neonreklamen haben oft schon ausgedient. Hier hat Hermann Götting (1939–2004), dessen Leben ebenso exzentrisch war wie seine Auftritte im Stadtbild und seine Sammelleidenschaft, Wunderbares geleistet. Zwar ist die 4711-Reklame vom Messeturm in den Besitz des Hauses der Geschichte in Bonn gelangt, aber wichtige Leuchtreklamen und spannende andere Objekte hat das Kölnische Stadtmuseum erhalten.

Die Denkmalpflege der Jahrzehnte seit 1945 ist geprägt von sich wandelnden Vorlieben, Vorstellungen und wechselnden Persönlichkeiten. Stadtkonservator, städtische Planer und auf ihre finanziellen Interessen bedachte Immobilienbesitzer stimmen in ihren Ansichten selten überein. Hans Vogts (1883–1972), Kölns erster Stadtkonservator nach 1945, bittet empört, angesichts der Eingliederung seiner Dienststelle ins Bauamt, die eine schlichte Bevormundung und Entmachtung bedeutet, zum 31. März 1948 in den Ruhestand versetzt zu werden. Seine Nachfolgerin Hanna Adenauer wird bis 1953 im Status »kommissarischer« Amtsleitung gehalten. Sie erreicht 1950 immerhin, dass die Denkmalpflege ans Kulturdezernat angebunden wird. Ihrem Nachfolger ab 1969, Fried Mühlberg, gelingt es dennoch nur gegen den Willen von Kurt Hackenberg, das neugotische Gebäude des Historischen Archivs gegenüber St. Gereon zu retten.

Es passiert auch schon mal, dass bei genehmigtem Abriss ein falsches Haus abgerissen wird. Offensichtlich absichtlich. Leerstände von Bauten des Historismus an den Ringen, denen absehbar Abriss drohte und finanziell ertragreichere Neubauten folgen sollten, hatten sich Anfang der 70er Jahre gehäuft. Fried Mühlberg und Hiltrud Kier gelingt mit Öffentlichkeitsarbeit und politischer Unterstützung die Rettung. Mühlbergs energische und engagierte Nachfolgerin Hiltrud Kier, von 1978 bis 1990 als Stadtkonversatorin tätig, gilt bald als der einzige »Mann« in der Stadtverwaltung. Mit Erstellung der Denkmallisten für alle Stadtbezirke, mit einem umfangreichen Forschungsprogramm, publiziert in der Reihe *Stadtspuren*, legt sie oft gemeinsam mit Ulrich Krings die wissenschaftliche Basis für die Zukunft der Arbeit des Stadtkonservators. Hiltrud Kier schließt ihre Tätigkeit mit einem Kraftakt ab. 1990 verabschiedet der Rat einstimmig die Fortschreibung der Denkmalliste mit etwa 900 Bauten der Nachkriegszeit bis 1965. Ulrich Krings übernimmt das Amt des Stadtkonservators anschließend bis 2005. Er betont ausdrücklich, dass er ohne Zorn auf seine Amtszeit zurückblickt. Vielleicht hatte er dabei die Anweisung seiner Vorgesetzten, 1996 den Rückbau der »Domplombe« zu genehmigen, gerade nicht vor Augen.

Denkmalpflege wird angesichts der Trümmerwüste Köln mit der Vortragsreihe »Kirchen in Trümmern« 1946/47 direkt zum Thema. Intensiv werden in den ersten Jahren die Zerstörungen dokumentiert und Baugeschichten erforscht. Demonstrativ baut man 1946 zuerst das Dreikönigenpförtchen an St. Maria im Kapitol wieder auf. In der Vortragsreihe stehen die »zwölf Hauptkirchen« im Mittelpunkt des Interesses und des Wiederaufbauwillens. Sie gehören wie der Dom oder das historische Rathaus zu den »Leitbauten«, die dem kollektiven Kölner Willen folgend wiederaufgebaut wurden. Der Zeitgeist der 50er Jahre greift auch im Wiederaufbau der romanischen Kirchen durch. Der Chor von St. Maria im Kapitol erhält z. B. statt des pittoresken Bildes der Vorkriegszeit eine nüchterne reduzierte Gestalt. Beim Wiederaufbau des historischen Rathauses hat man 1968 in kollektiver Abneigung gegen den als preußisch empfundenen Historismus auf die Rekonstruktion der von Julius Carl Raschdorff entworfenen Altermarktfassade verzichtet. Medienwirksam wird das Ergebnis des Wiederaufbaus der romanischen Kirchen von Hiltrud Kier 1985 mit dem »Jahr der romanischen Kirchen« gefeiert. Sie initiiert gleichzeitig den Förderverein Romanische Kirchen, dessen Jahresgaben »Colonia Romanica« die Forschung zu den romanischen Kirchen weiterführen. Mit dem Gedanken einer »Via Sacra«, eines Weges, der die romanischen Kirchen im Halbkreis um das und im Stadtzentrum verbindet, wird die mittelalterliche Stadtplanung der Kölner Erzbischöfe in Erinnerung gerufen. Glücklich über Kriegsschäden hat man überall die prunkvolle und einst kostspielige Ausstattung des Historismus beseitigt.

Andere Kirchen haben nich weniger Glück. Die im historistischen Stil erbauten werden zeitgemäß für die 50er Jahre hergerichtet, besser gesagt hingerichtet. St. Mauritius fehlt nun der Chorumgang. St. Agnes hat seine Gewölbe erst nach dem Brand des Dachstuhls im Jahre 1980 zurückerhalten. St. Heribert in Deutz fehlen die Turmhelme. St. Bruno in Klettenberg verliert seine expressionistische Ausstattung. (Alt) St. Alban, Nachbar des Gürzenichs, wird als Ruine und Gedenkstätte mit dem Wiederaufbau des Festhauses der Stadt verbunden, und die bedeutende Pfarrkirche der Bürger im Herzen der Stadt, St. Kolumba, bleibt bis auf die Kapelle Gottfried Böhms bis zum Bau von Kolumba als neuem Diözesan-Museum Ruine.

Besagte Kapelle umschließt die unversehrte, einem Wunder gleich inmitten der Trümmer an ihrem Pfeiler verbliebene spätgotische Marienfigur. Sie hatte das Gemüt der Kölner bewegt. Als Faszinosum wird sie auf sechs Seiten von Hermann Claasen in seinem Fotoband *Gesang im Feuerofen* von 1947 festgehalten. Sie wird zum Titel- und Plakatmotiv der Ausstellung 1950 zum Jubiläum »1 900 Jahre Stadt«. Pfarrer Joseph Geller bewahrt sie 1945 vor dem Abtransport und initiiert den Kapellenbau nach dem Entwurf von Gottfried Böhm. Am 8. Dezember 1949 wird der Grundstein gelegt. Ein Jahr später, am 7. Dezember 1950, erfolgt die Weihe. Heute ist die Kapelle unter Verlust des Tageslichts für die Fenster von Ludwig Gies in den 2008 eröffneten Museumsbau von Peter Zumthor eingegliedert, die Geschichte und Spuren einer großen Kölner Stadtkirche aber sind bewahrt.

Faszinierend ist, dass der Reichtum des Kirchenbaus im ersten Nachkriegsjahrzehnt sogar für den Tourismus ein Gewinn ist. Zum 77. Deutschen Katholikentag in Köln des Jahres 1956 wird im Rheinischen Museum in Deutz die umfangreiche Ausstellung zu Bau und Ausstattung der Kölner Gotteshäuser »Die neue Kirche« gezeigt. Intensiv noch in den 60er Jahren, danach deutlich zurückgehend, setzt sich die Kirchenbaulust noch fort. Ein Informationsheft des Verkehrsamtes zu diesem Thema erreicht von 1955 bis 1966 sechs reich bebilderte Auflagen.

Die Rückbesinnung auf den ästhetischen Wert der Bauten des Historismus an den Ringen in den 70er Jahren kennzeichnet einen Paradigmenwechsel zuerst in der kunsthistorischen, dann in der öffentlichen Einschätzung der Epoche, deren Bauten oft erst nach 1945 endgültig zerstört wurden: das Opernhaus, die Türme der Hohenzollernbrücke oder die Eingangshalle des Hauptbahnhofs sind nur Beispiele.

In der Nachkriegszeit war man auf Historismus und Jugendstil nicht gut zu sprechen. Der häufig purifizierende Verzicht auf die Details der historischen Gestalt der romanischen Kirchen, z. B. beim Chor von St. Maria im Kapitol, und zumeist auf die Ausstattung des Historismus, die dem kargen zeitgebundenen Geschmack der 50er Jahre entsprach, hat zu einer »akzeptablen Form« geführt. Der aktuelle Verzicht auf die Rekonstruktion der Architektur und der Dächer des Dom Hotels schreibt dies fort. Ein Wendepunkt in der Einstellung zu Bauten des 19. Jahrhunderts stellte im Jahre 2006 der Beschluss dar, die Flora zu rekonstruieren. 2014 konnte deren Wiedereröffnung gefeiert werden. Den nächsten Paradigmenwechsel haben wir mit der Unterschutzstellung der Bauten der »1950er Jahre« erlebt.

Zum Thema »Stadtmarketing« ist 2014 ein »neues Kommunikationsmuster für das städtische Marketing«, also »ein prägnantes Erkennungszeichen für Köln«, vorgestellt worden. Dem gingen zwei Jahre an Diskussionen zum Stadtmarketing voraus, um zu erkennen, dass man eine klare Botschaft braucht. Das Ergebnis: Das blaue Band des Rheins schlängelt sich durch den von einer roten Linie gezogenen Umriss der Westfassade des Domes. Damit »können wir die Wahrnehmung Kölns als attraktive Destination gezielt beeinflussen«.

Als Ergebnis nicht gerade eine große Überraschung. Dieses linksrheinische Stadtpanorama Kölns, einst – bis zum Bau der Brücken – dominiert von Dom, Ratsturm, Vierungsturm von Groß St. Martin, reichte einst vom Bayenturm bis zum Kunibertsturm im Norden. Es ist heute optisch reduziert auf den schmalen Ausschnitt zwischen Deutzer Brücke mit den spitzen Giebeln der Häuser der Altstadt, den Sheddächern des Museums Ludwig sowie der Treppenanlage zu Füßen des Domchores und der Hohenzollernbrücke. Erst hat die Dombrücke von 1859, ersetzt durch die Hohenzollernbrücke von 1911, dann die Deutzer Brücke von 1915, seit 1935 Hindenburgbrücke, das Stadtpanorama in unserer Wahrnehmung auf diesen Rest beschnitten. Das hat auch Vorteile. Im Falle des langfristigen Provisoriums des Blauen Zelts seit 1996 – die Musicalbühne wird gerne als Müllsack bezeichnet – erweist sich die Hohenzollernbrücke seit mehr als zwanzig Jahren als Sichtschutz gegen diese Störung der Kölner Rheinfront.

Das Kölner Stadtbild, gesehen vom rechten Rheinufer, ist heute ein lebendiges Zeugnis widerstreitender Vorstellungen und Interessen. Dom, Brücken, Groß St. Martin und die Häusersilhouette der Altstadt mit dem vorgelagerten Rheingarten prägen den Vordergrund. Dahinter stellt sich dagegen das Filmhaus des WDR quer: Ganz anders als das elegante Weltstadthaus von Renzo Piano den Luftraum über der Nord-Süd-Fahrt nutzend, ragt es kantig aus der Silhouette des Stadtpanoramas auf und demonstriert gegen das ursprünglich gewohnte Stadtbild die Macht des Bauherrn. Dieses Stadtpanorama durchbrechen auch das Fernmeldehochhaus der Post, der Fernsehturm – einst Colonius getauft –, oder das nachts mit Licht spielende Hochhaus im MediaPark, der früher so genannte KölnTurm. Aber das Gewicht des überlieferten Stadtbildes kann solche Bildstörungen ausblenden und fürs Foto sucht man entsprechende Standorte. Mit den südlich anschließenden Kranhäusern ist das von zwei Jahrtausenden geprägte Stadtpanorama im 21. Jahrhundert angekommen.

Das Kurzpanorama zwischen Hohenzollernbrücke und Deutzer Brücke stellt die Rheinuferfront der »Altstadt« dar. Diese eigentliche, die gefühlte »Altstadt«, liegt im Stadtbezirk Innenstadt. Zu diesem gehören die offiziellen Stadtteile Altstadt Nord und Süd, linksrheinisch der Bereich innerhalb der Ringe und rechtsrheinisch Deutz. Die gefühlte »Altstadt« ist für Einheimische und Touristen dagegen nur ein kleiner Teil davon. Sie umfasst den Anstieg zwischen Rheinufer und Niederterrasse, im Stadtbild zwischen Trankgasse im Norden und Augustinerstraße im Süden, zwischen Hohenzollernbrücke und Deutzer Brücke, deutlich hervorgehoben durch die Treppenanlage am Ratsturm. Der Anstieg trennt die heute touristisch geprägte Altstadt vom Rheinufer bis zu Alter Markt und Heumarkt von der vorwiegend durch Dienstleistungsbetriebe und Shopmeilen geprägten Innenstadt.

Rheinseitig wird hier zwischen Hohenzollernbrücke und Deutzer Brücke das Stadtpanorama zelebriert. Die Silhouetten der spitzgiebligen Häuser auf ihren historisch schmalen Grundstücken mit Ratsturm, dem Turm von Groß St. Martin und dem Blick auf den Dom dahinter – das ist der Anblick, den die Touristen erwarten und der das Herz der Kölner erwärmt, das Markenzeichen der Stadt. Bis Ende des 19. Jahrhunderts hatten Hafen- und Festungsbauten am Rheinufer die Häuser abgedeckt und endgültig hat erst der Zweite Weltkrieg dieses Stadtpanorama freigelegt.

Denkmalpflege und Stadtplanung haben es dann als identitätsstiftenden Abschluss der Altstadt hervorgehoben. 1951 beginnt man nach vorhergehenden Sicherungsarbeiten mit dem 1964 vollendeten Wiederaufbau des Vierungsturmes von Groß St. Martin. Das Kirchenschiff wird erst zwanzig Jahre später wieder zugänglich. Und das 1951 eingefügte Betongerippe des Ratsturmes ist schon 1954 mit neuem Turmhelm wieder Teil des Stadtpanoramas.

Ab den 20er Jahren war in diesem Rheinviertel eine durchgreifende Sanierung geplant und vor Kriegsbeginn rings um Groß St. Martin sowie in den südlich anschließenden Baublöcken durchgeführt worden. Aus den von Bebauung bereinigten und mit Durchgängen geöffneten Innenhöfen der Baublöcke waren Ostermannplatz und Eisenmarkt entstanden und das Hänneschen-Theater hatte man auf Letzterem als Markenkern kölscher Tradition eingefügt. Die Bauten selbst waren unter marginaler Sicherung des alten Bestandes erneuert und modernisiert worden, was alles zusammen der Zeit entsprechend als »Gesundung« und »Entschandelung« bezeichnet worden war. Fachwerkverblendete Betonkonstruktionen hatte Hans Vogts, noch bis 1948 Kölner Stadtkonservator, zwar damals als »konstruktive Unehrlichkeit« empfunden, hatte die Entscheidung aber als notwendige Lüge »zum Wohle des Ganzen« und nicht zuletzt des Tourismus vertreten. Gleichzeitig hatte man »Asoziale, Verbrecher und unsittliche Personen« entfernt, die meisten Bordelle aufgekauft und geschlossen und nun »einwandfreie Handwerksbetriebe« und »sittlich einwandfreie arische Volksgenossen« angesiedelt.

Der Wiederaufbau nach 1945 nimmt die Vorgaben und Planungen vor Kriegsbeginn auf, kann also als »Denkmal der Denkmalpflege« gesehen werden. Hanna Adenauer (1904–1978), seit 1948 kommissarisch und von 1953 bis 1969 im Amt als Stadtkonservatorin, hat die Erhaltung des Stadtbildes konsequent verfolgt und schreibt 1956: »Mit Rücksicht auf das Stadtbild wurde seitens der städtischen Denkmalpflege unter voller Würdigung der Tatsache, daß es sich nur in einem Teil der Häuser noch um Originale, im wesentlichen aber um ein während der Altstadtsanierung vor den Zweiten Weltkrieg unter Verwendung der alten Bauelemente mehr oder weniger neu erstelltes Stadtviertel handelt, an der Beibehaltung der Giebelstellung sowie an Höhe und Rhythmus der Baumassen festgehalten.«

So folgte der Wiederaufbau in der »Altstadt« einheitlichen Gesichtspunkten, die städtische Beihilfen brachten, wenn Grundstück, Aufbau, spitzer Giebel mit Schieferdach und heller Putz sich an die Vorgaben für das »Denkmal der Denkmalpflege« hielten. Diese Gedanken werden auch noch in den 70er Jahren im Quartier rings um Groß St. Martin umgesetzt. Hier war 1969 der Wettbewerb von Joachim und Margot Schürmann gewonnen worden, aus dem 1976 bis 1979 die bis zu Groß St. Martin selbst reichende einheitliche und eintönige Bebauung mit sechsgeschossigen Wohn- und Geschäftshäusern entstand, die sich mit weißen Fassaden und spitzgiebligen Schieferdächern der Umgebung anglich. Mit dem Verkauf der Eigentumswohnungen der Wohnanlage binnen eines Tages erwies sich der wirtschaftliche Erfolg des Projektes, das 1980 mit dem Kölner Architekturpreis, 1981 mit dem Deutschen Architekturpreis gewürdigt wurde.

Neben der Nutzung der »Altstadt« fürs Wohnen, oft mit attraktiver Aussicht und fußläufig zum Stadtzentrum, hat sich schon vor dem Abschluss der Wohn- und Geschäftsanlage nach dem Entwurf von Margot und Joachim Schürmann die Entwicklung der Altstadt zum Vergnügungsviertel verstärkt. Zwischen 1969 und 1977 hat sich die Zahl der Gaststätten von Kneipen über Spezialrestaurants bis zu Diskotheken in etwa verdoppelt. Und die Tendenz der Entwicklung zum Kölner Thekenzentrum hat sich weiter verstärkt. Die großen Brauereien sind mit eigenen Brauhäusern vertreten. Der Karneval hat mit der Eröffnungsveranstaltung jeweils am 11. im 11. um 11 Uhr 11 und der Eröffnung des Straßenkarnevals an Weiberfastnacht, am Donnerstag vor Rosenmontag, die Altstadt mit Heumarkt und Alter Markt als Szenetreffpunkt etabliert. CSD im Sommer, die wachsende Zahl der Weihnachtsmärkte vom Roncalliplatz über Altermarkt bis zum Schokoladenmuseum im Winter ergänzen das Bild, in dem der Begriff »Wirtschaft« recht einseitig interpretiert wird.

Verkehr – Straßen, Brücken, Eisenbahn, Häfen und Luftverkehr

»Die Lage, die Lage, die Lage« – an diese drei Grundkonditionen für den Wert von Immobilien wird Marcus Vipsanius Agrippa gedacht haben, als er den Ort für ein Zweilegionenlager und dann für die Ansiedlung der Ubier auswählte. Ein hochwasserfreies Plateau mit unverbaubarer Aussicht auf den Rhein in bester Verkehrslage entsprach da allen drei Bedingungen. »Hochwasserfrei« gilt nicht für die Uferzone, wie wir mit zwei »Jahrhunderthochwassern«, 1993 mit 10,63 Metern und 1995 mit 10,69 Metern, erlebt haben. 1988 hatte der Hochwasserschutz die Zehn-Meter-Marke gehalten. Ein neues Konzept musste her und erreicht heute mit mobilen Wänden einen Schutz von mindestens 11,40 Metern. Als Abschluss der Maßnahmen wird nun der Worringer Bruch als Retentionsbecken ausgebaut, um bei Hochwasser bis zu 30 Millionen Kubikmeter Wasser aufnehmen zu können. Seltenen, aber durchaus möglichen Extremfluten von bis zu 12,90 Metern bleibt Köln weiterhin ausgeliefert.

Köln lebt vom Verkehr. Verkehr ist Transport von Menschen und Waren, von Energie und Informationen. Auf dem Rhein und über den Rhein hinweg, auf Straßen und Schienen durch die Stadt hindurch, in die Stadt hinein, um die Stadt herum, Nahverkehr und Fernverkehr, über Schienen und in der Luft. Verkehr wächst ständig, nicht nur für Personen, sondern gerade für Waren. Nur ein Beispiel: 2012 zieht das Verteilzentrum der Drogeriemarktkette Rossmann von Leverkusen nach Niehl mit verdoppelter Lagerkapazität und versorgt von dort 330 Märkte in NRW. Verkehr belastet Straßen, Schienen und Luft – Unterhaltung und Ausbau der Verkehrswege sind ein Dauerthema im aktuellen Bundesverkehrswegeprogramm. Seit 2013 kommen die Fernbuslinien mit ihrem Busterminal am Flughafen hinzu. Eine logistische Revolution hat nicht nur stattgefunden, sie überrollt uns, täglich wachsend. Und das angesichts einer nicht nur in Köln vernachlässigten Infrastruktur, die sich für eine Stadt, die von ihrer Lage lebt, dramatisch auswirkt.

Die eben gerühmte Lage fordert Brücken für Eisenbahn, Straßenbahn, Autoverkehr, Radfahrer und Fußgänger. In den ersten Monaten nach Kriegsende nutzte man Fähren – Vorläufer des aktuellen Gedankens an ein Wasserbus-System – und ging vorwiegend zu Fuß, nutzte Trampelpfade über Trümmerberge und wenige Straßen, die im Stadtzentrum von schwe-

Kölner Werbeplakat der 50er Jahre

ren amerikanischen Räumfahrzeugen freigemacht worden waren. Die Eröffnung der Hohenzollernbrücke im Mai 1948 und die Freigabe der Deutzer Brücke dann im Oktober sind drei Jahre nach Kriegsende erste Zeichen von Normalität. Damit beginnt ein die Zeitgenossen immer wieder überraschendes Verkehrswachstum über sieben Jahrzehnte hinweg. Der Autobahnring wird als einer der ersten in Europa vollendet, der Personenzugverkehr zählt bald regelmäßig gut 1 200 Züge am Tag auf der Hohenzollernbrücke, die S-Bahn verlangt zusätzliche Gleise und eine Verbreiterung der Brücke, auch Deutzer Brücke und die Autobahnbrücke in Rodenkirchen werden verdoppelt. Container ermöglichen auf Bahn, Schiff und Straße eine ganz neue Transportqualität und verlangen entsprechende Einrichtungen auf Güterbahnhöfen und Hafenanlagen. Alte Häfen werden freigegeben. Pipelines verlegen unauffällig Massentransporte in den Untergrund. Die Straßenbahn wird nach schwierigen Anfängen zur Stadtbahn mit eigenem Gleisbett, wird den Verkehr beschleunigend zur U-Bahn in immer rascherer Taktfolge. Der Schiffsverkehr erfordert neue Hafenanlagen. Der Flugverkehr wächst, benachteiligt von Beginn an gegenüber Düsseldorf, zuerst mit Frachtverkehr und nun auch mit Passagierverkehr.

Heute sind werktäglich über 600 000 Menschen in Köln oder über die Stadtgrenze hinweg von und zur Arbeit unterwegs. Dabei versucht man mit Plaketten, die Zugang zu Zonen der Innenstadt geben oder versagen, mit Verkehrslenkung, mit Ausbau des ÖPNV – des öffentlichen Personennahverkehrs – die Risiken des PKW- und LKW-Verkehrs mit Feinstaub, Belastung mit CO^2 und Staus in der Innenstadt zu verringern.

Straßen

Köln hat im Städtevergleich im Jahre 2015 beim Thema Stau die Spitzenposition erreicht! Mit 65 Stunden pro Jahr und Fahrer hat die Domstadt die sonst so fleißigen Stuttgarter Schwaben auf diesem Gebiet überholt. Besonders die chaotische Situation auf dem Autobahnring und die marode Leverkusener Brücke haben zu diesem Rekord beigetragen. Dabei liegt Köln im Jahre 2010 in Nordrhein-Westfalen mit 492 Kfz je tausend Einwohner an vorletzter Stelle aller Kreise und kreisfreien Städte im Lande. Und die Zahl sinkt weiter, nicht zuletzt durch Carsharing und die rasante Steigerung der Nutzung des Fahrrads. Allein zwischen 2009 und 2012 ist der Fahrradverkehr um ein Drittel gewachsen. Mit inzwischen weit über 1 000 Leihrädern sind 2015 die KVB ins

Fahrradgeschäft eingestiegen. Auf der Zülpicher Straße oder der Deutzer Brücke wurden 2014 über eine Million Radfahrer gezählt.

Mitte 1946 waren für Köln 1331 PKW, 697 Motorräder und 4018 LKW zugelassen. Ende 1953 hatte die Zahl der zugelassenen PKW den Stand des Jahres 1939 mit etwa 40000 wieder erreicht. 1954 sind mit über 18000 mehr Motorräder in Betrieb als im Jahre 1939 mit gut 13000. Als sich der Rat 1950 mit der Verkehrsplanung beschäftigt, zählt man aktuell gut 20000 Kfz und erwartet das 1,5-fache bis Doppelte des Vorkriegsbestandes für die Zukunft, also etwa 70000 Fahrzeuge. Während die Zahl der Motorräder nun langsam wieder abnimmt, hat sich die der PKW 1957 mehr als verdoppelt. Das sind allerdings erst etwa zehn Prozent des heutigen Bestandes mit fast 450000 PKW im Jahre 2014. Privat zugelassen sind davon 377000. Insgesamt verfügen Kölns Einwohner im Jahr 2014 über gut 520000 zugelassene Fahrzeuge. Dabei sind nun die LKW und Motorräder eingerechnet. Die Gesamtzahl der PKW in Köln ist, trotz des Rückgangs pro 1000 Einwohner auf inzwischen 425 im Jahre 2014, nur durch die gewachsene Bevölkerung seit 2005 um zehn Prozent gestiegen. Und das macht sich auf der Straße bemerkbar.

Den Druck des ständig wachsenden Verkehrs auf die Straßen der Innenstadt hatte Rudolf Schwarz vorausgesehen, als die Zahl der Kfz in Köln den Stand von 1939 noch nicht wieder erreicht hatte: »Man wird versuchen müssen, sie durch Profilierung und Führung für den Durchgangsverkehr unappetitlich zu machen, daß sie nicht zur Rollbahn entarten.« Dabei hatte man längst begonnen, Köln zur »autogerechten Stadt« zu entwickeln. Zahlreiche Grundstücke wurden bis 1956 neu als Verkehrsflächen ausgewiesen. 30 Hektar Stadtfläche wurden dabei umgewidmet. 22 Hektar entfallen auf Straßendurchbrüche, -neubauten und -verbreiterungen, 8 Hektar auf Parkflächen. Wesentlich verbreitert wurden die Schildergasse, die »Bäche«, Christophstraße/Gereonstraße, Augustinerstraße/Pipinstraße und neu angelegt z.B. die Neue Weyerstraße und – das auffälligste Beispiel – die Nord-Süd-Straße, die heute passender als »Nord-Süd-Fahrt« bezeichnet wird.

Die Realisierung des Projekts der Stadtautobahn hätte im Sinne der autogerechten Stadt die Zerstörung weiter Flächen des inneren Grüngürtels entlang des Eisenbahnrings um die Innenstadt bedeutet. Die Stadtautobahn war 1956 unter dem Titel »Sammeltangente« als Teil des Generalverkehrsplanes der Stadt Köln vorgestellt worden. Das Projekt wird am 19. Juli 1962 in gemeinsamer Begeisterung einstimmig vom Rat beschlossen. Oberbürgermeister Theo Burauen hebt unter Bravo-Rufen den Plan in seiner Bedeutung auf die Ebene der Beschlüsse zum Abbruch der mittelalterlichen Stadtmauer oder das Ende der preußischen Festung nach dem Ersten Weltkrieg. Irgendwie hatte er ja recht damit.

Der Bau der damit verbundenen Zoobrücke wurde nur wenige Monate nach der Vollendung der Severinsbrücke, am 18. Februar 1960, in nichtöffentlicher Sitzung des Rates beschlossen. In seiner Sitzung am 21. Mai 1962 wurden dann einstimmig vom Rat nicht nur der Bau der Zoobrücke selbst, sondern auch die rechtsrheinische Fortsetzung der Stadtautobahn in Brückenform über die angrenzenden Straßen und das Werksgelände von KHD – Klöckner-Humboldt-Deutz – hinweg verabschiedet.

Der Generalverkehrsplan des Jahres 1973 (siehe nächste Doppelseite) hält noch am Gedanken der Stadtautobahn fest. Erste deutliche Zweifel werden von SPD und FDP 1975 im Rat vorgetragen und stoßen auf den Widerspruch der CDU. Auch Bürgerinitiativen setzen sich gegen Abriss und Planierung von Schrebergärten zur Wehr. Endgültig werden am 28. Februar 1984 im Rat gegen die Stimmen der CDU die Planungen für die linksrheinische Fortsetzung der Stadtautobahn durch den inneren Grüngürtel aufgehoben. Das politische Gespräch kreist noch heute, nach dem Aus für die Stadtautobahn, immer wieder einmal um einen ähnlichen Gedanken, um die Fortsetzung des Gürtels nach Norden unter und entlang der Hochtrasse der Straßenbahn von der Kreuzung des Gürtels mit der Neusser Straße bis zur Mülheimer Brücke. Am 11. Juni 1992 wird im Rat – gegen die Grünen, die FDP, die Deutsche Liga und Die Bürger – von SPD und CDU wieder einmal ein Gesamtverkehrskonzept beschlossen. Ziel ist: »Die großräumige Verkehrsgunst ausbauen: Sie ist der wichtigste, positiv wirkende Standortfaktor des Wirtschaftsraumes Köln. Die Schienenverbindungen zu den benachbarten deutschen und europäischen Zentren sind konsequent zu verbessern, einschließlich der Anbindung des Flughafens an das ICE- und S-Bahn-Netz. [...] Den ÖPNV zu bevorrechtigen: Der Lebens- und Arbeitsraum Stadt droht am motorisierten Individualverkehr zu ersticken. [...] Die Sozialverträglichkeit des Verkehrs verbessern. [...] Die Umweltverträglichkeit des Verkehrs erhöhen.«

Der wachsende Verkehr wird von immer dichterer Regelung durch Ampelanlagen begleitet. 1950 wird die erste Lichtsignalanlage an der Kreuzung Aachener Straße/Moltkestraße aufgestellt. 1951 erhält der Verkehrspolizist, der seit 1948 versucht, den dichten Verkehr zu entwirren, auf dem Rudolfplatz eine gläserne Kanzel, 1953 die erste »Grüne Welle« auf der Inneren Kanalstraße eingerichtet. 1958 wird die 100. Anlage aufgebaut. Die »Grüne Welle« auf der Nord-Süd-Fahrt kann

Die autogerechte Stadt 1973

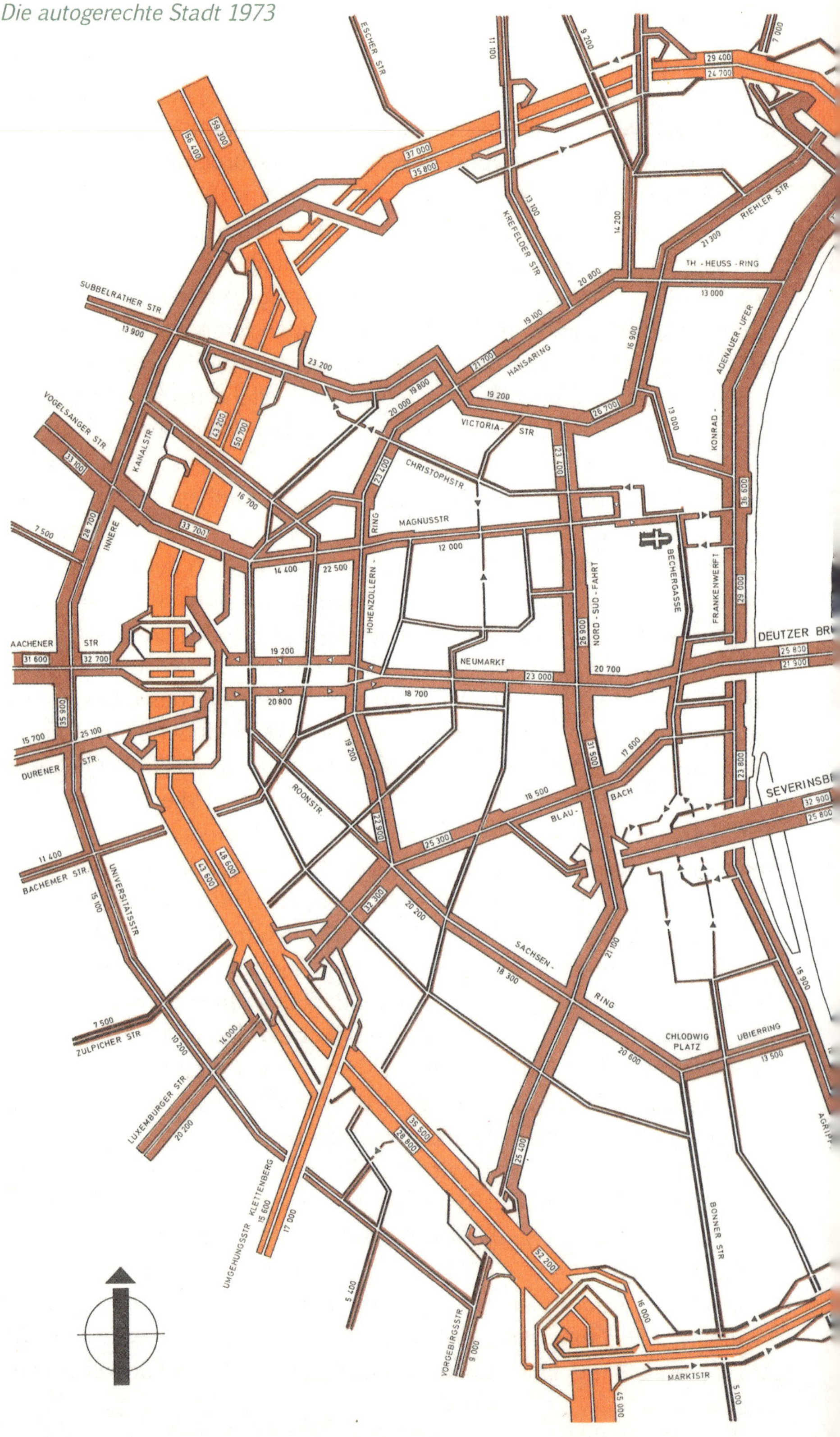

Abb. 70

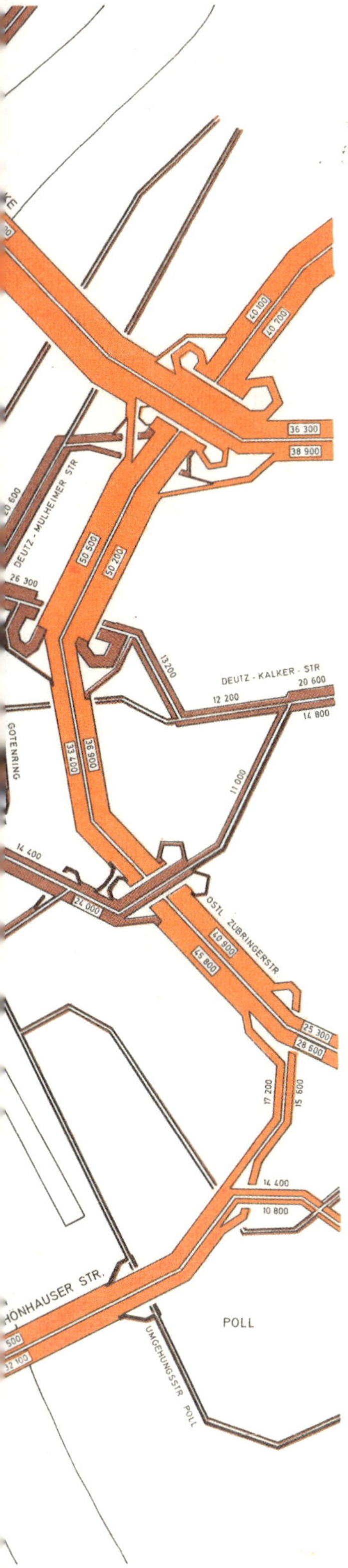

Gesamter Individualverkehr

Belastung des geplanten Kölner Straßennetzes bei Vollausbau

- innerer Stadtbereich -

Pkw - Einheiten / Tag mit Kapazitäts - Beschränkung der Streckenabschnitte

Entsprechend der Verkehrsnachfrage für ein Planungsziel etwa 1980

FERN- UND STADTAUTOBAHNEN

SONSTIGE STRASSEN

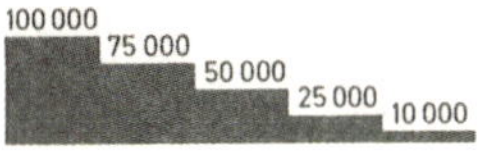

PKW - EINHEITEN / TAG ZUM PLANUNGSZIEL

GRUNDLAGE: PLANUNGEN DER STADT KÖLN - STAND MITTE 1972

PROF. B. WEHNER
UND MITARBEITER
BERLIN 1972

1963 tageszeitabhängig gesteuert werden und 1969 geht der erste Steuerungsrechner in Betrieb. 1972 sind über 600 Kreuzungen im Stadtgebiet mit Ampelanlagen versehen, die synchronisiert werden müssen, um »Grüne Wellen« aufrechtzuerhalten. In fast regelmäßigen Abständen werden neue Steuerungsanlagen installiert, die nun heute oft aus Altersgründen ausfallen. Der bisher letzte Verkehrsrechner wurde in den 90er Jahren stillgelegt, da keine Ersatzteile mehr zu beschaffen waren. Aktuell arbeitet ein Mietgerät und seit 2012 wird der Kauf eines neuen Verkehrsrechners vorbereitet. Im Dezember 2016 wurde die europaweite Ausschreibung veröffentlicht. Ein Verkehrsmanager nach Düsseldorfer Vorbild wird kommen.

Eine deutliche Entlastung des innerstädtischen Verkehrs bringt seit dem 5. Juli 1965 die Vollendung des Autobahnrings mit der Eröffnung der inzwischen maroden Leverkusener Autobahnbrücke um Köln mit einer Gesamtlänge von 52 Kilometern, gerne als »Drehscheibe Europas« bezeichnet. Auf der A4 im Süden und der A3 im Osten verdoppelte sich danach kurzfristig der Verkehr. 1984 wird Tempo 100 auf dem Autobahnring festgesetzt. Bei Kontrollen setzte dort Regierungspräsident Franz Josef Antwerpes mehrfach medienwirksam markante Zeichen behördlicher Fürsorge.

Der ständig wachsende Verkehr hat schließlich zum Ausbau auf sechs bis acht Spuren und nicht nur in der Innenstadt zur Verdoppelung der Deutzer Brücke von 1978 bis 1980, sondern auch zur Verdoppelung der Rodenkirchener Autobahnbrücke zwischen 1990 und 1994 geführt. Das – vom Brückenbau abgesehen – mit 200 Millionen Euro teuerste Stück Autobahn ist der belüftete, mit Glasdach versehene 1,5 Kilometer lange Lärmschutztunnel über der A1, dessen Bau der Bundesverkehrsminister 1993 nach Klagen der Lövenicher Anwohner zustimmen musste und der dann von 2007 bis 2013 gebaut wurde. Und die Wunschliste für weiteren Ausbau, die der Bundesverkehrswegeplan für die nächsten 15 Jahre vorsieht, ist lang.

Parallel zum wachsenden Bestand an Kfz entwickelt sich »Das Parkproblem in der Kölner Innenstadt«, in der schon im Mai 1954 die vorhandenen Parkflächen, unter denen sich noch zahlreiche vorläufig so genutzte Trümmergrundstücke befinden, nicht mehr für den Bedarf ausreichen. Neben dem Erweiterungsbau des Kaufhofs an der Caecilienstraße entsteht daher bald darauf 1956/57 ein bis heute architektonisch beeindruckendes Parkhaus. Aber das Parkproblem bietet auch Einnahmemöglichkeiten: Im nichtöffentlichen Teil der Sitzung des Rates wird am 26. November 1956 der Beschluss des Hauptausschusses zur Beschaffung von »Parkzeituhren« genehmigt. 1971 nimmt rings um den Dom die erste städtische Tiefgarage den Betrieb auf. Gegen ständig geforderte Steigerung der Parkraumkapazitäten setzt die Stadt auf Park & Ride Möglichkeiten am Stadtrand und auf ein seit 1984 entwickeltes Parkleitsystem, das den Autofahrer zu einem der freien Plätze in den gut 30 angeschlossenen Parkhäusern leitet. Heftig tobt inzwischen der politische Streit um eine Innenstadt zwischen Hohenzollernbrücke und Deutzer Brücke und Ringen, in der nur noch in den Parkhäusern und nicht mehr am Straßenrand geparkt werden soll.

ÖPNV

Zum Straßenverkehr gehören im Öffentlichen Personennahverkehr (ÖPNV) in Köln S-Bahn, Busse und Straßenbahn, die streckenweise zur Unterpflasterbahn wird und am besten aussieht und fährt, wenn sie über ihr eigenes Gleisbett verfügt und daher gerne als Stadtbahn bezeichnet wird. Die KVB steigert die Zahl ihrer nicht immer zufriedenen Fahrgäste regelmäßig, allein seit Beginn dieses Jahrtausends von gut 230 Millionen jährlich auf 275 Millionen. Sie hat die Länge der Buslinien um gut 100 Kilometer auf fast 600 Kilometer vermehrt, die Linien der Stadtbahn aber dabei um fast 50 Kilometer auf 239 Kilometer gekürzt. Im Spätherbst 1944 war der geregelte Straßenbahnverkehr unmöglich geworden. Nach Kriegsende waren fast alle Strecken durch Bombentreffer unterbrochen, durch Schutt blockiert, die Oberleitungen lagen darunter begraben. Nur 18 Straßenbahntriebwagen und 19 Anhänger waren noch einsetzbar, über 600 beschädigt und 400 zerstört. Zwei betriebsfähige Omnibusse, die linksrheinisch verblieben waren, wurden ab dem 22. Mai 1945 zwischen Bickendorf und Bonntor sowie Merheim linksrheinisch und ebenfalls Bonntor eingesetzt, um städtische Arbeiter zum Elektrizitätswerk am Zugweg zu bringen. Auf der rechten Rheinseite fuhren die ersten Bahnen Mitte Mai 1945. Im Juni 1945 wurde als erste Linie linksrheinisch die Strecke Merheim bis zum Rathaus im Allianzhaus am Ring in Betrieb genommen und im Juli bis zum Rudolfplatz verlängert. Im Juli 1945 folgte die Strecke Arnoldshöhe über Chlodwigplatz bis zum Weidenbach. Am 20. September wurden beide Strecken miteinander verbunden, die gesamte Länge der Ringe war wieder im Zehn-Minuten-Takt nutzbar. Weitere Linien folgten und eine wachsende Zahl von Omnibussen wurden zum Ersatz noch nicht wieder eröffneter Straßenbahnstrecken eingesetzt. Aber vergebliches War-

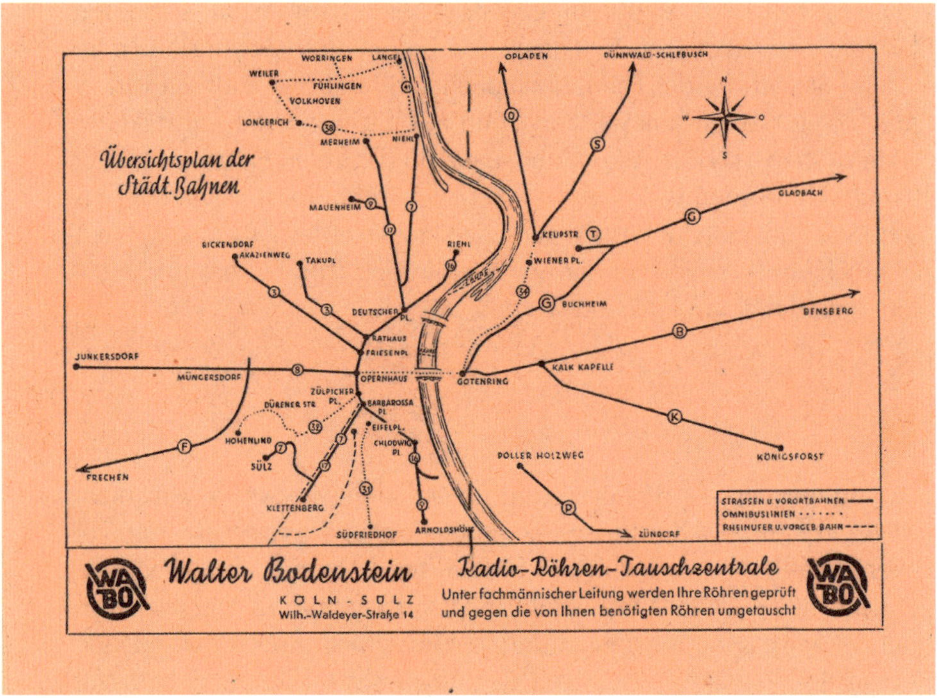

Übersichtsplan der städtischen Bahnen. Bahnen der Stadt Köln. Fahrplan gültig ab 15. April 1948, S. 18/19

ten, Überfüllung der Wagen und Klagen über die Fahrpreise sind ein Dauerthema für die nächsten Jahre. Das binnen eines Jahres Erreichte zeigt ein Plan im Fahrplan der Bahnen der Stadt Köln, gültig ab dem 15. April 1946. Da aber nur wenige Strecken im kurzen Takt von sieben bis zehn Minuten bedient werden und viele der Linien nur alle 30 Minuten oder sogar nur stündlich fahren, täuscht das Bild.

Das linksrheinische und das rechtsrheinische Liniennetz der Straßenbahn werden erst im Oktober 1948 über die Deutzer Brücke wieder miteinander verbunden. 1951 werden mit einem Wagenbestand der Straßenbahn, der erst der Hälfte desjenigen der Vorkriegszeit entspricht, mehr Menschen als damals transportiert. Die Gesamtlänge der Linien hat jetzt die Hälfte der Länge der Zeit vor 1939 erreicht. Das war für die Mitarbeiter eigentlich eine unzumutbare Belastung. Peter Fröhlich (SPD) stellt im März 1948 im Rat fest: »Wer mit der Straßenbahn fährt, wird mir ohne weiteres zugeben müssen, daß es die schwierigste und abscheulichste Arbeit ist, die einem Menschen heute zugemutet werden kann.« Die langsame, aber umfassende und intensive Entwicklung, welche die KVB bis

Noch endet die Vorgebirgsbahn am Barbarossaplatz

heute genommen hat, haben wir miterlebt. Ein markanter Schritt war z. B. 1978 die Eingliederung der Rheinuferbahn bis nach Bonn-Bad Godesberg ins Stadtbahnnetz und 1986 der KBE, der Vorgebirgsbahn vom Barbarossaplatz nach Bonn. Schließlich erfolgte dann die Gründung des Verkehrsverbundes Rhein-Sieg zum 1. September 1987, getragen von der Deutschen Bundesbahn, welche die seit den 70er Jahren geplante und ausgebaute S-Bahn ins System einbringt. Der Verkehrsverbund ist mit den zugehörigen Städten und Kreisen, mit über 1,4 Millionen Fahrgästen täglich, ein anregendes Beispiel für das Entstehen einer Metropolregion.

»Die Straßenbahn muß unter die Erde.« Helmut Rehker (CDU) formuliert hiermit am 23. Februar 1962 eine auch heute immer wieder einmal angesprochene schwierige Forderung. Sollte man eine eigenständige U-Bahn bauen? Oder, wie dann geschehen, die Straßenbahn als Unterpflasterbahn fortführen, die dann auch oberirdisch möglichst als »Stadtbahn« ein eigenes Gleisbett erhielte? Als Begründung führt Helmut Rehker den hohen Platzbedarf für Umsteigebahnhöfe an, die eine Verbindung zwischen zwei eigenständigen Formen des ÖPNV, des Öffentlichen Personennahverkehrs, fordern würde. Der Start der Bauarbeiten für die U-Bahn wird an diesem Tag einstimmig beschlossen. Der Gedanke selbst war vor dem Zweiten Weltkrieg im Gespräch gewesen, kam direkt nach Kriegsende erneut als »nie wiederkehrende Gelegenheit« in die Diskussion und erschien erneut dann im Generalverkehrsplan von 1956.

Am 19. September 1963 wird neben der römischen Stadtmauer an der Zeughausstraße mit den Tunnelbauarbeiten begonnen. Theo Burauen spricht dabei von Planungen für ein Netz von 28 Kilometern Länge mit 31 unterirdischen Haltestellen und 20 Rampen, welche die Unterpflasterbahn ins oberirdische Netz mit ca. 160 Kilometern Länge bringen, möglichst als Stadtbahn auf eigenem Gleisbett. Der zu diesem Zeitpunkt noch erträumte Tunnel unter dem Rhein hindurch wird nicht kommen. Es geht schließlich auch so. Die erste U-Bahn geht am 11. Oktober 1968 zwischen Friesenplatz und Dom/HBF in Betrieb. Fast Jahr für Jahr folgen weitere Streckenabschnitte.

Bei den Bauarbeiten für den seit zwei Jahrzehnten geplanten Nord-Süd-Tunnel der U-Bahn kommt es am 3. März 2009 um 13 Uhr 58 zum Drama. Der Boden öffnet sich unter einem Wohnhaus und dem Historischen Archiv in der Severinstraße. Der Einsturz fordert zwei Tote und das Gedächtnis der Stadt. Zu Ursache und Ausmaß des Schadens sowie die Verantwortlichkeit dafür gibt es Vermutungen, aber noch keine Klarheit. Dem Historiker versagt bei Anblick und Vorstellung des Geschehens die Sprache.

Eisenbahn

Ähnlich rapide steigende Zahlen wie für den Straßenverkehr gelten für den Kölner Bahnverkehr. Am 24. Mai 1945 fährt der erste Zug nach Kriegsende aus dem Hauptbahnhof nach Pulheim. Im Mai 1946 werden die ersten Fernverbindungen eingerichtet, reserviert für Behörden- und Wirtschaftsverkehr zwischen Bielefeld und Frankfurt über Deutz und ebenso nach Hannover und Hamburg. Auch erster Fernverkehr beginnt 1947. Seine Nutzung ist »für innerdeutschen Verkehr« gesperrt, also nur für Besatzungsmitglieder und Ausländer möglich.

Unverzichtbar war die Wiederherstellung der Hohenzollernbrücke als Eisenbahnbrücke für den Personenverkehr, zumindest provisorisch. Die begleitende Straßenbrücke war ebenfalls zerstört und wurde nicht erneuert. Öffentlich wird die Hohenzollernbrücke in den Diskussionen der 50er Jahren in alter Kölner Abneigung gegenüber den Preußen meist als Dombrücke bezeichnet. Es blieb, um Kölns Rolle im nationalen und internationalen Zugverkehr wieder aufleben zu lassen, aber keine Zeit, um auf den Bau eines neuen Hauptbahnhofs und einer neuen Brücke zu warten. Hauptbahnhof und Deutzer Bahnhof waren zu Kopfbahnhöfen geworden. Dafür waren sie nicht entworfen worden. So wurde 1945 rasch gehandelt, während die Gespräche über eine wünschenswerte neue Lösung für einen Hauptbahnhof zwischen Land, Stadt und Bahn noch 1950 geführt wurden. Am 6. Dezember 1945 fand eine Besprechung in Düsseldorf statt, an der die Militärregierung, der Oberpräsident der Nordrheinprovinz, die Bonner Wasserstraßendirektion und die Stadt Köln teilnahmen. Am 17. Januar 1946 lag das Angebot der Firma Stahlbau Rheinhausen für die Hebung der noch nutzbaren landseitigen Fachwerkbögen und für die Beseitigung der im Rhein liegenden, für die Wiederaufnahme der Schifffahrt hinderlichen Brückenreste vor. Am 22. Januar 1946 wurde der Auftrag vergeben. Die Arbeiten zogen sich über zwei Jahre hin.

An der Hohenzollernbrücke, mehr noch an der damit verbundenen Lage des Hauptbahnhofs entzündeten sich nun die Gemüter in Köln und im Rat. Unter dem Eindruck der beginnenden Reparaturarbeiten beschloss die Stadtverordneten-Versammlung am 2. Mai 1946 einstimmig bei Enthaltung der kommunistischen Mitglieder des Rates: »Aus dem Gefühl der Verantwortung für die Zukunft Kölns gibt sie der Überzeugung Ausdruck, daß die Hohenzollernbrücke nicht wiederaufgebaut werden darf, weil der Hauptbahnhof aus der Altstadt verschwinden muß. Sie beauftragt die Stadtverwaltung, in dieser für Köln entscheidenden Frage sich nachdrücklichst und kompromisslos – auch ohne Zulassung einer Zwischenlösung – für die Verlegung des Hauptbahnhofs aus der Altstadt einzusetzen und nichts unversucht zu lassen, um dieses Ziel zu erreichen.« Der Wunsch, den Hauptbahnhof zu verlegen, hatte eine lange Tradition. Bereits Stadtbaumeister Hermann Josef Stübben hatte dies Ende des 19. Jahrhunderts gewünscht, Paul Bonatz im Rahmen des Tages für Denkmalpflege und Denkmalschutz 1930 in Köln gefordert. Gegen den Widerstand der Betroffenen, der Bahn selbst, der Immobilienbesitzer und Geschäftsinhaber rings um den Dom und angesichts der hohen Kosten für die Verlegung hatte dieser Wunsch rückblickend gesehen keine Chance. Aber bis Anfang der 50er Jahre ist er noch Bestandteil der offiziellen Stadtplanung.

Die Diskussion über Abbruch oder Restaurierung der Türme der Hohenzollernbrücke fand erst 1957 ein Ende. Am 28. November 1957 fällt der Beschluss fast einstimmig gegen drei Stimmen bei vier Enthaltungen dafür, die Türme und Kolonnaden abzubrechen, die Denkmäler aber stehen zu lassen. Und ab dem 15. März 1959 können vier Gleise für den nun elektrifizierten Bahnverkehr genutzt werden. Im InterCity-Netz der DB wird Köln 1971 wieder zum »Verkehrskreuz des Westens«. 1975 mit einem zusätzlichen Bahnsteig versehen wird die S-Bahnstrecke nach Chorweiler in Betrieb genommen. 1980 wird die Linie S11 benannt, 1980 bis Neuss und 1988 bis Düsseldorf verlängert. 1989 erhält die Hohenzollernbrücke für den kommenden S-Bahn-Verkehr eine dritte Bogenreihe für die Stammstrecke. 1990 wird die S-Bahn-Station Hansaring für diese Stammstrecke der S-Bahn zwischen Nippes und Mülheim eröffnet. Im Jahre 2014 nutzen täglich werktags gut 160000 Personen den Kölner Hauptbahnhof, gut 60000 den Bahnhof Deutz, der seit 2008 zum ICE-Bahnhof ausgebaut ist, und gut 30000 die Station Köln-Hansaring. Der Hauptbahnhof hat damit seine Kapazitätsgrenze erreicht. So werden neue Gleise in Deutz und am Hauptbahnhof Richtung Breslauer Platz für die jährlich um fünf Prozent wachsende Zahl der Nutzer der S-Bahn geplant. In Köln treffen 11 Strecken aus allen Himmelsrichtungen zusammen. Seit dem 14. Dezember 1997 verkehrt der Thalys auf der (teilweise) Hochgeschwindigkeitsstrecke Köln-Brüssel-Paris und hat die Fahrtzeit inzwischen auf vier Stunden verkürzt. Seit 2002 ist die schnelle Verbindung Köln-Frankfurt mit unterschiedlichen Haltepunkten dazwischen eröffnet, die die Fahrtzeit auf dieser neuen Trasse mit zahlreichen Tunneln auf eine Stunde halbiert hat. Für die S-Bahn, aber auch für Teile der Schnellverbindungen zwischen Köln und Frankfurt, steht seit 2004 die »Flughafen-Schleife« als Verbindung zum Köln Bonn Airport für die S13 zur Verfügung, die bis dahin durch eine Buslinie wahrgenommen wurde. Für die Zukunft des regionalen Schienenverkehrs sind eine ganze Reihe von Maßnahmen vorgesehen, von denen der RRX, der RheinRuhrExpress, seit Jahren im Gespräch, wohl die wichtigste ist.

Die vom Güterverkehr genutzte Südbrücke war am 6. Januar 1945 eingestürzt. Im September 1945 begannen die Arbeiten für den Wiederaufbau. Am 31. Mai 1946 wurde die behelfsmäßig nutzbare Südbrücke eingeweiht. Es war wieder Zugverkehr vorwiegend für Güter über den Rhein hinweg möglich und ab dem 2. September 1950 konnte die Südbrücke zweigleisig genutzt werden. Am 10. Oktober 1952 wurde der südliche Fußgänger- und Radfahrersteg der Südbrücke freigegeben, 1955 folgte der nördliche. 1993/94 sind die Stahlfachwerkbögen der Brücke erneuert worden. Für die Umstellung auf elektrischen Zugbetrieb, der am 27. Mai 1962 aufgenommen wurde, mussten die Portalbauten zwischen den Resten der bereits 1957 abgerissenen Türme abgetragen werden. Der Güterverkehr hat nach der Aufgabe des Güterbahnhofs Köln Gereon, der eine weite Fläche für den Mediapark freigegeben hat, den Bahnhof Eifeltor als zentrale Anlaufstelle. Acht Kräne laden hier seit 2012 pro Jahr etwa 400000 Container um – nach Hamburg ist dies der zweitgrößte Containerbahnhof. Und in Bilderstöckchen ist inzwischen das neue ICE-Werk der DB in Betrieb genommen worden.

Brücken

Ohne Brücken ist Köln nicht denkbar. Die Geschichte der Kölner Brücken ist ein spannendes Kapitel nicht nur der Kölner Stadtgeschichte. Es ist deutsche Geschichte, die sich hier präsentiert; denn jede Brücke weist zugleich über die eigentliche Stadt hinaus. Das zeigt bereits die Eigentumsfrage. Nur vier der Brücken sind städtisch: die Mülheimer Brücke, die Zoobrücke, die Deutzer Brücke und die Severinsbrücke. Unter der Obhut der Deutschen Bahn stehen Hohenzollern- und Südbrücke. Den Ring der Bundesautobahn um Köln herum schließen Leverkusener und Rodenkirchener Brücke. Inzwischen wird die Planung für eine weitere Autobahnbrücke im Süden der Stadt zwischen Wesseling und Niederkassel, die die Autobahnen 555 und 59 verbinden soll, vorbereitet. Angesichts der Flächen, die dem Wasser-, dem Natur- und dem Vogelschutz dienen oder als Überschwemmungsflächen ausgewiesen sind, ist das ein schwieriges Projekt. Aber die Brücke wird inzwischen im Entwurf des Bundesverkehrswegeplans als »vordringlicher Bedarf« eingestuft. Das weckt Hoffnungen.

Zur heutigen »Brückenstadt Köln« mit acht inzwischen meist sanierungsbedürftigen Brücken war es ein langer Weg. Ab dem 6. März 1945 stand Köln ohne benutzbare Brücke da. Allerdings war der Rhein auch für die nächsten fünf Wochen noch umkämpfte Grenze. Am 21. April 1945 wurde südlich der Südbrücke in Höhe der Schönhauser Straße vorübergehend eine Pontonbrücke über den Rhein fertiggestellt. Am 24. Mai 1945 wurde mit der »Pfahlbrücke« der Amerikaner knapp oberhalb der zerstörten Hindenburgbrücke, die 1948 durch die Deutzer Brücke ersetzt wird, wieder ein erster fester Rheinübergang geöffnet. Bis September 1946 wurde sie täglich von fast 80000 Fußgängern genutzt, dann als Hindernis für die Schifffahrt wieder abgebaut. Am 12. Juni 1946 wurde die »Patton-Brücke« in Höhe der Bastei für den Verkehr freigegeben und ab dem 17. Juni desselben Jahres auch von einer

Die »Pfahlbrücke« führt für wenige Jahre neben der zerstörten Hindenburgbrücke nach Deutz. (Archiv des Autors)

Omnibuslinie zwischen Ebertplatz und Bahnhof Deutz genutzt. Obwohl von den englischen Besatzungstruppen erbaut, erhielt die Brücke den Namen von George S. Patton (1885–1945), des ebenso berühmten wie umstrittenen amerikanischen Panzergenerals. Die Patton-Brücke führte so hoch über den Rhein, dass sie für den Schiffsverkehr selbst bei Hochwasser kaum ein Hindernis war. Mit der Vollendung der Mülheimer Brücke am 8. September 1951 wurde die Patton-Brücke endgültig überflüssig und wurde Ende 1951 abgebaut.

Der Grundgedanke zu einer neuen Straßenbrücke, der Deutzer Brücke, ohne das Stadtpanorama optisch störende Aufbauten kam von Oberbürgermeister Konrad Adenauer. Der zuständige Beigeordnete Josef Giesen berichtet vom Start der Planungen. Anfang Oktober 1945 beauftragte ihn Konrad Adenauer, als »Ersatz der durch Feindeinwirkung zerstörten Hängebrücke eine Brücke bauen zu lassen, die weder eine Hängebrücke noch eine Bogenbrücke darstelle. Ihm schwebte eine Brücke vor, ähnlich den Römerbrücken, die vor zwei Jahrtausenden über mittlere und kleine Flüsse gebaut wurden.« Mehrfach wurden zwar Stimmen laut, die dafür plädierten, die Straßenbrücke weiter nach Süden zu verlegen, um den Fehler, eine Schneise durch die Altstadt für den Verkehr zu schlagen und den Heumarkt zu zerstören, wiedergutzumachen. Aber die noch vorhandenen Pfeiler schlugen mit ihrem Einsparungspotential alle Argumente aus dem Felde. Die Festlichkeiten des Domjubiläums im Sommer 1948 nutzte man, um im Rahmen der Festwoche am 20. August 1948 das Schlussstück der Brücke als Großereignis öffentlichkeitswirksam einzusetzen. Kardinal Micara, als päpstlicher Legat zum Domjubiläum entsandt, nahm die Brückenweihe vor. Nach den abschließenden Arbeiten konnte die Deutzer Brücke endgültig am 16. Oktober 1948 feierlich und

Kardinal Micara bei der Weihe der Deutzer Brücke am 20. August 1948, Kölnische Rundschau. *Köln 21. August 1948*

Die Deutzer Brücke vor der Verdoppelung.

publikumswirksam eröffnet werden. Fast drei Jahrzehnte hielt diese Lösung dem ständig wachsenden Verkehr stand. Dann wurde die Brücke, um dem gestiegenen Verkehrsaufkommen Raum zu bieten, 1976/80 – jetzt in Spannbeton – verdoppelt. Die von Beginn an dafür vorbereiteten doppelt so breiten Zufahrten an beiden Ufern zeigen, dass Politik, Verwaltung und Architekten sich früh nach Kriegsende eines raschen Wachstums des Verkehrs in Köln sicher waren. Am 13. Oktober 1949, genau 20 Jahre nach der Eröffnung der Vorgängerbrücke, begannen die Arbeiten am Neubau der Mülheimer Brücke. Am 8. September 1951, fünf Wochen vor dem ursprünglich vorgesehenen Termin, wurde sie dem Verkehr übergeben. Damit war auch eine zweite Straßenbahnverbindung über den Rhein hinweg vollendet.

Die Severinsbrücke, über den aufwändigen Anschluss von der Luxemburger Straße aus als Teil der Stadtautobahn gedacht, bleibt für Köln einmalig und einzigartig. Rudolf Schwarz, Generalplaner der Stadt, hatte 1950 für diese Situation in seinem groß angelegten Konzept *Das neue Köln – ein Vorentwurf* einen klaren Blick: »Köln hat bald wieder zwei Straßenbrücken. Sie werden formschöne und geistreiche Werke der Ingenieurkunst sein, aber sie werden beide nicht an der richtigen Stelle stehen: die Mülheimer Brücke zerreißt ihren Stadtteil, die Heumarktbrücke schüttet ihren Verkehr in die engen Gassen der Altstadt. So dürfen beide in der endgültig geordneten Stadt nur örtliche Bedeutung haben. Die Mülheimer Brücke wird Mülheim mit seinem linksrheinischen Erholungsgebiet auf der Mülheimer Heide, dem Niehler Hafen und den benachbarten linksrheinischen Außenorten verbinden.« Eine Brücke über den Rheinauhafen hinweg, die zukünftige Severinsbrücke, die ebenso nun sogar links- wie rechtsrheinisch das gewachsene Stadtbild und die gewohnte Straßenführung zerrissen hat, gehörte damals schon zu den Planungen des sich hier beklagenden Rudolf Schwarz für den Kölner Verkehr.

Eine Balkenbrücke ähnlich der Deutzer Brücke, ein Entwurf, an dem auch wieder Fritz Leonhardt (1909–1999) beteiligt war, hatte den ersten Preis des 1954 ausgeschriebenen Wettbewerbs der zukünftigen Severinsbrücke erhalten. Den zweiten Preis erhielt der Entwurf von Gerd Lohmer, seines Freundes, mit einer Schrägseilbrücke, dominiert von einem ungewöhnlichen A-förmigem Pylon nahe dem rechten Rheinufer unter dem Titel »Kontrapunkt«, von dessen Spitze alle Seile ausgehen sollten. Am 7. November 1959 wurde dieser ästhetische Star unter den Brücken Kölns nach dreijähriger Bauzeit eingeweiht. Der Kölner Rat hatte sich nach langer und intensiver Diskussion am 24. November 1955 mit 43 gegen 14 Stimmen bei einer Enthaltung Gerd Lohmers etwas teureren Entwurf geleistet. Schrägseilbrücken waren erst seit 1955 mit der Strömsundbrücke in Schweden wieder im Gespräch. Der von Lohmer konzipierte, hier erstmals realisierte und bis heute markante A-förmige Pylon, zwischen dessen beiden Pfeilern die Fahrbahn hindurchschwebt, hatte in Köln Weltpremiere. Ein Unfall beim Fundamentieren des Pylons am 21. September 1956 hat sich mit einem Gerücht im Kölner Gedächtnis gehalten: Eines der Opfer habe man nicht bergen können und ruhe immer noch im Pfeiler.

Die Nutzung hat Veränderungen erfahren. Gegenüber der Bevorzugung des Individualverkehrs mit PKW, wie sie der Gedanke der Stadtautobahn vertrat, erhielt der Ausbau des öffentlichen Personennahverkehrs immer mehr Gewicht. Aus der in den Individualverkehr eingebundenen und oft behinderten Straßenbahn wurde mit eigenem Gleiskörper die vom Individualverkehr unabhängige Stadtbahn. Unter diesem Gesichtspunkt wurde 1977 die Mülheimer Brücke umgebaut und, wegen der Belastung durch die Stadtbahn, verstärkt. 1978 bis 1980 wurde die von Beginn an vorgesehene Verdopplung der Deutzer Brücke in gleicher

Schweres Unglück beim Neubau der Kölner Rheinbrücke

Am Freitag sackte in den ersten Morgenstunden der Senkkasten des einzigen Strompfeilers, der zur Zeit für die neue Gotenringbrücke in Köln gebaut wird, ab. 13 Arbeiter und der Caissonmeister waren zur Schicht eingestiegen. Neun Arbeiter konnten sich retten. Der Caissonmeister wurde nach mühevoller und gefährliche[r] Bergungsarbeit tot aus den Sandmassen herausgeholt[.] Ein später geretteter Schwerverletzter starb am Abend[.] Bis zum Abend war es noch nicht gelungen, die übrige[n] drei Arbeiter in Kiesmassen zu finden. Foto: H. Koc[h]

Kölner Stadt-Anzeiger. *Köln 22. September 1956*

Ausstattung durchgeführt und 1981 die Severinsbrücke entsprechend neugestaltet. Brückenträume – und dies auch nur für Fußgänger und Radfahrer als Fortsetzung der Ringe im Norden und Süden – erlaubte erst wieder der von Albert Speer entwickelte Masterplan des Jahres 2009.

Betont wird der Fluss als »Mitte der Stadt« durch die nächtliche Beleuchtung der Brücken, die sich der Verein »Leuchtendes Rheinpanorama« zur Hauptaufgabe gemacht hat. Brückenbeleuchtungen zu besonderen Gelegenheiten, zur Einweihung des neuen Bauwerks oder zu Veranstaltungen, wie z.B. der großen Ausstellung PRESSA im Messegelände 1928 waren das Vorbild. Seit der Gründung des Vereins im Jahre 2004 sind die Beleuchtungen der Zoobrücke, Deutzer Brücke und Südbrücke und zusätzlich zur seit 1996 vorhandenen Illuminierung der Hohenzollernbrücke die Anstrahlung der vier Reiterstandbilder durchgeführt worden. Die Beleuchtung der Mülheimer Brücke ist der jüngste Schritt dieses Projekts.

Das Kölner Brauchtum in seinem ständigen Wandel, mit Nubbelverbrennung und Maibaumsetzen in den vergangenen Jahrzehnten gut zu beobachten, hat inzwischen besonders die Hohenzollernbrücke in ihr Herz geschlossen. Nicht erstmals in Köln, aber ganz besonders in Köln, werden an den Gittern der brückenbegleitenden Fußwege seit Spätsommer 2008 in ständig wachsender Zahl Vorhängeschlösser – und nicht nur von Kölner Paaren – angebracht. Die »Liebesschlösser« symbolisieren jeweils materiell die Hoffnung auf eine dauerhafte Beziehung. Die Schlüssel werden nach dem Anbringen in den Rhein geworfen. Sie sind auch ein Denkmal der Beziehung der Liebenden zum Rhein und zu seiner ältesten Kölner Brücke. Eine Gefahr sind sie nicht. Im Jahre 2011 rechnete man mit einem Gesamtgewicht der Liebesschlösser von zwei Tonnen. Ein leerer Regionalzug bringt 350 Tonnen auf die Brücke.

Häfen

Der erfolgreichen Gründung und dem Wachstum des Verkehrsverbundes Rhein-Sieg für den Personenverkehr entspricht seit dem 1. August 2011 die Gründung von RheinCargo. Die Hafengesellschaften von Köln und Düsseldorf/Neuss haben zu je 50 Prozent eine Tochter gegründet, die mit 48 Krananlagen in den gemeinsamen Häfen 22 Millionen Tonnen Güter verladen hat. In Kooperation ist so der zweitgrößte Binnenhafen der Bundesrepublik entstanden. Neben dem Umladen von und auf LKW wird auch eigener Schienengüterverkehr mit nationalen und internationalen Zielen betrieben.

Die »Hafenstadt Köln« kann auf eine mehr als 2 000-jährige Geschichte zurückblicken. Das hochwasserfreie Plateau nahe dem Rheinufer war eine Voraussetzung für die Anlage eine Hafens. In den Kölner Häfen werden die Umschlagsleistungen des Jahres 1939 erst Ende der 50er Jahre erreicht. Waren es 1939 noch fast 3,8 Millionen Tonnen, sind es 1957 erst wieder 3,55 Millionen. Aber die zukünftige Entwicklung zeichnet sich ab. Für die Esso-Raffinerie wurde Ende der 50er Jahre der Öl-Hafen Niehl II ausgebaut. Der Rheinauhafen, Ende des 19. Jahrhunderts als Entlastung des Rheinufers entstanden, wird Ende des 20. Jahrhunderts aufgegeben. Inzwischen werden die Planungen für eine Wohnbebauung von Mülheimer und Deutzer Hafen vorangetrieben. In Godorf – seit Jahrzehnten wird im Rat über die Hafenerweiterung dort gestritten – und in Niehl nehmen die Häfen den ständig wachsenden Containerverkehr auf.

Luftverkehr

Im Luftverkehr begann die Entwicklung spät. Alle Rechte im Luftverkehr waren nach Kriegsende in alliierter Hand. Die Lufthansa war als paramilitärische Organisation betrachtet und liquidiert worden. Besitz und Betrieb von Flugzeugen war untersagt. Der Flughafen Butzweilerhof ging aus amerikanischer in britische und rasch bis 1995 in belgische Nutzung über und zwar für eine Heeresflieger-Abteilung mit Hubschraubern und Schulungsflugzeugen. Der Ersatzflughafen Wahn wird zuerst nach Kriegsende bis 1950 zum *»master airport«* der Royal Air Force mit zwei Startbahnen ausgebaut. Eine Lizenz für die zivile Nutzung bekamen Köln und die inzwischen provisorische Hauptstadt Bonn für Wahn mit Wirkung vom 1. Februar 1951, gültig für elf Monate. Dann war wieder Schluss. Die Royal Air Force übernahm erneut den Flughafen, der zwar als Regierungsflughafen weiter zur Verfügung stand, aber kaum für zivile Flugverbindungen geöffnet war. Zufahrt, alle Räume, Kontrollturm und Wetterbeobachtung wurden wieder militärisch genutzt. Erst am 18. Juli 1957 wurde der Flughafen einer ausschließlich zivilen Bestimmung übergeben. Der Flughafen Düsseldorf, seit 1948 von der Militärregierung für zivile Nutzung vorgesehen, von der Landesregierung favorisiert und seit 1949 in Betrieb, hatte einen inzwischen uneinholbaren Vorsprung. Die Einrichtung einer Hubschrauberverbindung nach Brüssel zwischen 1953 und 1966 blieb ein Experiment der Sabena.

Die Landesregierung Nordrhein-Westfalen hatte gegenüber der britischen Militärregierung erklärt, ein Flughafen wäre für Nordrhein-Westfalen ausreichend. Und so wurden die Anlagen in Wahn bis zum 18. Juli 1957 wieder von der Royal Air Force militärisch genutzt. Nur noch acht, bald dann immerhin 14 zivile Starts und Landungen am Tag werden erlaubt. Das zeigt sich auch im Landeshaushalt. Zwar hatte das Kabinett Karl Arnold (CDU) Ende 1950 finanzielle Beteiligungen des Landes an beiden Flughafengesellschaften in Lohhausen wie in Wahn beschlossen, die Interessen aber werden deutlich, wenn Lorenz Fischer empört die Zahlen nennt: Für Lohhausen sind 1 280 000 D-Mark vorgesehen, für Wahn 120 000 D-Mark. Das ist, so sein Kommentar, »weniger als der Kellner bei der Zahlung der Zeche als Trinkgeld erhält«. Durch die knappe Entscheidung des Jahres 1949 für Bonn als vorläufigen Regierungssitz hatte der »Regierungsflughafen« Köln/Wahn bis zum Hauptstadtbeschluss des Jahres 1991 für Berlin immer wieder öffentlichkeitswirksame Auftritte von Regierungsdelegationen zu verzeichnen. Die neue Benennung als »Flug-

»Regierungsflughafen Köln-Bonn«.

hafen Köln/Bonn ›Konrad Adenauer‹« seit dem 4. Oktober 1994 hält die Erinnerung an die Bedeutung Adenauers für den Flughafen und an den Regierungsflughafen der Bonner Republik fest. Dennoch etabliert sich die Drehscheibe des Luftverkehrs für Personen in Nordrhein-Westfalen bis heute wirksam in Düsseldorf. Dagegen haben sich die freien Kapazitäten in Köln-Wahn in den letzten Jahren positiv auf das erstaunliche Wachstum als Zentrum des immer bedeutenderen Luftfrachtverkehrs ausgewirkt. Die bis heute andauernden Diskussionen um ein Nachtflugverbot für den Flughafen Köln/Bonn, das besonders den Frachtverkehr treffen würde, beginnen 1972 mit einer Anfrage der SPD-Fraktion im Rat. Ein anderer Effekt eines international gut angebundenen Flughafens ist die Bedeutung, die seine Erreichbarkeit für Entscheidungen über den Sitz einer Firma hat. Hier hat Düsseldorf früh Vorteile gewonnen, die bis heute gelten. Das gilt exemplarisch für das Entstehen der starken japanischen Ansiedlung in Düsseldorf oder für die aktuelle Planung, in Düsseldorf ein chinesisches Generalkonsulat einzurichten.

Trotz dieser ungünstigen Startbedingungen für den Flughafen Köln/Wahn gilt dieser Flughafenbonus bei Standortentscheidungen für Unternehmensansiedlungen entsprechend dem beschränkten, aber wachsenden Linienangebot auch für die Kölner Region. Für die Logistik hat Köln/Bonn als Luftfrachtzentrum inzwischen überregionale Bedeutung als starker Wirtschaftsfaktor. So kann im Sommer 2000 nach drei Jahren Bauzeit das neue Terminal 2 des Flughafens eröffnet werden. Und seit dem 12. Juni 2004 ist, wie schon erwähnt, die Busverbindung vom HBF Köln durch eine Bahnverbindung ersetzt worden, die durch ICE, S-Bahn und Regionalzüge genutzt wird. Im Jahre 2008 rechnet man mit über 12 000 Arbeitsplätzen am Flughafen, die sich in den vorhergehenden Jahren regelmäßig um fünf Prozent vermehrt hatten. 2016 erreicht man über 11 Millionen Passagiere, da die neue Lufthansatochter Eurowings nun Fernflüge von Köln aus anbietet und hofft, Düsseldorf in Zukunft überholen zu können.

Nach der Frühgeschichte des Luftverkehrs in Nordrhein-Westfalen würde man den Sitz der Lufthansa eigentlich in Düsseldorf erwarten. Es kam aber anders. Dass Entscheidungen über den Standort von Unternehmen für die wirtschaftliche Zukunft einer Stadt von großem Interesse sind, wird regelmäßig bei dem Blick auf die Kölner Ford-Werke GmbH betont. Konrad Adenauers erfolgreicher Kampf gegen die Konkurrenten am Rhein ist Teil der kollektiv erinnerten Geschichte geworden. Während bei diesem Erfolg direkt sichtbar war, dass es um eine große Zahl Arbeitsplätze und gute Gewerbesteuereinnahmen ging, hat Adenauers Schwager Willi Suth im April 1951 als Kölner Oberstadtdirektor auf Risiko gespielt. Er bot Hans Bongers (1898–1981), dem Gründer und ersten Vorstand der Lufthansa, für sein Büro städtische Räume zu einer Zeit zur Miete an, als die Stadtverwaltung selbst noch unter Raummangel litt. Zur Wahl standen Trier, nahe zum Wohnort von Hans Bongers, Düsseldorf und Köln, beide nahe genug an Bonn. Fürs Bonner Bundesverkehrsministerium, geleitet von Hans-Christoph Seebohm, sollte das Büro Bongers »alle Möglichkeiten einer aktiven Beteiligung am Luftverkehr nach wirtschaftlichen und technischen Gesichtspunkten prüfen. Insbesondere soll sich die Untersuchung auf die Probleme des Aufbaus und der Arbeitsweise einer neuen deutschen Luftverkehrsgesellschaft erstrecken.« Willi Suths Gang ins Risiko hat sich gelohnt. Am 6. Januar 1953 wird die »Aktiengesellschaft für Luftverkehrsbedarf« mit Sitz in Köln als öffentliches Unternehmen in der Industrie- und Handelskammer gegründet. 1954 wird das Unternehmen in »Deutsche Lufthansa AG« umbenannt. Das 1970 eingeweihte »Lufthansa-Hochhaus« hat für eine Generation das rechtsrheinische Stadtpanorama geprägt. Ursprünglich fast vollständig in Bundesbesitz, ist das Unternehmen seit 1997 vollständig privatisiert. 2007 bezog die Lufthansa einen

Neubau in Deutz – mit »Großem Kranich für die Fassade« – und hat seither ihre Präsenz in Köln weiter reduziert und Unternehmensteile nach Frankfurt und München verlegt, bleibt so aber immer noch, wohl bis 2019, eines der beiden Kölner DAX-Unternehmen. Als das zweite DAX-Unternehmen (nur bis 2015) mit Sitz nun in Köln hat die Lanxess AG 2013 das von der Lufthansa verlassene Hochhaus übernommen.

Dem schrittweisen Abzug der Lufthansa aus Köln in den letzten Jahrzehnten steht die Ankunft anderer wichtiger Institutionen der Luftfahrt gegenüber. Die EASA, die European Aviation Security Agency, die europäische Agentur für Luftsicherheit, 2003 auf Europaratsbeschluss gegründet, begann 2004 ihre Arbeit in Köln mit Sitz im Köln Triangel auf dem rechten Rheinufer. Der Standort bietet zwar einen Ausblick auf die Stadt fast wie aus einem Cockpit, aber bei ständig wachsender Mitarbeiterzahl aus allen Ländern der EU sind die Räume inzwischen zu klein. Im Jahre 2013 zählt man gut 700 Mitarbeiter, die zumeist auf Englisch kommunizieren. Inzwischen ist die ehemalige königlich preußische Eisenbahndirektion Cöln am linken Rheinufer nahe St. Kunibert als neuer Sitz der Behörde und ihrer gut 800 Mitarbeiter ausgebaut worden.

Der lange Weg ins Wirtschaftswunder und wieder heraus

»Die Lage, die Lage, die Lage!« Das sind, das sei hier noch einmal wiederholt, im Immobilienhandel die drei immer wieder zitierten entscheidenden Faktoren für Preis und Verkauf einer Immobilie. Kölns Lage ist hervorragend, das Ergebnis dagegen ist, wirtschaftsgeografisch betrachtet, mittelmäßig. Allerdings sind die Aussichten im Vergleich innerhalb Nordrhein-Westfalens nicht schlecht: »Stärken liegen bei den Indikatoren der wirtschaftlichen Leistungsfähigkeit sowie bei Struktur, Entwicklung und Qualifikation der Beschäftigten.« Auch im europäischen Vergleich ist Köln »besonders stark bei Indikatoren der wissensbasierten Wirtschaftsstruktur und Arbeitskräftequalifikation«. So bestehen durchaus gute Aussichten für die zukünftige Entwicklung.

Die Erfolge der Wirtschaft finanzieren die Stadt. Der Ertrag der Gewerbesteuer, die von einer Mehrzahl der Wirtschaftsbereiche zu entrichten ist, finanziert mit einem Betrag von etwa einer Milliarde Euro zurzeit gut ein Viertel des städtischen Haushalts. Auf den Arbeitsplätzen der Wirtschaft werden auch die Einkommen erworben, von denen der städtische Haushalt einen Einkommensteueranteil erhält, und die Umsätze getätigt, die mit Umsatzsteuer ebenfalls anteilig zum städtischen Haushalt beitragen.

Wirtschaft in Köln wird heute aufgeteilt in Land- und Forstwirtschaft, produzierende Gewerbe, Bergbau, Baugewerbe, Handel, Gastgewerbe und Verkehr, Finanzierung, Vermietung und Unternehmensdienstleister, öffentliche und private Dienstleister. In den Anfangsjahren nach dem Kriege wird ähnlich von einer Aufteilung der Beschäftigten auf Land- und Forstwirtschaft, Industrie und Handwerk, Handel und Verkehr, Öffentlicher Dienst sowie private Dienstleistungen und Häusliche Dienste gesprochen. Die bis heute in den Statistiken dazu aufgeführten Zahlen lassen also eine gewisse Vergleichbarkeit über unsere Jahrzehnte zu, die dem Historiker sonst von den berichtenden Statistikern, die meist nur über wenige Jahre hinweg vergleichen, gerne vorenthalten wird. Für Köln müssen wir bei der Betrachtung von Statistiken allerdings zusätzlich immer den Bruch in den Zahlenreihen berücksichtigen, den die Stadterweiterung durch die Gebietsreform zum 1. Januar 1975 bringt.

Bei der Betrachtung des produktiven Geldumlaufs, des realen Einnehmens und Ausgebens auf dem Markt der Wirtschaft, des Handels, des Handwerks, der Industrie kommen im Gegensatz zum spekulativen Geldumlauf des Finanzmarktes andere Bereiche des städtischen Lebens gerne zu kurz. Es sei denn, wir ordnen diese – wie z. B. Rechtsanwälte und Ärzte, Steuerberater und Wirtschaftsberater, Krankenhäuser, Altersheime, Pflegedienste, aber auch Marketing-Agenturen, Banken und Kreditinstitute, Versicherungen, Deutsche Bahn, Bundeswehr, Polizei, Finanzämter und Gerichte, Staatsanwaltschaft und Generalstaatsanwalt, Landschaftsverband, Stadtverwaltung, Gewerkschaften oder die Bezirksregierung – als Dienstleistungsunternehmen ein.

Dienstleistung betreiben auch alle Bereiche der Bildung und Forschung. Sei es die Universität zu Köln, die Technische Universität, die Musikhochschule, die noch benachbarte Fachhochschule für öffentliche Verwaltung, die Kunsthochschule für Medien, die Sporthochschule mit Universitätsstatus, die Internationale Filmschule, die Hochschule Fresenius, die Katholische Hochschule Nordrhein-Westfalen, die Fachhochschule des Mittelstands und die vier Max-Planck-Institute Neurologische Forschung, Pflanzenzüchtung, Gesellschaftsforschung und Biologie des Alterns. Es gilt für Bibliotheken und Archive, für Stiftungen und sozial tätige Vereine, für Fachhochschulen, die Volkshochschule, das Institut Français – seit 1952 in seinem von Wilhelm Riphahn entworfenen Bau am Salierring, als Sitz von Konsulat und Kulturzentrum –, für das Italienische Institut seit 1954 sowie das Japanische Kulturinstitut als Nachbar des Museums für ostasiatische Kunst seit 1969. Es galt für das British Council »Die Brücke«, ebenfalls von Wilhelm Riphahn entworfen, seit 1950, seit 1950 für das Belgische Haus, entworfen von Johannes Schüller, für das Amerika-Haus von 1955 bis 2007.

Und es gilt auch für das Deutsche Zentrum für Luft- und Raumfahrt (DLR) mit dem European Astronaut Center (EAC) auf dem gleichen Gelände, das zur ESA gehört, der European Space Agency, in dem z. B. Alexander Gerst, nun Kommandant der ISS, betreut wird. Alle bringen Forschungsgelder, Gehälter der Wissenschaftler und Lehrenden sowie Unterhalt der Studierenden und Schüler in die Stadt. Im Jahre 2010 rechnet der erste Wissenschafts-Wirtschaftsbericht mit einem Finanzvolumen von über 1,2 Milliarden Euro. Die Hälfte wird durch die Institutionen selbst und ihre fast 30 000 Mitarbeiter ausgegeben, die andere Hälfte lassen die Studierenden in Köln. Weitere gut 20 000 Arbeitsplätze entstehen durch den Wissenschaftsbetrieb. Das DLR verfügt über Mittel in Höhe von fast einer Milliarde Euro, viel davon eingeworbene Drittmittel, und verwaltet als Projektträger weitere 2,5 Milliarden Euro. Seit 2015 ist Jan Wörner, bisher Chef des DLR, nun Generaldirektor der ESA.

Das Stichwort Teil der Kölner Wirtschaft, Teil des Dienstleistungsbereiches, gilt auch für alle anderen Bereiche der Kultur, ob Philharmonie, Musical-Dome oder Pop-Kultur, öffentliche und private Museen, Messen, Kunstmessen und Kunsthandel, Verlage und Buchhandel, auch wenn die Verbindung von Geld und Kultur gerne verdrängt wird. In meinen Jahren als Museumsdirektor wollten Bankdirektoren mit mir immer über Kunst oder Geschichte sprechen, wenn ich mit ihnen über Geld sprechen wollte. Der Gedanke an den realen Geldumlauf gilt auch für die Medien, öffentlich-rechtlich oder privat. Er gilt ebenso für die Vielfalt der Behörden und Ämter, die wie die Stadtverwaltung ihren Sitz in Köln haben. Es bleibt immer etwas hängen. Alle kosten und bringen Geld in Umlauf in Köln. In diesem Abschnitt des Bandes zur Geschichte Kölns nach 1945 tauchen sie höchstens am Rande auf, aber allein der WDR hat einen jährlichen Haushalt von über einer Milliarde Euro.

Die großen Themen der Wirtschaftsgeschichte nach 1945 wie Globalisierung, Neoliberalismus, Transformation der Arbeitswelt, Wandel vom Fordismus zum Postfordismus oder die Auflösung der »Deutschland AG« lassen sich auch für Köln nicht im kurzatmigen Rhythmus und Takt der politischen Stadtgeschichte erfassen und beschreiben. Das Schicksal von Gerling oder Stollwerck, die Trennung des Bankhauses Oppenheim von der Colonia Versicherung, der Untergang von Otto Wolff sind Beispiele dafür. Die Rettung eines Restbestandes von KHD in die Deutz AG war ein letztes Lebenszeichen der »Deutschland AG«. Das alles sehen wir noch im Detail.

Die Wirkung von Globalisierung, die ständige Erweiterung des Marktes und damit auch der Konkurrenz für Produktion und Handel, wird für die junge BRD erst mit dem wirtschaftlichen Sog des Koreakrieges 1950 und mit der schrittweisen Öffnung Deutschlands für den Außenhandel spürbar. Entscheidend für die Akzeptanz der jungen Bundesrepublik im Außenhandel war das Londoner Schuldenabkommen des Jahres 1953, mit dem die BRD die Verantwortung für die Vorkriegsschulden des Reiches übernimmt. Damit wird auch die Stadt Köln in die Pflicht genommen. Die einst unter Konrad Adenauer 1925 in amerikanischen Dollar und 1928 in englischen Pfund aufgenommenen Kredite waren bis

Kriegsbeginn nicht vollständig abgezahlt worden und nun sind noch fast drei Millionen Dollar, beinahe eine Million Pfund und weitere Schulden in der Schweiz samt Zinsen abzulösen.

Die Globalisierung gewinnt für die Bundesrepublik und damit auch für Köln mit ihren Chancen und Risiken, Gewinnen und Verlusten im Laufe der Jahrzehnte in immer weiterreichenden Handelsabkommen der nächsten Jahre an Bedeutung und erhält mit dem politischen Strukturbruch am Ende des Kalten Krieges eine neue Dimension. Das Ende der »Deutschland AG«, in der personelle und institutionelle Verflechtungen zwischen Unternehmen, Versicherungen und Banken meist über Aufsichtsratsmandate und Kapitalanteile verbunden sind, wird eingeläutet. Der Wettbewerb im Neoliberalismus, im internationalen Markt über Preise und Qualität, gesteuert über Verträge und immer weniger Zölle, führt fortwährend zum Preisdruck auf die Arbeitsplätze in der jeweiligen Sparte der Produktion. Allerdings geht Schritt für Schritt dabei auch die Souveränität verloren, mit politischen Entscheidungen national oder regional Wirtschaft zu steuern, zu lenken – nur Förderung wird natürlich gerne von Industrie und Dienstleistungsunternehmen abgefragt und in jeglicher Form angenommen.

Das bringt markante Veränderungen der Kölner Industrielandschaft. Am Beispiel der Ford-Werk AG/Ford-Werke GmbH und an KHD/Deutz wird diese durch globale Faktoren bestimmte Industriegeschichte vorzuführen sein. Und eine bedeutende Reihe von einst klingenden Namen im Laufe der Nachkriegsjahrzehnte verschwindet und hinterlässt Industriebrachen. Andere bestehen die Herausforderungen und gehören heute zu den Weltmarktführern. Und Kölns DAX-Unternehmen Lanxess hat zwar seit 2013 seinen Firmensitz in Köln, unübersehbar am Rheinufer in der ehemaligen Hauptverwaltung der Lufthansa, aber die über 50 Produktionsstandorte sind weltweit auf 29 Länder verteilt. So ist Köln Sitz des Unternehmens, eigentlich Kopf und Dienstleistungszentrale, mit etwa 2 000 der über 16 000 Mitarbeiter in aller Welt.

In den großen Kölner Industrieunternehmen, die am Standort bestehen bleiben, zeichnet sich seit den 70er Jahren auch der Wandel vom Fordismus, der Fertigung am Fließband in großen Serien, der leicht mit angelernten Arbeitskräften umzusetzen ist, zum Postfordismus ab. Die *lean production*, die schlanke Produktion, verlangt persönlich engagierte Mitarbeiter, im zentralen Werk auch bei den Zulieferern, die ein gemeinsames Ziel der Produktion des Werkes im Auge behalten. Diese neue Organisation der Zuarbeit von abhängigen Unternehmen und der Produktion und Zulieferung der Bauteile in kurzen Zeitabständen werden mit *just in time* dem Druck des Marktes gerecht. Der Anspruch an die Logistik und damit an alle Verkehrseinrichtungen, die Frachtverkehr durchführen können, wächst dabei durch die höhere Frequenz der Fahrten ständig. Aktuell ist die Sanierung der Brücken ebenso ein Dauerthema wie der Bau zusätzlicher Fahrspuren für die Autobahnen rings um Köln.

Diese Transformationen der Arbeitswelt ermöglichen zugleich kleinere Serien, höhere individualisierte Typenvielfalt, höhere Automatisation der Fertigung mit wachsendem Einsatz von Industrierobotern bei hoher eigener Motivation und Verantwortung der Mitarbeiter, die sich mit ihrem Unternehmen identifizieren müssen, um im Wettbewerb auf dem internationalen Markt wie auch der Standorte des Unternehmens untereinander zu bestehen. Das versperrt gering qualifizierten Arbeitnehmern den Weg auf den Arbeitsmarkt. So sind z. B. allein zwischen 1970 und 1975 jährlich drei Prozent der Arbeitsplätze dem »technischen Wandel« zum Opfer gefallen. Die hohe Sockelarbeitslosigkeit entsteht, die uns bis heute erhalten geblieben ist.

Noch mehr verändert das Wachstum und die Vielfalt der Arbeitsaufgaben im Bereich der Dienstleistungen die Arbeitswelt. So wie die Landwirtschaft im 19. Jahrhundert ihren Vorrang in der Arbeitswelt an die Arbeit in der Industrie verloren hat, so hat die Industriearbeit im 20. Jahrhundert ihre Bedeutung gegenüber der Vielfalt der Dienstleistungen verloren. Hier findet die eigentliche markante Entwicklung statt. Als Dienstleistung wird alles verstanden, wofür gezahlt wird, aber »niemanden auf den Fuß fallen kann«.

Mit dem Jahr 1950 haben sich die wirtschaftlichen Verhältnisse nach der Währungsreform soweit normalisiert und stabilisiert, dass wir von diesem Jahr als Basis ausgehen. Mit fast 90 000 Personen sind 1950 etwa 60 Prozent der Beschäftigten im produzierenden Gewerbe tätig, etwa 50 000 im Bereich der Dienstleistungen. Zehn Jahre später, im Jahre 1960, ist das deutlich anders. Für Dienstleistungen rechnet man jetzt bei etwa 180 000 Beschäftigten mit einem Anteil von fast 50 Prozent an der Gesamtzahl von 370 000 Beschäftigten in diesem Jahr. 1980 werden für Dienstleistungen mit über 250 000 von 420 000 Beschäftigten etwa 60 Prozent erreicht. Mit den Zahlen des Jahres 2009 kommt nun der gesamte Dienstleistungsbereich mit gut 570 000 Beschäftigten auf mehr als 85 Prozent Anteil an der Gesamtzahl der Beschäftigten mit etwa 670 000 Personen. Diese Zahlen zeigen den erstaunlichen Wandel der Arbeitswelt nach 1945, der die Entwicklungen, die sich vor dem Zweiten Weltkrieg abzeichneten, fortführte.

Am Anfang war der Schwarze Markt

Am Anfang der Wirtschaftsgeschichte Kölns nach 1945 stand, wie überall in allen Besatzungszonen, der Schwarze Markt. Im Sommer 1945 besucht der englische Dichter und Schriftsteller Stephen Spender (1909–1995), der sich mit drei Reisen zwischen Mai und Oktober 1945 ein Bild von Deutschland und seinem geistigen Leben machen sollte, auch Köln. Er schildert eine bedrückende Atmosphäre, in der der Schwarze Markt aufblüht: »Die Verheerung der Stadt spiegelt sich in der inneren Verheerung ihrer Bürger, deren mangelnde Lebenskraft die Wunden der Stadt nicht vernarben läßt; eher sind sie Parasiten, die einen Kadaver aussaugen, in den Trümmern nach verborgener Nahrung suchen und auf dem Schwarzmarkt in der Nähe des Domes Geschäfte machen – die Wirtschaftsform der Zerstörung statt der Herstellung.«

Das ist nur die im Straßenbild sichtbare Oberfläche, wie sie 1947 voller Ironie Irmgard Keun beschrieben hat: »Für den Durchschnittsmenschen besteht der schwarze Markt aus einem amorphen Haufen auf- und untertauchender Individuen, und wenn man dringend ein paar Schnürriemen braucht und verzweifelt danach sucht, stößt man im besten Fall – als Opfer einer unzulänglichen Flüsterpropaganda – auf Leute, die gerade vorübergehend Tapetenkleister und als Rinderfett getarntes Hundeschmalz abzugeben haben.« Zu Beginn gibt es noch reiche Vorräte. Die zurückgebliebene Bevölkerung greift rasch zu und plündert. Anderes beschlagnahmt die Militärregierung. Im Hintergrund werden gleichzeitig mit Vehemenz Produktion und Produkte organisiert, die Waren dann verteilt und in den Schwarzhandel gebracht. Politik und Verwaltung rechnen mit 20000 festen Mitarbeitern dieser Schattenwirtschaft in Köln, die weder beim Arbeitsamt gemeldet noch auf Lebensmittelkarten angewiesen sind.

Grundlage des Schwarzen Marktes in allen Besatzungszonen ist das Missverhältnis zwischen vorhandenen großen Mengen an Reichsmark und viel zu wenig Waren. Die offiziell festgelegten Preise locken nur selten einen Teil der vorhandenen Waren auf den offiziellen Markt. Mit der ebenso realen wie gefühlten Inflation wurden diese entweder vollständig oder weitgehend aus dem regulären Handel gesogen, um auf dem Schwarzen Markt höhere Preise zu erzielen. Tauschhandel – Ware gegen Ware oder Wertgegenstände gegen Ware – oder realistische Preise, die den Wertverfall der Reichsmark berücksichtigen, sind die Folge. Bis zur Währungsreform folgen nun drei Jahre asozialer Marktwirtschaft.

Gegen den in aller Öffentlichkeit vor dem Dom aktiven Schwarzen Markt wird am 13. Juli 1945 – Köln ist nun seit dem 21. Juni 1945 unter britischer Verwaltung – von deutscher Polizei und englischer Militärpolizei ein gemeinsamer Schlag geführt. Ausführlich wird im *Kölnischen Kurier* darüber berichtet. 423 Personen werden festgenommen, 48 bleiben in Haft, 21 Deutsche, darunter sechs Frauen, 15 Russen und 12 Italiener. Weitere Razzien folgen am 31. Juli und 1. August. Diese Zeitungsnachrichten aus zwei Sommerwochen des Jahres 1945 lassen die eigentliche wirtschaftliche und internationale Dimension des Schwarzen Marktes kaum erahnen.

Schwarz gehandelt wird in allen Stadtteilen. Berühmt als Standorte des Schwarzen Marktes sind die Frankenwerft, die Weidengasse, die Elsaßstraße und die Merowingerstraße, der Ehrenfelder Bahnhof, der Platz vor der Eigelsteintorburg, die Plätze vor den Kasernen in Mülheim und Delbrück. Da dort der Handel nicht in deutscher Hand ist, hat die unbewaffnete deutsche Polizei keine Möglichkeit zuzugreifen.

Die Zahl der in Köln auf dem Schwarzen Markt Tätigen schätzt Rolf Kattanek, seit Ende September 1945 Beigeordneter für Ernährung und Landwirtschaft, in einer Pressekonferenz der Stadtverwaltung am 19. März 1946 auf 20000 bis 30000 »Faulenzer«. Ähnlich sieht auch Theo Burauen Ende des Jahres 1946 die Lage. Mit Einrechnung der miternährten Familienmitglieder kommt er auf 50000 Personen. Das soll die Zahl der in Köln gemeldeten Personen sein, die ohne Besitz eines Arbeitspasses und also ohne Nachweis einer legalen Arbeit keine Lebensmittelmarken abholen können. Hinzu dürfen wir die Personen rechnen, die nicht gemeldet sind, aber trotzdem in Köln leben. Statistisch werden diese allerdings nicht sichtbar. Die Zahl der Bewohner Kölns bei der Volkszählung am 29. Oktober 1946 betrug 491 380 Personen. Ihnen steht sogar mit 495 863 für den Versorgungsabschnitt 14. Oktober bis 11. November 1946 ausgegebenen Lebensmittelkarten eine höhere Zahl von offiziell versorgten Empfängern gegenüber.

Der Schwarze Markt entwickelt sich zur Parallelwirtschaft. Es wird dort nicht nur Geld verdient, es wird dort auch wieder ausgegeben. Das bestätigt das »Haushaltsbuch« von Willi Rees (1922–2010). Es belegt drastisch die Möglichkeiten, die der Schwarze Markt einem jungen Kölner Malergesellen bot. Zwischen dem 17. Januar 1947 und dem 18. März 1948 holt Rees mit 80 Bahnfahrten insgesamt 189 300 Zigaretten aus Frankfurt und verzeichnet daraus eigene Einnahmen von 152300 RM als Anteil an deren Verkauf. Details zum amerikanischen (?) Lieferanten der Zigaretten nennt er nicht, ebenso wenig wie zu seinen Absatzwegen in Köln. Aber er notiert gewissenhaft auch seine Ausgaben. Er kauft Lebensmittel aller Art, darunter Fleisch, Speck und Kaffee. Er kauft seiner Verlobten einen Verlobungsring für 200 RM und ein Paar Schuhe für 1 000 RM und seinen Eltern ein Schlafzimmer für 25 000 RM und ein Wohnzimmer für 12 000 RM und gibt daneben Tausende für Stoffe aus und lässt für Löhne von jeweils über 1 000 RM Hemden, Anzüge und Mäntel schneidern.

Erfolgreich arbeiten auch der später bedeutende Kölner Soziologe Erwin K. Scheuch (1928–2003) und seine Familie mit den Handelsspannen und Mechanismen des Schwarzen Marktes. Eine niedliche Nichte der Mutter bringt mit ihrem Charme getrocknete Tabakblätter über die Zonengrenze aus der französischen Besatzungszone und diese werden gegen Geld auf den Markt gebracht. Und in einem Bordell auf dem Stavenhof wird dafür dann Fleisch gekauft, das dort als Liebeslohn eingegangen war. Erwin K. Scheuch selbst setzte einen Teil des nicht in bar gezahlten Liebeslohnes zweier Damen, die in der großen Wohnung der Familie am Hansaring 16 einquartiert worden waren, – Nylonstrümpfe und Zigaretten – im Auftrag mit anteiliger Handelsspanne auf dem Schwarzen Markt ab. Vielleicht ist er dabei dem erfahrenen Schwarzmarkthändler Heinrich Böll begegnet: »[...] wie jeder verhungert oder erfroren wäre, ganz sicher in Köln, der nicht irgendwoher etwas bekam, und dann gab es eben Leute wie mich, die im Krieg eine ungeheure Schwarzmarkt-Erfahrung gesammelt hatten, von Westfrankreich bis Mittelrussland, und die für diese Leute die schmutzigen Arbeiten machen mussten. Ich ging dann auf den Schwarzmarkt und verscheuerte für jemanden eine Uhr oder kaufte für jemand anderen Brotmarken oder Butter oder Kaffee oder Zigaretten.« Nicht alle sind so erfolgreich. Hanns Schaefer (1929–2013), ab 1973 prominenter Vorsitzender des Kölner Haus- und Grundbesitzervereins, war nach seiner Flucht aus französischer Kriegsgefangenschaft nicht offiziell gemeldet. Der begabte Bauzeichner und spätere Architekt lebt bis 1949 vom Zeichnen von Portraits. Bei Deutschen gegen Geld, bei britischen Soldaten gegen Zigaretten. Ein Versuch, solche Zigaretten auf dem Schwarzen Markt abzusetzen, endet in seiner Festnahme. Nach der Entlassung am nächsten Morgen hat er es nie wieder versucht.

Einen großen Teil der Produktion in allen Bereichen der Wirtschaft beansprucht der nicht öffentliche Tausch von Waren gegen Waren, individuell oder in großem Umfang zwischen Unternehmen in Rahmen des Grauen Marktes, als Kompensationsgeschäfte bezeichnet. Diese Tauschgeschäfte in großem Umfang gehören zum verborgenen Vorlauf des Wirtschaftswunders vor der Währungsreform. In offiziellen Produktionsstatistiken erscheint dieser Anteil der Produktion erst nach der Währungsreform, als er nun dem offiziellen Markt zugeführt wird. Bei den Ford-Werken tauschte man im Herbst 1947 einen LKW gegen eine große Lieferung Kartoffeln, die aus West-Berlin geholt wurden. Auch im Carlswerk in Deutz bemühen sich Werksleitung und Betriebsrat intensiv um die Beschaffung von Kartoffeln für die Werksküche und zur individuellen Einlagerung im Tausch gegen Drahterzeugnisse. Im März 1948 tauschen z. B. Betriebe des Unternehmens Westwaggon über die englisch/französische Zonengrenze hinweg in großen Mengen Süßstoff aus der englischen Besatzungszone gegen Tabak aus der französischen. Ähnlich gehen auch andere Unternehmen vor. Bei KHD drängen sich die Kompensationsgeschäfte, bei denen der für die Landwirtschaft genutzte Traktor eine wichtige Rolle spielt, in den Vordergrund, um Baumaterial, Material für die Produktion und Lebensmittel für die Mitarbeiter zu bekommen. Beim Textilgroßhändler F. W. Brügelmann Söhne tauschte man 1 300 Kilogramm Zellwolle aus dem Besitz der Firma Westwaggon gegen Bekleidung aus eigener Produktion und konnte über die aus der Zellwolle gefertigten Socken wieder Gewinn an Tauschwaren machen. Oder das Geschick der Zuschneider machte es möglich, aus der für 1 000 Arbeitsanzüge zugeteilten Stoffmenge 1 080 oder gar 1 090 begehrte Arbeitsanzüge zu fertigen. Der Wunsch der Hoch- und Tiefbau AG in Essen nach Arbeitskleidung konnte dann zumindest teilweise aus solchen Vorräten erfüllt werden. Die Textilien wurden in Zement für den Wiederaufbau des Firmensitzes am Alter Markt verwandelt. Geschäfte nur gegen Reichsmark werden schließlich unmöglich.

Das Zentralamt für Wirtschaft vermutet, dass allgemein höchstens die Hälfte der Produktion offiziell gemeldet werde. Bei einer seiner Ansprachen zum 150-jährigen Jubiläum der IHK im Oktober 1947 bekannte sich Präsident Franz Greis öffentlich und deutlich zu dieser Schattenwirtschaft des Grauen Marktes, der nicht nur für die Versorgung der Werksküchen, sondern auch für die Aufrechterhaltung des Produktionsbetriebes genutzt wurde: »Wir Unternehmer stehen z. Z. in einer Situation, daß wir legal sterben oder illegal leben können, nennen sie es Kompensation. Wir haben uns dann fürs Leben entschieden.« Und Bernhard Hilgermann, Hauptgeschäftsführer der IHK, berichtet, dass aus der französisch besetzten Zone Wein sogar in Tanks über die Zonengrenze gebracht wurde, um ihn gegen Eisenwaren zu tauschen. So verdeckt der Schatten der Schattenwirtschaft bis in den Sommer des

Jahres 1948 die bereits anlaufende Leistungssteigerung von Landwirtschaft und Industrie der Westzonen.

Alle Bereiche in Landwirtschaft, Industrie, Handel, Handwerk und Verwaltung waren unter den Bedingungen von Hunger und Mangel, das gibt selbst der städtische Verwaltungsbericht zu, anfällig für illegale Aktivitäten: »Die städtische Prüfstelle nahm 769 Geschäftsüberprüfungen vor, die 209 Strafverfolgungen ergab. 31 Geschäfte wurden geschlossen, und verhängte Ordnungsstrafen in einer Gesamthöhe von rund 300 000 RM. Zahlreiche Fälschungen von Lebensmittelmarken wurden festgestellt, Fälscherwerkstätten ausgehoben, die Fälscher vor Gericht gebracht. Bei 185 stadtinternen Prüfungen wurden zum Teil erhebliche Verstöße festgestellt, die zu 42 Entlassungen führten.« Stolz berichtet Peter Adams, bis Anfang 1947 Leiter des Amtes für Ernährung und Landwirtschaft, dass es seinem Amt gelungen sei, »Abwehrmöglichkeiten zu entwickeln, die in der Verwendung von Umschlag- und Filterfarben beim Lebensmittelkartendruck für die englisch-amerikanische Zone richtunggebend wurden«. Die Kaufleute wurden verpflichtet, die Echtheit der ihnen vorgelegten Marken z.B. mit Salmiakgeist zu prüfen. Man bediente sich sogar direkt und stahl, trotz deren Unterbringung in Panzerschränken und der Sicherung durch besonders durchdachte Kontrollmaßnahmen, echte Marken aus dem Kartenlager, das auch die sieben Landkreise des Regierungsbezirkes versorgte.

Benzin gab es nur auf Marken, die ebenfalls als Diebesbeute beliebt waren. Dabei war für Köln nur eine beschränkte Anzahl von Fahrzeugen durch die Militärregierung zugelassen. Im Jahr 1947 ist für Köln eine Höchstzahl von 1 500 PKW erlaubt. Diese Zahl war erstmals im November 1946 überschritten worden. Um neue Fahrzeuge zuzulassen, müssen erst andere stillgelegt werden. Das war bis Frühjahr 1947 fast 1 000-mal geschehen, änderte aber nichts daran, dass sich Josef Esser (SPD) immer noch über die offensichtlich überflüssige und private Nutzung von Fahrzeugen beschweren konnte: »Unhaltbar bei unseren Notzeiten ist aber, daß beispielsweise bei Box- oder sonstigen Veranstaltungen, wie sie häufiger in Köln stattfinden, zahlreiche Fahrzeuge, Last- und Personenwagen, auffahren, und das noch an Sonntagen.«

Im Rat wird vom für Verkehr zuständigen Beigeordneten Gustav Adolphs am 7. März 1947 die zu knappe, sogar noch gekürzte Belieferung mit Benzin, Diesel und mit Holz für Holzvergaser beklagt. Das führt in allen Lebensbereichen zu Transportrückständen: bei der Müllabfuhr wie bei der Versorgung mit Medikamenten, beim Transport von

Baumaterialien wie bei Nahrungsmitteln. Ende 1946 kann Köln für alle Transportwünsche gerade auf 4 802 LKW zurückgreifen.

Ein schmerzhaftes Beispiel für die Probleme des Alltags durch bewirtschaftete Mangelware sind auch Glühbirnen. Als im Bunker auf dem Beethovenplatz die einzige noch funktionierende Glühbirne gestohlen wird, muss sich die Sozialdezernentin des Regierungspräsidenten persönlich um Ersatz bemühen. Selbst Dienstzimmer der Stadtverwaltung sind vor Diebstählen der Glühbirnen nicht sicher. So teilt das *Mitteilungsblatt der Stadtverwaltung Köln für den inneren Dienstgebrauch* im Februar 1947 mit, dass mit Beginn der helleren Jahreszeit die Leuchtmittel sichergestellt werden sollen, da mit Ersatz nicht gerechnet werden kann. Verantwortlich sind die Dienststellenleiter, die auch auf die erschreckende Zunahme von Diebstählen hingewiesen werden. Noch im Verwaltungsbericht des Jahres 1947/48 ist das ein wichtiges Thema: »Die Überweisungen von Glühlampen waren derart gering, daß nur besonders wichtige Bedarfsträger Zuteilungen erhielten.« Vorrangig wird offensichtlich die englische Besatzung beliefert. Sie erhält bis Ende 1948 über vier Millionen Glühbirnen aus dem Radium-Werk in Wipperfürth. Viele davon werden ihren Weg auf den Schwarzen Markt gefunden haben.

Dort wird zu überhöhten, den eigentlich realistischen Preisen so ziemlich alles angeboten, was man sich wünschen könnte. Überhöht sind die Preise allerdings nur gegenüber den offiziell festgelegten Preisen. Die Währungsreform wird zeigen, dass das Zehnfache der offiziellen Preise für alltägliche Waren der kommenden Kürzung der Geldmenge um 90 Prozent entspricht. Wird nicht im Tausch oder gegen Reichsmark gehandelt, dann ist die Zigarette der Maßstab, die neue Währung des ersten Nachkriegsjahres.

Ein Beitrag über die neue Währung der Zigarette von Günter Schmölders (1903–1991), der 1947 seine Lehrtätigkeit als Wirtschaftswissenschaftler an der Kölner Universität wieder aufnehmen durfte, lässt die wirtschaftliche Dimension des Schwarzen Marktes und die intensive Beteiligung der Besatzungssoldaten deutlich hervortreten. »Von den monatlich rund 3 Mill. Pfund Postpaketen aus USA allein in der amerikanischen Zone entfielen danach mehr als die Hälfte auf Zigarettensendungen, mit deren Hilfe im Schwarzhandel alles von der Leica bis zum Pelzmantel zu haben war. Gleichzeitig strömten in Care-Paketen und privaten Geschenksendungen amerikanische Zigaretten in schwer kontrollierbarem Umfang nach Deutschland hinein, so daß auch private Kreise unmittelbar mit Kaufkraft der neuen Geldeinheit ausgestattet wurden; mit dem 26. Mai 1947 wurde allerdings der gesamte Neuzustrom durch ein striktes Verbot von Zigarettensendungen auf postalischem Wege abgestoppt.« Auch der Abfluss der von Besatzungssoldaten gemachten Gewinne, umgewechselt in Dollar oder Pfund, in die Heimat war bereits im September 1946 unterbunden worden. Keine Überweisung durfte die Höhe des Soldes überschreiten. Das treibt die Preise für leicht transportable Wertgegenstände in die Höhe. So werden an der »Brillantenecke« schräg gegenüber dem Millowitsch-Theater an der Aachener Straße Gold, Schmuck und Brillanten gehandelt.

Günter Schmölders gibt die aktuellen Preise für wichtige Alltagsgüter und Wertgegenstände in Zigaretten an: Für acht Zigaretten gibt es ein Stück Seife, für 14 einen Zentner Kohlen, 32 gibt es für ein Gramm Gold, 48 kosten ein paar Damenstrümpfe, 70 eine Flasche Cognac, 250 ein Pfund Butter, eine Ampulle Penicillin kostet 5 000 Zigaretten und eine Leica gibt es für 7 000 Zigaretten. Man spürt das Vergnügen des Begründers der sozialökonomischen Verhaltensforschung an diesem breit angelegten Experiment mit einer sich absehbar und abschließend in Rauch auflösenden Währung. Günter Schmölders hatte dies auch als Vortrag vor Studenten thematisiert und wurde vom britischen Universitätsoffizier vorgeladen und ermahnt, nicht indirekt zum Schwarzhandel aufzurufen.

Die Realität von Hunger und Not, die diesen Markt entstehen ließ, lässt sich zwar in solchen Zahlen aufzeigen und in Taten fassen, aber heute kaum vermitteln. Die nicht in Zahlen auszudrückenden Ausmaße des Schwarzen Marktes stuft Generalleutnant Sir Gordon Nevil Macready als britischer Vorsitzender des Wirtschaftskontrollrates der Bizone auf einer Pressekonferenz am 6. November 1947 in Frankfurt als gesamtgesellschaftliches Problem ein. Er beklagt, dass selbst hohe Beamte den Gesetzen des Wirtschaftsrates nicht Folge leisten. Für die Missstände der Kartoffelversorgung seien die obersten Landesbehörden verantwortlich und von der Butterproduktion der Bizone würden nur 50 Prozent korrekt erfasst. Die Bauern hätten sich offensichtlich an das schlechte Vorbild der Industrie gehalten, die davon überzeugt schien, dass korrekte Ablieferung sinnlos sei. Die Chemische Fabrik Kalk nimmt z. B. als Erstes im August 1945 die Produktion von gebranntem Kalk, Grundlage für Mörtel im alltäglichen Wiederaufbau, als Ware für Tauschzwecke auf. Industriell gefertigte Gegenstände des alltäglichen häuslichen Gebrauchs sind bald zu begehrter Handelsware für den Grauen Markt geworden, auf dem Ware gegen Ware getauscht wurde. Auch die Werksküchen Kölner Unternehmen versorgen sich auf dem Schwarzen Markt oder auf dem Weg der Kompensationsgeschäfte im Tausch von Unternehmensprodukten gegen Nahrungsmittel, oft sogar im Ringtausch mehrerer Unternehmen. Dabei werden Kompensationsgeschäfte mit Gefängnis oder Zuchthaus nicht unter sechs Monaten bis hin zu lebenslänglich und zusätzlichen Geldstrafen von 5000 bis fünf Millionen Reichsmark bedroht. Wirksam ist dies nicht. Im März 1947 werden meist auf diese Weise in Köln 124 Werksküchen betrieben, die täglich gegen Abgabe der entsprechenden Marken 38453 Essen ausgeben.

Im Rat der Stadt Köln ist der Schwarze Markt ein Dauerthema. Dabei sind den Mitgliedern die Bedeutung und der Umfang des Schwarzen Markts, wie Helmut Braubach, Mitglied der SPD-Fraktion von Beginn an bis 1965, am 15. November 1945 darstellt, durchaus bewusst: »Die entscheidende Frage lautet: Ist der Schwarze Markt nur eine Erscheinung, die so am Rande des wirtschaftlichen Geschehens ein parasitäres, eitergeschwürartiges Dasein fristet, oder ist dieser Schwarze Markt nicht schon mehr, ist er nicht schon ein wesentlicher Teil unserer Versorgungswirtschaft überhaupt geworden? Wenn ersteres der Fall wäre, daß nur ein paar verwegene Gestalten in mehr oder weniger asozialer Weise sich da im Schwarzen Handel bereichern, dann kämen wir mit Polizeiaktionen, Razzien usw. aus. Aber in Wirklichkeit ist es doch so, daß ganz gewaltige Mengen von Lebensmitteln aller Art, Fette, Mehl, Zucker, Gemüse, Fleisch – sei es, was immer es sei – umgesetzt werden. Dieser Erscheinung können wir nicht mit der Bekämpfung durch Polizeimaßnahmen allein gerecht werden.« Der Begriff der »Tausendkalorienmoral« ist sprichwörtlich für die Zeit vor der Währungsreform.

Im Jahr 1946 können in Köln 12204 Paar Herrenschuhe auf dem offiziellen Markt ausgegeben werden. »Das bedeutet: Bis jeder Kölner Bezugsberechtigte ein Paar Schuhe bekommen hat, werden – bei gleicher Zuteilung – mehr als 13 Jahre vergangen sein.« Frauen müssen 18,5 Jahre warten. Hat ein Mann einen Anzug erhalten, muss er auf den nächsten Anzug 38 Jahre warten. Kein Wunder, dass in Schuhmacherläden eingebrochen wird und alle Schuhe, reparierte und nicht reparierte, gestohlen werden. So eröffnet das Ehepaar Kämpgen noch 1945 auf dem Eigelstein ihr 2016 schließlich geschlossenes »Schuhhaus Clemens Kämpgen« – Grundstein eines großen Unternehmens und einer großen Stiftung –, da es bis zur Währungsreform kaum einmal Schuhe für den Handel gibt, als Schuhtauschzentrale.

Ein heiß begehrtes Gut war natürlich Alkohol, sei es als Wein oder als Schnaps, gerne auch selbst gebrannt auf der Grundlage von Zuckerrüben als »Knolli-Brandy« oder auf Obst oder Kartoffelbasis hergestellt.

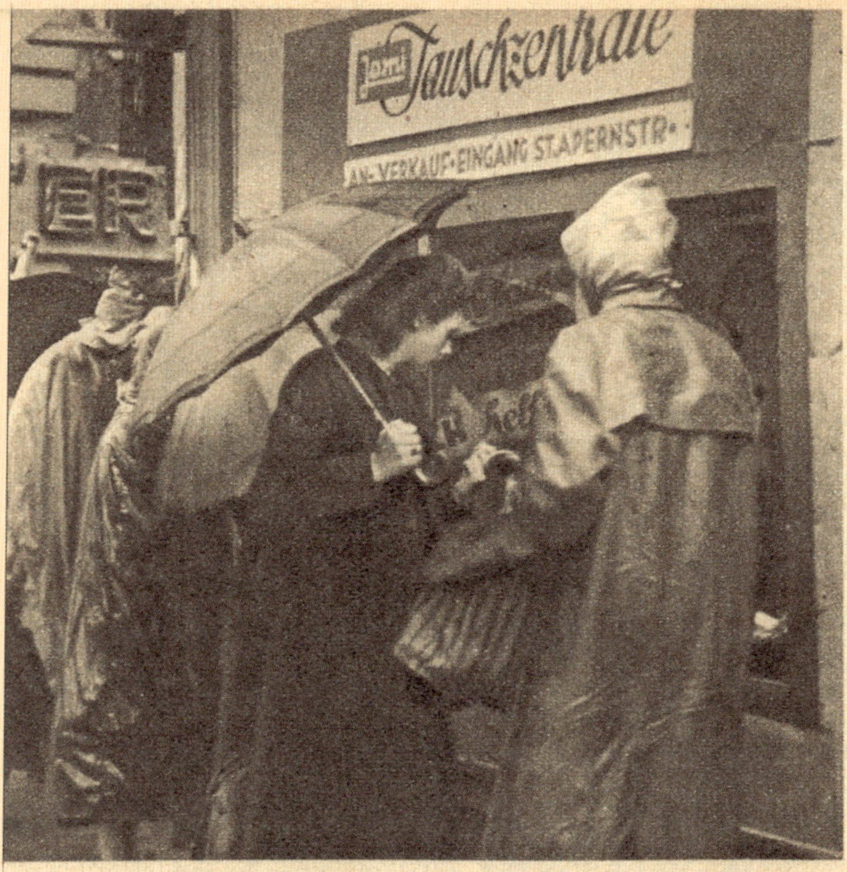

Akkordeon gegen Herd

Raucher-Service, handgeschmiedete Tischgongs, Tabakzüchter-Anweisungen für Großstadtbewohner: das Angebot nützloser Gegenstände in den Läden ist ebenso groß wie erschütternd. Mütter erlangen keine Matratzen für ihre Kinder, entlassene Kriegsgefangene keinen Anzug. Glücklich ist, wer noch Tauschware hat. Er geht zur Tauschzentrale und wartet.

Neue Illustrierte. *Köln 4. Oktober 1946, S. 8*

Auch hier ist neben der heimischen Produktion im Keller – eine klein dimensionierte Anlage habe ich noch fürs Kölnische Stadtmuseum sicherstellen können – der Großhandel aktiv. Ohne ihn wäre die Hohenzollernbrücke nicht rechtzeitig fertig geworden. Aber die Produzenten für den Großhandel, die ja dem Markt kostbare Lebensmittel entfremdeten, jagte die Polizei. Auch wenn ihnen nicht einfach auf die Schliche zu kommen war.

Welche Großhandelsdimensionen der Schwarze Markt erreicht hatte, lässt ein anderer Bericht, von Alfred Hasemeier, über den »Gummikönig« erkennen. »Undercover« geht er, begleitet von Winfried Pünder, einem Sohn des Oberbürgermeisters im Polizeidienst, den Herrn und dessen mit hunderten von Autoreifen gefüllten Lagerkeller besuchen: »Gemeinsam rollten wir ein großes Weinfaß zur Seite. Eine Tür kam zum Vorschein. Der Mann führte uns in einen großen Raum, in dem es nach Gummi roch. Er knipste das Licht an – und wir standen in einem großen Kellergewölbe, in dem Hunderte Reifen lagerten. PKW-Reifen, LKW-Reifen, selbst Reifen für Traktoren, aber auch für Fahrräder.« Das war eine Sensation: Zur gleichen Zeit standen für den Nahverkehr in Köln 43 fahrbereite Omnibusse zur Verfügung, von denen 26 die Bereifung fehlte. Acht von den 17 betriebsfähigen Bussen hatte die Militärregierung für ihren Bedarf beschlagnahmt.

Ständiges Thema sind die Briketts, von denen nie genug offiziell zur Verfügung stehen. Das Heizen in den mehr oder weniger beschädigten Wohnungen, in denen der Zugwind durch sämtliche Ritzen in Mauern, Türen und notdürftig abgedichteten Fenstern zog, zeigte sich hier nach dem Sommer 1945 als das nächste große Versorgungsproblem. Stadtkommandant J. Alan Prior überlegt sogar im August 1945, dafür von Konrad Adenauer kritisiert, ein absolutes Brennstoffverbot für den kommenden Winter zu erlassen. Gemeinschaftsküchen sollen mittags die Versorgung übernehmen. Die Brikettwerke des angrenzenden Braunkohlegebietes produzierten bald wieder. Aber die Produktion reichte nicht aus und blieb nur zum Teil im Lande. Die Militärregierung hatte die Tagebauten der Braunkohle rings um Köln genauso wie die Bergwerke des Ruhrgebietes beschlagnahmt und unter ihre eigene Verwaltung gestellt.

Populäres Erzählgut ist seitdem das persönliche spontane »Organisieren« von Briketts von Last- oder Eisenbahnzügen, um der eigenen Not abzuhelfen, als Pflichtzugabe zur Eintrittskarte für Veranstaltungen in der Aula der Universität, aber auch, um Tauschware für den Schwarzen Markt zu erhalten. Neben den regelmäßigen Beraubungen der Güterzüge in langsam befahrenen Kurven und an Haltepunkten war der Rudolfplatz beliebt, um mit Briketts beladene LKW zu erleichtern. Den lebendigen Verkehrsknotenpunkt, an dem erst 1951 eine der ersten Ampelanlagen Kölns installiert wird, regelte ein Verkehrspolizist. Hielten die LKW, sprangen die Jugendlichen hinten hoch und warfen die Briketts runter.

Aber in viel größerem Umfang verschwanden Kohlen und Briketts auf wohl noch anderen Wegen in dunklen Kanälen in Richtung des

Die ganze Nachbarschaft ist auf den Beinen
Frauen greifen zu Eimern, zu Säcken, zu Kisten, sie jagen durch das Bahngelände auf den Damm zu, steigen ihn hoch. Hier gibt es, was jede Hausfrau neben den Lebensmitteln als Nötigstes braucht und wovon sie niemals genug hat: Brikette für den Küchenherd!

DAS SIGNAL STEHT AUF HALT

Wenn die Kohlenzüge vor den Güterbahnhöfen der Großstädte keine Einfahrt haben, wird die Umgebung lebendig: die „Normalverbraucher", die mit ihrer Monatsration von ein bis zwei Zentnern Briketten nur zehn Tage auskommen, werden zu Selbstversorgern.

Aufnahmen: DANA.

Wer schnell genug ist, kann zweimal laden
Die Güterwagen, die Kohlen tragen, sind nicht für den bequemen Aufstieg von Passagieren eingerichtet, aber die Not ist stärker als alle Hindernisse. Schnell auf die Wagen! Sie müssen zu Hause kochen und fürchten den kalten Winter.

Brikette fliegen durch die Luft
In langen Reihen stehen die Kohlensucher neben dem Zug und lesen den vielbegehrten Brennstoff auf, den junge Helfer ihnen zuschleudern. Es ist der Zoll, den die deutschen Städter, getrieben von der Not, von den Transporten in fremde Länder erheben.

Die Polizei kommt!
Wie der Blitz springen die Letzten von den Wagen, jagen über die Gleise, schleifen in Hast die mit Kohlen gefüllten Säcke und Eimer nach. Sie können beruhigt sein: die Neue Illustrierte verrät nicht den Ort der Tat!

Neue Illustrierte. *Köln 18. Oktober 1946, S. 7*

Schwarzen Marktes. So werden Brikettzüge geradezu professionell abgeräumt: »Schwerbeladene Güterzüge fuhren täglich zum Niehler Hafen, und schnell hatten wir beobachtet, daß die Züge zwischen dem ehemaligen Heidenberg und dem Güterbahnhof besonders langsam fuhren. Die 12–16-jährigen Jungen legten sich am Bahndamm hinter den Weißdornhecken auf die Lauer und arbeiteten ein besonderes System aus, um zu gegebener Zeit auf die Waggons zu springen und Briketts von den Wagen zu werfen. Frauen, Kinder und Greise rafften dann, was zu raffen war, und füllten Taschen und Körbe mit dem schwarzen Gold. Nach etwa fünf Minuten zog dann der Lokführer langsam an, gab Dampf und fuhr in gewohntem Tempo zum Niehler Hafen.« Dem erstaunten britischen Universitätsoffizier Harry Beckhough wurde eine solche Szene von Kölner Studenten gezeigt *»as part of my education and insight into the daily struggle for life«*. Auch rechtsrheinisch werden die Brikettzüge beraubt und ein paar Hektar Wald dienen dem Heizen.

Einen Höhepunkt öffentlicher Aufmerksamkeit erreicht die Versorgungskrise mit Briketts Ende 1946/Anfang 1947 in einem langen und kalten Winter mit einem ungewöhnlichen theologischen Kommentar. Seiner aufsehenerregenden Silvesterpredigt am 31. Dezember 1946 in St. Engelbert in Riehl hatte Kardinal Josef Frings den Titel »Abendgebet des Jahres« gegeben. Erst am Ende der Predigt kam der Satz, der mehr als die Überlegungen des Kardinals zur damals heftig diskutierten Kollektivschuld, öffentliche Aufmerksamkeit und auch die der Militärregierung auslösen sollte und bis heute im Vordergrund der Erinnerung an Kardinal Frings steht: »Wir leben in Zeiten, da in der Not auch der einzelne das wird nehmen dürfen, was er zur Erhaltung seines Lebens und seiner Gesundheit notwendig hat, wenn er es auf andere Weise, durch seine Arbeit oder durch Bitten, nicht erlangen kann.« Dem mehrfach überarbeiteten Satz hatte er eine deutliche Einschränkung folgen lassen, die aber nicht die Aufmerksamkeit erhielt, die sie verdiente: »Aber ich glaube, dass in vielen Fällen weit darüber hinausgegangen worden ist. Und da gibt es nur einen Weg: unverzüglich unrechtes Gut zurückzugeben, sonst gibt es keine Verzeihung bei Gott.« Unter diesen Umständen musste eine solche Äußerung, die die theologische Rechtfertigung der Selbsthilfe in größter Not formuliert, zu begeisterter Zustimmung im Kirchenvolk und zu Widerspruch der Militärregierung führen.

In der Umgangssprache ist der Sinn des Satzes als »fringsen« bald und bis heute populär geworden. Allerdings geht es längst nicht mehr nur um den privaten Bedarf Einzelner, den Kardinal Frings bereit ist zu entschuldigen. Im März 1947 berichtet Peter Fröhlich (SPD) im Rat, dass täglich ca. 1000 Tonnen Kohlen oder Briketts, also 20000 Zentner, »organisiert« worden seien. Auf dem Schwarzen Markt würden sie nun für 15 bis 25 Mark pro Zentner zu haben sein. Bernhard Hilgermann, Hauptgeschäftsführer der IHK hat sich notiert, dass im Januar 1947 etwa 6000 Tonnen Briketts gestohlen wurden. Selbst, wenn die Briketts den offiziellen Abnehmer erreicht hatten, waren sie nicht sicher. Bei der rechtsrheinischen Industrie werden die Brikettvorräte als quasi legitime Beute der Arbeitnehmer der Unternehmen in Anspruch genommen.

Polizei und das am Reichenspergerplatz tätige Schnellgericht nehmen die Währungsreform zum Anlass, wieder einmal höchst aktiv gegen den Schwarzen Markt vorzugehen. 27 Fälle werden am 22. Juni 1948 dort verhandelt, weitere stehen für die nächsten Tage an. Aufsehen erregt ein Prozess zur Versorgung des Schwarzen Marktes noch im Oktober 1949. Die am 19. August 1948 feierlich im Rahmen des Domjubiläums mit dem »Lied der Bernadette« eröffneten Hahnentor-Lichtspiele waren mit dem Schmuggel von Zigaretten der Marke Bosco aus der französisch besetzten Pfalz finanziert worden. Um gegenüber Kontrollen an der Zonengrenze sicher zu sein, hatten die Gesellschafter der Kinobau-GmbH Beamte des Bonner Landesernährungsamtes als Begleitschutz angeworben. Die geglückte Finanzierung blieb nicht verborgen, Prozess, Haft und Geldstrafen folgten. Das Kino florierte vorerst, 1971 wurde es geschlossen, 1986 für den Neubau der Hauptverwaltung der Sparkasse KölnBonn abgerissen.

Währungsreform

Dass eine Währungsreform notwendig ist und dringend erwartet wird, ist für die Zeitgenossen der drei Jahre vor diesem drastischen Währungsschnitt selbstverständlich. Glaubte man im Laufe des Jahres 1945 manchmal noch, die Währung halten und die Warenmenge ausreichend steigern zu können, so ist man sich des Problems aber bewusst. Der Geldumlauf an Bargeld beträgt – so wurde vom Kämmerer im Rat geschätzt – mit etwa 70 Milliarden Reichsmark das Zehnfache der in Friedenszeiten 1933 erforderlichen Geldmenge. Im Oktober 1946 wird im Rat der Stadt Köln ganz deutlich ausgesprochen, dass ohne Währungsreform dem Schwarzen Markt nicht beizukommen sei. Die Erinnerung an die Jahre nach der Niederlage im Ersten Weltkrieg steht – ausgesprochen und unausgesprochen – allen vor Augen. Im städtischen Verwaltungsbericht wird die Lage der Währung mit nüchternen Worten beschrieben:

»Zu Beginn des Rechnungsjahres 1948 hatte die Entwertung der Reichsmark bereits einen solchen Stand erreicht, daß sie als Zahlungsmittel nur noch in Verbindung mit den im Rahmen der Zwangswirtschaft erteilten Bezugsberechtigungen Bedeutung hatte. Während sich in der Privatwirtschaft ein allgemeiner Tauschhandel entwickelt hatte ...«

Man bereitet sich auf die Währungsreform vor. Alle haltbaren Waren werden als sicheres Kapital gehortet oder zu inflationären Preisen, die im Effekt den Währungsschnitt vorwegnehmen, auf dem Schwarzen Markt verkauft. Es ist im Wirtschaftsrat sogar heftig über ein »Enthortungsgesetz« debattiert worden, das aber von Ludwig Erhard abgelehnt wurde. Zu geringe Vorräte hätten rasch zu inflationären Preissteigerungen in der neuen Währung geführt.

Lange war mit dem Schritt der Währungsreform gewartet worden, in der vergeblichen Hoffnung der Alliierten, doch noch das ganze Restdeutschland als ein zusammenhängendes Wirtschaftsgebiet unter gemeinsamer alliierter Kontrolle zu verwalten. So war auch die englisch/amerikanische Bizone, die zum 1. Januar 1947 in Kraft trat, noch als Schritt in diese Richtung verstanden worden. Die schließlich von den Westmächten beschlossene Währungsreform wurde zeitgleich, mit dem Beitritt der Landeszentralbanken der französischen Zone am 31. April 1948 zur Bank deutscher Länder, auch in der französischen Zone übernommen. Aber erst im August 1948 wurde – während die sowjetisch besetzte Zone eine eigene Währungsreform erhielt und West-Berlin durch die Luftbrücke versorgt wird – die Bizone durch den Anschluss der französisch besetzten Zone zu »Trizonesien«. Hier entsteht ein neues, die deutsche Situation der ersten Nachkriegszeit reflektierendes Gemeinschaftsbewusstsein, für das in Köln die »Nationalhymne« Karl Berbuers (1900–1977) für »Trizonesien« entsteht.

Die ersten fünf Jahre nach der Währungsreform sind in der Bundesrepublik von fast hektischen Steuerungsversuchen auf dem Weg in eine soziale Marktwirtschaft bestimmt. Der Kölner Start in diesen Jahren ins vielfältig diskutierte Wirtschaftswunder, ins erstaunlich langanhaltende Wachstum von Produktion und Einkommen in den ersten drei Nachkriegsjahrzehnten, ist mühselig.

Das Wirtschaftswunder selbst beginnt auch in Köln mit den überraschend gefüllten Schaufenstern am Tage nach der Währungsreform. Mit diesen Schaufenstern beginnt zugleich das für die ersten Jahre nach der Währungsreform gültige Ärgernis, dass man zwar alles kaufen könnte, es sich aber nicht leisten kann. Die wachsende Unzufriedenheit bricht sich im Demonstrations- und Generalstreik vom 12. November 1948

Bahn, der die Westzonen erfasst, und führt in der Kölner Kommunalwahl vom 17. Oktober 1948 zum Verlust der bis dahin gewohnten Übermacht der CDU. Erst Mitte der 50er Jahre nehmen die Bruttoverdienste der Arbeitnehmer so zu, dass sie die Entwicklung der Lebenshaltungskosten deutlich übersteigen. In der Industrie verdoppeln sich die Bruttoverdienste der Arbeitnehmer zwischen 1953 und 1962 und erneut bis 1971. Die Lebenshaltungskosten dagegen steigen in beiden Zeitabschnitten nur um fast 20 Prozent bzw. 30 Prozent. Damit wird seit Mitte der 50er Jahre zusätzliches Geld für neue Bedürfnisse frei, das Wirtschaftswunder wird dankbar gefühlte Realität für die Mehrheit der Bevölkerung. So ist »das Ende der Proletarität« ein Erfolg des sozialen und mentalen Wandels der industriellen Arbeitsbedingungen in der langen Phase des wirtschaftlichen Aufschwungs. Inzwischen haben die ebenso unsicheren Lebensverhältnisse des Prekariats diese Rolle in unserer nachindustriellen Gesellschaft übernommen.

Industrie – erste Schritte

Die Industrie ist neben Fischerei, Land- und Forstwirtschaft, Bergbau – dazu zählt für den Kölner Wirtschaftsraum der Braunkohletagebau – und dem Baugewerbe der Hauptträger der produzierenden Gewerbe. Nach Kriegsende gab es nur den stets nach fast allem gierenden Markt, aber für Kölns Industrie und Handwerk wenig Chancen, die Wünsche zu erfüllen. Gebäude mussten wieder instandgesetzt, Ersatzteile für die beschädigten Maschinen beschafft werden. Rohstoffe wurden zum Problem, sobald die letzten Bestände im Lager verbraucht waren, Transporte waren schwer zu organisieren. Schienenverkehr kam erst langsam wieder ins Rollen. Der Rhein musste für den Schiffsverkehr erst von Brückentrümmern und Wracks befreit werden. Viele Straßen müssen erst noch geräumt werden. LKW sind rar, Gummireifen selten und teuer, Strom fällt oft genug aus, die wenigen Arbeitskräfte sind durch Hunger geschwächt und suchen erst einmal Wohnraum. Und noch ein Problem: Die führenden Personen der großen Unternehmen waren fast immer Mitglied der NSDAP gewesen und hatten nun Probleme, ihre Tätigkeit wieder aufzunehmen. Sie erhielten keine Arbeitsgenehmigung und die Militärregierung blockierte ihre Vermögen. Eine ungünstige Einstufung im Entnazifizierungsverfahren, für die bereits die mehr oder weniger nominelle Mitgliedschaft in der NSDAP ausreichte, konnte für Unternehmer schwerwiegende Folgen haben. Die Industrie- und Handelskammer Köln steht bei der Entnazifizierung vor einer besonderen Herausforderung. Wie die Militärregierung ist man daran interessiert, die Wirtschaft wieder in Gang zu bringen und damit die finanzielle Belastung der Besatzungsmacht zu reduzieren und die deutsche Bevölkerung mit Arbeit und Erzeugnissen zu versorgen. Aber dem Vorwurf der Begünstigung von Nationalsozialisten will man sich ebenso wenig aussetzen. Immerhin hat man bis Anfang 1946 etwa 12 000 der 20 000 Betriebe im Kammerbezirk überprüft.

Der Postverkehr kam nach dem 2. Juli 1945 nur langsam wieder in Gang. Im September 1945 erscheint ein *Kölner Behörden- und Firmen-Nachweis* mit 116 kleinbedruckten Seiten, der vom Abbruch-Unternehmer über den Metzger bis zum Uniform-Haus auf der letzten Seite eine Fülle von Institutionen und Unternehmen verzeichnet und im Gesamteindruck eine Gesellschaft erwarten lässt, in der es an nichts auffällig fehlt – außer einem Milchhändler. Die dazu fehlenden Telefonnummern liefert im Oktober 1945 dann das *Amtliche Fernsprechbuch für den Bezirk der Reichspostdirektion Köln*. Das gibt im A5-Format mit 16 Seiten für Köln von insgesamt 54 Seiten für den ganzen Bezirk einen für heute unvorstellbaren Eindruck vom noch vorherrschenden Mangel an Kommunikationsmöglichkeiten. Das Fernsprechbuch vom Februar 1946 bietet dann 44 eng und dreispaltig bedruckte Seiten und erst das Fernsprechbuch mit Stand 15. April 1949 erscheint in einigermaßen uns gewohntem Umfang und üblichem Großformat. All das war bis weit ins Jahr 1948 hinein nicht leicht zu ertragen. Und es kam noch ein Problem hinzu: Man musste überhaupt produzieren dürfen.

Die Bilanz bei Kriegsende, gezogen vom Statistischen Amt der Stadt Köln, zeigte bei 450 befragten Firmen einen Verlust von durchschnittlich 42,9 Prozent an Bauten, Maschinen und Einrichtungen. Eine »Standortkarte der Kölner Industrie«, Anfang Dezember 1946 für 204 Firmen erstellt, zeichnet ein weniger düsteres Bild. 59 Firmen gelten als zu über 40 Prozent zerstört, nur 14 davon waren total zerstört. 43 Unternehmen hatten Schäden unter zehn Prozent erlitten. Dazu gehörten große Unternehmen wie die Ford-Werke oder Glanzstoff-Courtaulds, die in der ersten Zeit Köln mit Strom versorgten. Der Rest der Unternehmen meldete Schäden zwischen zehn und 40 Prozent. Für die Kölner Statistik sind die Anfänge der Produktion nach Kriegsende kaum zu erfassen. Erst für 1946 werden ausführliche Angaben gemacht.

Bereits im April 1945, so meldete der *Kölnische Kurier* rückblickend im August 1945, hatten 400 Betriebe mit 15 000 Beschäftigten die Arbeit wieder aufgenommen. Ende 1946 rechnet man mit über 70 000 Beschäftigten in fast 2000 Industriebetrieben und hat damit wieder fast die Hälfte der Zahlen des Jahres 1939 erreicht.

Der Winter 1946/47, im Gegensatz zu dem des Vorjahres bis Mitte März von eisigem Dauerfrost geprägt, zeigt die Schwächen dieses ersten Aufschwungs auf. Die Energieversorgung bricht zusammen, da Kohlentransporte immer schwieriger werden. Alle Wasserwege frieren zu, auf den Straßen fehlen die notwendigen LKW und der Schienenverkehr versagt seit Ende Dezember1946. Hatte der Bombenkrieg die Industrie zwar nicht nachhaltig schädigen können, war aber das Transportsystem, besonders für die Energiegrundlage des Kohlentransports aus dem Ruhrgebiet, wirksam getroffen worden. Das zeigten die Recherchen des United States Strategic Bombing Survey. Die geringen Kohlenvorräte der großen rechtsrheinischen Unternehmen für die eigene Stromerzeugung waren rasch verbraucht. Die wasserhaltige Braunkohle vor den Toren Kölns war gefroren und konnte nur schwer abgebaut und kaum noch transportiert werden, da die Waggons und Lokomotiven der Benzelrather Bahn weitgehend ausgefallen waren. Das für die Stromerzeugung wichtige Goldenbergwerk der RWE in Knapsack konnte nicht beliefert werden. Für Wochen wurde nach dem 10. Januar 1947 die Kölner Großindustrie nicht mit ausreichend Strom versorgt. Zu den Produktionsausfällen kamen Frostschäden an den Anlagen der Unternehmen hinzu. Ebenso schwierig war unter diesen Bedingungen die Sicherstellung der Versorgung von Industrie, Handwerk und Bevölkerung mit Gas und Wasser. So musste zuerst die Versorgung der Eisengießerei Peter Stühlen in Kalk mit Gas von Mülheim aus sichergestellt werden, damit dort dann wiederum Formstücke und erste Gussrohre für Reparaturen am Leitungsnetz hergestellt werden konnten.

Mit der gleichen Intensität an Kontrolle und Überwachung, vielleicht sogar noch intensiver als in Verwaltung und Politik, wird auch die langsam wieder erstehende Wirtschaft von amerikanischer und englischer Militärregierung beobachtet und reglementiert. Über die Ziele, die man erreichen will, herrscht dagegen wenig Klarheit. Am 19. Juli 1945 haben 83 Kölner Betriebe, darunter mit Ausnahme der Chemischen Fabrik Kalk alle größeren Kölner Unternehmen, bereits eine offizielle Genehmigung der Militärregierung.

Dann übernimmt die Industrie- und Handelskammer zu Köln diese Aufgabe für kleinere Unternehmen. Am 25. Mai 1945 war die IHK zu Köln, als unternehmerische Selbstverwaltung auf der Basis von Pflichtmitgliedschaft und Pflichtbeiträgen mit Zuständigkeit weit über die Stadtgrenze hinaus, neugegründet worden. Für kleinere Betriebe mit bis zu 25 Mitarbeitern darf sie nun die Betriebsgenehmigungen ausstellen, wenn nicht mehr als 20 Tonnen Kohle im Monat oder 20 Kubikmeter an Gas und 80 Kilowatt Strom pro Arbeitstag verbraucht werden. Auch hier steht die Frage nach nationalsozialistischen Aktivitäten an erster Stelle. Das bedeutet einen erheblichen Aufwand an Schreibarbeiten und Nachfragen. Aber man fühlt sich nicht als Vertreter der Militärregierung, sondern als Anwalt der Wirtschaft. Das führt dazu, dass man trickreich größere Betriebe in kleine Einheiten unterhalb dieser Größe aufteilt, um rasch Permits ausstellen zu können. Insgesamt hat die Kammer bis zu ihrem Jubiläum Ende 1947 gut 80000 Anträge auf Betriebsgenehmigungen für Industrie, Handel und Verkehr bearbeitet.

Demontagen

Kölns Industrie hat im Gegensatz zum Ruhrgebiet kaum unter Demontage gelitten. Die Bedrohung für alle, für die Wirtschaft, für Besitzer und Arbeitsplätze, warf aber lange Schatten. Noch im Sommer 1949 lässt Josef Kardinal Frings einen Hirtenbrief verlesen: »Wir bestürmen den Vater im Himmel, daß er die, in deren Händen die Entscheidung liegt, in ihren Entschlüssen so erleuchte und lenke, daß keine Arbeiter arbeits- und brotlos werden, und so das Unglück, das über uns kam, noch vergrößert wird.«

Bis Mai 1947 war noch kein Betrieb demontiert worden. Anfang 1948 waren der IHK, deren Bereich ja deutlich über die Kölner Stadtgrenzen hinausreichte, 37 Beschlagnahmungen von Maschinen und sechs tatsächlich abtransportierte Gerätschaften bekannt. Erst am 16. Oktober 1947 wurde die offizielle Demontageliste der Militärregierung veröffentlicht. Sechs Kölner Unternehmen sollten demontiert werden: Munk & Schmitz KG in Poll, Pellenz & Co., die Rheinische Walzmaschinenfabrik, die Maschinenfabrik Walter Arendt GmbH in Niehl, die Hermann Böcher-Maschinenbau-Anstalt in Kalk und teilweise KHD, sowohl in Deutz wie in Kalk. Auch das Elektrizitätswerk der Stadt sollte abgebaut werden. Bis zu Jahresbeginn 1948 waren vier der betroffenen Firmen inventarisiert, aber noch nicht demontiert. Die realen Verluste scheinen sich für Köln in engen Grenzen gehalten zu haben. Aus britischer Sicht rechnete man am Ende mit einem Wert von 4,1 Millionen Reichsmark aus Demontagen, aus deutscher Sicht mit 4,9 Millionen Reichsmark, während ein weiteres Gutachten den Zeitwert auf 3,3 Millionen Reichsmark einschätzte.

Bei KHD zum Beispiel durften die als Demontage abzuliefernden 148 Werkzeugmaschinen von der Werksleitung selbst ausgesucht werden. Im Schnitt waren sie 17 Jahre alt. Hier führte die Demontage, da die Produktion kaum behindert wurde, zu einer raschen Modernisierung der Fertigung. Im gesamten Nordrhein-Westfalen blieb die Durchführung des Abbaus nach der Vorgabe der Demontageliste weit hinter den ursprünglichen Vorstellungen zurück. Aber Beute wurde gemacht. Jedenfalls spricht Finanzminister Heinrich Weitz in seiner Denkschrift vom 16. November 1948 von »Beuteentnahmen« und rechnet neben Sachleistungen die »Wegnahme von Patenten, Entnahme von Zeichnungen und Konstruktionsunterlagen, Auslieferung von Betriebsgeheimnissen« dazu. Diese Enteignung von geistigem Eigentum nahm durchaus skurrile Formen an. Maria Mülhens, Herrin von Gut Schlenderhan und Eigentümerin von 4711, wurde bedrängt, die Rezeptur des Eau de Cologne des Unternehmens preiszugeben, allerdings ohne Erfolg. Angehörige englischer Firmen verschafften sich in Uniform als »Kontrolloffiziere« Zutritt zu ihren deutschen Konkurrenzunternehmen, um sich Informationen für die Heimat zu sichern. Paul Adolf Hecker, Chef der Lackfirma Spieß, Hecker & Co., weiß sich zu helfen. Als englischer Besuch Interesse am Rezept eines bestimmten Lackes ankündigt, wird eine auf alt getrimmte Rezepturkarte in den Tresor gelegt. Bei KHD war man dagegen offensichtlich erfolgreich. Im Mai 1947 erscheint in der *Times* ein Inserat, in dem damit geworben wird, dass man nicht nur über Originalersatzteile von KHD, sondern, »*thanks to the assistance of the British Authorities*«, auch über die Originalzeichnungen verfügt.

Arbeitsmarkt

Köln liefert keinen Beleg für irgendeine der Thesen, die eine rasante Rekonstruktion der Wirtschaft in Friedenszeiten, nationale politische Entscheidungen als Ursachen, die Hilfen der USA durch den Marshall-Plan oder das Aufholbedürfnis gegenüber den Vereinigten Staaten als entscheidend für das Wirtschaftswunder hervorheben. Die Stadt ist anfangs wüst und menschenleer. Während andere Großstädte bereits Anfang der 50er Jahre ihre Einwohnerzahl des Jahres 1939 wieder erreichen, zählt Köln erst 1957 mit über 700000 nur fast wieder die Bevölkerungszahl von 1939 von gut 770000 Einwohnern. Endgültig wird die Vorkriegseinwohnerzahl erst im Jahr 1959 erreicht und leicht überschritten. Bis 1961 hat Köln dabei rund 80000 Vertriebene und etwa 55000 Flüchtlinge aus der Sowjetischen Besatzungszone/DDR aufgenommen und eingegliedert. Längst sind noch nicht alle vor Kriegsende Evakuierten in ihre Heimat zurückgekehrt, aber die Politik der Bundesregierung hatte sich vorrangig für Unterstützung für Flüchtlinge und Vertriebene eingesetzt. Hier stieß der Einsatz der städtischen Politik wie der Verwaltung an Grenzen. Den Oberbürgermeister erreichten noch bis Mitte der 50er Jahre dramatische Briefe mit den Klagen und Wünschen rückkehrwilliger Evakuierter. Manchmal ließ auch der Rückkehrwille nach. Das war bereits 1951 abzusehen: Damals hatte die Stadt 16 Häuser für 91 evakuierte Familien aus dem Oberbergischen und dem Siegkreis fertiggestellt, aber nur 61 Familien waren noch rückkehrwillig. 30 Familien hatten eine neue Existenz gegründet und verzichteten auf die Rückkehr. Das Bundesevakuiertengesetz des Jahres 1953 bot nur wenig finanzielle Hilfe, erst die Novellen von 1957 und 1961 öffnete den Weg für materielle Entschädigung oder Rückkehrhilfen.

Die Zahl der Erwerbstätigen in Köln, die uns die Statistik nennt, ist durch die Einberechnung der Ein- und Auspendler über die Stadtgrenze hinweg für die Beschäftigungslage der Kölner selbst nur bedingt aussagekräftig. 1939 kamen fast 360000 Erwerbstätige in Köln auf gut doppelt so viele Einwohner. Ende 1946, als angesichts der katastrophalen Verkehrsverhältnisse kaum mit vielen Pendlern zu rechnen ist, sind etwa 200000 der gut 500000 Einwohner Kölns erwerbstätig. Rechnen wir allerdings die geschätzten 20000 am Schwarzen Markt inoffiziell tätigen Kölner zu diesen offiziell erfassten Erwerbstätigen hinzu, kommen wir wieder fast auf die Hälfte der Einwohnerzahl als Erwerbstätige. 1950 liegt deren Zahl in Köln mit etwa 270000 Personen nur wenig unter der Hälfte der Einwohnerzahl von knapp über 600000. Allein zwischen 1978 und 1993 stieg die Zahl der Arbeitsplätze in Köln um über 10 Prozent. Heute, im 21. Jahrhundert, kommen etwa 660000 Erwerbstätige auf die gut eine Million Einwohner in Köln. Den gut 110000 Auspendlern aus der Stadt stehen heute etwa 240000 Einpendler gegenüber, die über die Stadtgrenze nach Köln zur Arbeit kommen. Bei den Einpendlern geht der Domstadt zwar ein bedeutender kommunaler Anteil an der Einkommensteuer verloren, aber die Bedeutung der Fülle in der Stadt nachweisbarer Arbeitsplätze ist kaum zu überschätzen. Die Zahl der in Köln Erwerbstätigen hat offensichtlich zugenommen und damit auch die Zahl der erwerbstätigen Kölner.

Aber seit dem Ende der 60er Jahre lässt sich ein Trend verfolgen, der anhält. Die Arbeitswelt hat sich verwandelt. In der alten Bundesrepublik und nach der Wiedervereinigung im heutigen Westen der BRD hat der Anteil der »Normalarbeit« – Vollzeit und unbefristet – von Zweidrittel aller Erwerbstätigen noch 1968 auf gerade die Hälfte Anfang des

Jahrtausends abgenommen. Gleichzeitig verringerte sich die Zahl der Selbständigen und mithelfenden Familienangehörigen. Teilzeit- und Leiharbeit legen kräftig zu. Und da auch die Zahl der Ausbildungsplätze abnimmt, verbirgt sich hinter den genannten Daten eine wachsende Anzahl nur angelernter Arbeitskräfte. Prekäre Arbeit nimmt zu.

Den Beschäftigten stehen die Nichtbeschäftigten gegenüber. Arbeitskräfte waren nach Kriegsende zuerst Mangelware. Die Zwangsarbeiter, die lange unter grausamen Bedingungen die Produktion aufrechterhalten hatten, warteten in Lagern auf die Rückkehr in ihre Heimat oder waren bereits dorthin zurückgekehrt. Unermüdlich wurde darüber hinaus nach arbeitsfähigen Männern für den Kohlebergbau im Ruhrgebiet gesucht, die damit für Köln nicht zur Verfügung standen. Die angestammten Kölner Arbeitskräfte waren gefallen, entkräftet oder noch in Kriegsgefangenschaft. Bis Ende 1948 sind über 73 000 Kriegsgefangene nach Köln zurückgekehrt. Zwar nimmt die Zahl der Beschäftigten in der jungen Republik von Beginn an zu, aber auch die Zahl der Arbeitslosen steigt mit den Flüchtlingen aus dem Osten, mit den aus Evakuierung oder Kriegsgefangenschaft Zurückkehrenden und bleibt bei etwa zehn Prozent gleich. 1946 zählte Köln gut 13 000 Arbeitslose und ihre Zahl hielt sich bis 1953 bei etwa 10 000. Langsam erst sanken die Zahlen bis 1960 unter 2 000 Personen bei über 7 000 offenen Stellen. Hier trugen die Vertriebenen, die Flüchtlinge aus der sowjetischen Besatzungszone/DDR und die Umsiedler mit ihrem meist gut qualifizierten Angebot an Arbeitskräften viel zum Kölner Wirtschaftswachstum bei. Mitte der 1960er Jahre rechnet die Stadtverwaltung, dass etwa 18 Prozent der Kölner Bevölkerung »Heimatvertriebene, Vertriebene und Sowjetzonenflüchtlinge« sind. Aber der jährliche Zugewinn für den Arbeitsmarkt aus diesen Quellen nimmt Mitte der 60er Jahre auf gut 1 500 Anträge auf Vertriebenen- oder Flüchtlingsausweise ab. Damit ist bei weiterwachsendem Bedarf an ungelernten Arbeitskräften der Weg für die »Gastarbeiter« frei.

Das endlich Mitte der 50er Jahre von allen gefühlte Wirtschaftswunder erleidet nach langen Jahren des Erfolgs 1966/67 einen ersten leichten Schwächeanfall. In Köln trifft dies besonders den Fahrzeugbau und den Maschinenbau. Aber aus heutiger Sicht sind gut 5 000 Arbeitslose bei einer kaum geringeren Zahl an freien Stellen kein Grund zur Sorge. Die Zeitgenossen sahen das allerdings anders. Erstmals war die Wirtschaftsleistung nach langen Jahren hoher Zuwachsraten im Jahre 1967 geringfügig rückläufig. Bis 1970 lag dann die Zahl der Arbeitslosen regelmäßig unter 2 000, abgesehen von der kleinen Wirtschaftskrise 1966/67, während stets über 10 000 offene Stellen gemeldet werden.

Bis zum Ende der 50er Jahre bleiben bei Arbeitern und Angestellten (hier ein Hauch mehr) kaum Freiräume für disponible Ausgaben, die also über das Lebensnotwendige hinausgehen. Die kleine Wirtschaftskrise 1966/67 wirkt wie die »Ölkrise« des Jahres 1973 mehr aufs Gemüt als auf das verfügbare Einkommen. In diesen Jahren steht erstmals in der Bevölkerung so viel »Taschengeld« zur Verfügung, dass der Rat 1973 eine Marktordnung für den Trödelmarkt auf dem Neumarkt und den Flohmarkt in der Altstadt beschließt. Und das disponible, frei verfügbare Einkommen liegt Ende des vergangenen Jahrhunderts ebenso hoch wie das durch lebensnotwendige Ausgaben gebundene. Dennoch, es wächst die Unsicherheit und die Arbeitslosigkeit nimmt zu. Das sommerliche Gefühl des Wirtschaftswunders mit stabiler Währung, hohen Wachstumsraten der Wirtschaftsleistung und wachsendem Einkommen aber verfliegt deutlich im Jahre 1973 mit dem Ende des Währungssystems von Bretton Woods.

Dieses stammte aus dem Jahre 1944 und band alle Währungen im Wechselkurs an den Dollar und den Dollar selbst noch bis 1971 wieder an einen festen Gegenwert in Gold. Gleichzeitig versieht die erste Ölkrise das Jahr 1973 mit einem zusätzlichen auffälligen Akzent. Die vom Bundesamt für das Kreditwesen am 26. Juni 1974 verfügte Schließung des Bankhauses I.D. Herstatt in Köln, verursacht durch hohe Verluste bei Währungsspekulationen, die durch die Krise und das Ende des Systems von Bretton Woods in großem Umfang möglich geworden waren, setzt ein national und international beachtetes Signal. Inzwischen steigt die Arbeitslosigkeit langsam an. Im Jahr 1974 erreicht die Zahl der Erwerbslosen in Köln wieder fast 10000. Die Lebenshaltungskosten steigen im selben Jahr zum zweiten Mal in Folge drastisch an. Im Jahre 1975 ist die Wirtschaftsleistung erneut und deutlich rückläufig. Die Ölpreiskrise von 1979 und der andauernde Wandel der Arbeitswelt zeigen erneut und zusätzliche Wirkung.

Das noch andauernde Zeitalter der Krisen hat begonnen. Von 1980 auf 1981 verdoppelt sich die Arbeitslosigkeit in Köln von gut 15000 auf über 30000 Personen, nachdem sie 1975 erstmals fast 20000 erreicht hatte. Zwischen 1990 und dem Anfang des 21. Jahrhunderts steigt die Arbeitslosigkeit von durchschnittlich etwa 40000 auf etwa 60000 Kölner. Die internationale Krise wird vorübergehend durch den wirtschaftlichen Schub der Wiedervereinigung in der Bundesrepublik verdeckt. 2005 wird ein Höhepunkt mit fast 70000 Arbeitslosen in Köln erreicht, um dann bis heute wieder auf einen allen Bemühungen widerstehenden Sockel von gut 50000 abzusinken. Sanft formuliert kann man von der »Entstehung einer neuen sozialen Kategorie« sprechen. Einem wachsenden Teil unserer Bevölkerung kann unsere Gesellschaft kein passendes Arbeitsangebot machen. Das Prekariat entsteht.

Nach einem abgeschwächten Wachstum im Jahre 2008 brachte die Finanzkrise 2009 einen Rückgang der Wirtschaftsleistung um 5,1 Prozent. Ein Verlust, der erst im Jahre 2012 aufgeholt werden konnte, und seitdem sind immer nur minimale Steigerungen der Wirtschaftsleistung zu verzeichnen.

Die internationale wirtschaftliche Entwicklung hat inzwischen nicht nur in Köln zu einer weiten und wachsenden Spreizung der Einkommen zwischen Arm und Reich und zu einem wachsenden Anteil der Bevölkerung geführt, den man als arm bezeichnen kann. Im Sommer 2014 reagierte das Presseamt der Domstadt erschreckt auf die Meldung des Instituts der Deutschen Wirtschaft in Köln, dass 26,4 Prozent der Einwohner der Stadt als »kaufkraftarm« gelten, also angesichts der Entwicklung der Beschäftigungsverhältnisse nicht nur in Köln zu geringfügigen Beschäftigungen, Teilzeitarbeit und Leiharbeit über weniger als 875 € im Monat verfügen. Dieser Feststellung widerspricht nicht die gerne hervorgehobene Tatsache, dass die Stadt mit über einer halben Million noch nie so viele sozialversicherungspflichtige Arbeitsverhältnisse verzeichnet habe. Viele davon profitierende Menschen leben über ihre Verhältnisse. Mehr als 100000 Kölner über 18 Jahren sind überschuldet, geben mehr Geld aus, als sie verdienen.

Für Kölns städtischen Haushalt ist die Zahl der unterstützungsbedürftigen, meist arbeitslosen Mitbürger ein entscheidender Faktor. Mittel für städtische Planungen werden immer mehr infrage gestellt. Die auf Grund immer wieder sich ändernder gesetzlicher Grundlagen verpflichtenden Sozialausgaben nehmen seit Mitte der 70er Jahre einen wachsenden Teil des Haushalts in Anspruch.

Zu Anfang gibt es gute Zeiten. 1950 werden 20 Prozent des Haushaltes durch »Fürsorge und Jugendhilfe« beansprucht. Aktuell sind unter dem Titel »Soziale Hilfen« und »Kinder-, Jugend- und Familienhilfe« Ausgaben von 1,4 Milliarden Euro und damit rund 37 Prozent der Pläne von 3,8 Milliarden der jeweils für 2013 und 2014 beschlossenen Haushaltsatzungen gesetzlich festgelegt. Im Jahr 2007 lagen die gesamten Sozialausgaben, bei denen es sich ja um Pflichtaufgaben der Stadt handelt, noch bei gut 600 Millionen. Niemand wird sich wundern, wenn die »Sozialhilfeempfängerdichte« schon 1999 in Lindenthal, Hahnwald oder Rodenkirchen unter 3,3 Prozent und in Chorweiler, Meschenich, oder Ostheim über 14,5 Prozent lag. Im Haushalt von 2015 mit fast vier Milliarden Euro beanspruchen Soziale Hilfen und Kinder-, Jugend- und Familienhilfe zusammen 40 Prozent.

Export ist alles

Handel in der Stadt, in der Region, in Deutschland und über Grenzen hinweg ist seit der Antike eine entscheidende Basis des Lebens unserer Stadt. Man lebt dafür und davon. Aktuell würde Köln vom Abschluss des Transatlantischen Freihandelsabkommens TTIP (Transatlantic Trade and Investment Partnership), der mit 800 Millionen Verbrauchern den größten Wirtschaftsraum der Welt entstehen ließe, wohl besonders profitieren. Die IHK Köln hat in der Vollversammlung ihrer Mitglieder am 1. Oktober 2014 eine Resolution beschlossen, welche die öffentlich vorgetragenen Sorgen berücksichtigt, aber die Verhandlungen begrüßt. Besonders für die Kölner Wirtschaftsregion bringt ein Vertragsabschluss, der Zölle und aufwändige Genehmigungsverfahren zwischen der EU und den USA im neuen Wirtschaftsgebiet wegfallen lassen würde, gerade für kleinere und mittlere Unternehmen, wie sie die Kölner Region prägen, nach Ansicht der IHK erhebliche Vorteile. Alles noch Zukunftsmusik, deren Aufführung unsicher ist.

In den ersten Monaten nach Kriegsende war nicht einmal an Handel über die Zonengrenzen hinweg zu denken, zumindest offiziell. Der Schwarze Markt dagegen fand rasch seine Wege. Erst die veränderte Politik der Alliierten seit 1946 und die Einrichtung der Bizone mit einer Joint Export Import Agency (JEIA), über die alle Importe und Exporte abgewickelt werden mussten, bot langsam wieder erste Möglichkeiten. Allerdings wenig mehr als sehr beschränkte. Abgerechnet wurde in Dollar. Bei der IHK, deren Tätigkeitsbereich, wie gesagt, über die Stadtgrenzen hinausreicht, waren 354 Exportfirmen angemeldet, 100 Handelsfirmen und 254 produzierende Unternehmen. Von 190 Anträgen an die englische Militärregierung auf Ausfuhr im Wert von 335 000 £, die bis Ende 1947 eingereicht worden waren, wurden nur vier im Wert von 26 420 £ genehmigt. Erst mit der Währungsreform kam man Ende des Jahres 1948 auf einem Exportumsatz von monatlich über einer Million D-Mark. Hauptträger der Warenausfuhr waren Eisen und Stahl, Maschinenbau, Schrott, Chemie und Elektroindustrie. Die Unsicherheiten des Währungssystems und das Verbot, Waren direkt in Dänemark oder den Niederlanden gegen Lebensmittel zu tauschen, blieben ein Hindernis. Ende 1949, nach der Gründung der Bundesrepublik, wird die JEIA aufgelöst und ihre Tätigkeit von deutschen Dienststellen übernommen. Die IHK nimmt sich engagiert der Förderung des Außenhandels an. Das von ihr herausgegebene *Handbuch des Kölner Aussenhandels* lässt auf über 250 Seiten mit Firmen, Speditionen und Waren die Anstrengungen und Erfolge der Kölner Im- und Exportunternehmen erkennen. Aber erst 1951 werden dann mit der Verabschiedung des Zolltarifgesetzes und dem Beitritt der Bundesrepublik zum Allgemeinen Zoll- und Handelsabkommen (General Agreement on Tariffs and Trade, GATT), dessen internationale Wirksamkeit ab 1948 den Handel und die Zölle reguliert hatte, dem deutschen Außenhandel freiere Bahnen geöffnet. Durch die weiterhin gültigen Devisenkontrollmaßnahmen der Alliierten und das Außenwirtschaftsgesetz von 1961, mit dem ebenfalls die Devisen überwacht wurden, waren dem Handel weiterhin Schranken gesetzt.

Die nächsten Jahre und Jahrzehnte zeigen einen ständig wachsenden Exportanteil der Kölner Industrieproduktion. Im Jahr 1950, das man nach der vollzogenen Währungsreform und mit der Öffnung des internationalen Marktes für die Bundesrepublik als ein erstes Normaljahr betrachten kann, rechnet man in der Kölner Industrie mit mehr als 70000 Beschäftigten und einem Umsatz von gut 1,5 Milliarden D-Mark, davon knapp 150 Millionen, etwa zehn Prozent, im Export. 1968, nach der Erholung von der ersten kleinen Wirtschaftskrise der Jahre 1966/67, hat sich mit 130000 Beschäftigten ihre Zahl fast verdoppelt, der Umsatz mit 8,5 Milliarden D-Mark beinahe versechsfacht. Selbst wenn man die Kaufkraftverluste der D-Mark berücksichtigt, ist das eine beachtliche Steigerung. Der Exportanteil ist auf 20 Prozent gestiegen. Der Umsatz erhöht sich bis 1974 auf über 15 Milliarden D-Mark mit etwa 30 Prozent Exportanteil.

Bis 1990 sinkt die Zahl der Betriebe mit mehr als 20 Beschäftigten auf unter 400, der Umsatz steigt auf fast 18 Milliarden Euro und der Exportanteil liegt weiter bei gut 30 Prozent. Nach der Jahrtausendwende sinkt die Zahl der erfassten Betriebe fast auf 300, der Umsatz aber steigt auf über 25 Milliarden Euro bei einem Exportanteil von schließlich über 40 Prozent im Jahre 2004. In den letzten Jahren hat sich der Trend verstärkt. Zwar ist die Zahl der Beschäftigten, die 1980 noch bei gut 130000 lag und 1990 immerhin noch fast 100000 erreichte, nun auf unter 50000 gesunken, der Umsatz der nun seit 2008 weniger als 300 Betriebe aber liegt bei fast 30 Milliarden Euro mit einem Exportanteil von nun über 50 Prozent. Die Rolle der Kölner Industrie für den Arbeitsmarkt hat an Gewicht verloren, Umsatz und Exportanteil spielen aber nach wie vor eine bedeutende Rolle für die Wirtschaft der Domstadt.

Sieben Jahrzehnte Strukturwandel

Der Wandel der Wirtschaft – nicht nur in Köln oder im Kölner Wirtschaftsraum – wird nicht nur durch den schwindenden Anteil der produzierenden Gewerbe an der Wirtschaftsleistung bestimmt. Die Produktionsmengen haben ja nicht abgenommen, sondern zugenommen – im Gegensatz dazu sinken die Zahlen der dort Beschäftigten und der Anteil an der gesamten Wirtschaftsleistung. Die »Arbeitsgesellschaft« wandelt sich. Gewachsen ist die Zahl der Beschäftigten im Bereich der Dienstleistungen und deren Anteil an der gesamten Wirtschaftsleistung. Dabei sind zahlreiche neue Berufsbilder und Unternehmen entstanden.

Betrachtet man die Kölner Wirtschaft statistisch – und dafür ist es durchaus sinnvoll, den gesamten Kölner Wirtschaftsraum ins Auge zu fassen –, dann ist zumindest der Bereich der Kölner IHK, der bekanntermaßen über das Stadtgebiet herausreicht, ein guter Beobachtungsraum, um die Entwicklungen seit 1945 zu betrachten. Die Entscheidung der Unternehmer im Kölner Wirtschaftsraum, die sich im Rahmen der Wiederbegründung der Industrie- und Handelskammern nach Kriegsende wieder für Köln als Zentrum entschieden, endete damit, dass sich Stadt Köln, Landkreis Köln, Bergischer Kreis, Oberbergischer Kreis und Kreis Bergheim in der IHK Köln wiederfanden, sich die IHK Bonn aber mit dem Siegkreis und dem Kreis Euskirchen selbständig machte. Nach der Gebietsreform zum 1. Januar 1975 gab es um den Zuschnitt der neu zu bestimmenden Handelskammerbezirke heftige Auseinandersetzungen. Erst mit dem 1. April 1977 war entschieden, dass die Städte Köln und Leverkusen, der Erftkreis, der Rheinisch-Bergische Kreis und der Oberbergische Kreis in ihren neuen Zuschnitten den Kölner Kammerbezirk bildeten. Dagegen formieren der Rhein-Sieg-Kreis und die Stadt Bonn sowie der verbleibende Teil des Regierungsbezirks Köln den Kammerbezirk der IHK Bonn.

Gut die Hälfte der Bevölkerung und das Schwergewicht der Arbeitsplätze der IHK Köln befinden sich in der Stadt selbst. Leverkusen, dessen IHK aufgelöst wurde, hat mit der Bayer AG einen gewichtigen Chemiestandort des Kölner Chemiegürtels in die Industrielandschaft des Kölner Kammerbezirks eingebracht.

Ein guter Beleg dafür, dass der Blick nicht innerhalb der Stadtgrenzen bleiben kann, ist das Unternehmen Pfeiffer & Langen GmbH & Co. KG, seit der Gründung in Kölner Familienbesitz. Vom Firmensitz im Stadtgebiet aus ist das Unternehmen im näheren Kölner Wirtschaftsraum mit Zuckerfabriken z.B. in Elsdorf, Euskirchen, Jülich oder Kalkar aktiv, greift aber mit Fabriken in Rumänien, Tschechien, Ungarn, Italien und Kroatien weit darüber hinaus. So ist das Unternehmen zwar seit seiner Gründung im Jahre 1870 als markantes Beispiel Kölner Unternehmertums und Erfindergeistes in der Domstadt ansässig, verarbeitet aber nicht nur die Zuckerrüben aus dem Umland, sondern liefert den erzeugten Zucker anschließend auch in aller Herren Länder.

Leicht werden aber bei dieser Perspektive große Unternehmen übersehen, die ihre wesentlichen Umsätze im Stadtgebiet tätigen und dazu auch noch den Bürgern selbst gehören. Das gilt für den Stadtwerke Köln Konzern mit einem Umsatz von fast fünf Milliarden Euro und über 11 000 Mitarbeitern. Es gilt auch für die GAG, mit über 40 000 Wohnungen das größte Immobilienunternehmen in Köln und Vermieter für etwa zehn Prozent der Kölner Bevölkerung. Es ist mit 88 Prozent der Aktien in städtischem Besitz. Die Versorgung der Stadt mit Wasser, Elektrizität und Gas, die Beleuchtung der Straßen, der öffentliche Nahverkehr – soweit in der KVB gebündelt –, die Häfen der Stadt, die Entsorgung bei Abwasser und Müll: Das waren alles einst städtische Eigenbetriebe mit städtischen Arbeitern, Angestellten und Beamten. Nach langen Diskussionen, fraktionsintern und gemeinsam, mit denen 1952 begonnen wurde, und mehrfachen Gutachten, wird einstimmig am 12. November 1960 binnen gut einer Stunde im Rat die Gründung der »Stadtwerke Köln GmbH« als Holding der GEW-Werke AG und der KVB AG beschlossen: »Wenn mit einer derartigen Umgründung, die organisatorische und betriebswirtschaftliche Vorteile mit sich bringt, auch steuerliche Vorteile verbunden sind, so ist das selbstverständlich eine recht angenehme Zutat, die wir begrüßen und von der wir gerne Gebrauch machen.« Hinter der blumigen Formulierung von Oberstadtdirektor Max Adenauer verbergen sich heftige Verluste der KVB, die nun durch Gewinne der GEW, die bei der Stadtwerke Köln GmbH zusammenkommen, ausgeglichen werden. Die GEW, erfolgreich von Helmut Haumann als Vorstandsvorsitzendem von 1999 bis 2005 geführt, heißt seit 2002 RheinEnergie, hat über 3 000 Mitarbeiter und inzwischen im Juni 2014 zum zweiten Mal eine neuerrichtete Hauptverwaltung, nun am Parkgürtel in Ehrenfeld, bezogen. Die KVB heißt immer noch KVB, hat ebenfalls gut 3 000 Mitarbeiter und befördert täglich fast eine Million Fahrgäste. Mit gut 1 500 Mitarbeitern halten die AWB, seit 2014 GmbH, soweit das beim seit Jahrhunderten beklagten und so sympathischen Hang der Kölner zu Anarchie und Chaos möglich ist, die Stadt sauber und sammeln den Müll ein. Mit etwa weiteren 200 Mitarbeitern kümmert sie sich um dessen umweltgerechte Entsorgung bzw. Wiederverwertung. NetCologne sorgt mit ihrem Glasfasernetz und fast 800 Mitarbeitern für Telekommunikation, die HGK – die Häfen und Güterverkehr Köln AG – für den Warenverkehr auf Rhein und Schiene und ist seit dem 1. August 2012 mit den Häfen von Neuss und Düsseldorf zur RheinCargo GmbH & Co. KG zusammengeschlossen. Diese ist der zweitgrößte Binnenhafenbetreiber Deutschlands. Aus dem Besitz der Sparkasse KölnBonn und des Bankhauses Oppenheim hat die Stadtwerke AG im Jahr 2011 auch die Gesellschaft »Moderne Stadt« übernommen, die 1969 gegründet wurde, um städtebaulich wichtige Grundstücke zu erwerben, zu entwickeln und wieder zu verkaufen. Alle zusammen können dann bei KölnBäder, die mit etwa 200 Mitarbeitern die öffentlichen Bäder und das Eisstadion betreiben, entspannen.

Halten wir nun den oben skizzierten weiteren Kölner Wirtschaftsraum im Blick, hat sich die Zahl der ins Handelsregister eingetragenen Unternehmen in der Nachkriegszeit bis 1995 auf über 25 000 vervierfacht. Und über 36 000 Unternehmen werden im Jahre 2010 gezählt. Innerhalb dieser Überblickszahlen spielen sich die großen, aber langsamen Strukturveränderungen ab. Im Jahre 1954 nennt ein Geschäftsführer der IHK in seiner Schilderung der Kölner Großindustrie 175 Namen von Unternehmen. Nur 22 der von ihm darin aufgeführten waren 2015 noch aktiv.

Die zurückgehenden Zahlen des produzierenden Gewerbes bei Arbeitnehmern und Unternehmen in der Unternehmensstatistik werden durch den wachsenden Dienstleistungssektor allerdings mehr als ausgeglichen. So hat sich die Zahl der Transport- und Verkehrsunternehmen mehr als verfünffacht, noch schneller ist die Zahl der Gaststätten gewachsen, deren Bandbreite an Aspekten nationaler Küchen, aus fast allen Kontinenten übernommen, immer wieder überrascht. Wachsende Zahlen lassen sich auch in der Beratungsbranche mit Steuerberatern, Rechtsanwälten, Wirtschaftsprüfern und einschlägigen Unternehmen beobachten. International tätige Kanzleien und Filialen großer internationaler Wirtschaftsberatungsunternehmen haben sich in Köln niedergelassen. Für die Fluktuation der Arbeitskräfte sehen wir Zeitarbeitsfirmen und Personalvermittlungsunternehmen entstehen.

Als produzierendes Gewerbe werden auch heute Bergbau, Baugewerbe und verarbeitendes Gewerbe betrachtet. Dazu gehören in Köln etwa 8 000 Unternehmen. Im Rahmen der gesamten, also auch der nicht ins Handelsregister eingetragenen Unternehmen, machen sie heute gerade zehn Prozent aus. Allgemeine Dienstleistungen stehen dagegen mit fast 50 000 Unternehmen an der Spitze, über 12 000 Einzelhandelsgeschäften folgen, dann fast 4000 Hotels und Gaststätten, für den Großhandel wie für den Verkehr sind über 3000 Unternehmen tätig, etwas weniger im Kredit- und Versicherungsgewerbe, über 1000 betätigen sich als Handelsvermittler und etwa 600 Betriebe sind im Bereich Landwirtschaft und Forstwirtschaft tätig. In den Zahlen der sozialversicherungspflichtig Beschäftigten sieht das produzierende Gewerbe bescheiden aus. Hier sind 2013 noch 16 Prozent und »nur« 84 Prozent im Bereich der Dienstleistungen beschäftigt.

Es sind neue Branchen entstanden. Die über 11000 Unternehmen für IT und Telekommunikation, oder neudeutsch ICT für *information and communication technology*, die der Kölner Raum heute aufweisen kann, kennzeichnen deutlich den großen Strukturwandel. Davon sind im Jahre 2011 über 6000 Unternehmen in Köln, damit dem drittgrößten IT-Standort in Deutschland, selbst ansässig. Heute rechnet man mit insgesamt über 50000 Mitarbeitern in der Domstadt. In der Softwarebranche allein ist Köln bereits im Jahre 2000 mit 1850 Unternehmen und 16500 Mitarbeitern bei einem Jahresumsatz von 2,7 Milliarden D-Mark ein bedeutenderer Standort. So wurde z. B. Ende des Jahres 2007 das Unternehmen SA2 Worldsync gegründet, das großen Handelsunternehmen wie Metro, Edeka oder LEGO den professionellen Austausch von Artikelstammdaten ermöglicht.

Lange kam man mit einem Telefonanbieter aus, nutzte besonders fortschrittlich einen Fernschreiber oder stieg von der mechanischen Rechenmaschine auf Lochkarten um. In Mülheim erinnert das Bull-Hochhaus am Wiener Platz, errichtet damals weitgehend als Wohnhochhaus und erfolgreicher Werbeträger der Bull Lochkarten Deutschland GmbH, noch an die Aufbruchszeit des elektronischen Rechnens. Heute ist der 2008 bezogene, am Rheinauhafen gelegene Kölner Standort von Microsoft Deutschland, dessen Hauptsitz sich in München befindet, das moderne Gegenstück dazu. Das an einen überdimensionierten »Ghettoblaster« erinnernde Gebäude, entworfen vom Kölner Büro Kubalux Architekten, trägt den Namen RheinauArtOffice. Die Entscheidung für den Standort Köln zieht weitere Partnerunternehmen nach. Ähnliche Effekte lassen sich für die Entscheidung der Unternehmensberatung Kienbaum erwarten, die 2017 ihren Sitz aus Gummersbach ins linksrheinische Köln verlegt hat.

Der Fächer der Dienstleistungen der IT- und Kommunikationsunternehmen ist unglaublich breit: Spitzenreiter in der Qualitätssicherung von Software ist die 1982 gegründete SQS Software Quality Systems AG mit fast 5000 Mitarbeitern international. Systemhäuser kommen hinzu, die Beratung, Ausstattung und Service anbieten, wie Sysdat, 1975 gegründet, oder Pironet NDH, die die gesamten IT-Aufgaben im Rahmen von Outsourcing übernehmen. Pironet NDH wurde 1995 von Mehrdad Piroozram gegründet und an die Börse gebracht. Beide, Sysdat wie auch Pironet NDH, sind inzwischen von der Cancom SE mit Sitz in München übernommen worden. Das IT-Beratungsunternehmen Detecon Consulting, das seit 2012 mit 600 seiner international über 1 000 Mitarbeiter seinen Sitz in Köln hat, ist eine Tochtergesellschaft der Telekom. Als Mobilfunkanbieter hat sich 2011 Turkcell Europe im MediaPark niedergelassen. Als Netzbetreiber ist 1994 NetCologne gegründet worden, heute vollständig Tochter der Stadtwerke AG mit der Tendenz, das Glasfaser- und Kabelnetz regional weiter auszubauen. Dagegen ist der Kölner Anbieter Unitymedia seit 2009 im Besitz des international aktiven Kabelnetzbetreibers Liberty Global.

Einzelhandel und Großhandel

Im Einzelhandel werden 1950 – bei einer Einwohnerschaft von etwa 600 000 mit rund 7 000 Einzelhandelsgeschäften – ca. 20 000 Beschäftigte gezählt. Oberflächlich gesehen ändert sich statistisch bis heute wenig. Entsprechend der heutigen Einwohnerzahl und Fläche des Stadtgebiets nach der Gebietsreform werden z. Zt. mit etwa 12 000 Einzelhandelsunternehmen relativ gleich viele Unternehmen mit entsprechend gut 30 000 Beschäftigten im Einzelhandel gezählt. Beliefert werden sie wiederum von über 3 000 Großhandelsunternehmen. Im Alltag des Einkaufens dagegen begegnen wir ständig den rasanten Veränderungen unserer Gesellschaft, ihrer technischen Möglichkeiten und der komplexen Entwicklung der Wirtschaft.

Ein frühes, aber markantes Beispiel der Verwandlung der Einzelhandelslandschaft sind Kölns Milchgeschäfte, in denen in den Nachkriegsjahren Milch in der Milchkanne eingekauft wird, Joghurt, Quark und etwas regional produzierter Käse zu haben sind. Im Telefonbuch des Jahres 1950 füllen sie vier Spalten, im Jahr 1969 noch etwas mehr als eine, 1971 werden sie im Telefonbuch nicht mehr separat aufgeführt. Wenn es neben den Milchprodukten »Quark, Butter vom Fass, Öl aus dem großen Kanister, Maggi aus der großen Flasche und große Säcke mit Zucker und Mehl« gab, dann bezeichnete man sich bereits als Lebensmittelhandlung. Die wichtigste Ausstattung war die Kühltheke und entscheidenden Umsatz brachte zusätzlich die Belieferung der Kasinos von Unternehmen in der Umgebung mit Milch. Am langsamen Aufgeben der Metzgereien, am Sterben der privaten Leihbüchereien, am Aufblühen und Verschwinden der Videotheken haben wir in den letzten drei Jahrzehnten einen ähnlichen Vorgang beobachten können.

Aus ganz anderen Gründen sind die Konsumgenossenschaften wie z.B. die Konsumgenossenschaft Köln aus unserer Einkaufslandschaft verschwunden. Nach Kriegsende erlebten sie zuerst eine neue Blüte und folgen auch dem Trend zu den Selbstbedienungsläden. 1958 betrieb man 200 Verkaufsstellen. Mit anderen Konsumgenossenschaften schloss man sich später zur co op AG zusammen, die Ende der 80er Jahre im co op-Skandal unterging.

Im Stadtzentrum wird die Verwandlung der Einzelhandelslandschaft zum rasant fortschreitenden Prozess. Im Jahr 1971 hat Peter Fuchs (1921–2003), von 1966 bis 1981 Leiter des städtischen Nachrichtenamtes, einen Band zu renommierten Kölner Geschäften herausgegeben: *Wo kauft man was in Köln? Kölner Autoren schreiben über Kölner Geschäfte*. Dieses meisterhafte Beispiel dessen, was man in dieser Gewinnung von Autoren und Kontakten heute als Networking und damals schon als Klüngeln bezeichnete, zeigt heute, dass nur ein Drittel der damals unverzichtbaren Geschäfte überlebt hat. Zu ihnen gehören z.B. Schirm-Bursch in der Breite Straße, die Galerie Boisserée, das Autohaus Fleischhauer, die Kunsthandlung Goyert, das Auktionshaus van Ham, 4711 und das Musikhaus Tonger, das nun, nach mehrfachen Umzügen und nach abgewendeter Insolvenz, auf das 200-jährige Jubiläum im Jahre 2022 zusteuert.

Neben dem standardisierten Auftritt der Ketten und der Franchisenehmer sowie dem Wachstum der Shoppingcenter im Innenstadtbereich und den Verbrauchermärkten am Stadtrand gibt es so immer noch und immer wieder Versuche, Tradition zu bewahren oder Nischen für ein bestimmtes Milieu zu besetzen oder Sonderstellungen hervorzuheben. Der 2005 als Ladengeschäft im Dischhaus eröffnete Edelanbieter Manufactum ist dafür ein erfolgreiches Beispiel. Auch das Unternehmen Butlers, international aktiv im Einzelhandel mit »Wohnaccessoires« und Firmensitz in der Breite Straße, 1999 gegründet und 2017 insolvent, zeigt die Chancen und Risiken beim Erschließen eines neuen Konsumentenmilieus.

Anfang der 60er Jahre bemühte man sich noch, abgestimmt auf die bauliche Entwicklung der neuen Siedlungsgebiete, wie in Dünnwald, Flittard, Stammheim, Bickendorf oder Neu-Vogelsang und ganz besonders in Chorweiler, passende Geschäftszentren zu entwickeln. Zu Beginn der 70er Jahre konzentrieren sich Einzelhandel, aber auch Warenhäuser und großflächigere Angebote wie Möbelhandel auf die Innenstadt zwischen Hohenstaufenring und Hohenzollernring sowie Alter Markt, ergänzt um einige Geschäftsstraßen in den linksrheinischen Stadtteilen wie Eigelstein, Severinstraße, Dürener Straße, Höninger Weg, Sülzburgstraße, Neusser Straße oder Venloer Straße. Dem entsprechen rechtsrheinisch die Deutzer Freiheit und die Kalker Hauptstraße. Allein in den Jahren nach 1980 nimmt dann die Zahl der Ladengeschäfte in Köln um fast zehn Prozent ab und die großflächigen Einzelhandelsbetriebe wie Warenhäuser, Verbrauchermärkte, Möbelhäuser, Baumärkte und Gartencenter steigern in verkehrsgünstiger Stadtrandlage ihre Verkaufsfläche um etwa 40 Prozent. Diese Entwicklung setzt sich weiter fort. Anfang der 90er Jahre wird »eine allgemeine Zunahme der Betriebsgrößen bei Handel und Dienstleistungen« wie auch das »Vordringen neuer Betriebsformen, insbesondere der Fachmärkte« konstatiert. Im Kölner Stadtgebiet rechnete man damals mit 81 Geschäftszentren außerhalb der dominierenden Innenstadt. So sind längst – dank ausreichender Parkplätze – Betreiber und Kunden großer Selbstbedienungsmärkte, Baumärkte, Möbelhäuser und Gartencenter an den Stadtrand aller Stadtbezirke gezogen worden.

1972 startet z. B. das Rhein-Center Weiden mit 94 Geschäften, heute sind es, seit der zweiten Erweiterung im Jahre 2008, über 180, dazu kommt das 1995 eröffnete Parkhaus. Betrieben wird es von der KG Einkaufscenter Entwicklung mbH, kurz ECE, die unter ihren europaweit mehr als hundert Einkaufscentern in Köln auch die Opern Passagen, das City Center Chorweiler und die Colonaden im Hauptbahnhof betreibt. Jedes der Geschäfte legt vierteljährlich seine Umsatzzahlen vor und zahlt eine entsprechende Umsatzbeteiligung. Das Geschäft läuft gut. Die Opern Passagen sind 1964 als erstes Einkaufscenter in Köln unter dem Namen »Schweizer Ladenstadt« entstanden und inzwischen aufgestockt und mehrfach umgestaltet worden. Aber das ist auch das Schicksal jüngerer Bauten wie des DuMont Carrés, das 2001 an die Stelle des Verlagsgebäudes des *Kölner Stadt-Anzeigers* trat, für die Neumarkt-Galerie, die 1998 das Kaufhaus Hertie ersetzte, oder den 1981 eröffneten Bazaar de Cologne.

In Hohe Straße und Schildergasse, aber auch Ehrenstraße und Mittelstraße drängen internationale Unternehmen mit ihren Filialbetrieben, getrieben vom Spartrieb des Publikums bei Schuhen, Kleidung, Uhren und Schmuck, bei Kosmetika und beim Essen, längst die traditionsreichen Familienbetriebe vom Markt. Das gilt besonders für die Schildergasse, die z. B. im Jahre 2008 mit über 17 000 Passanten pro Stunde samstagmittags als beliebteste Einkaufsstraße Europas ermittelt wurde. Einige Beispiele: 2004 schließt nach Fehlern im Sortiments- und Zielgruppenwechsel das Modehaus Boecker. 2005 kauft Fielmann Haus und Grundstück von Optik Simon, der sich anschließend auf der Breite Straße niederlässt. 2006 kommt das Ende für die Kristall Passage am Anfang der Hohe Straße und Spielwaren Feldhaus auf der Schildergasse. Peek & Cloppenburg haben mit dem von Renzo Piano entworfenen und nach langem Streit um die Baustatik erst 2005 eröffneten Weltstadthaus einen weiteren Wettbewerber auf den Textilmarkt gebracht. Seit 2007 ist hier auch die Modemarke Mexx aktiv. Auf der Schildergasse schließt ebenfalls 2007 das Schuhhaus Böhmer. Auf dem Grundstück hat die Modekette Tommy Hilfiger ihr drittes Kölner Geschäft eröffnet. Anfang 2014 verabschiedet sich auf der Hohe Straße mit J. H. Becker, populär als »Silber Becker« bezeichnet, das letzte große inhabergeführte Fachgeschäft. Im Umfeld zieht Messing Müller zuerst um, bevor dann das Geschäft 2016, wie auch das Modehaus Franz Sauer in der Minoritenstraße, zu Ende 2016 geschlossen wird. Ende April 2017 folgt das Bekleidungsgeschäft Jacobi, einkaufstechnisch am Ende der Schildergasse, im Stadtplan an der Ecke Gürzenichstraße/Hohe Straße gelegen. Hier sieht man die erfolgreiche Konkurrenz im Internet als entscheidende Ursache. Im Eingangsbereich der Hohe Straße, am Wallrafplatz, entwickelt sich inzwischen ein Quartier für international vertretene Luxusgeschäfte im Gegensatz zur »konsumigen« anschließenden Einkaufsmeile. Schon Ende des vergangenen Jahrhunderts nahm Köln einen Spitzenplatz in der Filialisierung ein, die in den besten Geschäftslagen bereits 1995 bei über 80 Prozent lag. Inzwischen wird auch die Ehrenstraße in diesen Prozess einbezogen. Damit werden diese begehrten Standorte, wie man schon 1998 feststellt, zur »Marschpiste für Konsumenten«. Jetzt kommen z. B. Zara, Superdry, Reserved, Footlocker, Sidestep, dolce Gusto, Rossmann und Apple hinzu. Der Verein City-Marketing versucht mit verschiedenen Aktionen, die Attraktivität der Innenstadt zu sichern. Und IHK und Stadt Köln bemühen sich mithilfe des Landesplanungsrechts und der ergänzenden »Kölner Liste«, das Warenangebot im »Nebensortiment« der Fachmärkte in Stadtrandlage einzuschränken, um Kunden fürs Stadtzentrum zu sichern. Bei den Verhandlungen im Jahre 2007 um die zweite Kölner Ikea-Filiale mit eigenem Straßenbahnanschluss in Ossendorf war die Größe der Verkaufsfläche für das zentrenrelevante Nebensortiment lange ein Streitpunkt. Diese Diskussion ist die Kehrseite des Verschwindens der Haushaltswarengeschäfte, die jeder von uns in seinem Viertel sicher schon konstatiert hat.

Besonders deutlich wird die Verwandlung der Einzelhandelslandschaft an einem längst geschlossenen Geschäft in geradezu musealer Qualität. In der Marsiliusstraße 4 in Sülz ist das Eisenwarengeschäft Bosen zwar seit März 2000 geschlossen, es hatte aber bis dahin den Zustand der Nachkriegszeit bewahrt. Hier konnte man bis zum Schluss noch Schrauben einzeln und ohne Umverpackung kaufen.

Gehörte »Tante Emma« im Lebensmitteleinzelhandel noch zur Familie, so arbeiten wir jetzt am Kassenlaufband und stehen damit am Anfang der Nahrungskette von international agierenden Konzernen wie Metro und REWE. Sie versorgen uns in verschiedenen Kostümen auf fast allen Gebieten des täglichen Bedarfs, wenn wir uns nicht im Internet bedienen lassen, wo wir ihnen natürlich auch begegnen können. Allerdings gelten auch hier harte Regeln. Kleinere Lebensmittelmärkte in den Kölner Vororten haben sich nicht halten können. Abgelegene Bereiche in Stadtbezirken wie Chorweiler oder Porz, Vororte wie Auweiler, Blumenberg, Bocklemünd-Mengenich, Ensen, Fühlingen, Gremberghoven, Heimersdorf, Langel, Lind, Libur, Merkenich, Neu-Vogelsang, Ostheim, Raderthal, Rheinkassel, Sürth, Thenhoven, Wahnheide, Weiß, Vogelsang und Zündorf werden inzwischen durch Unternehmen wie Heiko mit rollenden Supermärkten zu regelmäßigen Terminen angefahren und versorgt. Selbst Hahnwald gehört dazu. Ob und wie die Entwicklungen im Einzelhandel politisch gesteuert werden können, wird seit Jahrzehnten immer wieder diskutiert. Das städtische »Einzelhandels- und Zentrenkonzept« von 2010, am 17. Dezember 2013 vom Rat als städtebauliches Entwicklungskonzept beschlossen, will hier Abhilfe schaffen. Der Erfolg bleibt abzuwarten. Dennoch sieht es in Köln besser aus als im Umland. In der Domstadt verfügten wir (Ende des vergangenen Jahrhunderts) über 16 Lebensmittelgeschäfte je 10000 Einwohner, während es im Umland nur 12 für die dieselbe Zahl an Personen gibt.

Die Metro Group, 1995 aus dem Zusammenschluss von Kaufhof, Asko, Deutsche SB-Kauf AG und Metro-Großhandel entstanden, hat inzwischen ihren Sitz von Köln nach Düsseldorf verlegt. Für Köln ist mit REWE der 1927 hier gegründete »Revisionsverband der Westkaufgenossenschaften« ein exzellentes Beispiel für die Entwicklungen im Einzelhandel. Die Einkaufsgenossenschaft für die Versorgung von darin zusammengeschlossenen Einzelhändlern, auch heute noch als nicht börsennotierte Aktiengesellschaft im Besitz von etwa 3000 Kaufleuten, nimmt nach dem Zweiten Weltkrieg auch Importe, Großhandel und Exporte ins Geschäftsfeld auf. Bald wird aus der Genossenschaft ein selbständig europaweit operierender Konzern mit eigenen Interessen, der weitaus mehr Supermärkte selbst betreut, als er Eigentümer beliefert. 1974 werden z.B. 50 Prozent und 1989 die restlichen 50 Prozent der Leibbrandgruppe mit ihren HL- und Minimal-Supermärkten, mit den Penny-Discountmärkten und Toom-Baumärkten übernommen. 1993 beginnt man mit England in den internationalen Markt einzusteigen. Mit 40 Prozent beteiligt sich REWE 1996 an der ProSieben Media AG. Im neuen Jahrtausend wird das Touristikgeschäft ausgebaut. 2008 scheitert zwar die Übernahme des Konkurrenten Tengelmann, von dem aber gut 300 Plus-Filialen übernommen werden, am Einspruch des Kartellamtes, aber auch so werden 2008 wie schon 2007 gut 300 neue Discounter und Supermärkte eröffnet. In diesem Jahr 2008 besitzt REWE bereits 59 Standorte in Russland. Und mit neuen Konzepten wie REWE City oder Temma wird das Standbein Lebensmittelhandel ausgebaut. Dagegen hat man sich vom Handel mit Unterhaltungselektronik unter dem Namen ProMarkt seit 2013 Schritt für Schritt gelöst. Hier hat der Internethandel gesiegt. Der Jahresumsatz liegt inzwischen bei über vierzig Milliarden Euro, weitere zehn Milliarden erwirtschaften selbständige REWE-Händler. Es bleibt 2012 ein Gewinn von über einer Milliarde Euro vor Steuern und Abschreibungen.

Natürlich liefert man auch selbst online und die seit 2006 geführte Dachmarke REWE Group bezieht sich mit den Farben Rot und Gelb auf die Kerngeschäfte Handel und Touristik. Mit einem Umsatz von über 50 Milliarden Euro und fast 15000 Märkten bei über 300000 Mitarbeiterinnen und Mitarbeitern im Jahr 2013 liegt die REWE Group damit knapp hinter der Metro Group mit Unternehmenssitz in Düsseldorf, die für den Großhandel mit Cash & Carry und für uns einfache Käufer mit Real, Media Markt, Saturn und Kaufhof aktiv ist. Darunter hat die Galeria Kaufhof GmbH, zum Verkauf stehender Teil der Metro Group, ihren traditionsreichen Sitz in Köln.

Die Domstadt ist nicht nur durch den Sitz der REWE Group für diese Globalisierung des Einzelhandels eine wichtige Bühne gewesen. Für den internationalen Handel mit Spielwaren hat Toys »R« Us seinen Deutschlandsitz in Köln genommen. Die Entwicklung des Systems der Filialbetriebe auch mit Eigenmarken und der Selbstbedienungsmärkte ist eng mit dem Namen Cornelius Stüssgen (1877–1956) verbunden. Erfolgreich hat er, der 1899 seine ersten beiden Filialgeschäfte in Brühl und Bergisch-Gladbach eröffnet hatte, seine Betriebe nach dem Zweiten Weltkrieg wieder aufgebaut. Er hat sich dabei – Vorbild für den deutschen Einzelhandel – auf die Rationalisierung von Verkauf und Verpackung konzentriert und hier seine Gewinne erwirtschaftet. 1952 eröffnet er seinen ersten Selbstbedienungsladen in Köln. Vor seinem Tod hatte sein Unternehmen wieder 94 Filialen. 1984 wird die Mehrheit des Unternehmens von REWE übernommen, 1989 auch die noch fehlenden 49 Prozent mit zu diesem Zeitpunkt 81 Märkten. 2006 werden die letzten davon auf das Erscheinungsbild REWE umgestellt.

Eine damals viel beachtete Rolle hat Köln auch mit dem am 26. September 1957 von Herbert H. Ecklöh eröffneten »ersten genuinen Supermarkt« mit 1 700 Kubikmeter Verkaufsfläche, den er mit anderen Firmen aber keine zwei Jahre später wieder verkauft. Das war revolutionär. 1956 standen über 95 Prozent Läden mit Bedienung keine fünf Prozent Selbstbedienungsläden gegenüber. Zwei Jahrzehnte später hatte sich das Zahlenverhältnis ins Gegenteil verkehrt: Keine vier Prozent Bedienungsläden standen nun mehr als 96 Prozent Selbstbedienungsläden gegenüber.

Für eine weitere Revolution im Einzelhandel sorgte nach einer Amerikareise im Jahr 1959, wie sie bereits 1927 Cornelius Stüssgen unternommen hatte, Fritz Waffenschmidt gemeinsam mit seiner Frau Anni, die dabei erkannten, dass die in Deutschland gewohnte Rolle und Gewinnspanne des Großhandels bei entsprechend großen Umsätzen im Geschäft entfallen kann. Waffenschmidt setzt seine Begeisterung für Werbung nun für große Umsätze bei geringer Gewinnspanne und für die Auseinandersetzung mit der Preisbindung ein. Sowohl mit Hansa-Foto wie mit Saturn, mit preisgünstigen Angeboten in den Bereichen Fotografie, Schallplatten und Elektrogeräten wird das Unternehmen am Hansaring zum Geschäfts- und Medienerfolg und kommt auf jährlich fünf Millionen Kunden in den 70er und frühen 80er Jahren. Saturn am Hansaring wurde zeitweise an Besuchern nur noch vom Kölner Dom übertroffen. Am 31. März 1984 verkaufen Anni und Fritz Waffenschmidt das Unternehmen, das heute zur Metro gehört.

Die Handelshof-Gruppe versorgt dagegen, mit 16 Märkten in NRW und Norddeutschland als reiner Großhändler, in diesem Gebiet nur etwa 300 000 Kunden, zur Hälfte aus der Gastronomie, dazu Freiberufler und Handwerker. Im Jahre 2010, ein halbes Jahrhundert nach der Gründung des Unternehmens mit Sitz in Köln, erwirtschaftet man einen Umsatz von fast 700 Millionen Euro bei gut 2 300 Mitarbeitern, macht jedoch keine Angaben zum Gewinn.

Zu einem global tätigen Unternehmen ist der aus der Überwachung von Dampfkesseln und Dampfmaschinen entstandene TÜV Rheinland gewachsen. 1962 beschäftigt man noch dezentral in sechs Dienststellen im Rheinland rund 600 Mitarbeiter mit der Hauptverwaltung in der

Lukasstraße. 1974 bezieht man den dominanten Neubau in Poll, in dem nun, da große Anlagen große Prüfteams fordern, die Mitarbeiter eine gemeinsame Zentrale nutzen können. Längst ist das Unternehmen über die Kontrolle der Verkehrssicherheit von PKW herausgewachsen, prüft Industrieanlagen, zertifiziert Produkte und betätigt sich auch als Beratungsunternehmen. 2015 ist der Umsatz auf über 1,8 Milliarden Euro gestiegen, bei insgesamt regional und international fast 20000 Mitarbeitern.

Wieder andere sind neu hinzugekommen. Es sind Weltmarktführer darunter. 1950 gründeten Wilhelm Rasch und Otto Römmling die Wilhelm Rasch GmbH & Co., heute Weltmarktführer für Maschinen für die Verpackung von Hohlfiguren aus Schokolade mit einem Umsatz vom fast fünf Millionen Euro im Jahre 2009. In einer Garage – allerdings einer Doppelgarage – riefen 1964 der Ingenieur Günter Blasius und seine Ehefrau Margret das Unternehmen IGUS für die Fertigung von Präzisionsbauteilen in Spritzgusstechnik in Leben. Heute zählt das Kunststofftechnik-Unternehmen mit Hauptsitz in Porz-Lind 28 Niederlassungen weltweit mit fast 2000 Mitarbeitern, davon 1000 in Köln. Dort wurde 2001 der vom Büro Nicholas Grimshaw entworfene Neubau des Unternehmens mit seiner beeindruckenden, von technischen Überlegungen bestimmten Architektur eröffnet. 2008 wurde ein wartungsfreies Polymerkugellager entwickelt und die Fabrik 2009 um 60 Prozent erweitert. 1986 gründeten Wilfried Courage und Gabriel Khazaka die Courage + Khazaka electronic GmbH und produzieren mit inzwischen 45 Mitarbeitern Geräte für die Hautanalyse in Dermatologie, Kosmetik und Forschung. 75 Prozent der Produktion werden exportiert. Kunden sind z. B. die Charité in Berlin sowie Kosmetikunternehmen wie Estée Lauder, L'Oréal oder Beiersdorf. Die FOGTEC Brandschutz GmbH & Co. KG, 1997 in Mülheim gegründet, ist führender Anbieter von Hochdruckwassernebelanlagen für den Brandschutz für Schienenfahrzeuge und Tunnel.

Andere haben eine erstaunliche Entwicklung genommen, wie die 1898 von Paul Morszeck gegründete Koffermanufaktur. Sohn Richard erdachte das Warenzeichen Rimowa (RichardMorszeckWarenzeichen), entwickelte 1937 den ersten Aluminiumkoffer, der 1950 zur Stabilisierung die charakteristischen Rillen erhielt. Seit 2000 sind im gleichen geschützten Erscheinungsbild Koffer aus Polycarbonat dazu gekommen. Der 1984 von Dörte Gatermann und Elmar Schossig in Ossendorf entworfene neue Firmensitz greift die Rillenform als Erscheinungsbild der Bauten auf. 2009 beschäftigt das Unternehmen 250 Mitarbeiter in Ossendorf, 270 in Tschechien und macht einen Umsatz von fast 100 Millionen Euro. Längst ist der Koffer auch zu literarischen Ehren gekommen und war es in 2016 wert, vom französischen Konzern für Luxusprodukte LVMH für fast eine Milliarde Euro übernommen zu werden.

Handwerk

Das Handwerk hat in der Kölner Region, im Handelskammerbezirk der IHK, mit über 32000 Betrieben und über 180000 Beschäftigten im Jahr 2010 einen Umsatz von 15 Milliarden Euro erwirtschaftet. Es ist und bleibt, in ständigem Wandel begriffen, ein unverzichtbarer Teil des Kölner Wirtschaftslebens. Auch im Handwerk treffen wir in der ersten Nachkriegszeit auf die gewohnten Sorgen, Probleme und Aufbaupläne. So bemüht sich Elektromeister Josef Schramml mit einem Schreiben vom 20. August 1946 beim Wirtschaftsamt um Bezugsscheine für (die üblichen blauen) Arbeitsanzüge für seine Mitarbeiter. Er begründet seinen Wunsch mit den Arbeiten in Krankenhäusern und für die Militärregierung, z. B. für die Beleuchtung der Patton-Brücke. Andererseits bietet sich für Handwerker bis zur Währungsreform manche Chance für Schwarzarbeit oder zusätzliche materielle Vergütungen.

Von den über 7000 Kölner Handwerksbetrieben war mehr als die Hälfte völlig zerstört. Nur etwa 2000 Betriebe im Bereich der Stadt Köln hatten Schäden bis zu 50 Prozent erlitten. Nach Kriegsende explodiert die Zahl der Kölner Handwerksbetriebe, allerdings zumeist durch kleine Unternehmen. Insgesamt zählt man über 50000 Beschäftigte im Kölner Handwerk. Kaum 1000 der über 12000 Betriebe haben 1947 mehr als zehn Mitarbeiter, fast 6000 der Kölner Betriebe bestehen entweder nur aus dem Inhaber oder beschäftigen einen Mitarbeiter. Inzwischen hat sich die Zahl der Handwerksbetriebe wieder deutlich reduziert. Ein Jahrzehnt nach Kriegsende rechnete man mit knapp 10000, Ende des 20. Jahrhunderts, trotz des 1975 erweiterten Stadtgebietes, mit gut 8000 innerhalb Kölns ansässigen Betrieben, in denen sich oft allerdings die Zahl der Mitarbeiter vergrößert hat. Exzellente Beispiele für erfolgreiches Wirtschaften über Generationen hinweg sind z. B. das von Bernhard Günther gegründete Elektrounternehmen oder die Bonjean Maler- und Lackier GmbH. Beide Handwerksbetriebe sind mit ihren Eigentümern immer wieder auch in der Handwerkerschaft und in der Politik aktiv geworden.

Die Handwerkskammer zu Köln – hier ist, parallel zur IHK, ebenfalls Pflichtmitgliedschaft für alle Handwerksbetriebe vorgesehen – entstand für den räumlich allerdings größeren Zuständigkeitsbereich des gesamten Regierungsbezirks Köln. Der Kammerbezirk umfasst hier also die kreisfreien Städten Köln, Bonn und Leverkusen, den Rheinisch-Bergischen Kreis, Rhein-Sieg-Kreis, Oberbergischen Kreis und Erftkreis. Ein Viertel aller Handwerksbetriebe des Kammerbezirks ist in Köln gemeldet. Der Wirkungskreis der Kölner Handwerksbetriebe reicht dank deren Kundschaft, ähnlich der Kölner Industrie, weit über die Stadtgrenzen hinaus.

In Köln und ebenfalls weit darüber hinaus spielt Bernhard Günther (1906–1981) für das Handwerk und die Stadt eine wichtige Rolle als Mitgründer der Kölner CDU, als Mitglied der Stadtverordneten-Versammlung von Beginn an. Er wird mit einem Schreiben des Regierungspräsidenten vom 20. Juni 1945 zur Leitung der am 3. Juni neugegründeten Handwerkskammer aufgefordert und von ihm mit Schreiben vom 16. Juli 1945 zum Vorsitzenden bestellt. Am 24. Juni 1945 hat Bernhard Günther, seit 1935 Elektroinstallateurmeister, für wenige Wochen auch die Leitung der Elektroinnung Köln übernommen. Bis 1975 wird Günther regelmäßig als Vorsitzender/Präsident der Handwerkskammer wiedergewählt und wirkt danach noch als Ehrenpräsident. Für Kölns Stadtbild und das historische Selbstbewusstsein der dortigen Handwerkerschaft sowie der Bürgerschaft Kölns hat Günther mit der Gründung des Wiederaufbauvereins Bauhütte Rathausturm e. V. am 24. April 1950 anlässlich des Stadtjubiläums »Köln 1900 Jahre Stadt« einen wichtigen Akzent gesetzt. Am 26. Mai 1950 wurde mit einer Tafel, die die wichtigsten Daten des Ratsturms verzeichnet, der symbolische Grundstein für den Wiederaufbau gelegt. Später wurde die Aufgabe dann zwar von der Stadt selbst übernommen, aber erfolgreich bemühte sich Bernhard Günther um die Finanzierung der Bronzeglocken für das 1958 vollendete Glockenspiel im Dachstuhl des Ratsturmes durch die Kölner Innungen.

Für die Handwerkskammer selbst wird 1953 der Bau eines neuen Verwaltungsgebäudes beschlossen. Die Zahl der Pflichtmitglieder hatte sich inzwischen von 30000 nach Kriegsende auf fast 50000 im Kammerbezirk gesteigert. Ein passendes Grundstück am Heumarkt konnte man von der evangelischen Gemeinde der Trinitatiskirche erwerben. Und den Wettbewerb für den Entwurf des Kammergebäudes gewann Hans Schilling mit einem Konzept, das sich in seiner Aufgliederung des langgestreckten Baus in Silhouetten schlanker Altstadthäuser an die Planungen für den Wiederaufbau der Altstadt anschloss.

Freiwillige Mitgliedschaft prägt dagegen die Kreishandwerkerschaft Köln, in der sich die Innungen zusammenfinden, um ihre lokalen Kölner Interessen zu vertreten. Ihr Wirkungsbereich ist enger auf die Stadt konzentriert. Benachbart ist die Kreishandwerkerschaft Bergisches Land, deren Handwerksbetriebe ebenso wie die der Kreishandwerkerschaft Rhein-Erft dennoch zur Handwerkskammer zu Köln gehören. In den Kreishandwerkerschaften haben sich die Innungen zusammengeschlossen, die nicht von einer Pflichtmitgliedschaft profitieren, um lokal ihre Interessen zu vertreten. Persönliches Verantwortungsbewusstsein für den eigenen Standort, für die eigene Stadt, hat in der Handwerkerschaft Köln charakteristische Formen. Im wiederaufgebauten Stapelhaus an der Frankenwerft, eröffnet am 27. Oktober 1967, hat die Kreishandwerkerschaft einen repräsentativen Sitz gefunden.

Durch die Pflichtmitgliedschaft besitzt die Handwerkskammer zu Köln einen guten Überblick über die Strukturveränderungen in ihrem Kammerbezirk. Die dort ablaufenden Entwicklungen, zu denen es eine gute Analyse gibt, werden sich nur in Details von denen im Bereich der Stadt Köln unterscheiden. So bleibt die Zahl der Betriebe im Elektro- und Metallgewerbe zwischen Nachkriegszeit und Ende des letzten Jahrtausends fast gleich, die Zahl der darin Beschäftigten verdreifacht sich und der Umsatz steigt aufs über 70-fache. Im Kfz-Handwerk verdoppelt sich die Zahl der Betriebe, verdreifacht sich die der Beschäftigten im selben Zeitraum und der Umsatz steigt auch um das mehr als 150-fache. Ähnliche Zahlen finden wir bei Elektroinstallationsbetrieben, Gas- und Wasserinstallateuren oder Heizungsbauern. Dagegen gibt es statt den über 2 500 Herrenschneiderbetrieben der frühen Nachkriegszeit heute nur noch 32 mit 69 Beschäftigten. Das gleiche Bild zeigen die Damenschneider mit noch etwa 100 Betrieben statt einst fast 2 000 und nur noch gut 200 Beschäftigten statt über 4 000. Die Pelze verarbeitenden Kürschner produzieren lange Jahre ein Statussymbol und florieren daher in der Zeit des Wirtschaftswunders. Mit der Krise des Jahre 1973 setzt hier zugleich heftige Kritik des Tierschutzes ein und das Gewerbe geht fast unter. Die Schuhmacher verlieren in den Jahrzehnten bis zum Ende des Jahrtausends 90 Prozent ihrer Betriebe und zwei Drittel ihrer Mitarbeiter, verzehnfachen aber ihren Umsatz. Die Augenoptiker vervierfachen die Zahl der Betriebe, steigern die Zahl der Mitarbeiter auf das sechsfache und erwirtschaften das 300-fache des Umsatzes der frühen Nachkriegszeit. Eine vergleichbare Steigerung gelingt den Zahntechnikern.

Die Zahlen sind nur ein Hinweis auf die Veränderungen der Arbeitswelt. Am Beispiel der Schornsteinfegerinnung Köln oder der Elektroinnung Köln lässt sich die seit Kriegsende laufende Diversifizierung der Aufgabenstellungen eines Handwerks, die angesichts der Digitalisierung von Kommunikation und Datenverarbeitung intensiv geworden ist, herausgefordert durch immer wieder veränderte Technik, gut beobachten. Firmen der Elektroinnung bieten neben den traditionellen Arbeiten der Elektroinstallation neue Entwicklungen der letzten Jahrzehnte an: Video-Türsprechanlagen, Satellitenantennen, Photovoltaikanlagen, Netzwerke für große Gebäudekomplexe, Garten- und Landschaftsbeleuchtung, EDV-Verkabelungen und EDV-Technik, Türschließsysteme, Türüberwachungs- und Zutrittskontrollsysteme, Einbruch- und Brandmeldeanlagen, Regelungstechnik für Heizungen und Lüftungen, Klimatisierung, Kühlung, Lichtplanung und Lichtberechnung.

Der Einfluss der technischen Entwicklung zeigt sich deutlich auch am Beispiel der Innung Sanitär Heizung Klima: Die Ausbildungsberufe »Gas- und Wasser-Installateur« und »Zentralheizungs- und Lüftungsbauer« werden nach der neuen Handwerksordnung des Jahres 1998 zusammengelegt und seit 2003 als Ausbildungsberuf bis hin zur Meisterprüfung nun als »Anlagenmechaniker für Sanitär-, Heizungs- und Klimatechnik« geführt. Da man in Köln auch die Lehrlinge der beiden Innungen im Rhein-Erft-Kreis und im Oberbergischen Kreis ausbildet, insgesamt über 1000, wird 1998 ein neues Berufsbildungszentrum in Köln-Kalk eröffnet. Für Lehrzwecke hat man 2003 eine Solarthermieanlage fertiggestellt und im Jahr darauf eine Hydraulik-Versuchs-Übungswand. Ein wichtiger Teil und Ergebnis dieses Engagements in der dualen Ausbildung in Betrieb und Berufsschule ist seit den 90er Jahren die Integration von jungen Flüchtlingen ins Arbeitsleben.

Kölner Unternehmen am globalen Markt

Köln ist Teil des immer noch weiter werdenden, in seiner Bedeutung wachsenden neoliberalen globalen Marktes, auf dem immer wieder neue Freihandelsabkommen nationalstaatliche Beschränkungen aufheben und nationalstaatlichen Schutz unterlaufen. Sie sollen der Konkurrenz der Großunternehmen auf einem Markt neue Bewegungsfreiheiten geben, in dem ständig noch neue Kunden gefunden werden müssen. Und wir, diese Kunden, üben, einmal abgesehen vom Markt der Luxusprodukte, mit unserem Blick auf die Preise – »Geiz ist geil« – erheblichen Druck auf Industrie, Landwirtschaft und Handel aus. Der ebenso ständige Druck, den Aktionären und der Börse wachsende Umsätze und damit wachsende Gewinne vorstellen zu müssen, bringt Unternehmer und Unternehmen immer wieder zum Streben nach Firmenwachstum. Das führt zum Gedanken, national und international Filialen zu gründen oder passende Zukäufe zu tätigen. Das gilt für die produzierende Wirtschaft, für Baugewerbe und Industrie oder Landwirtschaft ebenso wie für den Bereich der Dienstleistungen. Oft waren Kölner Unternehmen das Ziel der Zukaufspolitik, seltener selbst auf diese Weise aktiv.

Gerne rühmt sich die Bundesrepublik ihres erfolgreichen Mittelstands, aber im internationalen Wettbewerb kann eine Unternehmensgröße, die auch Fehlschläge und Krisen überstehen kann, oft ein wichtiger Faktor sein, um das Überleben eines Unternehmens zu sichern. Für viele der traditionsreichen Kölner Unternehmen zeichnen sich in den Jahrzehnten dieses Strukturwandels seit 1945 sehr unterschiedliche Entwicklungsgeschichten ab. Erfolge lassen sich hier ebenso zeigen wie das Scheitern vor den Herausforderungen des Strukturwandels. Große Namen wie CFK – die Chemische Fabrik Kalk –, Clouth, Daimon, Felten & Guilleaume Carlswerk, Glanzstoff Courtaulds, Ostermann, Pohlig, Quester, Sidol oder Stollwerck verschwinden. Manche werden wie Tefifon oder Imbert von der technischen Entwicklung an den Rand gedrängt und überholt. Andere werden wie das Zigarettenunternehmen Haus Neuerburg, die Strabag, Leybold, Nattermann, Madaus, 4711 oder Stollwerck von großen regionalen, überregionalen oder internationalen Unternehmen übernommen. Jüngst setzte Kölns erfolgreiches Familienunternehmen Rimowa die Reihe fort. 80 Prozent der Aktien übernahm, wie schon erwähnt, der französische Luxusgüterkonzern LVMH.

Unternehmensgröße kann bei mangelnder Kontrolle und fehlender Übersicht auch in den Untergang führen. Kölns Industrie bietet Beispiele dafür. Ein großer Konzern, die Otto Wolff AG, von Köln aus gesteuert, scheitert im internationalen Geschäft. Das Wirken und die Bedeutung von Otto Wolff von Amerongen (1918–2007) reichen weit über Köln hinaus. Sie zeugen von der beispiellosen Karriere eines führenden Kopfes der deutschen Wirtschaft und des deutschen Handels mit der UDSSR und China. Otto Wolff, wie sein Vater lange erfolgreich im Stahlhandel und in der Produktion von Weißblech tätig, ist – wenn nicht die – dann eine der interessantesten Kölner Unternehmerpersönlichkeiten der Jahrzehnte nach 1945. Ganz zu Beginn denkt man als Hersteller von Weißblech erst einmal an einfachsten Bedarf: Blech für Konservenbüchsen oder asphaltiertes Wellblech für Dacheindeckungen.

Die Geschichte seines Unternehmens mit Hauptsitz in Köln dagegen ist ein Beispiel für erstaunlichen Aufstieg nach 1945 und langsamen Untergang der international aktiven großen Unternehmensgruppe in den Krisen der 70er und 80er Jahre. Die vom Vater übernommenen Interessen am Handel mit der UDSSR und später mit China haben Wolff zum Pionier im Osthandel wie auch Wegbereiter und Wegbegleiter der Ostpolitik gemacht. So war er von 1955 bis 2000 Vorsitzender des Ostausschusses der deutschen Wirtschaft und bis zu seinem Tode weiter Mitglied des Vorstandes, dieser Institution, die deutsche Unternehmen beim Handel mit den Staaten des Ostens unterstützt und berät. Es war seine Rolle als »Edelkomparse der Politik«, die mehrfach hochrangige Besucher aus der UDSSR nach Köln brachte. So Michail Gorbatschow am 13. Juni 1989 oder Boris Jelzin, Präsident der Russischen Föderation, am 22. November 1991 anlässlich des Ostausschusses der deutschen Wirtschaft in der Kölner IHK.

1960 bezog die Zentrale der Unternehmensgruppe den eleganten Bau in der Zeughausstraße, den heute die Bezirksregierung nutzt. Als Präsident der IHK in Köln, von 1969 bis 1988 Präsident des DIHT – des Deutschen Industrie- und Handelstages, heute als DIHK die Dachorganisation der deutschen Industrie- und Handelskammern – und in zahlreichen offiziellen und inoffiziellen Netzwerken war Otto Wolff auch international über Jahrzehnte hinweg aktiv.

Sein Vater, der auf der Suche nach einem historischen Vorbild für die Zahlung der deutschen Reparationszahlungen nach dem Frieden von Versailles 1932 ein Buch über den französischen Großhändler in Heeresproviant, Bankier, Finanzier und Spekulanten Gabriel Julien Ouvrard (1770–1846) veröffentlich hatte, starb 1940. Erst 1935 hatte er seinen unehelichen Sohn adoptiert und ihn als Nachfolger vorgesehen. Die Otto-Wolff-Gruppe war als Handelsunternehmen entstanden und hatte später erst Unternehmensanteile in der zuliefernden Industrie als Kapitalanlage erworben.

Als Inhaber eines der größten deutschen Handelsunternehmen und zugleich erfolgreicher Produzent von Weißblech mit Sitz in Köln musste sich Wolff mit seinen Mitstreiter für bald ein Jahrzehnt nach Kriegsende mit den Bestrebungen der Alliierten auseinanderzusetzen, die Konzentration und Verbindungen der Kohleförderung und der von der geförderten Kohle abhängigen Schwerindustrie in wenigen Händen – besser Köpfen – zu entflechten. Erst 1954 war die Entflechtung mit der Ausgründung der Stahlwerke Bochum und der Verbindung der Werke in Neuwied und Andernach zu einer Stahl- und Walzwerke Rasselstein/Andernach AG, Neuwied, vollzogen. Neuwied erhielt Wolff 1955 zurück, 1961 besitzt er 50 Prozent der Aktien der Rasselstein AG. An Bochum erwarb Otto Wolff 1961 die Majorität der Aktien zurück. Mit der Rasselstein/Andernach AG hatte er einen vielseitigen Zulieferer für den

Handel erhalten. Im Jahre 1964 hatte man einen Brutto-Umsatz von 2,94 Milliarden D-Mark erwirtschaftet. Das Kapital für notwendige Investitionen war dennoch so nicht zu erwirtschaften. Otto Wolff von Amerongen wandelte die von ihm seit 1940 geleitete Kommanditgesellschaft zum 1. Januar 1966 in eine Aktiengesellschaft um. Sowohl für die Gewinnung von Führungskräften wie für zusätzliche Kapitalaufnahmen zur Modernisierung der produzierenden Unternehmen schien dies der geeignete Weg. In einer Hochglanzbroschüre anlässlich des 75-jährigen Jubiläums der Otto Wolff-Gruppe werden die international aktiven Unternehmen aufgezählt. Die Spannbreite reicht von der Lieferung von Rohstoffen und Werkstoffen über Feinblech, Weißblech und Elektroblech zu Investitionsgütern, Maschinen und ganzen Anlagen. Der gesamte Umsatz von 3 200 Millionen D-Mark steht auf der schmalen Basis eines Grundkapitals von 100 Millionen D-Mark bei konsolidierten Eigenmitteln von 218 Millionen D-Mark. Den einzelnen Unternehmen im Besitz der AG wurde viel Spielraum für eigene Entscheidungen eingeräumt. Das erwies sich mit der Fehleinschätzung von Entwicklungen bald als Risiko für den Eigentümer und viele der international über 15 000 Mitarbeiter. Die Zentrale erfuhr zu spät von Fehlentwicklungen. Der Aufbau eigener Unternehmen in den USA schlug fehl. 1979 fasste man die verschiedenen Niederlassungen der AG, die in den USA Stahlhandel betrieben, zusammen und es wurde ein eigener Produktionsstandort für Stahl in der Nähe von Houston aufgebaut. Hurricane Industries – so der Name des Unternehmens – brachten aber keinen frischen Wind ins Geschäft, sondern eine Flaute. 1985 wurde das USA-Engagement mit einem Verlust von rund 270 Millionen D-Mark beendet. In den selben Jahren hatte man sich mit der ARBED, einem in Luxemburg ansässigen Stahlkonzern, geeinigt, in einem international tätigen Unternehmen für Anlagenbau im *material handling* für Transport und Verarbeitung von Massengütern zusammenzuarbeiten. Erste Erfolge täuschten. Ein schrumpfender Markt, Konkurrenz aus Billiglohnländern, ein immer weiter sinkender Dollarkurs, der alle Kalkulationen sprengte, führten zu Verlusten, die die Otto Wolff AG nicht mehr auffangen konnte und wollte. Das gemeinsame Unternehmen ging in die Insolvenz. Otto Wolff glich die Verluste der Gläubiger aus seinem Vermögen aus. Die Folgen waren gravierend: »Otto Wolffs Unternehmensgruppe kam in den 1980er Jahren in erhebliche Turbulenzen. Im Sommer 1986 übergab er die Leitung der Gruppe an seinen Schwiegersohn Arend Oetker und zog sich auf die Position des Aufsichtsratsvorsitzenden zurück. [...] Er gab nach und nach seine zahlreichen Ehrenämter auf und legte schließlich 1988 den Vorsitz im DIHT nieder. Im folgenden Jahr verkaufte er sein saniertes Unternehmen.« Es waren nur noch bescheidene Reste einer Unternehmensgruppe, die ihn Jahre zuvor für *Die Zeit* zu einem der zwölf reichsten Männer Deutschlands gemacht hatte. Heute tragen in Köln ein Handelsunternehmen für Kunststoffe, eine Stiftung und ein Institut für Wirtschaftsordnung seinen Namen weiter.

Fast wäre es auch beim traditionsreichen Unternehmen Klöckner Humboldt Deutz (KHD) nach 1996 zur Insolvenz gekommen. Heute, nach diesem dramatischen Scheitern der Tochter Humboldt Wedag im internationalen Geschäft, trägt die verbliebene Motorenproduktion den Namen Deutz AG: Nach Kriegsende und der Überwindung der ersten Schwierigkeiten kam erst ein grandioser Aufstieg. Neben den Nöten der Zerstörungen, der fehlenden Maschinen, der oft fehlenden Versorgung mit Energie und den fehlenden Arbeitskräften, die aus Kriegsdienst oder Evakuation noch nicht zurückgekehrt waren, brachte auch die widersprüchliche Haltung der Militärregierung für KHD unerwartete Probleme. So hatte das Unternehmen kurz nach der Besetzung des rechtsrheinischen Köln die Genehmigung erhalten, 1000 Motoren und 1000 Schlepper zu fertigen. Das Permit wird wenige Tage später, am 22. April 1945, widerrufen und auf 600 Motoren und 500 Schlepper reduziert. Ende Juli waren die Vorbereitungen so weit gediehen, dass man Anfang 1946 hätte produzieren können, aber im Oktober wurde die Genehmigung erneut widerrufen und drastisch herabgestuft. Zuvor hatte man 8000 Kubikmeter Schutt aus dem Werksgelände auf eine Kippe am Messegelände gebracht und die zahlreichen ausgelagerten Maschinen und Materialien mit insgesamt über 10000 Tonnen an Gewicht nach Köln zurückgeholt. Im Juli 1945 hatte das Unternehmen 1692 Mitarbeiter, von denen das Arbeitsamt 220 Mann für die Reichsbahn, 145 für Kanalreparaturen und 60 Mann für zwei Baufirmen abzog. Ein Jahr später hatte man die Belegschaft auf 3306 Personen aufgestockt. Bis zur Währungsreform wuchs sie auf 5783 Personen und im Arbeiterbereich wurden danach bis zum Jahresende 1948 gut sechshundert weitere Mitarbeiter eingestellt. Mitte der 50er Jahre lag die Zahl der Arbeiter und Angestellten in allen Standorten des Unternehmens bei über 20000, um Anfang der 60er Jahre sogar die 30000 zu überschreiten. Der Umsatz belief sich auf gut 700000 Millionen D-Mark und für das Geschäftsjahr 1957/58 konnte eine Dividende von 11 Prozent gezahlt werden.

1964 feierte KHD das 100-jährige Jubiläum mit weltweit 33000 Mitarbeitern und einem Umsatz von 1,6 Milliarden D-Mark. Ende der 60er Jahre setzte mit der Übernahme des süddeutschen Landmaschinenherstellers eine weltweite Expansion des Unternehmens ein, zu dem Anlagenbau in den Golfstaaten und die Übernahme eines großen Vertriebs von Landmaschinen in den USA gehörten. Mitte der 80er Jahre begannen große Schwierigkeiten das Unternehmen zu schwächen. 1987 wurden erstmals Verluste von fast 300 Millionen D-Mark bilanziert. 8000 Stellen werden weltweit gestrichen, während eine neue Motorenfabrik in Porz entsteht. Als Sanierungsbeitrag hat man das LKW-Geschäft an Fiat verkauft. Dazu erwirbt die Stadt Köln 1992 und 1995 über zwanzig Hektar der Betriebsfläche. Das US-Unternehmen wird mit einem Verlust von fast einer Milliarde D-Mark verkauft. Von den 1990 noch 15000 Mitarbeitern bleiben, nachdem auch das Landtechnikunternehmen Deutz-Fahr an den italienischen Landmaschinenkonzern Same verkauft worden ist, im Jahr 2000 kaum 7000 übrig. Aufkaufen und bald danach die Produktion am Ursprungsort stilllegen und an anderer Stelle, hier im süddeutschen Lauingen, konzentrieren, dieses Verfahren war von der Belegschaft schon erwartet worden. Ein Versuch, die historisch bedeutende Motorensammlung als Sanierungsbeitrag ins Ausland zu verkaufen, wird durch deren Unterschutzstellung als nationales Kulturgut verhindert. 1995 werden 15000 Quadratmeter Hallenfläche und Büroraum durch Brandstiftung vernichtet – ein Schaden von über 200 Millionen D-Mark. Das Tochterunternehmen KHD Humboldt Wedag AG macht 1996 durch bewusst unrealistisch kalkulierte Projekte in Saudi-Arabien und Bilanzfälschungen einen existenzgefährdenden Schaden, der über Jahre mit »Betrug und großer krimineller Energie« verschleiert worden war. Es war ein Defizit von knapp einer Milliarde D-Mark entstanden. Ein Sanierungsplan der Hauptaktionäre und der Stadt Köln rettet das Unternehmen. Die Deutsche Bank verzichtet auf 190 Millionen, bringt 205 Millionen zusätzlich in das Unternehmen ein und verzichtet des Weiteren auf ihr zustehende Einnahmen – insgesamt 550 Millionen D-Mark als Beitrag zur Sanierung. Andere Banken verzichten auf Zinsen, die Stadt Köln kauft Grundstücke, die Mitarbeiter leisten einen Lohnverzicht von 110 Millionen und fast 200 Millionen trägt der Pensions-Sicherungs-Verein bei. Unter dem neuen Namen Deutz AG konzentriert man sich seit 1997 auf den Motorenbau. Der Bau von Großanlagen für Zementfabrikation geht 2001 mit der Konzerntochter KHD Humboldt Wedag AG an eine Investorengruppe und wird seit 2005/06 unter dem Namen KHD Humboldt Wedag International Ltd global im Anlagenbau tätig. 2013 soll der Anlagenbau ganz in die Hand des chinesischen Staatskonzerns Aviv International übergehen. Die Motorenproduktion wird mit wechselndem, stark konjunkturabhängigem Erfolg in Porz weitergeführt. Mit dem neuen Verwaltungsgebäude dort entsteht 2007 für die Deutz AG auch das »Technikum« für die bedeutende Motorensammlung, in der sich die Geschichte des Unternehmens widerspiegelt. Heute beschäftigt die Deutz AG noch 3 000 Mitarbeiter, davon 2 400 in Köln.

Auch junge Unternehmen können scheitern. Mit einer Laufbahn wie ein Meteor am Wirtschaftshimmel gelang dies der Condomi AG. Die Unternehmensleitung, vom eigenen Erfolg geblendet, verlor die Übersicht: Das 1988 als »Geschäft für Erektionsbekleidung« in der Limburger Straße gegründete Unternehmen hat seinem rasanten Aufstieg zu einem der größten Kondomhersteller Europas einen ebenso dramatischen Niedergang gegenübergestellt. Dem operettenreifen Aufstieg zur börsennotierten Aktiengesellschaft entspricht mit gleicher Medienpräsenz die Tragödie der Insolvenz mit noch laufendem Verfahren. Allerdings war Condomi nicht, wie viele heute hoch gehandelte junge Unternehmen, nur erfolgreich als Plattform für den Vertrieb von Objekten. Die offene und offensive Präsentation von Kondomen wird als Geschäftsidee zuerst im Franchisesystem vermarktet. Investoren z. B. in Berlin oder Mallorca machen unter gleichem Namen und mit dem gleichen Konzept und eigenem Geld entsprechende Geschäfte und zahlen für das geniale Marketing. Versandhandel ist der nächste Schritt. Eigene Vertriebsgesellschaften werden in Frankreich, Italien, Norwegen und England gegründet. Die ideenreich beworbenen und immer wieder neu gestalteten Kondome werden seit 1997 in einer eigenen Fabrik in Erfurt hergestellt. Deren Modernisierung und Erweiterung wird mit Geldern aus dem Börsengang des Unternehmens im Jahre 1999 finanziert. In besten Zeiten zu Beginn unseres Jahrhunderts hat das Unternehmen über 500 Mitarbeiter, davon rund 140 in Köln, ist in 52 Ländern aktiv und fühlt sich auf dem Sprung zum Weltmarktführer. Was dann schief gegangen ist, mit Investitionen, Finanzierungen und Fehlkalkulationen in der Lust an andauernder Expansion, wird der Insolvenzprozess zu klären haben und im *Kölner Stadt-Anzeiger* mit »Tote Hose« kommentiert. Immerhin spricht der Unternehmensgründer Oliver Gothe einsichtig von »eigener Blödheit«. Inzwischen hat seine Familie den Gründungsladen in der Limburger Straße und den Internetshop zurückgekauft. Man ist wieder etwas im Geschäft.

Manche Ideen sind gut, aber nicht gut genug: Das gilt z. B. für die Tefi-Apparatebau Dr. Karl Daniel, einst in Porz ansässig. Dr. Karl Daniel (1905–1977) war in Köln zuerst als Sachverständiger tätig, hatte sich aber früh schon mit dem Thema Schallband beschäftigt. Beim Schallband werden wie bei der Schallplatte Rillen zur Tonerzeugung mit einer Nadel abgetastet. 1936 gegründet und 1965 liquidiert, bietet das Tefifon das Schauspiel einer schließlich gescheiterten, aber für wenige Jahrzehnte fast erfolgreichen Erfindung. Da Porz erst 1975 eingemeindet wurde, ist das Unternehmen auch ein Beispiel für die engen Verflechtungen innerhalb des Kölner Wirtschaftsraumes. Zu den Geldgebern des Unternehmens für die Produktion der Geräte gehörten bei der Gründung bekannte Kölner Namen wie von Langen, Lindgens, Clouth, Stollwerck oder Neuerburg.

Erste Geräte entstanden vor 1945. Nach Kriegsende wurden zuerst kleine Radios hergestellt. Später wagte man sich auch an die Produktion von Fernsehgeräten. 1949 kamen die ersten Schallbandgeräte auf den Markt, deren Produktion zum Hauptthema des Unternehmens avancierte, als im Radiobereich technischer Fortschritt und Konkurrenz der großen Unternehmen immer bedrohlicher wurden. Aber auch damit gelang es nicht, der populären Schallplatte aus Vinyl, die sich Ende der 50er Jahre durchsetzen konnte, Konkurrenz zu machen. Und wie die Schallplatte waren auch die Schallbänder im Gegensatz zum bald folgenden Magnettonband nicht wieder bespielbar. So wurde das Schallband bald durch das Magnettonband verdrängt, mit dem man preiswert Musik aufnehmen konnte. Die Marktnische, die das Unternehmen sich mit dem Tefifon für wenige Jahre erobert hatte, ließ sich nicht auf Dauer halten. 1961 ging der Umsatz deutlich zurück. 1965 wurde das Unternehmen liquidiert.

Andere Industrieunternehmen geben ein kurzes Gastspiel, wie die ESSO, heute EXXON, mit ihrer Raffinerie im Norden Kölns nahe dem Niehler Hafen. Große Unternehmen der Textilbranche, wie Bierbaum Proenen oder Brügelmann, verlegen Teile ihrer Produktion in ein Billiglohnland oder trennen sich wie F. W. Brügelmann ganz von der eigenen Produktion. Heute konzentrieren sich beide auf eine jeweils eigene Sparte des Textilhandels. Ähnliches sehen wir auch im Dienstleistungsbereich z. B. bei Versicherungen. Die Colonia wird an die französische AXA verkauft oder die Sparten des Gerling-Konzerns gehen 2005 an die in Hannover sitzende Talanx.

Die Veränderungen im Stadtbild erzählen von diesen Entwicklungen: An der Versicherungsfestung an der Kreuzung Aachener Straße/Gürtel prangte einst der Schriftzug DKV, heute ERGO. Mit dem Gerling-Quartier wird ein markanter Bürokomplex der frühen 50er Jahre völlig neuer Nutzung zugeführt. Es entstehen bei der Aufgabe von Industriegelände weite freie Flächen, euphemistisch gerne als »Industriebrachen« bezeichnet. Die Verwandlung von Industrie- oder Gewerbegelände in allen Größen in Wohnblocks, Wohnviertel, manchmal in ganze Siedlungen prägt fast jedes innenstadtnahe Kölner Viertel. In Bayenthal z.B. wurde 1967 das Gelände der gerade an Baron Hans-Heinrich Thyssen-Bornemisza verkauften und von ihm danach gewinnbringend zerschlagenen Pintsch-BAMAG, der Berlin-Anhaltischen Maschinenbau AG, anschließend für 24 Millionen D-Mark an die Allianz Versicherung verkauft. Diese Fläche an der Goltsteinstraße bebaute die Allianz mit einem Wohnpark mit zwei Hochhäusern von 25 Stockwerken und 73 Metern Höhe und einem elfstöckigen Verwaltungsgebäude. Das nach Norden anschließende Gelände der Dom-Brauerei ist eine Generation später nach dem Verkauf im Jahre 2005 planiert und bald danach wieder an den nächsten Interessenten verkauft worden. Die Industriebrache liegt noch brach, nachdem sich die Überlegungen, hier die Fachhochschule neu zu errichten, zerschlagen haben. Manchmal bleiben auf diesen Flächen eindrucksvolle Bauten früher Industriearchitektur erhalten, die der Stadtplanung nach dem Untergang der Unternehmen neue Aufgaben stellen und so wieder ins Leben der Stadt einbezogen werden können. Das gilt in unterschiedlicher Qualität für das Clouth-Gelände in Nippes oder für Felten & Guilleaume in Mülheim.

Franz Clouth Rheinische Gummiwarenfabrik AG, der für Jahrzehnte bekannteste Arbeitgeber in Nippes, erleidet ein modernes Industrieschicksal. Produkte aus Gummi oder ähnlichen elastischen Materialien spielen bis heute eine wichtige technische Rolle, aber nicht mehr in Nippes. Mit der Übernahme der Aktienmehrheit durch einen Konkurrenten verlieren die Einrichtungen ihre Zukunft. Die ausgedehnten Fabrikationsanlagen waren bis 1944 als kriegswichtiges Rüstungsunternehmen zu 90 Prozent durch Bombardierung zerstört worden. Nach Kriegsende hatten Vorstand und Mitarbeiter alles darangesetzt, die Produktion wieder anlaufen zu lassen. Als Lohn erhielten die Mitarbeiter teilweise – sicher begehrte – Decken und Schläuche für Fahrräder. 1947 begann man mit dem Bau einer neuen Werksanlage, die Ende der 50er Jahre vollendet war. Nach einer Blütezeit bis in die 70er Jahre hinein – die Zahl der Beschäftigten wuchs von 700 im Jahre 1951 auf 2100 im Jahre 1970 –, wurde das Unternehmen dann Objekt und schließlich Opfer der Entscheidungen der jeweiligen Besitzer der Aktienmehrheit. Es war wie die benachbarten Land- und Seekabelwerke vor dem Zweiten Weltkrieg in den Besitz der Felten & Guilleaume Carlswerk AG gelangt. Diese wiederum wurde 1979 durch die niederländische Philips Kommunikations Industrie PKI erworben. Vom neuen Besitzer wurden 50 Prozent der Aktien an den direkten Konkurrenten, die Continental AG, abgegeben sowie die Kabelproduktion der Land- und Seekabelwerke 1984/85 an Felten & Guilleaume nach Mülheim. 1990 kommt die Continental AG nach der weiteren Übernahme von Aktien zu einem Besitz nun von fast 100 Prozent. Ab 1991 werden Schritt für Schritt Betriebsteile verkauft, nach Hannover verlegt oder ganz stillgelegt. Ein Nutzungsplan des Firmengeländes aus dem Jahre 2004 zeigt die kleinteilige Nutzung der Bauten des Unternehmens durch Künstler und fremde Firmen. Von 1991 mit noch 1146 Mitarbeiterinnen und Mitarbeitern sank deren Zahl vor der endgültigen Schließung des Unternehmens auf etwa 200 im Jahre 2003. Das Firmengelände wurde in jenem Jahre von der Stadt Köln erworben. Sie lobte für das 14,5 Hektar große Gelände einen städtebaulichen Wettbewerb aus. Inzwischen ist es im Besitz des städtischen Unternehmens Moderne Stadt GmbH, die Bauarbeiten haben begonnen und der Entscheidungsprozess über Verkäufe von Teilgrundstücken der 14,5 Hektar großen Fläche an private Baugruppen steht vor dem Abschluss.

Das Schicksal der Franz Clouth Rheinische Gummiwarenfabrik AG wurde durch einen innerdeutschen Konzentrationsprozess bestimmt. Oft ist es von der Größe des Unternehmens abhängig, ob kurzfristige Schwankungen des Marktes oder grobe Schnitzer der Unternehmensführung abgefangen werden können. Gelingt das nicht, läuft der Konzentrationsprozess häufig auf die Übernahme durch einen deutschen Anbieter hinaus, der durch die Beseitigung des aufgekauften Konkurrenten seine Position absichert, oder durch einen internationalen Konzern, der einen deutschen Standort sucht.

Bereits am 5. Juli 1945 hatte Felten & Guilleaume eine beschränkte Betriebserlaubnis erhalten und durfte mit Permit der Militärregierung am 12. Juli die Arbeit im Kupferwerk wieder aufnehmen. Bergwerksseile müssen, angesichts des Kohlemangels und der von den Siegern auferlegten Kohleablieferungen aus vorhandenen Vorräten, von der Abteilung Eisen und Stahl rasch wieder produziert werden. 1948 kann man mit einem Seekabel für Dänemark und einem Landkabel für Schweden erstmals wieder ins Ausland liefern. In den nächsten Jahren weiten sich die internationalen Aktivitäten weiter aus: Österreich, USA, Südafrika, Ägypten, Portugal, Venezuela, Brasilien, Italien und Norwegen werden beliefert. 1954 liefert F&G das erste Fernseh-Ortskabel für den Sender Hamburg. Zum 100-jährigen Jubiläum im Jahre 1974 stellt man stolz fest, dass die F&G Carlswerk AG an der Spitze einer Unternehmensgruppe mit einer Milliarde D-Mark Umsatz und rund 18000 Mitarbeitern steht. Allerdings sind bereits 50 Prozent der Aktien im Besitz der luxemburgischen ARBED und Philips Kommunikations Industrie (PKI). Damit beginnt die schrittweise Auflösung des Unternehmens, zergliedert und verteilt entsprechend den Interessen der jeweiligen Hauptaktionäre. 2004, bei noch gut 3 000 Mitarbeitern weltweit und einem Umsatz von 300 Millionen Euro, werden die letzten noch in Streubesitz befindlichen Aktien an die Moeller Holding GmbH übertragen. Die Kabelherstellung in Mülheim endet im Oktober 2010, als das auf einem 84 000 Quadratkilometer großen Gelände im Flittarder Teil des Leverkusener Chemparks für 120 Millionen Euro errichtete neue Werk des Unternehmens der nkt cables mit 600 Mitarbeitern für Höchstspannungs- und Seekabel und eigenem Schiffsanleger eröffnet wird. Das Grundstück in Mülheim mit den Bauten aus der Kölner Industriegeschichte ist nun im Besitz der BEOS GmbH. Die Verwandlung Mülheims in einen kreativen Medienstandort setzt sich hier fort.

Andere Unternehmen haben sich, wie Böttcher im Maschinenbau, im Gegensatz zum Tabakmaschinenhersteller Quester erfolgreich den Herausforderungen des technischen Wandels und der Globalisierung gestellt. Immer aber sind die Lebensschicksale vieler Kölner mit den Szenen von Aufbau und Abstieg der Unternehmen verbunden. Ein paar markante Beispiele müssen genügen. Die Holzgasmotoren der Firma Imbert sind nach der Währungsreform nicht mehr gefragt und die Tonaufzeichnungstechnik der Firma Tefifion erlebt in den 50er Jahren, wie gesagt, nur eine kurze Blüte. Viele andere, wie das traditionsreiche Kölner Unternehmen Köln-Düsseldorfer Deutsche Rheinschiffahrt AG, mit der unter einem neuen Eigentümer 2017 die älteste börsennotierte Aktiengesellschaft wohl von der Börse genommen wird, 4711, Johann Maria Farina oder Leybold, erleben ähnliche Schicksale, gehen in den Besitz internationaler Unternehmen über. Selten gelingt es, wie bei Johann Maria Farina, das 1709 gegründete Unternehmen in Familienbesitz zurück und zu neuem Glanz zu bringen. Erfolgreich weiter am Markt und in sechster Generation familiengeführt ist seit bald 200 Jahren Holzcity Theodor Schumacher Söhne Holzhandels-GmbH. Vergleichbar ist Honig Müngersdorff GmbH, gegründet 1847. Noch älter, bestehend seit 1764, feierte die Kerzenfabrik Johann Schlösser 2004 ihr 250-jähriges Jubiläum.

Die Ford-Werke GmbH ist dank des öffentlichen Interesses und damit einer das Unternehmen nah begleitenden Zeitungsberichterstattung das beste Beispiel, wenn es darum geht, das Schicksal großer und kleiner Industrieunternehmen in Köln im globalen System zu analysieren. Und durch die Autobiografie von Daniel Goeudevert, von 1981 bis

1989 als Vorstandsvorsitzender der Ford-Werke AG in Köln tätig, besitzen wir auch einen interessanten Einblick in das Innenleben eines global agierenden Konzerns. Das Kölner Unternehmen und seine Mitarbeiter stehen zweifach im internationalen Wettbewerb. Für den Konzern mit Sitz in den USA ist der finanzielle Erfolg auf seinem global gesehenen Markt entscheidend, für den Standort Köln aber ist der Erfolg im firmeninternen Wettbewerb gegenüber anderen Standorten von Ford Europe ausschlaggebend.

Dabei geht es seit Jahrzehnten für den Betriebsrat um einen »echten Existenzkampf«. Immer wieder wird seit 1996 befürchtet und die Furcht aus den USA geschürt, dass die Produktion des Fiesta in einen anderen europäischen Standort verlegt werden könnte. Erst nachdem Betriebsrat und Vorstand sich auf Einsparungen von 27 Millionen D-Mark bei der 1 500 Mitarbeiter betreffenden Fiesta-Produktion einigten, sind die Arbeitsplätze bis 2001 sicher. Die besondere Rolle, die Wilfried Kuckelkorn als Betriebsratsvorsitzender viele Jahre in dieser immer schwierig auszubalancierenden Situation unterschiedlicher Interessen für die Ford-Werke gespielt hat, beschreibt auch Daniel Goeudevert.

Die »Starrheit des Ford-Systems«, die Befehlshierarchie des Unternehmens, die Wirkung der bindenden strategischen Anweisungen aus Detroit, gibt sich bereits in den ersten Monaten nach Kriegsende wieder zu erkennen. Die Ford-Werke, die ab Anfang Mai 1945 mit der Reparatur der Fahrzeuge der amerikanischen Truppen beauftragt wurden, setzen bald die Produktion von LKW, von Ersatzmotoren und Ersatzteilen wieder in Gang. Die Produktion aber von PKW wird von der Detroiter Konzernzentrale vorerst untersagt.

Im Oktober 1944 hatte ein heftiger Westwind die geplante Bombardierung und Zerstörung der Ford-Werke verhindert. Die »Christbäume« der Leuchtmarkierung für das daran auszurichtende anschließende Bombardement waren über den Rhein hinweg abgetrieben worden. So landeten die Bomben in den rechtsrheinischen Feldern. Wie bei anderen Kölner Unternehmen ließ man danach einen großen Teil der wertvollen Maschinen der Produktion rechtsrheinisch auslagern. Zu größeren Schäden kommt es erst durch amerikanischen Artilleriebeschuss am 5. März 1945 und durch deutschen Artilleriebeschuss am 19. März 1945. Bis dahin war die Produktion nur durch die häufigen Alarme, nicht durch Schäden, unterbrochen worden.

So kann die Produktion noch vor Kriegsende wieder aufgenommen werden. Am 8. Mai 1945, am Tag des Sieges der Alliierten in Europa, rollt der erste Ford-LKW aus der Nachkriegsproduktion vor die Kamera

25607

IMBERT-
Gengas-Motorsatz

Die Lösung Ihres Energie-Problems!

① **Verwendungszweck**
Der Gengas-Motorsatz dient zum Antrieb von ortsfesten Arbeitsmaschinen und dgl. Die Dauerleistung beträgt 20-25 PS bei 1800 U/min.

② **Aufbau und Ausrüstung**
Der Gengas-Motorsatz besteht aus Gengasanlage und Antriebsmotor, die in einem Profileisenrahmen mit schlittenartigen Kufen zusammengebaut sind, so daß ein leichter Transport zwischen den einzelnen Verwendungsstellen möglich ist. Die Gengasanlage umfaßt Gaserzeuger, Kühl- und Reinigungsanlage, elektrisches Anfachgebläse (12V) und Gasluftmischer-Gruppe. Der Motor, ein Ford-BB-Industrietyp, mit einem Hubraum von 3,2 l, hat einen höher verdichteten Gaskopf, selbsttätigen Drehzahlendregler, elektrische Anlassung und Batteriezündung. Er treibt über eine Reibungskupplung die fliegend angeordnete Flachriemenscheibe an.

③ **Gaserzeugertypen und Festkraftstoffe**
Wir liefern nach Wunsch Gaserzeuger für folgende Festkraftstoffe
a) Braunkohlenbriketts, Holz und Torf, einzeln, oder in beliebigen Mischungen . . . . . Typ CFS 13/50/14
b) Holz, Holz/Torf-Gemisch, Holz/Braunkohlenbrikett-Gemisch . . . . . Typ GMR 13/50/16
c) Holz oder Torf, einzeln oder in beliebiger Mischung . . . . . Typ TMR 13/50/16

④ **Betriebsdaten** (Mittelwerte)

Gaserzeugertype (Kraftstoff)		CFS (Brk. Brikett)	GMR (Holz)	TMR
Füllungsgewicht	kg	100	60	65
Kraftstoffverbrauch	kg/h	17-20	22-25	25-27
Betriebsdauer bis zum Nachfüllen	Std.	3 ½	2	2

⑤ **Abmessungen und Gewichte**
Länge: 2,6 m, Breite: 1,2 m, Höhe: 1,8 m mit CFS - Gaserzeuger
Höhe: 1,9 m mit GMR und TMR - Gaserzeuger
Gewicht des Gengas-Motorsatzes ohne Kraftstoffüllung: etwa 790 kg

IMBERT GMBH, KÖLN, EMDER STRASSE 70, TELEFON 70071

Das letzte Werbeblatt des Unternehmens Imbert

des amerikanischen Journalisten Neil Sullivan. Schon vorher, Ende April 1945, lässt Chefingenieur Richard Bussien LKW, die oft wegen Benzinmangels am Straßenrand stehen geblieben waren, für das Ford-Werk einsammeln. Um Reparaturen amerikanischer Militärfahrzeuge möglich zu machen, wurde sogar militärische Hilfe gestellt, mit der die ausgelagerten Maschinen aus dem Rechtsrheinischen zurückgeholt werden. Es gelang auch, ein Schiff mit Ersatzteilen, das man zum Schutz vor Bombardierung versenkt hatte, rasch wieder zu heben. Einen Monat nach Start der Produktion hatte man schon 300 LKW produziert und war voller Hoffnung, als nun oft stundenlang der Strom ausfiel und bald streng rationiert wurde. Mit Steinkohle dagegen konnten sich die Ford-Werke dank ihrer eigenen LKW über die Brücke bei Duisburg-Rheinhausen versorgen. Auch die Fahrten der Arbeiter zum Werksgelände und wieder zurück zu ihren Wohnungen übernahmen eigene LKW mit aufmontierten Sitzbänken. Nur teilweise stand ausreichend Benzin zur Verfügung. Viele der LKW waren daher mit Imbert-Holzvergasern ausgerüstet, die seit 1942 direkt neben den Ford-Werken hergestellt wurden. Dennoch lassen Kohlemangel und fehlende Zulieferung von Benzinpumpen im ersten Halbjahr 1946 die Produktion an 19 Tagen zum Stillstand kommen. Und zu geringe Zuteilungen von Stahl lässt 1947 die Produktion an LKW von zwanzig auf sechs pro Tag absinken. Waren 1946 noch 5 000 LKW ausgeliefert worden, wurden 1947 mit 2 600 gerade noch etwas mehr als die Hälfte fertig. Und eine Erlaubnis, wieder in die Produktion von PKW einzusteigen, war nicht zu erreichen. Im März 1948, nach Überwindung der Winterkrise 1946/47, kann schließlich der 10 000. LKW vom Band rollen. Aus diesem Anlass kam sogar Henry Ford II nach Köln – mit durchaus positiven Folgen für die Belegschaft. Henry Ford II wollte zwar kein Geld ins Werk investieren, aber von da an kam – nach seiner Begegnung mit der ausgemergelten Belegschaft – bis August 1948 jeden Monat ein Lebensmittelpaket pro Kopf ins Werk.

Bei den Ford-Werken werden wie so oft mit Kriegsende die Pläne wieder aufgegriffen, die im Laufe des Krieges in den Schubladen verschwunden waren. Der Ford Taunus war schon zwischen 1939 und 1942 ausgeliefert worden. Den Gedanken an die Produktion von PKW hatte man im Werk nicht aufgegeben. Chefingenieur Richard Bussien ordnet bereits 1946 die vorhandenen Zeichnungen und fertigt fehlende anhand eines aufgekauften Wagens, der zerlegt wurde, wieder neu an. Einige Verbesserungen wurden eingeplant. 1948 lässt die amerikanische Zentrale nun immerhin die Fertigung des Ford Taunus für den deutschen Markt zu. Die schweren Gesenke für die Formung der Blechteile der Karosserie lagen noch im russischen Sektor Berlins im Ford-Werk Berlin-Johannisthal, das zum 31. Dezember 1947 stillgelegt wird. Nach schwierigen Verhandlungen wurden sie erst einmal bei VW in Wolfsburg eingesetzt, da in Köln alle Hallen für die Fertigung der LKW belegt waren. Per Bahn kamen dann die Karosserieteile nach Köln. Die Zeit drängte, den Ford Taunus neu auf den Markt zu bringen, da schon seit 1946 Volkswagen und Opel Personenwagen liefern konnten und bei Daimler-Benz wie bei Borgward die Produktion Anfang 1948 absehbar war. Ab dem 1. September 1948 wurden dann die ersten von täglich fünf Wagen ausgeliefert. Damit erreichte man unter den deutschen Automobilwerken allerdings erst den fünften Platz.

Die Produktion von LKW und PKW steigt bei Ford 1949 auf über 17 000 Einheiten bei über 4 000 Mitarbeitern. 1950 feiert man »25 Jahre Ford in Deutschland«. Die Ford-Händler stiften einen über 100 Meter hohen Stahlturm im Deutzer Messegelände, auf dem sich eine Kugel mit dem Ford-Emblem dreht. Da er teurer wird als erwartet, müssen die Ford-Werke die Kosten übernehmen, schenken ihn schließlich der Stadt, und diese lässt ihn 1963 abbrechen und verschrotten. Ob nun auf Wunsch von KHD, deren damals neue Hauptverwaltung, heute Sitz der Koelnmesse, direkt hinter dem Werbeträger stand, oder weil der Turm der Trasse der Zoobrücke im Wege war, das sei dahingestellt. Die Ford-Werke bringen sich und ihr Markenzeichen mit dem 1966 vollendeten 54 Meter hohen Verwaltungsgebäude in Deutz, heute vom LVR genutzt, rasch wieder sichtbar ins Stadtbild ein.

Der Stolz aber, der aus diesem Werbeträger des Jahres 1950 spricht, wird durch das Jahresergebnis mit fast 30 000 Einheiten, von denen ein Drittel exportiert werden kann, bei einer Belegschaft von fast 5 000 Mitarbeitern bestätigt. Mit dem Taunus 12M wird im Jahr 1952 die erste grundsätzliche neue Nachkriegskonstruktion auf den Markt gebracht. Im Jahr 1956 wird die Zahl von 10 000 Mitarbeitern – darunter die ersten »Gastarbeiter« – überschritten.

Mit dem Taunus 17M, der 1957 auf der Frankfurter Automobil-Ausstellung vorgestellt wird, kommt ein »Straßenkreuzer im Kleinformat« in amerikanischem Styling, das dann bald als Design bezeichnet wird, auf deutsche Straßen. Pastellfarben, Weißwandreifen und Chromleisten bringen einen neuen Charme und neues Selbstbewusstsein. 1958 werden erstmals mehr als 100 000 Autos in einem Jahr produziert. 1965 laufen über 500 000 Fahrzeuge vom Band. Inzwischen ist die Belegschaft auf fast 23 000 Mitarbeiter gewachsen. Davon sind 9 000, also knapp 40 Prozent, Ausländer, mit denen der Personalchef Hans Schmidt, abgesehen von den hohen Fluktuationskosten, 1965 noch sehr zufrieden ist. Der wilde Streik der türkischen Fordmitarbeiter des Jahres 1973 wird seine Meinung geändert haben. Seit 1976 wird der Fiesta in Niehl gebaut, inzwischen in der fünften Generation. Ein goldfarbenes geflügeltes Exemplar, konzipiert von HA Schult, das zeitweise heftige Debatten auslöste, nistet seit 1991 auf dem Treppenturm des historischen Zeughauses. Noch 1996 liegt der Marktanteil Fords in Deutschland bei 11,5 Prozent. Zwischen Betriebsrat und Firmenzentrale in Detroit war 1994 ein Investitionssicherungsabkommen geschlossen worden, das Köln bis ins Jahr 2000 7,7 Milliarden D-Mark Investitionen zusagte. Ende 1996 verhandelte man über eine Verlängerung bis 2010, während in den USA angesichts von Überkapazitäten über die Schließung eines der europäischen Werke nachgedacht wurde. In Köln hat das Unternehmen 1997 etwa 22000 Mitarbeiter, aber mehr als 100000 weitere in Köln hängen von Ford ab. Mit Verzicht auf Lohnerhöhungen und der Kürzung übertariflicher Leistungen sichert sich die Belegschaft ihre Arbeitsplätze und die Zusicherung von Investitionen in Milliardenhöhe: »Kollegen, das Zittern hat ein Ende.« Damit ist das Karosserie- und Montagewerk im Jahr 1997 zumindest bis 2011 gesichert worden. Gleichzeitig haben sich seit 2001 im benachbarten Industriepark auf dem Gelände der ehemaligen ESSO-Raffinerie zwölf scheinbar selbständige Zulieferbetriebe mit etwa 1500 Arbeitsplätzen angesiedelt, deren Erzeugnisse *just in time* und in der richtigen Anzahl über eine mehr als 1000 Meter lange Elektrohängebahn an die Fertigungsstraßen gebracht werden. Die Organisation von Bauteilen für die Produktion wird ebenfalls inzwischen extern von DB Schenker, als Logistik 4.0 angepriesen, in einer neuen Halle von 30000 Quadratmetern am Rande des Werksgeländes betrieben.

Damit soll die Zeit zwischen Bestellung und Auslieferung eines Wagens auf 15 Tage verkürzt werden. Gleichzeitig kündigt im Jahre 2000 Ford in den USA durch Kostenreduzierung Einsparungen in Europa in Höhe von einer Milliarde Dollar an. Im Jahr darauf, 2001, feiert das Unternehmen nicht nur in Köln: Seit dem Start im Jahre 1976 sind 18 Millionen Fiesta von Ford an verschiedenen Standorten produziert worden, seit 1979 in Köln. 2011 waren es in der Domstadt über sechs Millionen und insgesamt über 14 Millionen. Ford Köln hat von seiner Produktion im Jahre 2010 fast 90 Prozent exportiert.

Im Jahr 2000 werden die letzten Aktionäre zwangsabgefunden, die Ford-Werke AG wird von der Börse genommen und zum Jahresende 2004 in eine GmbH umgewandelt. Vieles wird damit einfacher und zumindest spart man die Kosten für die Hauptversammlung der Aktionäre ein. Der Marktanteil des Unternehmens in Deutschland liegt 2001 noch bei 9,6 Prozent. 2003 wird eine »Liste der Grausamkeiten« angekündigt. Der Marktanteil ist 2003 auf 7,4 Prozent gesunken. Von 1 700 Mitarbeitern will man sich trennen, das Weihnachtsgeld wird gekürzt. Köln hat einen Verlust von 140 Millionen Euro eingefahren. Allerdings machen von den etwa 20 000 Kölner Mitarbeitern nur 1 250 von den angebotenen Vorruhestandsregelungen Gebrauch. Im Jahr 2005 sollen wieder 1 000 Stellen der noch etwa 19 000 abgebaut werden. Diesmal denkt man sogar an betriebsbedingte Kündigungen, wenn nicht genügend Mitarbeiter die Vorruhestandsregelungen in Anspruch nehmen.

Es gibt auch Anlässe zum Feiern. Im Motorenwerk, in dem zu Beginn vor allem Sechszylindermotoren für amerikanische Modelle hergestellt wurden, kann man 2005 mit knapp 1 000 dort aktiven Mitarbeitern die Rekordmarke von 25 Millionen Motoren seit Produktionsbeginn im Jahre 1962 feiern. 2006 gibt es in Köln noch 17 600 Mitarbeiter, deren Arbeitsplätze bis 2011 sicher sind, da gleichzeitig die Löhne bis zu diesem Jahr eingefroren werden. Der Marktanteil sinkt weiter. 2006 sind es noch 7,1 Prozent. Dennoch kauft Ford im gleichen Jahr einen 72,4 Prozent-Anteil der ehemaligen Daewoo Autofabrik im rumänischen Craiova und baut damit eine unternehmensinterne Konkurrenz für Köln auf. Trotzdem gelingt es, das Kölner Motorenwerk, dessen schwere Sechszylindermotoren in den USA kaum noch nachgefragt werden, mit einer Investition von 200 Millionen Euro als Kredit der Europäischen Investitionsbank, für den das Land NRW bürgen wird, auf neue sparsame Motoren für Kleinwagen umzurüsten. Benötigt werden schließlich nur 134 Millionen Euro. Damit werden dort 700 Arbeitsplätze gesichert. 2016 wird im Motorenwerk die Marke von insgesamt 27 Millionen gefertigten Motoren erreicht. Stolz feiert Ford Anfang 2010 den 40-millionsten in Europa gefertigten Wagen, einen Fiesta in Silber, der in Köln vom Band läuft. Der deutsche Automarkt allerdings hat in der Krise für Ford um 25 Prozent nachgelassen. Doch die Ford-Werke garantieren 2011, als der Marktanteil wieder auf 7,3 Prozent steigt, trotz aller Probleme die deutschen Arbeitsplätze bis 2017. Dass sich seit 1998 die Europazentrale, zuvor in England, ebenfalls in Köln befindet, könnte ein kleiner Vorteil sein. Dennoch ist die Situation keineswegs einfach. Erst recht, wenn der Mutterkonzern sich mit einem schwächelnden europäischen Markt und einem Überhang an Produktionskapazität auseinandersetzen muss. Steht dann eine Fertigungsstätte firmenintern als zu teuer im Vergleich zu anderen Produktionsstandorten da, kann es sein, dass dieser Standort geschlossen wird. So hat Ford Europe die Produktionsstätte im belgischen Genk zum Jahresende 2014 geschlossen und lässt die dort produzierte Modellreihe nun im spanischen Valencia fertigen. Die belgischen Mitarbeiter protestieren heftig in Köln und werden für die Schließung ihres Werkes entschädigt. Sogar an die Mitarbeiter der zuliefernden Firmen wird dabei gedacht. Insgesamt rechnet Ford mit Kosten von mehr als einer halben Milliarde Euro, die durch die Schließung entstehen.

Ein aktuelles Beispiel: In den Kölner Ford-Werken werden Anfang 2014 Betriebsrat und Belegschaft im firmeninternen Wettbewerb um die Fortsetzung der Fiesta-Produktion in Köln mit der Konkurrenz im rumänischen Craiova unter Druck gesetzt, um schließlich Einsparungen von 400 Millionen Dollar als Verhandlungsergebnis anzubieten. Neben der Fiesta-Fertigung werden in Niehl auch Motoren, Getriebe, Schmiedeteile und Gussteile gefertigt. Seit 1968 ist z. B. das John-Andrews-Entwicklungscenter mit 2 500 Mitarbeitern an der Entwicklung kleiner und mittlerer Ford-Fahrzeuge weltweit beteiligt. Nach einem Brand im Jahre 1977 befindet sich hier seit 1979 das erneuerte zentrale Ersatzteillager mit weit über 1 000 Beschäftigten für die weltweite Versorgung von damals bereits 11 000 Händlern in 170 Ländern der Erde. Und für die Finanzierung der verkauften Wagen steht die Ford Bank mit wieder 600 Mitarbeitern zur Verfügung. Für die Fertigung des Fiesta, die aktuell einzige Kölner Modelllinie, arbeiten etwa 4000 Mitarbeiter der gut 17000 in Köln bei Ford Beschäftigten. Für den Verbleib der Fiesta-Produktion in Köln demonstrierten im Februar 2014 aber weit mehr Mitarbeiter, viele also, die aus anderen Abteilungen der Ford-Werke GmbH des Kölner Standortes kamen. Mit über 300000 verkauften Modellen in 2014 war der Fiesta zum dritten Mal der erfolgreichste Kleinwagen in Europa. Neben der Fortführung der Fiesta-Produktion wird auch mit einem neuen Klimawindkanalzentrum in Merkenich in den Kölner Standort investiert.

Vor dem Hintergrund der Entwicklung der Ford-Werke GmbH ist es sicher kein Zufall, dass mit Toyota Deutschland GmbH, PSA Peugeot Citroën Deutschland GmbH und der Volvo Car Germany GmbH, die ihren Deutschland-Sitz von Rodenkirchen nach Deutz verlegt hat, sowie mit der Tower Automotive Holding GmbH, einige der weltweit größten Automobilhersteller und -zulieferer den Automobilstandort Köln ergänzen. In dieses Bild passt auch, dass sich die Deutschlandzentrale von Carglass in Godorf niedergelassen hat.

Banken und Versicherungen

Unter Dienstleistungen wird, wie bereits erwähnt, alles verstanden, wofür gezahlt wird, was aber »niemandem auf den Fuß fallen kann«. Obwohl größere Banknotenbündel oder erst recht Goldbarren durchaus schmerzhaft auf den Fuß fallen könnten, wird die Finanzwirtschaft, die längst die Politik beherrscht, statt von der regionalen, nationalen, europäischen oder internationalen Politik geregelt zu werden, noch als Dienstleistung betrachtet. Dienste eben, denen wir zu Diensten sind, getrieben von der Suche nach Gewinn ohne Gegenleistung.

Zu Beginn unseres Jahrhunderts konzentrieren sich in der Stadt Köln die Unternehmen der Finanzwirtschaft, der Banken und Versicherungen des Kammerbereichs der IHK Köln, oft reichen die Aktivitäten sogar weit darüber hinaus. So hat sich mit Beginn des Jahres 2005 die Stadtsparkasse Köln mit der Sparkasse Bonn verbunden. Fast alle Unternehmen des Versicherungsgewerbes der Region haben ihren Sitz in der Stadt Köln, ebenso drei Viertel der Finanzunternehmen. Die Geschäftsbereiche der Makler, die dem Versicherungs- und Kreditgewerbe verbundenen Tätigkeiten sind oft enger lokal bezogen. Die Hälfte hat ihren Sitz in Köln und nur die andere Hälfte ist auf das restliche Kammergebiet verteilt. Im Versicherungsgewerbe ist Köln einer der größten Standorte, als Finanzstandort hat es mit der Sparkasse KölnBonn und der Kreissparkasse Köln zwei der größten Sparkassen der Bundesrepublik aufzuweisen, nur die Haspa, die Hamburger Sparkasse, ist größer. Mit Banken ist Köln, abgesehen von der Bank für Sozialwirtschaft und der Toyota Kreditbank, die es unter die hundert größten Banken schaffen, nur mit kleinen Unternehmen oder Filialdirektionen ausgestattet. Bei den Privatbanken konnte die Domstadt mit Sal. Oppenheim allerdings bis zur Übernahme durch die Deutsche Bank im Jahre 2010 eine der größten Privatbanken Europas vorweisen.

In der Finanzwirtschaft, bei Banken und Versicherungen – auch im Umgang und Handel mit Immobilien – begegnen wir den gleichen Einflüssen, Problemen und Lösungen der globalen und kaum sozial zu bremsenden neoliberalen Marktwirtschaft. Diese machen sich im Stadtbild allerdings selten in der gleichen Form bemerkbar, wie sich unübersehbare Industriebrachen oft für Jahre oder Jahrzehnte immer wieder ins Gedächtnis der Stadt einschreiben. Bürobauten sind rasch einer neuen Nutzung zuzuführen. Im Dienstleistungsbereich gehen selten einmal Arbeitsplätze in dramatischer Anzahl auf einen Schlag verloren. Und da es sich hier meist um hochqualifizierte Arbeitskräfte handelt, sind diese im Falle des Arbeitsplatzverlustes auch rasch wieder unterzubringen. Es ändern sich Leuchtschriften an Verwaltungsgebäuden und für die mitübernommenen Mitarbeiter ändern sich Briefpapier und Visitenkarten. Wer von uns vermisst schon »das grüne Band der Sympathie« der Dresdner Bank im Stadtbild, in dem es nach der Fusion mit der Commerzbank im Jahre 2009 nun im neuen Gelb des systemrelevanten Großunternehmens vertreten ist. 2001 war die Dresdner Bank vom Versicherungsunternehmen Allianz übernommen worden, verlor danach aber so rasch an Wert, dass sie 2009 für ein Drittel des ursprünglich gezahlten Preises an die Commerzbank ging. Das bedeutete Milliardenverluste, die ein Unternehmen von der Größe der Allianz verkraften kann, aber auch Verluste an Arbeitsplätzen, die für viele Betroffene nicht so leicht zu verkraften waren.

Eigentumsverhältnisse können sich auch ändern, ohne dass dies nach außen in Erscheinung tritt. So ist die Agrippina mit ihrem lokalpatriotischen Namen, aus dem Gedanken der Flussschifffahrtsversicherung Anfang des 19. Jahrhunderts in Köln entstanden, seit 1969 zu 75 Prozent und seit 1971 ganz im Besitz der Schweizer Versicherung Zurich. Bis dahin hatte sie mehrheitlich dem Bankhauses Delbrück von der Heydt & Co. gehört, doch hatten schlechte Ergebnisse im Bereich der Autoversicherung zwingend zur Übernahme geführt, bei der der Name und eine gewisse Selbständigkeit erhalten blieben. So werden noch nicht einmal neue Visitenkarten gedruckt worden sein. Im Stadtbild erinnert das vor dem Ersten Weltkrieg errichtete Gebäude der Generaldirektion mit der großen Sitzfigur der Agrippina über dem Eingang, Riehler Straße 90, in dem z. Zt. noch die Kölner Direktion der Zurich residiert, an die Kölner Unternehmensgeschichte. Ab 2019 sollen die Neubauten in Deutz genutzt werden.

Köln hat eine lange Tradition als ein Zentrum der Versicherungswirtschaft, die nach Kriegsende, allen Zerstörungen der Verwaltungsgebäude zum Trotz, neu belebt und sogar gestärkt wird. 1946 hat eine Reihe von Versicherungen ihren Sitz aus der Sowjetzone nach Köln verlegt: Gothaer Feuer-Versicherungsbank AG, Magdeburger Lebensversicherungs-Gesellschaft, Nordstern Allgemeine Versicherungs-AG, Schlesische Feuerversicherungs-Gesellschaft, Rothenburger Lebensversicherungs-AG, Volkshilfe Lebensversicherungs-AG. Insgesamt übersiedeln bis zum Ende der 50er Jahre 17 Versicherungsgesellschaften nach Köln. 1957 wird dort die Roland-Rechtsschutz-Versicherung gegründet und wächst bis zum Beginn des 21. Jahrhunderts mit fast 1 000 Mitarbeitern zum drittgrößten Anbieter auf dem Rechtsschutzmarkt. 1959 verlegt die DKV ihren Sitz aus Berlin nach Köln und bezieht 1960 ihren Neubau, ausgestattet mit Großraumbüros, auf dem Grundstück des zerstörten Hohenstaufenbades am Hohenstaufenring. Ergänzend baut die DKV im Kölner Raum 606 Wohnungen und 19 Einfamilienhäuser, um den »umzusiedelnden Mitarbeitern entsprechenden Wohnraum offerieren zu können«. Nach rasantem Wachstum wird 1971 die Verwaltungsburg an der Kreuzung von Gürtel und Aachener Straße bezogen, in der die Mitarbeiter erneut in Großraumbüros domestiziert werden. 2002 wird dahinter in der Scheidtweilerstraße der Grundstein für einen eleganten Erweiterungsbau gelegt, der Raum für 1 800 Arbeitsplätze bietet.

Im Rang der Unternehmenssitze von Versicherungen liegt Köln um 1960 noch hinter Hamburg und West-Berlin an dritter Stelle. Der Rang wird an den Prämieneinnahmen gemessen und nur ein Viertel aller Prämieneinnahmen, welche die 400 der Bundesaufsicht unterliegenden Versicherungen kassieren, geht nach Köln. Dieses bleibt als Sitz für Versicherungsunternehmen attraktiv. DEVK und Gothaer haben in den letzten Jahren ihren jeweiligen Hauptsitz in der Domstadt gestärkt und neue Stellen geschaffen. Die DEVK hat ihren Sitz, der seit dem Jahr 2000 mit der Weltkugel von HA Schult geschmückt ist, am linken Rheinufer neben der Zoobrücke. Die Gothaer hat 1991 ihren Sitz nach Köln verlegt, einen Neubau in Zollstock bezogen und seit 2004 ihre Verwaltung hier konzentriert. Mehr als 3 000 der insgesamt über 5 000 Mitarbeiter sind in Köln tätig. Neu vertreten sind inzwischen Mapfre, Admiral und Sumitomo. 2009 verlegt die Generali Deutschland Gruppe, die sich nach der Allianz in München als Deutschland zweitgrößter Erstversicherer sieht, ihren Hauptsitz von Aachen nach Köln. Zum Konzern gehören z. B. die Aachen-Münchner, die Central Krankenversicherung, Cosmos-Direkt, Avocard-Rechtsschutzversicherung und die Bausparkasse Badenia mit Prämieneinnahmen von 16,2 Milliarden Euro im Jahre 2011.

Die Allianz dagegen, Deutschlands größter Versicherer mit Sitz in München, hat inzwischen viel Personal ihrer Kölner Niederlassung abgebaut, dagegen aber eine »Außendienst Akademie« eröffnet, um den Vertrieb zu stärken. 2015 entscheidet die Zurich, ihre beiden Direktionen in Bonn und Köln in Köln zusammenzulegen. Mit über 26 000 Mitarbeitern ist die Domstadt im Jahr 2006 knapp hinter München der zweitgrößte Versicherungsstandort der Bundesrepublik. Mit der genannten Zusammenführung der beiden Zurich-Standorte, die 1 500 Mitarbeiter in Bonn betrifft, könnte sich diese Reihenfolge bald wieder einmal ändern. Oder auch nicht, da der repräsentative Firmensitz der Generali, das »Dominium« an der Nord-Süd-Fahrt, vom Unternehmen verlassen und vermietet werden soll. Als neuen Hauptsitz hat man München ins Auge gefasst. Für den städtischen Haushalt bringt die Versicherungsbranche angeblich fast ein Viertel der gesamten Gewerbesteuereinnahmen.

Anfang des 21. Jahrhunderts ist Köln mit etwa 60 Hauptverwaltungen großer Versicherungsunternehmen und mehr als 140 nationalen und internationalen Bankhäusern und Bankfilialen eines der wichtigsten Zentren der Finanzwirtschaft in der Bundesrepublik. In den Wirtschaftswissenschaften bietet die Kölner Universität dafür zugleich einen herausragenden Ausbildungsstandort. Die Unternehmen der Versicherungsbranche können dabei ebenso neben den im eigenen Hause ausgebildeten Mitarbeitern auf die an der Kölner Universität mit dem Institut für Versicherungswirtschaft oder im Fachbereich Versicherungswesen der Fachhochschule Köln ausgebildeten Akademiker zugreifen. Das macht Köln zu einem interessanten Standort.

Die Anfänge der Finanzwirtschaft in den ersten Nachkriegsjahren stehen vor Geschäften mit der Reichsmark, der niemand mehr traut, und dann vor Geschäften mit der D-Mark, von der es zu wenig gibt, um die Kreditwünsche für Wiederaufbau der Stadt und ihrer Wirtschaft bedienen zu können. Erst mit der Rezentralisierung der von der Militärregierung zerschlagenen Großbanken 1957/58, der Errichtung von Investmentgesellschaften und der Ausbreitung des Kleinkredits für die Erfüllung persönlicher Konsumwünsche Ende der 50er Jahre entsteht die uns heute gewohnte Finanzwirtschaft mit ständig wachsenden Risiken. Die Aufhebung der Zinsverordnung im Jahre 1967 bringt die Banken und Sparkassen in den Wettbewerb um ihre Kunden. Der Freigabe der Wechselkurse mit dem endgültigen Zerfall des Währungssystems von Bretton Woods im Jahre 1973 mit dem nun weiten Spielraum für Spekulationen auf Währungskurse ist in Köln der Untergang der Herstatt-Bank geschuldet. Die fortschreitende Liberalisierung und Internationalisierung des Bankwesens und die ins Gigantische wachsenden Summen an Gewinne forderndem Kapital führen dann zu den uns gewohnten und gefürchteten Finanzkrisen. Dem Druck unbändiger spekulativer Gewinnerwartungen fällt früh die private Herstatt-Bank zum Opfer und die Privatbank Oppenheim verliert eine Generation später ihre Selbständigkeit. Die ja nur angestellten Bankmanager der großen »systemrelevanten« Aktienbanken haben dem Untergang der privaten Konkurrenz mit echtem Bedauern zugesehen.

Das Auslaufen der Gewährsträgerhaftung für Sparkassen und Landesbanken und intensive Einflussnahme städtischer Politiker bringen die Stadtparkasse Köln, die heutige Sparkasse KölnBonn, in schwieriges Fahrwasser. Die Einführung des Euro 1999 und sein reales Erscheinen in Münzen und Scheinen zum Jahresanfang 2002 verändern das deutsche Lebensgefühl. Der damit verbundene Auftritt der Europäischen Zentralbank zur Jahrtausendwende bringt eine neue Finanzwirtschaft, deren Regeln nicht mehr nationalem Einfluss unterliegen und deren Erfolg mit Skepsis beobachtet wird.

Unübersehbar wirken diese Veränderungen in Kölns Bankengeschichte hinein. Auch in diesem Bereich der Kölner Wirtschaft zeugen bedeutende Kölner Baudenkmäler von Unternehmensuntergängen. Das Gebäude der ehemaligen Bank für Gemeinwirtschaft, entworfen von Fritz Schaller, 1954 vollendet, hat seinen prachtvollen Balkon den Wünschen Iwan David Herstatts als Zweigstellenleiter zu verdanken. Eine solche Aussichtsposition auf den Rosenmontagszug oder die Fronleichnamsprozession gab produktiven Geschäftsbeziehungen einen attraktiven Raum. Heute ist Fritz Schallers Bau Zeuge der Krise der gewerkschaftseigenen Unternehmen und dient seit 1995 der katholischen Kirche Kölns als Domforum. Domführungen und Citypastoral haben hier einen perfekten Standort gefunden. Das Gerling-Quartier, funktionslos nach dem Verkauf der Versicherung durch den Enkel des Unternehmensgründers, beginnt neue Bestimmungen im städtischen Leben zu erhalten. Wenige Monate nach der Währungsreform hatte der Konzern hier zu bauen begonnen. Auch das Gebäude der Herstatt-Bank an Kölns Bankenstraße Unter Sachsenhausen hat längst neue Besitzer und Nutzer gefunden. Und das Bankhaus Oppenheim im Besitz der Deutschen Bank ist nur noch eine Spezialabteilung fürs Privatkundengeschäft. Das dominierende Verwaltungsgebäude der DKV an der Kreuzung Aachener Straße/Gürtel, entworfen von Friedrich Wilhelm Kraemer, ziert seit der Übernahme durch die ERGO-Gruppe nun deren Logo. Das Colonia-Hochhaus, einst im Besitz der gleichnamigen Versicherung, trägt seit 1999 den Namen der AXA, in der die 1989 vom Bankhaus Oppenheim nach Frankreich verkaufte Mehrheit der Colonia aufgegangen ist, also der größten europäischen Versicherung mit Hauptsitz in Paris. Die erste Hauptstelle der Sparkasse der Stadt Köln nahe dem Rudolfplatz am Habsburgerring 2–12, einer der elegantesten Bauten Kölns der frühen 50er Jahre, entworfen vom Büro Theo Kelter, ist inzwischen durch einen wenig überzeugenden Neubau ersetzt worden. Und das schönste Kölner Bankgebäude, die Reichsbank-Hauptstelle Unter Sachsenhausen, in historisierender Gotik von Max Hasak Ende des 19. Jahrhunderts entworfen, wurde zur Verzweiflung von Oberbürgermeister Hermann Pünder nicht

Sitz der Landesbank für Nordrhein-Westfalen, sondern Filiale der Deutschen Bank.

In den ersten Tagen der Besetzung Kölns durch amerikanische Truppen dachte niemand an repräsentative Architektur. Man war froh, überhaupt Raum zu haben, um die Geschäftstätigkeit wieder aufnehmen zu können. Erste Sparkassen und Banken Kölns öffnen offiziell am 28. April 1945. Allerdings dürfen alle Mitarbeiter, die in der NSDAP waren – und das waren fast alle führenden Kräfte –, vorerst nicht wieder tätig werden. Vor der Währungsreform spüren die Finanzinstitute das allgemeine Misstrauen gegenüber der Reichsmark deutlich. Weder Kredite noch kurzfristige Darlehen werden nachgefragt. Häufig dagegen werden mit der eigentlich bereits fast wertlosen Reichsmark alte Hypotheken abgelöst. Neue werden nicht verlangt, da die Bautätigkeit erst langsam in Gang kommt und wenn, dann meist auf Kompensationsbasis betrieben wird. Erst zwei Jahre nach der Währungsreform steigen die Spareinlagen so deutlich an, dass es möglich wird, langfristige Kredite nicht nur aus Landes- oder aus den ERP-Mitteln des Marshall-Planes zu vergeben. 1950 lässt sich mit der Deutschen Zentralbodenkredit AG am Kaiser-Wilhelm-Ring die größte deutsche Hypothekenbank in Köln nieder.

In den ersten Monaten ist z. B. der Geschäftsbetrieb der Kreissparkasse bei Regen nicht aufrechtzuerhalten, »weil das Dach der Kassenhalle größere Undichtigkeiten aufweist und unbedingt mit Pappe neu gedeckt werden muß«. So heißt es in einem Schreiben vom 19. September 1945 an den Stadtkommandanten Major J. Alan Prior. Erst 1952 konnte das Hauptstellengebäude am Neumarkt nach umfassenden Baumaßnahmen ganz bezogen werden. Nun kann man auch die gewohnte Rolle des Kreditgebers für kleinere und mittelständische Unternehmen des Kölner Wirtschaftsraumes wieder übernehmen. 1955 wird die elektronische Datenverarbeitung in ihrer Frühform der Nutzung von Lochkarten eingeführt, und 1958 wird mit einem Spätschalter und einem Autoschalter der wachsenden Hektik des aufblühenden Wirtschaftswunders Rechnung getragen.

Die Stadtsparkasse, eigentlich Sparkasse der Stadt Köln, seit 2005 Sparkasse KölnBonn, hatte wie die Kreissparkasse zuerst Räume im alten Landratsamt in der St.-Apern-Straße, in der heutigen Kreishausgalerie, genutzt. 1947 konnte ein Bürohaus an der Hohe Pforte angemietet werden, das allerdings erst einmal instandgesetzt werden musste. Von den 33 Zweigstellen im Stadtgebiet konnten nur fünf den Betrieb wiederaufnehmen. Bis zur Währungsreform gelang es, 25 Zweigstellen zu aktivieren. Was aber bedeutete, dass die Kassenstunden unter ungünstigsten Bedingungen in meist ungeheizten Räumen, trotz Stromsperren und Unterernährung ab- – oder besser gesagt – ausgehalten wurden.

Auch die Kölner Gewerbebank, eine Genossenschaftsbank, seit 1960 unter dem Namen »Kölner Bank von 1867«, freut sich in ihrem Geschäftsbericht zum 100-jährigen Jubiläum über die Nachkriegsjahre bis 1951 darüber, »daß sich der Wiederaufbau des Geschäfts in einem Umfange vollzogen hat, der die anfänglichen Erwartungen bei weitem übertrifft«. Die Entwicklung der Kölner Bank in diesen Jahren des Wirtschaftswunders kann als allgemeingültiges Beispiel dienen. Hatte man doch 1950 bereits Kredite von über fünf Millionen D-Mark vergeben können, die durch Spareinlagen in entsprechender Höhe möglich geworden waren. Im Jubiläumsjahr 1967 sind dann Kredite über 130 Millionen D-Mark verzeichnet. Die Zahl der Mitglieder wächst rasant, Zweigstellen werden eingerichtet, um den wachsenden Publikumsverkehr aufzufangen. Zu den Krediten für Baumaßnahmen, Modernisierungen und Rationalisierungsmaßnahmen kommen nun auch Konsumentenkredite für den Kauf eines Autos, Kühlschranks oder Fernsehgeräts hinzu. Der wachsende bargeldlose Zahlungsverkehr für Löhne und Gehälter öffnet hier einen neuen Markt und das Teilzahlungsgeschäft wird im Vertrauen auf das Wirtschaftswunder neben dem Export zum zuverlässigen Wachstumsmotor. 1949 wird das Grundstück Von-Werth-Straße 25–27 erworben und 1950 der Neubau bezogen. Ein Nachbargrundstück kommt hinzu und bis 1962 wird mit der Christophstraße 35–37 auch eine repräsentative Front in Richtung Ringe aufgestellt. Kaufen und Bauen binden allerdings Kapital, dieses ruht und man kann es nicht gewinnbringend arbeiten lassen. So wird die Hauptstelle in den 90er Jahren verkauft und 1991 ein repräsentativer Hochhauskomplex am Hohenzollernring 35–37 angemietet. In der ersten Finanzkrise Anfang des Jahrtausends gerät die Kölner Bank durch Anlagefehler, Bauträgergeschäfte und Großkredite, deren Nehmer Insolvenz anmelden müssen, selbst in die Krise. Anschließend werden Risiken abgebaut und die letzten Aktien im Sommer 2007, kurz vor der nächsten Finanzkrise, verkauft. So kommt man erfolgreich durch die folgende Finanzkrise. Nun steht im Gegenwind der Niedrigzinsen, der alle Finanzinstitute in schwieriges Fahrwasser gebracht hat, die Fusion mit Volksbank Bonn/Rhein-Sieg bevor.

Es gibt spektakulärere Ereignisse im Kölner Bankwesen, die sich im Gedächtnis der Zeitgenossen festgesetzt haben. Von diesen gilt die Insolvenz der Herstatt-Bank inzwischen als abgewickelt, während die Diskussionen um Vorgänge bei der Stadtsparkasse und die Prozesse um die Entscheidungen und Verluste, die zur Übernahme des Bankhauses Sal. Oppenheim jr. durch die Deutsche Bank führten, noch andauern.

Der Sturz der Herstatt-Bank im Jahre 1974 in die Insolvenz, folgenreich für das deutsche Bankwesen, wurde national und international aufmerksam beobachtet. Iwan David Herstatt hatte, mit Hans Gerling als Finanzier und Aufsichtsratsvorsitzendem im Hintergrund, 1956 das Bankhaus Hocker & Co. übernommen und benannte es in Erinnerung an das alte Bankhaus Herstatt (1792–1888) nun I. D. Herstatt KGaA – in Unternehmen, zügig mit repräsentativem Sitz in Unter Sachsenhausen 6 versehen, das den jovial und großzügig in Köln auftretenden Bankier bald populär machen sollte. Die Bilanzsumme des Hauses steigt von fünf Millionen D-Mark zu Beginn auf über zwei Milliarden in 1973 und überholt damit sogar das Bankhaus Oppenheim. Gesellschaftlicher Glanz, den er immer auch nutzt, um neue Kunden zu gewinnen, lag Iwan David Herstatt besonders am Herzen. Seinen 60. Geburtstag feierte er am 16. Dezember 1973 in der Oper mit anschließendem Empfang im Gürzenich.

Von Beginn an aktiv im Außenhandelszahlungsverkehr, nutzte die Devisenabteilung des Hauses bereits 1971 die ersten Schwächen des Systems der weitgehend festen Wechselkurse des noch während des Zweiten Weltkrieges festgelegten Währungssystems von Bretton Woods zu Spekulationen. Der Dollar geriet seit 1971 immer wieder unter Abwertungsdruck. Seine Konvertierbarkeit in Gold wurde aufgehoben. Und im Bankhaus Herstatt sind die Mitarbeiter erfolgreich in Spekulationen auf Schwankungen von Wechselkursen tätig, als im März 1973 das Bretton-Woods-Wechselkurssystem endgültig zusammenbricht. Im Zeitraum von 1971 bis 1973 machen die »Goldjungs«, mit »Commander« – eine Anspielung auf die erfolgreiche Serie Raumschiff Orion – Dany Dattel die Devisenspekulation bereits zu einem gewinnbringenden Geschäft, an dem sich auch Mitarbeiter der Bank, nicht nur der Devisenabteilung, euphorisch beteiligen.

Die zweistelligen Gewinne der Bank in 1971 und 1972 aus den Devisengeschäften steigern sich im Jahr 1973 auf 48 Millionen D-Mark. Bankmitarbeiter mussten offiziell zehn Prozent ihrer Spekulationssumme einzahlen und jeder »Raumfahrer der Raumstation« durfte offiziell jeweils nicht mehr als zehn Millionen D-Mark einsetzen. Gegenüber der von anderer Seite alarmierten Bankenaufsicht erklärte die Geschäftsleitung, dass die offenen Positionen auf 25 Millionen D-Mark begrenzt seien. Noch Anfang des Jahres 1973 kommt eine Sonderprüfung zu den Devisengeschäften am 11. März 1973 zum Ergebnis, dass keine Situation erkennbar ist, »die die Bildung von Drohverlustrückstellungen erforderlich macht oder gar auf eine Schieflage der Bank schließen lassen würde«. Mitte Juni 1974 werden Verluste, da man sich schon seit 1973 mehrfach in der Entwicklung des Dollarkurses getäuscht hatte, von etwa einer halben Milliarde D-Mark bekannt. Insgesamt, so stellt man später fest, wurden 1,2 Milliarden D-Mark Verlust gemacht. Hans Gerlings Verhandlungen mit den Großbanken über eine Rettung der Herstatt-Bank scheitern und enden in der oben erwähnten Schließung. Das bedrohte das Ansehen des gesamten deutschen Kreditwesens. Ludwig Poullain von der WestLB, Friedrich Wilhelm Christians von der Deutschen Bank und Harald Kühnen von Sal. Oppenheim setzen sich vergeblich dafür ein, den Konkurs zu vermeiden.

Per Fernschreiben teilt das Bundesaufsichtsamt für das Kreditwesen am 26. Juni 1974 um 16.15 Uhr der Geschäftsleitung der Herstatt-Bank mit, dass ihr mit sofortiger Wirkung die Erlaubnis zum Betreiben von Bankgeschäften entzogen ist. Das war das offizielle Ende hektischer Tage für Iwan David Herstatt, in denen Schritt für Schritt die Katastrophe sichtbar wird. Vor den Türen des Bankhauses spielen sich nun dramatische Szenen ab, als Kontoinhaber versuchen, ihre Guthaben zu retten.

Die Insolvenz der Herstatt-Bank hatte nicht nur in Köln Folgen. Der national und international aufmerksam beobachte Vorgang führte zu einer Reihe von nationalen und internationalen Gesetzesänderungen und Vorsichtsmaßnahmen, wie dem Einlagensicherungs-Abkommen des deutschen Kreditgewerbes und der Schaffung eines Sicherungsfonds. Die sich anschließenden Prozesse brachten keine endgültige Klärung. Gegen Dany Dattel wurde das Strafverfahren wegen Verhandlungsunfähigkeit 1979 eingestellt.

1984 wird Iwan David Herstatt zu einer Freiheitsstrafe von viereinhalb Jahren verurteilt, die er aber wegen des laufenden Revisionsverfahrens nicht antreten muss. Der BGH hebt das Urteil 1985 auf. 1987 beginnt das Verfahren erneut, die Strafe wird nun auf zwei Jahre zur Bewährung verkürzt. Zwölf Millionen D-Mark trägt Iwan David Herstatt selbst zu den Entschädigungszahlungen bei. Aus der Abwicklung der Herstatt-Bank und der Zahlung von Hans Gerling von 210 Millionen D-Mark erreichen diese für Banken und Kommunen schließlich über 70 Prozent und für die anderen Geschädigten über 80 Prozent. So wurden die Vergleichsforderungen von 881 Millionen D-Mark insgesamt im Schnitt zu fast 80 Prozent erfüllt. Der ursprüngliche Vergleich hatte nur Quoten von 45, 55 und 65 Prozent für die insgesamt etwa 7000 Gläubiger vorgesehen. 2010 wird die Bank im Handelsregister gelöscht und für die noch anhängigen Forderungen gibt es bei Gericht hinterlegte Gelder.

Das Drama Bankhaus Sal. Oppenheim jun. & Cie.: Es gelang Waldemar Freiherr von Oppenheim 1945, angesichts des überstandenen Verfolgungsdrucks samt erzwungenem Namenswechsel zu Bankhaus Robert Pferdmenges & Cie., die amerikanische Militärregierung rasch von den Vorteilen einer Wiedereröffnung des Unternehmens inmitten der Kölner Ruinen zu überzeugen. Bereits am 11. April 1945 ist es soweit, noch bevor die Sperrzone der Innenstadt zwischen Gürtel und Rheinufer am 25. April 1945 aufgehoben wird. Es gelingt, die alten Kontakte im Ausland zu erneuern, neue aufzubauen und im Außenhandel wieder tätig zu werden. Im Juli 1947 kann endlich der Wunsch verwirklicht werden, zum gewohnten Namen Sal. Oppenheim jr. & Cie. zurückzukehren.

1989, als der Verkauf der Aktien der Colonia AG über vier Milliarden D-Mark in die Kasse spült, feiert das Privatbankhaus selbstbewusst sein 200-jähriges Jubiläum. Alfred Freiherr von Oppenheim (1934–2005) war damit ein erstaunlicher Coup gelungen. Vom Steuergefälle angezogen, verlegt man 2007 den Hauptsitz der Bank nach Luxemburg. Schließlich habe die luxemburgische Regierung günstige Bedingungen für Holdinggesellschaften geschaffen und hüte das Bankgeheimnis besser. In Köln steigt die Zahl der Mitarbeiter von 900 auf 1 100, in Europa auf insgesamt rund 3 500.

Wenige Monate später sieht die Großwetterlage erheblich schlechter aus. Die Finanzkrise des Jahres 2008 führt zu Verlusten von über 100 Millionen Euro im Aktienhandel und bei Beteiligungen, besonders bei Arcandor. Schon Ende 2008 müssen die Familiengesellschafter das Kapital der Privatbank um 200 Millionen Euro aufstocken. 2009 ist man zum größten Aktionär des Handels- und Touristikkonzerns Arcandor geworden, der schließlich trotz des Engagements von Madeleine Schickedanz Insolvenz anmelden muss. Das führt in die Krise. Im Sommer 2009 wird noch von einer strategischen Partnerschaft und einem Notkredit der Deutschen Bank gesprochen. Dann aber heißt es: Josef »Ackermann geht aufs Ganze« und die Deutsche Bank übernimmt Anfang 2010 mit der Luxemburger Holding Sal. Oppenheim & Cie. S.C.A. zu 100 Prozent auch die Macht in Köln. Ende des Jahres 2009 nimmt die Riege der persönlich haftenden Gesellschafter ihren Abschied. Im Frühjahr 2010 ist die Übernahme abgeschlossen. Zu diesem Zeitpunkt hatte die Staatsanwaltschaft Köln bereits mit Ermittlungen gegen die persönlich haftenden Gesellschafter und auch gegen Josef Esch begonnen. Josef Eschs über das Bankhaus laufende geschlossene Immobilienfonds galten lange als erfolgreiches Modell für Kapitalanlagen und Steuerersparnisse. Nun laufen die Prozesse. Josef Esch hat sich gegen eine Zahlung von sechs Millionen Euro daraus zurückgezogen.

Den dichten Kontakten zwischen Banken und Versicherungen, die in Köln eine Tradition haben, die bis in die Anfänge der Kölner Banken und Versicherungen im frühen 19. Jahrhundert zurückreichen, lösen sich Ende des 20. Jahrhunderts. Die enge Verbindung zwischen dem Gerling-Konzern und der Herstatt-Bank sind nur ein Bespiel dafür. Hans Gerling (1915–1991) gelang es nach Kriegsende rasch, das Industrieversicherungsunternehmen seines Vaters wieder in Schwung zu bringen. Bereits am 1. Juni 1945 erhält er persönlich von der amerikanischen Militärregierung die Erlaubnis, die Geschäfte des Konzerns wieder aufzunehmen. Demonstratives Zeichen des rasch nach Kriegsende wieder erfolgreichen Unternehmens waren seine Bauten zwischen St. Gereon und den Ringen, ein bis in die Pflasterung hinein mit Brunnen und Skulpturenschmuck von Arno Breker sehr bewusst gestaltetes Stadtquartier. Hans Gerling, stolzer Unternehmer, formuliert hier wie im Stadtbild seine elitäre Überzeugung: »Auf einer bestimmten Daseinshöhe ist es gleichgültig, was man tut. Dann wird alles zur Kunst.« Das Bauensemble entsteht zwischen 1949 und 1966. Das Werk verschiedener Architekten, in Bauschmuck und teils auch in der Fassadengestaltung durch den im Dritten Reich für bedeutend gehaltenen Bildhauer Arno Breker geprägt, führen zum spöttischen Kölner Architekturvergleich als »Neue Reichskanzlei«.

Hans Gerling war einer von drei Söhnen des Firmengründers Robert Gerling. Der älteste der Brüder, Robert Gerling jun., der den Krieg in den USA verbracht und sich nun als amerikanischer Staatsbürger in der Schweiz niedergelassen hatte, wurde nach langen in der Öffentlichkeit interessiert verfolgten Streitigkeiten 1952(!) noch zur Zahlung von 50000 D-Mark »Reichsfluchtsteuer« verurteilt, weil er das Reich ohne Erlaubnis verlassen hatte. Er erhielt 1957 schließlich die Herrschaft über das Auslandsgeschäft und 30 Millionen D-Mark. Seinen zweiten Miterben und Bruder Walter zahlte Hans Gerling Schritt für Schritt aus und war seit 1967 Alleininhaber des Konzerns. Die Freude daran währte nicht lange.

Die Insolvenz der Herstatt-Bank, an der Hans Gerling Anfang der 70er Jahre über 80 Prozent der Anteile des Kapitals von 44 Millionen D-Mark besaß, brachte den bis dahin mehr als erfolgreichen Herrn des Gerling-Konzerns in Bedrängnis. Unter öffentlichem und politischem Druck, bedrängt ebenso von anderen Banken, musste Gerling Anteile an seinem Konzern verkaufen, um die Verluste aufzufangen. Mit 49 Prozent Besitz war Hans Gerling zwar immer noch der größte Aktionär des gleichnamigen Konzerns, aber offiziell nicht mehr Herr im eigenen Hause, nur noch stellvertretender Vorsitzender des Aufsichtsrates. Mit einer »informellen Nebenregierung« drängt er konkurrierende Einflüsse anderer Großaktionäre wie der Zurich-Versicherung oder des Flick-Konzerns zurück. Bis 1986 ist es Hans Gerling dann gelungen, mit kreditfinanziertem Rückkauf der Aktien wieder alleiniger Inhaber seines Konzerns zu werden.

Er schafft es allerdings nicht, seinen Konzern mit Erfolg an die dritte Generation zu übergeben. Er hofft 1979 beim 75-jährigen Jubiläum des Konzerns: »Der Antritt der dritten Generation ist unauflöslich verbunden mit der Heranziehung und Ausbildung von Nachwuchskräften. Das Versicherungskraftwerk Gerling ist ein Kraftwerk der persönlichen Dienstleistungen von Männern und Frauen, die sich dem Gerling-Geist verbunden fühlen, weil sie erkannt haben, daß sie als Mitarbeiter des Gerling-Konzerns eine sinnerfüllte Aufgabe leisten und dadurch ein sinnerfülltes Leben führen können.« Die hier als selbstverständlich formulierte Sinnerfüllung des Lebens von Gerling-Mitarbeitern wird auch im berühmten, 1973 erstmals publizierten Bericht Günter Wallraffs über seine zwei Monate währende Tätigkeit »als Portier und Bote« im Konzern deutlich vorgestellt. Er kritisierte damit öffentlich dessen patriarchalische Struktur und das oft bedrückende Arbeitsklima.

Hans Gerlings Sohn und Alleinerbe Rolf Gerling steht beim Tode des Vaters vor drei Problemen: Eine hohe Erbschaftsteuer ist zu entrichten, der Kredit, mit dem sein Vater die Kontrolle über den Konzern zurückgewonnen hatte, ist noch nicht abgelöst und die Kapitalbasis ist für ein global agierendes Unternehmen zu gering. Endgültig treiben dann Managementfehler den Konzern, in dem Rolf Gerling sich schon 1992 auf die Position des Aufsichtsratsvorsitzenden zurückgezogen hat, an den Rand des Bankrotts. Knapp gerettet verkauft Rolf Gerling – nach seit 2002 lange geführten Diskussionen und Verhandlungen, die die Öffentlichkeit und die Mitarbeiter bewegten – im Jahre 2006 den Konzern für wohl 1,3 Milliarden Euro an die HDI, die Dachgesellschaft der Talanx, mit der nun Gerling verbunden wird. Schließlich wird 2015 auch der letzte Vertreter des Namens, die HDI Gerling Industrieversicherung AG, die das einstige Kerngeschäft der Familie Gerling vertritt, in HDI Global SE umgewandelt. Damit verschwindet ein traditionsreicher Namen aus der deutschen Versicherungswirtschaft. Das architektonisch interessante Gerling-Quartier wird nach Abbau und Auszug der verbleibenden Mitarbeiter verkauft und für Hotelnutzung und exklusives Wohnen umgebaut.

Kultur- und Kreativwirtschaft

Kultur, der wir schon im Abschnitt »Kultur, Popkultur, Protestkultur« begegnet sind, ist in ihrer gesamten Spannbreite unübersehbar auch Teil der Wirtschaft. Sie ist eben – die unhöfliche Bemerkung sei gestattet – aus wirtschaftlicher Sicht Teil des Dienstleistungsgewerbes. Hier wird viel Geld umgesetzt und verdient. Kultur war lange das Eigentum der Bildungsbürger, vertreten in den Künsten der Kreativen, der Künstler, der Maler und Bildhauer, der Komponisten und der Musiker, der Schriftsteller und der Architekten. Köln hat in all diesen Disziplinen nach 1945 grandiose Leistungen aufzuweisen und steht im Vergleich mit anderen Städten gut da. Da die Gesellschaft nicht nur – zu deren Missfallen – aus Bildungsbürgern bestand und besteht, gibt es neben der Hochkultur auch die Popkultur, das Brauchtum und eine subversive Subkultur. Heute wird nach dem lautlosen Dahinsterben fast aller klassischen Bildungsbürger, die einst das Bild der Gesellschaft bestimmten, nicht die »Kultur«, sondern die Kreativität selbst in den Mittelpunkt der soziologischen und wirtschaftlichen Betrachtung gestellt. Kreativität ist ein banaler Wirtschaftsfaktor geworden.

Eine weit differenzierte Vielzahl von Unternehmen und Organisationen und mehr oder weniger selbständigen »Kulturschaffenden« beschäftigten sich daher in Köln mit der Produktion von Kultur. Insgesamt rechnet man zu Beginn des 21. Jahrhunderts mit über 6000 Unternehmen der Kulturwirtschaft und dazu weiteren über 7000 Unternehmen der Creative Industries, für Werbung und Software/Gaming. Mit insgesamt etwa 60000 sozialversicherungspflichtig Beschäftigten und Selbständigen und dazu geschätzten gut 40000 geringfügig Beschäftigten in Köln wird hier über zehn Prozent des Umsatzes der Kölner Wirtschaft erarbeitet.

Allein zwischen 1980 und 1993 steigt die Zahl der sozialversicherungspflichtig Beschäftigten der Kultur- und Medienwirtschaft in Köln von gut 20000 auf fast 30000. Die große Zahl derer, die als Selbständige tätig, gegen Honorar oder geringfügig beschäftigt sind, kommt dann noch hinzu. Zwei Jahrzehnte zuvor rechnete man erst mit etwa fünf Prozent der sozialversicherungspflichtig Beschäftigten, also ungefähr der Hälfte.

Als »Kultur« betrachten wir hier, um uns nicht in den Tiefen anthropologischer, soziologischer und philosophischer Fragestellungen zu verlieren, das weite Arbeitsfeld der Kulturdezernent(inn)en: Allerdings sind damit nicht nur die ihr/ihm unterstellten städtischen Kulturinstitute angesprochen, sondern auch die von anderen finanzierten Institutionen sowie jegliche »Freie Szene« außerhalb des von ihm oder ihr zu verantwortenden Bereichs und das Brauchtum. Diese Kultur spielt durch ihre gesellschaftliche Bedeutung in der deutschen Spannung zwischen entspanntem U-Bereich und angespanntem E-Bereich mit Oper oder Musical, von Schauspiel bis Travestie, mit Kunst, Museen, Musik und Tanz, mit Literatur und Film, mit Ausbildung und Forschung für die Eigenlogik, für das Selbstverständnis der Stadt eine wichtige Rolle. Mit ihrer Bedeutung als weicher Standortfaktor für die Entscheidungen von Arbeitgebern und Arbeitnehmern und mit ihrer Bedeutung für die Präsenz der Stadt in den Medien hat sie dazu eine unübersehbare Bedeutung auch für die gesamte Wirtschaft Kölns. Die Hochschulen liefern die hochqualifizierten und motivierten Mitarbeiter. Allein die Universität zu Köln hat ein Haushaltsvolumen von rund einer Milliarde Euro. Dazu kommen die persönlichen Ausgaben der über 50 000 Studenten allein der Universität. TH Köln und diverse Fachhochschulen samt ihren Studenten kommen dann noch hinzu. Insgesamt rechnet man mit etwa 100 000 Studenten und Ausgaben von etwa 1,5 Milliarden Euro. Und viele wollen die Atmosphäre ihres Studienortes nicht so rasch verlassen. Schon damit, als Ausbildungsstandort, ist Kultur wichtiger Teil der regionalen Wirtschaft in Köln.

Kultur ist auch Lebenskultur, Kultur des Zusammenlebens, des gemeinsamen Feierns auf Festivals. Kultur war nach Kriegsende zuerst einmal ein Geschenk, für das man gerne mit Reichsmark zahlte, für die sonst kaum etwas zu bekommen war. Kultur war noch mehr ein Bedürfnis als ein Teil der Wirtschaft. Mit der Währungsreform änderte sich dies. Nun gab es interessante Alternativen, für die man sein Geld einsetzen konnte.

Unter den über 1 000 Künstlern in Köln gibt es zwar nur wenige Großverdiener, aber es gibt sie. Im Kunsthandel mit seinen verschiedenen Tätigkeitsbereichen von gut 100 Galerien und sieben Auktionshäusern mit Kunsthaus Lempertz an der Spitze sind weitere 1 000 Beschäftigte tätig. Allein für Neue Musik rechnet man mit etwa 600 Komponisten und einem Dutzend Ensembles. Mit der im WDR entstandenen Cappella Coloniensis und dem »Forum Alte Musik Köln«, seit 1998 organisiert von Maria Spering, ist Köln ja auch zu einem Zentrum Alter Musik in Europa geworden. Daneben sind sicher mit zumindest ähnlichen Zahlen die Musiker aller anderen E- und U-Bereiche sowie die Schriftsteller zu nennen. Was als »Kellerkunst« begann, ist längst darüber hinausgewachsen. Der Stadtgarten steht mit Reiner Michalke inzwischen für 30 Jahre Tradition im Präsentieren von Jazz. Stadt und Land haben 2017 beschlossen, den Standort mit jährlich 600 000 € zu fördern.

Davon profitieren im Ausbildungssektor heute die Kunsthochschule für Medien, die International School of Design als Teil der TH Köln oder die Hochschule für Musik sowie, für Amateure, die Rheinische Musikschule. Das reicht vom WDR, dessen Bedeutung schon angesprochen wurde, und anderen Medienanstalten über die Stadt Köln mit ihren Investitionen in Oper, Schauspiel, Museen, Volkshochschule, Stadtbücherei und Zuschüssen für die Kölner Philharmonie (Köln Musik GmbH), das Filmhaus seit 1981 oder das Literaturhaus bis in die freie Szene. Die Kultur zeigt sich mit privaten Theatern und Konzerträumen wie Musical Dome und Lanxess Arena, mit Verlagen und Buchhandlungen, mit Produktion von Tonträgern und dem Handel damit, dazu Handel mit Wiedergabegeräten und Musikinstrumenten. Als private Unternehmen ist auch das überaus erfolgreiche Schokoladenmuseum zu nennen oder in der ziemlich öffentlich-rechtlichen Grauzone das dankenswerte Engagement der Sparkasse KölnBonn für die vielfältigen Aktivitäten ihrer Kulturstiftung oder der Kreissparkasse Köln für ihr Geldgeschichtliches Museum, für ihre Kulturstiftungen und das 1985 eröffnete Käthe-Kollwitz-Museum. Dieses hat inzwischen im Jahre 2015 seinen 30. Geburtstag gefeiert. Das von der Sparkasse KölnBonn gestiftete »Odysseum« in Kalk wendet sich dagegen seit 2009 an das jugendliche Publikum, dem naturwissenschaftliche Kenntnisse spielerisch nahegebracht werden. Wie bei den meisten anderen Kölner Unternehmen im Kulturbereich sind ihre »Produkte« nicht nur für den lokalen »Verbrauch« gedacht.

Kreativität findet sich in den oben genannten und überlieferten Gebieten und ebenso bei Finanzberatern wie bei Steuerberatern, dort manchmal strafrechtlich zu würdigen, bei Designern oder bei den Feldherren der Werbefeldzüge. Die kreative Seite der Werbung mit Grafik, Design, Konzepten, Texten und Kampagnen ist in Köln zu Anfang des Jahrtausends mit 1 300 Agenturen vertreten, darunter z. B. erfolgreiche Büros wie Oliver Schrott Kommunikation oder ergo Unternehmenskommunikation. Deutschlands umsatzstärkste PR-Agentur Media Consulta, 1993 in Köln gegründet, hat heute noch eine Niederlassung hier, ihren Sitz aber nach Berlin verlegt. Diesen Arbeitsmarkt beliefert z. B. die Ehrenfelder Hochschule Ecosign seit 1994. Die Spezialisierung im Kommunikationsbereich hat ebenso Spezialisten fürs Marketing im Internet wie fürs Live-Marketing hervorgebracht, darunter z. B. die Agentur Uniplan GmbH & Co. KG. Das Dienstleistungsunternehmen mit Tradition entstand 1960 als Messebaufirma. Heute ist die Agentur in Mülheim mit 500 Mitarbeitern Weltmarktführer für den Entwurf kompletter Messeauftritte, für Public Events, Pressekonferenzen, Promotionskampagnen, Showrooms oder Roadshows. Und alljährlicher Höhepunkt und Treffpunkt ist die internationale Leitmesse dmexco Digital Marketing Exposition & Conference, die statt ursprünglich in Düsseldorf seit 2009 in der Kölner Messe stattfindet.

Von Köln aus war Anfang der 60er Jahre ein Großunternehmen für Werbung mit *out of home media* gestartet. Plakatwerbung, eingebracht in verschiedene Formen der Stadtmöblierung wie Haltestellen, Litfaßsäulen oder Plakatwänden, prägte das Stadtbild. Lange hat der Rat der Stadt dieses Geschäft per Amt der Verwaltung in der Hand behalten. Aus dem Stadtwerke Konzern, der zuletzt noch 49 Prozent der GmbH besitzt, kann die Ströer Out-of-Home-Media SE erst Ende 2014 das schon lange von ihr mit 51 Prozent verantwortlich geführte Unternehmen vollständig übernehmen.

Die erstaunliche Erfolgsstory des Unternehmens ist mit diesem Erwerb längst nicht abgeschlossen. Heinz W. Ströer (1938–2004) hatte es im Jahre 1963 als Außenwerbung Heinz W. Ströer GmbH & Co. KG gegründet. Die Nutzung von Plakatwänden führte »Kleister-Heiner« rasch zum Erfolg. 1990 schloss er sich mit dem Konkurrenten Udo Müller zusammen, jeweils zu 50 Prozent Anteil am Unternehmen. Mit einer eleganten Architektur des Büros Fischer + Fischer hat das Unternehmen heute seinen 2002 eingeweihten Sitz in Sürth. Seit 2010 an der Börse gehandelt, berichtet das international tätige Unternehmen, das nun betont auf digital betriebene Werbeanlagen setzt, für das Jahr 2016 von über 4 000 Mitarbeitern und einem Umsatz von über sieben Milliarden Euro. Den technischen Wandel zu digital betriebenen Werbeflächen haben wir ja in der letzten Zeit miterleben können. Inzwischen hat Udo Müller, der das Unternehmen nun persönlich leitet, weitere Online-Firmen übernommen.

Und so spricht man heute eben nicht nur von Kulturwirtschaft, sondern umfassender von Kultur- und Kreativwirtschaft. Dabei werden Musikwirtschaft, Buchmarkt, Kunstmarkt, Filmwirtschaft, Rundfunkwirtschaft, Markt für darstellende Künste, Architekturmarkt, Designwirtschaft, Pressemarkt, Werbemarkt, diverse Dienstleister und die Software-/Games-Industrie zusammengefasst. Auf die gesamte Bundesrepublik gesehen liefert die Kultur- und Kreativwirtschaft einen gleichhohen Beitrag zur Bruttowertschöpfung wie Maschinenbau, Automobilindustrie und Finanzwirtschaft. Auch in der Zahl der Beschäftigten hält die Kultur-

und Kreativwirtschaft mit – bei einem erheblich höheren Anteil an Selbständigen. In Nordrhein-Westfalen steht Köln im Jahre 2004 in der Musikwirtschaft an erster Stelle, bietet fast einem Drittel aller Betriebe den Standort. Das gilt auch für den Schreib- und Druckbereich. Hier arbeiten fast 40 Prozent aller in NRW Tätigen in Köln. Für die Film- und TV-Wirtschaft ist Kölns Position schon Ende des letzten Jahrtausends uneinholbar.

Köln betrachtet sich im Rahmen der Kultur- und Kreativwirtschaft betont als Kunst- und Medienstadt. Zu Recht. Die Kunststadt Köln als Lebensbild der sich wandelnden städtischen Gesellschaft haben wir bereits kennengelernt. Die entscheidende Weichenstellung für die Entwicklung zur Medienstadt war – wie berichtet – der triumphale Bau des 1955 vollendeten Funkhauses im Stadtzentrum als Nachbar des Domes. Die Bauten der Medienunternehmen, dazu die, die für ihre Zwecke errichtet wurden und schließlich die Bauten, die sie auch nutzen, sind markante Teile unserer Stadtlandschaft, die so zur Medienlandschaft wird. Medien vermitteln Werbung, Informationen und Unterhaltung. Im Verlagswesen, bei Film, Fernsehen, Kino, Tonstudio, Rundfunkanstalten, Telekommunikation, Werbung und Marktforschung sind heute etwa zehn Prozent der sozialversicherungspflichtig Beschäftigten Kölns tätig.

Die 1996 eingerichtete Medienstabsstelle, seit 2009 beim Wirtschaftsdezernat, stützt und fördert die Entwicklung der Medienwirtschaft in Köln. Für die Ausbildung des Nachwuchses für alle Bereiche sorgt die »ifs internationale filmschule köln«. 1997 als Filmschule NRW in der St.-Apern-Straße von verschiedenen Trägern als Verein gegründet, hat sie inzwischen als GmbH, nur noch von der Film- und Medienstiftung NRW getragen, ihren Sitz im ehemaligen Verwaltungsgebäude des Carlswerkes in Mülheim in der Schanzenstraße. Als Produktionsstandort war Köln dank dieses Hintergrundes 2013 Spitze: Im Ranking der 20 erfolgreichsten TV-Produzenten belegen Kölner Firmen zehn Plätze, darunter die ersten drei. So wird ein Drittel des gesamten deutschen TV-Programms in Köln produziert. Allerdings hat der Traum von Köln als »Europas größter Medienmetropole« sich bisher nicht ganz erfüllt. Aber alle großen internationalen Produzenten von Unterhaltung wie ITV, Endemol, Shine haben hier eine deutsche Niederlassung oder sich wie Grundy Light Entertainment sogar mit Hauptsitz festgesetzt.

Meine Lieblingsmedien sind Bücher und Zeitungen: Verlage und Buchhandel besetzen mit ihnen eine faszinierende Schnittstelle zwischen Kultur und Kapital, zwischen Druck- und Papierindustrie, Handel und Einzelhandel. Der Strukturwandel seit 1945 zeigt sich hier exemplarisch. Für Verlage und Buchhandlungen haben der technische Schritt vom Blei- zum Fotosatz, der Erfolg des Taschenbuchs seit der frühen Nachkriegszeit, der erfolgreiche Start der Hörbücher, das Lesen am Bildschirm mit dem transportablen eBook-Reader neue, sich ständig wandelnde Wettbewerbsbedingungen geschaffen. Unter den Verlagsstädten steht Köln nach Berlin, München, Stuttgart und Frankfurt an fünfter Stelle. Im Wirtschaftsraum Köln, im Kammerbezirk der hiesigen IHK, arbeiten zu Beginn des neuen Jahrtausends etwa 500 Schriftsteller, über tausend Journalisten, über hundert Verlage sowie fast zweihundert Buchhandlungen und erwirtschaften einen Umsatz von gut zwei Milliarden Euro. 2011 rechnet die IHK Köln mit über 1 200 Verlagen und Druckereien in Köln. Allerdings hat etwa die Hälfte der Betriebe höchstens drei Mitarbeiter und nur gut zehn Prozent haben mehr als 20 Beschäftigte. Dazu zählt seit 2009 die Bastei Lübbe AG, mit der ein bedeutender Verlag nach Köln, wo er 1949 entstand, zurückgekehrt ist.

Nach Köln gewechselt hat z. B. auch die Verlagsgesellschaft Rudolf Müller, einer der zahlreichen Fachverlage, derer Köln sich rühmen kann. Sie kommt 1951 mit städtischer Unterstützung und angezogen von der Nähe zu den Bonner Auftraggebern. 1960 kann man sich einen Verlagsneubau entworfen von O. M. Ungers leisten, der 1961 bezogen wird. Ebenfalls 1951 gründet der auch aus Weimar kommende Böhlau-Verlag seinen Kölner Zweig. Den Buchgroßhandel vertritt seit 1955 Köhler & Volckmar, aus Leipzig stammend, in Köln. Heute ist die Domstadt immer noch Standort einer bedeutenden Niederlassung, des Unternehmens, das nun nach einer Fusion als Koch, Neff und Volkmar GmbH mit Sitz in Stuttgart firmiert.

Heute werden Telefonbücher zwar noch gedruckt und eifrig in Stadt und Land verteilt, aber kaum noch genutzt. Bald werden sie wie die gedruckten kiloschweren Adressbücher und Eisenbahnfahrpläne aus unserem Alltag verschwunden sein. Wie auch manche Druckerei. Die nach Hürth ausgelagerte Druckerei Greven & Bechtold wurde 2001 vom Telefonbuchverlag Greven, nachdem 1983 noch groß das 125-jährige Jubiläum gefeiert worden war, verkauft. Und 2002 wurde dann vom neuen Besitzer Insolvenz angemeldet. Das ist kein Einzelfall. Die Firmengruppe Bachem verkaufte 2006 ihren Druckbereich in Mülheim mit 170 Mitarbeitern an ein international agierendes Druckereiunternehmen, das diesen Bereich nach angemessener Frist als unprofitabel schloss. Und die Hamburger Bauer Media Group hat ihre Kölner Tiefdruckerei, für den Druck großer Zeitschriftenauflagen eingerichtet, zum Jahresende 2010 geschlossen, nach dem immer mehr der eigenen Aufträge nach Polen vergeben wurden. Keiner der großen Kölner Buchverlage verfügt noch über eine eigene Druckerei. Hier haben technischer Wandel, Preiswettbewerb und der damit verbundene Rationalisierungsdruck zu heftigen Veränderungen geführt. Text und Bilder werden digital erstellt und verarbeitet. Die zukünftige Druckseite entsteht am Bildschirm und wird an die Druckerei weitergeleitet, deren Standort von Qualitätsansprüchen und Lohnniveau bestimmt wird. Dennoch gibt es exzellente wettbewerbsfähige Druckereien in Köln wie z. B. Zimmermann Druck & Medien, die im regionalen Markt erfolgreich bleiben.

Auch der Markt und die Reichweite meiner Lieblingsmedien – Bücher und Zeitungen – haben sich im Zeitalter von Digitalisierung und Internet verwandelt. Vielfach stellt die Universitäts- und Stadtbibliothek Bücher und Zeitschriften nur noch digital zur Verfügung. Zwei Drittel der Ankaufsmittel werden hier investiert. Und auch jenseits der Universitäts- und Stadtbibliothek stehen viele Bücher, Zeitungen und Zeitschriften schon lange auf stationären oder tragbaren Bildschirmen zur Verfügung. Das schont den Wald, aber nicht meine Augen. Andere Bücher hat die digitale Welt fast vom Markt verdrängt. So sind die Reiseführer inzwischen ein auf je eine bestimmte Interessengruppe spezialisiertes Nischenprodukt geworden. Und für die allgemeinen Interessen des Bildungsbürgers stellt Wikipedia alles Wissenswerte zur Verfügung, ersetzt damit leicht die Kunstreiseführer und Reiseführer wie *Baedeker*. Und wie viele Tipps für Hausfrauen und Hausmänner, Heimwerker, Hobbygärtner und Hobbyköche finden wir in den üblichen Suchmaschinen und auf YouTube, ohne noch auf den Gedanken zu verfallen, dafür ein Buch aufzuschlagen oder zu kaufen. Trotzdem ist die Zahl der Verlage gewachsen. Mit den vielen Klein- und Kleinstverlegern, die im digitalen Wandel ihre Nische suchen, rechnet man heute sogar mit über dreihundert Verlagen in Köln. Die Herausforderungen und Veränderungen des Marktes für Druckerzeugnisse lassen sich an einigen Beispielen, die die Vielfalt und Differenzierung der Kunden wie der Unternehmen erkennen lassen, ablesen.

Das traditionsreiche Unternehmen der Mediengruppe M. DuMont Schauberg, seit dem 16. September 2015 vereinfacht nur »DuMont Mediengruppe« mit Zeitungsdruck, Buchverlag und Beteiligung an Rundfunk und inzwischen seit 2015 eigenem Fernsehsender, lebt bis zum schließlich lizenzfreien Erscheinen des *Kölner Stadt-Anzeigers* am 29. Oktober 1949, seit Kriegsende unter der Leitung von Kurt Neven DuMont, von ständig wachsenden Druckaufträgen, unter anderem, wie bereits erwähnt, von Lizenz-Zeitungen der Konkurrenz.

»Ist eine Zeitung mehr ein kaufmännisches Unternehmen oder mehr ein Politikum, ein Kulturinstitut?« Alfred Neven DuMont (1927–2015), der diese rhetorische Frage in seinem Leitartikel für den *Kölner Stadt-Anzeiger* vom 29. Oktober 1959 stellt und nicht beantwortet, ist bis Anfang 2015 Vorsitzender des Aufsichtsrates des Unternehmens gewesen. Ihm sind inzwischen Christian DuMont Schütte und Isabella Neven DuMont als Vorsitzender und stellvertretende Vorsitzende des Aufsichtsrates gefolgt. Alfred Neven DuMont, der für mehr als ein halbes Jahrhundert die treibende Kraft des Familienunternehmens ist, tritt 1953 im Alter von 26 Jahren für die elfte Generation der Kölner Verlagsdynastie ins Unternehmen ein. Er verzichtet auf seine persönlichen künstlerischen Ambitionen, bringt aber mit seiner Offenheit für neue ästhetische und inhaltliche Konzepte rasch neuen Wind ins Zeitungsunternehmen. Neben ihm sind seit 1952 sein Schwager Ernst Brücher, verheiratet mit Alfreds Schwester Majella, und seit 1960 Dieter Schütte, Ehemann von August Neven DuMonts Tochter Brigitte, in die Unternehmensführung eingetreten. Dieter Schütte übernimmt später, als der Buchverlag die volle Kraft Ernst Brüchers beansprucht, die Geschäftsführung der Druckerei.

Die Rückkehr auf den Zeitungsmarkt steht erst einmal im Vordergrund. Lange denkt man auch an eine Wiederauflage der überregionalen *Kölnischen Zeitung*. An sie erinnert seit 1962 der Untertitel des *Kölner Stadt-Anzeigers*. 1955 wird Alfred Neven DuMont dessen publizistischer Leiter und übernimmt im selben Jahr die Hauptrolle in einem karnevalistischen Zwischenspiel. Als Prinz Alfred I. wird er für »18 Tage Narrenfürst«. Von 1957 bis 1966 ist er ab Heft 13 auch Herausgeber der zuvor in Wien gegründeten und nun in Köln gedruckten und erscheinenden Kulturzeitschrift *magnum – die Zeitschrift für das moderne Leben* bis zu deren Ende mit Heft 59 im Jahre 1966. Chefredakteur und Gestalter ist der ehemalige NSDAP-Anwärter und als Verräter des österreichischen Widerstandes mit drei Jahren Haft vorbestrafte Karl Pawek. Er vertritt »die wahre Moderne«, die »sich angeblich durch eine Übereinstimmung mit dem christlichen Weltbild des Mittelalters auszeichnet«. Als Redakteur des Feuilletons wird Hans Bender (1919–2015), eine der großen Gestalten der Nachkriegsliteratur, nach Köln geholt. Großformatig, mit jeweils einem bestimmenden Thema pro Heft und einer beispielhaften Gestaltung mit Fotografien von den besten zeitgenössischen Fotografen, propagiert *magnum* einen *reactionary modernism*.

Ein letztes Mal übernimmt ein Vertreter des Kölner »Patriziats« die bedeutendste Rolle der fünften Jahreszeit: Alfred Neven DuMont als Prinz Karneval 1955. Alfred Neven DuMont: 18 Tage Narrenfürst. *Köln 1955, Bildtafel neben S. 11*

Alfred Neven DuMont setzt auch für den *Kölner Stadt-Anzeiger* eine moderne Gestaltung des Blattes durch – redaktionell durch Verjüngung und Ablösung von Heinz Pettenberg als Chefredakteur und grafisch von der Hand des später als »Deutschlands erstem Art Director« berühmten Willy Fleckhaus. Den Start von *twen* und damit der Karriere von Willy Fleckhaus sichert Alfred Neven DuMont im April 1959 mit dem Druck des ersten Heftes gegen den Anzeigenerlös und startet damit von Köln aus eine Zeitschrift, die nun auch inhaltlich moderne Wege beschreitet und das folgende Jahrzehnt begleitet.

Von den drei Lizenzzeitungen des Jahres 1946 waren, nachdem 1952 die *Rheinische Zeitung* auf SPD-Linie aufgeben musste, nur noch die kommunistische *Volksstimme* mit ständig schrumpfender Auflage und die erfolgreiche *Kölnische Rundschau* auf CDU-Linie übrig. Den Freiraum nutzt der *Kölner Stadt-Anzeiger* inhaltlich und steigt zur führenden Kölner Zeitung auf. Die inhaltliche Richtung muss aber auch dem der FDP nahestehenden Herausgeber gefallen, eine Position, die Alfred Neven-DuMont seit 1960 offiziell für den *Kölner Stadt-Anzeiger* übernimmt. Berufung und Entlassung des jeweiligen Chefredakteurs erhält dann, angesichts der Bedeutung des *Kölner Stadt-Anzeigers* im Alltag der Stadt, schon einmal dramatischen Charakter, wie 1970 im Falle des linksliberalen Joachim Besser, wie bei Joachim Besser im Jahre 1970, als dieser im *Kölner Stadt-Anzeiger* zu deutlich Willy Brandt und die SPD favorisiert.

Angesichts der Ankündigung Ende 1963, dass der Berliner Springer-Verlag zusammen mit der *Rheinischen Post* eine regionale Boulevardzeitung neben der *Bild-Zeitung* herausbringen wolle, entschließen Kurt Neven DuMont und sein Sohn Alfred, ein eigenes Boulevardblatt, den *Express*, aufzulegen. Seit dem 2. März 1964 erscheint dieser täglich. Fast wider Erwarten wird das Blatt, das den *Kölner Stadt-Anzeiger* vor Konkurrenz im Anzeigengeschäft schützen sollte, ein wirtschaftlicher Erfolg auch über Köln hinaus. Sogar die bis dahin in Köln sehr erfolgreiche *Bild-Zeitung* wird überholt, fast verdrängt. Heute gehört die DuMont Mediengruppe zu den größten Zeitungsunternehmen in Deutschland.

Erfolg und Fortschritt der Technik führen zu Veränderungen. Der Bleisatz wird nach Verhandlungen über mehr als ein Jahr hinweg zwischen Geschäftsführung und Betriebsrat durch Lichtsatz am Bildschirm ersetzt. Eine der mehrere Dutzend nun ausrangierten Linotype-Bleisatzmaschinen erhält das Kölnische Stadtmuseum. Zwischen 1978 und 1981 wird das ganze Unternehmen auf Lichtsatz umgestellt. Die räumlichen Einschränkungen des Standortes Breite Straße 70 aber waren so nicht zu beheben. Das Firmengelände der stillgelegten Rheinischen Draht- und Kabelwerke GmbH in Riehl an der Amsterdamer Straße wird erworben und soll die Offset-Rotationsmaschinen für *Express* und *Kölner Stadt-Anzeiger* aufnehmen. Die neue Maschine für den *Express* hat eine Höhe von 10,65 Metern und eine Länge von rund 70 Metern. 1985 beginnt das Druckgeschehen an der Amsterdamer Straße. Im nächsten Schritt werden nun auch die Redaktionen, Verlag und Geschäftsführung an die Amsterdamer Straße verlegt. Nach einem Architektenwettbewerb im Jahre 1990 entscheidet man sich zuerst für einen

Entwurf von Jean Nouvel, gebaut und 1998 eröffnet wird dann jedoch der Entwurf für das Neven-DuMont-Haus von Duk-Kyu Ryang aus dem Büro Hentrich & Petschnigg & Partner.

In demselben Jahr 1998 kauft die heutige DuMont Mediengruppe sich ihre in den ersten Nachkriegsjahrzenten starke Konkurrenz, die *Kölnische Rundschau,* mit Zustimmung des Kartellamtes, nimmt sie aber nicht vom Markt, sondern garantiert damit ihre Existenz. Der Redaktion, die weiterhin in der Stolkgasse sitzt, wird die Unabhängigkeit im Heinen-Verlag mit Heinrich Heinen als Herausgeber zugesichert. Ab 1999 wird auch die *Kölnische Rundschau* an der Amsterdamer Straße und im gleichen handlicheren Format des *Kölner Stadt-Anzeigers* gedruckt. Das Anzeigengeschäft für beide Zeitungen wird zusammengelegt. Damit kann man die Auswirkungen der seitdem weiter schrumpfenden Auflagen etwas abfangen. Das Schicksal der gerade im Sommer in Gremberghoven eröffneten Kölnischen Verlagsdruckerei, geplant für den Druck der täglichen Auflage der *Kölnischen Rundschau,* ist damit besiegelt. Sie hat inzwischen den Besitzer gewechselt.

Taktisch aber war die Übernahme der Alternative zum *Kölner Stadt-Anzeiger* in den eigenen Verlag eine Meisterleistung, wie der nun kommende Kölner Zeitungskrieg zeigen sollte.

Der Berliner Ableger des schwedischen Schibstedt-Konzerns bringt Ende 1999 mit *20 Minuten* eine 24-seitige kostenlose Zeitung zur Verteilung und der Axel Springer Verlag bringt mit *Köln Extra* – gleichfalls kostenlos – eine erste Abwehrmaßnahme. Ab Februar 2000 bringt M. DuMont Schauberg, um seine Zeitungen zu schützen, den *Kölner Morgen* als drittes Blatt kostenlos zur Verteilung. Ausgegeben oder in Kästen bereitgestellt werden sie auf den Haltestellen der KVB – mit Genehmigung des Chefs der KVB und des Oberstadtdirektors Klaus Heugel. Das bringt Ärger. Prozesse gegen die kostenlose Konkurrenz scheitern zwar, aber im Sommer 2001 gibt *20 Minuten* auf und auch die Konkurrenten können ihr jeweiliges Verlustgeschäft beenden.

Zur gleichen Zeit greift das durch den Erwerb der *Kölnischen Rundschau* vergrößerte Unternehmen, das schon im Jahre 2000 stolz auf die gestiegenen Werbeinnahmen aus den Beteiligungen bei Rundfunk und Fernsehen verweist, die politischen und technischen Veränderungen von Wiedervereinigung und Digitalisierung auf. Die *Mitteldeutsche Zeitung* mit Sitz in Halle wird erworben und zum Erfolg. Die Werbeeinnahmen aus dem Zeitungsgeschäft aber sinken wie der Absatz der Zeitungen regelmäßig weiter. Von 1991 haben die Tageszeitungen in Deutschland bis 2014 mehr als ein Drittel ihrer verkauften Auflage verloren. Allein zwischen 2008 und 2012 haben *Kölner Stadt-Anzeiger* und *Kölnische Rundschau* fast zehn Prozent ihrer verkauften Auflage eingebüßt, es werden in 2008 nur noch 316 000 statt 345 000 Exemplaren abgesetzt. Mit Zukäufen weiterer Zeitungen und zeitungsübergreifender redaktioneller personaleinsparender Zusammenarbeit wird versucht, sich dem wirtschaftlichen Desaster entgegenzustellen. 2006 wird die Mehrheit an der *Frankfurter Rundschau* erworben. 2009 kommen die *Berliner Zeitung*, der *Berliner Kurier* und die *Hamburger Morgenpost* hinzu. Alfred Neven DuMont fordert lautstark politische Unterstützung für das »Kulturgut Zeitung«: »Die Auflageneinbrüche und die Anzeigenkrise seien so dramatisch, dass die Zeitungen in ihrer Existenz gefährdet seien.« Tatsächlich muss das Unternehmen, heute nun unter dem umfassenden Namen DuMont Mediengruppe mit den Geschäftsfeldern Regionalmedien, Business Information und Digital, im Jahr 2012 einen Verlust von über 100 Millionen Euro hinnehmen und gelangt erst 2013 wieder zu einem bescheidenen Gewinn von gut einer Million Euro. Die Verluste der *Frankfurter Rundschau* können 2014 nicht weiter aufgefangen werden. Nach Insolvenz wird die Zeitung nun von neuen Eigentümern fortgeführt. Gegenüber 2014 hat das Unternehmen seinen Gewinn in 2015 auf über zehn Millionen Euro verdoppeln können.

Mit dem Aufbau des Anzeigenportals »Kalaydo« im Internet folgt man den Kunden auf den neuen Markt. Bei center.tv Heimatfernsehen erwirbt die DuMont Mediengruppe im Jahr 2008 erst einmal 24,4 Prozent und gründet gleichzeitig eine konzerneigene Tochter, DuMont Net GmbH, um die Geschäfte der Zeitungen der Unternehmensgruppe im Netz zu vertreten. Auch die Zeitung selbst wird jetzt ins Netz gebracht. Seit dem 5. Januar 2015 ist Heimatfernsehen center.tv im gleichen Kanal durch Köln.tv, ganz im Besitz der DuMont Mediengruppe, ersetzt und wird in der Amsterdamer Straße mit Anbindung an den hauseigenen Newsroom geführt.

Der Buchverlag entstand aus der Begeisterung, mit der die in Köln für den Verlag Harry J. Abrams in New York gedruckten Bücher in den USA und international aufgenommen wurden. Die Idee für den Verlag, in dem viele meiner Bücher erschienen sind, bringt der kenntnisreiche, kontaktfreudige und gut vernetzte Karl Gutbrod vom Kohlhammer Verlag in Stuttgart nach Köln. Zu den ersten Bändern, übernommen aus Abrams »Library of Great Painters«, die auf Deutsch 1956 auf der Frankfurter Buchmesse vorgestellt wurden, kamen als eigene Produkte die Tagebücher Paul Klees heraus. Und Michael Seuphors Band über Piet Mondrian konnte von Köln aus nun international vermarktet werden. So konnten

– bis heute ein erfolgreiches Prinzip – hohe Auflagen zu günstigen Preisen verkauft werden. Ernst Brücher geht manchen mutigen Schritt über dieses für das kaufkräftige Bildungsbürgerpublikum bestimmte Programm hinaus. Seine vielfältigen Interessen und seine Bereitschaft, mit Publikationen Avantgarde zu fördern, waren ein wesentlicher Beitrag zur Kölner Kulturszene der 60er Jahre. Dazu gehören Werke wie 1959/1960 *Fa:m' Ahniesgwow*, der »Mär vom Ahnen- und Amigau«, von Hans G. Helms, die die »Strukturen der fortgesetzt faschistoiden Gesellschaft« freilegt, oder 1961 Ferdinand Kriwets *Rotor*, das wie der Titel vor- und rückwärts gelesen oder als Album betrachtet werden kann.

Mit den wie ein Taschenbuch als Paperback gebundenen, aber in hoher Qualität gedruckten Reihen der DuMont Dokumente und der DuMont Kunstreiseführer zeigt der Verlag sein Gespür für die sich ständig weiter spannenden Interessen des Publikums. Der Verlag versucht alle Milieus unserer sich in Lebensziel und Lebensstil weiter differenzierenden Gesellschaft, die sich mit dem Buch erreichen lassen, für sich zu gewinnen. Über die Jahrzehnte entsteht eine Vielzahl von Formaten – inhaltlich und gestalterisch – vom Coffee Table Book für Kunstkenner, Lifestyle Anhänger, Pflanzenfreunde und Gartenliebhaber, über Küchenartisten und Landschaftsdarstellungen, bis zum Taschenbuch in unterschiedlich thematisch strukturierten Reihen, das man tatsächlich in die Tasche stecken könnte. Seit Gottfried Honnefelder von 1997 bis 2006 die verlegerische Verantwortung übernommen hat, gehört mit wachsendem Erfolg auch Literatur zum Programm des Verlages.

Die katholische Tradition und Position des ebenso traditionsreichen J. P. Bachem Verlages, die das Unternehmen zwischen 1933 und 1945 in erhebliche Schwierigkeiten brachte, machte dem Familienunternehmen aber früh nach Kriegsende den Weg für einen wirtschaftlichen Aufschwung frei. Dafür war die Kirchenzeitung für das Erzbistum Köln seit 1946 eine wichtige Grundlage. Im August 1945 erscheint die erste Publikation, im November 1945 wird die Marzellus-Buchhandlung eröffnet, bereits 1949 zählt der heute von der sechsten Generation geführte Verlag 235 Mitarbeiter. Der Buchverlag, bis heute erfolgreich mit zahlreichen historischen, theologischen und kunsthistorischen oder inzwischen auch zahlreichen regionalen Titeln, sowie die dann 2006 aufgegebene Druckerei mit den Aufträgen z. B. für die Kataloge der Kölner Messe wuchsen rasch. Der 1949 von Jakob Hegner in Köln gegründete Verlag mit seinem konsequent durchgehaltenen Erscheinungsbild der Bände wird bald von J. P. Bachem übernommen und noch einige Jahre als Jakob Hegner Verlag weitergeführt.

Mit der Bastei Lübbe Verlagsgruppe, einem der umsatzstärksten deutschen Verlage, seit 2013 Bastei Lübbe AG, ist ein 1949 in Köln gegründeter Verlag 2009 mit großem Auftritt aus Bergisch-Gladbach in die Kölner Verlagslandschaft zurückgekehrt. Berühmt und erfolgreich durch den Vertrieb der Bastei-Romanhefte haben Gustav H. Lübbe (1918–1995) und Ehefrau Ursula, dann Sohn Stefan (1957–2014) das 1953 in Köln übernommene Unternehmen inzwischen breit aufgestellt. Frühzeitig wurde in den digitalen Bereich, in die eigene Produktion von Hörbüchern und auch in den Vertrieb von E-Books investiert. Das wachsende digitale Geschäft bringt inzwischen ein Viertel des Umsatzes von über 100 Millionen Euro.

Benedikt Taschens Verlag ist heute der international aktive Spitzenreiter in der Produktion von auf möglichst hohe Vertriebszahlen ausgerichteten Publikationen zu Kunst, Architektur, Erotik, Fotografie und Film, bewundert, beneidet und erfolglos kopiert. 1980 war, irgendwie passend, ein Laden für Comics der damals ungewöhnliche Anfang. Die neue Geschäftsidee und der Erfolg kamen einige Jahre später mit dem gewinnbringenden Verramschen von 40000 Exemplaren eines Kunstbandes über René Magritte. Der erste Kunstband aus eigener Produktion, über Pablo Picasso, wurde dann in über zwanzig Ländern auf den Markt gebracht – nicht über den Verkauf von Lizenzen, wie bisher im Verlagsgeschäft üblich, sondern direkt in mehreren Sprachen gedruckt und als eigenes Verlagsprodukt verkauft. Zwar hat Taschens langjähriger Vertriebsleiter Ludwig Könemann einmal versucht, ein Konkurrenzunternehmen aufzubauen, ist aber dramatisch gescheitert. Neben Massenauflagen bringt Benedikt Taschen inzwischen auch teure Objekte in kleinen exklusiven Auflagen auf den Markt, von denen manche erstaunliche Wertsteigerungen verzeichnen.

Traditionsreiche Verlage wie J. P. Bachem oder Greven bleiben nach 1945 im Rahmen ihres gewohnten Marktes. Im Greven Verlag hat Verlagsleiter Rudolf Sommer, der später zum DuMont Buchverlag wechselte, allerdings in den Jahren um 1960 neben schlichteren Publikationen zu Mundart und Coloniensia die ersten der bedeutenden Bildbände von Chargesheimer verantwortet. Die seit 1828 im Greven Adreßbuch-Verlag erscheinenden *Kölner Adressbücher* endeten mit dem 142. Jahrgang des Jahres 1973. Noch sind die jährlich erscheinenden Telefonbücher ein bescheidener Ersatz als Handwerkszeug des Historikers, aber wie lange noch? Die mehrfach heiß umkämpfte Geschäftsidee des *Adressbuchs* hatte mit der fast 100-prozentigen Verbreitung des Telefons ihre Grundlage verloren. Nun ist durch das Internet auch das gedruckte Telefonbuch bedroht. Der Verlag Greven Medien sieht in lokalen digitalen Anwendungen seine Chance.

Dagegen hat Hermann Josef Emons für seinen 1984 neugegründeten Verlag mit Christoph Gottwalds vor der Stadtlandschaft Kölns spielendem Kriminalroman *Tödlicher Klüngel* eine eigene neue Geschäftsidee gefunden und erfolgreich weiterentwickelt. »Weltweit regional« sind seine Reihen von Kriminalromanen, aber auch von Sachbüchern aufgestellt, unter denen für Köln besonders die vom NS-Dokumentationszentrum herausgegebenen Bände zur Geschichte Kölns im Nationalsozialismus hervorzuheben sind.

Verlage sind (noch) nichts ohne Buchhandlungen. Sie sind der unverzichtbare Nährboden vielfältiger geistiger und ein faszinierender Schnittpunkt wirtschaftlicher Interessen. Köln hat über die Jahrzehnte hinweg manche herausragende Buchhandlung und Buchhandlungskonzepte erleben können. Aber selbst mehr als erfolgreiche Buchhändler wie Walther König klagen heute über die Konkurrenz von Amazon.

Nach Kriegsende klagen die Buchhändler jedoch erst einmal über die Plage der Taschenbücher. Gerhard Ludwig (1909–1994) sah dies anders. Am 10. Dezember 1949 eröffnete er eine erste Buchhandlung auf dem Boden der Deutschen Bundesbahn. Bald war das Geschäft als »Fürstenzimmer des Geistes« und »Knotenpunkt des geistigen Lebens« in aller Munde. Vor der Erstaufführung seines Dramas » Der Gesang im Feuerofen« wurde hier Carl Zuckmayer vom Kölner Sender interviewt. Danach entstanden als »Diskussionsabende in der Bahnhofsbuchhandlung« über 250 »Mittwochsgespräche« im Wartesaal III. Klasse des Hauptbahnhofs, die bei freiem Eintritt zwischen 1950 und 1956 zu einem bundesweit beachteten Spiegel der Diskussion zu aktuellen Themen wurden. Sie gaben dem kulturellen Leben in Köln wichtige Impulse.

Die Bücherstube am Dom dagegen, 1931 als Lieferant und Treffpunkt der zahlungsfähigen besseren Gesellschaft in einem Ladenlokal im Dom-Hotel »Am Hof« gegründet, hat im Sommer 1946 im Schwerthof an der Zeppelinstraße, nahe dem Neumarkt, wieder Räume für eine Buchhandlung und ihr »Antiquarium« – Antiquariat, Grafikkabinett und Ausstellungsraum – gefunden. Hier wird die Vorkriegstradition zurückhaltend modernisiert fortgeführt.

Nach bescheidenen Anfängen im Jahre 1946 auf der Sülzburgstraße kann Heinrich Gonski seine Buchhandlung am Neumarkt kurz nach der Währungsreform am 24. Juli 1948 wieder eröffnen. Die nächsten Jahrzehnte verzeichnen ein glückliches Wachstum und schließlich die Übernahme des Unternehmens durch Bouvier in Bonn. 1998 wird die Bücherstube am Dom geschlossen, als mit der Mayerschen Buchhandlung zu Gonski/Bouvier/Thalia noch eine zweite große Konkurrenz am nahen Neumarkt hinzukommt. Inzwischen ist Thalia am Neumarkt seit 2013 geschlossen und die Mayersche Buchhandlung, die 2003 von der Hohe Straße auf die Schildergasse wechselte, hat die dortige Filiale aufgegeben und am Neumarkt Raum an Primark, den großen Textilbilligstdiscounter, abgegeben.

Eine Bastion des katholischen Köln, die Buchhandlung Herder auf der Komödienstraße, fiel einem Angriff von innen zum Opfer. Als der Geschäftsführer wagte, den umstrittenen Theologen und Psychoanalytiker Eugen Drewermann zu einer Lesung einzuladen, wenige Monate bevor Drewermann die Lehrbefugnis entzogen und er vom Priesteramt suspendiert wurde, ließ Kardinal Meisner, Kölner Erzbischof, sämtliche Bestellungen des Erzbistums bei Herder stornieren. Diesen Entzug der Geschäftsgrundlage hat die Buchhandlung nicht lange überlebt. Die thematisch breiter aufgestellte Köselsche Buchhandlung im Kurienhaus am Dom ist 2005 vom Verlag an die Geschäftsführerin Hildegard Barth-Roos verkauft worden. Hier droht allerdings der Abriss des Gebäudes.

Neben den Großbuchhandlungen und den Buchhandlungen in den Stadtteilen haben sich mit Walther König – mit Kunstbuchhandlung und Modernem Antiquariat – sowie Klaus Bittner als Spezialist für Literatur zwei Buchhändler mit je eigenem Profil etablieren können. Walther König, der mit dem Verkaufsstand der Buchhandlung am Dom auf dem ersten Kölner Kunstmarkt 1967 sein Projekt der Kunstbuchhandlung gefunden hat, baut danach mit eigenem Verlag und zahlreichen Filialen und Museumsshops seit den 60er Jahren ein Kunstbuchimperium auf, das von seiner Leidenschaft für moderne Kunst und Bücher ein ebenso grandioses Zeugnis ablegt wie von den Fähigkeiten des Kaufmanns Walther König.

Leidenschaft für Bücher zeigt sich in Köln auch noch anders. In den ersten Jahrzehnten nach 1945 hat die Buchhandlung Buch und Kunst Zanders in der Mittelstraße immer wieder Schriftsteller von Rang zu Lesungen nach Köln geholt. Heute ist das Spektrum der Veranstaltungen größer. Neben ausgewählten Abenden mit Autoren, zu denen Klaus Bittner einlädt, oder der Lesung von Marcel Prousts *Auf der Suche nach der verlorenen Zeit*, die von Hildegund Laaff und Carsten Saenger in der Lengfeldschen Buchhandlung von März 1997 bis November 2003 getragen wurde, hat sich das Massenphänomen des Festivals mit der lit. Cologne – im Jahr 2001 von Rainer Osnowski, Werner Köhler und Edmund Labonté gegründet – auch der Literatur bemächtigt.

Die Liebe zum alten Buch ist wie die Liebe zu bibliophil gestalteten Büchern mit dem Cologne Art Book Fair seit 2015 dagegen in Köln nie ein Massenphänomen geworden. Lange war das Antiquariat von Günter Leisten nahe der Hohe Straße, passend »In der Höhle« angesiedelt, eine gute Quelle neben anderen, heute hält nur noch Roman Heuberger in Deutz die Tradition eines Antiquariats als Ladengeschäft gegen die erfolgreiche Konkurrenz des Internets aufrecht. Die Ringbuchhandlung August Nethe, Hohenzollernring 88, veranstaltete zwar schon im November 1946 eine erste Auktion für Bücher und Grafik, wie sie heute von Venator & Hanstein fortgeführt werden. Aber Antiquariatsmessen, zuerst im Gürzenich später im Kölnischen Stadtmuseum durchgeführt, oder die Beteiligung von bedeutenden Antiquariaten an der Kunstmesse, der heutigen Fine Art Cologne, sind nie ein rauschender Erfolg gewesen. Die Bibliophilen-Gesellschaft Köln wurde für die Kölner Bücherfreunde 1930 gegründet und von 1932 bis Ende der 80er Jahre von Hanns-Theo Schmitz-Otto (1908–1992) als geschäftsführendem Vorsitzenden geführt. Danach übernahm sein Sohn Hanns Georg Schmitz-Otto als Sekretär die Arbeit bis zum festlichen Ende der Gesellschaft am 8. Mai 2010. Nicht als Ersatz, aber als neuer Kreis, nun mit Anbindung an die Universitäts- und Stadtbibliothek, der Hanns Georg Schmitz-Otto wichtige Bücherschätze aus Familienbesitz gestiftet hat, ist 2003 die Kölnische Bibliotheksgesellschaft gegründet worden.

Viel Kundschaft für Kultur bringt der Tourismus, zahlende Kundschaft. Kultur zieht eben Touristen in die Stadt, auch wenn Shoppen wichtiger ist und Messebesucher und -aussteller im Stadtbild meist nicht so auffallen. Gehört Tourismus zum Kulturbetrieb? Natürlich sind unter den fast sechs Millionen Übernachtungen in Köln des Jahres 2015 auch Geschäftsreisende, Messebesucher oder Besucher von Tagungen. Aber wie oft finden im Umkehrschluss Messen oder Tagungen in Köln statt, weil die Stadt ein attraktives Kulturprogramm möglich macht?

Vier Millionen Menschen besuchten den Weihnachtsmarkt am Dom im Jahre 2012. Die Hälfte der über 400 000 Übernachtungsgäste des Dezembers 2012 besuchte Köln wegen des Weihnachts-Shoppings, als zusätzliche Tagestouristen kamen sechs Millionen für die Weihnachtsmärkte. Für die meisten ist der Dom wohl nur Kulisse, aber als Kulisse unverzichtbar für den Erfolg des Weihnachtsmarktes. Gehören Weihnachtsmärkte zur Kultur? Wenn wir uns das Gegenbild des Phantasialandes in Brühl vor Augen führen, wird einsichtig, dass diese Frage wohl mit ja zu beantworten ist. Weihnachtsmärkte sind ohne das, was wir als

»unsere Kultur« bezeichnen wollen, nicht vorstellbar. Über das ganze Jahr hinweg ist der Dom die erfolgreichste deutsche Sehenswürdigkeit. Und seit dem Weltjugendtag 2005 auch wieder regelmäßiges Ziel einer jährlichen Domwallfahrt mit einem jeweils neukonzipierten Programm.

Der Tourismus liefert einen entscheidenden Beitrag zum real produktiven Geldumlauf in der Stadt, gleichgültig ob Kultur dabei Anlass, Beigabe oder nur Vorwand ist. Tourismus verdankt Köln auch den anderen architektonischen Attraktionen der Stadt. An erster Stelle dem Dutzend romanischer Kirchen, dazu den Publikumsmagneten Messe, Museen, Oper, Schauspiel, Theater, Musical, Lanxess Arena und Philharmonie. Sie bringen Menschen in die Stadt. Und gerne wird immer berechnet, wie viel jeder von ihnen neben den eigentlichen Eintrittsgeldern, wenn er nicht sowieso nur zum Shoppen kommt, in Köln ausgibt. Eine Studie zu den Ergebnissen des Jahres 1996 rechnete mit einem Umsatz von 2 162 Millionen D-Mark durch Tourismus und Kongresse oder Tagungen in Köln und damals über 50 000 Arbeitsplätzen, die ganz oder teilweise davon abhängen. Hier setzt die Tätigkeit der KölnKongress GmbH unter der Leitung von Bernhard Conin an. Das gemeinsame Tochterunternehmen von KölnMesse und Stadt Köln hat Bernhard Conin seit dessen Gründung 1994 zum größten Betreiber bedeutender Veranstaltungsorte mit z. B. Gürzenich, Flora, Tanzbrunnen und der Bastei ausgebaut.

Im Anfang sprechen die *Statistischen Jahrbücher* der Stadt Köln noch vornehm von »Fremdenverkehr«. Zählbare Ergebnisse nennt erstmals der *Statistische Rückblick auf das Jahr 1947*. Hatte man im Januar 1947 nur 17 Hotels, Gasthöfe und Fremdenheime mit 265 Betten erfassen können, so waren es Ende des Jahres 1947 mit zusätzlichen Behelfsheimen bereits 34 Betriebe mit nun 1 300 Betten. Aber mit 142 722 »Fremden« kommt man bereits auf über 200 000 Übernachtungen, das sind immerhin schon knappe 30 Prozent der Zahlen des Friedensjahres 1938. Fünfzig Jahre später sind es 2,6 Millionen Übernachtungen. Inzwischen, kaum wieder zwei Jahrzehnte später, sind es über fünf Millionen. Obwohl die Zahl der Hotelbetten im Jahre 2012 um über 4 000 auf insgesamt über 28 000 angestiegen ist, liegt Köln mit einer Auslastung von fast 50 Prozent gut über dem Landesdurchschnitt. Das hat rasch zu weiterem Ausbau geführt. Anfang 2016 rechnet man mit aktuell 32 000 Betten und weiterem Anstieg. Waren es 2009 noch gute 40 000 Tagungen und Kongresse mit etwa 3,1 Millionen Teilnehmern, die die KölnTourismus GmbH verzeichnet, zählte man dort für 2015 fast 50 000 Veranstaltungen mit 3,8 Millionen Teilnehmern, die damit einen wesentlichen Anteil an den etwa sechs Millionen Übernachtungen des

Jahres stellten. Weitere Hotels sind in Planung. Qualität steht dabei besonders im Vordergrund. Thomas Althoff, der gemeinsam mit seiner Frau Elke Diefenbach-Althoff 1984 mit dem Hotel Regent International den Aufbau des Unternehmens begann, das z. B. auch das Grandhotel Schloss Bensberg betreibt, plant einen Neubau am Eigelstein auf dem Grundstück der Gaffel-Brauerei und wird auch das derzeit erneuerte Dom-Hotel übernehmen.

Eine für Geschäftsreisende und Touristen erfolgreiche Geschäftsidee hat dabei Robert Ragge entdeckt und seit 1972 mit ständig steigenden Umsätzen seines HRS (Hotel Reservation Service) umgesetzt. Damals Empfangschef im Hotel Baseler Hof am Breslauer Platz, fand er seine Marktlücke im Service der Reisebüros. Seit 1996 nutzt er auch das Internet für seine Maklertätigkeit zwischen Gast und Hotel. 260 Mitarbeiter in Köln im Jahre 2009 und 110 weitere im Außendienst sind vom Kölner Hauptsitz aus tätig. Fünf Jahre später sind es bereits 500 in Köln und weltweit zusammen 1 300. Mit dem Neubau des HRS-Zentrale am Breslauer Platz ist das Unternehmen fast an seinen Ursprungsort zurückgekehrt. Bedrückend ist allerdings, dass die Touristen zwar für ihr Shopping etwa 200 € in Köln eingeplant haben, es ihnen aber nur gelingt, durchschnittlich 132 € davon tatsächlich auszugeben. Dabei liegen in keiner anderen Stadt die Sehenswürdigkeiten so nahe an den Einkaufslagen, schwärmt der Leiter der so Hoffnungen weckenden Studie.

Eine der jüngeren Attraktionen Kölns ist die Lanxess Arena. Dies nach dem Dom räumlich größte Unternehmen im Bereich Kultur ist seit 1998 aktiv. Erst seit 2008 tritt sie für einen Preis von wohl jährlich 1,5 Millionen Euro als Lanxess Arena auf. Sie bietet bis zu 22 000 Plätze für Sport, Musik, Karneval und Shows aller Art. Auf dem europäischen Kontinent steht sie regelmäßig an der Spitze entsprechender Spielstätten. Auch weltweit hat sie einen Spitzenplatz. Für 2015 werden 450 000 Übernachtungen und ein Umsatz von 600 Millionen Euro geschätzt, die die Arena mit ihrem Programm nach Köln gebracht hat.

Die Vorgeschichte ist lang und schwierig. Immer wieder hat man im Kölner Rat an den Bau einer neuen Sporthalle gedacht. Allerdings fehlte für die Realisierung stets »der Mann mit dem Koffer« für die Finanzierung des Wunsches, den die Stadt sich nicht selbst erfüllen konnte. Ein Oppenheim-Esch-Fonds als Gesellschaft bürgerlichen Rechts (GbR) »Immobilienfonds Köln-Deutz, Arena und Mantelbebauung« rettet das Projekt. 1995 ist die Finanzierung gesichert. Über 70 »sehr, sehr Vermögende«, meist Kölner, haben sich mit durchschnittlich 15 Millionen D-Mark am Projekt beteiligt. Die Mantelbebauung wird an die Stadt

Köln vermietet, die hier das Stadthaus als das schon lange diskutierte und gewünschte Technische Rathaus erhält. Lothar Ruschmeier, noch Oberstadtdirektor, macht am 31. August 1996 mit Gespür für einen großen Auftritt mit einem Bagger den »ersten Spatenstich« für den Bau. Nach dem Ende seiner Amtszeit als Oberstadtdirektor am 22. April 1998 wird er übergangslos Geschäftsführer der Oppenheim-Esch Holding, die die Finanzierung gestemmt hat, zusammen mit Mathias Graf Krokow und Josef Esch. Er schwärmt im September 1998: »Die Privatfinanzierung kommt mir heute vor wie die Geschichte von den hilfreichen Heinzelmännchen aus Köln. Das lange unmöglich scheinende [sic] wurde möglich.« Der gewünschte und geplante Bau und das Stadthaus als Mantelbebauung stehen in etwa an der Stelle, für die seit 1933 vom Kölner Architekten Clemens Klotz (1886–1969) das Gauforum für den Gau Köln/Aachen und eine alles überragende Versammlungshalle geplant wurden. Am 11. September 1998 wird mit Luciano Pavarotti eröffnet. Selbst »ein skeptischer Wolfgang Niedecken war am Ende positiv überrascht«. Ende des folgenden Jahres blickt Ralf-Bernd Assenmacher, Chef der Arena Management GmbH, zufrieden auf 1,6 Millionen Gäste bei 143 Veranstaltungen zurück. Stefan Löcher hat seine Arbeit seit 2010 erfolgreich übernommen.

Dennoch ist das Betreiben der Lanxess Arena für die Besitzer der Immobilie und die Betreibergesellschaft kein reines Vergnügen. Oft wurden in der Vergangenheit Verluste eingefahren. Konzertveranstalter brennen schon mal mit den Einnahmen durch. Und mehrfach ergeben sich Defizite. Dabei hat sich neben den Sportveranstaltungen, Karneval und Aktionärsversammlungen das Konzertgeschäft durch die höhere Frequenz von Tourneen verbessert. Der rückläufige Verkauf von CDs hat die Künstler wieder auf die Bühnen gebracht. In den ersten 15 Jahren bis 2013 hat die Arena mit über 2 400 Veranstaltungen mehr als 25 Millionen Besucher zählen können. International steht sie für 2014 auf Rang neun, national mit 1,5 Millionen Besuchern weiter auf Platz eins. Inzwischen treten manche Künstler wie Helene Fischer oder Phil Collins lieber mehrfach in Köln auf, als viele Orte auf eine Tourneeliste zu setzen. Die Besucher kommen und bringen Geld nach Köln.

Auch Messen bringen – einfach gesagt – Gäste nach Köln, als Aussteller oder als Besucher, und liefern also durchaus einen Beitrag zum Thema Tourismus. Die Entwicklung der KölnMesse, der Messe- und Ausstellungsgesellschaft mbH Köln, setzt nach den Problemen der ersten Nachkriegszeit nicht nur für die Wirtschaft der Stadt bis heute wirksame Zeichen. Die Kölner Messe, die für die Frühjahrsmesse 1949 gerade 22 000 Quadratmeter anbieten konnte, steht heute mit 284 000 Quadratmetern knapp vor der Messe Düsseldorf mit 262 407 Quadratmetern Hallenfläche, in Deutschland übertroffen nur von Hannover mit 448 900 Quadratmetern und international nur von der Fiera Milano mit 345 000 Quadratmetern sowie vom China Import & Export Fair Complex in Guangzhou mit 340 000 Quadratmetern. In den Umsätzen dagegen liegt Köln in den letzten Jahren regelmäßig deutlich hinter Frankfurt, Düsseldorf, München, Hannover, Berlin und Nürnberg. 2015 hat man erstmals Düsseldorf in Gewinn und Umsatz überholt. Ab 2017 rechnet man wieder mit Gewinnen.

Noch die Herbstmesse des Jahres 1950 hatte den Charakter einer Mustermesse, die viele Bereiche abdecken sollte: Ausstellungen zu den Themen Haushalt- und Eisenwaren, VDE, Glas, Porzellan, Keramik, Spielwaren, Bürobedarf, Beleuchtungskörper, Textiles und Bekleidung, Leder- und Galanteriewaren, Schmuck und Kosmetik, Kunsthandwerk und die Internationale Tabakmesse wurden gleichzeitig vom 10. bis zum 12. September 1950 präsentiert. Die Spezialisierung hatte aber längst in der Vorkriegszeit begonnen. Viele der Themen, wie die Eisenwarenmesse, FIBO und FIBO Power, die Anuga oder die Internationale Süßwarenmesse, können wir dem Bereich Wirtschaft zuordnen. Bei der Möbelmesse kann man wie bei den verschiedenen Hochzeitsmessen bei der Zuordnung schon ins Zögern geraten. Einen wichtigen Anteil am wachsenden Umsatz im Kölner Messegeschäft spielen inzwischen die internationalen Aktivitäten, mit denen zuerst Jochen Witt als Geschäftsführer das Arbeitsfeld der KölnMesse erweitert hat. Gerald Böse, sein Nachfolger seit 2008, rechnet für 2016 mit 15 Prozent des Umsatzes international.

Einen großen Anteil am Messegeschäft hat inzwischen aber die Reihe der Themen, die wir der »Kultur« zuordnen können. Neben der didacta werden noch verschiedene Bildungs- und Fortbildungsmessen durchgeführt, natürlich die traditionsreiche Art Cologne, Cologne Fine Art ist ebenfalls im Kulturbereich tätig.

Technische Musterschau und Kulturereignis lassen sich auch verbinden. Mit der Photo-Kino-Ausstellung hat im Mai 1950 schon der Siegeszug der populären photokina begonnen, deren Bilderschauen bis 1980 ein international beachtetes Ereignis waren. Die Zahl der Aussteller und Besucher wächst regelmäßig. Zwischen 1974 und 1999 verdreifacht sich die Zahl der Aussteller, von denen 1999 bereits 60 Prozent aus dem Ausland kommen. Waren es 1974 noch 680 000 Besucher, verzeichnet man 1999 nun zwei Millionen, von denen ein Drittel aus dem

Ausland angereist ist. Die Zahl der Messen im Programm teils jährlich, teils mit zwei- oder mehrjährigem Rhythmus, ist im selben Zeitraum von 24 auf 40 gewachsen.

Nach der Eröffnung der neuen Nord-Hallen der Messe Anfang des Jahres 2006 wächst die Attraktivität der Kölner Messe für Wirtschaft wie für Kultur wieder. 2015 konnten wieder schwarze Zahlen geschrieben werden.

Die neuen Hallen sind Erweiterungsflächen und Ersatz für die denkmalgeschützten Rheinhallen geworden, in die der Sender RTL eingezogen ist. Mit neuem Südeingang und den inzwischen traditionsreichen Messen, wie photokina, Anuga, Internationaler Süßwarenmesse ISM, Internationaler Möbelmesse IMM sowie mit der Rückkehr der großen Motorrad-Messe Intermot ist die Kölner Messe erfolgreich. Für die ebenso erfolgreiche »Kultur« stehen z.B. die 2008 aus Leipzig abgeworbene Gamescom, Europas größte Messe für Computer- und Videospiele, die 2009 nach Köln wechselnde Role Play Convention, die Messe für Rollenspiele. Mit beiden Richtungen hat die Kölner Messe den Bekanntheitsgrad und die Attraktivität Kölns ebenso gesteigert wie die Umsätze der Hotels, der Taxiunternehmen und der innerstädtischen Einkaufsstraßen. Allein die Gamescom, »Größter Spielplatz der Welt«, seit 2009 in Köln als nun weltgrößte Messe für digitale Spiele präsentiert und inzwischen ergänzt um das Gamescom-Festival in der Innenstadt, hat schon beim ersten Mal im Jahre 2009 fast 250000 Besucher angezogen. Im Jahr 2016 sind es über 600 Aussteller, über deren Angebot Tausende Journalisten berichten und zu der über 300000 Besucher und fast 30000 Fachbesucher aus 97 Staaten kamen. Passend dazu hat sich das Unternehmen Electronic Arts mit seiner Deutschlandzentrale in Köln am Rheinauhafen niedergelassen und an der Technischen Universität hat sich das Cologne Game Lab als Ausbildungsstätte etabliert.

Für die Popkomm, seit 1990 in Köln Branchentreff und Festival für das Publikum, rechnete man 1998 mit 60 Vollarbeitsplätzen und einem Umsatz von 18 Millionen D-Mark, zwei Drittel davon im Kölner Raum. Nach dem Verkauf der Popkomm an die Messe Berlin im Jahre 2003 wurde in Köln 2004 erfolgreich die c/o pop der cologne on pop GmbH als Nachfolger gegründet. Die Popkomm in Berlin gab 2009 auf und c/o pop wurde, inzwischen sogar vom Bund gefördert, wieder Spitze.

Die Aktivitäten der Messe bringen, so hat man z.B. 2003 kalkuliert, direkte Ausgaben in Köln in Höhe von 575 Millionen Euro, weitere 195 Millionen in Nordrhein-Westfalen und dazu 143 Millionen Euro im restlichen Bundesgebiet. Das bedeutet bei über 500 eigenen Mitarbeitern gleichzeitig 18 000 Arbeitsplätze im Bundesgebiet, mehr als 11 000 davon in Köln. Ein Euro Umsatz der Messegesellschaft bedeutet 4,90 € Umsatz in Köln. Das 2003 eingeführte neue Logo der Messe, dem das alte Motiv mit Dom und Rhein zum Opfer fiel, erinnert mich leider mehr an den eleganten Erbsenwurf der neugierigen Schneiderin bei den Kölner Heinzelmännchen als an Messeaktivitäten.

Die nächsten Planungen für die Modernisierung des Messegeländes haben inzwischen Gestalt angenommen. Im Westen entsteht zum Missfallen der Betreiber der Lanxess Arena eine Konferenz- und Veranstaltungshalle. Die vier großen Hallenkomplexe werden durch eine Magistrale repräsentativ miteinander verbunden und der Eingang Ost, der bisher eher an die Einfahrt einer Tiefgarage erinnert, erhält eine festliche Gestaltung.

Sind wir zufrieden? Wie geht es weiter?

Kann Köln, können Kölnerinnen und Kölner mit dem seit 1945 Erreichten zufrieden sein? Die Daseinsvorsorge, das Grundthema der Arbeit von Rat und Verwaltung, mit den Themen von bezahlbarem Wohnen, Versorgung mit Strom, Gas und Wasser, Personennahverkehr in der Region, Stadtplanung, Kultur und Popkultur, Schulen und Kitas, Umweltschutz, Abfallbeseitigung und Stadtreinigung ist immer wieder Thema des Rates. Vieles dauert zu lange. Mit dem heute verlotterten Erscheinungsbild des öffentlichen Raumes war man bis in die Mitte der 80er Jahre zufriedener als heute. Die öffentliche Armut ist der traditionsreichen chaotischen Veranlagung der Kölner und der Anpassungsfähigkeit der Besucher der Stadt nicht mehr gewachsen.

Mit Strom, Gas und Wasser werden wir gut versorgt. Die Straßen und Brücken sind auf absehbar lange Jahre in schlechtem Zustand. Der neue Deutschland-Chef von Ford wünscht, angesichts des Dauerstaus, nicht nur für sich selbst eine Fähre von Leverkusen aus über den Rhein zum Werk. Ein neuer Verkehrsrechner soll kommen, der die Ampelschaltung reguliert und an den Verkehrsfluss anpasst. Die fehlenden Investitionen in die Infrastruktur kann dieser aber nur mildern. Die KVB stehen immer wieder in der Kritik. Alltag sind Klagen über Verspätungen und Ausfälle, Überfüllung, Personal und Mitfahrer. Der Schatten des Einsturzes des Historischen Archivs mit zwei Toten und dem »Gedächtnisverlust« der Stadt lastet schwer. Nach fast sieben Jahren sind die Ermittlungen nicht abgeschlossen. Auf die Tieferlegung der Nord-Süd-Fahrt warten wir weiter. Neue Hoffnungen bringen die Überlegungen zur Gestaltung der zentralen Ost-West-Achse vom Aachener Weiher zum Heumarkt. Wie viel Tunnel kann es sein? Ich bin immer mit der KVB gefahren, nicht glücklich, aber zufrieden. Für den Historiker bietet sie täglich einen guten Einblick ins Kölner Lebensgefühl.

Kindergartenplätze und Schulen für unsere fünf Kinder zu finden, gelang vor drei Jahrzehnten besser als heute für unsere Enkel. Das gilt auch für die Suche nach erschwinglichem Wohnraum, ein immer dramatischeres Thema im Leben unserer Stadt. Dass die Entwicklung des Wohnungsbaus weit hinter den Bedürfnissen einer wachsenden Stadt zurückbleibt, ist nicht neu. Der gute Gedanke einer Wohnungsbauleitstelle, lange geplant, hat Startprobleme.

Abfallbeseitigung und Stadtreinigung oder das Betreiben öffentlicher Bäder werden offensichtlich bei stadteigenen Unternehmen besser geregelt als in den Händen der Verwaltung. Das spricht dafür, z. B. auch Gebäudewirtschaft und Verkehrsbauten auszugliedern. Dann können auch marktgerechte Gehälter gezahlt und die offenen Stellen mit Fachkräften besetzt werden. Das nicht rational begründbare Zurückschrecken des Rates vor der Verselbständigung der Museen habe ich selbst über vier Jahrzehnte aus der Innensicht, von 1984 bis 2009 als Museumsdirektor, beobachten können.

Nach dem Schock der Silvesternacht 2015/16 hat Köln die gewohnte Lebenslust noch nicht wieder erreicht. Dazu liegt die globale Krise in Politik und Wirtschaft auf den Gemütern wie einst die Furcht vor einem Atomkrieg.

Was erwarte ich für Köln? Wie geht die Geschichte weiter? Die einfache Antwort wäre: »Kölle bliev Kölle.« Meist ist das mit einem leichten Unterton der Verzweiflung über die Kölner Verhältnisse verbunden. Mehr nicht. Man hat sich eben daran gewöhnt. Die nicht so einfache Antwort ist: Ich hoffe darauf, dass dieses Kölner Grundgesetz gültig bleibt – »Kölle bliev Kölle.« Wir leben seit Jahren inmitten von Krisen, die die Kölner Eigenlogik einer heftigen Prüfung aussetzen. Wir werden sie bestehen: »Et hätt noch immer jot jejange!« Das ist die Erfahrung aus mehr als zweitausend Jahren Stadtgeschichte.

Zwischen Abschluss der Arbeiten am Manuskript und dem Erscheinen dieses Bandes sind viele Monate vergangen. Die Zeit blieb, wie man so sagt, nicht stehen. Köln versank nicht im Dornröschenschlaf. Beim Lesen werden Sie das schon selbst festgestellt haben. Täglich erscheinen die Zeitungen mit neuen Nachrichten zu Köln. Täglich vermitteln Radio und TV neue Informationen. Neue Forschungen werden publiziert, die Details und neue Gesichtspunkte für die mehr als sieben Jahrzehnte seit 1945 bringen. Jeder Leser des Bandes hat einen Vorsprung, jetzt von Monaten, bald von Jahren, gegenüber dem Autor. Er weiß jetzt, wie es weitergegangen ist.

Mit der Wiederherstellung der Bestände des Historischen Archivs und der noch zukünftigen Eröffnung des Neubaus werden sich viele Fragen klären lassen. Ich bleibe weiter an dieser Stadt, die mir Heimat geworden ist, interessiert.

Und eines noch einmal zum Schluss: Alle Fehler, Fehleinschätzungen, falschen Perspektiven sind meine Fehler, meine Fehleinschätzungen, meine falschen Perspektiven. Ohne die Hilfe vieler, im Vorwort genannt oder nicht, wäre deren Zahl erheblich größer. Und ohne das geduldige Warten meiner Frau auf bessere Zeiten wäre dieser Band nicht entstanden. Ihr danke ich aus vollem Herzen.

Die Kölner Bucht

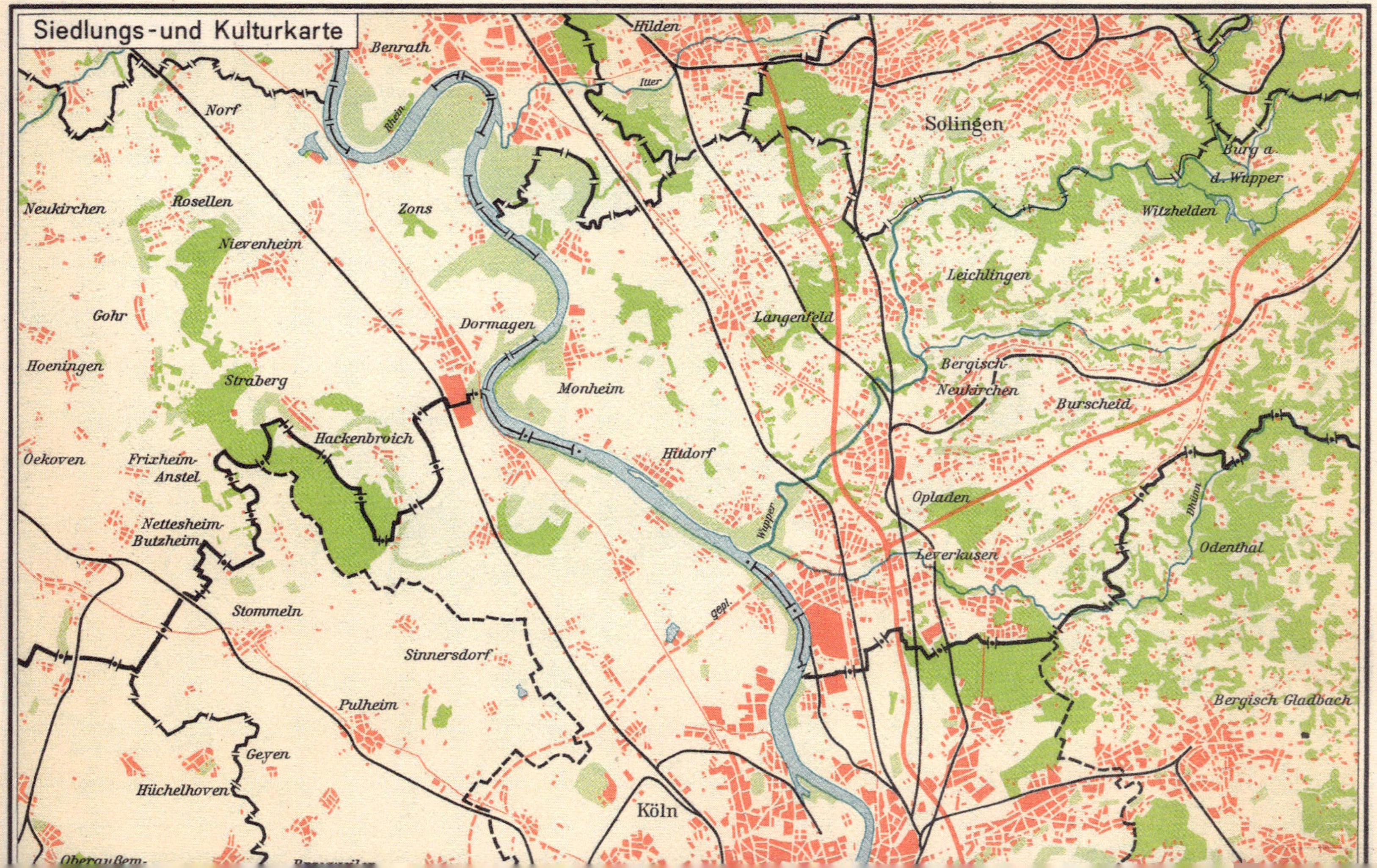